品牌经济学

Brand Economics

孙曰瑶 著

中国财经出版传媒集团

经济科学出版社
Economic Science Press
北京

图书在版编目（CIP）数据

品牌经济学／孙曰瑶著． -- 北京 ： 经济科学出版
社，2024.9. -- ISBN 978 - 7 - 5218 - 6356 - 7

Ⅰ. F273.2

中国国家版本馆 CIP 数据核字第 2024W4R519 号

责任编辑：王红英
责任校对：隗立娜
责任印制：邱　天

品牌经济学
PINPAI JINGJIXUE
孙曰瑶　著

经济科学出版社出版、发行　新华书店经销
社址：北京市海淀区阜成路甲 28 号　邮编：100142
总编部电话：010 - 88191217　发行部电话：010 - 88191522
网址：www. esp. com. cn
电子邮箱：esp@ esp. com. cn
天猫网店：经济科学出版社旗舰店
网址：http：//jjkxcbs. tmall. com
固安华明印业有限公司印装
787 × 1092　16 开　25 印张　650000 字
2024 年 9 月第 1 版　2024 年 9 月第 1 次印刷
ISBN 978 - 7 - 5218 - 6356 - 7　定价：98.00 元
（图书出现印装问题，本社负责调换。电话：010 - 88191545）
（版权所有　侵权必究　打击盗版　举报热线：010 - 88191661
QQ：2242791300　营销中心电话：010 - 88191537
电子邮箱：dbts@ esp. com. cn）

买 桔 者 言

《品牌经济学》第一版，写于 2003 年初，出版于 2005 年 6 月，至今整整 20 年。每每反思，总为漏加"导论"二字而遗憾。二十年来，笔者专注于品牌经济学理论与实践，诸多思考，诸多成文，分散发表，也需融合完善，故本书是《品牌经济学》第二版。与第一版相比有了全新的改变，在"中国产品向中国品牌转变"的伟大实践过程中，愿《品牌经济学》第二版能提供些许理论与方法。

对于品牌建设，国家与企业都高度重视。2011 年，工信部颁布实施《品牌培育管理体系实施指南》。从过程管理的角度提供了技术支持。2014 年 5 月 10 日，习近平总书记在河南考察时提出"推动中国制造向中国创造转变、中国速度向中国质量转变、中国产品向中国品牌转变"。若说"中国产品"创造价值，则"中国品牌"就是实现价值，为高质量发展指出了明确的方向。2016 年 6 月国务院办公厅首次提出，于 2017 年 4 月得以批复，每年 5 月 10 日被定为"中国品牌日"。这在世界范围也是首创的。

2022 年 7 月 29 日，国家发改委等部门发布《关于新时代推进品牌建设的指导意见》，在总体要求中明确指出，适应新时代新要求，进一步引导企业加强品牌建设，进一步拓展重点领域品牌，持续扩大品牌消费，营造品牌发展良好环境。

2024 年 1 月 4 日，在中央企业负责人会议上，国务院国资委主任表示，中央企业要更加注重提升增加值、功能价值、经济增加值、战略性新兴产业收入和增加值占比以及品牌价值五个方面的价值。品牌价值成为价值考核体系的组成部分。

品牌培育、品牌建设、品牌价值，三者的核心都是"品牌"。而《中华人民共和国商标法》第十四条明确规定：生产、经营者不得将"驰名商标"字样用于商品、商品包装或者容器上，或者用于广告宣传、展览以及其他商业活动中。即至少从术语的角度揭示了驰名商标与品牌之间存在着某种差别。问题是究竟何为品牌？品牌的法律载体是基于《中华人民共和国商标法》的注册商标，那么从商标到品牌的距离究竟有多远？又该如何测量？

在 2023 年 11 月，商务部等 5 部门印发《关于公布中华老字号复核结果的通知》，将长期经营不善，甚至已破产、注销、倒闭，或者丧失老字号注册商标所有权、使用权的 55 个品牌，移出中华老字号名录；对经营不佳、业绩下滑的 73 个品牌，要求 6 个月予以整改①。中华老字号属于典型的民族品牌，当初能入选名录，应该也是达到了一定条件的。

考虑到专业网络文献的易得性，加之序言篇幅所限及重点所在，所涉及的重要文献的具体内容不再详述，只给出相关文献的共性所在。

1. 从实践来看，发现在品牌建设的过程中，存在突出的三个混淆。

混淆一，将商标与品牌混淆。商标属于法律概念，遵循商标法。而品牌则是消费者对厂商基于商标此载体所作承诺及其实现承诺的信用判断。至少从术语学的角度，国家颁布的是商标法，而不是品牌法。品牌内含法律载体即商标，但商标不等于品牌。

混淆二，将驰名商标与品牌混淆。国内各地省级政府出台奖励措施，对获得驰名商标的企业奖励 50 万~100 万元，获得地理标志产品的企业奖励 20 万元等。此类奖励政策在事实上将品牌建设等同于驰名商标。而驰名商标本来起源于法律裁判，即商标侵权方不能以自己不知道为由来侵犯商标所有方的权益。法院或律师通过市场调查，得出争议商标在市场中具有很高的知名度，推断侵权方不可能不知道，以此来判定侵权方的违法行为属实。《中华人民共和国商标法》第十四条规定"驰名商标应当据当事人的请求，作为处理涉及商标案件需要认定的事实进行认定"。此规定与国际标准是一致的。

混淆三，将产品质量与品牌混淆。产品质量属于产品质量法的范畴。任何产品，即使是白牌产品，也必须达到产品质量法规定的质量标准，这属于法律概念。产品质量是品牌建设的必要条件：品牌建设必须重视品质，但高品质并不等于品牌建设。1998 年国际金融危机后，沈阳机床时任董事长关锡友曾多次去机床技术领先的德国、日本考察，发现那些技术先进同行的情况并不好。"为何高技术不能带来高市场份额？我们学习他们，会不会也走同样的路？"②

2023 年 12 月 20 日，成立于 1875 年 7 月的日本东芝公司正式退出股市。同时夏普、松下、索尼在内的诸多日本明星企业也在走下坡路。对此现象，《中国企业家》杂志（2013 年）刊文③认为：这些日企都患上了同一种

---

① 孙红丽. 5 部门公布中华老字号复核结果：55 个品牌被移出名录 [N]. 人民网，2023 - 11 - 11.
② 王敏，崔静，石庆伟. 一个"工业母机"掌门人的转型之道 [N]. 新华网，2010 - 12 - 02.
③ 郭垆，赵彩虹. 日本企业病：技术偏执者的代价 [J]. 中国企业家，2013（10）：95 - 98 + 13.

买桔者言

"病"，即主张技术优于市场，总以为只要把技术做到极致，就能占领市场。而本书认为，在短缺市场中，技术至上论是有效的，在过剩市场中，随着技术与产品同质化的实现，企业产品间唯一的不同是基于商标以及基于商标的品牌信用。故在过剩市场阶段，按目标顾客链模型，企业必须从产品端转到终点顾客端，并将终点目标顾客的乐点转化为企业产品的技术标准和卖点，才是真正的品牌建设。

在厂商品牌建设的实践过程中，正是因为将商标与品牌混淆了，才得出了知名度、美誉度、忠诚度这三个似是而非的"品牌"建设指标。现实中，很多知名度很高的商标（诸如诸多央视标王们），都因销量不足而退回了本地市场。人们对某个商标及其产品或服务的美誉度也很高，但限于购买力并不实际购买。而忠诚度的测量方法是顾客的重复购买率，忠诚会有重复购买，但重复购买不等于忠诚。各地家庭主妇重复购买食盐，其实她们并不知道其所购食盐的商标名称。

故品牌建设必须在严格区分商标与品牌的基础上，才能为品牌价值管理提供可靠的支撑。核心是测量商标到品牌之间距离究竟有多远的理论与算法。

2. 从品牌价值评估来看，依然借用基于有形资产的三种方法，对此存在四个质疑。

学界对品牌的关注，起于加德纳和利维（Gardner & Levy，1955）的产品与品牌[①]。国内外的学者们集中于品牌概念、品牌资产、品牌权益等概念。但其共同的特点是未能对商标与品牌加以严格的区分，如何把商标建成品牌的具体测量理论与技术方法也就无从谈起。

众多学者们也都阐述了自己对品牌价值或定性或定量的评估方法。但共同的问题是不清楚所评估的对象究竟是商标还是品牌。针对收益法、成本法和市场法所评估的品牌价值，正如凯文·凯勒所说，"所有批评的焦点在于可分离性问题。《经济学家》的一位编辑这样说道'将品牌分离出来作为资产是很困难的'。以吉百利的牛奶制品为例，有多少价值来自吉百利这个名称？多少价值来自牛奶制品？又有多少价值来自产品（可复制的）内容或者设计？"[②] 既然无法将品牌价值单独剥离出来，其所计算的品牌价值也就无法真正表达从注册商标到被消费者溢价选择的品牌。这从某种程度上解释了金融机构为何并未广泛地将品牌价值作为融资依据或抵押标的物。

目前流行的若干品牌价值榜，其测算的基础是现金流折现法（Discounted

① Burleigh B. Gardner and Sidney J. Levy. 1955 ［J］. The Product and the Brand. Harvard business review，March – April，1955，33 – 39.

② 凯文·莱恩·凯勒. 战略品牌管理 ［M］. 北京：中国人民大学出版社，2014.

Cash Flow，DCF），现金流折现法的基础是年值的现值公式，也即某个商标所代表的商品，按一定折现率，将其未来 10 年每年利润予以折现，在此基础上再进行定性调整。基于 DCF 法测算品牌价值，有以下四个值得质疑的问题。

第一，假定利润是由品牌创造的，而利润＝销售收入－总成本。问题是企业经营的成本是由其内部决定的。即使再好的品牌型企业，内部自己加大运营成本，也有可能产生亏损。事实上，品牌影响的是销售收入。若把利润归于品牌，那些销售收入很大但利润是负值的企业，其品牌价值也应是负的。而 Google 和 Facebook 上市后一段时间内虽处于亏损状态，其股价却是很高的。

第二，有些品牌价值评估很高的企业，不能排除出现经营危机甚至破产的可能。最典型的事例就是"三鹿"奶粉。在未出现问题之前，按品牌价值方法计算出来的三鹿奶粉的品牌价值在奶粉行业是很高的，为何会出现这种致命的错误？而与此同时，2010 年丰田汽车因脚踏板问题全球召回 870 万辆车[①]，但并未对其品牌资产带来显著负面影响。由此带来的质疑，是现行的品牌价值评估存在着严重的缺陷，从而给企业品牌建设和消费者的选择带来了严重的误导。

第三，新创企业的品牌价值无法测算，因为新创企业即使有了注册商标，其利润也是不稳定的。由此一来，根据现有的品牌价值评估方法，也就无法给新成立企业进行品牌建设与品牌价值管理提供有效和可靠的支持。

第四，很多无商标的企业，也有一定的利润。在当今的各电商平台中，大量存在着所谓的"白牌"产品，其销量有的也很大，显然不能说这些"白牌"产品的收益来源于品牌。再如广泛存在的贴牌生产企业，其实现的利润也不是品牌带来的，而是由其他生产要素产生的。英图博略（Interbrand）公司从利润中扣除 5% 作为资本利润，想表达的即是此意思。2024 年国家电网公司被国外某机构评定品牌价值为 711 亿美元[②]。作为自然垄断或行政垄断行业的企业虽有注册商标，也有足够高的利润，但其利润并非因品牌产生的，而是依靠垄断地位获得的。

鉴于此，本书认为：品牌建设的核心，不是知名度，不是美誉度，不是忠诚度，而是建立在能极大降低目标顾客选择成本的品牌信用度，并由此获得的品牌溢价。没信用的商标不会有持久的生命。

故品牌经济学从理论上证明，在价格一定的条件下，只有降低目标顾客选择成本的品牌信用度，才能使目标顾客在产生购买动机时不假思索地进行排他

---

① 曹琳. 丰田召回事件的品牌经济学分析 [J]. 商场现代化，2010（6）：21 - 23.
② 张献方. 国家电网位列全球品牌价值 500 强第 12 位 [N]. 国家电网报，2024 - 01 - 24.

性选择。

3. 本书的观点和工作。

通过梳理文献发现，现有的品牌及品牌价值的已有研究与实践中，既没解决前述的三个混淆，也无法回答上述的四个质疑。从而也不可能提出并解决从商标到品牌的距离的因果性理论值及其测算算法，从而无法给品牌建设实践以科学的指导。故本书的主要工作是按顺序地解决以下六个问题。

第一，基于美好生活建立了顾客利益模型，且认为新质生产力的着力点是满足顾客的物质利益，而新质消费力则是满足顾客的情感利益。

第二，厘清作为法律符号的注册商标是如何转变为品牌资产的。提出了以商标的品牌信用度作为商标与品牌两者的纽带，以品牌溢价能力作为从注册商标到品牌资产的评价依据。为此，本书从经济学的核心概念即价格入手，构建了基于新质消费力的品牌信用—溢价的因果性模型，为企业的品牌建设与品牌资产的形成提供具有可操作性的因果性理论依据，从而弥补现有的品牌价值研究中所缺失的因果性机制。并基于品牌溢价模型，推出了"焦虑—品牌"模型，为文化产品高质量发展提供了可靠的因果逻辑。

第三，为品牌价值管理提供指标体系及其量化测量标准。在工信部颁布实施的《品牌培育管理体系实施指南》中，将品牌定义为：为组织带来溢价、产生增值的无形资产。但整个指南并未给出溢价的因果机制、溢价测量的指标体系、溢价指标量化标准等。

第四，本书为更多的企业实现双循环转型发展，给出了无形—品牌资产定理，认为在企业价值提升管理的时代，通过增加无形资产占比，尤其是通过增加品牌资产、品牌信用度等途径优化资产结构，更有利于高质量转型。

第五，为了识别出厂商拓展外地及国际市场过程中应最优先解决的事项，本书提出了"腹地—品牌"模型，从因果性的角度证明，拓展的外地市场距离越远，需要的厂商商标的品牌信用度越高。

第六，给出了提高品牌信用度的指标设计流程。

从 2003 年开始，机缘巧合，笔者专注于品牌经济学的理论与实践，出版了几本专著，做了几十场专题讲座或报告，自己并带领学生们发表了近百篇学术论文，博士生们也出版了十几部基于品牌经济学的专著。作为一个新的领域，成长的过程必然伴随着不完美、不完备，而这些不完美、不完备，也恰恰是新领域生命力旺盛的表现。事实上，本书正是基于已有研究，将 20 年来的诸多思考和研究进行了融合与完善，呈现给读者的目的只有一个：为加快实现"中国产品向中国品牌转变"提供理论与方法支持。因为在"中国产品向中国品牌转变"的征程中,"没理论武器不行"。

品牌经济学中的 TBCI 模型[①]的算法,已基本形成了 AI 版,从而使品牌信用度的测算更加智能化。若有读者感兴趣,可通过邮箱联系(wjhsdzrrr@163.com)。

孙日瑶

2024 年 2 月 12 日

[①] TBCI 模型主要考察顾客目标、利益承诺、品牌建设、质量信息等指标,通过对其赋分,并最终计算总分的方式来衡量一个品牌是否有存在的必要和盈利的可能。

目录

Contents

第1章 **品牌经济的选择成本** ···················· 1

 1.1 品牌降低选择成本的机制分析 ·················· 1

 1.2 自主创新的品牌经济学研究 ·················· 13

 1.3 选择成本与思虑成本之辨析 ·················· 28

第2章 **美好生活的顾客利益模型** ·················· 48

 2.1 规模陷阱：无定价权的尴尬 ·················· 49

 2.2 过剩转型：从规模增产到持久增值 ·············· 55

 2.3 按乐分配：品牌与商标的区别 ················ 61

 2.4 美好生活：顾客利益模型 ·················· 65

 2.5 范围经济："老鼠—米老鼠"转形模型 ············ 73

第3章 **持久增值的品牌溢价机制** ·················· 81

 3.1 情感价格：品牌的溢价机制 ·················· 82

 3.2 自有品牌：商超持久之路 ·················· 91

 3.3 品牌信用：真实的内生增长 ·················· 94

 3.4 品牌工程：将商标建成品牌 ·················· 98

 3.5 爱不爱用：品牌工程软技术 ·················· 105

第4章 **价值转换的目标顾客链模型** ················ 114

 4.1 目标顾客链模型结构与功能 ················· 115

 4.2 基于目标顾客链的案例分析 ················· 129

 4.3 基于目标顾客链的爆款分析 ················· 134

第5章 **品牌信用模型的指标算法** ················ 142

 5.1 如何理解商标的品牌信用度 ················· 143

 5.2 为何品牌信用当先行 ···················· 147

 5.3 品牌信用度指标体系设计 ·················· 150

 5.4 指标量化的均值—非连续差分法 ·············· 174

第6章　品牌信用指标的技术标准 ·········· 180

6.1　目标顾客精确性的技术标准 ·········· 180

6.2　利益承诺单一性的技术标准 ·········· 191

6.3　单一利益对立性的技术标准 ·········· 196

6.4　品牌建设岗位性的技术标准 ·········· 202

6.5　单一利益持久性的技术标准 ·········· 208

6.6　终端建设稳定性的技术标准 ·········· 215

6.7　品类需求敏感性的技术指标 ·········· 222

6.8　注册商标单义性的技术指标 ·········· 229

6.9　媒体传播公信性的技术标准 ·········· 235

6.10　质量信息透明性的技术标准 ·········· 242

6.11　品牌信用度测算案例与误差分布 ·········· 248

第7章　价值实现的品牌信用机制 ·········· 254

7.1　原始创新的品类对模型 ·········· 254

7.2　企业增值的无形—品牌资产定理 ·········· 262

7.3　市场拓展的"腹地—品牌"模型 ·········· 279

7.4　文化产品的"焦虑—品牌"模型 ·········· 300

第8章　品牌信用指标的设计流程 ·········· 310

8.1　目标顾客精确性的设计流程 ·········· 310

8.2　利益承诺单一性的设计流程 ·········· 325

8.3　单一利益对立性的设计流程 ·········· 333

8.4　品牌建设岗位性的设计流程 ·········· 338

8.5　单一利益持久性的设计流程 ·········· 346

8.6　终端建设稳定性的设计流程 ·········· 351

8.7　品类需求敏感性的设计流程 ·········· 359

8.8　注册商标单义性的设计流程 ·········· 369

8.9　媒体传播公信性的设计流程 ·········· 376

8.10　质量信息透明性的设计流程 ·········· 384

附表：品牌信用度（B_c）与品牌溢价系数（P_d/P_q）对应表 ·········· 389

后记 ·········· 390

第1章 品牌经济的选择成本

1.1 品牌降低选择成本的机制分析[①]

在过剩市场条件下，人们生活在选择爆炸式增长的世界中，选择的增长带来了选择的困难。主流经济学认为基于均衡价格的这只"看不见的手"指引着包括人们选择在内的一切资源实现最优配置，然而他们却有一个重要假设：选择是无摩擦、无障碍的。在人们的选择过程中，除了新制度经济学的"交易费用"以外，人们做选择决策的过程本身仍存在一定的成本，即选择成本。本节我们通过对选择爆炸式增长的描述，抽象出一般的选择过程模型，并深入分析这一过程中所发生的成本及构成，证明了品牌正是通过降低消费者的选择成本，提高了选择效率。在过剩条件下，企业外部顾客的选择效率决定了企业内部生产效率的高低，从而决定了企业能否完成"惊人的跳跃"。本节区分了交易费用和选择成本，系统地阐述了作为品牌经济学分析范式的核心范畴——选择成本。

1.1.1 引言：选择的世界与选择的困难

小说家和存在主义哲学家阿尔贝·加缪（Albert Camus）曾提出下述问题："我应该自杀，还是该享受一杯咖啡？"他的论点是，生活中的每件事都是选择，我们每时每刻都在选择，而每件事总是有多项选择。[②] 即使是鲁宾逊·克鲁索一个人的世界，尽管他没与任何人有"交易"（当然，在"星期五"出现以后就有了），但鲁宾逊·克鲁索还是面临"选择"：选择"捕鱼"还是"打猎"等。故人类的基本行为是选择。

作为研究人类选择行为的经济学，就是要解释人们的选择行为在什么条件下符合个人利益最大化，或者说要实现个人利益最大化，需要什么样的条件。在后续的分析中，将进一步把个人利益划分为边际递减的物质利益与边际递增的情感利益。并指出，在市场过剩条件与产品同质化条件下，情感利益直接决定了顾客的选择效率。

张五常（2001）认为人类会作选择是经济学第一个基础假设或公理，即经济学假设人

---

① 孙曰瑶，刘华军. 选择与选择成本 [J]. 财经论丛，2008（1）：89 – 95.
② 张五常. 科学说需求 [M]. 香港：花千树出版社，2001.

类的一切行为都是经过选择的。"人会作选择"是经济学上的惯例（convention），所有的经济问题都变成了选择问题。因此经济学最重要的一门理论，即价格理论（price theory）也通常被称作"选择理论"（choice theory）。选择存在的根本原因是人的欲望是无限的，但用于满足欲望的资源是有限的，所以要决定用什么资源、用多少资源去满足什么欲望。

然而，此"选择的世界"已发生了巨大的变化，可供选择的商品或服务已经并正在"爆炸式"增长。那么选择的"爆炸式"增长给我们的生活带来了什么呢？在物资匮乏的时代，选择不成问题。当我们的祖先考虑"今天吃什么"时，答案不太复杂，他能追捕、猎杀的任何动物就是他的食物。但如今，工业文明带来的过剩经济，直接表现为巨大的超级市场：你将看到大量各式各样的肉，它们由别人追捕、猎杀、清洗并包装好。你的问题不再是捕猎，而是要在货架上摆放的成百上千种肉中作出选择：你该买红肉还是白肉？何种白肉或是人造肉？这仅仅是问题的开始，接下来你必须决定自己要买动物身上的哪块肉：腰、排骨、肋骨、腿肉还是臀肉……这是定位大师特劳特在《什么是战略》① 中描述的选择的"爆炸式"增长的情形之一。美国学者巴里·施瓦茨②指出超市购物、购买小家电、邮购、"购买"知识、"购买"娱乐等也是同样场景。

选择的增长对人们来说是好事还是坏事呢？施瓦茨在《选择的悖论》序言中指出，当人们别无选择时，生活近乎无法忍受。当选择的机会不断提升时，随之而来的自主支配和自由权利却积极而强有力地影响我们的生活，并成为我们的消费文化。然而，随着选择范围持续地增加，负面因素也逐渐浮现，致使我们不堪重负。这时选择不但没给人带来更大的自由，反倒削弱了人们自由的权利，甚至是对自由的残暴。消费心理学家说，过量的选择正在把我们逼疯。卡罗尔·穆格（Carol Moog）博士对此的观点是：可立即得到的太多选择，让人们不再关注和思考，变得如同肥鹅一样肥胖和疲惫，并丧失决策能力……人们退却并麻木于过度刺激，他们厌倦了。这些描述的正是当选择增长时人们所面对的困难。

主流经济学认为均衡价格这只"看不见的手"所形成的价格机制，指挥和协调着人们的选择行为，从而使资源配置自动实现均衡。价格机制如此完美的前提假设必须是利用价格机制无障碍、无成本。而以科斯为代表的新制度经济学家通过"交易费用"已对这一假设提出了反驳，他们认为利用价格机制是有成本的，即交易费用。而交易费用是人们交互行动时的费用，在科斯的语境下，交易费用更多地指发现价格的费用。在个人做选择决策时，选择过程即最优化本身是否也存在成本呢？即鲁宾逊·克鲁索在他一个人的世界里的选择有没有成本呢？这是本节所关心的核心问题。

若个人在做选择决策时没成本，即若选择是无摩擦和无障碍的，那么人们在面对众多选择时就不会"不堪重负"了。故类似的反推可证明个人在做决策时是有成本的。此成本是交易费用吗？若不是，那么此成本与交易费用之间的不同是什么？这是本节写作的第一个诱因。而从负责生产商品或服务的企业角度看，选择及选择困难的增加对企业有什么影响呢？消费者面临如此多的选择，使企业稍不留神就会被竞争对手抢走生意，而要夺回来

---

① ［美］杰克·特劳特. 什么是战略［M］. 北京：机械工业出版社，2010.
② ［美］巴里·施瓦茨. 选择的悖论［M］. 杭州：浙江人民出版社，2013.

却异常艰难，这就是残酷的现实。外部消费者的选择如何影响企业的内部效率是本节思考的第二个诱因。

为了弄清楚个人在做选择时的成本，本节将首先抽象出一般的选择过程模式，反思新古典经济学中的消费者选择理论和新制度经济学的交易费用理论，并指出二者对个人选择决策本身所花费的成本的忽视，此成本即品牌经济学所定义的"选择成本"，这也是本节的第二部分；本节的第三部分通过深入探究不同理论假设下的消费者选择模式，进一步指出选择成本的存在及其与交易费用的不同；第四部分是本节的另一个重点，即证明在面对爆炸式增长的选择时，消费者可通过品牌来降低选择过程中的选择成本，并通过选择成本的降低节约选择过程的交易费用。故品牌的经济学本质即降低消费者选择过程中的选择成本；第五部分通过一个 BCCP 模型，证明在过剩条件下，品牌和品牌信用度决定了选择成本进而决定了消费者的选择效率，企业外部顾客的选择效率决定了企业生产的价值实现和内部效率。本节的目的是阐述消费者选择过程中的"选择成本"，并通过揭示选择成本与交易费用的不同，建立品牌经济学研究范式的核心——选择成本。

1.1.2 一般选择过程模式及对已有理论的反思

主流经济理论中并无对消费者选择过程的论述，然而消费者选择理论在主流经济理论中却占有十分重要的位置。究其原因，经济学研究的起点是个人或个人的选择行为。故消费者选择理论往往占据着经济学教科书最前面的位置。消费者选择理论刻画的是消费者在局限条件下的效用最大化这一原则[①]，用数学形式表达为：

$$\max U(x, y) \tag{1-1}$$
$$s. t. P_x X + P_y Y \leqslant m \tag{1-2}$$

从公式可看出，消费者的选择过程包括两个环节。

第一个环节是局限条件式（1-2）"$P_x X + P_y Y \leqslant m$"的确定。主流经济学假定信息是透明且完全的，即人们获取价格信息的成本是零，所有价格信息都是完备的，消费者都是知道的，从而价格机制才是那么的完美、协调，指挥着消费者的选择。

第二个环节是效用最大化即理性的环节，就是式（1-1）"$\max U(x, y)$"的求解过程。主流经济学同样认为消费者求解此最大化效用的过程是没有任何困难和成本的。

故主流经济学对人们的选择过程，是建立在两个基础上的，即"利用价格机制无摩擦、无成本"与"消费者在求解效用最大化的过程中无成本"。而现实不是如此，科斯指出"发现相关价格的工作"即建立局限条件式（1-2）"$P_x X + P_y Y \leqslant m$"是有成本的。而我们在本节的引言中也指出，选择决策本身即求解式（1-1）"$\max U(x, y)$"也是有困难的，即选择决策本身也是有成本的。例如，在使用投入产出法进行经济规划时，建立资源约束矩阵，即发现信息是一个成本很高的过程。但随后求解最优化的选择过程，也需要很高的成本。

为了弄清楚选择过程中消费者所花费的成本，我们必须考察选择过程。借鉴西蒙的理

---

① 此处借用教科书的效用（utility），本书用利益（benefit）代替效用。

性选择行为模式[①]和消费者行为学理论中的消费者购买决策模式[②]，将消费者一般模式选择过程简化为如图 1.1 所示的那样。

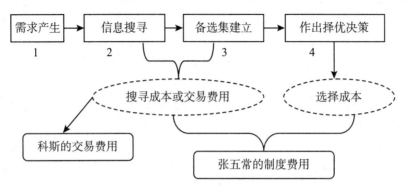

图 1.1 消费者一般选择过程模式

资料来源：笔者自行绘制。

我们将每个选择行为划分为四个基本环节，如图 1.1 所示。这四个环节依次是：需求产生、信息搜寻、备选集建立、作出择优决策。这四个环节是连续的，且前一个环节是后一个环节的条件或准备过程。

任何选择都是从需求开始的，即首先产生了需求，此需求可以是现有的，也可以是被创造出来的，图 1.1 中的环节 1 即表示此阶段。

1. 信息搜寻是有成本的—交易费用或搜寻成本

信息搜寻过程是建立局限条件"$P_x X + P_y Y \leqslant m$"的过程。对此，主流经济理论假设信息是完备的、已知的。即信息的搜寻是无成本的，即所谓的"利用价格机制无摩擦"，而现实并非如此。正如新制度经济学奠基者科斯在《企业的性质》（1937）一文中指出的，信息搜寻"发现相关价格的工作"是有成本的。[③] 同样，信息经济学也已证明，信息搜寻是有成本的，正如施蒂格勒在其《信息经济学》中所说的那样：价格在所有的市场都以不同的频率发生着变化，除非某一市场是完全集中的，否则便无人能知道各类卖主（或买主）在任何既定时刻所开出的所有价格，一个买主（或卖主），必须得与各种各样的卖主（或买主）进行多次接触，详细探讨之后，才能确定对自己最有利的价格。

在此"搜寻"（search）过程中，会产生"搜寻成本"（searching cost）。而实际上，在信息搜寻阶段所发生的费用就是科斯所提出的"交易费用"。故因交易费用的存在，理性的消费者是不可能搜寻到所有的价格信息的，只能搜寻到有限的价格信息。这一点也推翻了传统经济理论对"完全信息"的假设。故可断定，通过信息搜寻所建立的备选集必然

① 西蒙. 西蒙选集 [M]. 北京：首都经济贸易大学出版社，2002：205－227.
② 科特勒. 营销管理（第 9 版）[M]. 上海：上海人民出版社，1999：179－186.
③ 科斯. 企业的性质 [A]//现代制度经济学（上卷）[M]. 北京：北京大学出版社，2003：106.

不是全集，而是子集。设全集为 N，子集为 M，则 M⊂N。在此过程中，广告的作用是降低信息搜寻费用：人们更愿意把接触到的广告所传达的产品列入备选集中。即知道的未必列入备选集，但不知道的肯定未被列入备选集。

2. 消费者择优决策的过程也有成本—选择成本

当消费者花费了一定的交易费用，搜寻到相关的信息，建立起可供消费者择优的备选集之后，就需要作出从中择其一的择优决策，即求解"maxU（x，y）"。图 1.1 中的环节 4 表示的即是此过程。根据主流经济理论，假设消费者是完全理性的，消费者有能力求解效用函数最大化，但不管如何求解，此过程总是要耗费消费者的时间和精力。即此环节不仅是客观存在的，而且是需要付出成本的，此成本就是影响和制约消费者作出最终择优决策的关键"局限条件"。那么此成本是什么呢？本书认为，求解最大化所发生的成本，不是交易费用，而是一种新的成本，我们将其称为选择成本（choice cost）①。

科斯在《企业的性质》中，认为交易费用是"利用价格机制的成本"或"发现相关价格工作的成本"。此后，在《社会成本问题》中，科斯对交易费用做了进一步的界定。他说："为了进行市场交易，有必要发现谁希望进行交易，有必要告诉人们交易的愿望和方式，以及通过讨价还价的谈判缔结契约，督促契约条款的严格履行，等等。这些工作常常是花费成本的，而任何一定比率的成本都足以使许多无需成本的定价制度中可进行的交易化为泡影。"② 在 1991 年接受诺贝尔经济学奖的演讲中，科斯进一步补充说："谈判要进行，契约要签订，监督要实行，解决纠纷的安排要设立，等等。这些费用后来被称为交易费用。"③ 张五常则将交易费用界定为"所有那些在鲁宾逊·克鲁索经济中不可能存在的成本……简言之，交易费用包括一切不直接发生在物质生产过程中的成本。"④ 对于交易费用外延，科斯在《企业的性质》一文中，认为交易费用至少包括三个方面：（1）发现相对价格的工作。进行市场交易并不是如正统的完全竞争理论所假定的价格信息为既定的并为所有当事人掌握，相反，价格是不确定的、未知的，要将其转化为已知，进行市场交易的当事人必须付出代价。（2）谈判和签约的费用。市场交易过程不一定是顺利的，因为交易人之间常会发生纠纷、冲突，所以就需要讨价还价，签订和履行合约，甚至诉诸法律。这些都要花费一定的费用。（3）其他方面的不利因素或成本。

通过考察科斯对交易费用的定义，我们发现，选择过程中的模式中的信息搜寻费用即建立局限条件"$P_xX + P_yY \leqslant m$"所发生的费用，才是科斯本来意义上的交易费用。即科斯的交易费用并未涉及消费者最终作出择优决策环节即求解最大化"maxU（x，y）"所耗费的成本。更为重要的，是科斯本人曾明确指出：针对存在交易费用，或许最重要的应用就

---

① 孙曰瑶在 2005 年 6 月出版的《品牌经济学》中，提出了选择成本的概念。同期的国内外学者均关注了择优决策成本，比如埃里克·弗鲁博顿和鲁道夫·芮切特《新制度经济学：一个交易费用分析范式》（2006 年）提出"最优化成本"，卿志琼《有限理性、心智成本与经济秩序》（2006 年）提出"心智成本，与体力消耗相对应，最优化成本、心智成本是指劳心费神的脑力消耗；而品牌经济学的选择成本专指完成选择的时间费用。在本章 1.3 节予以详细辨析。

② 科斯. 社会成本问题［A］//财产权利与制度变迁［M］. 上海：上海三联书店，1994：20.

③ 科斯. 生产的制度结构［A］//论生产的制度结构［M］. 上海：上海三联书店，1994：356.

④ 张五常. 经济解释［M］. 北京：商务印书馆，2000：439.

是出现了企业。实际上，科斯的交易费用并未涉及消费者本身作择优决策所耗费的时间、精力等成本。我们将此成本定义为选择成本（Choice Cost），即消费者在花费了一定的交易费用并建立起来备选集之后，从中作出择其一即择优决策所付出的时间成本。此时间成本的产生，是因消费者从备选集中选择一个必须进行权衡、计算、比较等工作，这些工作本身就需要时间，而时间是有价值的。

故通过上面对整个选择过程的分析，我们发现人们的选择过程实际上存在两种成本，即信息搜寻阶段的搜寻成本或交易费用和最后择优决策过程阶段的选择成本。这两个成本影响和制约着消费者的选择行为。

按张五常的解释，在选择过程中发生的交易费用和选择成本都是制度费用。对此，科斯对张五常的态度是：张五常说交易成本"包括了在鲁宾逊·克鲁索（一人）经济中不可能存在的所有那些成本"。我自己的比较并没与鲁宾逊·克鲁索的世界联系起来。[①] 即使按张五常的解释，在制度一定的条件下，制度费用也就一定了。但消费者仍然存在选择，面对"爆炸式"的选择增长，消费者的择优决策仍然是困难的，从而仍然存在选择成本。故本书认为，将选择过程中发生的交易费用与选择成本明确区分开来，不仅更符合新制度经济学交易费用的本来意义，而且能说明选择的增长对选择过程中的成本的影响。即本书认为在制度一定的条件下，建立备选集的交易费用就是一定的。那么，随后从中择优决策即理性化过程又发生了什么呢？本书认为，在制度一定的条件下，正是选择成本决定了消费者的选择效率。故面对选择的困难，消费者的经济理性，就是在交易费用一定条件下的选择成本最小化。随后的问题是：究竟什么能降低消费者的选择成本呢？本书认为是品牌。

1.1.3 无品牌条件下的选择成本

在无品牌的条件下分析消费者的选择成本。我们把无品牌条件下的消费者的选择类型分为两大类：产品同质条件下的选择和产品差异条件下的选择，在产品同质条件下的选择又分为完全信息（完全理性）条件下的选择和不完全信息（有限理性）条件下的选择两类。下面我们依次来分析3种选择过程。

1. 完全信息且产品同质条件下的选择成本

在完全信息且产品同质的条件下，即交易费用为零，则在预算约束条件下，消费者将依据价格进行择优决策。古典经济学认为，价格即市场信息，是完备的，从而人们的选择行为是无障碍的，可确保市场机制是完整的。均衡价格这只"看不见的手"在指引着人们进行选择。那么在完全信息且产品同质条件下，人们的选择过程从需求开始，进入选择的第二个环节，即依据需求搜寻信息。这里的信息指的就是价格信息，通过搜寻信息所建立的备选集就是价格集，然后做出择优决策。假设消费者通过搜寻并建立起如下可供选择的

---

① 张五常. 经济解释 [M]. 北京：商务印书馆，2000：467.

第1章　品牌经济的选择成本

价格信息集合：$P : \{P_1, P_2, \cdots, P_n\}$。

因产品是同质的，则"趋利避害"的消费者的经济理性就只需要选择最低价格即可。那么选择进入第四个环节，即做出择优决策的阶段，决策是在预算约束条件下进行的，因此择优决策过程可表示为：$Min\{P_1, P_2, \cdots, P_n\}$。

在信息搜寻阶段，因为是在完全信息假设下，所以完全理性的消费者所搜寻到的价格信息就是所有的价格信息，则上面的价格信息集中的 n 是全部即全集。建立备选集以后，要进行择优决策，在产品同质的条件下，消费者简单地选择最低价格即可。

2. 在信息不完全且产品同质条件下的选择成本

针对完全理性和完全信息的假设，西蒙提出了有限理性假说，指出人的决策不是非得最终达到极深刻的地步不可，不是必须囊括全部价值，并把每个问题都同世界上的其他所有问题联系在一起。实际上，我们生存于其中的此环境，一切生命也皆生存于其中的此环境，是一个可近似分解为各个独立部分的环境。故西蒙认为人类的实际选择行为是一种有限理性，即不能知道全部备选方案，有关外部事件具有不确定性，以及无力计算后果。为此，西蒙提出了搜索行为和寻求满意理性。他认为，若决策者在一开始并没有现成的备选方案，那么他必须去寻找。他假设决策者对于应当寻找一个好到什么程度的方案已形成了某一个欲望水平，一旦决策者发现了符合其欲望水平的备选方案，便会结束搜索，选定该方案。

西蒙把这样的选择模型叫作寻找满意的行为模型。即决策者没穷尽所有可能的方案，只是心中预定了一个最低的价值水平，只要寻找到了能达到该最低水平的方案，就不必再去寻找。西蒙同时指出，从长期均势上看，若将搜索费用考虑在内，动态调整欲望水平而做出的抉择甚至可等价于最优抉择。可问题是此"欲望水平"是如何确定的呢？

本书认为，西蒙的有限理性其实是先择优后搜索，而不是主流经济学的先搜索后择优。即首先确定择优标准，其次进行搜索，一旦搜索到符合该择优标准的样本，搜索就终止。那么，先形成的此"欲望水平"即最优解是免费的吗？对此，本书认为，确定此最大化的"欲望水平"所付出的费用即选择成本。

有限理性仍然建立在信息收集过程中，只不过缩小了信息收集的数量和范围。按西蒙的有限理性，在信息不完全条件的选择与信息完全条件下的选择的区别只在于信息的数量和范围，即在信息不完全条件下所搜寻到的信息集只是在信息完全条件下所搜寻到的信息集的子集，而后者则是全集。对此，这种选择所建立的备选集为：$P : \{P_1, P_2, \cdots, P_m\}$。

而 $m < n$，这也是两个选择过程中的唯一的区别，但选择决策的最终做出是一样的，从价格信息集中选择一个最低的价格，即择优决策：$min\{P_1, P_2, \cdots, P_m\}$。

然而，问题同样存在：一是在搜寻阶段同样要花费成本，即搜寻成本或交易费用，只不过因搜寻成本或交易费用的存在人们减少了所搜寻的信息范围和数量而已；二是当建立备选集之后，从中选择一个，无论此过程是如何的简单，都需要人们做出比较、计算、权衡等，仍然需要花费我们上面所说的"选择成本"。同时，更为重要的是，现实中的产品并非同质，故消费者并不是简单地选择价格最低的产品。即使是同质化的产品，消费者并没有能力清楚这一点，尤其是不同厂商的同类产品具有不同的注册商标，进一步增加了消费者对产品本身功能或性能指标的理解。对此，为了说明消费者是如何选择的，经济学中往往用产品差异来解释，即下面的在产品差异条件下的选择。

3. 信息不完全且产品差异条件下的选择成本

在现实中，因产品差异的存在，消费者并非依据最低价格进行择优决策的。兰卡斯特（Lancaster）提出了一种关于产品差异的分析框架，他从一开始就假设，消费者所需要的并不是商品本身，而是包含在那些商品中的性能和质量。[1] 于是一件商品被作为一组性能的组合加以分析。在产品差异条件下的选择过程如同上面一样也是从需求开始，此时消费者需求的商品是一组性能的组合，接下来开始搜寻各种可供选择的商品的性能信息。在信息不完全条件下，搜寻到的信息仍然是有限的，是子集而不是全集。假设消费者所搜寻到的性能信息集如下：

$$F: \{A_1(x_{11}, x_{12}, \cdots, x_{1m}), A_2(x_{21}, x_{22}, \cdots, x_{2m}), \cdots, A_n(x_{n1}, x_{n2}, \cdots, x_{nm})\}$$

其中，A_i（其中 $i = 1, 2, \cdots, n$）表示第 i 个产品，x_{ij}（其中，$i = 1, 2, \cdots, n$；$j = 1, 2, \cdots, m$）表示第 i 个产品的第 j 个性能，则 F 是由 n 个产品 $m \times n$ 个性能组成的集合。当建立此集合以后，消费者进入择优决策阶段，在预算约束条件下理性的消费者依据效用最大化进行选择。

但如同上面所说的，第一，在搜寻信息阶段，消费者要搜寻到各种商品的性能，需要花费大量的交易费用或搜寻成本。第二，当搜寻到集合 F 的商品性能信息集以后，要进入选择过程的择优阶段。在此阶段，消费者要对所有商品的性能进行两两比较，这要求消费者具有相当高的对差异的技术判断能力。即消费者必须成为"产品专家"才能对性能集中的不同性能的不同商品做出比较。那么即使消费者是产品专家，此过程也需要花费大量的时间和精力。况且，消费者要成为产品专家，又必须花费大量的成本。更为重要的是现实中很多产品确实存在各种各样的差异，但并不是所有的差异都符合顾客的需求，那么究竟什么样的差异是有效率的呢？即从产品差异角度进行择优，所花费的选择成本是很高的。

通过以上对三种无品牌条件下选择过程的分析，我们会发现，在任何的选择过程中，信息搜寻阶段要花费交易费用，而从所建立的备选集中做出最终择优决策，也要花费成本，即选择成本。故在整个的选择过程中，消费者花费的成本包括交易费用和选择成本这两个部分。这样，在交易费用一定的条件下，面对建立起来的备选集，选择成本的大小就决定了消费者选择效率的高低，从而决定了经济资源在不同企业之间的配置。

在短缺阶段，生产企业关心的是如何提高生产能力，而消费者关心的是如何买到商品。而到了过剩阶段，面对众多的商品或服务，更多的消费者并不是商品或服务的技术专家，即使消费者能成为某一类商品的技术专家，他也不可能成为所有商品或服务的技术专家，要做到此点，花费的代价何其大！实际上，在消费者选择和购买的过程中，厂家都配有详细的产品说明书，但有多少消费者能看明白呢？那么，在看不明白或根本不看的情况

---

[1] Lancaster, K. J., A New Approach to Demand Theory, Journal of Political Economy, 74 (1966), 132 – 157.

下，即在信息高度不完备条件下，人们是如何作出择优决策的呢？在现实中，面对大量的商品信息，人们更多的连有限理性都算不上。即人们不是去收集大量的选择信息，而是非常简单地按品牌进行择优决策。下面我们通过品牌选择过程模型说明品牌是如何影响人们的选择的，同时说明一个"品牌"是如何成为品牌的。

1.1.4　有品牌条件下的选择成本

假设消费者通过上面的某种选择方式做出了选择，那么接下来就是消费或使用的过程，我们用图 1.2 来直观地描述品牌的形成与品牌选择过程。

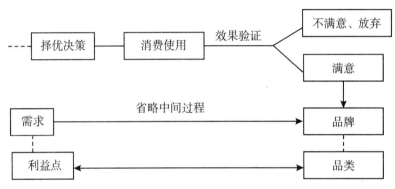

图 1.2　品牌的形成与品牌选择过程模型

资料来源：笔者自行绘制。

消费者的消费使用的过程同时也是效果验证的过程，通过效果验证会有两种可能：一是不满意，当消费者在未来具有同样的需求时，将放弃选择该商品，转向购买其他商品，而转向购买其他商品又会是一个新的从需求到信息搜寻到择优决策的过程；另一种可能是消费者通过使用对所选择的商品感到满意。

假设每种商品都注册有商标（trademark），消费者就会认为本次选择的该商标的商品的"品牌信用度"较高。那么当消费者在未来产生同样的需求时，将会直接选择该商标的商品，省略了通过信息搜寻来建立备选集以及择优决策这些中间过程，那么该商标也就成为了本书所指的品牌（brand）。故所谓品牌，就是能降低目标顾客选择成本的排他性的利益符号，而在产品同质化也即物质利益相同的条件下，唯一不同的注册商标所能带给目标顾客的排他性乐点也即情感利益。

假定消费者仍然需要直接到超市购买所需要的商品，交易费用中的交通费用仍然存在，但进入超市后，因品牌的存在，消费者直接节省了做出择优决策所付出的选择成本，从而间接节省了信息搜寻费用和时间机会成本。即有了某种需求就直接选择某个品牌的选择模式，节省了张五常所谓的制度费用，消费者之所以选择某个品牌而放弃其他品牌，原因在于该品牌降低了制度费用。但问题是，制度费用降低的机制是什么呢？对此，本书认为，品牌正是通过降低了消费者做出择优决策阶段所发生的选择成本，进而节约了信息搜寻阶段所发生的交易费用，从而才降低了整个选择过程中的制度费用。

具有某个单一利益点（Single Benefit Point，SBP）的商品，能降低消费者的选择成本，假设某商品具有 n 个利益点，即存在利益集 F：$\{F_1, F_2, \cdots, F_n\}$，消费者在选购时，需要对不同利益点进行比较权衡，从而建立权重集 W：$\{W_1, W_2, \cdots, W_n\}$，则建立权重集 W 所付出的成本就是选择成本。当且仅当 n = 1 时，选择成本最小。我们将单一利益点称为"品类"（category）。从需求直接到品牌的选择过程，实现了消费者单一利益点与品牌品类的对应。在信息过剩的条件下，基于商标的品牌作为一种利益或价值符号，之所以能使消费者从需求直接到品牌，核心是品牌能降低消费者的选择成本。每当消费者产生购买需求时，消费者要通过交易费用，获取一组商品信息之后，从该组商品中做出最终的择优决策。在品牌缺失条件下，消费者仍然要付出一定的做出择优决策本身所花费的成本，即本书所说的选择成本。故在信息过剩条件下，若按无品牌条件下的选择，将导致选择成本极高，使消费者无法完成选择。可现实是消费者普遍完成了选择，说明人们并没按完全信息、有限理性、产品性能差异等方式进行选择，而是按品牌进行选择的。即品牌成为了消费者完成选择的理性标准即品牌理性。在引入品牌后，一切选择问题也就简单了，消费者需要的是某个单一利益点，而品牌则是该单一利益点即品类的代言人，从需求产生直接到品牌即择优决策就可以了，这样节约了选择成本，进而节约了交易费用。在此基础上，提高了消费者的选择效率。

1.1.5 斯密悖论与 BCCP 模型

斯密在《国富论》中指出分工与专业化可提高生产效率，而分工与专业化程度的提高带来的直接结果就是选择的爆炸式增长。随着选择的持续增加（分工与专业化仍在深化），消费者的选择成本将大大提高，由选择成本决定的选择效率将大大降低。这样会导致生产出来的产品因消费者的选择效率降低而无法顺利地实现"惊险的跳跃"，无法完成价值的实现，从而阻碍了生产效率的提高，这就是斯密悖论。

交易费用理论的出现从制度的角度给斯密以补充，交易费用或制度的重要性在于交易费用或制度对资源配置效率的影响，这就是科斯定理所阐述的内容。科斯第一定理为：在交易费用为零的条件下，资源配置效率与产权制度安排无关；科斯第二定理为：当存在正的交易费用的条件下，产权制度安排会对资源配置产生影响。科斯第二定理提出了解释不同产权制度安排对资源配置效率影响的标准，即交易费用的大小或高低。即一种交易费用低的产权制度安排会促进资源配置效率的提高，而一种交易费用高的产权制度安排会阻碍资源配置效率的提高。正是在科斯第二定理的基础上，诺思提出了"制度变迁理论"，简言之，产权越明确，交易费用就越低，资源配置效率越高，从而促进经济增长。

然而，当制度确定之后，不同的企业为何会有不同的效率呢？在产权都是高度明晰的发达国家，为何还存在大量的企业倒闭呢？究竟是什么因素决定了企业的效率，进而决定了整个经济资源配置效率呢？实际上，正如科斯本人所说：针对存在交易费用，或许最重

第1章 品牌经济的选择成本

要的应用就是出现了企业。即科斯本人并不认为交易费用可用来解释企业之间效率的差别，而是认为交易费用是用来解释企业产生的原因或局限条件。例如，科技创新需要知识产权制度，若缺乏严格的知识产权制度，知识创新者的利益就得不到保护。当知识产权制度建立起来之后，运用该制度就需要付出费用，即制度费用或交易费用。而问题恰恰就是，当知识产权制度建立起来之后，面对同一个知识产权制度，所有厂商所付出的交易费用是相同的，但不同的厂商为何效率不同呢？

例如，商标（trademark）作为一项知识产权，其设计、注册、宣传、保护等费用的价格机制都是相同的，但为何不同的商标所产生的效率不同呢？以可口可乐和百事可乐为例，二者是不同的商标，尽管经过盲测，后者比前者更好喝，但为何长期以来，可口可乐一直处于领先地位？同样，可口可乐在1985年推出的且经过盲测确定的新配方，为何得到了强烈反对而不得不换为老配方？对此，交易费用是无法解释的。即在分析判断交易制度的演变时，为了衡量不同交易制度信息不完全程度给交易者带来的费用，交易费用是有解释力的。一项交易制度一旦建立起来了，那么交易费用也就确定了。在交易制度一定的条件下，所有企业遵循相同的交易费用机制，在这种情况下，交易费用无法解释不同企业的生产效率差异。科斯用交易费用降低，解释了在信息不完全条件下企业产生的原因。但交易费用却无法解释在相同的制度下，为了降低交易费用而建立起来的不同企业，为何有的企业效率高，而有的企业效率低，甚至有的倒闭了？对此，交易费用是无法解释的。

通过前面对选择成本的分析，本书认为，在制度一定的条件下，外部顾客的选择效率决定了企业内部的生产效率，从而决定了整个社会的资源配置效率。在过剩条件下，价格机制最终将回到均衡状态，但在此回归的过程中，将是一个众多企业倒闭而市场高度集中的过程，什么因素决定了一个企业成为最终的生存者呢？本书认为，哪个企业能降低外部消费者的选择成本，哪个企业就将成为最终均衡状态的存在者，而只有品牌能降低选择成本。

斯密在《国富论》中指出，任何生产的目的都是消费。而消费之前，消费者面对大量可供选择的品牌时必须做出选择，而选择过程中会产生选择成本。选择成本影响着消费者或企业外部顾客的选择效率，若选择效率低下，那么消费必然受到制约，导致企业生产效率的降低。故本书的分析重点在于在生产与消费之间考虑了消费者的选择过程和选择成本。本书认为，品牌正是通过降低了消费者的选择成本，提高了消费者的选择效率，而最终提高了企业的生产效率。

品牌降低消费者的选择成本是通过品牌信用度①（Brand Credit Degree，缩写为B，在其他章节，一律缩写为 B_c）的变化而起作用的。为了找到品牌信用度与企业生产效率之间的关系，我们建立一个四维模型，即品牌信用度—选择成本—选择效率—生产效率模型（the Model of Brand Credit Degree, Choice Cost, Choice Efficiency and Production Efficiency，简称 BCCP 模型）。图 1.3 为 BCCP 模型。

---

① 品牌信用度将在后文中做出详细的论述。

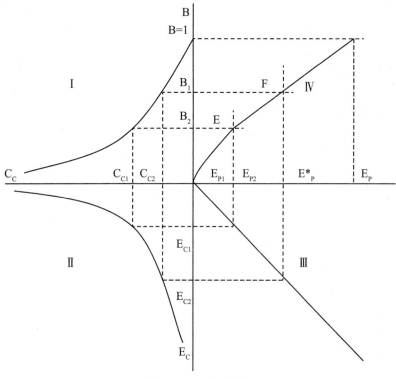

图 1.3　BCCP 模型

资料来源：笔者自行绘制。

其中，Ⅰ：描述品牌信用度与选择成本之间的关系；Ⅱ：描述选择成本与选择效率之间的关系；Ⅲ：描述选择效率与生产效率之间的关系；Ⅳ：描述品牌信用度与生产效率之间的关系。图中的符号 B、C_C、E_C、E_P 分别表示品牌信用度、选择成本、选择效率、生产效率。品牌信用度越高，该品牌就越能降低消费者的选择成本。品牌信用度与选择成本之间是反向变动关系，当品牌信用度达到最高，即 B = 1 时，选择成本 $C_C = 0$。

我们用式（1 - 3）表示品牌信用度 B 与选择 C_C 之间的函数关系：

$$C_C = f(B) = \frac{1 - B}{B} \quad \left(= \frac{1 - B_C}{B_C} \right) \qquad (1 - 3)$$

该函数满足：$\dfrac{d_{C_C}}{d_B} = -B^{-2} < 0$。

选择成本与选择效率之间存在着反向变动关系，即选择成本越低，在一定时间内消费者成功选择就越多，因此选择效率就越高，反之就越低。我们用式（1 - 4）来表示两者之间的函数关系：

$$E_C = g(C_C) \qquad (1 - 4)$$

该函数满足：$\dfrac{dE_C}{dC_C} < 0$

选择效率与生产效率之间存在着正方向变动关系，即外部消费者对该企业的品牌选择的选择效率越高，则该企业的生产效率就越高；反之则越低。我们用式（1 – 5）来表示两者之间的函数关系：

$$E_p = g(E_c) \qquad\qquad (1-5)$$

该函数满足：$\dfrac{dE_p}{dE_c} > 0$

将式（1 – 3）、式（1 – 4）、式（1 – 5）联立，便可得到品牌信用度与生产效率之间的函数关系：

$$E_P = e\{g[f(B)]\} \qquad\qquad (1-6)$$

因 $\dfrac{dC_C}{dB} < 0$，$\dfrac{dE_C}{dC_C} < 0$，$\dfrac{dE_P}{dE_C} > 0$，故 $\dfrac{dE_P}{dB} > 0$，且当 $B = 1$ 时，E_P 最大。

实际上，我们利用图 1.3 也可找到品牌信用度与生产效率之间的关系，Ⅰ 中，当品牌信用度为 B_1 时，选择成本为 C_{C1}；当品牌信用度为 B_2 时，选择成本为 C_{C2}。Ⅱ 中，当选择成本为 C_{C1} 时，选择效率为 E_{C1}；当选择成本为 C_{C2} 时，选择效率为 E_{C2}。Ⅲ 中，当选择效率为 E_{C1} 时，生产效率为 E_{P1}；当选择效率为 E_{C2} 时，生产效率为 E_{P2}。因此在 Ⅳ 中，我们可以找到相互对应的两个点 $E(E_{P1}, B_1)$ 和 $F(E_{P2}, B_2)$，连接两点，我们就可找到品牌信用度与生产效率之间的关系，二者呈同方向变动。

通过 BCCP 模型分析，我们得出两个结论：第一，在选择成本 $C_C = 0$ 的条件下，选择无障碍，市场会在价格的指挥下自动出清；第二，在选择成本 $C_C > 0$ 的条件下，选择成本的存在会导致选择效率的降低，生产效率会受到影响。

1.1.6　结论

人类的一切行为都是选择行为，经济分析的最基本单位是选择而不是交易。在消费者的选择过程中，存在交易费用与选择成本。交易费用并不能解释现实中处于同样制度条件下的企业之间的效率差异。在深入地分析了选择过程之后，我们得出的结论是，选择过程中除了有搜寻信息所花费的交易费用以外，做出最终的择优决策也存在成本即选择成本。选择成本的存在，导致了消费者的选择效率的高低，进而决定了在过剩条件下企业的生产效率。而品牌通过降低消费者的选择成本，降低了选择过程中的交易费用，提高了消费者的选择效率，并最终决定了企业的生产效率。处于过剩条件下的企业，只有不断提高自身的品牌信用度，才能提高生产效率。

1.2　自主创新的品牌经济学研究[①]

基于品牌经济学的逻辑，科技开发不是自主创新的目的，而是创建品牌的手段。只有

---

① 本节由孙曰瑶发表于《中国工业经济》2006 年第 4 期，在此略加补充。

创建新的品类及品牌，中国才能在过剩的市场竞争中，摆脱价格竞争，进入良性循环。为此，我们对品牌的经济学属性进行了理论分析，认为在价格一定的情况下，通过提高品牌品类度，采取精确的品牌策略，厂商不仅可获得盈利的短期均衡，而且可获得持久的长期均衡。而要提高品类度，关键是采取与对手品牌所在品类相反的分异方向，这就需要我们在提出自主创新战略时，实施以品牌品类创新为导向的品牌工程。

1.2.1 问题的提出

我国政府提出自主创新战略，并为此制定了科技发展纲要，这对国家发展无疑是重要的。但也必须意识到，自主创新绝对不等同于科技开发带来的专利。必须看到这样的现实，美国占领中国和全球市场的，绝对不仅仅是飞机、汽车、计算机，更多的还是麦当劳、肯德基、可口可乐、百事可乐、宝洁日用化工用品、好莱坞的电影、迪士尼的卡通等。

一个国家的竞争力，尽管其途径或手段是知识进步和技术创新，但最终是通过品牌创新来体现的，因为正是品牌才能直接左右顾客的选择行为。在市场经济条件下，所有的产出必定要通过销售完成价值转换，而在过剩经济条件下，品牌在此价值转换过程中对顾客的选购越来越起到决定性的作用。

但品牌又是一个极为普通的概念，听起来好像人人都明白，但对其经济学本质，并非能用显而易见来一笔带过。因为在主流经济学体系中，有商标但并无品牌的位置。且在完全信息和产品同一性假设下，也不需要品牌。在这样假设的市场经济里，只要有了价格，一切经济行为就成为最低价格的选择了。正是这种理论导致了我国企业之间频繁地进行价格战。故人们所熟知的品牌，其实更多的仅仅是商标，而不是品牌。商标没有市场价值，因为单靠商标无法保证未来的顾客选购，而品牌具有市场价值，因为品牌能提供使未来的顾客持久选购的理由。事实上，法律能保护的仅仅是注册商标，而无法保护品牌。

第二次世界大战后日本经济得以迅速发展，除了其他原因外，最重要的是日本选择了一条与美国完全相反的品牌分异路线。例如，当时的美国电视是体积大的落地式电视，而日本走的是便携式的电视机，并以此为导向进行技术创新，从而成功地完成了集成电路的应用。再如，美国轿车是以大体积、高油耗为特点，日本就走了一条小体积、低油耗的分异路线，从而成为经济型轿车此品类的代表。

故本书认为，自主创新本身既不是目的，也不能简化为科技开发，更不是简单地开发新产品。在欧美的经济实践中，新产品的市场成功率只有 5% ~ 10%。本书认为，自主创新必须是以品牌创新为目的的市场战略，自主的科技研究和开发，只是实现品牌创新的手段而不是目的。为此，本书从经济学角度对品牌的经济学属性进行系统分析，试图为我国的自主创新建立品牌创新的经济学理论基础。

在主流经济学理论中，基本命题是数量与价格变化对资源配置的影响机制。且在完全信息和产品同一性假设下，按需求曲线，厂商选择降低价格的行为，就能增加销量，根本不需要广告，当然也不需要品牌。而不断降低的价格本身又构成新加入者的进入壁垒。

但从经济现实中，我们也可发现另外两种经济现象，一是在价格已知且不变的条件下，照样可增加销量。例如，报纸发行、短信业务、电信业务、互联网等。二是人们熟知的世界品牌，并不采取价格竞争，而是在价格已知且不变条件下，在一定的地理空间范围内，通过保持每年销量的相对稳定，能持久占有此稳定的市场份额，从而获得了极高的永续价值。本书认为，从经济学角度揭示品牌的本质，基本命题是在价格已知或已定且具有相对稳定性的条件下，品牌是如何影响人们的经济行为的。只有揭示清楚了此基本命题，才能为自主创新提供品牌经济学理论支持。

1.2.2　选择成本的界定

在主流经济学中，有三个重要假设，第一是假设人们是经济理性，即不仅有追求个人利益最大化的欲望，而且有追求个人利益最大化的能力。第二是市场信息特别是价格信息是透明的，人们根据透明的市场信息，来作出自己的最优选择。第三是假定产品是同一性的，产品的技术特性和销售服务都完全一样，故人们的选择行为将直接受透明价格的决定。在这样的市场条件下，谁的价格低，人们就选择谁的产品。

西蒙的有限理性理论，证明了人们不可能实现经济理性，更实际的行为是有限理性。而科斯的交易费用理论，又证明了个人获取市场价格存在很高的费用，从而更多的人组成一个企业，通过企业用一个合约来代替一系列合约，从而降低了交易费用。[①]

本书认为，作为获得市场信息的交易费用，根据市场信息的不同，可有三种具体形式，包括价格信息、产品信息和品牌信息。

1. 价格信息与选择行为

在现实经济中，获取市场价格确实是需要费用的。例如，当我要购买彩电时，我就要从家里出发，到家电商场，到了商场后，我要到各个厂家的展台上进行一系列的考察，最终收集到一组价格信息：P：$\{P_1, P_2, \cdots, P_n\}$。

每个价格代表一台彩电。从出家门到获得该组价格信息，我所花费的总费用，就是交易费用。到了此时，若市场存在产品同一的假设，即所有彩电的技术和销售服务等都一样的话，我将只选择最低价格的那台彩电，即求：$\min\{P_1, P_2, \cdots, P_n\}$。

如此一来，哪个彩电厂家的彩电价格低，哪个厂家的彩电就将占据市场。

按主流经济学关于产品同一性假设，深圳生产的康佳彩电，永远也卖不到青岛，而青岛生产的海信彩电，也永远卖不到深圳。因为在上述假设下，影响彩电价格的就只能是运输距离。图 1.4 中，以 A、B 分别代表深圳和青岛。

根据生产成本即 C_a 和 C_b 的不同，可有三种情况。

若 $C_a = C_b$，令 $TC_A = TC_B$，则 $L_{AB} = L_{BA}$，即由 $AEDC_a$ 构成了区位 A 产品的市场区域，

---

① 关于交易费用的诠释，请查看参考文献：方钦. 经济学制度分析的源流、误识及其未来 [J]. 南方经济，2018 (12)：98 – 128.

而 $DEBC_b$ 构成了区位 B 的市场区域，且面积 $AEDC_a$ 等于面积 $DEBC_b$。

若 $C_a > C_b$，即区位 A 的产品成本高于区位 B 的成本，则区位 A 和区位 B 之间的市场临界线 ED 向区位 A 方向移动，即面积 $AEDC_a$ 小于面积 $DEBC_b$。

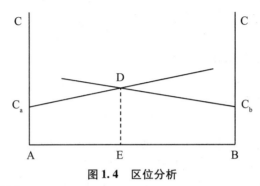

图 1. 4　区位分析

资料来源：笔者自行绘制。

假设该产品在区位 A 和区位 B 的生产成本是一样的，即 $C_a = C_b$，单纯考虑运费对销售成本的影响，则从区位 A 的产品向区位 B 运输，产品 A 的总成本是：$TC_A = C_a + RL_{AB}$，而区位 B 的产品向区位 B 运输，产品 B 的总成本是：$TC_B = C_b + RL_{BA}$。其中，R 为单位运输价格，L 是运输距离。

若 $C_a < C_b$，即区位 B 的产品成本高于区位 A 的成本，则区位 A 和区位 B 之间的市场临界线 ED 向区位 B 方向移动，即面积 $AEDC_a$ 大于面积 $DEBC_b$。

故按产品同一性假设，同一种产品，区位 A 的产品，绝对不可能卖到区位 B，而区位 B 的产品，也绝对卖不到区位 A。

再从几何图形上看，以区位 A 或 B 为核心，向外扩张是以 A 或 B 为圆心，以 AE 或 BE 为半径的圆形面积。若区位 A 外部有 N 个区位，圆与圆之间将出现空白点，而现实市场不会出现空间空白点。为了解决此矛盾，同时，又符合每个厂商空间市场最大化假设，克里斯塔勒提出了正六边形的中心地理论模型，因为只有正六边形既保证了相邻厂商每个厂商的市场空间最大而又没空白点。

按这样的假设，深圳生产的康佳彩电，当然不可能卖到青岛，因为青岛有海信彩电；相同，青岛生产的海信彩电，也不可能卖到深圳，因为深圳有康佳。可是，现实却不是这样的，几乎每个区位生产的彩电，不仅都能卖到对方区位中，而且在定价时，更倾向于与距离无关的区位同价，即同样产品在不同区位采取相同的零售价格。通过采取区位同价，目的是消除本厂同一产品在不同区位之间流动，以确保每个区位价格的稳定性，某个区位不至于因突然流入产品而导致价格下降，致使经销商损失。

为何会这样呢？本书认为，正是品牌的存在，突破了地理距离，改变了上述假设。

2. 产品信息与选择行为

张伯伦为了弥补产品同一性假设与实际的偏离，引入了产品差异，建立了垄断竞争模型。然而，为了建立厂商长期均衡，同时他又提出了他自称为"大胆的假设"，就是产品虽然是差别产品，但假定各厂商的成本相同，且消费者的偏好是均匀地分布在各种产品之上的，故各个厂商的成本曲线和需求曲线都是一样的，市场价格也只有一个水平。如此一来，"大胆假设"又消灭了产品差异。

再回到前面的购买彩电的事例，通过交易费用，我确实得到了一组价格信息即 P：$\{P_1, P_2, \cdots, P_n\}$。在我国目前的彩电市场现实中，确实存在高度的产品技术无差异性，但又确实不是谁的价格低谁占领市场。例如，在 1997 年到 2000 年，在我国的彩电品牌（其实是商标）中，商标是"高路华"的彩电价格最低，其市场份额不仅当时没进入前 10 位，而且如今该彩电已退出市场。

现实也确实是深圳生产的康佳卖到青岛（本地有海信）、四川（本地有长虹），而青岛生产的海信也确实卖到了深圳和四川，四川生产的长虹也确实卖到了深圳和青岛。究竟是什么因素导致的呢？本书认为，根本原因是品牌而不是商标的作用。

在短缺经济条件下，消费者追求的最大利益是买到产品，在相当程度上可服从上述产品同一性假设。但在过剩经济条件下，消费者购买的不是产品，也不是商标，而是品牌。若一个顾客信任且喜欢康佳，则不管该顾客在哪里，都会购买康佳；若另一个顾客信任且喜欢海信，则不管该顾客在哪里，他仍然购买海信。

现在，我们可改变单纯的价格信息模型，用产品差异代替价格。即投入一定的交易费用，人们所获得的一组信息，不仅是价格信息，而且是一组没品牌但有差异的产品信息。按张伯伦的观点，就是在产品基本相同时，通过广告活动和其他销售活动的影响，消费者也能从主观上认为它们是有差别的。故差别来源于产品本身物质的、法律的和销售条件的不同：产品的品质、设计、颜色、式样、包装的不同，专利、商标牌子和商店名称的不同，在零售交易中销售地点的方便与否、工作效率、经营方式、公平交易的信誉、店员对顾客的态度等的不同，都会产生产品差别。

显然，在产品信息中，价格仅仅是产品差异的一个要素，为了表示产品信息模型能包含价格信息，采用以下表达方式：Q：$\{Q(p_1)_1, Q(p_2)_2, \cdots, Q(p_n)_n\}$。

假设每个产品信息由 e 个要素信息构成（通过产品说明书获得），每个人对不同要素具有不同的偏好，通过两两比较获得最终的产品偏好。设每两个要素之间的比较需要耗费单位时间是 t_0，则确定每个产品的要素权重需要时间为 C_c^0：$C_c^0 = t_0 C_e^2 = t_0 e(e-1)/2$。

假设有 n 个产品，则获得要素权重所需要的成本为 $C_c^0(n)$：$C_c^0(n) = nC_c^0 = nt_0 e(e-1)/2$。

例如，假设要比较 6 个要素，有 20 个产品，每两个产品要素的比较需要时间为 10 分钟，则：$C_c^0(20) = 20 \times 10 \times 6(6-1)/2 = 3000$ 分钟 $= 50$ 小时。

在确定了对每个产品要素权重比较基础上，再对不同产品通过两两比较（若真的只需要比较价格就好了）才能作出最终的选择。

假设每次两两比较需要花费的成本用单位时间 t_1 来表示，则所需要花费总的时间 C_c^1 是：$C_c^1 = t_1 C_n^2 = t_1 n(n-1)/2$。例如，若有 20 种不同彩电，则 $C_c = 190t$，设 $t_1 = 20$ 分钟，则 $C_c = 3800$ 分钟，即 63 个小时。若每小时收入或机会成本是 10 元，则选择成本为 $50 + 63 = 113$ 小时，折算为 1130 元。

也就是说，即使我们花费了一定的交易费用，获得了一组产品信息，即实现了信息完全，但因存在产品差异性，我们要从这组产品信息中最终选择一个产品，仍然需要付出一定的成本。这种成本既不是以获取价格信息为对象的交易费用，因为价格信息我已获得了，也不是为了获取产品信息，因为产品信息我们也获得了，而是一种新的成本，品牌经济学将其称为选择成本（choice cost，简称 C_c）。

本书认为，分工与专业化确实能提高生产效率或供给效率。但供给效率的提高，导致产品差异性的增加，必然带来选择的困难。从我国 40 多年来的改革开放看，最直观的进步就是商场里的商品不仅数量剧增，更重要的是商标剧增，从以百为单位到今天的以万为单位。致使消费者从原来的"饥不择食"，到今天的"不知所措"。因此，在过剩条件下，若不能提高选择效率，即降低选择成本，将直接导致经济失衡。

3. 品牌信息与选择行为

在产品信息基础上，为了进一步界定选择成本（C_c），本书引入品牌信息的概念。即在价格、质量、规格、款式、商标、颜色等产品信息基础上，增加了品牌，即目标顾客购买的利益点。为了获取品牌信息所花费的费用，也是交易费用。

到此，本书将交易费用细分为三个具有递进关系的含义。

第一个交易费用是科斯最早提出的，就是为了获取价格信息而产生的费用。事实上，最初的交易费用，就是为了纠正市场价格透明或完全信息假设而提出的，且也是在产品同一性假设下进行分析应用的。正如张五常所言，科斯在《企业的性质》中，所提出的极为重要的问题是：一个人可依照市价的指引而生产，自己在市场出售，为何此人会跑到一家公司去做成员，被经理指挥工作？科斯的答案是：市价往往因为交易费用过高而不能知道，所以公司就形成了。

第二个交易费用是指获得产品信息所发生的费用，此处的产品是广义的交易对象。正如张五常所指的"律师、金融机构、警察、中间人、企业家、经理、职员、佣人等"。（张五常认为这些人的收入就是交易费用，对此，本书无法理解，因为按此推理所有产品的价格就是交易费用）。本书认为，当我需要律师时，我确实预先收集一组即多个律师的此"制度产品"的信息，获得这组律师信息所花费的费用就是交易费用。然后，我必须从中选择一个或几个，为了完成最终的选择所花费的费用就是选择成本。企业在选择经理、家庭选择佣人等时也是同样的道理。在产品信息中包含了价格信息，同时还包含了诸多产品要素信息，如质量、规格、商标、产地等。

第三个交易费用是指获取品牌信息所发生的费用。在此需要特别说明，商标不等于品牌，商标是个法律概念，而品牌是个利益概念，是目标顾客选购的理由。例如，在二战之前，可口可乐仅仅是个商标，但在二战中，为了缓解美国大兵在世界各地战场上的思乡情结，"哪里有美国大兵，哪里就有可口可乐"，可口可乐成为缓解思乡情结的家乡本土象征。从而在战后，可口可乐成为这代美国人的精神象征。此时的可口可乐就使人们有了足够的购买理由，也就成为了触景（商标）生情从而情不自禁选择的情感利益代言即品牌。

在现实市场中，所有出售的产品，法律都要求有属于厂商自己的商标。但有商标的产

第1章　品牌经济的选择成本

品不等于有市场，因为商标并不等于目标顾客所需要的利益，对此下文将详细分析。

现在的基本命题是：当选购者在超市、商场、学校、证券市场、期货市场等市场中，通过投入一定的交易费用，获得了一组品牌信息之后，即解决了信息不完全问题之后，从中最终选择一个品牌，仍然需要发生一定的时间比较费用，此时间比较费用就是目标顾客对品牌的选择成本。例如，在我国很多城市的大型超市中，麦当劳和肯德基同时存在，人们对这两个快餐店的品牌信息是熟知的，但当人们面临从中择其一的选择时，仍然要有个比较思考的时间。为此，我们给出选择成本的定义。

所谓选择成本（choice cost，简称 C_c）：是指通过交易费用，目标顾客获取一组基于商标的品牌信息之后，从中择其一所花费的时间费用。[1]

在现实市场中，更多的情况下是产品之间不存在显著的、可鉴别出来的技术差异，也即同质化，而仅仅是品牌（本书将在后面给出品牌的经济学定义）差异。为此，将上述的产品信息集扩张为包含产品信息的品牌信息集：B：$\{B(Q_1)_1, B(Q_2)_2, \cdots, B(Q_n)_n\}$。

仍以彩电为例，若所有彩电的品牌缺乏实质意义，即缺乏下文定义的品牌品类度，则选择成本 C_c 也是很高的。为此，依据选择成本，本书将品牌划分为三个等级。

（1）认牌级品牌：若彩电价格在我的购买支付能力范围内，若我认可彩电品牌 A，则我将采取指牌购买，即直接购买品牌 A，而不必在不同品牌之间进行选择，此时的 n = 1，则选择成本 $C_c^a = 0$。

例如，海信彩电在 1998 年开发成功环保彩电，能显著地降低电磁辐射，从而获得国家环保局环保彩电认证的 001 号。在众多彩电品牌中，创建了海信环保彩电此新品类，使海信彩电在彩电价格大战中独树一帜，给了人们一个显著的购买理由，市场份额也随之增加。故若我认可低辐射，我就选购海信，不再去比较其他品牌。即海信是个商标，但具有环保意义的海信就是品牌，因为它意味着关爱家人尤其是孩子健康，从而给了我一个不假思索选购的情感理由。

（2）广告级品牌：若缺乏认牌级彩电品牌，但通过广告，我知道了 m 个彩电品牌（其实是商标），且 m≪n，则：$C_c(m) \ll C_c(n)$。例如，从 3 个（m = 3）商标彩电中择其一的选择成本，必定小于从 10 个（n = 10）商标彩电中择其一的选择成本。

广告一旦停止或减少，随着时间的推移，遗忘曲线将展现出其应有的威力，我国很多标王的结局就证明了这一点。而宝洁系列日化用品，直到成为中国份额第一之后，才成为央视的标王。其实，广告的真正价值不在于销售，而在于巩固已使用者，而品牌的价值在于销售拉力。

（3）导购级品牌：若我事前对彩电既没认牌的品牌，也没看过广告，或者看过广告但并不信任。但在购买现场，接受某个彩电品牌 K 派驻的导购人员的现场导购，若他或她在与我的沟通过程中，能引起我的情感共鸣，从而取得我的信任，同时该品牌的价格也在我的支付能力之内，则我也很容易作出购买该品牌的选择。因他或她的导购服务，降低了我

---

①　在 2005 年经济科学出版社出版的孙曰瑶撰写的有关品牌经济学第一本专著即《品牌经济学》中第 10 页，将选择成本界定为时间成本、精神成本、学习成本。随着后续的更深入研究，到 2006 年初即本节成文开始，将选择成本界定为时间费用。

的选择成本，即 $C_c^k = 0$。

我们亲自研究的一个实例是青岛澳柯玛空调。在 2001 年时，澳柯玛空调的份额在全国是第 15 名，在北京是第 5 名，但在北京的雪银大厦却是第 1 名，且远远超过第 2 名。在一切都一样的情况下，出现这种绩效差别的唯一原因，是因为澳柯玛空调在雪银大厦的导购员，尽管她并不掌握多少空调产品知识，但却善于与顾客情感共鸣沟通来取得顾客的信任，从而取得了优异的销售业绩。本质上是因导购员个人品牌强化了所代表的产品品牌。在服务行业里，服务人员之所以更加重要，即此道理。

在人们自主选购的实际过程中，不管开始制订了多少个方案，或考察了多少个品牌，最终总是在两个方案或两个品牌中作出择一选择。即人们更多的是采取在两个中选择一个，即 $m = 2$，此时，$C_c = t_1$。

但对于重复购买使用的商品来讲，人们一旦接受了某个品牌的品类，且经过试用感觉到该品牌确实达到了品类承诺，则在以后的选购过程将没有选择成本，即 $C_c = 0$，因 $t = 0$。这就是我们在超市中观察到的很多顾客在选购某个商品时，走到该商品的货架之后，从货架直接取下某个品牌，而不再进行选择。

1.2.3　品牌经济与选择成本

上面指出商标不等于品牌，商标仅仅是法律概念，而品牌是利益概念。现在的问题是，什么样的品牌能降低目标顾客的选择成本，从而提高选择效率呢？

本书认为，通过广告提升商标知名度，按 $C_c(m) \ll C_c(n)$，$(m \ll n)$，确实可降低选择成本。但在现实市场中，又存在很多具有很高知名度但又失去市场的商标。人们熟知的三株、爱多、旭日升、秦池等均是如此，要强调的是，在这几个商标中，只有旭日升具有品牌品类价值，因为它开创了"冰茶"这一新品类，但终因品牌策略失误而失败。故知名度仅仅是巨额广告带来的高频重复产生的记忆效果，这不足以构成人们选择的必然理由。

本书认为，品牌信用度才是降低选择成本的核心所在。为了从经济学角度揭示品牌对人们选择行为的影响，下面论述品牌经济学的概念基础。

1. 品牌的经济学定义

所谓品牌，是与目标顾客达成的长期利益均衡，从而降低其选择成本的排他性品类符号。所谓利益均衡，就是品牌所代表的物质与情感利益点，不仅是目标顾客内心所需求的，而且是不用劳神进行比较的，从而使目标顾客不假思索地选择。品牌所具有的长期性，确保了未来的目标顾客的持久选购。而正是未来目标顾客的持久选购所实现的每年收益，按一定收益率折现值，就是品牌价值。故品牌不同于商标，商标属于法律概念。本书认为，只有能使现实与未来目标顾客持久购买的品类商标，才是品牌。否则，商标仅仅是一个法律符号。故很多所谓的知名品牌，其实就是通过广告投入产生的知名商标，广告一停，销售迅速下降甚至死亡。

本书认为，人们购买的不是产品，也不是商标，而是能带给自己物质和情感利益，且能极大降低自己选择成本的品牌。当然，不同的品牌能带来的物质和情感利益是不同的。用 M 表示物质利益，取值为 [0，1]，E 代表情感利益，取值为 [0，1]。则可建立品牌的"物质—情感"矩阵（M－E 矩阵），如图 1.5 所示。

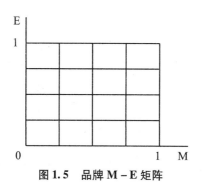

图 1.5　品牌 M－E 矩阵

资料来源：笔者自行绘制。

在 M－E 矩阵中，当 M＝1，E＝1 时，分别代表在价格一定或支付能力范围内所获得的最大的物质和情感利益满足。而当 M＝0，E＝0 时，分别代表物质和情感完全没满足，则在 M∈[0，1] 和 E∈[0，1] 之间，可有无穷多个物质和情感利益点。由一个物质利益点和情感利益点构成了商品的一个单一利益点。即顾客的每个单一利益点都由物质利益与情感利益以不同比例所组成。例如，钻石的物质利益点很小，但情感（结婚）利益点却很高。

而日常生活必需品的物质利益点很高，但情感利益点很低。服装和化妆品都属于物质利益点和情感利益点都很高的商品。根据图 1.5，可以看出，当产品或服务一定的条件下，厂商基于商标所赋予目标顾客的情感利益的强度，就直接构成了品牌建设的方向。故产品或服务本身的创新与优质，属于新质生产力的范畴，构成了品牌建设的物质基础。而提升触景（商标）生情（快乐）的情感利益，构成了新质消费力，为实现人民日益增长的美好生活提供了保证。

2. 品类与选择成本

所谓品类，就是目标顾客选择商品（即品名）的某个单一利益点。该单一利益点是由物质和情感构成的。在物质利益点没有差异或差异极其微弱时，情感利益点就显得尤其重要，家电产品就是如此。本书认为，海尔电器与其说是个家电品牌，不如说是个以快速服务为品类的家电服务品牌。

因此，若某个品牌既承诺具有该单一利益点，同时，通过品牌策略也确实实现了该单一利益点，则该品牌就能降低顾客购买成本：若需要该利益点，顾客就选购，若不需要就不选购。即正是确切的单一利益点，成为目标顾客不假思索、愉快并持久选购的商标符号。此时具有单一利益点的商标符号，才是真正的品牌。若缺乏单一利益点，就意味着对目标顾客来讲，缺乏足够的选购理由，商标就仅仅是法律符号。

例如，在我国的银行卡中，长城卡、牡丹卡、龙卡、金穗卡的发行时间都比招商银行的"一卡通"（1995年）早。但在我们所进行的调查中，在不经过任何提示的情况下，让被调查者说出自己知道的银行卡时，"一卡通"的首提率最高，是21.05%，长城卡是11.28%，牡丹卡是13.68%，龙卡是10.53%，金穗卡是8.42%。其实，银行卡的功能或物质利益点是相同的，但"一卡通"此名称所隐含的物质利益是单一的，就是方便，而人们对银行卡的物质需求也是方便。但长城、牡丹、龙、金穗等名称属于相当通用的符号，在现实生活中，无法将这四个符号与"方便"建立单一的联系，从而也从无法精确传达"方便"此物质利益点。故长城卡、牡丹卡、龙卡、金穗卡就只是商标的概念，而"一卡通"就成为品类品牌的概念。

具有单一利益点的品类符号，之所以能降低人们的选择成本，是因为若一个品牌具有两个及两个以上的利益点时，顾客就要进行权衡：究竟最需要哪个？从而使顾客困惑或摇摆不定。与此相反，若品牌只有一个明确的利益点，在价格一定的情况下，若顾客需要且具有支付能力，就选择，若不需要或支付能力不够（就不是目标顾客），当然就不买。

例如，脑白金的商品属性即物质利益点是睡眠保健品。但该企业没突出此物质利益点，而是从情感利益点入手，将其定义为"礼品"，且从早期的过年礼品转到更专业的孝敬礼品，从而成为"情感礼品"此品类的代言，也就完成了从保健品商标到孝敬礼品此品牌转换：一旦人们需要给父母或长辈送礼品，尽管可能由于价格等原因不选购脑白金，但多数会想到该品牌。想到且选购脑白金的顾客，就是脑白金的目标顾客。

没有能满足所有人需要的全能品牌。不同品类的品牌就是品牌分工，本书认为，若说劳动分工提高生产效率，则品牌分工提高了选择效率。只有生产效率等于选择效率，整个经济体系才能实现均衡。

3. 品牌品类度与选择成本

品牌品类度是指消费者在心理上，将某个现实品牌当作某个品类的心理认知程度。即品牌品类度就是一个品牌所代表单一利益点的程度。我们用b来表示品牌品类度，$b \in [0, 1]$。我们用下面的公式来表示对已有品牌的品类度测试：

品牌品类度 b = 品类测试认知集中度 ÷ 品类品牌心理区位

所谓品类测试认知集中度，是指给出某个具体品牌，要求被测试者即目标消费者，独立地给出该品牌代表什么品类的回答。回答品类越多，集中度越低，回答品类越小，集中度越高。所谓品类品牌心理区位，是指消费者将某个品牌作为某个品类代言或象征。该值恒等于1。用下式来表示对新品牌的品类度设计：

品牌品类度（b）= 单一利益点识别精确度 ÷ 品类品牌心理区位

显然，$b \in [0, 1]$，即品牌品类度介于0和1之间，品牌品类度越是接近某个品类，则b值越大，反之则越小。同时，一个品牌仅对应一个品类的时候的b值要高于该品牌用于2个或2个以上品类的b值，即当某个品牌用于多个品类时，b值会降低，此时，通过测试可获得具体的数值。存在两种极端的情况：

（1）若某品牌在消费者认知中就等同于某个品类，且没有其他同类竞争品牌，则b = 1。

但按我们的研究，目前只有美国 Jeep 车属于 b＝1。而可口可乐的 b 值接近于 1，因为该品牌基本上是此碳酸饮料品类的代名词，然而 b 却不等于 1，因为在可乐此品类中还有其他的竞争对手存在，如"百事可乐"。

（2）若测试结果表明品牌品类度为 0，即该品牌在消费者心目中不代表任何品类，那么 b＝0。此时，即使该品牌目前有销量，也意味着必定要死亡，即使能存在下去，也不是作为品牌，而只是作为一件产品。

品牌品类度（b）与选择成本的关系是：$C_c＝\alpha(1－b)/b$，α 是参数，$\alpha＞0$。当 $b\to0$ 时，$C_c\to\infty$；当 $b\to1$ 时，$C_c\to0$；当 $b＝1$ 时，$C_c＝0$。

该函数的特征是：$dC_c/d_b＝－\alpha b^{-2}＜0$，$d_{C_c}^2/d_b^2＝2\alpha b^{-3}＞0$。即说明随着品牌品类度的提高，边际选择成本不仅在短期内是降低的，而且在长期内也是降低的。

4. 品牌策略与选择成本

所谓品牌策略，是指企业在品牌建设过程中所采取的各项对策。我们用 s 来表示。我们将品牌策略细分为技术策略、资本策略、营销策略（渠道、促销、传播等）、团队策略等的集合：$S\in\{技术策略、资本策略、营销策略、团队策略\}＝\{S_1，S_2，S_3，S_4\}$。

$S_1，S_2，S_3，S_4$ 分别表示技术策略、资本策略、营销策略、团队策略等其他策略。本书认为各种策略是相互紧密联系的，若某一策略发生失误，那么即使其他策略再正确也不能产生好的结果，因此他们之间的关系可表示为：

$S＝S_1\times S_2\times S_3\times S_4$，为了分析上的方便，我们可用 0 表示策略错误，1 表示策略正确，处于 0 到 1 之间的，表示策略的精确度，故品牌策略精确度 S 的取值是：$S\in[0，1]$，则：品牌策略（s）与选择成本的关系是：$C_c＝\beta(1－s)/s$。β 是参数，$\beta＞0$。当 $s\to0$ 时，$C_c\to\infty$，当 $s\to1$ 时，$C_c\to0$，当 $S＝1$ 时，$C_c＝0$。该函数的特点是：$dC_c/d_s＝－\beta s^{-2}＜0$，$d_{C_c}^2/d_s^2＝2\beta s^{-3}＞0$。即说明随着品牌策略精确度的提高，边际选择成本不仅在短期内是降低的，而且在长期内也是降低的。

5. 品牌信用度与选择成本

所谓品牌信用度，是指通过排他性的品类符号向目标顾客做出并做到某种品类承诺的程度。严格来说，是指商标的品牌信用度，因为厂商总是通过自己的注册商标向目标顾客作出承诺。在本书中，商标的品牌信用度更多地被简称为品牌信用度，两者意义等同。事实上，品牌信用度中的"品牌"，本身就隐含了其载体即"商标"。

本书认为品牌的核心是基于商标的品牌信用，而不是品牌或商标知名度，因为现实中很多非常知名的商标其实并无销量，仅仅是虚名，其实只是一个知名或驰名的商标。单纯的知名度只需要大量广告投入即可。

之所以如此定义品牌信用，是因为品牌只有做出并做到成为某个品类的代言或象征，才真正符合消费者的购买心理需求。相反，若某个品牌所做出的承诺含混不清，或者所做出的承诺本身就没意义，则对消费者来讲，品牌就失去了价值。

品牌经济学

本书认为，品牌经济学是研究品牌信用度的，而广告是研究品牌知名度。根据品牌信用度的定义，我们将品牌信用度用公式表达为：品牌信用度 = 品牌品类度 × 品牌策略，即：$B_c = b \times s$。品牌品类度表达了品牌对目标顾客承诺利益点的精确性，既然顾客是按某个单一利益点即品类来选购，则只有承诺是该品类，才是真正地为目标顾客着想。

品牌策略表达的是如何精确地做到或实现品类承诺，若向目标顾客承诺了单一利益点即品类，但实施策略出现错误，也会失去信用。

那么，品牌信用度和选择成本是什么关系呢？本书认为，二者存在以下关系，如图1.6所示，即当 $B_c = 1$ 时，$C_c = 0$，而 $B_c \to 0$ 时，$C_c \to \infty$。故可得出以下函数关系：$C_c = \gamma(1 - B_c)/B_c$，$\gamma$ 是参数，$\gamma > 0$。该函数的特点是：$dc_c/dB_c = -\gamma B_c^{-2} < 0$，$d_{C_c}^2/d_{B_c}^2 = 2\gamma B_c^{-3} > 0$。即说明随着品牌信用度的提高，边际选择成本不仅在短期内是降低的，而且在长期内也是降低的。

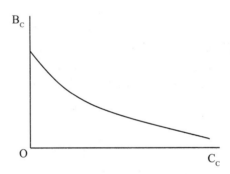

图1.6　品牌信用度与选择成本的关系

资料来源：笔者自行绘制。

6. 品牌经济均衡分析

通过上面对品牌五个方面的经济学分析，还需要进一步回答这样一个问题：按主流经济学的需求曲线，要增加销量，就要通过降低价格来实现。那么，如果奔驰汽车年产量达到1000万辆，是否还是奔驰？

本书认为，厂商没有必要采取降低价格的策略。在价格确定的前提下，厂商如何扩大销量呢？答案是提高品牌品类度。提高了品牌品类度，也就确定了自己的目标顾客，从而降低了目标顾客的选择成本，以此来扩大销量。当品牌价格一定时，也就限定了目标顾客的购买能力，随之隐含的市场容量即目标顾客总数也就确定了。

设具有品牌确定价格支付能力的一年最大需求量是 $Q(P_m)_m$，则存在如图1.7所示的均衡关系。当然，在一定的空间市场中，价格即 P_m 越高，$Q(P_m)_m$ 越小。但随着地理空间的扩大，$Q(P_m)_m$ 也是可增加的。这就是价格越高的品牌，越必须以全球市场为舞台。[1]

在此价位 (P_m) 上，存在N个品牌争夺总量为 $Q(P)_m$ 的市场，品牌i的销量为 $Q(P_m)_i$。

---

[1]　关于品牌信用与地理空间的关系，详见本书7.3节的"腹地—品牌"模型。

那么，品牌 i 的销量取决于品类度和品牌策略。但不管怎样，该品牌不可能独占市场，因为该品牌的品类度一旦确定，就决定了该品牌不是为了满足每个人的需要。客观地讲，在该价位上的消费者自身也具有多样的需求。

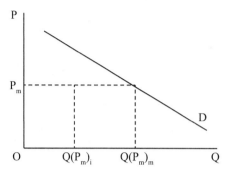

图 1.7　品牌经济均衡示意

资料来源：笔者自行绘制。

在价格已定且稳定不变的条件下，厂商通过提高品牌品类度并采取精确的品牌策略，仍然可获得销量的增长。但在竞争条件下，其销量永远小于该价格限定的市场总容量，即 $Q(P_m)_i < Q(P_m)_m$，但 $\sum Q(P_m)_i = Q(P_m)_m$。这样，在一定地理空间市场内，该品牌的短期均衡就是：$Y_t = P_m Q(P_m)_i$，长期均衡是：$Y_L = Y_t \big[(1 + r)^n - 1 \big] / r(1 + r)^n$。r 为厂商在价格 P_m 条件下满意的投资收益率，对厂商来讲，此收益率是经营盈利基准，低于此值将放弃选择。

当 $n = bs/(1 - b)$，且 $b \to 1$ 时，$n \to \infty$，则该品牌的长期均衡是 $Y_L = Y_t/r$。若品牌品类度 b 和品牌策略 s 都远远小于 1，则该品牌在市场上持续的年数 n 将很短，在这种情况下，存在 $Y_n < Y_L$。即在价格一定和市场地理空间一定的前提下，品牌品类度高，短期最大即均衡销量也是一定的，但可拥有持久的销量，这就是品牌价值所在。

例如，中国高档轿车即零售价格在 50 万元以上的，主要有奔驰、宝马、沃尔沃、奥迪 A8。每年我国的高档汽车需求在 10 万辆，这四个品牌高档轿车基本上分割了此市场。但他们之间并没采取价格战，而是采取了提高品类度的策略。其中，奔驰的单一利益点是大气尊贵，符合迅速富裕者的情感需求，宝马的单一利益点是潇洒和反叛，符合雅皮士（YPIC）的情感需求，沃尔沃的单一利益点是安全，符合自己就是最大资本的专业自由职业者的物质需求，而奥迪 A8 的单一利益点是排场华丽，正好符合客户的物质和情感需求。

这四个高档轿车品牌具有各自的品类度，从而没有采取价格战，且在市场地理空间一定的前提下，这四个高档轿车品牌的各自销量也是一定的。但这种品牌策略确保了它们能具有持久的市场销量，因为这四个高档轿车品牌所代言的单一利益点是永恒存在的，且是没有种族和时代差异的。

1.2.4 品牌工程策略

故按上述对品牌进行的经济学分析，我们可看出，对厂商来讲，完全可避开价格战的恶性循环，通过创新与现有品牌不同的品类并采取精确的品牌策略，达到上兵伐谋，不战而屈人之兵的最高竞争境界。

但也必须看到，厂商要想确立足够高的品类度和制定、实施精确的品牌策略，就像固定资产投资一样，也需要进行一定资源的投入，本书将用于提高品牌品类度和品牌策略所投入的资源，称为品牌投资。此投入不是简单的交易费用，而是为了在未来获得收益。即使在信息完全的市场中，为了制造出合格的产品也需要固定资产投资，为了应对信息不完全市场，就需要品牌投资。通过品牌投资来实施品牌创建活动，本书将其称为品牌工程。

本书认为，最大的创新是品牌品类度创新，这是创新的方向或原点。若创新的方向出现错误，将导致技术创新的错误。例如，在美国历史上，曾经出现过多次开发飞行汽车的创新，最"成功"的是保罗·莫勒（Paul Moller），他先后花费了 40 年，投资 5000 万美元，获得了 43 个专利，开发出了 M400 天空汽车（M400Skycar），但至今未获得商业上的成功。最关键的就是违反了单一利益点的品牌分异规律，试图将飞机和汽车两个利益点融合到一起。为此，在自主创新过程中，实施品牌工程必须从理论上解决四个策略问题。

1. 商品与品类分异策略

对某个商品（如轿车、卡车、洗发液、裤子、啤酒等）来讲，可刻画出多少个单一利益点即品类呢？从表面看，基于价格、功能、材料、尺寸等，可划分出足够多的单一利益点即品类刻画。例如，自行车可刻画出普通自行车、山地自行车、运动自行车、载重自行车等品类。但任何事物总是由矛盾的两个方面构成，如大与小、阴与阳、虚与实、喜欢与厌恶、悲与喜、生与生、贵与贱、此与彼等，从而使人们的心理记忆，只能习惯性或无意识地记住同一事物的两个相反方向表现，从而使每个商品的品类分异只有两个矛盾的方向。我们将此称为商品品类分异的对立定理。[①]

例如，自行车只有常速自行车和变速自行车、交通工具的自行车与运动工具的自行车。故按对立定理，在进行品类创新时，首先要找到对手，其次判断对手品牌走的是哪个方向，一旦明确了对手的品类方向之后，就可采取反向分异，创立反向品类。

再如，当初日本东芝在开发医用 CT 时，找到的最大对手是美国通用电气。通过深入医院调查，发现通用电气的 CT 设备除了主功能外，还附加了很多辅助功能，不仅价格高，而且这些辅助功能的利用率很低，因为这些辅助功能在医院里都有更专业的设备。为此，东芝采取反向分异策略，只保留主功能，取消辅助功能，不仅降低了价格，而且通过专利

---

① 孙曰瑶，曹斌，刘华军. BCSOK：品牌建设体系［M］. 北京：经济科学出版社，2009：74.

技术提高主功能的效果，从而一举夺取了市场。另一个典型是日本本田摩托车，在美国有著名的哈雷摩托，但哈雷摩托是大排量、高级休闲摩托品类。为此，本田的品牌分异路线就是实用，将本田摩托作为实用的交通工具加以普及，创立了摩托车的小排量、实用品类，并据此品牌品类分异来进行技术自主创新，从而一举成功。

在选准了对立分异的品牌创建方向之后，最为关键的就是占先策略，即成为第一个进入目标顾客大脑意识区并进而进入潜意识的品牌。

2. 品类分异与品牌定价策略

在品类分异方向确定之后，一个方向的品类可容纳几个价位品牌呢？本书认为，顾客在用得着（品牌的物质利益）需求下，还要买得起，即价格在自己支付能力之内。在此前提下，对品牌信得过，才能购买。故顾客在选购时，永远摆脱不了价格此市场最基本力量的约束。故对某个品类或单一利益点而言，从最低价格到最高价格之间，尽管可有无穷个价格区位，也即可有无穷个品牌存在。

因人们很容易就能牢固地记住最高和最低两个价位，从而决定了对某个品类来讲，品牌均衡点将是该品牌所在品类价格区间的最高点和最低点。简单地讲，就是每个品类，最终只能容纳高价格和低价格两个品牌存在。处于中间价位的众多品牌，尽管人们也买得起，但因记忆障碍，都将难以取得长期发展。例如，在我国国产家用空调中，海尔空调一直占据高端价位，而奥克斯空调作为后来者，通过大张旗鼓的低价格策略，很短时间内成为低价位家用空调的占据者。

3. 品牌价位与品类竞争策略

在确定价位之后，一个价位可容纳几个品类呢？一个品类最多可容纳占据高低两个价位的品牌，但一个价位却可容纳两个以上的多个品类。

例如，在世界高档轿车此价位，有沃尔沃（品类是安全）、宝马（品类是潇洒）、奔驰（品类是权贵）、奥迪A8（品类是豪华）。在中国低档轿车此价位，吉利、奇瑞QQ都占据了低端价位。其中，本书认为最为成功的是奇瑞QQ，在低价位的基础上，奇瑞QQ通过走"喜欢"此情感品类，且借用隐含喜欢的网络名称"QQ"得以传播。故按本书对品牌的经济学理论分析，认为奇瑞应在"QQ"即低价位喜欢类的轿车上下功夫，追求长期均衡。

再如，在同价位的碳酸饮料中，在世界范围内，只容纳了两个品类品牌，即可口可乐（品类是恪守传统A）和百事可乐（品类是反叛－A）。而在同价位的标准化的快餐店，也容纳了麦当劳（品类是新鲜汉堡A）和肯德基（品类是香酥炸鸡－A）。

根本原因是在价位一定的前提下，具有功能需求和支付能力的顾客，具有多样性的心理或情感需求欲望。

其实，自主创新绝对不是简单的技术开发问题，而是为了最终占领市场。本书认为，最大的自主创新是品类创新，只有品类创新，才能给目标顾客一个不假思索选购的理由。故对厂商来讲，在进行品牌投资，启动决定自己未来命运的品牌工程时，要首先通过品类度创新，为技术研制提供发展方向。为此，可见7.1节原始创新的品类对模型。

而在确定自己品牌的品类度时，首先，要确定一个明确的对手，且精确地测定该对手的品类方向，在此基础上，按对立定理，确定自己品类创新的分异方向。其次，确定自己的价格区位是占据高端价位还是占据低端价位。最后，再进行自有技术开发，包括专利技术研制与专有商标设计。即专利技术和专有商标构成了对品类品牌的垄断保护。

即使完成了自有专利开发和商标设计，还必须解决资本问题，资本的本质是趋利性。故只有向投资市场传达乐观的头寸（Position），才能吸引投资，使品牌的载体商品能批量生产。当资本问题得以解决之后，厂商就要建立精确的营销体系，并组建高效团队。

品类创新、自有专利开发与商标设计、头寸、营销和团队，共同构成了品牌工程的关键内容。若没品类创新作为精确的导向，任何科技创新都有可能停留在实验室，而不可能取得市场的成功。

4. 品牌创新与税收策略

品牌创新需要一定的经济环境，本书认为最为重要的是税收政策。目前，我国的品牌创新（含科技开发）费用，都是在企业所得税之后的税后支付，从而直接加重了企业品牌创新的成本。若考虑到品牌创新的风险，则税后创新的成本更高。

在税后创新的政策导向下，厂商们最简单的策略就是引进技术或引进国际品牌，而不是自主创新。因为引进不仅可降低创新风险，而且引进费用也是在税前支付。故本书认为，正是这种税后创新政策，扼杀了我国厂商品牌自主创新的内在动力，也只有彻底实施税前创新政策，才能形成制度性的自主品牌创新。

1.3　选择成本与思虑成本之辨析

在文献检索中，查到的最早的且极易与选择成本混淆的概念，是学者苏甘（Shugan）发表于1980年的论文《The Cost of Thinking》[①]。其内涵是人们为了做出抉择所付出的劳心费神本身的度量，故本书将其译为思虑成本。为了详细地比较品牌经济学的选择成本与苏甘的思虑成本，在本节对劳心费神也即思虑进行评析。

第一，从组成上看，品牌经济学语境的选择成本，是指从备选集中择其一的时间费用。而苏甘的思虑成本涉及的是精神费用及其测量。而选择成本更关注的是完成选择过程的时间费用，时间费用的压缩，必然涉及精神费用和学习费用的降低。第二，从关注的联系来看，思虑成本关注的是产品特性尤其是基于质量和功能的物质利益。而品牌经济学的选择成本则是基于厂商注册商标所承载的情感利益。第三，思虑成本的前提是假设不同厂商的产品之间特性存在多个差异，消费者通过比较诸多差异所花费的劳心费神即思虑成本。而品牌经济学语境下的选择成本，恰恰是产品同质化的条件下，也即思虑成本 $C_t = 0$

---

① Steven M. Shugan. The Cost of Thinking [J]. Journal of Consumer Research, 1980, 7 (2): 99 – 111.

时，消费者如何基于对商标的情感认知所作出的选择。当选择成本 $C_c=0$ 时，对产品差异的比较即思虑成本 $C_t=0$。第四，思虑成本的内涵，关注的焦点不是产品信息的收集，而是基于产品信息基础上进行比较发生的心脑付出，是消费者付出的劳心费神本身。故思虑成本与心智成本（mental cost）异曲同工。而苏甘的目的，是找到度量劳心费神本身的方法。

1.3.1　思虑成本及其辨析

结合前述品牌经济学的选择成本，结合学者苏甘的观点，进行系统的分析。

苏甘认为，对绝大多数人来说，没什么比逃避需要脑力劳动的工作更令人愉快的了，对大多数人来说，没什么比努力思考更麻烦的了。对此，本书认为，在体力劳动的基础上，费心劳神的脑力思考活动也属于一种劳动付出。既然属于一种劳动付出，就存在测量的可能。故苏甘将消费者完成产品选择所付出的脑力劳动的测量方法作为研究对象。在马克思的语境中，将劳动划分为简单劳动和复杂劳动。同时他认为可通过倍数的折算，将复杂劳动几倍于简单劳动来测量复杂劳动，从而基于简单劳动进行比较。即"比较复杂的劳动只是自乘的或不如说多倍的简单劳动，故少量的复杂劳动等于多量的简单劳动"。[①] 在此段中，通过引出脑力劳动或努力思考是人们希望逃避的，从而隐含着脑力劳动或努力思考本身将是苏甘要关注的研究对象。

从苏甘文中所引文献可见，从 1971 年开始，量化消费者选择问题就已成为研究课题。消费者作出选择后，从产品的效用或影响来获得满足。对此，品牌经济学的观点，是用顾客利益代替效用。因为顾客利益可测量，而效用作为主观判断，难以测量或共识。原因是萝卜青菜各有所爱，也即偏好的差异在个体之间比较显著。同时，将顾客利益分解为物质利益和情感利益，并指出物质利益即需求服从边际递减，而情感利益即欲望服从边际递增。

苏甘认为"许多理论家开始假设个人会选择他们最喜欢（最优）的产品，从而最大化他们的效用。"对此，本书认为，该假设需要给出一个明确的前提条件，即基于收入水平。即消费者的消费行为，受限于各自不同的收入水平，并非能实现该假设。品牌经济学的逻辑，是认为在相同的价格水平中，存在若干不同厂商产品，这些不同厂商产品从技术角度，可做到同质化，但唯一不同的是各自注册商标的差异。故厂商通过各自的注册商标传达给目标顾客的情感利益，在很大程度上左右了消费者的实际选择。消费者触景（注册商标）生情（产生的情感快乐程度），从而情不自禁地选择或否决。故以注册商标为载体的利益承诺构成了消费者的情感认知，即品牌。

苏甘在论文中提到了 Luce 公理或 Clarke 规则，即任何产品被选择的概率不仅是产品偏好的函数，而且是非最优产品效用的函数。对此，本书认为，作为数学心理学家，邓肯·卢斯（Duncan Luce）制定的"选择公理（choice axiom）"认为：选择一个项目而不是

---

① ［德］卡尔·马克思．朱登编译．资本论［M］．北京：北京联合出版公司，2013.

另一个项目的可能性不应受到替代品池中是否存在其他项目的影响。当卢斯于 1953 年搬到哥伦比亚大学时，他认识了哲学家西德尼·摩根贝斯，摩根贝斯在一句著名的轶事中淘气地挑战了此所谓的公理：一位女服务员让他选择苹果派或蓝莓派，他选择苹果派后不久，她回来说那天菜单上也有樱桃派。摩根贝斯说："那样的话，我会吃蓝莓。"

关于非最优选择的理论，西蒙的有限理性给出了很好的解释。引入概率进行预测，表面看起来有了测量，但这种测量仅仅是用一种精确的不确定（某概率值），来描述了不确定本身。故概率值本身并没解决不确定性。品牌经济学放弃了概率思维，通过测量不同厂商的注册商标所承载的厂商承诺对消费者的情感影响，来化解消费者的不确定性。之所以采用情感利益概念，是因为消费者有自己的情感感受。正如某新药，用于临床治疗某患者时，经过一段治疗，医生通过理化指标检验，发现并无明显变化，故认为此药物对患者无效。但该患者却说为何不听听我的感受呢？我感觉身体比以前更好受了。药物带来的理化指标属于物质利益，而患者的感受属于情感利益。故制定所谓的公理，未必符合实际。

苏甘指出因为没考虑实际的消费者选择机制，所以不难构造与卢斯公理不一致的选择情境。对此，本书认为，关于不一致的选择情景，受限于各自的收入水平，消费者的实际选择结果，从物质利益的角度，不一定是最好的产品，但却可以是自己欣然接受的商标。笔者曾作过足够多的课堂实验：问被测试者是否懂汽车，回答是不懂。然后我们通过 PPT 展示并排的两部轿车，A 是奔驰车，B 车是将 A 车复制，但仅将其车头商标改为 J 牌。然后告知被测试者，两车一模一样，仅仅是商标不同，请问您喜欢哪一辆？原来回答不懂车的被测试者百分之百的回答喜欢带有奔驰商标的 A。我们一再强调，A、B 两车完全一样，复制过来的，答案依旧是喜欢 A。显然，被测试者喜欢的不仅是奔驰车的配置等物质利益，更是喜欢奔驰车商标所承载的情感利益。原因是在某个不高的价位所对应的产品，其物质利益也作出了对应。消费者对此心知肚明，但处于同类价位的不同商标的产品，其各自厂商以自己的商标作为载体，向消费者作出的利益承诺是不一样的。对基于商标作出的这些利益承诺，带给消费者的快乐程度也即情感利益差异是很大的。这就促使了消费者选购自己喜欢的商标所对应的产品。故对应低价位产品厂商来说，限于价位所提供的产品，尽管物质利益有别于高价位产品，但完全可通过商标此载体向消费者传达快乐的美好的情感。否则，若某商标所代表的产品成为低价进而是没钱的隐喻符号，对购买该产品的消费者而言，必将产生情感伤害。他们更多的心理是等我有钱了，一定换掉它。故商品本身可定为低价，但其商标所承载的情感或精神必须是高尚的。

苏甘指出在营销方面，卢斯公理暗示，当一个新品牌被引入时无论它的可替代性如何，都能按比例从其他品牌中获得市场份额。然而，实证检验研究表明，现实行为要复杂得多。对此，本书认为，据 7.1 节的品类对模型，新品牌所代表品类只有满足与在位者品牌所代表品类对立的条件下，新品牌被引入后的市场份额才能做到最大。相反，若新品牌采取模仿或跟随在位者品牌所代表品类推出产品时，市场份额很难扩大。在中国一个典型的实例是诸多日化企业推出了与海飞丝去头屑一样的去屑类洗发液，但混战至今，海飞丝依然以高价格占据第一份额。2021 年，中国护发美发市场综合起来，市场占有率最高的依旧是海飞丝，高达 12.2%。若在去屑类洗发液中，海飞丝市占率超过 40%。

　　苏甘的观点是当面临选择冲突时，消费者的感知是通过获取每个产品的信息，然后对这些信息进行处理以达到预期的效用。对此，本书认为，只要涉及产品信息的获取，就涉及科斯的交易费用概念。也正是因为获取信息的成本也即交易费用的存在，西蒙提出了有限理性。苏甘若从此角度来理解思虑成本，则容易将思虑成本与交易费用混淆。从实际选择过程分析，消费者收集产品信息的付出是交易费用。对所获得的产品信息进行比较分析所付出的劳心费神本身，属于思虑成本。而付出思虑此过程所花费的时间成本，品牌经济学将其定义为选择成本。问题是思虑成本是否一定发生？比如，某女性消费者感觉头发痒有头皮屑，需要购买去头屑的洗发液，至少在中国国内，按海飞丝洗发液在去屑类长期市场份额第一的情况，该女士不假思索地选择海飞丝的可能性最大。因此她进超市后只需要直接从货架上取下海飞丝即可，完全不需要进行产品有效成分等产品信息的收集与对比，也即意味着思虑成本 =0，正因为不需要进行多产品的选择，故选择成本 =0。而产生这种情况的根源，是宝洁公司通过海飞丝此商标对消费者所作出的单一利益点承诺以及其隐含的社会等级，即社会学意义所带来的情感快乐。

　　西蒙提出的有限理性，肯定了在交易费用存在的条件下，消费者采取的是选择"满意"而非最优。他采取的分析案例是二手房交易：某人要出售其住房，首先房主会收集所在地段同类房屋的价格，从而建立了一个价格预期。其次通过房屋中介挂出出售信息。若第一个意向购房者报出的价格与房主的价格预期接近，则很可能成交，而不会等待更多的意向购房者，从中选择出价最高者的来成交。如此一来，收集房屋价格信息的交易费用是发生了，但从多个意向购房者中进行比较的思虑成本缺失了，从而提高了成交效率。即按西蒙的有限理性，思虑成本是可以不考虑的。这就是苏甘在这段阐述中认为"与这些规则相关联的成本还没得到严格的界定和衡量"的原因。

　　苏甘的逻辑是提出了一种选择理论，该理论明确地考虑了不同方案比较的困难。实际上，只要存在不同的方案，就存在劳心费神的比较过程，思虑成本必然存在。从降低成本的角度，本书恰恰认为，厂商通过基于商标承载的情感利益，与消费者建立起快乐美好的联系，使消费者对产品信息不再关注，从而将消费者从这种费心劳神的多方案比较中解放出来，即触景生情，进而情不自禁地完成选择。此处的"景"即商标，而所生的"情"即情感快乐。将厂商的注册商标及其承载的情感利益与消费者的选择时间费用建立起联系，即本书 1.1 节提出的选择成本，即 Choice Cost。当然，若消费者触景（商标）生出的情不是快乐而是厌恶，则立即放弃选择，也即选择成本 C_c =0。

　　最简化的决策规则，是将消费者从选择的困境中彻底解脱出来。同时，苏甘认为简化决策规则可能导致思虑成本比最优方案更少，这可能成为错误。对此，本书认为，实际上，最优方案本身就是一个模糊的概念，据后面的论文阐述，假如某产品在所有特性指标上都处于最优的水平，第一，此最优是动态的，随着技术进步，也将出现变化，最优何来？第二，在静态的最优期内，该最优产品极可能价格也是最高的。即产品本身是最优的，但引入价格因素后，对消费者的收入水平而言，就不是最优的。也正是基于此，才出现了所谓的性价比概念。既然性价比被广泛的使用，则最优的标准又变了。

品牌经济学

性价比的公式是 $V = qF/P_q$，即要求消费者在质量系数 q、产品功能 F 和质量价格 P_q 之间进行对比取舍。但从案例 3.5 中的海信电视国际化实际中得出的结论是质量好且性价比高的 B 品牌毫无空档。因为有钱的消费者买贵的，没钱的消费者买便宜的。

所以，品牌经济学放弃了最优化的表述，采用最快乐即情感利益的表述。比如，中国白酒后起之秀的江小白酒，其酒本身未必有多好喝，但其在小瓶外的台词类文案（如明天有明天的烦恼，今天有今天的刚好；纵然时间流逝，我们依然年轻。），却与职场小白们构成了情感共鸣。2012 年创立的江小白，2013 年收入 5000 万元，2017 年达 10 亿元，2018 年超过 20 亿元，2019 年，江小白已占据白酒市场 2 成份额，销售额突破 30 亿元。

所以，品牌经济学不认为消费者一定乐于最优化，但一定乐于快乐，尤其在生存与竞争压力如此大的现代社会。故本书认为，在市场过剩条件下，消费者从经济人变成了情感人。其选择行为也从价格理性变成了快乐理性：让我快乐的我不一定买，但让我不快乐的我肯定不买。此时的问题就变成了满足消费者或顾客什么样的快乐才能使消费者溢价选择呢？这就是品牌经济学要解决的关键问题之一。对此详见本书第 3 章的研究。

苏甘指出了三种减少决策成本的策略，即最小值策略、最大值策略、逐步淘汰制和词典式策略。对此，本书认为，其所谓的最小值策略即最小或最低标准，也就是关于"产品的一个好的特征不能弥补另一个特征的缺陷"，但中国俗话是"一白遮百丑"，恰恰说明产品的一个好的特征能弥补另一个特征的缺陷。根据《金融界》2022 年 6 月 17 日引自《汽车商业评论》的报道：2022 年 6 月 15 日，美国国家公路交通安全管理局发布了 2 份报告，对过去近一年来与自动驾驶系统相关的道路事故数据进行了统计。这也是美国最高公路安全机构首次对此类事故展开广泛审查。在 L2 高级驾驶辅助系统的相关报告中，汽车制造商共报告了 392 起事故。特斯拉毫不意外地以最高数字拿下各大新闻版面头条，有 70%（273 起）的事故涉及特斯拉汽车。但并未阻止特斯拉销量增长。原因很简单，特斯拉的高科技与炫酷这"一白"带给年轻消费者的情感共鸣，使消费者们"忽略"了其所存在的"百丑"。

苏甘所谓的最大值策略，是对产品的最佳特性进行比较。选用其最佳特性评分最高的产品。对此，本书认为，与最小值策略的最小或最低标准相反，"作为最大值策略。对产品的最佳特性进行比较"，该策略实际上是一白遮百丑的那"一白"。问题是产品的"最佳特性"一定是消费者最敏感的需求吗？为此，通过壳牌事例，就会发现，最佳特性与最敏感的需求存在不一致的情况。20 世纪初壳牌公司发现在亚洲国家煤油非常畅销，便迅速组织大宗散装煤油运到亚洲各地。以为需要煤油的顾客会亲自带着盛器来排队购买。但这批散装煤油却严重地积压了下来，差点毁了他们的生意。调查后才知道亚洲顾客其实看中的是标准石油公司盛装煤油的铁皮听，这些蓝色的铁皮听价值更大，已成为当地重要的经济原料。人们可以使用这些精致的马口铁制作屋顶、鸟笼、烟杯、手提炭炉、茶叶筛子等各种各样欧洲人无法想象的东西，在这些人眼里，煤油铁皮听的价值要比煤油高得多，因此没人愿意买散装的煤油。

发现这一事实后，壳牌公司迅速行动，将大批马口铁原料运到亚洲，接受当地人的建议，制作了大批红色煤油听，当地制作、崭新的红色煤油听，比长途运输过来、磨损瘪凹的蓝色铁皮听更受当地人欢迎，于是壳牌公司的听装煤油在亚洲开始畅销。

苏甘所谓的词典式策略，是首先将特征按重要性排序，其次根据最重要的特征选择最佳的产品。对此，本书认为，按词典式策略"首先将特征按重要性排序，其次根据最重要的特征选择最佳的产品"。这就涉及产品特征的权重确定。一旦涉及多因素的权重确定，本身就使消费者的选择过程叠加了思虑成本。与此同时，为了确立产品特征的权重，消费者就要对产品进行学习，也增加了学习成本。从海飞丝的去头屑、飘柔的柔顺、潘婷的护发来看，各自只有一个卖点，反而不用消费者增加学习成本，也不用增加思虑成本。故本书认为，厂商通过其法律载体即注册商标，对消费者作出单一利益点的承诺，恰恰能使思虑成本 $=0$，且完成选择的时间费用也即选择成本 $=0$。

苏甘提出了混淆指数。并给出了混淆指数的公式：

$$选择的困难 = (M-1)f \tag{1-7}$$

式（1-7）中，$f=$ 比较两种产品的成本，$M=$ 考虑的可选产品数量。式（1-7）可写成：

$$选择的一般困难 = M\bar{f} \tag{1-8}$$

其中，$M=$ 产品比较次数，$\bar{f}=$ 比较两种产品的平均困难度或成本。式（1-8）提供了计算"思虑成本"的方法。

对此，本书认为，f 是比较两种产品的成本，因为 $\bar{f}$ 是指比较两种产品的平均困难度或成本，故对两种产品进行对比的困难度，才是苏甘论文研究的重点，也是其思虑成本的本意。由式（1-7）、式（1-8）可见，f 存在的前提是两种产品的比较。而实际上，本书认为，当消费者面临一种产品时，不存在比较问题，也即思虑成本 $=0$，但依旧存在要或不要的选择问题。既然不存在两种产品的比较，但又存在要或不要的选择，则基于时间消耗的选择成本依旧存在。故通读苏甘的论文，就会发现，他所要测量的思虑成本存在的前提是，消费者需要在两种或两种以上产品间进行比较，这就类似于张五常语境下的交易费用，即鲁滨逊世界不存在交易，也就不存在交易费用，但鲁滨逊依旧存在选择问题。

本书认为，若能让消费者不假思索即思虑成本为零地完成基于商标的产品选择，则其时间费用即选择成本也为零，消费者的选择效率最高。即哪个厂商能提供给消费者选择成本为零的条件，消费者的选择效率就最高，该厂商也将赢得消费者的选择。

苏甘假设消费者的偏好由产品的特性决定。对此，本书认为，对"多种特性"进行比较的前提，是消费者需知道拟选商品有哪些特征。而特征是产品的技术性能。收集产品的技术性能信息的费用，属于交易费用。收集到手之后，就要学习和分析，为此付出的脑力或精力即思虑成本。"比较两种产品的难度"重点是"难度"，此"难度"即思虑成本就是苏甘要测量的对象。"假设消费者的偏好由产品的特性决定"对此，需要特别给出分析，即消费者如何获得产品的特性。正常情况下，消费者通过获得并阅读厂商提供的产品说明书来获取产品的特性信息。问题恰恰出现在这里，因为按照产品质量法以及消费者权益保障法规定的消费者知情权，厂商必须在产品说明书里给出必需的说明，但在实际操作中，厂商设计并提供的产品说明书内容越来越多导致看不完，印刷的字号越来越小导致看不清，专业术语越来越专导致看不懂，还有甚至将某些特性信息特意安插在难以注意的地方即看不到。在看不完、看不清、看不懂、看不到的情况下，让消费者如何来获取能用来比较的所需要的产品特性信息？且还是多个产品信息。

本书恰恰认为，负责任的厂商依旧会履行产品质量法和消费者权益保障法，但所有的合法企业都必定将自己的注册商标安置在产品或其包装的显著位置。故基于商标载体将消费者的美好乐点，作为唯一的产品特性，与消费者形成共鸣，从而使消费者产生购买需求时能不假思索即思虑成本为零、选择成本也即时间费用同时为零地完成选购，这恰恰能提高消费者选择效率。故品牌经济学的选择成本逻辑，比测算消费者费心劳神的思虑成本究竟有多大，更具有理论与实践价值。

苏甘认为与产品的每个特征相关的比较是一个固定成本，一个比较的努力单位，并指出"有理由假设做出选择所需的比较越多，选择就越困难"。本书认为，这句话还真不是假设，而是事实。"更困难的决策需要更多的特征比较。"这本身就是一个悖论：更困难的决策，一旦引入更多的特征比较，将使决策更困难。本书认为，降低消费者费心劳神的付出，恰恰不是减少更多的特征，而是提供能与消费者情感共鸣的单一利益点。比如，海飞丝的去头屑、飘柔的柔顺、沃尔沃的安全。至于如何去头屑、如何柔顺、如何安全，都是各自厂商的技术任务。故本书认为，研究消费者行为，目的不是简单地测量思虑成本，而是使消费者的实际选择行为变动更简单，从而增加消费者福利。这种消费者行为的简化，既包括尽可能地降低因劳心费神的付出，又更要节省完成选择本身的时间费用，毕竟对每个人来说，时间是其唯一的真正的短缺资源。

苏甘给出了家庭清洁产品的比较案例，他认为消费者第一次比较是产品的氨含量，第二次比较是对干燥速度差异的观察，第三次比较是颜色吸引力差异。对此，本书认为，消费者都能推断出产品之间的真正差异，前提是不同产品之间存在差异。在技术一定的条件下，竞争的直接状态是使不同厂商的同类产品同质化，也即难以呈现真正的差异。而唯一的差异恰恰是只有各自的注册商标。这也就是品牌经济学为何将选择的时间费用也即选择成本与基于商标的品牌信用建立起内在的联系，并通过使商标成为能引起消费者最大情感快乐共鸣的载体即品牌，不仅使消费者不必劳心费神，更重要的是能极大地节省用于选择的时间费用，从而提高选择效率。这就是品牌经济学的根本目的。

苏甘指出，给定一个接近于零的差异，消费者将保持不确定性，并继续抽样，比较产品的另一个特征。关键的问题变成：需要进行多少产品差异比较，才能让消费者有足够的信心作出决定，即据迄今观察到的特征来选择被判定为优的产品？此数字决定了 f，从而决定了选择的难度。

对此，本书认为，对于家庭清洁剂的选择，苏甘给出了消费者需要比较的三个特征，即氨含量、干燥速度、颜色吸引力。并认为消费者按顺序在货架前进行抽样比较。对此，需要分析：第一，氨含量是一个需要通过试验来确定有效值，一旦此有效值得以确定，业内不同厂商的清洁剂完全可采取同样含量，既保持相同竞争力，又不增加成本。第二，家庭清洁剂有很细的分类，门窗玻璃清洁剂、厨房清洁剂、厕所清洁剂等。消费者的实际需求的产生，不是笼统的清洁剂，而是门窗玻璃清洁剂，还是厨房清洁剂或厕所清洁剂。假设家里的厨房清洁剂用没了，必须购置，接着就需要考虑买哪个商标的产品，也即品牌确定。

由此需要消费者根据其使用厨房清洁剂的历史评估，看看是否乐意继续购买当前正在使用的商标产品。然后是确定去哪里买，也即超市品牌的选择。进入超市，消费者直接走到厨房清洁剂货区，面对众多产品，更多的是直接取下当前已使用的商标产品。此过程不存在劳心费神的比较，而这恰恰是因商标的差异所带给消费者的品牌认知。故品牌经济学提升消费者福利的关注点，恰恰是认为厂商应该把自己的注册商标，建成消费者乐而忘忧、乐在其中从而乐此不疲的品牌共鸣。而不是去鼓励消费者更多的抽样，更多的比较，更多的产品特性学习。

针对苏甘对抽样理论的分析，本书认为，苏甘认为两产品间真实有效差异越大，选择比较越容易。若效用的真实差异较小，选择更为困难，也即思虑成本更多。本书7.1节中的品类对模型证明，当两种产品所属品类处于对立差异时，选择成本最低。此时的选择成本也不同于思虑成本。比如，某顾客要买家用轿车，在燃油车、电动车中择其一，属于产品品类选择。两者产品品类属性截然相反，按苏甘的观点，很容易作出选择。其实，这取决于顾客的年龄和政策。随着环保政策的严格，以及对新能源车的补贴支持，年轻的顾客更倾向于选择电动车。一个重要的原因是电动车的智能属性，电动车更多地体现出生活场景的呈现。真正的问题是，当顾客决定购买电动车时，市场上有很多不同商标的电动车，而这些电动车的真实有效的差异越来越少，也即同质化。按苏甘的观点，顾客的选择将很困难，也即思虑成本很高。但事实上，商标所承载的利益承诺在顾客心中的情感共鸣的强度在很大程度上决定着顾客的实际选择。这就是品牌信用对选择成本的影响，商标的品牌信用度，将顾客们从对产品技术指标、性能等的信息收集、学习、对比的困境中解脱出来，也即使其思虑成本降低甚至消散。

按波特的差异化战略，不同厂商需要尽可能地使自己的产品与众不同，也即差异化。为此，消费者首先要弄清楚所存在的差异化，这就需要增加学习成本。随着竞争的展开，技术水平的一致性直接导致产品特性本身无法实现差异。比如，某车首先研制出座椅安全带，别的车辆没有，则具有安全带的厂商的车辆具备了差异性。但很快所有的车辆都因法规强制性要求而都普及了安全带，差异性就没了，其他特性也遵循安全带效应即很快同质化。故试图通过产品特性差异性来降低选择的劳心费神程度，并非一个有效方案。品牌经济学的选择成本，则是基于同质化产品中唯一不同的注册商标，来研究以注册商标为载体的厂商承诺，在满足什么条件的情况下，能使消费者完成选择的时间费用最小化，甚至不假思索也即选择成本=0。产品同质化的条件下，再按苏甘的基于产品特性比较来测量消费者劳心费神的付出程度，实际意义是难以给出的。

苏甘论文中所给出的消费者信心水平 α，恰恰揭示了消费者购前焦虑症与购后不适症。所谓购前焦虑症，是指消费者对即将完成的购物选择出现错误的忧虑。所谓购后不适症，则是消费者完成购物选择之后，对所购产品是否良好的忧虑。从实际的厂商行为来看，那些获得了消费者选择从而市场份额较大的厂商所采取的实际行动，恰恰是借助自己的注册商标此法律载体，向消费者作出某种直接或间接的单一性的情感承诺，使消费者的购前焦虑症消失了，与此同时，其购后不适症也消失了。其实，苏甘不经意地提出了消费者

"在选择口香糖时，错误的后果相对不重要。在这里，消费者可能只考虑对一种产品特性进行比较，也许是品牌名称。但在选择房子时，一个错误的后果可能代价很大，需要更多的比较。"

其实，即使在美国，房屋的建造厂商也存在品牌差异。1956 年创立于美国的帕尔迪（Pulte Homes）就成为了极有影响力的房地产商品牌，消费者需要选择的是不同房地产商的品牌承诺是否有信用，而不必劳心费神的比较房子。即使二手房也需要第三方房屋质量评估机构给出的评估报告，而不需要自己劳心费神。反过来分析，若购房消费者不重视房地产商品牌，也就不会形成 Pulte Homes 的品牌效应。也正是 Pulte Homes 将需房消费者划分为 12 类并推出七步购房法，赢得了消费者的信任，使其拥有了较高的品牌信用度，从而降低了目标购买者的选择成本。

苏甘认为，在比较两种家用清洁产品时，若一种产品在所有特性（颜色、肥皂水的数量、研磨性等）上均占主导地位，消费者会发现比较相对容易，即特征差异可变性为零。相反，若两种家用清洁剂不仅在所有特性上都有很大的不同，且在相同数量的特性上也有优势，消费者会发现比较困难。

对此，本书认为，若两种家用清洁剂真的如此，为何要求消费者一定得对两种清洁剂产品特性进行比较？苏甘在其论文中，给出了三个商标的清洁剂，即 Windex、Lysol、Ajax，其实三个商标的厂商都一定会基于各自商标向消费者作出相应的承诺。消费者根据实际使用来验证其承诺是否有信用，这就构成了后续选择的重要依据，实在不必也不会如苏甘所描述的进行产品特性的收集、学习和比较。也正是基于此实际，品牌经济学才认定将厂商的注册商标及其承载的厂商承诺，作为降低消费者选择的时间费用，从而提升消费者福利，更有实际意义。

苏甘假设消费者必须在产品 j 和产品 k 之间进行选择（如在 Lysol 和 Windex 之间）。接着消费者对产品的一系列特性进行比较，对于每个特征 r，分别观察两个产品 U_{rj} 和 U_{rk} 的效用，并得到其差值 $Z_r = U_{rj} - U_{rk}$。若考虑 n 个特征，当 $\sum_{i=1}^{n} Z_r > 0$ 时，消费者选择产品 j；当 $\sum_{i=1}^{n} Z_r < 0$ 时，消费者选择产品 k。

对此，本书认为，问题是当 j、k 两个产品同质化的条件下，即 $Z_r = 0$，该如何比较？苏甘忽略了，即使两个产品特性的差值 $Z_r = 0$，但两者的商标却是不同的。故苏甘算法的前提依旧是假设两个产品特性指标值一定得有能让消费者明确区分的差异，即 $Z_r > 0$。此假设其实是把消费者假定为完全理性，则消费者也会理性地分析这样的一个问题，即为了买一瓶常用的家用清洁剂，有必要如此的劳心费神吗？原来使用的某牌清洁剂挺好，或者至少没出现可感知或感受的问题，照牌购买就成为理性的选择。如此一来，既不必劳心费神，也直接节省了挑选比较的时间费用，也即选择成本 =0。

从此段阐述可见，苏甘的比较对象，是基于产品技术指标、功能等特性信息，包括信息收集、学习、比较。而未将基于商标的品牌信用度纳入其中。这不符合消费者的实际选择过程。消费者的实际选择过程，依次是品种（我要买清洁剂）→品类（厨房清洁剂）→

第1章 品牌经济的选择成本

品质（有效成分含量）→品牌（商标）。但因不同厂商基于各自的商标向消费者作出的承诺不同或者实现程度不同，也即品牌信用度不同，导致此顺序的选择过程并非总是如此。例如，某消费者感觉头发有些头皮屑，要去买去屑类洗发液，此时，"海飞丝"大概率出现在脑海中。若价位能接受，则就省略了苏甘所指出的产品特性的比较，因为海飞丝的品牌信用度很高，所以消费者的选择成本 =0，则苏甘的思虑成本 =0。

苏甘认为，消费者必须选择要观察的特征数量（即 n）。n 取决于消费者犯错的意愿，用 α 表示。消费者要求 n 足够大，使其不出错的概率小于 α。对此，本书认为，最小的特征比较次数，就是 0 次。而要做到 0 次，就是指牌购买，而指牌购买的实现，就是消费者认可了已用品牌的产品厂商基于其注册商标所做的直接或间接情感承诺。比如，当某人决定更换家里的客厅空调时，基于海尔空调的服务承诺，首先决定的是购买海尔空调。完成此品牌选择的时间费用也即选择成本 =0。进入家电柜台后，该消费者直接来到海尔空调展台前，迎接的是海尔空调的导购员，该消费者说出自己客厅面积，导购员给出 1.5P 的建议，作为绝大多数普通消费者而言，能看懂的或弄明白的也就是空调的造型和颜色，对空调的技术特征指标不可能彻底弄明白。品牌经济学恰恰也假设消费者是理性的，但此理性不是假定消费者能实现对出特征指标数值与意义的掌握，而是通过基于商标的品牌共鸣即情感利益，来放弃对产品特征指标数值的收集与学习、对比。直言之，正是厂商基于其商标此载体进行的情感利益承诺，极大地消除了消费者的思虑成本，也直接降低了消费者用于选择的时间费用。

苏甘引入了协方差的计算，并结合晕轮效应分析，强调指出产品的晕轮效用越大，选择就越容易，意味着思虑成本越低。对此，本书认为，无论承认与否，也无论喜欢与否，晕轮效应都是一种客观存在。诚如苏甘所言，在其他因素不变的情况下，产品 j 的晕轮效应越大，选择就越容易。只要厂商基于其注册商标对消费者所作出的利益承诺本身不违法，不存在欺骗行为，那么基于商标所形成的晕轮效应，不仅能切实降低消费者作出选择的时间费用也即选择成本降低，而且直接省略了劳心费神的付出。正如俗话所说：千金难买我乐意。其逆定理则是我乐意就愿花千金，也即对价格不敏感。

从苏甘的后续研究来看，他恰恰放弃了基于商标的品牌晕轮效应，而是在否定晕轮效应的基础上，展开对思虑成本的具体测算。但是品牌经济学恰恰关注的就是基于商标所作出的品牌晕轮效应。2010 年 4 月，丰田汽车因脚踏板设计缺陷，在全球召回了 870 万辆。然而规模如此巨大的质量缺陷，却并未影响丰田汽车随后的销量。根本原因就是丰田汽车各子品牌所拥有的显著的晕轮效应。否则，若无品牌效应的加持，此次造成全球影响的质量缺陷，将使丰田汽车陷于巨大灾难中难以自拔。

苏甘将协方差 cov(U_j, U_K) 定义为产品 j 与产品 k 的感知相似性，它与思虑成本成反比。若两个产品变化相似，即若产品 j 和 k 在相同的属性上都得到很高的评价，则此项将趋于较大。对此，本书认为，若两个产品变化相似，即产品 j 和 k 在相同的属性上都得到很高的评价，则按协方差的计算公式，每个产品属性的离差都比较小，协方差也很小，意味着按上述公式算出的方差 z 增大，带给消费者的劳心费神的付出增加。不幸的是，两个产品变化相似的情况，在现实中恰恰是高频率的发生。某厂商的某新产品一旦具备了市场成长性，其他厂商很容易模仿搭便车，从而出现相似的变化。按苏甘的算法，消费者就需要增加劳心费神的付出了。但实际上，消费者也是聪明的，当市场同类的相似产品增加时，消费者更多地仅考虑价格。

针对产品差异所固有的感知复杂性，本书认为，中国某厂商首创了豆浆机产品，并通过广告打开了家庭豆浆机市场，随后国内出现了800家豆浆机厂商，其中不乏已有家电著名厂商，带来了豆浆机的价格战。如此一来，消费者并没有劳心费神地去按不同厂商的豆浆机说明书来对各个性能指标值进行比对，而是基于自己对某个豆浆机商标的品牌信用度以及价格作为择其一的依据。不仅省去了劳心费神的付出，也即思虑成本=0，而且为此选择付出的时间费用即选择成本也很低。

若协方差是负值，按公式则是增加了方差z值，意味着消费者需要付出更大的劳心费神付出，即思虑成本更大。苏甘在论文中给出的C、D两个产品的三个属性的方差都是2.33，意味着两个产品各自三个属性之间的波动是一致，意味着消费者很难作出选择。如苏甘所言"结果是一个更加复杂和困难的决定。"但按品牌信用度逻辑，厂商基于自己的注册商标向消费者作出的利益尤其是情感利益承诺越能赢得消费者的快乐共鸣，即其品牌信用度越高，消费者选择该厂商商标及其产品的可能性越高，从而能极大地降低作出选择的时间费用，即选择成本降低。此选择模式避开了劳心费神的付出，也即思虑成本=0。故若能使消费者避开对不同产品所有属性指标值进行比较，才能真的使其劳心费神付出避免，同时，降低选择的时间费用，即选择成本降低甚至为零。这就是品牌经济学增加消费者福利的基本逻辑。

苏甘认为，总的来说，思虑成本与比较产品时的感知复杂度成正比，与产品之间的偏好差异和选择的信心成反比，并给出了相应的公式。在其公式中，思虑成本与 $(1-\alpha)$ 成反比：

$$f_p = \frac{\mathrm{var}[z]}{(1-\alpha)\,\mathrm{E}[z]^2} \tag{1-9}$$

其中，f_p = 比较两种产品的潜在成本。苏甘给出了重要的6个定理：

定理1：若进行 f_p 比较，那么做出正确选择的概率至少是 α。

对此，本书认为，从式（1-9）可见，在两个产品属性既定的条件下，仅仅是作为外生变量的 α 越大，f_p 值也就越大。意味着消费者越想确保正确的选择，其需要付出越大的劳心费神即思虑成本。若想100%做到，意味着思虑成本趋向无穷大。其实，思虑成本不必无穷大，当达到某个预期值时，消费者肯定会放弃选择。因为消费者本身也是理性的：既然如此劳心费神，当然要放弃。但若降低 α 水平，又意味着消费者清楚要冒着犯错误的风险作出选择，这本身对消费者就意味糟糕的购物体验，从而抵消所购产品带给自己应有的愉悦。按品牌经济学的逻辑，厂商也清楚消费者所存在的购后不适症，故才通过媒体投放广告，所播出或刊登的广告内容无一例外的都是发布自己的产品闪亮的方面，从而使消费者坚定地认为自己对该厂商产品的选择是正确的。为了确保自己是正确的认知，下一次购物消费者依然会选择该厂商的产品。若按式（1-9）以及苏甘的观点，消费者一旦提高了 α 水平，反而使选择更困难，这与事实不符。

第1章 品牌经济的选择成本

苏甘认为"当两种产品具有完全相同的效用时，不可能确定哪种产品更好。"根据式（1-9）的算法，当然会得出这样的结论，但却与事实不符。品牌经济学恰恰发现：两种产品完全可以具有相同的效用，也即同质化。但两种产品的注册商标肯定是不同的。即两种产品的物质利益完全可以一致，正如尹同跃所言"现在技术已分不出高端和低端产品，分不出大车和小车的差距"[①]。但通过唯一不同的注册商标带给消费者的情感利益承诺却可以是且必须是完全不同的区别。比如，麦当劳与肯德基，两家快餐店的食品结构能做到一致性。但麦当劳重点宣传的是自己的汉堡包多么美味，而肯德基则重点宣传自己的炸鸡多么好吃。某消费者想吃汉堡包，就会选择麦当劳，尽管肯德基的汉堡包也挺好。想吃炸鸡就去肯德基，尽管麦当劳的炸鸡也不错。恰恰是不同的注册商标承载给消费者不同的利益承诺，才使消费者避免了劳心费神的付出，从而一旦产生某个需求，就会作出不假思索的选择，也即选择成本 =0。故品牌经济学构建的方程，即顾客利益 = 物质利益 + 情感利益，两种产品的物质利益可完全相同，但唯一能作出差异的就是各自厂商基于顾客对不同商标的情感利益承诺所引起的共鸣，进而对选择不同的厂商给出了显著的影响。

苏甘认为，比较多个产品时，若考虑 M 个产品，式（1-7）给出了思虑成本。设 f 为第 i 次比较的比较代价，式（1-7）可改写为：

$$c = \sum_{i=1}^{M-1} f_i = (M-1)\bar{f} \qquad (1-10)$$

式（1-10）中，c = 做出选择所需的成本或努力，$\bar{f}$ = 平均二元比较成本。用平均比较成本 $\bar{f}$ 替换为平均潜在成本 $\bar{f}_p^*$。将 C_p 定义为潜在困难或思虑成本，称为混淆指数，公式如下：

$$c_p = (M-1)\bar{f}_p^* \qquad (1-11)$$

其中，$\bar{f}_p^*$ 是给定最优比较顺序的每次比较的平均成本，M = 备选方案的数量，M-1 是比较的次数。

对此，本书认为，此处的平均成本，是指对因比较而付出的劳心费神本身的度量所求的平均值。为了完成选择，的确需要付出一定的脑力心神。苏甘此文的目的在于度量所付出的脑力心神，而品牌经济学从一开始就立足于消除所付出的脑力心神。故两者在出发点上就存在着巨大差别。苏甘算法的核心是两种产品或多种产品之间的特性差别越大，思虑成本越低，越是同质化，思虑成本越高。而品牌经济学恰恰是基于同质化产品，不同商标的品牌信用度的差异，带给目标顾客的选择成本不同。也正是选择成本的高低，决定了实际选择过程的困难程度也即思虑成本的高低。在本书第 2 章丰田花冠的案例中可见，年轻人在同质化的丰田花冠与通用 GEO 之间，之所以选择成本 =0 的选择丰田花冠，是因为丰田基于花冠承诺这是"人生的第一辆车"，从而成为年轻人独立的象征。故商标的品牌信用度，决定了顾客的选择成本，决定了思虑成本。

苏甘提供了一个数值的例子。按苏甘的算法，给出的答案是选择 Lysol 为优势。但亚马逊最近公布的玻璃清洁剂中，按产品品种计算，在前 22 名中，Windex 占据了 7 个产品。

---

① 贾可，刘宝华，尹同跃. 谈奇瑞品牌 [J]. 汽车商业评论，2010（7）：1-5.

而在厕所清洁剂中，Lysol 的一个产品在全部五星评价的 19 个产品中仅排最后一位，即第19 位。在 2020 年澳大利亚最佳卫生间清洗剂评比中，Ajax（＄5.80）排在第 8 名，而Windex（＄4.40～5.60）排在第 10 名。表明苏甘的算法或许在技术上是对的，但消费者实际却给出了自己的答案，也即消费者并未按苏甘的算法进行选择。正如苏甘自己强调的"再次注意，比较只代表了决定的预期或潜在难度。实际成本是随机的，将取决于运气或技能的产品进行比较"。

关于"未来的研究应该关注这些规则应适用的条件"，对此，本书认为，关注适用的条件的观点极为重要，是因为任何规则或理论，都需要在一定条件下才能成立，也只有给出一定的条件，该规则或理论才能得以验证。品牌经济学的适用条件是过剩市场，在短缺市场中，产品或服务本身供不应求，厂商的资源和注意力都在增加产能以求增产，此时，不需要关注产品如何销售。而到了过剩市场，供大于求时，消费者在购买某种产品或服务时，面临的不再是找不到的问题，而是在诸多同类产品中如何选择的困境。本书认为，在过剩市场中的不同厂商的同类产品，从技术的角度达到同质化状态，但同质化的诸多产品唯一不同的是其注册商标不同。厂商基于注册商标此载体向消费者传达能使消费者快乐的情感利益，从而使消费者不假思索地选择该商标产品，成为厂商赢得消费者唯一的途径。

苏甘指出，最小值策略首先为每个特征分配一个最小可接受级别。例如，若氨含量是家用清洁剂的特征，最低可接受水平可能是 15% 的氨。对此，本书认为，为每个特征分配一个最小可接受级别作为产品技术指标，这个最小可接受级别应该由国家质监部门制定的产品标准来给予规定，作为非专业类的消费者无法给出最小可接受级别。当然，一个可行的做法是在超市货架上，将同类的若干厂商产品收集起来抑或是带着笔本或用智能手机来收集这些产品的每个特征指标的数值，以此给出每个指标数值的一个最小可接受值。如此一来，不仅收集信息的交易费用很高，而且需要付出很高的劳心费神即思虑成本，为此所付出的时间费用即选择成本更是无法降低。即使如此，某个特征指标值最高的那个厂商产品就一定好吗？比如，家用清洁剂的氨含量，可给出最低含量是 15%，但最高含量是30% 的清洁剂产品就一定好吗？接触氨，部分人可能会出现皮肤色素沉积或手指溃疡等症状。室内空气质量国家标准（标准号：GB/T 18883—2002）中规定：氨的浓度标准为0.20mg/m³。空气中氨气浓度达 500～700mg/m³ 时，可发现呼吸道严重中毒症状。如达3500～7500mg/m³ 时，可出现"闪电式"死亡。

在苏甘的论文中，苏甘将其表 2 的指标综合评估改为了其表 3 的评估指标。其表 2 的评估是将每个产品的各个特征指标值进行方差计算，然后再计算两个产品之间的思虑成本。而在其表 3 中，首先要对每个特征指标值进行一次评估，并按一定标准进行淘汰。其次再计算思虑成本。显然，就劳心费神的付出而言，其表 3 的评估方法增加了比较的环节，也即指标数值的预处理环节。在随后的思虑成本测算中，尽管其表 3 的思虑成本 = 76，低于其表 2 的思虑成本 111.4，但若将最小值识别和淘汰这两个环节的劳心费用即思虑成本加入，未必就能降低思虑成本。

定理 2：用最小值策略淘汰产品的思虑成本，由以下公式给出：

第1章 品牌经济的选择成本

$$C_{conjunctive} = \frac{(1/k)(N-1)}{(1-\alpha)}$$

k = 产品未达到该特征的标准水平的特征数量，N = 特征的总数量，α = 决策的置信度。显然，当特征的数量 N 变大时，与最小值策略相关的思虑成本就会增加。随着不满足最低水平（即 k）的特征数量的增加，思虑成本就会减少。

最大值策略是利用每个产品对其最佳特性的比较。例如，若产品 A 在特征 2 上出色，产品 B 在特征 4 上出色，则只有这两个特征被用来决定选择。对此，本书认为，产品 A 特征 2 出色，产品 B 特征 4 出色，将使消费者处于鱼与熊掌不可兼得的更大困境。问题在于特征 2 和特征 4 哪一个是消费者更敏感的需求呢？比如，某加油站公司一直得到了司机们的青睐，该公司自己认为是因为加油站位置好、油的质量好。但经过调查才得知司机们之所以选择该加油站，是因为该公司加油站的厕所环境最好。道理很简单，司机一旦内急，急于找厕所，而他知道该公司的加油站附设的厕所环境最好，于是就开车到最近的该公司加油站，方便完之后，内急焦虑问题解决了，司机们会认为既然已在该加油站停车了，顺便把车的油箱加满，反正早晚都得加。假设产品 A 的特征 2 是该加油站的附设厕所好，产品 B 特征 4 是另一个公司加油站的另一个特征。则消费者肯定选择产品 A。

定理 3：对最大值策略，将产品与备选方案进行比较所涉及的思虑成本有：

$$C_{disjunctive} = \frac{N-1}{1-\alpha}$$

其中，N = 特征总数，α = 置信度。C 是 N 的函数，因为消费者必须找到最佳特征。此式揭示了最小值策略总是要比最大值策略有更少或相等的成本来比较一个产品与备选方案（产品淘汰）。故使用混淆指数，一个更容易的决策是使用最大值策略，对具有相同最佳特征的两个产品进行比较，而不是每个产品在不同特征上最佳时进行比较。这种分析假设消费者在发现时知道最佳特征。

对此，本书认为，假设消费者在发现时知道最佳特征。若是针对不同公司加油站附设厕所的卫生条件，消费者即司机还能观察到，但若是产品尤其是有一定技术含量的产品，此最佳特征还真不容易被发现。例如，家用轿车的扭矩是一个重要特征。谁能知道最佳扭矩值该是多少？本书认为，将消费者引入对信息的收集与处理、评估，以此来降低劳心费神的付出程度，无论如何都难以有效增加消费者的福利水平。按苏甘的算法，表 2 的思虑成本 =111.4，表 3 的思虑成本 =76，表 4 的思虑成本 =178，表 5 的思虑成本 =160。虽然表 3 的最低，但若加上表 3 的最小值识别和淘汰具有最小值指标的产品这两个数值预处理阶段，思虑成本未必降低。在中国许昌市火热的胖东来超市，将每个水果从采购到商家的所有流程，都张贴了出来，为消费者省去了复杂的挑选步骤，这也是极大降低消费者劳心费神的措施。

定理 4：对于逐步淘汰制，将一个产品与原方案进行比较所涉及的思虑成本有：

$$C_{maximin} = \frac{N-1}{1-\alpha}$$

在使用逐步淘汰制时，若两个产品具有相同的最坏特性，而非不同的最坏特性，那么比较两个产品的成本就更小。

苏甘认为，简化的决策规则通过允许错误来降低预期收益。前面假设消费者进行足够多的特征比较，使得每个产品剔除的错误概率小于 α。然后才有可能得出一个错误的概率，即不选择最佳产品。此概率是一个减去由式（1-12）计算的选择最佳产品的概率。

$$P(选择最好的产品) = \left[\frac{1}{\alpha M}\right]\left[\alpha(1-\alpha)^{m-1} + (1-\alpha) - (1-\alpha)^M\right] \qquad (1-12)$$

其中，M = 乘积数，α = 置信度。注意，对于 α = 0.5，P（选择最佳产品）是 1/M。

对此，本书认为，在前面的测算公式中，分母都存在一个外生变量即置信水平 α。可能苏甘将其设定为 0.5 的数值，但不清楚为何设定为 0.5 水平，可能这意味着消费者选对或选错的可能性各占 50%。若按此水平，消费者究竟还会作出选择吗？若设定一个更高的置信水平，比如 0.8，则会导致思虑成本增加 2.5 倍。这显然是个矛盾：越想选对反而越需要付出更大的劳心费神。其实，品牌经济学的逻辑也重视消费者的置信水平，但认为消费者首先会根据自己的支付能力确定一个价位的产品。假如该价位属于市面上比较低的水平，相信消费者自己都清楚所能买得起的此低价位产品绝非是最好产品。故此认知会带给消费者内心的焦虑。受限于收入等只能购买某个不高价位的产品，这已使消费者感到沮丧了，再要求消费者按上面阐述的方法去劳心费神的付出，不说是落井下石，也是雪上加霜了。而品牌经济学的解决之道，则是在与该低价位相对应的产品特征只能如此的条件下，将产品的注册商标变成向消费者传达乐而忘忧的情感利益，从而使消费者乐在其中。

定理 5：若个人追求思虑成本最小化，效用函数定义在如 0 或 1，且 $U_A \neq U_B$，则：

$$P(AoverB) = \frac{U_A}{U_A + U_B}$$

当且仅当产品不具有共同的方面时，即 $U_{Rb} = 0$ 时 $U_{ra} \neq 0$。效用函数只取两个值的要求避免了定理中固有的标度问题，即 U_j 必须大于序数。故定理 5 揭示了将 Luce 公理用于普通效用函数的充分条件。不幸的是，若产品具有共同的特征，且它们效用函数不相同，Luce 公理就不成立。定理 6 给出了给定共同特征的 P（A/B）的形式。

定理 6：若消费者的思虑成本最小化，且特征效用只取 0 或 1 的值，则：

$$P(AoverB) = \frac{\sum_{r \in R} U_{rA}}{\sum_{r \in R} U_{rA} + \sum_{r \in R} U_{rB}}$$

其中，$R = \{r \mid U_{Ra} + U_{Rb} = 1\}$。总的来说，这些产品无共同的特性。

对此，本书认为，定理 6 给出了思虑成本最小化的条件，即这些产品没有共同的特性。这就需要厘清一个问题，即不同厂商在提供同类产品时，是否遵循相同的具有法律效力的产品质量标准。若存在这样的法律标准约束，则不同厂商的同类产品很难没有共同的特性。定理 6 虽然给出了思虑成本最小化的条件，但未给出没有共同特性产品的差异性标准。而根据品牌经济学的品类对模型，若某厂商产品的品类特性是 A，与此完全不同的特

第1章　品牌经济的选择成本

性是 – A。只有满足 A 与 – A 的两个产品，才能使消费者的思虑成本最小化，进而使完成选择的时间费用即选择成本 $C_c = 0$。

例如，当瑞士专注于机械表（A）并成为世界机械表品牌的条件下，日本发明了石英表（– A）。美国某著名厂商生产大排量（A）摩托车，日本某厂商推出的则是小排量（– A）摩托车。从某种意义上说，定理 6 给出的条件与品牌经济学的品类对模型具有某种程度的一致性，但品类对模型更具有实践价值，因为给出了没有共同特性的产品标准。但不是 0 或 1，而是 A 与 – A。

回顾式（1 – 10），苏甘认为，作决策的预期成本是 m_f。但一般来说，产品比较的次数可能少于产品的总数。例如，即使有 30 个产品，但经过 4 次比较，可发现一个产品优于其他 5 个产品，那么消费者现在可能会停下来，对此决定感到满意（有信心）。在此，不仅 f 是一个随机变量，m 也是一个随机变量。

对此，本书认为，在无穷多的产品中选择，此命题本身不成立。价格越亲民的日用品，产品类别数量越多，同类产品也越多。随着价格的提升，产品类别迅速减少，到了奢侈品价位，产品类别就更少了，不存在无穷多的产品选择。即使是亲民价格的日用品，产品数量确实很大，消费者也不可能将所有同类产品信息都收集起来并进行信息处理和分析，因为这意味着交易费用是天量的。对此，诺贝尔奖得主西蒙的有限理性已给出了符合现实的理论说明。

苏甘认为，"式（1 – 9）表明，当广告品牌处于特征变异性较高的产品类别时，广告应该尽可能多地提及品牌的有利特征"。即突出产品独一无二的有利特征，这属于斯密的绝对优势理论。该观点符合独特性的广告创意理论。但随着广告的推广，其他厂商看到了该独特性受到了消费者欢迎，会迅速将该独特性落实到自己的同类产品中，故独特性红利存续时间很短。本书认为，突出产品物质利益的独特性，很容易替他人作嫁衣，由先驱变成先烈。比如，世界 VCD 产品首创公司，很快被其他众多模仿者以更低的价格淘汰。故唯一的独特性恰恰是各个厂商唯一的注册商标，这才是值得推广的独特性。把自己的注册商标建成能让目标顾客不假思索且溢价选择的品牌，是品牌经济学给厂商提供的理论与方法。"当特征变异性较低时，公司应该只强调品牌的最佳特征。"即产品缺乏独特性时，只强调品牌的最佳特征，这属于李嘉图的比较优势理论。俗话是矮个里挑将军，在产品的多个属性指标里，总能存在一个相对最佳的指标。但问题是此最佳特征是消费者敏感的需求吗？

尽管苏甘在文中多次提到了品牌，但在其之前以及之后的诸多研究中，均未对商标与品牌进行学术意义上的严格区别。在现实经营活动中，品牌建设最大的失误，是基于未能将商标与品牌予以科学精确的区分所导致的。诚如孔子所言名不正则言不顺。国家颁布的是商标法，而不是品牌法。品牌经济学则对商标与品牌进行了严格的区别，并给出了严格意义的定义。按苏甘的这段阐述，从不严格的意义讲，具备了晕轮效应的商标才能称其为品牌。"品牌识别可引起跨属性感知的一致性"的一个成功案例，是英国的维珍集团的 Virgin 商标，该商标已成为嬉皮士文化象征，从而实现了从摇篮到航空公司的"跨属性感知一致性"。这恰恰是符合品牌经济学基本原理，即只有成为目标顾客边际递增的情感利益代言的注册商标，能用于多元化产品类别而无违和感，从而实现范围经济。

消费者的确是"通过寻求更少的信息来保持同样的信心 α"，而最小的信息就是拟购商品的商标。通过认牌或指牌购买，规避了大量的基于商品功能、成分、质量等具体信息的收集（交易费用）和比较（思虑成本）。"记住较大的特征差异可降低未来决策的成本。"按本书 7.1 节中品类对模型，与在位者所属品类对立的新品类，才能切实提高消费者的记忆，并降低交易费用和选择成本，同时，降低甚至消除思虑成本。

1.3.2 基于靓女择夫的选择成本与思虑成本区别

1. 选择成本与思虑成本的异同与组合类型

经过劳心费神地阅读、验算、查找资料、分析、比较，关于思虑成本，给出以下总结：

（1）苏甘的思虑成本与品牌经济学的选择成本，既有联系又有显著的差异。思虑成本关注的是将基于不同厂商的同类产品的产品属性，也即产品成分、功能等指标的物质利益差异，作为测量与降低消费者思虑成本的研究对象。而品牌经济学的选择成本，所关注的是基于不同厂商各自的注册商标所承载的情感利益，通过情感利益使消费者乐而忘忧、乐在其中和乐此不疲，从而在"选谁"阶段的时间费用也即选择成本 $C_c = 0$。

选定厂商即品牌之后，在具体产品选择的过程中，确实存在思虑成本。在此阶段，降低甚至消除消费者思虑成本的策略，也是品牌经济学的策略，通过商标的情感利益化的品牌来得以实现。一个比较容易理解的案例是宝洁公司。P&G 是宝洁公司的公司商标，但海飞丝、飘柔、潘婷是宝洁公司的三个洗发液商标，故消费者完全可不必理会 P&G，只需要指牌购买去头屑的海飞丝、头发柔顺的飘柔、护发的潘婷即可。从而对"买谁的"选择的时间费用即选择成本 =0，同时，思虑成本也为零，确保了消费者选择效率最大化。

（2）思虑成本不仅存在于产品选择行为中，而且是普遍存在于人类日常生活、学习、训练，以及所有工作中的。因为在这些活动中，人们总会发生程度不同的劳心费神的付出。而品牌经济学语境中的选择成本，则是用来区别注册商标与溢价品牌的概念，即为何具备相同法律地位的不同注册商标所代表的同质化产品之间，在价格、销量、销售额等市场绩效表现具有明显的差异。

（3）选择成本与思虑成本的组合类型。为了更直观地理解思虑成本与选择成本的联系，将二者分别定义为低、高两个状态，则二者可建立 4 种组合：

组合 1：选择成本低 + 思虑成本低：消费者生活中习以为常所购买的产品，属于此类组合。比如，某男性吸烟，每当需要买香烟时，他都不假思索地告诉烟店老板给我拿盒红塔山。再如，快餐店、理发店、宠物店等的重复购买。对消费者而言，选择成本和思虑成本都几乎为零。

组合 2：选择成本低 + 思虑成本高：购买轿车、家电、教育培训等产品时，选择的第一阶段即"买谁的"基于商标的品牌选择时，消费者都有自己心仪的品牌，其选择成本很低，甚至为零。但进入汽车 4S 店之后，面对不同配置（物质利益）的产品之间的对比，则存在较高的思虑成本。故按选择成本公式，厂商实在不必在产品配置上进行多元化设置。对此，可参见本书表 8.14 和表 8.15 的对比。

组合 3：选择成本高 + 思虑成本高：网购产品时，电商平台同时列出来众多同类产品，在商标缺乏情感利益共鸣的品牌化条件下，消费者对"买谁的"就很难作出决定，正因为不知道该中意谁，就只会在产品物质利益即价格与属性上下功夫，即思虑成本也很高。

组合 4：选择成本高 + 思虑成本低：当所要购买的产品缺乏自己心仪品牌，同时，此类产品也不存在多大技术含量时，比如，在商场选购衣服、鞋子、帽子、手套等，即使知道且乐于进入某个品牌的展区，但若无合身或合意的产品时，也会选择离开。衣服、鞋子、帽子、手套等试穿或试用合适成为基本要求，本身不需要劳心费神的付出。

为了理解这四种组合，一个典型实例是日本森冈书店，该书店每周只卖一本书。在这里，读者无挑选的余地，他们只能买或不买。但通常情况下，进店读者走的时候都会带走这本书。该书店只有 50 平方米，刚开始的藏书只有 200 余册，老板森冈也一直在用心经营自己的书店，藏书量也越来越多。但数量繁多的书籍，常常使读者迷失其中。这就意味着读者的思虑成本和选择成本都很高，从而导致放弃选择，结果当然是读者越来越少、经营状况每况愈下了。无奈之下，森冈从藏书也即产品端，转到了读者也即顾客端，来思考读者的选择行为后，他发现很多人进书店并无明确的目的，他们不过是来挑挑拣拣，运气好或许能找到一本自己喜欢的书。基于读者的选择逻辑，森冈每天找出版社的出版信息、书店的销售信息、用户的读书兴趣等等，从中发现读者可能最感兴趣，或者森冈认为最值得推荐的书籍。由此一来让读者很容易就在森冈书店里买到自己喜欢的书。从此森冈的读者越来越多，影响力也越来越大，仅开业半年，书店就已开始盈利。对森冈而言，做一家赚钱的书店并不是最重要的事，他想让此行业在现今社会生存下去，用他自己的方式，久一点，再久一点。

在该案例中，森冈一个人的劳心费神，节省了更多人的劳心费神，从而降低了读者的选择成本，读者的选择效率自然提高。但读者依然会边看此书边费神地思考买还是不买，此"费神"即精力的消耗本身作为思虑成本依然存在。

2. 基于选择成本与思虑成本的靓女择夫分析

品牌经济学的选择成本（C_c），是指目标顾客建立了备选集之后，从中择其一的时间费用。"货比三家"中的"三家"，就是备选集，从中择其一就是选择。建立备选集所花费的费用，属于科斯语境下信息收集的交易费用，而从中择其一所花费的时间费用，本书将其定义为选择成本（Choice Cost）。

为了理解选择成本与思虑成本的联系与区别，在此给出一个模拟分析，称其为"靓女择夫"。给定的场景是：某青春靓女在选择未婚夫的时候，面临两种可能：

情景 A：只有 1 个男性追求，也即备选集内只有 1 个拟选对象，结果是嫁或不嫁；无论是嫁还是不嫁，都存在对与错两种可能。

按苏甘的算法，嫁与不嫁的置信水平都是 0.5。在此抉择的过程中，靓女也存在劳心费神也即思虑成本。但随着时间的推移，若再无其他男性追求，且该靓女也无独身的打算，最大可能是选择与该男性结婚。在此情况下，思虑成本客观存在，但又不完全符合苏甘的算法。按他的算法，必须是在两个男性也即"产品"中进行比较，才能测算出做出择其一所付出的劳心费神。但做出嫁或不嫁此抉择所经历的时间费用，却是一个客观且能理解并测算的成本，即为品牌经济学的选择成本。

情景 B：若有 100 个男性追求，也即备选集内有 100 个拟选对象。假设该靓女选择对象时有两个方案：

方案 1：进行多指标评估：身高、长相、学历、职业、收入、家庭背景等。这样，她需要对这 100 个男性建立起来一个指标集。建立此指标集所花费的时间，在经济学上被科斯称之为交易费用（信息搜索费用）。当此巨大的备选集建立起来之后，该靓女从中择优选一个。假设她采取的是两两比较的方式，则需要比较的次数是：$N(N-1)/2 = 100(100-1)/2 = 4950$（次）。假设每次比较需一周时间，则需要 4950 个周，每年 52 周，则需 $4950/52 = 95$ 年。这就是该靓女从 100 个追求者中，按多指标择优的时间费用，此时间费用即是品牌经济学语境的选择成本。在每个周所进行多指标比较所付出的费心劳神，即思虑成本。

按苏甘的算法，该靓女需要对每个男性的各个特性指标值进行确定并赋值，确定并赋值本身的付出属于信息收集与处理的交易费用。然后，算出每个男性的多指标值之间的方差。再按方差来两两计算混淆指数也即思虑成本，尤其要关注两两比较测算的协方差。靓女为此所付出的劳心费神本身，就属于典型的思虑成本。问题是靓女是否学过统计学的方差以及协方差方法。

无论靓女是否会劳心费神计算方差、协方差并据此进行两两比较，为此付出的时间以及时间费用（直接费用 + 机会成本），都是客观存在的，也是可理解并计算的。

方案 2：只进行单指标评估：该靓女不是考虑男性的多指标，而是单一指标，或者是身高，或者是收入，或者是相貌，或者是职业等。则同样是 100 个追求者，做出选择的时间费用在 1 个小时即可确定。按单指标评估，不同的靓女会有自己的偏好，此偏好是某种禀赋类的外生变量，也即不能问为何靓女 A 偏好指标甲，而靓女 B 却偏好指标乙。此偏好不属于思虑或选择的范畴，对每个靓女来说都是她自己既定且知道而且不会改变的。故在此既定偏好的条件下，该靓女完全不会去计算每个男性的多指标方差，也不会两两测算协方差，而是将备选集中 100 个男性的自己偏好的指标值进行排序，找出最大值即可。

由此一来，也就不存在付出劳心费神的思虑成本，但按最大值来择其一的时间费用却无法省略，也即选择成本依旧存在，但相比多指标的两两比较所付出的时间费用，已极其显著的降低，也即选择成本从 95 年到 1 个小时的极大降低。

通过靓女择夫可知：第一，在实际选择时，劳心费神即思虑成本不一定发生，但若不能基于注册商标来与消费者达成强烈的情感共鸣的品牌，则基于时间费用的选择成本总是存在。第二，将其推广到企业，将男性多指标转化为产品的功能诉求，则功能诉求越多，顾客的选择成本越高。即厂商的产品可能是优质产品，但因为承诺了很多利益点，结果导致顾客不知所措，也即加剧了购前焦虑症，既增加了顾客的思虑成本，又提高了时间费用即选择成本，导致顾客放弃选择。

第1章　品牌经济的选择成本

其实，厂商的产品说明书中列举的利益点越多，意味着厂商越不了解目标顾客是谁，他们最敏感的需求是什么！例如，佳洁士牙膏：有 1 种产品时，市场份额超过 50%，有 38 种产品时，份额下降到 36%，有 50 种之后，份额降到了 25%。

某家大型超市曾做过一个实验：在超市的两个试吃角分别放了 6 种和 24 种果酱。以此来了解购物者的购买率。从常识上分析，放有 24 种果酱的试吃角选择的余地更大，销售量应该会比较好。结果，大约 60% 的顾客都聚集在放有 24 种果酱的试吃角，仅有 40% 的顾客停留在有 6 种果酱的试吃角。但销售量却惊人地相反，放有 24 种果酱的试吃角仅有 3% 的人购买，而放有 6 种果酱的试吃角却有约 30% 的人购买。

显然，备选集越大，试吃越多，信息收集的交易费用越高，但基于每个顾客的口味偏好是既定的，故在确定自己最喜欢的口味时，并不需要劳心费神，只记住自己感觉最喜欢的那个口味就可了，也即实际上并不需要多大的劳心费神。但试吃了 24 种果酱且记住 24 种口味，并从中找到最符合自己口味偏好，需要试吃 24 次，由此花费的时间费用即是选择成本。但在 6 种果酱中完成此选择的时间费用也即选择成本就很低，作为顾客的行为就表现为选择效率提高。

2013 年 10 月，凡客诚品的创始人陈年在反思时说："我就举一个白衬衫的例子，当我这次挑白衬衫的时候，我发现我们的产品部门的人给了我八款白衬衫。若我在网上去选的话，我完全搞不清楚这八款白衬衫的区别是什么，但实物版能看出来。当他忙于做八款白衬衫时，他可能一款白衬衫都做不到位。""今天凡客正在做的事情，过去一个多月来正在做的事情就是统一规划，白衬衫只能有一个，统一颜色，白只能有一个，全公司的白，标准白只能有一个，我们统一设计。"陈年说，"我觉得最关键的还是产品品质本身。我觉得凡客应该回到简单搭配，有一定的时尚度，把品质真正做到极致"。

"把品质真正做到极致"依然是厂商的产品逻辑，而非顾客的快乐逻辑。想想看，Shein 售卖的、价格在 5~30 美元的快时尚女装，其目标顾客即年轻人追求的是"新"款所带给自己领先潮流的快感，而绝非是极致的品质。

第2章 美好生活的顾客利益模型

2017 年 10 月 18 日，党的十九大报告指出，中国特色社会主义进入新时代，我国社会主要矛盾已转化为人民日益增长的美好生活需要和不平衡不充分的发展之间的矛盾。

本章基于美好生活，建立了顾客利益模型，并通过诸多案例来理解顾客利益模型的意义，为解决不平衡不充分的发展提供路径选择。

顾客利益模型的文字表述是：顾客利益 = 物质利益 + 情感利益。解决物质利益的不平衡不充分的发展，关键在于加快形成新质生产力。而解决基于情感利益的不平衡不充分的发展，关键则在于促进新质消费力。

在现实生活中，存在一种经济现象，即同质化的产品，用商标 A 的价格是 100 元，而用了商标 B 之后，即使价格是 150 元，买的人也还是很多。多出来的 50 元可定义为商标的品牌溢价。在本书中，商标的品牌溢价与品牌溢价属于等义，因为"品牌"术语中天然地内含了其法律载体即注册商标。

除了常见的价格溢价外，品牌溢价还表现为销量溢价、收入溢价型、时间溢价、授权溢价型。对此详见第 3 章，其共同属性是基于品牌信用度。而要切实提高品牌信用度，必须深刻理解顾客利益，这是促进形成新质消费力的基石。

在此强调的是，高价与高溢价是两个不同的概念。低价产品若其注册商标能承载排他性乐点的情感利益，也能获得足够高的溢价空间。而这恰恰是品牌经济学的核心命题。与此同时，高价产品若其注册商标不能承载目标顾客敏感的排他性乐点，也很难获得足够高的溢价空间。例如，山东某食品企业是肯德基的鸡肉供应商，由该企业供给肯德基的炸鸡中翅，在肯德基的零售价是 8 元/对（2003 年）。该企业认为，若自己办一个快餐店，同样的炸鸡中翅卖 5.8 元/对，应该有市场。但事与愿违，办起来的快餐店公司很快就关闭了。

为何同质化的产品，使用不同的商标，所产生的效益差别如此之大？这就是商标和品牌的区别。品牌经济学已有研究中，通过构建选择成本、品牌信用度等概念，解释了在什么条件下，注册商标能成为品牌。[1][2] 但已有研究未解释清楚品牌为何能溢价以及是如何实现溢价的。故本章的任务是通过建立顾客利益模型来揭示顾客利益的底层逻辑，为第 3 章的品牌溢价机制研究提供逻辑基石。

---

[1] 孙曰瑶. 品牌经济学 [M]. 北京：经济科学出版社，2005.
[2] 孙曰瑶，刘华军. 品牌经济学原理 [M]. 北京：经济科学出版社，2007.

2.1　规模陷阱：无定价权的尴尬

新古典经济学的基本命题是规模经济，问题是有规模一定有利润吗？请看以下资料。

资料 2.1　钢琴"大"国[①]

全世界的钢琴生产大国其实是中国。在 2011 年，全球钢琴的总产量在 50 万台左右，其中超过 70% 是在中国生产的。而德国的贝希斯坦钢琴 2010 年的产量仅为 4500 台左右，即不到全球产量的 1%。但因价格昂贵，贝希斯坦钢琴的产值占全球钢琴产值的 10%。贝希斯坦总裁说："我们不想做大，因为那样就不能把品质做到极致了。"

资料 2.2　国产手机企业：真不想做大，实在亏不起[②]

国产手机市场份额再创新高，把洋品牌远远甩在背后，但在利润上，除了少数的那几家，众多的中国本土手机品牌并不赚钱，"大而不强"仍是中国本土手机业界难破的"局"。数据显示，到 2023 年 11 月，中国本土手机品牌在国内市场的份额已超过七成。从最初的不到一半，到超过一半，再到超过七成，国产手机的成长速度非常快。但同时，目前全球几乎 99% 的利润都被手机业界的两大巨头拿走。众多中国手机厂商"赚吆喝不赚钱"。

上述两份资料，分别是钢琴和手机，产品不同，但共同点都是我国的生产规模非常大，但利润却很低，直观的理解就是缺乏定价权。

所谓定价权，是指在同时满足股东投资利润率和产能等于销量的条件下，厂商对属于自己的注册商标及其承载的产品或服务，具有自主定价的能力。对此需强调三点。

第一，定价权突出的是自主定价的"能力"，而不是权利。从法律上来讲，在符合法律相关规定的前提下，厂商对自己的产品或服务，当然有制定价格的权利。但所制定的价格，未必能得到顾客的认可。若得不到顾客的认可，也就得不到顾客的钞票。为了增加销量，厂商只好采取降低价格的策略。故对厂商来讲，有权利定价不等于有能力定价。

第二，定价权突出了两个条件，即同时满足股东投资利润率和产量等于销量的条件。若不满足股东投资利润率的要求，股东或不给予投资，或撤换经营者；若投资形成的产能不能变成销量，则导致生产能力闲置，成本增加，利润减少，进而诱发股东利益受损。

第三，定价权突出了自主商标，而不是贴牌生产，因为贴牌生产的厂商从理论上，不管是原始设备制造商（original entrusted manufacture，OEM）还是原始设计制造商（original design manufacture，ODM），都难有定价权。无定价权的厂商，随着上游成本的增加，出

---

① 曹阳. 向德国中小企业学什么 ［J］. 商业评论，2012 – 11 – 22.

② 国产手机企业：真不想做大，实在亏不起 ［N］. 广州日报，2013 – 01 – 08.

厂价格的下降，损失的就是利润。而当损失到一定程度时，厂商生产也就停止了，这是贴牌经济难以持久的原因，也是中等收入陷阱的微观机理所在。

如何获得定价权呢？从理论上讲，只有一个答案，即获得垄断。但垄断是有条件的，其条件就是顾客选择。例如，获得发明专利的技术创新，发明专利持有人对其专利是有垄断权的，但未必是有商业价值的。很多发明专利持有者，并未获得销售的成功。那什么样的垄断才能既获得定价权，又能获得顾客选择呢？答案也只有一个，即满足目标顾客需求尤其欲望的产品或服务。在现有的经济理论中，满足此条件即有效率的垄断，有两种：

一是自然垄断，即在理论上一个行业只有一个企业存在。例如，铁路、自来水、电力等。

假设有两个电力公司 A 和 B，用 R 为利润，Q 为销量，P 为价格，C 为成本，则 A 公司的利润函数是 $R_A = Q_A P_A - C_A$，B 公司的利润函数是 $R_B = Q_B P_B - C_B$。

若某电力用户家里同时接进 A 和 B 两家电力公司的电线，假设 A 和 B 两家电力公司的价格相等，但成本不同。而该用户根据两家电力公司的服务质量，高兴了用 A 公司的电，不高兴了用 B 公司。设该用户使用 A 公司电力的可能性是 β，则使用 B 公司电力的可能性是 $1 - \beta$。则两个电力公司的利润函数调整为：$R_A = Q_A P_A \beta - C_A$，$R_B = Q_B P_B (1 - \beta) - C_B$。

因电力设施已投资建成，即成本已发生，故成本 C_A 和 C_B 是确定的。但因 A 和 B 两家电力公司的收入不确定，在不确定的收入和确定的成本之间，A 和 B 两家电力公司各有三个选择：要么提高电力价格，要么都不供应电力，要么合并成一家电力公司。而前两个选择都会导致电力用户利益受损。故为了获得电力公司的电力，电力用户也即顾客不得不接受一家电力公司的电力，即 A 与 B 合并为一家电力公司，则自然垄断形成了。

二是行政垄断，即国家通过立法授予的独家经营权利。在我国的经济领域，曾经有两个行政垄断：1991 年 6 月 29 日通过的《中华人民共和国烟草专卖法》，授予了中国烟草总公司独家生产与批发卷烟的垄断权利；1996 年 5 月 27 日颁布的国务院第 197 号令《食盐专营办法》，授予了中国盐业总公司批发食盐的垄断权利。

但自然垄断和行政垄断，都是绝大多数企业尤其是民营企业不可能获得的。多数企业又该如何做呢？汶川地震期间，央视在现场抢救直播时，有个小男孩被救援人员从废墟中抢救出来时，救援人员问他想要什么，小男孩张嘴就说"叔叔，我要可乐"。该小男孩选择的产品，既不是自然垄断，也不是行政垄断，而是我们提出来的一种新的垄断类型，也即品牌垄断（brand monopoly）[①]。

所谓品牌垄断，是指目标顾客产生需求动机时，选择成本等于零（即不假思索）且溢价选择某个注册商标及其承载的产品或服务。形成品牌垄断的前提有两个：一是厂商拥有注册商标。二是该注册商标成为目标顾客所需要的某个单一利益点的排他性代言或象征符号。在《反垄断法》的附则中，明确规定了品牌垄断的法律依据：第六十八条，经营者依照有关知识产权的法律、行政法规规定行使知识产权的行为，不适用本法；但经营者滥用知识产权，排除、限制竞争的行为，适用本法。第六十九条，农业生产者及

---

① 孙曰瑶，刘华军. 品牌经济学原理 [M]. 北京：经济科学出版社，2007.

第 2 章　美好生活的顾客利益模型

农村经济组织在农产品生产、加工、销售、运输、储存等经营活动中实施的联合或者协同行为，不适用本法。

本书认为，不能将规模作为垄断的标准，因为规模是垄断的结果，而不是垄断的原因。即垄断一定会形成绝对或相对规模，但规模不一定得到垄断。

为此本书通过嵊州领带：失语的"世界之最"[①] 一文，对此进行深入分析。

嵊州的领带企业都引进了先进的纺织设备，问题是这些先进的纺织设备是中国厂商制造的吗？若不是，那就是给国外厂商提供了市场。一旦国外设备生产企业推出了新的设备，拥有老设备的企业是更换还是不更换呢？若不更换，拥有新设备企业生产出的产品更好。若更换，则前期获得的利润，都要换成新设备了。在设备技术即硬技术更新的条件下，加工企业的最佳选择是租赁设备，而不是购买设备。问题是我国的商业银行采取的是抵押贷款，而不是信用贷款，导致加工企业只能把设备抵押给银行，也即选择购买设备，而不是租赁设备。由此一来，在贷款未还清之前，被抵押的设备就无法及时更新。一旦订单减少或价格降低，资金链很容易出问题。

文章认为"嵊州市的领带产业虽戴着'世界之最'的大帽子，却是一个说了不算、没任何话语权的'世界之最'"这个观点一针见血，嵊州的领带规模很大，却未形成垄断效应。有病很可怕，更可怕的是病因诊断错误。嵊州领带没话语权的"病因"是什么？是上游的原材料吗？是下游的价格链吗？杜邦莱卡也只是一种化纤即氨纶，杜邦也不拥有上游最终的原料即石油，但为何莱卡牌氨纶有定价权呢？若将嵊州领带的"病因"归于上游原材料，势必开出后向一体化的药方，也即投资控制上游原材料，可问题是杜邦为了获得莱卡牌氨纶的定价权，为何没去控制石油呢？

领带的目标顾客链模型见图 2.1，依次是：桑蚕→蚕丝→丝绸→领带加工厂→经销商→商场柜台→目标顾客。若认为嵊州领带缺乏定价权是因为没控制上游原料的话，结论就是直接投资桑蚕养殖。问题是领带的定价权究竟掌握在谁手里呢？本书认为，不是上游原料，而是在柜台购买的顾客。问题是，在商场购买领带的顾客，所购买的领带的商标，不是属于嵊州的领带代工厂的，而是"金利来"们的。而"金利来"们为了让终点顾客购买自己的领带，也投入了很多资金，这就是基于软技术的品牌投资。而嵊州的领带代工厂商们投资的是厂房设备及硬技术，当然得不到顾客的关注了，也就没了定价权。

文章认为"以一条嵊州领带在国际市场上销售 30 美元测算，国外终端品牌企业在商店中销售赚取 15 美元，拿到品牌经营权的中间商赚取 12 美元，只给本地生产企业留下 3 美元的出厂价"。对此，本书认为，其实，嵊州领带的厂商们，在领带产业链中，仅仅完成了加工过程，本质上是贸易而已，也即买卖而已，既然是做买卖，也就只关心进价和出价之间的差价，离市场的距离还很远。为何在 30 美元中，嵊州领带加工厂只得了 3 美元？那是因为嵊州领带加工厂离领带购买者也即终点顾客的距离最远！在政治领域，谁越接近权力中心，谁就越拥有决策权。而在市场领域，谁越接近终点顾客，谁就拥有定价权！因为正是终点顾客才是最后的出钱购买者。

---

① 李亚彪，商意盈. 嵊州领带：失语的"世界之最"[N]. 经济参考报，2010 - 10 - 18.

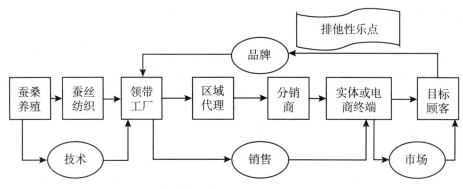

图 2.1　领带的目标顾客链模型

资料来源：笔者自行绘制。

原文认为"在各地以加工出身的企业对品牌几乎是忽略的，有的县市支柱产业中，甚至一半以上的企业没自己的商标品牌，只能替人作嫁衣"。对此，本书认为，嵊州的领带加工厂，注册一个属于自己的商标，是否就不用替人作嫁衣了？答案是否定的。因为商标不等于品牌。文中提到的品牌，其实是商标，品牌经济学将商标与品牌进行了严格的区别。注册商标是个法律概念，而品牌是终点目标顾客对单一利益点所属载体的情感共鸣。品牌一定需要注册商标予以法律保护，但注册商标不等于终点目标顾客不假思索溢价选择的品牌，完成此转变所需要的软技术，就是品牌信用模型，运用品牌信用模型将注册商标建成终点顾客所共情的溢价品牌，是品牌工程学的任务。嵊州的领带厂商们，对终点顾客的领带选择行为几乎没有研究，当然无定价权。

针对原文的"到底是制造业大省还是'打工大省'？"的思考，本书认为，终于开始思考制造业大省和打工大省的区别了，即 Made in China 与 China Made 的区别了。外资企业的生产可以离开中国，但其基于各自商标的品牌，却能继续在中国销售。而国内的代工企业，一旦没了外资企业的订单，生产就得中止。这才是一定要转型做品牌的根本原因所在。从 2023 年版的财富世界 500 强企业的数据来看，中国企业数量为 143 家，超过美国的 136 家。但中国上榜公司利润总和只有 5618.6 亿美元，而美国上榜公司利润总和几乎是中国的两倍，高达 10882.7 亿美元。对此差异，可有多种解释，但从品牌经济学的角度看，品牌溢价能力的高低是最具解释力的原因。即掌握了价值创造的能力，不等于掌握了价值实现的能力，价值实现依赖于品牌信用度。

原文认为"量到天花板了，利润却还在地板上""即使全世界的领带都归嵊州生产，也难以支撑起整个市域经济的发展。"对此，本书认为，这充分证明了规模无法取得垄断的定价权！价值的现代意义，是指在折现率一定的条件下，未来收益的折现值。故只有深刻理解产品或服务给终点目标顾客带来的未来收益的厂商，才能获得终点目标顾客的选择。通俗地讲，只懂产品或服务本身是不够的，所有产品或服务最终都是卖给终点顾客的，而终点顾客买产品或服务，不仅是为了占有产品或服务，而是为了所购买的产品或服务给自己带来的预期收益，此预期收益既可是物质利益即需求带来的生理满足，也可是情感利益即欲望带来的心理快乐。在技术原理一定的条件下，竞争的结果是导致不同厂商的产品或服务物质利益的同质性。由此终点顾客所关注的，将集中于情感利益。而情感利益就构成了品牌溢价的根源。

针对"嵊州领带虽然在量上已达到产业的天花板，可质的提升还有很大的空间"。本书认为，在此句话中，"量"好理解，"质的提升还有很大的空间"，此处的"质"是指什么呢？是产品质量吗？显然不是，因为若生产出来的领带不合格，下订单的委托方是不会接受的。本书认为，此"质"是指降低目标顾客选择成本，而要降低目标顾客的选择成本，就要精确地把握目标顾客最敏感的利益需求。从图 2.1 即领带的目标顾客链来看，嵊州的领带代工厂商，恰恰忽视了此战略方向，反而转向了桑蚕养殖，也即离领带的终点顾客越来越远，离定价权也就更远了。

原文认为"科墨市虽然还是领带主产地，可大部分加工环节已转移到嵊州，而提供设计、持有品牌的科墨市领带却拿走了大部分利润。在国际市场上，科墨的领带一条可卖到上百美元，嵊州的领带最多只能卖几十美元，而且即使在这几十美元的价格中，嵊州领带企业赚取的加工费也只有几美元"。对此，本书认为，科墨的领带值钱，难道真的是因为"手工绘制丝绸面料，每种款式只印 100 米"吗？中国也有很多手工制品，为何价格也没上去？为了精确理解，对目标顾客链模型的详细的分析见第 4 章。本书认为，答案是科墨的领带厂商很清楚自己是为谁设计、为谁生产的。而不像嵊州的众多领带加工厂，自己代工出来的领带，被谁买走了、在什么场合佩戴、每个款式和颜色的含义是什么，统统不清楚，当然就不知道价值如何实现。不知道为谁设计、顾客为何购买的厂商，自然也就远离了价值。在此情况下，在领带的整个利润链条上，嵊州的领带厂商们能获得 10% 的比重，已经很不错了。领带工厂基于硬技术负责价值创造，而领带顾客基于品牌信用即软技术负责价值实现。

原文认为"嵊州领带正是依靠'大批量、低价位'的优势，在世界产业分工中，将缘起于西方国家的领带产业转移到东方，时至今日，日趋稀薄的利润已成为制约产业甚至地方经济发展的主要因素，以量为荣的发展方式遇到了巨大的挑战"。对此，本书认为，早在 1988 年，笔者在撰写硕士论文[1]时，就将这种追逐劳动成本的产业称为候鸟产业，即哪里劳动成本低，厂商就搬到哪里。江浙一带丝绸产业发达，尤其杭州更是如此，国际上的真丝领带品牌厂商，将加工基地搬到这里来是符合候鸟产业规律的，这不仅仅是嵊州人"努力"的结果，很大程度上还是丝绸的历史优势和劳动优势所致。随着劳动力成本的增加，候鸟产业一定会选择新的栖息地。因此，全世界的领带不会归嵊州生产，因为在这个世界上，一定还有劳动成本比嵊州低的地区。从汇率和地理位置来看，东南亚就是下一个领带产业的候选代工基地。五年前欧美很多"Made in China"产品，现如今已是"Made in Sri Lanka"了。

原文认为"目前，嵊州市从政府到企业在生产环节上正全力向上游与下游拉伸，力争改变以加工为主业的发展方式，把巨大的成本压力向两端释放，把微薄的利润空间向两端

---

① 孙曰瑶. 区域经济结构与发展战略研究［D］. 北京：北京大学，1988.

拓展。在上游，嵊州市鼓励企业外拓原料生产基地。一个多月前，巴贝集团董事长就远赴四川省，与当地政府洽谈设立蚕桑生产基地事宜"。对此，本书认为，建立蚕桑基地，增加蚕丝的供应量，之后呢？在质量一定的情况下，蚕丝的价格取决于供求关系，若蚕丝供应增加了，嵊州的领带企业就有定价权了吗？科墨领带的价格高，难道就是因为有自己的蚕桑蚕丝生产基地吗？若嵊州领带掌握了定价权，自然就会带动四川等地的蚕桑生产面积的扩大，而不需要领带企业自己来扩大。从图2.1可见，巴贝集团采取的是后向一体化，进一步降低桑蚕成本，这依然是产品逻辑。若多数领带厂都建立了自己的桑蚕基地后呢？请问金利来领带是否有自己的桑蚕基地？

原文认为"嵊州市还正筹划建立茧丝调配中心，组建一个可储备3000～5000吨的蚕桑茧丝储备仓库"对此，本书认为，意大利政府是否也支持过科墨市政府建立蚕丝调配中心？领带生产企业后向进入蚕丝种植基地，或者嵊州市建立蚕丝调配中心，是简单的贸易思维，不可能解决嵊州领带的定价权问题。因为领带企业的利润＝销量×价格－（固定费用＋变动费用），这些措施都是在降低蚕丝的费用，而不是提高领带的价格。扩大蚕桑种植，能增加蚕丝的供应，通过蚕丝调配中心能在一定程度上解决蚕丝价格波动。但若不掌握领带在终端柜台上的品牌共情力，仍然难有定价权，前面这两个措施所带来的成本降低，同样会被转移出去，嵊州领带生产企业是无法获得的。领带的价值不在蚕丝原料，而在终端柜台的顾客购买，只有尽可能地接近并取悦在终端柜台选购领带的顾客，才能掌握定价权。

原文认为"在下游，嵊州市加强品牌运作，进军终端销售市场。政府拿出专门资金鼓励自主品牌出口、鼓励收购国外品牌、鼓励国外注册商标等"。对此，本书认为，从图2.1即领带目标顾客链可见，与品牌公司合资，或收购领带设计公司，对嵊州领带加工厂而言，都是正确的，毕竟进入品牌领域了。可问题是这还是贸易思维，只不过是从实物贸易，转入了知识产权贸易，自己还是远离终端柜台，远离前来选购的终点顾客，也就远离了市场，自然也就远离价值实现，照样无定价权。

原文认为"包括领带在内的越来越多的企业开始重视并力争打造一条从上到下、纵向一体的'垂直产业链'，从而使企业便于从各个环节对产品成本、质量及生产节奏进行控制。"对此，本书认为，这就是产业链陷阱！笔者曾到过陕西一家油脂企业，进口大豆生产大豆油，后来用豆渣生产饲料，再后来就办起来了养殖场，进而办起来了肉食加工厂。问其为何这样做，答曰打通产业链。笔者曾提醒对方：杜邦莱卡氨纶是卖给纺织厂的，纺织厂融化喷丝制成布，布再卖给成衣厂，成衣厂将成衣如女性丝袜经过区域代理，使之进入超市柜台陈列。在此产业链中，杜邦公司并未办起自己的纺织厂，也没办起自己的成衣厂。而是通过举办"深圳模特美腿大奖赛"（2001年），吸引大量的中国时尚媒体给予免费报道，从而将商标"莱卡"转换成了"美丽时尚"的代言，从而成为终点顾客即职业女性的共情选择。在此基础上，杜邦公司授权给成衣厂：你若用莱卡氨纶制成的布，就允许你在自己的成衣上挂个"莱卡"标签。按照图4.1即目标顾客链模型，打通或建立产业链，不是指自己从头到尾地生产，而是通过给终点目标顾客一个排他性且快乐的单一利益点，并用自己的注册商标成为此单一利益点的代言或象征，从而掌握整个产业链的定价权。否则，规模越大，资金链越脆弱。

2.2 过剩转型：从规模增产到持久增值

在供大于求的市场环境即过剩市场条件下，若同行业多数厂商继续投资扩大规模，很快就会加剧市场的过剩，从而导致产品价格持续下降，并由此导致资金链断裂。

案例 2.1 追求增产的恒森家具为何垮掉了？[①]

恒森家具始建于 1997 年，年产值 5000 万元。从 2011 年起，该厂共借 1000 多万元的高利贷，月息 5 分、年利高达 79.58%，短短三年时间原本红火的家具厂被高利贷吸空。

本书认为，$[(1+0.05)^{12}-1] \times 100\% = 79.58\%$。如此高的利息，若是几天内的临时融资，还可接受，若是半年以上的借贷，问题就严重了。人人皆知高利贷的利息高，为何还有人借？这就是急需！即在急需的条件下，人们对价格是不敏感的。

一个半月前，恒森家具厂房内机器轰鸣、人头攒动，一片繁忙的景象；厂区门口每天都有进料、销货的大卡车排队。一个半月后，家具厂内设备、库存已被债主们一抢而光，偌大的厂房空空荡荡、尘土满地。只有祝传梅领着两个木匠在工厂的一个角落忙碌着。恒森家具的厄运始于 2009 年的扩张。当年，老板祝清民决定投建 1.2 万平方米的新厂。为此他从民间以 2 分的月息四处借款，同时向多家银行进行融资。看到工厂生意兴隆，祝传梅也发动亲朋凑了 100 多万元，贷款给老板。她万万没想到，恰恰是这次投资，让红火的家具厂陷入了高利贷的泥潭。近些年祝清民相继从工行、建行、莱商银行、青岛银行等金融机构共贷款 1600 多万元，贷款期均为一年，大多被用于建设厂房、购置设备、采购原料等。

本书认为，为何说厄运始于 2009 年的扩展？在作出投资扩大厂房、购买设备、增加工人的决策时，老板肯定是看好未来收益的，这就是增产模式。而增产模式属于典型的价值创造，其成立的前提条件是创造出来的产品能按照既定价格卖出去，即价值实现。

可是，家具厂的投资周期一般要三四年，远远大于贷款周期，每当贷款到期，祝清民只能到当地民间借贷公司去借高利贷，以图银行续贷。作为会计，祝传梅记得，2010 年恒森家具的银行贷款只有 100 多万元。随着企业投资的加大，银行贷款不断增多，老板的高利贷也不断增多。引发恒森家具资金链危机的导火索，是 2012 年底莱商银行在 200 万元贷款到期后，突然决定不再续贷。从此，祝清民再也没能还上任何一笔高利贷。2013 年 7 月，工厂里突然出现了七八个高利贷公司的人上门讨债。他们天天吃住在厂里，打牌喝酒，强行阻止企业与客户的卡车进出，为此厂里报了两次警。当年 8 月，一家高利贷公司为逼债甚至绑架了老板的儿子祝汉景。

本书认为，恒森家具的投资用于固定资产投入，从而使资金失去了流动性。从国有商

---

① 钟昂. 中小企业困局：高利贷上门讨债大打出手，有企业主自杀 [N]. 经济观察报，2014 - 1 - 3.

业银行贷出的是流动资金，将流动资金用于固定资产本身就是违约的。若银行能到期续贷，恒森家具的流动性没问题，短期的高利贷恒森家具还承受得住。恒森家具的命运掌握在银行手里。但是作为国有的银行，确保国有资产增值保值是其首要的政治任务。

一边是十多家高利贷公司不断上门追讨，一边是银行贷款陆续到期需要归还。祝清民与儿子祝汉景不得不将名下房产反复抵押，到多个银行贷款融资。2013 年 12 月，恒森家具已无法从借贷公司处融资，300 万元的建行贷款到期也无法归还，上述违法抵押也在资产清查中被查出。老板祝清民连夜跑路，其子祝汉景因涉嫌金融诈骗被捕。

本书认为，该企业扩大规模为何导致倒闭？表面原因是资金链断裂。而资金链为何会断裂？本书认为不是因为银行贷款的抽贷，而是因为该企业没掌握品牌溢价的能力，导致销售收入和增值率不够。银行感觉到了给其贷款的潜在风险，因此对企业进行了抽贷。

案例 2.2　亨氏为何不增产（节选）？[①]

亨氏公司成立之初，只是一个普通的食品公司，它是怎样脱颖而出并确立了业界老大的地位呢？美国西宾夕法尼亚盛产山葵，山葵根用醋泡过后，是一种很可口的风味菜。1869 年，亨利创办了一家专门生产这种风味菜的公司。当时，市场上已有多家同类型的公司了，其中的几家公司已拥有了相当规模，因此竞争非常激烈。亨利·亨氏苦苦思索，怎样才能让自己的产品能与众不同。

亨利很快想到了办法：一是在选材上严格把关，挑选优质山葵根，绝不掺杂疙瘩块；二是联系玻璃厂为自己定做专用的无色透明的瓶子。于是，亨氏公司的产品就成了"看得见"的放心食品而大受欢迎。亨利并未因此满足，他把自己的加工厂也变得透明，邀请公众到自己的加工厂内，参观山葵辣根生产的全过程。任何人都可自由进入亨氏加工厂的各个车间，参观各个环节的生产过程，亨氏公司还会派专人作导游，为游客进行讲解，回答游客提出的问题。公众更加信任亨氏的产品了。

本书认为，食客患什么？当然是患食品安全。如何确保食品安全？让顾客看得见。亨氏邀请公众来厂参观，属于典型的工业旅游范畴，是增进目标顾客信任的有效举措。通用汽车来华设厂后，在生产线厂房四周设置了专门的游客通道，并且邀请旅行社组织并带领来沪游客进厂参观。事实上，亨氏的做法，本质上是可验证的承诺。喜家德水饺店采取的也是透明操作间的策略。

短短几年，亨氏就坐上了同类企业的头把交椅。按理说，亨利应迅速扩大产品生产量，可恰恰相反，1900 年，亨利规定每年的产量限制在 1500 万美元之内，完成了计划的生产量后，不再追加。大家都不理解，亨利说："在公司发展过程中，最重要的是品质和口碑，而速度和规模若发展太快，就会拉低产品的质量，最终会使我们失去市场。"

本书认为，在那个短缺时代，亨利都能关注顾客所担心的食品质量，可见其远见！笔者问过的很多老板和职业经理人，几乎都知道并接受"人无远虑必有近忧"这句话，可在现实中，为何很少有人能做到？若再问谁负责制定企业的远虑即战略？答案是老板。接着

---

① 唐月时. 亨氏为何不增产 [J]. 山东青年，2013 – 09 – 26.

问是否认同"旁观者清，当局者迷？"100% 说认同。问对企业而言，老板是当局者还是旁观者？是当局者。那老板负责制定的战略是否是"迷"呢？皆无语。

因为限量生产，亨氏产品变得更加珍贵，成为市场上的紧俏商品，价格一再攀高，成为业界第一。结果，不增加产量的亨氏，所赚的钱反而比增加产量还要多。

本书认为，谁说增加效益一定得靠增产？为何不通过提高价格，也即增值来增加效益？若你做不到，为何亨氏就做得到？

亨氏著名的赠品是印有亨氏字号的绿色树脂胸针。这小玩意儿长得像棵酱菜，又随手可得，叫人舍不得扔掉，整整一代孩子们的衣服和帽子上都别着它。亨氏发放了千百万个酱菜胸针，媒体称其为"商品促销史上最著名的赠品之一"。年复一年，亨氏员工经常会听人说起这样的话"有一次我去你们的工厂参观，当时他们给了我这枚别针。虽然是个小破玩意儿，可从那以后我一直戴着它"。

本书认为，顾客利益 = 物质利益（食品安全）+ 情感利益（胸针的触景生情）。由此可见，不仅是亨氏的产品质量好，更重要的是赠送一个小小的胸针，能使顾客们触景生情，从而情不自禁地回忆起自己参观时的情景。正是此小小的胸针引发了顾客的快乐，即化解了顾客对食品安全的焦虑。

通过上述两个案例可见，成立于 1997 年的恒森公司，追求规模增产，仅仅存续了 16 年。而成立于 1869 年的亨氏公司，坚持稳产增值的路线，一直存续到今天，且成了国际性企业。故对企业而言，增产不一定增值，而稳产增值一定增强。但稳产增值的根源在于给顾客带来快乐的情感利益，而不仅仅是物质利益。这就是新质消费力的着力点。

厂商做大是个规模问题，做久是个时间问题。每个人都希望自己长寿，但很少有企业追求长寿，总是追求做大。在供不应求的短缺阶段，价格一路走高，做大是理性选择。但到了供大于求的过剩阶段，价格一路下滑，做大就成为规模陷阱。故本书基于注册商标的法律永久性，认为进行品牌建设，不仅是卖得多、卖得贵，而是卖得久。缺乏品牌信用度支持的卖得多、卖得贵的企业，昙花一现的绝非少数，也绝非偶然。将厂商的注册商标，建成现在尤其是未来的目标顾客快乐因而溢价选择的品牌，从而实现基业长青，是品牌经济学理解与实践的核心目的。

在现行体制下，民营企业不可能得到国有背景银行的全力支持，信贷和融资的制度性差异政策，导致民营企业通过信贷来扩大规模的可能性极低。在这种情况下，拥有各种政策和资源优势的国有企业可做大，而民营企业只能将做久作为经营的战略目标。即在现行的社会主义市场经济基本制度下，民营企业勿与国企比规模，而应该走一条根植于市场导向的持久（Durable）战略。

假设企业每年净收益是 A，股东满意的投资回报率是 i，年限是 n，则按净现值 NPV 公式，若时间即年限 n 无限长，也即做久，则 NPV = A/i；若时间即年限 n = 0，则 NPV = 0。

n（年）	5	10	20	30	50	100
NPV0.05	4.33A	7.72A	12.45A	15.37A	17.16A	19.85A

假设有两个方案：

甲方案：A = 50 万元，但能经营 100 年，则 NPV（甲）= 19.85 × 50 ≈ 1000（万元）。

乙方案：A = 100 万元，只能经营 10 年，则 NPV（乙）= 7.72 × 100 ≈ 772（万元）。

从总价值来看，甲方案每年的收益尽管只有乙方案的 50%，但只要时间足够长，甲方案的收益总价值还是大于乙方案的。故基于价值角度，厂商的理性选择是 Max｛1000 万元，772 万元｝= 1000 万元 = 甲方案。但笔者在足够多次征询来自企业的培训学员们自己愿意选哪个方案时，超过 80% 的学员选择了短期经营的乙方案。原因很简单，甲方案经营 100 年的前提是政治稳定带来的经营环境的稳定。即在经营环境不稳定的条件下，或者投资者对未来预期不佳的时候，投资者不会选择长期行为。

R 代表利润，Q 代表销量，P 代表价格，C_f 代表固定成本，C_v 代表变动成本，则利润函数 $R = QP - (C_f + C_v)$。在 C_f、C_v 一定条件下，Q 即规模也就确定了，增加利润的唯一的策略就是提高价格，也即增值。为了理解何谓增值策略，对凯洛格公司的转变进行分析。

20 世纪 90 年代末，美国食品市场经历了一场消费危机：一方面是因为消费者纷纷抱怨麦片类的食品价格太高，在众多同类商家竞争下，他们纷纷倾向购买那些更便宜牌子的麦片。凯洛格公司的产品在市场中所占的份额一路下滑。

同质化 + 无情感利益 = 低价格。从形态学上来看，每个男的或女的都一样，从化学角度，都是碳水化合物，更是"同质化"，那为何会有非她不娶或非他不嫁的梁祝现象？答案是因为此男的对那个女的好，即有感情了。那又怎样？问世间情为何物，直教人生死相许！故在技术原理一定的条件下，同行业的不同厂商之间的产品完全可同质化，也即带给目标顾客的物质利益是相同的。若目标顾客无情感利益，他们必定选择低价格的同类产品。加上供大于求的过剩，进一步使价格降低，导致利润流失。而要提高价格，唯一的方法是增加目标顾客的情感利益，也即快乐度。对此将在式（2-1）、式（2-2）中予以表达。

另一方面他们的产品没跟上当时大部分美国人越来越快的生活节奏。那时的美国人养成了一种边走边吃的习惯，而凯洛格公司的麦片还停留在 20 世纪 80 年代的家庭市场。

随着科技进步以及不同年龄代的生活环境的差异，外部目标顾客的需求与欲望都必将发生很大的变化。经历过短缺时代且数量高达 4 亿多的"50 后"、"60 后"们，与出生于过剩经济的数亿"95 后"、"00 后"们，对美好生活的理解和需要有显著差异。

面对这种不利形势的苗头，凯洛格公司高层仍旧强调不断增加产量的错误策略。幸运的是，1999 年 4 月古铁雷斯当上凯洛格公司首席执行官以后果断地实行了大刀阔斧地改革。46 岁的古铁雷斯成功地推行了他的改革方案，他提出"从增产转向增值"的理念，把原来简单的麦片经过重新包装打造成附加值含量高的产品。他推出一种叫作"健康食品"的麦片，专门针对打算瘦身的女士以及体重超标存在患心血管疾病危险的消费群体。

古铁雷斯首先调整了目标顾客，从家庭顾客转到了"打算瘦身的女士以及体重超标存在患心血管疾病危险的消费群"，这就是目标顾客的精确性。按照第 4 章的目标顾客链模型图 4.3、图 4.4，古铁雷斯的措施非常正确。

如何实现做久的战略呢？答案是把厂商所属的商标建成目标顾客的品牌。原因是土地、厂房、设备、人员等这些生产要素都无法持久，唯有注册商标能在法律上永恒地属于所属厂商。故本书认为，厂商尤其是民营企业的唯一任务，就是把自己的注册商标建成目标顾客不假思索且溢价选择的情感快乐符号或代言，只有这样才能实现持久经营的目标。

具体而言，是本书提出的 D－4S 模型，目标函数是持久（durable），包含四个要素：一是小（small），通过控制规模，减少对资金、土地、设备、劳动力等生产要素的投入量，即先活着。二是专（speciality），通过选择大企业看不上眼的缝隙市场也即鸡肋市场，来规避陷于与大企业直接竞争，也即健康地活着。三是精（smart），建立独一无二的技术与品牌壁垒，做到我能别人不能，使别人来求我，从而能有尊严地活着。四是美（satisfying），即带给内部员工和外部顾客快乐的情感利益，从而能快乐地活着。为此，看案例2.3 和案例2.4。

案例 2.3 卡尔倍可为何基业长青?[1]

持久（durable）：位于鲁尔区哈根小镇的卡尔倍可是一家成立于1834 年的润滑油制造企业，也是一家族企业，在煤矿时代，创业者从坚果中榨油；第二代，在钢铁工业的崛起中，他们找到机会；二战后，工厂被炸成废墟，这是卡尔倍可百年历史中唯一一次停产；如今到了家族第六代，生意也交付给专业经理人去操作。

本书认为，资产是归家族所有但由专业经理人管理，这就是现代企业制度。笔者常问老板是否相信人无远虑必有近忧。回答是相信。那公司里谁负责定远虑? 回答是老板。再问是否相信旁观者清当局者迷，回答相信。那老板是当局者还是旁观者? 回答是老板是当局者。那不就迷了吗? 被问及的老板们无语。这就是很多民企失败的原因。1996 年，笔者在与某啤酒厂合作时，面对国内啤酒行业处于过剩市场的情景，建议加大市场拓展投入。为人豪爽、勤奋无比、一心为厂的总经理沉思了一会儿，说：让我出 2000 万元买设备，我眼睛都不眨一下。可让我花 200 万元做市场，我心里没底。

在竞争激烈的行业内，卡尔倍可一直保持着每年 15% ～20% 的稳定增长。CEO 汉斯·奥托·弗朗斯（Hans Otto Franz）说，在成熟的润滑油领域，各家产品性能都不错。本书认为，"各家产品性能都不错"意味着产品同质化，而卡尔倍可能胜出在于服务，所谓服务，是指让顾客因你而愉快。在产品即物质利益同质化条件下，顾客快乐，不一定选择你，但顾客不快乐，肯定不选择你。这就是服务即情感利益的本质。

小（small）：卡尔倍可 2010 年年收入在 200 万～300 万欧元。近三年，全球润滑油年产量稳定在 3700 万吨左右，卡尔倍可为之贡献了 3.5 万吨。在 35 个国家，卡尔倍可都开展了业务，大客户包括宝钢、中石油、奔驰等企业。"卡尔倍可是一个小的公司，要低调。我们很少向外界透露具体的年产值。"卡尔倍可公司现在的 CEO 弗朗兹拥有经济学硕士学位。他说："我们没兴趣跟壳牌和 BP、Sinopec 这些公司对抗。他们只在乎大宗订单，而我们更关注小客户。只要客户有需求，我们就会研发新的产品。今年，我们又开设了一条新的生产线。这一切也许让卡尔倍可看上去像个小贩，一担一担地卖东西，但在润滑油的

---

① 李国卿. 是时候谈谈德国了 [J]. 全球商业经典，2011 (9).

一些细分市场中，我们又是绝对领军者。"

本书认为，卡尔倍可的销售额只有不到 3000 万元人民币，销售量占全球润滑油不到 0.1%，但谁能说卡尔倍可对世界没影响力？就是此小公司，在润滑油行业存在了 190 年！这就是持久发展，而非昙花一现。他们之所以能持久，就在于"更关注小客户"，也即目标顾客的精确性与单一利益的对立性。在某次 MBA 课程中，分析完该案例后，某位企业老板很有感触地说，我也是经营润滑油的，年销售额超过 30 亿元，但在业内无法与销售额仅有 3000 万元的卡尔倍可相比。

卡尔倍可有一支专门为客户服务的工程师队伍。一旦客户遇到问题，一个电话、一封邮件，工程师就会马上飞到现场帮助解决。这种为客户提供的"一对一"服务是 BP、Shell 等国际大型企业做不到的。"它们太大了。"弗朗兹说，"今天这个员工负责跟进，明天又换另一个，流动率很高。我们的客服人员都是 20 多年的老员工，和客户是熟人，当他们提出建议或者新的需要时，沟通理解会容易很多。"每三年，卡尔倍可还会组织一次大型研讨会，邀请所有的客户、合作伙伴一起联谊、交流。

本书认为，通过研讨会的联谊和交流，参加的客户获得了尊重和快乐，增进了客户对卡尔倍可的情感利益。而我国企业则是赤裸裸的订货会。对此，可阅读案例 8.15。

专（speciality）：在弗朗兹看来，接近客户甚至比营销更为重要。他说卡尔倍可的兴趣在于细分市场，而非 BP、壳牌等大石油公司引领的原油市场。所以寻找特殊的润滑油解决方案是卡尔倍可的专长。而要做到这些就必须了解客户的需求，与客户建立长久的合作关系。

本书认为，与在位者保持对立的定位即单一利益的对立性，不构成竞争的关系，从而相安无事。"接近客户甚至比营销更为重要"此话极具价值，因为从图 4.1 可见，客户属于目标顾客链的最右端即价值实现的"惊险的跳跃"。

精（smart）：卡尔倍可为满足客户的不同需要，已研发出 800 种产品，每一种产品的小小变化就可有 150 种应用。为了生产出能满足特殊要求的润滑油，卡尔倍可每一条生产线都是自己研发、自己制造。

本书认为，何谓精？精就是只有你能而别人不能，这样，别人产生了需求，就只能来求你，这一求，你的尊严就产生了，从而有尊严地活着。不仅有尊严，更有技术溢价和品牌溢价的能力。从产品规模导向，转到基于技术红利和品牌红利的溢价增值导向，应该是高质量发展关键路径。当前国内的钢铁行业过剩严重，在同质化的钢企遍地哀鸿的情况下，宝钢通过硬技术研发生产的特种钢依旧保持较强的盈利能力，此即技术红利，即精。

美（satisfying）：在经济危机期间，卡尔倍可公司也面临困难，比如，销售额下降、降薪。但他们绝不裁员，因为"裁员不是家族企业的策略"，同样，也少有人离开，每个人都怀念曾经的美好。乌夫说："这就像一个家庭，当男人失意时，女人总不能选择离开。"

本书认为，卡尔倍可的"美"，在很大程度上体现在内部员工"每个人都怀念曾经的美好"。只有企业对员工真心的好，员工才能对顾客真心的好，顾客才能感受到快乐。

宗庆后坚持不裁减超过 45 岁的员工，他认为老板要关心员工的利益，关心员工的小家，让他们无后顾之忧。

正因做到了"小专精美",所以卡尔倍可至今运营了190年。这恰恰是中国民企应该思考学习的样本。民企多有做大做强的梦想,想法本身当然没问题,有问题的是需要牢记所处时代的制度安排。每个时代的制度安排,最终体现为宪法。普通人总觉得宪法离自己生活很远,但其实只是自己不知道而已。正如佛教所言的"日用而不知"。作为民营企业,尤其是中小型民企,其发展空间早就在宪法中给予了明确的规定。

2002年,党的十六大提出了两个"毫不动摇":毫不动摇地巩固和发展公有制经济,毫不动摇地鼓励、支持、引导非国有经济的发展。近些年来,两个"毫不动摇"也多次在中央讲话中被提出来。其实,这是由我国现行的宪法所规定的。宪法总纲第六条规定:"国家在社会主义初级阶段,坚持公有制为主体、多种所有制经济共同发展的基本经济制度。"第七条规定:"国有经济,即社会主义全民所有制经济,是国民经济中的主导力量。国家保障国有经济的巩固和发展。"第十一条规定:"国家保护个体经济、私营经济等非公有制经济的合法的权利和利益。国家鼓励、支持和引导非公有制经济的发展,并对非公有制经济依法实行监督和管理。"其中的用词和逻辑,请民企老板们用心思考。

当诸多电商平台不惜百亿补贴以吸引卖家和买家时,美国 Target 的第三方电商平台却采取邀请制,严格选择卖家。本书认为,Target 的做法属于稳产增值的品牌溢价逻辑,能给卖家与买家带来更好的体验和业绩,也即美好,必将更持久。

反观国内的众多电商平台,总是采取各种手段,不加分别地促使甚至诱使用户下载其App 软件。表面上拥有了巨量用户,但其目标顾客精确性很低。而 Target 的策略则是据其精确的目标顾客定位,来邀请与之相匹配的卖家,照样实现了增长。

2.3　按乐分配：品牌与商标的区别

笔者在和企业老板交流时,常听到老板说"我有三个品牌"。其实,应说"我有三个商标"。商标不等于品牌,商标是法律概念,品牌则是目标顾客对厂商通过某个商标所作承诺的评价。从中国文字学上看,"品"字是三人之口即众人之口,意喻众人的评价。"牌"字由"片"和"卑"两字构成,"片"是从木头上劈出的一块木板,"卑"是手持扇子给他人煽风的人,也即地位低下。在古代祠堂中,辈分最高的先祖画像挂在墙上,墙上的面积毕竟有限,辈分低的人去世后,就只能用木块制成的灵位,此木制灵位就是"牌"。故"品牌"的本意,是在祭奠先人时,人们对某个牌位的先人的评价,其实就是今天的悼词。用于企业管理,"品牌"就是目标顾客对厂商通过注册商标所作承诺的评价。商标法保护的是商标,而不是品牌。否则,"商标法"就该改成"品牌法"了。

例如,"海飞丝(商标)+ 去头屑(承诺)",若目标顾客使用海飞丝后,感觉确实能去头屑,就认为海飞丝兑现了所做出的承诺,也即有信用。商标法保护的是别的厂商不得使用"海飞丝"此商标,但不能阻止别的厂商使用"去头屑"此产品性能。一旦在目标顾客中形成了去头屑买海飞丝的认知,"海飞丝 + 去头屑"就构成了品牌。故本书认为:

品牌经济学

品牌不在于知名度。想想是否有知名而无市场的现象？还记得那些诸如秦池酒等央视的"标王"吗？我国曾一度把驰名商标当成了品牌，但结果是这些央视"标王"们虽获得了极高的知名度，但退出市场的并非少数。品牌不在于美誉度。想想看工薪阶层哪个不说奔驰 S600 好，但没钱买。难道把商标建成品牌的目的就是让人们说好但不买？品牌更不在于忠诚度。管理学把重复购买当作测量品牌忠诚度的指标，可问题是很多家庭主妇并不知道自己重复购买的食盐商标！忠诚度是指严格的排他性选择。请问您抽了多年的香烟牌子停产了，您准备戒烟吗？20 世纪 70 ～ 80 年代，烟台地区烟民们多数抽的是栖霞卷烟厂生产的"蓬莱阁"牌卷烟，后来，该卷烟厂被关闭了，"蓬莱阁"牌卷烟也停用了，可烟台普通烟民们继续抽烟，只不过不抽"蓬莱阁"牌卷烟了。何来忠诚度可言？

那品牌究竟在于什么呢？本书认为，品牌就在于品牌信用度！

所谓品牌信用度（B_c），是指厂商通过注册商标，向目标顾客作出某个单一利益点承诺并实现承诺的程度。$B_c \in [0, 1]$，0 代表无信用，1 代表最高信用。

在此强调的是，品牌经济学所指的单一利益点（Single Benefit Point，SBP），不同于广告界的 USP 也即"独特销售主张"（卖点）。1961 年，罗瑟·瑞夫斯在《实效的广告》中提出了"Unique Selling Proposition"也即 USP 理论。其要点是：一则广告必须向消费者明确陈述一个消费主张；这一主张必须是独特的，或者是其他同类产品宣传不曾提出过或表现过的；这一主张必须对消费者具有强大吸引力和打动力。

故 USP 的衡量标准是所作出的产品销售卖点是否与其他竞争中具有差异性以及有多大的差异性，其目的是吸引和打动消费者。而图 1.5 的物质—情感矩阵，将单一利益点即顾客的利益分解成物质利益和情感利益两个面，是以不同比例组成的、且以厂商注册商标为载体的一个承诺，其目的是通过情感利益来降低目标顾客的选择成本从而获得品牌溢价。

一个商标的品牌信用度越高，目标顾客对该商标所承载的产品或服务的选择成本越低，选择的可能性越大。故品牌建设的任务，是通过增加情感利益来提高商标的品牌信用度，从而降低目标顾客的选择成本，进而提高目标顾客的选择效率，最终获得品牌溢价。

2024 年 1 月，诞生于 1875 年 7 月的东芝公司退市。夏普、索尼、松下等也出现显著的衰退。网络评论认为：这些日本企业都患上了同一种"病"，即主张技术优于市场，总以为只要把技术做到极致，就能占领市场，走向辉煌。[①] 其实在短缺时代，技术红利的确有效的。但在过剩时代，技术红利消散了，品牌红利占据制高点：同样是日本的 Hello Kitty，2021 年其衍生品收入为 845 亿美元，2022 年其衍生品收入为 885 亿美元。

在短缺条件下，符合经济人假设：在同质化条件下，求 minPi，即顾客们通过比价获取最低价，可称其为按价分配。

在过剩条件下，符合情感人假设：在同质化条件下，求 maxEi。即顾客们通过"搞笑

---

① 郭埂，赵彩虹. 日本企业病：技术偏执者的代价 [J]. 中国企业家，2013（10）：95 – 98 + 13.

视频"① 来触景生情，从而情不自禁地选择，可称其为按乐分配。

正是按乐分配法则，推动着中国电商经济从"商品＋公域"的 1.0 阶段，进化到"内容＋私域"的 2.0 阶段。正如某电商经理所言：平台买家主要分为 5 个类型，即忠粉追随型、效率尝鲜型、精明买家型、轻粉支持型、闲逛剁手型。其中的忠粉追随型是基于对主播的喜爱，无论主播卖什么都会买，是典型的老铁经济。超过 80% 的复购来自于商家的私域流量。商家和粉丝建立关系私域流量后，就不用多次支付广告费。

而主播所获得的忠粉用户就是快手一直强调的私域流量。即买家对主播的喜爱，而非对主播所卖商品的喜爱，这属于典型的情感利益。买家的逻辑是：因为喜欢主播，所以乐购主播所卖的产品。关键还在于，忠粉买家不仅自己拔草，而且还会在自己的微信朋友圈中种草，从而引发新的朋友加入购买，买手带动朋友圈新的买手加入构成的买手链，成为基于微信私域流量增加的持续动力。

问题是什么样的主播能获得目标顾客的喜爱呢？答案依然是出售快乐的内容，尤其是具有很高共情力的推介，而这恰恰是李佳琦现象的本质所在。从美妆柜员转型到电商直播，李佳琦的目标顾客是 18～24 岁的女孩。从美妆专业的角度看，该群体女孩正处于即将进入或刚进入职场的阶段，渴望通过美妆建立自己美好的形象，但缺乏专业的指导。而李佳琦恰恰不仅是专业的美妆顾问，而且具备很强的共情力。为了更深刻地理解基于情感利益的按乐分配法则，请阅读案例 2.4。

案例 2.4　弗索手表② **（Fossil Watches）**

弗索手表在 17～24 岁的年轻消费者当中很受欢迎。虽然弗索表质量上乘，但对于它的核心消费者而言，表本身却并不是价值的首要来源。当然，若表的质量不行的话，它也很难找到消费者。不过，消费者被弗索表吸引却是因为弗索品牌独一无二的个性，它的品牌形象是"回到 20 世纪 50 年代"。

本书认为，在短板定理基础上，笔者提出了桶底定理，即表的质量是"桶底"。没桶底，水桶盛不住水，可只有桶底，也盛不住水。顾客买表的利益 = 物质利益 + 情感利益。不同商标的手表的质量可以是相同的，但情感利益却是可以不同的。"回到 20 世纪 50 年代"，就是弗索表的情感利益。品牌形象不仅是企业所必需的，区域发展同样是必需的，这就是产地品牌建设问题。③ 对区域而言，区域形象属于最大的公共产品，对外地游客、投资者、消费者的选择，都有极大的影响，从而构成了区域政府谋发展的最重要的政务策略。

为了培养这种品牌形象，公司找到那个时代的图片、图像和艺术品，并用它们将品牌包装起来。这些图片从总部大楼的建筑风格、办公室里的装饰品、店内陈设到销售点用具，再到公司的文具，无所不包。公司管理人员为了寻找思路以及真实物品，找遍了古董店、跳蚤市场、宅前销售、旧杂志等各种地方。最能突出体现这种形象的莫过于它的包装

---

① 王新芳 . 一把剃须刀上的 10 亿财富［J］. 发明与创新（大科技），2017（6）：58.

② Jagdish N. Sheth，Banwari Mitta. 消费者行为学：管理视角［M］. 北京：机械工业出版社，2004：21.

③ 孙日瑶 . 论区域经济发展与区域形象设计［J］. 经济地理，1996（5）.

盒了。

本书认为，这是实现"回到 20 世纪 50 年代"的具体策略，且是重复的情感故事。通过重复体现日久生情，也能达到情不自禁的选择，从而降低选择成本，提高选择效率。

这种包装盒有一个既简单又可爱的名字叫"听"（Tin），是一种锡制的小盒子，上面印有 20 世纪 50 年代的各种图片。在任何时候都有一百多种设计各不相同的包装盒。消费者们在购买了表之后，可再选择一个包装盒（赠送的）。公司的管理人员相信，在购买了表之后还可选择包装盒对消费者的购物经历来说是一个很大的附加价值。消费者们回到家后，每次看到它都会使他们想起弗索品牌独特的形象。

本书认为，回家后每次看到的不是商品即手表，而是自己喜欢的 20 世纪 50 年代。走时准的手表是物质利益也即功能需求，而自己喜欢的 20 世纪 50 年代，则是情感利益也即快乐欲望。手表的包装盒是体现顾客情感利益的界面载体，手表本身体现物质利益，而通过包装盒此界面载体体现的是顾客情感利益。两者结合起来就构成了顾客利益。由图 1.5 可见，在走时精准即物质利益一定的条件下，可承载的情感利益有很多，足够厂商使用。

这种 20 世纪 50 年代的风格是通过那个年代的图片、图像及事实来烘托品牌而塑造出来的。公司人员说"这些图片都是独一无二、非同寻常的"。看起来他们不仅来自一个不同的时代，而且上面描绘的人们都是快乐的，脸上带着天真的微笑。

本书认为，为何 17~24 岁的年轻人喜欢"回到 20 世纪 50 年代"？是因为此时代的图片的人物是快乐的、天真的！此即典型的情感利益。弗索手表＋20 世纪 50 年代的图案包装盒＝目标顾客的品牌。引入 20 世纪 50 年代图案，就是通过触景生情，来满足目标顾客的快乐欲望。

这一切深深地吸引了年轻的人们，使其代表着一种渴望。人们认为若购买了这种手表，他们就属于某一个群体，就成为超现实主义文化的一部分，并有着某种特定的生活经历。

请注意最后这句话，所表达的是弗索手表的目标顾客购买的不是一种走时精确的手表，而是这种手表所表达的自己的渴望也即欲望。这就是弗索手表的情感利益，也即弗索手表的品牌价值。也正因为遵循了按乐分配法则，弗索手表获得了市场成功。

在《北方农资》杂志社举办的第二届农业与农资南北对话临沂会议上（2014 年 6 月 22 日），有位代表说化肥不需要做品牌，理由是土地、作物懂啥品牌，给它吃啥，它就吃啥。而笔者的回答是：您说得太对了！化肥的确是用于土地及作物。但土地不会来买化肥，小麦也不会自己来买化肥，而是种地的人来买。正如米其林轮胎一样，轮胎是给汽车用的，汽车不会来买轮胎，但开车的人会来买轮胎。正因为品牌是给人做的，所以品牌建设需要从产品思维转到品牌思维。所谓产品思维就是做出好产品，但别忘记了你能做出好产品，别的企业也能。所谓品牌思维，则是把目标顾客的选择成本降低到零，从而获得品牌溢价。正因为米其林通过打造必比登卡通形象，并以此编印米其林指南，通过提供公路编号和沿途餐馆星级标注，化解了司机们可能迷路与吃饭的焦虑，从而赢得了那个年代的司机们的喜爱，从而成就了今天的米其林轮胎。

2.4　美好生活：顾客利益模型

社会主要矛盾的更新，科学而准确地指出了，在过剩经济条件下，人民日益增长的是对美好生活的需要。如图 1.5 所示，美好生活由两个要素组成，一是物质生活，体现为物质利益；二是精神生活，体现为情感利益。故品牌经济学所认为的能降低目标顾客选择成本的单一利益点，是由物质利益和情感利益两个方面构成的，即：顾客利益 = 物质利益 + 情感利益。从图 1.5 即品牌的物质—情感矩阵可见，两者以不同比例组合而成的顾客利益有很多种可能。最佳组合当然是最高的物质利益 + 最高的情感利益。为此，笔者做过足够多人数（远远≥30 人）的两个实验。

实验 2.1：问您懂轿车吗？回答是不懂，或懂得一点。问有两款轿车，商标分别是 A 和 B，都是新车且都获得了国家产品质量合格证。商标 A 的轿车标价 80 万元，商标 B 的轿车标价 8 万元，请问哪辆车好？100% 的答案是 80 万元的 A 车好。问您刚才不是说了自己不懂车吗？没问您哪辆车贵？100% 的回答价格高的应该更好。

此实验表明，消费者可能对商品的技术和性能指标完全不懂，但通过价格高低来判断好与差。把此实验略加调整，将商标 B 车改为老龄旧款劳斯莱斯，再问哪辆车好时，100% 的回答是 B 车。问不是说价高为好吗？100% 的回答是因为 B 车是劳斯莱斯。这又表明消费者在价格与品牌之间，更倾向于品牌。

实验 2.2：以实物相片形式，左边陈列的是奔驰 S600 的图片，右边陈列的也是奔驰 S600 的同一张图片，但将右边的奔驰车的商标改为吉利车标。且明确告知被测试者两车一样，仅仅是商标不同。问您认为哪辆车好？100% 的回答左边有奔驰标的车好。问两车完全一样，为何说左边好？100% 的回答因为车标好。问您开车开的是车（物质利益）还是标（情感利益）？100% 回答开的是车。问为什么喜欢左边的车？回答是车标好。问那您用手捧着车标跑吧，被测试者笑。本书绝非轻视吉利车，而是表明将吉利车的车标，改成奔驰车的车标，在消费者心里依旧增值。这表明同质化的产品，消费者对不同商标的价值认同有很大的差异。

案例 2.5　名字里（商标）有什么[①]？

1982 年丰田和通用在美国合资建立了一家叫 NUMMI 的汽车公司，该公司 1989 年投产相同的两种轿车，取名分别是丰田 Corolla 和通用 Geo Prizm。1990~1994 年，两者制造成本相同，都为 10300 美元，丰田 Corolla 出厂价为 11100 美元，售出了 20 万辆。通用 Geo Prizm 出厂价为 10700 美元，售出了 8 万辆。

对此实例，可测算因商标差异而形成的品牌溢价程度。丰田 Corolla 的品牌溢价能力系数分别是：单价溢价系数 = $(1.11 \div 1.07) - 1 = 0.037 = 3.7\%$，销量溢价系数（20 ÷ 8）

---

① 里克·莱兹伯斯，等. 品牌管理 [M]. 北京：机械工业出版社，2004：7.

$-1 = 1.5 = 150\%$，销售额溢价 $(20 \times 1.11 \div 1.07 \times 8) - 1 = 1.59 = 159\%$。从存续时间来看，花冠从 1966 年至今（在我国 2017 年改为音译卡罗拉），在全球销售超过 5500 万辆，而通用的 Geo Prizm 早已停产。再计算单价溢价率与销售额溢价率的比值也即溢价弹性：$159\% \div 3.7\% = 43$，表明单价每增加 1 个百分点，能使销售额增加 43 个百分点。

在过剩市场，不同厂商的同类产品，无论从技术上还是从性能上，很容易形成同质化。唯一的不同就是厂商各自的注册商标。具有相同法律地位的不同商标之间，为何会出现显著的溢价差异？这就需要进行基于数理逻辑的因果性理论解释。

所谓品牌溢价，是指在相同质量条件下，能持久地取得高于其他厂商同类产品或服务的价格、销量或销售额。需要强调的是，品牌溢价不是静态的或短时间卖得多、卖得贵，而是卖得久。品牌工程学的任务，就是通过提高商标的品牌信用度，来降低目标顾客的选择成本，从而获得品牌溢价。需要强调的是，品牌建设不涉及产品或服务质量，产品或服务质量属于产品质量法规定的法律概念。对品牌建设而言，产品或服务质量的作用是桶底：没桶底，水桶盛不住水；可只有桶底，水桶也盛不住水。从学术的角度，品质是品牌建设的必要条件，但不是充分条件。那些为国际性品牌代工的厂商，其产品品质绝对有保障，然而一旦改用自己的注册商标，价格就得降低。根本原因是顾客对其商标所承载的承诺缺乏信任。

当一个商标建成了品牌之后，为何会获得溢价增值？这就需要进行因果性解释。

根据图 1.5 的物质—情感矩阵，能降低目标顾客选择成本的单一利益点，是由物质利益和情感利益两个方面构成的。简单的描述是：顾客利益 = 物质利益 + 情感利益，此即品牌溢价，也即持久增值的理论模型，是品牌经济学的第一原理。

例如，丰田 Corolla 价格高于通用的 Prizm，为何销量却很大？为何会出现这种差别呢？原因是丰田知道为谁设计，卖给谁。在曾经长期是世界最大的轿车市场的美国，丰田 Corolla 是作为儿女成年或大学毕业时，父母送给儿女的轿车，成为独立的象征，也即人生的第一辆车。这种符号意义超过了其他商标的轿车，也就成为了美国青年人的独立选择。

顾客买 Corolla 的利益 = 物质利益（驾驶）+ 情感利益（独立）。Prizm 也能驾驶，但没独立代言此情感利益，故即使便宜 400 美元，买 Prizm 的人还是不如买 Corolla 多。从 1966 年到 2021 年改名卡罗拉，丰田 Corolla 在全球已累计销售 5500 万辆。

所谓顾客利益，是指顾客选择商品所获得的满足所在，这种满足包括物质利益（即功能需求）和情感利益（即快乐欲望）。见图 2.2。

所谓物质利益，是指产品或服务的使用价值的具体体现形式，包括材料、规格、质量、价格等各种可见的物质化形式。顾客对产品物质利益的判断标准是"值不值得"。若缺乏情感利益，在同质化条件下，顾客将选择低价格，也即砍价。良好的产品质量即物质利益，是企业应该做到的，这是产品质量法规定的。

所谓情感利益，是指目标顾客通过所选择的商标所获得的快乐。包括卡通形象、入胜故事、身份符号、美好联想、渴望期待等。顾客对产品的情感利益的判断标准是"乐不乐意"。需要强调的是，情感利益不是孤立存在的，一定有某种形式的物质利益作其载体。即情感利益不会凭空产生，一定是基于某种物质利益。

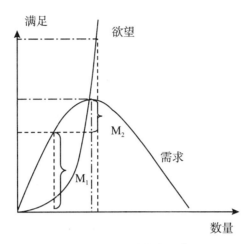

图 2.2　满足的构成示意

资料来源：笔者自行绘制。

　　所谓需求，是指边际递减的满足，比如，吃饭。所谓欲望，是指边际递增的满足，比如，对快乐、美好等。人的需求是有限的，而人的欲望是无限的。主流经济学研究的是边际递减的需求，是指商品的物质利益。而品牌经济学研究的是边际递增的欲望，是指基于商标承载的情感利益。正是因为不同的商标所承载的情感利益不同，所以带给目标顾客的选择成本大小不同，带来选择效率的不同，最终形成的企业价值与绩效的不同。

　　在图 2.2 中，横轴代表数量，纵轴代表满足，抛物线代表需求即物质利益，向上的曲线代表欲望即情感利益。M_1、M_2 是物质利益即需求的边际，$M_2 < M_1$。而欲望的边际显著递增。

　　在短缺经济条件下，影响人民美好生活的是物质利益的短缺，故基于短缺经济的社会主要矛盾是 1981 年十一届六中全会指出的：在社会主义初级阶段，我国社会的主要矛盾是人民日益增长的物质文化需要同落后的社会生产之间的矛盾。但在过剩经济条件下，影响人民美好生活的很大程度上是情感利益。问题是不同的厂商品牌带给消费者的快乐程度是不一致的，这种不一致也是"不平衡不充分的发展"的具体表现之一。

　　例如，在某超市的水杯货架区，陈列着各个厂家的诸多款式水杯。某个厂家的导购员推荐说，"请买我的水杯吧，您看，我的水杯不漏水"。这是水杯的物质利益。当然，单纯的物质利益无说服力，因为杯子本来就不该漏水，而且其他厂商的杯子也不漏水。若能在水杯的外壁印制目标顾客喜欢的卡通形象（当然需要支付特许费），比如，米老鼠、Hello kitty 等，让目标顾客触景生情，从而情不自禁地选择，这就是情感利益。

　　物质利益满足的是目标顾客的生理需求，其边际收益是递减的；而情感利益满足的则是目标顾客的情感欲望即快乐，[①] 其边际收益是递增的。而欲望的满足恰恰是品牌溢价的根源所在。在案例 2.4 即弗索手表中，走时准确的手表是目标顾客的功能性需求也即物质

---

　　① 朱红红，孙曰瑶. 快乐、焦虑与欲望：不确定条件下的消费者行为［J］. 中央财经大学学报，2014（3）：75－81.

利益，而包装盒的 20 世纪 50 年代的图案即界面，本身无任何实际用途，却给目标顾客带来了触景生情的快乐性欲望，也即情感利益，从而构成了目标顾客购买的排他性乐点，也就构成了其品牌溢价的来源。

笔者做过足够多（≥30）次现场测试：在销售培训场景中，问一个销售经理，吃午饭时，二两一个的馒头，吃几个能饱？多数回答是两个。问第三个吃不吃了？回答是吃不下了。但问他若有个大客户说，要是你吃了第三个馒头，我就和你签订大单时，销售经理立马儿爽快地回答"吃"。吃两个馒头就饱了，为啥现在吃到三个了？答案就是前两个馒头满足的是饥饿生理功能需求，符合边际收益递减规律。第三个馒头满足的是欲望，符合边际收益递增规律。正如常言所说需求是有限的，而欲望是无限的。

对于女性来说，常说女人的衣柜里永远少一件衣服，问题是少哪一件呢？笔者所进行的现场测试是：给出三个假设，假设每件衣服都能遮体保暖，假设家里现有的衣服都没破，假设体型不变，现有衣服都能穿身上，请问现有衣服够穿一辈子吗？回答是够，再问那今后还买衣服吗？回答是买。显然，对女士而言，衣服的物质利益即遮体保暖是足够的，那为何还要买新衣服？答案是要通过新衣服让自己看起来更加年轻漂亮，即欲望是无穷的。

用函数表示顾客利益 C_b：$C_b = f(M_b, E_b) = M_b + E_b$。式中 M_b 和 E_b 分别代表物质利益和情感利益，且 $E_b \in [0, \infty]$。之所以是加法关系，是因为两者是独立变量，大量的白牌产品对购买者而言仅有物质利益即 M_b。而诸多卡通 IP 也仅有情感利益 E_b。两者的关系可见肯德基盲盒代吃[①]：喜欢盲盒（E_b）的顾客出钱，请朋友代吃快餐（M_b）。

在物质利益 M_b 一定的条件下，情感利益 E_b 越大，带给目标顾客的利益 C_b 就越大。设 F 为产品功能，P_q 为物质利益价格，q 为质量系数且 $q \in [0, 1]$，情感利益具体化为目标顾客的快乐度，将顾客因品牌所产生欲望即情感利益而带来的快乐度定义为 h，且 $h \in [0, 1]$。

则根据价值工程原理，价值 $V = \dfrac{F}{P_q}$，此即性价比公式。则：

$$M_b = qV = \frac{qF}{P_q}$$

因情感利益不可能单独存在，需要以物质利益为载体，故：

$$E_b = \frac{qF}{P_q} \frac{h}{1-h}$$

则：

$$C_b = M_b + E_b = \frac{qF}{P_q} + \frac{qF}{P_q}\left(\frac{h}{1-h}\right) = \frac{qF}{P_q(1-h)} \qquad (2-1)$$

显然，若顾客的快乐度 h = 0，则顾客利益直接取决于质量系数 q、功能 F 和质量价格 P_q。在功能 F 一定的条件下，若质量系数 q = 0，则顾客利益 $C_b = 0$；若功能 F = 0，也即物

---

① 夏樱樱. 从肯德基翻车，看"IP 联名大法"的利弊 [EB/OL]. 商业新知网，www. shangyexinzhi. com，2022 - 09 - 19.

质利益 $M_b = 0$，则顾客利益 $C_b = 0$。若在质量系数 q、功能 F、质量价格 P_q 一定的条件下，则因情感欲望带给顾客的快乐度 h→1，顾客利益 $C_b→∞$。

与线上虚拟店相比，线下实体店给顾客增加的是接触产品所带来的服务体验，若服务体验系数为 S_e，$S_e ∈ [0,1]$，0 为服务体验差，1 为服务体验好。因现场服务法则是让我快乐的我不一定买，但让我不快乐的我肯定不买，此时的体验系数 S_e 构成了顾客选择的外生变量，则式（2-1）变为如下：

$$C_b = \frac{qF}{P_q(1-h)} \frac{S_e}{1-S_e} \tag{2-2}$$

若产品质量 q、功能 F、质量价格 P_q、基于商标的快乐度 h 均一定的条件下，消费者的现场购物体验 S_e 就决定了顾客利益。当 $S_e = 0$ 时，顾客利益 $C_b = 0$，具体表现为顾客本来想买的品牌，仅仅因为现场购物体验太差而放弃选择。

当 $S_e→1$ 时，顾客利益 $C_b→∞$。具体而言，即使顾客本来没想选购某品牌，但只因现场体验非常开心而当场选择。故即使在电商时代，线下实体店也未必一定会衰退，这取决于顾客在实体店的购物体验。

结合式（2-1）、式（2-2）可见，在过剩经济条件下，尤其是同质化产品即物质利益同质化的过剩市场中，市场财富分配所遵循的法则是按乐分配。为此，可见世界汽车销售纪录保持者吉拉德的一次推销经历。

一位妇女为了消磨时间进了吉拉德的汽车展厅，因为她要买的是对面车行的福特车，而那里的推销员让她等一个小时。她告诉吉拉德自己准备选购一辆白色的福特车作为她当天的 55 岁生日礼物。"生日快乐，夫人！"吉拉德仍然热忱地请她随意看，自己出去交代一下，然后他诚恳地介绍自己的白色轿车，尽管品牌是雪弗莱而不是福特。这时，女秘书进来，递给吉拉德一打玫瑰花，他郑重地把花送给那位妇女说："祝您长寿，尊敬的夫人"。女士深受感动，眼眶湿润了，她在那里受到了尊重，而福特车行的推销员却见她开着旧车而怠慢了她。她感到自己并不一定非得买福特车，于是放弃了原来的打算，选择了一辆雪弗莱，并写了一张全额支票。

需要强调的是，该女士最初想买的是福特车，也即"福特"商标带给她的快乐度 h 是高于商标"雪佛莱"的。之所以当场临时改变转而购买本来自己并不中意的雪佛莱，仅仅是因为吉拉德带给她的现场体验 $S_e = 1$ 了。本书认为，吉拉德之所以能成为推销汽车的吉尼斯纪录者，既不是因为车好，也不是因为他"忽悠"推介得好，而是因为他懂得顾客的乐点所在。为此，他每个月都给他这买过车的 13000 个老顾客，邮去一张贺卡，写上诚挚的祝福，一年 12 张贺卡，足以让这些老顾客相信吉拉德是真心喜欢他们。当身边的亲朋好友征询在哪儿买车时，这 13000 人能建议去哪里呢？

某网友曾言：我在附近的一家五金店花了 230 元买了一个电动工具。然而，我发现它过于笨重，于是决定退货。我尽量和老板娘友好地沟通，告诉她我甚至都没使用过此工具，希望能退货，我甚至愿意接受 200 元的退款。然而，她毫不犹豫地拒绝了我的请求，只愿意以 150 元的价格回收。这意味着在不到三十小时内，我就要损失 80 元。若我选择在网上购买，情况可能会完全不同，实体店的这种做法真是让人失望。

显然，该网友的现场体验 $S_e = 0$ 了，则：

$$C_b = \frac{qF}{P_q(1-h)} \frac{S_e}{1-S_e} = 0$$

故线上与线下相结合的 O2O，在品牌信用带来的快乐度 h 一定的条件下，若服务体验 S_e 尽可能的接近 1，就能极大地增加顾客利益，从而是有市场价值的。如在海尔家电的同一个柜台，有 A 与 B 两个导购员，在商标与产品相同条件下，A 与 B 所产生的销售业绩是不同的。原因就在于两个导购员带给顾客的服务体验系数 S_e 是不同的。消费者绝对不仅追求最低价，在可接受的价格范围内，情感利益、乐在其中的购物体验能极大地增加顾客利益。

成立于 2010 年的沃比帕克（Warby Parker），专注于近视眼镜和太阳镜的设计和直销。其官网外层集中展示各式眼镜外观，产品内页有超过 2/3 的区域是高清的眼镜特写图，其余只有镜框名、颜色、价格和按钮。通过官网的博客，Warby Parker 呈现了用户所见、所读和所经历的种种美好。比如，"To See"栏目记录了日全食期间举办的观日聚会，当地居民用品牌特制的眼镜观赏了日全食的盛景，成为当时的一大热点事件。作为产品来说，眼镜是让更多人看得清楚，这属于眼镜的物质利益。Warby Parker 则帮你发现生活中的精彩，从好书推荐到人物故事，从时尚搭配到旅游攻略，这属于目标顾客的情感利益。

创始人 Gilboa 设计门店时借鉴了 Apple Store，即不会在消费者所到之处摆满产品，而是创造一种魔幻体验，让人在舒服的位置和产品进行互动，享受逛和试的愉悦。这样的体验最终会转化为品牌溢价的一部分。而这恰恰就是式（2-2）中的体验指数 S_e。

根据式（2-2），增加顾客利益的路径有五个。

第一，提高 F，即提高产品功能的有效性，在产品的使用价值上，满足目标顾客的需要。此即新质生产力中的创新着力点。问题是同类产品的功能具有高度相似性。由此哈佛大学的波特认为，企业应该采取的策略是差异化。问题是差异化真的有效吗？

市场上有一种五指鞋，即五个脚指头是分开的，不仅质量很好，而且是专利产品。经过本人亲身试穿，也挺舒服。但经过近 300 人的测试，有购买意愿的仅 1 人。市场销量也证明了这款极具差异化的鞋并没得到消费者热购。由此引出一个问题，即什么样的差异化才能成功？按品牌经济学的观点，只有选择成本 $C_c = 0$ 的差异化，才能成功。而当且仅当品牌信用度 $B_c = 1$ 时，选择成本 $C_c = 0$。由 7.1 节的品类对模型可知，基于顾客乐点导向的与竞争者产品功能相对立的差异化，才是有效的。

第二，提高 q，也即提高质量的可靠性，此即新质生产力的优质所指。产品质量是一个法律概念，既然如此，为何还有很多低质量产品？答案是提升质量，销量未必增加，但产品成本会增加却是确定的，价格若不能提高，就会导致企业利润减少。这就是企业不愿意提高质量的原因。那如何在提升质量的同时增加价格，将增加的质量成本予以化解呢？在非自然垄断和行政垄断的条件下，唯一的答案就是通过提高品牌信用度来获得品牌溢价。

第三，降低 P_q，也即降低质量价格。所谓质量价格是指在达到一定质量标准也即满足质量系数 q 的条件下的市场同类产品的平均价格。质量价格与顾客利益成反比，在 h = 0， q、F 一定的条件下，在多个产品可选择的条件下，顾客的理性选择是 $\min\{P_q^1,\ P_q^2,\ \cdots,\ P_q^m\}$，也即选择最低价格。但价格再低也存在一定的限度。某大学曾做过实验：面向学生推销相同的键盘，商标 A 的售价 8 美元，商标 B 的售价 6 美元。结果 6 美元的卖得多。后来再增加一个 3 美元的商标 C，无人选购商标 C。

第四，提高 S_e，也即服务体验。现实某些弱势品牌或白牌产品，也会有一定的销量，其中一个重要原因，就是导购人员或销售人员带给顾客较好的服务体验。在从事精确导购研究过程中，仅仅因为导购员带给顾客极好的现场体验 S_e，而取得较好销售业绩的弱势品牌实例非常多。故面对价格"屠夫"的电商平台，实体店唯有提升顾客的现场体验，才能增加顾客情感利益，进而提高成交率。在微信朋友圈里，某女士说除了买衣服，基本不线下购物，就是不想和商贩导购掰扯。窥一斑而见全豹，该女士言简意赅地说出了线下实体店的服务体验需要改进的方向：从各种掰扯，转到如何让顾客开心体验即提高 S_e。

第五，提高 h，也即提高目标顾客对商标所承载的承诺所带来的快乐度。在质量价格一定的条件下，如何降低目标顾客对价格的敏感度？答案就是提升顾客的快乐度。因为千金难买我乐意，其逆定理是我乐意才愿意花千金。那如何让目标顾客快乐呢？这就需要分析目标顾客为何不快乐？答案是焦虑。所谓焦虑，是指人们想得到（正欲望）却未必得到、不想得到（负欲望）却可能得到的急迫性情绪。故焦虑的产生，恰恰是因为欲望的存在，而现实中欲望是永远无法满足的，于是焦虑产生了。正是边际递增也即无限的欲望，导致了人们现实生活中普遍存在着焦虑。天有不测风云，人有旦夕祸福，由此导致人生八九不如意、家家都有本难念的经，即焦虑决定了人们生活中最缺乏的是快乐。此时，基于商标提供触景生情的快乐，就成为最敏感的稀缺。

若你的注册商标在视觉或其承载的故事能给目标顾客带来情感利益，也即因其满足顾客欲望而产生快乐，使其乐而忘忧，目标顾客就会乐在其中，从而乐此不疲地选择你。此处的"中"就是厂商的品牌载体即商标。故快乐度 h 与服务体验 S_e，构成了美好生活的情感利益，也就成为新质消费力的着力点。新质生产力与新质消费力合力，是马克思关于生产—消费同一性的具体体现，也就构成了高质量发展的新动能。

据中商产业研究院 2023 年 3 月 23 日发布数据：2022 年，网络零售已成为推动消费扩容的重要力量。全年网上零售额达 13.79 万亿元，同比增长 4.0%。其中，实物商品网上零售额 11.96 万亿元，增长 6.2%，占社会消费品零售总额的比重为 27.2%，在消费中占比持续提升。与此同时，截至 2023 年 6 月 30 日，实体零售中有至少 4181 家关闭。其中超市便利店 692 家、百货购物中心 14 家、服饰 1851 家、餐饮相关 564 家、其他行业 1060 家。所关闭的 692 家超市涵盖 22 个超市品牌。其中家乐福 106 家、联华超市 131 家、中百集团 66 家、步步高 65 家。

从上述网络销售与实体店关闭的数据来看，似乎是网购的发展构成了实体店关闭的原因。但在实体店关闭如此多的同时，河南许昌的胖东来超市、河北的信誉楼超市却持续向好。胖东来老板曾经因太想挣钱了，在进卷烟时未从正规渠道进货而被逮住了。连续的失败，让于东来终于开始反思：想没底线地挣快钱，结果只会让自己越来越痛苦，还不如老老实实地做生意。1995 年 3 月 5 日，29 岁的于东来靠着借来的 1 万元钱，以及和 4 名下岗员工凑的 6 万块钱，租了间四十多平方米的门面。坚持"用真品，换真心"的经营理念，很快就在假冒伪劣商品横行的市场中立住了脚。当年年底，净利润达 80 多万元，本来想 6 年还完债的他，没到一年就还完了，于东来着实没想到，自己的脚踏实地竟这么快带来了善果。

其实，生活所迫，急于挣钱，非常能理解。跌倒之后，能起来反思，且采取"用真品，换真心"的理念，不到一年，小店净利润达到 80 多万元，正规的经营也能获得挺好的收益。此处的"真品"对应的是式（2-2）中的质量系数 q，而于东来之前的违规经营，意味着 $q=0$，则 $C_b=0$。而悔过自新的于东来，其真品策略也即 $q=1$，其所经营的门店效益就取决于带给顾客和员工的快乐度 h 和服务体验系数 S_e，也即换来顾客的真心。即在 $q=1$（合法）的条件下，随着 h 和 S_e 的提高，于东来的门店就能获得足够多顾客的选择，从而获得善果，也即体现了按乐分配法则。

当店面因故遭受一场大火后，职工纷纷表态"东来哥，不要怕，我们愿与胖东来共患难！"甚至一位陌生的老大娘也找上门来，拉着他的手说："孩儿呀，可别趴下呀，不要因为这一点事就站不起来了，若没钱，你大伯俺俩存了两万多块，你要用就给你拿来。"这些话让正处在至暗时刻的于东来感慨万千，他自忖曾经的"下岗混混"有何德何能让大家如此信任？他下定决心，一定要干下去，而且要越来越好！他立下鸿志"二十年后，胖东来一定是世界上最棒的企业之一！也许不是最大的，但一定是最快乐的"。

员工和顾客的信任，是于东来卖真品的最大收益。而于东来的立志则是"不是最大的，但是最快乐的"。从此理念出发，形成了胖东来的经营哲学：让快乐的人（店员）销售快乐（顾客）。在那个年代，能将"快乐"作为经营理念，实为罕见。而其快乐，恰恰就是式（2-2）中的 h 和 S_e 这两个参数，也即按乐分配。值得思考的是，于东来的快乐理念，非从书学，亦非从人得，而是因缘自然流露。在管理学上，称其为基于禀赋的特质。按特质论，不同的人拥有不同的禀赋，也就形成了龙生九子、各不相同的特质，故作为匹配，让合适的人来做合适的事，才是正理。

于东来开店的原则不是做大，而是做强，并且是在一种幸福快乐的氛围中做强。幸福、快乐就是他的经营理念，超出此范围的事情，他绝不会去做。做事情若连自己都不快乐，又怎能给顾客给员工带来快乐呢？正是此原因，让他不选择做大，若开一个店连快乐都没有，他宁愿缩小范围甚至关闭店铺。

凡人常立志，而持久增值需要的是立长志。树立了快乐经营的理念，关键是坚持并始终以此为标准来落实。网文称于东来开店的原则不是做大，而是做强。其实，若说是做强，不如说唯乐。对民营经济的胖东来而言，不求大，是其最大的政治智慧。目前，胖东来有分店 30 余家，2021 年的销售额仅有 70 亿元左右。从 2011 年的 60 亿元销售额到 2021 年的 70 亿元销售额，在整整 10 年的时间里，增长的确很小，年均增长率仅是微不足道的 0.05%。若考虑物价因素，实际销售额增长率可能还是负的。在中国连锁经营协会发布的《2021 年中国超市 TOP100》中，并无胖东来。这至少表明，胖东来坚持了不是最大、但最快乐的初心。从更大的角度看，我国目前的社会主要矛盾是人民日益增长的美好生活需要和不平衡不充分的发展之间的矛盾。胖东来坚持的快乐经营，恰恰是通过自身快乐经营，来克服不平衡不充分的约束。

近 30 年来，中国的零售业迎来了各种并购、扩张以及互联网零售的空前发展，似乎要给中国的零售业带来一番大洗牌。但在此过程中，于东来却自成一章，绝不搅和进去，甚至在别人扩张的时候，他反其道而行之，要么关闭店铺，要么强行降低销售额。比如，他曾经对许昌胖东来的销售规模立下承诺，5 年内不许超过 30 亿元，10 年内不许超出 40 亿元。至于原因，于东来认为，规模一旦做大，各项服务都会大打折扣，最终导致员工不能幸福地成长，顾客会越来越失望，他自己也会越来越累，这样就不是一个健康的生态链了。

在案例 2.2 中，亨氏的观点也是如此：规模太大，无法控制质量。在自然界，有个生态位的概念，即某种生物的最佳生长环境。这意味着每个物种都有自己的最佳生长条件，随着生长条件的变化，该物种的生长就会出现变化甚至变异，也即南橘北枳现象。于东来以快乐为标准，要么关闭店铺，要么降低销售额，恰恰是智慧的表现：人的眼睛长在前面，往前走是本能，也是习惯，盲人也能。但向后退就有些别扭，就不会那么顺当，就需要训练。员工不幸福、顾客失望，恰恰也是式（2 - 2）中的 h 和 S_e 这两个参数。

厂商通过注册商标向目标顾客所作出并做到的承诺（品牌信用），若能满足目标顾客的欲望从而使其情感愉悦也即快乐，也就消除了目标顾客的焦虑。正是此原因，降低了目标顾客选择该注册商标及其产品的选择成本，也即不假思索地进行选择。

从 2009 年至 2012 年，游戏行业快速发展为美国带来很多具有价值的岗位，成为美国经济增速最快的领域之一，每年为美国带来数万个高薪职位。游戏产业为何能如此强劲地增长？游戏满足的是人们的什么利益？是物质利益还是情感利益？当然是通过操作游戏来满足现实中无法满足的欲望，从而获得心理快乐。当然，游戏与游戏之间也存在竞争，面对 N 个游戏，我选择哪个？这又是品牌问题。[1]

2.5　范围经济："老鼠—米老鼠" 转形模型

范围经济由潘萨尔和维利希（Panzar and Willig，1975）提出，[2] 本意是指企业从生产单一产品转而生产多种产品，即其生产经营范围扩大时，平均成本下降的现象。但最初对其进行经济史研究的是钱德勒写于 1990 年的著作。[3] 本书认为，对某个具体企业而言，只有当其注册商标从法律符号转形成为目标顾客乐而忘忧、乐在其中、乐此不疲的溢价选择的表情符号时，才能通过表情化的 IP 特许授权，拓展更多的品类，实现范围经济，并有效规避多元化陷阱。

所谓转形，是指在品牌建设过程中，将边际递减的物质利益，通过商标表情化转形为边际递增的情感利益。为此，本书提出了"老鼠—米老鼠"转形模型。

① 李大凯．网络游戏消费选择的品牌经济分析［D］．济南：山东大学，2012．
② 刘梭，项德军．浅析范围经济的经典定义［J］．商业文化，2011（8）．
③ ［美］小艾尔弗雷德·钱德勒．规模与范围：工业资本主义的原动力［M］．北京：华夏出版社，2006．

品牌经济学

任何厂商都说要满足顾客的需求，其实，任何顾客的终极需求都是因某种欲望的心理满足而带来的快乐。为此，可看看米老鼠的品牌授权。米老鼠是华特迪士尼于1928年创作出的动画形象。迪士尼将米老鼠授权的第一个项目是国际饮品公司生产的米老鼠冰激凌，第一个月就卖出了1000万份，迪士尼公司从销售额中提取了5%的授权费。目前，迪士尼授权的商品涉及手表、饰品、少女装、箱包、家居用品、毛绒玩具、电子产品等。

迪士尼通过一系列的卡通故事片，推出了一系列的卡通形象，这些卡通形象成为某种快乐的代言或象征，从而获得了极高的品牌溢价空间，也就获得了很高的品牌授权价值，即实现了范围经济。这就表明，顾客们喜欢的不是产品或服务本身即物质利益，而是看到米老鼠图案联想到的快乐故事带给自己的快乐暗示即触景生情即情感利益。笔者常问MBA学员"喜欢老鼠吗？"回答"不喜欢。""喜欢米老鼠吗？"回答"喜欢。"再问米老鼠不也是老鼠吗？学员们无言，因为米老鼠的确是老鼠。

为了直观理解如何将边际递减的物质利益，转形为边际递增的情感利益，本书构建了品牌建设的"老鼠—米老鼠"转形模型，见图2.3。将品牌建设抽象为四个阶段，即老鼠、小白鼠、卡通米老鼠、快乐米老鼠。关于范围经济有效性的逻辑证明，见3.2节。

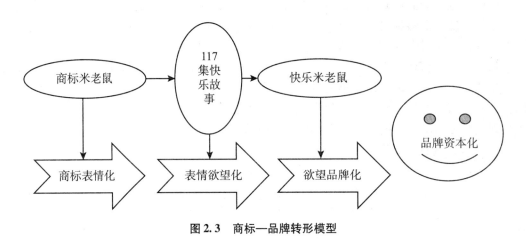

图2.3 商标—品牌转形模型

资料来源：笔者自行绘制。

第一阶段，是假冒伪劣产品的"老鼠"阶段。该阶段企业生产的产品包括假冒伪劣、粗制滥造、偷工减料、使用有害物质、明显的仿制产品等。该类产品质量存在诸多问题甚至有害，自然在市场中形成"老鼠过街，人人喊打"的效应。当然，从理论上看，企业也可直接跨越这一阶段，即在创业伊始就生产出优质产品。但从实践看，即使是完全自主知识产权的产品，也存在一个完善的过程。

例如，在20世纪80年代，温州皮鞋被称为"1日鞋""晨昏鞋"，假冒伪劣的品质引起全国消费者的公愤，以致很多商场贴出"本店无温州鞋"的安民公告。1987年8月8日，在杭州武林广场，5000双温州劣质皮鞋被市民扔进熊熊大火。这把火烧醒了温州人的诚信意识。15年后，温州人用诚信重新拾起温州皮鞋的尊严，在"中国十大鞋王"中，温州皮鞋有三大品牌名列其中。2002 年温州人将 8 月 8 日此倍感耻辱的日子定为"诚信日"。

第二阶段，是符合产品质量法的"小白鼠"阶段。小白鼠被广泛用于医学实验，也即具有了正面的使用价值。该阶段生产出的产品符合国家《产品质量法》。处于该阶段的企业通过对产品的粗加工、精加工等来提高产品的价格。例如，养鸡场出售活鸡的增值空间不大，可通过宰杀切割也即分割鸡、熟食品、鸡肉酱、鸡精、鸡粉、鸡汁等，形成一个鸡肉加工链。随着加工程度的提高，包含在产品内的劳动量增加，进而使得产品价格上升。

通过设备等硬技术，虽然提高了产品的劳动量，但是否一定能提高利润率呢？答案是未必。因为存在着同质化产品的竞争。现实中，大量处于该阶段的厂商面临两个问题。一是产品的同质性。一种产品区别于另一种产品的仅仅是不同的商标。除少数具有较高技术壁垒的产品外，大多数企业因产品同质而面临着残酷的"红海"竞争。其实，在产品遵循相同技术原理的条件下，竞争的必然结果是产品同质化。二是价格战。在产品同质化的市场中，企业常常采取降低产品价格的办法来扩大市场份额，并由此形成淘汰赛，最终形成产业集中。

第三阶段，是视觉夸张设计的商标"米老鼠"阶段。所谓视觉的夸张设计，是将实物进行反向设计。如将老鼠的尖嘴设计成米老鼠的宽嘴，将老鼠的粗腰设计成米老鼠细细的蜂腰，将老鼠的小眼睛设计成米老鼠的大眼睛，将老鼠的小耳朵设计成米老鼠的大耳朵。这种反向设计形成的视觉，超出了人们的经验常识，也就带来了想象空间和牢固的记忆。

但从现实来看，很多企业对企业产品的外形，包括包装、产品本身、商标等，也进行了视觉设计，但并未增加销量。主要原因是目标顾客对厂商所设计的视觉符号缺乏情感共鸣。设计出来的视觉形象，仅仅是个符号而已，此符号与目标顾客并未建立起触景生情、乐而忘忧、乐在其中的共情力。

第四阶段，是快乐故事形成的快乐"米老鼠"阶段。米老鼠从 1928 年在世界上首部有声动画《威利汽船》中正式登上银屏后，随后出演了 117 集故事。人们通过观看这一系列的故事来了解米老鼠，它以其随和、快乐的天性成为孩子和家庭心目中永远乐观的卡通形象，并为人们所钟爱和信任。至此米老鼠从一个夸张的视觉符号，转形成为了"快乐"的代言或象征。也就从 1933 年成长到今天，还将会继续发展下去。

在表情化的时代，商标的视觉夸张设计就是商标表情化，通过赋予其满足欲望的快乐，即表情欲望化实现欲望品牌化。只有实现了欲望品牌化，品牌才能资本化，从而实现授权资格获得品牌溢价。尤其是对实体经济的企业而言，只有将自己的注册商标完成"老鼠—米老鼠"转形，其注册商标才能通过 IP 授权来扩大品类特许，从而实现边际递增的范围经济，以此规避边际递减的规模经济。

例如，在分析泰康养老时发现，入局养老行业十多年来，泰康养老在资产规模屡创新高的同时，却依然深陷亏损的泥淖中。泰康养老增收不增利的背后，凸显出一个事实：在庞大老年人口下，想要从中盈利，并没有想象中的容易。对此，本书认为，根据"老鼠—

米老鼠"转形模型,可走出一条新路:通过将泰康养老的注册商标进行表情化IP,将其作为目标顾客的快乐载体即表情欲望化。在此基础上,进行多品类产品与服务的IP授权,即欲望品牌化,从而从边际递减的规模经济升级为边际递增的范围经济,应该是摆脱基于既定价格门槛基础上的目标顾客规模阈值的持久增值的品牌经济路径。对此路径的因果性证明,可见7.2节式(7-13)至式(7-16)中对特许授权分成比例β值的分析。

在市场调查中,对待同类产品,在有无IP授权形象上,消费者心理普遍能接受有IP的授权产品比同类产品价格高。之所以如此,是因为对消费者而言,所购产品属于边际递减的物质利益,而毫无使用价值的表情符号能使消费者触景生情,乐而忘忧,从而情不自禁地选择。

对此,十二栋文化创始人王彪谈及"新零售"其实是"心零售"时认为:长草颜团子是高频次使用的国民表情,孵化它的母公司是十二栋文化,截至2017年12月,十二栋旗下形象累计获得9亿表情下载量,220亿表情使用量,这相当于全国每人使用了17次。凭借表情包获得百亿流量,王彪却说,表情包不是个好生意,甚至不是个生意。四年来,王彪一直在思考互联网IP的价值,想象虚拟形象IP的终局。早在2013年,十二栋文化还是个工作室时,长草颜团子的形象就已诞生。那时微博正在风口上,王彪刚回国创业,也活跃在各大社交媒体,做流量运营相关工作。做着做着,他发现两件事:一是"流量变钱"溢价很低,二是国内尚无迪士尼这种国民IP。他开始明白,流量就像水,本身不值钱。只有变成瓶装水,变成"依云",才卖得上价。为了让无形的水变有形,必须找到好的容器,此容器就是独具特色的形象IP。

对此,本书认为,王彪所言的"表情包不是个好生意,甚至不是个生意"很正确,因为此阶段的表情仅仅是个"玩物",类似很多的注册商标,仅仅是个标识而已。从而"流量变钱"溢价很低。他认为流量像水本身不值钱。只有变成瓶装水,变成"依云",才卖得上价。这句话得分开看,"流量像水",类似产品等所谓物质利益,水本身是否值钱得看条件:对沙漠的人而言,水即生命。即在短缺经济条件下,所短缺的一切产品或服务都是值钱的。所以,在处于短缺经济条件下的1981年6月,党的十一届六中全会上才将社会主要矛盾表述为"人民日益增长的物质文化需要同落后的社会生产之间的矛盾"。自此之后的36年中,全力贯穿"发展是硬道理"为经济建设中心。但到了过剩经济条件下,消费者们面临同类产品或服务的众多选择,这时,基于物质利益的情感利益就成为了关键,也恰在此时,2017年10月党的十九大将社会主要矛盾更新为"人民日益增长的美好生活需要和不平衡不充分的发展之间的矛盾"。这个更新是非常科学而及时的。

将水装进瓶子,即将水资源变成水产品,类似"小白鼠"阶段,很多企业都做到了。问题是王彪为何会提到"依云"?1995年在央视儿童栏目播出《来自阿尔卑斯山的少女》,对来自阿尔卑斯山的依云矿泉水,起到了很大的由物到情的利益转形。依云矿泉水的广告主语多年是"Live Young",但在2009年,推出了"Evian Roller Babies"广告,该广告在Youtube连续十多周高居单周点击榜榜首,风靡整个网络。自此依云宝宝成了依云推广的主旋律,每次推出的依云宝宝系列广告,从solo说唱下班的欢快宝宝、结伴出游的骑行侠宝宝、散布在各个角落斗舞的街头宝宝、拿下2016年法网、2017年温网两个大满贯冠军的穆古拉扎 baby，都会在网络上大受欢迎、广受好评，获得上千万的点击量，其中"Evian baby & me"广告片点击量更是高达 1.3 亿。[①] 显然，当依云频频推出"依云宝宝"时，就类似于 117 集快乐故事的"米老鼠"，完成了从矿泉水即边际递减的物质利益，向边际递增的情感利益的转形。

王彪的第一反应也是"萌即正义"。长草颜团子最大的特点是软萌，白白胖胖就像初生的婴儿。这么"有人缘"的形象，在国内并不多见。王彪觉得，对表情这种重第一印象的 IP 来说，最关键的不是好不好看，而是有没有辨识度。更重要的原因是长草颜团子的陪伴性和成长性。表情也有生命周期，很多表情之所以过时，就是因为它只契合某一时代人们的心理诉求。而长草颜团子则不断进化：从最初只有半个脑袋，到后来加上细长的腿，再到人身一比一的结构，团子不断进化成现在这样。甚至直到现在，长草颜团子的形象还在进行微调，"比如，头上的草绿色，应该更嫩一点，还是再深一点"。

对此，本书认为，当人们面对幼小动物，比如，人类的婴儿、小狗、小猫、小兔、小老虎、小熊等时，因为幼小显得无助又无害，总是忍不住要摸一摸、抱一抱。如何通过刻画幼小来获得成人们的喜爱呢？加里·吉诺索科（Gary Genosko）在其著作《Invisible Culture》中给出了生物学定义：头大且占身体很大比例、突出额头且在脸部占有很大比例、大大的眼睛且处于脸部中线位置以下、又短又粗的四肢和手脚、圆圆胖胖的身材、软而富有弹性的肤质、圆圆胖胖的脸蛋、笨拙。1972 年，舒尔茨出版《Small Is Beautiful》，提出了一种新的发展模式。

为何长草颜团子会有这样的成长路径？因为故事 IP 和形象 IP 是不同的。故事 IP 是通过大的故事情节、一次性的讲述，让人对东西产生印象，未必是外形印象，可以是小说、评书，用故事在人心中插一个锚点，比如，人们熟悉的漫威电影。形象 IP 则是通过第一眼的独特形象，在人脑中留下印象，抓眼球，但情感连接不深，因此需要后续补充，不断给人以视觉冲击，高频次唤醒。

故事 IP 遵循的是日久生情，关键是情节悬念的设置能吸引受众持续观看。根据日本的有关研究，基于动漫的卡通形象，需要 107 集即高频次才能形成情感效应。而形象 IP 遵循的是一见钟情，对表情类的形象 IP，若不能一见钟情，则立马一拍两散。为此，可上网查看被称为"世界上最可爱的蜘蛛"的网红小蜘蛛 Lucas。该视频的创作者 Joshua 在发布了几个视频后，Lucas 便立马圈粉无数，在短短的时间内就拥有了来自世界各地的粉丝。Joshua 当初看到了一只萌萌的小跳蛛的照片才萌生了创造 Lucas 的想法，他希望改变大家眼里蜘蛛那些难看又令人毛骨悚然的形象，蜘蛛也可以是超可爱的，于是 Lucas 便应运而生。其实最点睛的部分还是小蜘蛛那奶声奶气的声音，而这些配音来自 Joshua 本人的侄子。对此，本书称其为 Lucas 效应。

在联想之星的一次活动中，王彪提到：当下的"新零售"其实是"心零售"。消费本质上分人、货、场三部分。早期只要做好"货"就行了，后来有了阿里巴巴等渠道商，还要注重"场"，现在则到了"人"的时代。为何是现在？因为娱乐消费的发展有个起飞

---

① 数英头条君. 专注晒娃 20 年，依云新广告又来卖萌了！[EB/OL]. www.digitaling.com, 2019 - 06 - 18.

点，即人均 GDP 8000 美元。

王彪所言的"'新零售'其实是'心零售'"非常具有时代性和哲理性。从式（2-2）可见，马云所言的"新零售"，是指基于零售形式从实体门店到电商平台，更多的属于购物的物质利益层次，节省的是顾客的交易费用。而"心零售"更多是指消费者基于情感利益所带来的乐而忘忧、乐在其中从而乐此不疲的体验本身。节省的是顾客的选择成本，也是按乐分配法则的体现。

案例 2.6　靠一个梨成就的财富（节选）[①]

山东省莱阳市是中国著名的梨乡，孙明是有名的种梨能手。2003 年，和莱阳市一直有着技术合作关系的北京市大兴区林业局，邀请孙明来考察梨园，这让他发现了商机。回到家，他把自己的想法告诉弟弟孙升。孙升说我大哥过来考察以后，认为这片园子有经济价值。咱们自己做，好好管理，还能不赚钱吗，靠着这么大的市场，首都北京，市场消费也不一样。

本书认为，长期生活在短缺中的人，很容易形成短缺后遗症：产品总能卖出去。正是假设产品能够卖出去，孙升才会得出这样的想法。也恰恰是这个想当然的乐观想法，带来了惨痛的损失。其实，2003 年的中国，水果市场已经丰富多样了。对北京的很多消费者而言，莱阳梨或许是新产品，但存在较高的替代性，即莱阳梨并非必需品。

2003 年孙升进园做的第一件事，就是砍掉园子里的所有梨树，是为了搞品种改良，在老树桩上嫁接新品种的枝条。一百多亩的梨园，5000 多棵梨树，每棵树接上 30 个枝条，光是这个工程，就用了一个月的时间。

本书认为，这就是典型的产品思维，尽管案例中说的是农业，但多数企业也是如此，即新产品开发。而且将产品研发工程放在第一位。常听企业老板说不搞新产品等死，搞新产品找死。其实，新产品研发的前提是确保研制出来的新产品，能够按照可盈利的价格销售出去。

2004 年共收获梨 16 万斤。因刚来北京不久，人生地不熟，梨子想要大批出售根本找不到销路，孙升情急之下便找到当地的一个果农，看他是否可以收购自己的梨。当得到果农同意后，孙升把梨送到果农家。可等待他们的，却是对方毫不留情地压价。在选梨的时候只选出剩下 1/3，还把价格压下一半来。虽然价钱压得低，但是孙升没有其他选择，也只好妥协。

本书认为，早干啥去了？整整一年的时间，为啥不早点走访果品市场？或者果品经销商？因为存在着产品总能卖出去的假设。问题是挑出来的可都是好产品，可是如此好的产品，孙升为何没有定价权？你的产品如何？是否有定价权？什么叫好产品？谁是产品好坏的鉴定人？

剩下没卖出去的几万斤梨，全都烂在了地里。那年梨园只收入了不到十万块钱，刨去当年成本，连工人的工资钱都没有挣回。来北京创业，虽然离北京近了，但对这里的市

---

① 央视《致富经》栏目，http://www.sina.com.cn，2008 年 9 月 27 日。

场，他依然感到是那么遥远。第二年，孙升投资建冷库，摘下来的梨放在里面冷藏，由于梨的品种好，附近有不少小果商隔三岔五上门收购，梨子一直卖到当年冬天全都能卖完。靠着每年几十万斤的产量，每斤卖到 1 元多的市场价，梨园倒也将就维持下来。

本书认为，建冷库能解决旺季储存问题，但能解决市场问题吗？冷库是建起来了，可孙升有定价权了吗？为什么？"来北京创业，虽然离北京近了，但对这里的市场，他依然感到是那么遥远"，此话说明，孙升来创业，对市场是缺乏调查的。孙升创业之初说"咱们自己做，好好管理，还能不赚钱吗，靠着这么大的市场，北京首都，市场消费也不一样"。这句话具有普遍意义，即您生产出来的产品，目标顾客为啥就一定会选择？

可孙升心里就不服，自己的梨比别人的品种都好，怎么就火不起来呢？2006 年，一个韩国人让孙升认识到品种与品质的区别。2006 年，大兴区政府请韩国果树栽培专家给农民讲课，专家说不打农药，还能驱虫，不施化肥，梨能长得更好。经过试验之后，当年秋天结出来的梨，果然比往年要大，味道也更甜。可是用什么办法进入北京市场呢？他想到了一个比赛。大兴区林业局举办的"梨王"擂台赛，每年在果实成熟的季节，组织一次梨王擂台赛，看谁家的梨最大最好。

本书认为，"可孙升心里就不服，自己的梨比别人的品种都好，怎么就火不起来呢。"在笔者三十多年的企业咨询研究过程中，常常听到这句话。某老板投资兴建基于章丘大葱做出来的辣酱，味道和品质都非常好，给笔者介绍产品之后，笔者开玩笑地问"这么好的酱，不吃能死吗？"面对很多很多新产品，老板们都需要问问自己：原来市场没有此产品，目标顾客活得不好吗？这就是品牌信用的核心：给目标顾客一个不假思索且溢价选择的乐点！2004～2007 年，孙升的产品不好卖，难道是因为技术问题吗？从原来的生产工艺转到生态方式，就是工艺工程的改进，产品品质确实有了改进。但是，后来卖得好真的是由品质改进决定的吗？从 2003 年到 2007 年，每年都组织梨王擂台赛，为什么一开始就没想到这个比赛？很简单，因为缺乏品牌思维。

孙升说"我的梨在这里也没人知道，我参加比赛如果争得了梨王，出名了，我的梨也就好卖了"。碰巧的是孙升在一年前就培育过几十棵大梨品种的果树。2007 年 9 月 8 日，新一轮"梨王"擂台赛又开幕了，孙升早早就挑选好了参赛的大梨，小心翼翼送到现场。普通的梨大个儿的也就 1 斤不到，孙升的一个梨竟重 3 斤 1 两，拿到了"梨王"奖，而就是这颗获奖的梨，在比赛结束后的拍卖会中拍出了六万六千元的天价。

本书认为，"碰巧"说明孙升一年前培育的几十颗大梨品种并非出自参加"梨王"比赛，因为一年前他还不知道有这个梨王擂台赛。在你的行业里，是否有此类娱乐性的比赛？若无，你为什么不组织一个？孙升说"我的梨在这里没人知道"，说的是新产品普遍存在的导入期。导入期首先需要解决的是知名度约束：知道的顾客不一定买，但不知道的肯定不买。

客户沈乐说组委会介绍这个梨是从全国八亿多个梨中选出来的。孙升对自己的梨拍卖了 6.6 万元感觉骄傲和自豪。而最让孙升乐的是梨的销路打开了。自从获奖后，来梨园看梨的游客越来越多，有时一天能来两三百人，孙升就干脆搞起了观光采摘生意。孙升说"我得了梨王，新闻媒体都来采访，他们打电话，都问这个地方在哪里，好多采摘的人过来。"

品牌经济学

本书认为，看到有人花6.6万元买一个梨这样的消息，你是否想知道究竟是谁买的？记者们也会这么想，当然就会去采访这个人，这个人也借机提升了自己的知名度。所以，此人花6.6万元买的不是梨本身，而是新闻媒体的报道。新闻媒体为什么报道？这类报道是否收费？为什么？对你有何启发？怎样吸引媒体主动、正面、免费报道？

采摘的人冲着大梨来，孙升就借着机会，用大梨做起了广告。他将当年收获的600个大梨全部免费送给顾客，这一招果然奏效，光是2007年，来梨园采摘的游客就达到了两三万人之多，销售了9万斤梨，共收入35万元，几乎占梨园当年总收入的一半。孙升说"我送这个大梨根本就不吃亏，产生了这么多效益。2007年，像这样大批量来买梨的顾客络绎不绝，梨园又以团购的方式销售了10万斤梨，收入45万元。"

本书认为，孙升雇人把梨摘下并冷藏起来，只卖到1元多。而顾客自己花钱来，自己上树摘，为什么愿意花近4元？是因为采摘过程中，游客总是摘自己认为最好的梨，由此带给自己的快乐，孙升也就有了定价权。一个梨王赛，带来了媒体免费报道，带来孙升的知名度，带来了采摘娱乐。在该案例中，恰恰是梨王擂台赛带来的娱乐活动，赋予了孙升的产品新的价值，使他的产品从单纯卖产品的1元多，提升到了平均4元多。增加出来的3元钱，从何而来？产品没有改变，至少没有根本性的改变，但仅从可吃可不吃的产品梨，变成了采摘娱乐活动的载体，不仅销量增加了，而且价格提升了。溢价的3元钱，恰恰是所承载的快乐所值。2007年之前的孙升"靠着每年几十万斤的产量，每斤卖到1元多的市场价，梨园倒也将就维持下来"。到2007年"梨园又以团购的方式销售了10万斤梨，收入45万元"。这个转变完全是得益于大兴林业局的梨王擂台赛。这就是按乐分配的典型实例。在你的市场中，你能组织什么专题娱乐活动？

截至2022年10月，全国共批准了2495个地理标志产品。这些产品属于局地优质产品，但作为集体商标的地理标志，也依然属于注册商标的法律符号，依然不会必然地成为目标顾客不假思索且溢价选择的品牌。[①] 从物质利益的角度看，没有一个地理标志产品属于人们生活中的必需品，都具有显著的替代性。从式（2-2）可见，孙升开始进行梨树嫁接属于产品功能即F项，技术上成功了，但市场上失败了，惨淡经营。采取韩国专家的生态种植工艺，品质提升了，属于式（2-2）中的质量系数q项。但后来的市场成功，并非因为梨的品质，而是因为参加梨王擂台赛获得的梨王头衔所带来的新闻效应，并因此而带来的观光采摘游，也即从梨树种植业（小白鼠阶段）转型为观光采摘游（快乐米老鼠阶段）。这恰恰是式（2-2）中的体验系数即 S_e，但缺少第三个阶段即卡通化的商标阶段。因此，按照图2.3的"老鼠—米老鼠"价值转形模型，孙升还需要更大的价值空间。

① 曹琳. 地理标志产品品牌化机制研究［D］. 济南：山东大学，2012.

第3章 持久增值的品牌溢价机制

根据利润＝收入－成本＝销量×价格－（固定成本＋变动成本），可识别出两种价值增长模式。一是基于新古典经济学的价值增长模式即增产，增加产量。这在短缺经济中有效，但在供大于求的过剩经济中，就无效了。或者降成本，问题是成本不可能等于零。降成本的常规策略，更多的是被扭曲为偷工减料，而不是技术研发。原因在于，技术研发的投入即成本是确定的，但能否带来市场与利润的增加却是不确定的，即增产未必增值。

二是基于品牌经济学的新模式即增值：在成本和产能一定的条件下，通过提高品牌信用，实现溢价，即增值！而在过剩经济中，提高盈利能力且是持久盈利的唯一策略，是通过品牌溢价提高价格。因为注册商标与快乐具有永恒属性，所以，能实现持久增值。特请注意！基于品牌溢价的品牌建设需要的前提条件，是所在行业市场过剩，导致目标顾客有更多选择。

例如，从销量100个产品，做到销量150个产品，增长率50%，这是增产策略。一家厂商在增产，同行其他厂商也在增产，导致供大于求，因竞争导致价格从1000元降到800元。收入仅增加20%。2024年2月19日，比亚迪宣布其秦PLUS荣耀版正式上市，DM－i版本官方指导价7.98万元起，EV版本10.98万元起。相较于其此前价格，新版本降价2万元。同时，其他车企纷纷跟进。是否预示着新能源车行业已经或正在进入过剩市场？

所谓增值，第3章给出的五种溢价类型，都是基于以商标为载体的品牌信用 B_c 的提高，所以能实现持久增值。在此，仅从价格角度进行分析，则是稳定销量，提高价格，即从1000元提高到1500元。同样是100个产品，收入比增产到150个产品增加了25%。这就是增值策略。如何做到增值呢？本书认为，通过提高商标的品牌信用度，降低目标顾客的选择成本才能增值。如何降低目标顾客的选择成本，使目标顾客不假思索且溢价选择您的产品或服务，成为品牌建设的核心任务。在本章，给出提高品牌信用实现持久增值的内在机制。在第8章则给出降低选择成本的设计流程。

案例3.1 山东东营牧场，6个月亏了3个亿（节选）[①]

澳亚现为中国最大的"独立奶牛牧场运营商"，客户有蒙牛、明治中国、君乐宝、YQSL等。不仅经营巨亏，而且其股价大跌（2022年12月29日发行价是6.4港币，2024

---

① 周琦. 养牛不再赚钱 [J]. 21世纪商业评论，2023（8）：23.

年 2 月 21 日收盘价为 1.32 港币）。澳亚九成业务是出售原料奶，各大乳企提高价格抢奶，最激烈时，一千克牛奶从 4 元卖到 6 元。为解决奶源瓶颈，头部乳企们一度加码上游牧场，牧场数量、存栏奶牛规模大幅增加。2021～2022 年，国内新建及扩建项目设计奶牛存栏数分别为 98 万头、147 万头，原料奶产量井喷。国内奶类产量首破 4000 万吨，达 4027 万吨，同期国内液态奶消费市场不及预期，消费量降幅达 8%。供需逆转，波及原奶价格。2023 年 1～6 月，其原料奶销售均价达 4311 元/吨，同比下降 7.6%。雪上加霜的是，饲养成本上升。2024 年 1～6 月，澳亚每千克原料奶的饲料成本上涨 7.1%，至 2.55 元。一降一涨，澳亚利润空间被挤压全无。

加快形成新质生产力的根本目的，是通过开辟新赛道形成高质量发展的新动能，从而摆脱西方对我国的各种制约。对此，以比亚迪为代表的新能源汽车厂商们作出了垂范。问题是新能源车能否避开过剩状态？新质生产力的自然延伸是新质消费力。新质消费力，是基于美好生活供给的不充分不平衡，通过赋予消费者乐而忘忧的情感利益，实现美好生活，从而摆脱西方诸多品牌的吸金力。对此，（Tiktok）和（Shein）等厂商做出了榜样。基于这种观点，本书认为，对企业而言，无论是新质生产力还是新质消费力，最终目的都是实现持久增值。为此，本章基于数理逻辑揭示持久增值的品牌溢价机制，为加快形成新质生产力与新质消费力，提供持久增值的逻辑基础。

3.1　情感价格：品牌的溢价机制

从式（2-2）可见，在功能 F、质量 q、价格 P_q、服务 S_e 一定的条件下，增加目标顾客利益的唯一选择是提高目标顾客的快乐度 h，使目标顾客触景（商标）生情（乐），此"乐"细分为：乐而忘忧、乐在其中、乐此不疲。三乐合一构成了基于情感利益的品牌信用度 B_c。实现"三乐"是品牌工程学的任务，具体在第 8 章论述。在本章揭示的是基于品牌信用度 B_c 的溢价机制。具体而言，品牌溢价有五种具体表现形式，即价格溢价型、销量溢价型、收入溢价型、时间溢价型、授权溢价型。其共性是提高商标的品牌信用度 B_c。

3.1.1　品牌溢价形式 I：价格溢价型

从价格角度可将价格分解为：顾客意愿价格 = 质量价格 + 情感价格。

所谓顾客意愿价格（P_d），是指目标顾客愿意支付的最高价格。顾客意愿价格由质量价格和情感价格构成。

所谓质量价格（P_q），是指达到一定质量标准 q 时的产品价格。在具体评估的实际测算时，质量价格 P_q 的获得可有四个标准。

一是将同类产品的市场平均价格作为质量价格，适合于产品类评估。

二是将投资成本（含营销费用）作为质量价格，尤其适合于影视、游戏、动漫等文化产品。这类文化产品是在一定投资额后完成的，可用投资成本作为质量价格的测算标准。在测算时，因为影视播出的院线或电视台的成本未考虑在内，所以，只考虑投资方的投资（含营销费用）。

三是将产品或服务的完全成本作为质量价格，该标准适合于新产品的评估。原因在于，新产品缺乏同类产品市场平均价格的测算，且一旦进入批量生产或投入使用（如宾馆等），运营成本和费用等变动成本随之产生。可在生产能力基础上，测算"（固定成本÷生产能力）＋单位变动成本"作为完全成本来测算质量价格。

四是在完全竞争市场中，将实际成交价格作为质量价格。尤其是在缺乏技术红利的条件下，同行业不同厂商的产品处于高度同质化，或者目标顾客认为是同质化的市场中，每个厂商都很难实现高价格销售，从而形成行业均衡的成交价格。如作为坚果类零食的"良品铺子"，在 2019 年时就提出了高端零食定位，并表示"高端零食"将会是良品铺子未来十年的企业战略与品牌经营战略。2020 年，成为"高端零食第一股"。每个到店消费的顾客，买单后都会得到一个印着"良品铺子，高端零食"的手提袋。但在 2023 年 11 月新任董事长却直言"摆在我们面前的已不仅是活得困难的问题，而是活不活得下去的问题"，从而提出"消费者认为我们'贵'，表明我们的价格必须要更加亲民"。[1] 从 8.1 节中的步骤 B_{1-1} 可见，良品铺子通过高价格来树形象是正确的，问题是给予高价格背书的理由必须是边际递增的情感利益，而不能是边际递减的物质利益，只有基于情感利益背书的"贵"才能树立高大形象，在此前提下，通过诸如小包装等减配措施，才能切实有效地增加销量。

所谓情感价格（P_h），是指顾客因商标情感化而超过质量价格额外支付的价格。即产品商标分别是 A 和 B，在两者的物质利益相同的条件下，为何有的顾客愿意支付更高价格购买商标 A 产品，而不是商标 B 产品？这就是情感价格：千金难买我乐意，其逆定理是我乐意就愿意花千金。

用 P_d 代表意愿价格，P_q 代表质量价格，P_h 代表情感价格，且 $P_h = \dfrac{h}{1-h}P_q$，则：

$$P_d = P_q + P_h = P_q + P_q\frac{h}{1-h} = \frac{P_q}{1-h} \tag{3-1}$$

在 2.4 节中已界定，快乐度 $h \in [0, 1]$。

若快乐度 $h = 0$，则 $P_d = P_q$。在多个产品可选择条件下，顾客的理性是按最低价格选购产品。若提升质量，就需要增加成本，但价格却没增加，则企业利润将减少，企业提升质量的意愿降低。在现实中，则是随着价格降低，进一步降低产品质量，最终被顾客放弃。在资料 3.1 中，中国摩托车败退越南市场的实例，教训是惨痛的，子曰"不贰过"，应记住。

若快乐度 $h \to 1$，则 $P_d \to \infty P_q$，即顾客意愿价格将远远高于质量价格，则企业利润可极大地提升，质量提升意愿得以提高。

---

[1]　良品铺子新董事长杨银芬重回一线主持改革：300 余款产品降价. 北京猎云网官方账号，2023 - 11 - 30。

品牌经济学

2023 年 8 月 6 日，在西安举行的 TFboys 演唱会，头排座位的门票标价是 2013 元，但被黄牛抬高到 20 万元。据式（3－1）可计算出，对乐意出 20 万元的粉丝而言，能在头排看演唱会的快乐度 h = 1 － (2013/200000) = 0.90。而最贵的一张票被炒到 200 万元，对买到这张票的粉丝而言，该座位带给自己的快乐度 h = 1 － (2013/2000000) = 0.999。该事例表明，千金难买我乐意的逆定理，即我乐意就愿意花千金成立。

需要强调的是，意愿价格 P_d 不等于市场实际成交价格。在竞争市场中，实际成交价格既取决于目标顾客的预算即支付能力，又取决于同质化产品的比价行为。在实践中，尤其是在过剩市场中，实际成交价格可作为质量价格 P_q。尽管 $P_q \angle P_d$，也会带给目标顾客很大的消费者剩余（$P_d － P_q$），从而带给目标顾客极大的情感利益，即快乐度提高。

正如某女士在某厂商的网店，用 300 元购买了一件衣服。后在该厂商的实体店中，发现同款衣服价格是 1800 元。于是，该女士花 1800 元买了同款衣服。但第二天将从网店购买的 300 元那件，到实体店退货并得到 1800 元。然后，该女士对朋友们说自己花 1800 元买衣服。显然，对该女士而言，300 元属于实际成交价格，即 $P_q = 300$。而 1800 元属于意愿价格，即 $P_d = 1800$。消费者剩余等于 1800 － 300 = 1500。1800 元的意愿价格带给该女士外在面子，而节省的 1500 元又带给了该女士内心暗喜。两者都属于情感利益。

笔者一直认为，在供大于求的过剩市场中，在确保产品质量和技术进步的前提下，不断提高基于商标载体提升目标顾客的快乐度，才是品牌溢价建设的关键，也是实现按乐分配法则的根本途径。

因为欲望能催生更多欲望，由此产生无穷欲望，即复利效应。具体而言，设欲望得以完全满足为 100%，但在人的一生中，欲望不可能只有一次，而是无数次，用 D 代表对欲望的次数，且 D→∞，即欲望是无穷的。

与此同时，在现实选择过程中，每一次选择都存在一个快乐度 h，且 h ∈ [0, 1]，为此，目标顾客不快乐一定不买，但快乐也不一定买。则问题是：什么样的快乐使目标顾客一定选购？本书认为，使目标顾客不假思索且溢价选择，即选择成本 $C_c = 0$ 的快乐一定带来选购，据式（1－3）可见，当且仅当品牌信用度 $B_c = 1$ 时，选择成本 $C_c = 0$，此时的快乐度 = 1；当选择成本 C_c 越大，则快乐度 h 越低，当选择成本 $C_c →∞$ 时，快乐度 h = 0，即放弃选择。从函数关系看，快乐度 h 受到欲望的次数 D 及选择成本 C_c 决定，则得式（3－2）：

$$h = f(D, C_c) = \left[\lim_{D \to \infty} \left(1 + \frac{100\%}{D} \right)^D \right]^{-C_c} = e^{-C_c} \tag{3－2}$$

从式（3－2）可见，人们的欲望是无穷的（D→∞），但在过剩条件下，受限于选择成本 C_c，实际得到的快乐却是有界的，即 h→1。

将式（1－3）的 $C_c = \dfrac{1 - B_c}{B_c}$ 代入式（3－2），得：

$$h = e^{\frac{B_c - 1}{B_c}} \tag{3－3}$$

将式（3 – 3）代入式（3 – 1），则得出：

$$P_d = \frac{P_q}{1 - h} = \frac{P_q}{1 - e^{\frac{B_c - 1}{B_c}}} \qquad (3 - 4)$$

例如，经测算某商标 A 的品牌信用度 $B_c(A) = 0.26$，代入式（3 – 4）得：$P_d(A) = 1.06 P_q(A)$，其含义是：若商标 A 的产品的质量价格 $P_q(A) = 1000$ 元，则目标顾客的意愿价格 $P_d(A) = 1.06 \times 1000 = 1060$（元），即其商标 A 的品牌溢价 60 元，其溢价率为 6%，加入经营费用后将是亏损的。

若同等质量产品的商标 B 的品牌信用度 $B_c(B) = 0.78$ 代入式（3 – 4）后，得出 $P_d(B) = 4.0 P_q(B)$，其含义是：若商标 B 的产品的质量价格 $P_q(B) = 1000$ 元，则目标顾客的意愿价格 $P_d(B) = 4.0 \times 1000 = 4000$（元），即其商标 B 的品牌溢价 3000 元，其溢价率为 300%，可接受的经营费用空间将是很大的。

即在质量 q 相同、功能 F 相同、质量价格 P_q 相同的条件下，品牌信用度 B_c 的差异将商标 A 的产品换成商标 B，则可获得（3000 – 60）÷ 1000 = 2.94 倍的溢价。

在对影视等文化产品进行投资评估时，因院线或电视台等播出厂商的成本难以计算，可按分账比例进行测算。例如，从电影《失恋 33 天》剧本的品牌信用度测试[1]，得出 P_d（失恋 33 天）= 24.5P_q（失恋 33 天）。即《失恋 33 天》的质量价格即投资成本假设为 P_q（失恋 33 天）= 100 元，目标顾客的意愿价格是 P_d（失恋 33 天）= 2450 元，品牌溢价率 24.5 倍。按 1500 万元总投入（900 万元制作投资和 600 万元推广费用），0.15 × 24.5 = 3.675（亿元），即总票房收入是 3.675 亿元，若按 0.45 : 0.55 分账，投资方（发行方）获得 3.675 × 0.45 = 1.65375（亿元）。而该片的实际票房收入是 3.5 亿元。

3.1.2　品牌溢价形式 Ⅱ：销量溢价型

在现实市场中，尤其是在价格信息透明的电商市场中，同质化产品竞价激烈，顾客的基本购物心态是乐意买贵、但不能买贵了。所谓"买贵了"，是指同一个企业的同一种产品，在不同卖场（电商平台、超市等）零售价格出现了明显差异，导致顾客实际购买了价格高的同一产品。诸多电商或超市卖场一再宣称本店产品，为全网最低价或全市最低价。在单纯的实体店市场条件下，因时间、精力等交易费用、机会成本的约束，顾客很难进行同城比价，更不可能异地比价。但在电商时代，通过智能手机搜索，很容易实现比价行为：同一个企业的同一个产品，在不同卖场的价格比较；不同企业之间的同类产品之间的价格比较。在品牌信用度缺乏明显差异的条件下，顾客们的比价行为，导致了市场进入全面折扣时代。

在全民比价时代，品牌溢价从价格溢价更多地转到销量溢价：即在价格同质化条件下，如何扩大销量。

设 Q_0 为自然销量，即不考虑品牌信用度条件下形成的销量，类似于白牌产品。Q_b 为

---

[1]　万乾. 基于 TBCI 的电影剧本投资价值评估——以剧本《失恋 33 天》为例 [D]. 济南：山东大学，2014.

考虑品牌信用度条件下的销量，P_h 为顾客因品牌信用带来的快乐度而愿付出的溢价价格，P_q 为质量价格或者完全竞争市场中的销售价格。则：

$$Q_b = Q_0 f(P_q, P_h) = Q_0 + Q_0 \frac{P_h}{P_q} = Q_0 \left(1 + \frac{P_h}{P_q}\right) \qquad (3-5)$$

$P_h = \dfrac{h}{1-h} P_q$，$h = e^{\frac{B_c - 1}{B_c}}$，代入式（3-5），则：

$$Q_b = Q_0 \left(1 + \frac{P_h}{P_q}\right) = Q_0 \left(1 + \frac{\frac{h}{1-h} P_q}{P_q}\right) = \frac{Q_0}{1-h} = \frac{Q_0}{1 - e^{\frac{B_c - 1}{B_c}}} \qquad (3-6)$$

当 $B_c = 0$ 时，$Q_b = Q_0$。而 $Q_0 = P_q^{-1}$，P_q 取决于顾客比价行为。一旦进入比价行为，就没最低，只有更低。为了不断降低价格，简单易行的策略是降低质量，即饮鸩止渴。

当 $B_c = 1$ 时，$Q_b = \infty Q_0$，即随着基于商标的品牌信用度的提高，销量将远远大于自然销量，从而在价格溢价不显著的条件下，获得足够多的销量溢价。

根据式（3-6）可见，即使进入价格折扣时代，通过提高商标的品牌信用度 B_c，也能实现销量溢价。在电商时代，依靠很高的品牌信用度而取得销量溢价的实例是 Shein、抖音、Tiktok、直播网红。2018 年，抖音的品牌承诺是"记录美好生活"，而 Shein 的品牌承诺是"让人人尽享时尚"，直播网红具有很高的共情力。所谓共情，即与目标顾客形成情感共鸣从而使其乐而忘忧！即实现了按乐分配！

3.1.3 品牌溢价形式 III：收入溢价型

销量溢价型属于产品数量或服务数量增加，随着严格控制碳排放，在单位碳排放即碳排放强度一定的条件下，企业生产规模越大，碳排放量随之增加。在碳排放总量目标一定的条件下，企业的生产规模随之被限定。此外，边际递减的存在，也产生一个经济规模约束。在产量 Q_a 一定的条件下，如何增加收入是持久增值的现实选择。

设收入为 S_r，则：

$$S_r = Q_a P_d = \frac{Q_a P_q}{1 - e^{\frac{B_c - 1}{B_c}}} \qquad (3-7)$$

显然，在 Q_a、P_q 一定的条件下，增加销售收入的唯一途径是提升品牌信用度即 B_c。

当 $B_c = 0$ 时，$S_r = Q_a P_q$，收入取决于质量价格 P_q，而同质化导致的降价，势必降低收入。

当 $B_c = 1$ 时，$S_r = \infty Q_a P_q$，既能降低价格，也能增加收入。

采取稳产增值即收入溢价型得以发展的实例，是案例 2.2 中的美国亨氏公司。为了确保酱菜质量，亨利不仅优选原料，而且定制无色透明的瓶子。更重要的是，从 1900 年开始，将每年产量限制在 1500 万美元之内，每年完成后不再追加。结果却因限量生产，亨氏产品变得更加珍贵，成为紧俏商品，价格一再攀高，成为业界第一。结果，不增加产量的亨氏，所赚的钱反而比增加产量多。其实，亨氏出售的不仅是质量放心的酱菜，而且是吃得起高价酱菜带来的快乐。

3.1.4 品牌溢价形式Ⅳ：时间溢价型

百年老店或基业长青，是绝大多数企业老板的梦想。问题是，未来的顾客需要什么产品或服务，无人能知。但能知道的是，未来任何时代的人们，都渴望快乐，即快乐是人类的永恒欲望。

设 T_0 代表自然存续时间，h 为快乐度，且 $h \in [0, 1]$，因持续的满足快乐而带来的时间延续为 $T_h = T_0 \dfrac{h}{1-h}$，则存续的时间 T 遵循式（3-8）：

$$T = T_0 + T_h = T_0 + T_0 \frac{h}{1-h} = \frac{T_0}{1-h} = \frac{T_0}{1-e^{\frac{B_c-1}{B_c}}} \tag{3-8}$$

显然，当 $B_c = 0$ 时，$T = T_0$，即存续时间取决于自然存续时间，或者由创始人寿命决定，或者由产品技术寿命决定，或者因市场周期寿命决定。比如，某著名的第一村，因第一代创始人离世而陷入困境，山西某著名钢企也因创始人离世而很快陷入困境。

当 $B_c = 1$ 时，$T = \infty T_0$，即摆脱自然存续时间而得以永恒，成为百年老店或基业长青。最典型的实例，即是案例2.2提到的亨氏酱菜和案例2.4提到的卡尔倍可。在中国国内，则是创建于清康熙八年（1669）的同仁堂。其品牌信用是承诺"炮制虽繁必不敢省人工，品位虽贵必不敢减物力"，这是北京同仁堂门口的一副对联，历代同仁堂人都恪守此古训，树立起了"修合无人见，存心有天知"的自律精神，这是诞生于1669年的同仁堂历经350余年最根本的原因。

对于民企而言，存在创业老板个人品牌与企业品牌的区别。若创业老板个人品牌强过企业品牌，则随着老板个人的退休或去世，企业的存续时间极易中止。比如，某著名民企，其企业商标的品牌信用度 $B_c = 0.33$，代入式（3-8）得 $T = 1.16T_0$。假设该民企创业老板能亲自经营企业20年，则该企业的存续时间应是 $T = 1.16 \times 20 = 23.2$（年），扣除自然存续的20年，得益于品牌信用度而延续的年数仅有3.2年。若该老板在20年中，能将其企业品牌信用度从0.33提高到0.80，将 $B_c = 0.80$ 代入式（3-8），得 $T = 4.52T_0$，$T_0 = 20$ 年，则 $T = 90.4$ 年，扣除自然存续的20年，受益于该企业品牌信用度而使企业能再延续70.4年。若该企业希望延续二百年，则需企业品牌信用度 $B_c = 0.90$，代入式（3-8）得 $T = 9.5 \times 20 = 190$（年）。

笔者呼吁了20余年，创业民企老板一生的努力，就在于将本企业注册商标的品牌信用度尽可能超过0.80，否则，若创业老板个人品牌超越其企业品牌或产品品牌，则随着创业老板的退出，企业难以为继。正如2021年，宗庆后[①]曾说"对于我来说，娃哈哈只有一个，它是我的整个人生，所有的梦想，一切的意义、价值、标签和符号。它是我在这个世

---

① 2024年2月25日去世，在此向其致敬！

界上存在过的证明"。在网络收集胖东来超市的资料时，看得越多，越发现谈到胖东来，必定提到于东来。内容几乎都在赞美老板于东来。即于东来的个人品牌信用度，已超越了胖东来超市的品牌信用度，这对胖东来的品牌建设是不利的。

3.1.5　品牌溢价形式V：授权溢价型

据图 3.1 可见，当注册商标 k 的品牌信用度不断提高且超过 0.6 时，就具备了资本化的资格，即可进行商标特许授权。

设接受商标特许授权的厂商 i，其已有的销售收入为 Q_0P_0，获得商标 k 后，因给目标顾客带来了更大的快乐度即 h，而实现了销售收入增加，即为授权溢价型。则有：

$$R_i = Q_0P_0 + Q_0P_0 \frac{h_k}{1-h_k} = \frac{Q_0P_0}{1-h_k} = \frac{Q_0P_0}{1-e^{\frac{B_c^{k-1}}{B_c^k}}} \qquad (3-9)$$

显然，该厂商获得商标 k 的授权后，其销售收入之所以增加，是因为商标 k 拥有品牌信用度 B_c^k 较高实现的。$B_c^k \to 1$ 时，厂商 i 的销售收入 R_i 越大。因为厂商 i 销售收入的增加来自商标 k 的品牌信用度加持，所以，需要从中支付商标 k 所有者一个分成比例，可定义为 β。

作为全球工程机械的头部企业，卡特彼勒官方授权的工靴、服装等（Cat）品牌产品超过 6000 种，即实现了基于品牌的范围经济 2023 年，官方授权的 Cat 产品全球零售达 30 亿美元，品牌授权产品销售额居全球第 20 名。Cat 产品通过网站、107 个 Cat 品牌商店以及 8.6 万个零售店销售。印着（Caterpillar）和 Cat 的商标鞋类、服装、电话、手表、眼镜、压铸玩具以及其他 2.5 万种个人消费品，并非由卡特彼勒制造，而是由获得卡特彼勒授权的第三方生产，并在卡特彼勒严格控制下使用 Caterpillar 和 Cat 商标。其中，25% ～ 30% 是工靴。基于工程机械商标 Cat，通过授权为工装与工靴的品牌建设路径，应属于新质生产力。

上述五个公式组成了基于品牌信用度的品牌溢价理论公式，是按乐分配法则的逻辑表达。基于式（3-4），对其进行可视图形计算，见图 3.1。

将 $P_d/P_q = N$，则：

$$B_c = x = \frac{1}{\ln N + 1} \qquad (3-10)$$

式（3-10）同样适用于式（3-4）、式（3-5）、式（3-7）、式（3-8）、式（3-9）的计算。在此，以价格溢价为例进行模拟计算。若将 N 确定为 2，即取得 100% 的价格溢价，对应的品牌信用度 $B_c = 0.60$。从图 3.1 可见，对企业而言，进行品牌建设，有两个关键点：一是品牌信用度 B_c 提升到 0.20，溢价能力开始进入上升拐点；二是 B_c 提升到 0.60 之后，能获得超过 100% 的溢价能力。故当商标的品牌信用度 B_c 为 0.20 ～ 0.59 区间，商标初步具备了溢价能力，而要获得超过 100% 的品牌溢价能力，需要将品牌信用度 B_c 提升到 0.60 以上。

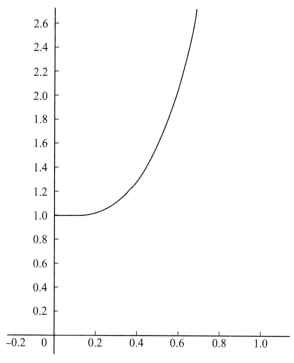

图3.1　品牌信用度与品牌溢价度关系

资料来源：郭若蒙基于 Geogebra 绘制。

因存在非线性关系，比如，从 0.60 增加到 0.61，则品牌溢价指数从 1.056 增加到 1.117，其弹性系数为 3.52，即品牌信用度 B_c 每增加 1%，能使品牌溢价能力增加 3.52%。这是新质消费力的范畴，也是 Tiktok 广受年轻人热捧的原因。[1]

本书认为，若商标的品牌信用度 $B_c \leqslant 0.19$，此时的商标仅仅是个普通法律符号；当 $0.20 \leqslant B_c \leqslant 0.59$ 时的商标属于驰名商标；只有当 $B_c \geqslant 0.60$ 时，厂商的注册商标才算建成了目标顾客乐意溢价选择的品牌，此时，作为法律符号的注册商标，才具备权益属性的品牌资产。只有当商标的品牌信用度 $B_c = 1.0$ 时，注册商标才能完成华丽转身，从厂商的权益资产变成目标顾客乐在其中的品牌。本书认为，品牌价值管理的核心，不在于其价值评估，而在于基于商标的溢价能力评估。

当消费者对某个具体产品（如牙膏）产生需要时，若通过商标（如云南白药）搜索获得并即刻下单，此类的商标可称其为"品牌"。若消费者同时按几个商标进行搜索并进行比较后下单，则这些商标为"驰名商标"。当消费者通过品类词（如牙膏、袜子等）搜索，获得同类产品列表后再进行更多指标的对比，由此付出的脑力即思虑成本，花费的时间即交易费用。此类产品或者无商标（多数农产品）即所谓的白牌，或者仅仅是商标。

―――――――――――――

[1]　据日媒《日本经济新闻》网站 2 月 18 日报道，该网站调查全球和各国用户付费额最高的 App 并对其进行排名，发现 Tiktok 在 2023 年排名全球第一。

还以丰田花冠和通用 Geo 为例,测算 B_c(花冠) = 0.8,故 Pd(花冠) = 4.52Pq(花冠)。B_c(Geo) = 0.31,故 Pd(Geo) = 1.12Pq(Geo)。若质量成本是 1 万元,花冠的目标顾客愿意以 4.52 万元的价格购买花冠,而 Geo 的顾客只愿意以 1.12 万元的价格购买 Geo。丰田花冠比通用 Geo 的品牌溢价高 3.52/0.12 = 29.3 倍,这为花冠推出年度新款的同时提高价格,留出了足够的价格空间,而留给通用 Geo 的价格空间很少。花冠 1966 年诞生,到 2017 年改译名"卡罗拉",50 年来与同类轿车相比,在价格、销量、销售额、存续时间四个方面,均取得了显著的溢价收益。

从案例 2.5 可知,丰田花冠的成本是 1.03 万美元,按价格溢价,目标顾客的意愿价格是 4.52 × 1.03 = 4.6556(万美元)。但限于目标顾客的预算或支付能力以及竞品比价,实际成交价格即售价是 1.11 万美元。则目标顾客的消费者剩余 = 4.6556 – 1.1100 = 3.5556(万美元)。即目标顾客认为花了 1.1100 万美元,买到了自认为价值 4.6556 万美元,超额收益是 3.5556 万美元,即品牌溢价增加了消费者剩余,使目标顾客获得了自认为赚了便宜的情感快乐,即美好生活。

资料3.1 中国摩托车"败走"东南亚之痛:相爱相杀自毁市场[1](选摘)

目前,越南摩托车市场上,日本品牌占有量超过 80%,而自 20 世纪末陆续进入越南市场的中国产摩托车正"全面败退"。中国品牌摩托车曾在越南占有率高达 80%。早年的疯狂价格战,给中国摩托车企业的亏损埋下了祸根。不断下调的售价影响企业研发投入,导致制造成本大打折扣。在部分中国摩托车出现质量问题后,"耗油高"等问题也让越南消费者重新选择日本品牌的摩托车。有越南学者说,中企还缺乏品牌意识和长远观念。

据力帆电动车张利华透露,中国电动摩托车在越南市场广受欢迎,每年出口量达到 60 万辆,年平均增长约 10%,他认为,若中国企业较早进入此市场,抢占先机,便有机会弯道超车日本企业。中国电动摩托车企业在技术和生产经验上还是领先日本的。但专业人士王丹青担心,摩托车行业"互相残杀"的场景会不会重演。张利华认为,担忧不无道理,在越南电动摩托车销售领域,已出现国产品牌搞价格战的迹象。还有企业家表示,"走出去"的中国企业不应再恶性竞争,而应抱团取暖。

通过资料 3.1 可见,中国摩托车在越南市场,以低价优势获得了销量溢价,但却没获得时间溢价。原因在于,仅仅具备了低价格优势,因质量低、高油耗等物质利益,损害了目标顾客的情感利益。随着电动摩托进入越南,但愿不会重蹈燃油摩托的旧辙。而案例 3.3 中的温特姆酒店集团同时实现了价格溢价、销量溢价与时间溢价。其根源就在于,其品牌信用是"尽一切努力让顾客透过每一个窗户都能看到美!",即其窗外管理法则。

---

[1] 白勉,韩梅,张烨,等. 中国摩托车"败走"东南亚之痛:相爱相杀自毁市场 [N]. 环球时报,2016 – 09 – 27.

3.2　自有品牌：商超持久之路

在实体店购买过程中，消费者还存在面子效应，即需要考虑现场旁观者的看法。例如，洗发液 A 的价格是 20 元/瓶，洗发液 B 的价格是 15 元/瓶。在容量都是 200mL 且功能相同的情况下，若商标 A 的品牌效应高于商标 B，则消费者选择洗发液 A 的可能大。因为在众目睽睽之下，拿着洗发液 B 会给别人一种自己没钱的感觉，所以，有失面子。

在网购条件下，消费者独坐电脑或独自操作手机下订单，旁观者的异样目光带来的面子压力不存在，消费者选择商标 B 洗发液的可能性增加了。在旁观者带来的面子压力不存在的条件下，即电商平台购买过程中，消费者是否一定选择价格最低的呢？

假设面子压力为 δ，某商品给顾客带来的面子压力，由其价格与同类产品最高价格比与旁观者人数决定，即：

$$\delta = \frac{P_m - P_i}{P_m} L \qquad (3-11)$$

P_m 为同类产品最高价格，P_i 是商标 i 的商品价格，且 $P_a > P_b > P_C$，L 为现场旁观者人数，则在同一商场，旁观者人数 L 相同，则商标 a、b、c 带给顾客的面子压力分别是：

$$\delta_a = \frac{P_m - P_a}{P_m} L, \quad \delta_b = \frac{P_m - P_b}{P_m} L, \quad \delta_c = \frac{P_m - P_c}{P_m} L$$

在实体店中，$L > 0$。假设 $P_a = P_m$，则 $\delta_a = 0$，因 $P_b > P_C$，故 $\delta_b < \delta_c$，即购买最低价商标 c 的顾客面子压力最大。但在网购条件下，$L = 0$，则 $\delta_a = \delta_b = \delta_c = 0$，即对于日用消费品而言，在网购条件下，因价格差与旁观者带给顾客的面子压力没了，意味着对价格敏感的多数年轻人会越来越倾向于网购。中国网购用户中，31~40 岁的占 33.3%，26~30 岁的占 25.3%，19~25 岁的占 11.9%。19~40 岁的占 70.5%。2023 年参与"双十一"消费者的年龄，26~40 岁的占 76%。因价格优惠而参与的占 52.4%，通过直播电商购物的占 70.5%。所谓直播电商的实质，与线下实体店的导购员类似，影响的是式（2-2）中的购物体验系数 S_e。

根据顾客利益方程（2-2），则有以下三个方程：

$$C_b^a = \frac{q_a F_a}{P_q^a (1 - h_a)}, \quad C_b^b = \frac{q_b F_b}{P_q^b (1 - h_b)}, \quad C_b^c = \frac{q_c F_c}{P_q^c (1 - h_c)}$$

求 $\max(C_b^a, C_b^b, C_b^c)$。假设获得商品或服务的价格越高，带给顾客显示欲即情感利益越大，因 $P_a > P_b > P_C$，故 $h_a > h_b > h_c$，则 $C_b^a > C_b^b > C_b^c$，故商标 c 被剔除。在商标 a 与商标 b 中，若商标 a 为生产厂商，商标 b 为商场的自有品牌，并委托 a 加工，即 $q_a = q_b$，$F_a = F_b$。因 $P_q^a > P_q^b$，故只要 $h_a = h_b$，则 $C_b^b > C_b^a$。即随着网购的发展，线下实体店的品牌信用度越高，其自有品牌产品的市场空间越大。正如专业人士认为的：面对超市越开越亏，山姆、奥乐齐反败为胜的策略是"自有品牌才是大势所趋"。[①]

在进行自有品牌建设的过程中,无论是商超还是生产企业,多数都不可避免地进入多品种经营即范围经济实践。这需要对范围经济得以成功的前提条件,给出因果性逻辑证明。

根据范围经济的含义,设有 n 种产品或业务,$C_{(xi)}$ 是单一企业中生产 n 种产品的成本($i = 1, 2, 3, \cdots, n$),$\sum C_{(xi)}$ 则是在 n 个独立的专业化企业生产 n 种产品的成本之和。若 $C_{(xi)} < \sum C_{(xi)}$ 成立,则生产 $x_1, x_2, \cdots, x_n$ 的 n 种产品的范围经济存在。

根据利润公式,即利润 = 收入 – 成本,显然,这属于成本逻辑[②]。成本逻辑成立的前提假设是在收入不变的条件下,若能降低成本,才能增加利润。但在现实经济中,更多的企业陷入的是多元化陷阱。[③][④][⑤] 从利润公式来看,多元化之后,成本项可能降低,但收入未必增加。原因在于,多元化的诸多产品,若是跟随其他厂商的已有产品,更多的是采取低价跟随策略,即导致降价行为,进而导致收入增加值小于成本降低值,从而使利润减少,即多元化失败。

假设 n 种产品或服务都在一个企业生产或销售,且都使用同一个注册商标,每个产品的销量为 Q_i,其质量价格是 P_q^i,这 n 种产品或服务在一个企业内的生产成本为 $C_{(xi)}$,目标顾客购买基于该商标为载体的产品或服务的意愿价格为 P_d,根据式(3 – 4),企业生产或销售 n 种产品或服务的利润公式可具体为:

$$R = \sum_{i=1}^{n} Q_i P_d - C_{(x_i)} = \frac{\sum_{i=1}^{n} Q_i P_q^i}{1 - e^{\frac{B_c - 1}{B_c}}} - C_{(x_i)}$$

在企业经营实践中,n 种产品或服务,或者在同一个企业投资生产,形成了固定成本;或者以 OEM 方式通过其他企业代工,则每个批量的采购,其采购成本构成固定费用。即在 $C_{(xi)}$ 一定的条件下,增加利润的策略,就转到如何增加收入了。由上式可知,在质量价格 P_q^i 及 Q_i 一定的条件下,增加利润的唯一选择是提高这 n 种产品或服务所使用的注册商标的品牌信用度,即 B_c。

若 $B_c = 0$,则:

$$R = \frac{\sum_{i=1}^{n} Q_i P_q^i}{1 - e^{\frac{B_c - 1}{B_c}}} - C_{(x_i)} = \sum_{i=1}^{n} Q_i P_q^i - C_{(x_i)}$$

一旦商标的品牌信用度 $B_c = 0$,则根据式(1 – 3)即 $C_c = \dfrac{1 - B_c}{B_c}$,顾客的选择成本

① 贺晓青,娅欣. 自有品牌:商超零售"突围"的生命线 [J]. 新零售商业评论,2023(3):1.
② 韩平,吴泗宗. 企业多元化经营的范围经济与风险分析 [J]. 工业工程与管理,2005(5):44 – 47.
③ 孙燕平. 农业上市公司多元化经营失败案例研究——以雏鹰农牧为例 [D]. 郑州:河南财经政法大学,2020.
④ 王怡,许延明. 企业多元化战略失败问题研究——以海航集团为例 [J]. 现代营销,2021(6):95 – 97.
⑤ 马全智. 柳传志反思联想多元化战略失败 [EB/OL]. 新浪科技,www.sina.com.cn,2007 – 09 – 01.

$C_c \to \infty$，从而放弃选择，即 $\sum Q_i = 0$，则 $R = -C_{(xi)} < 0$，此意味着范围经济失败。

若 $B_c \to 1$，则 $R = \infty \sum_{i=1}^{n} Q_i P_q^i - C_{(x_i)} > 0$，意味着范围经济得以成功。

例如，假设 B_c 分别为 0.2、0.4、0.6、0.8、0.9、0.99，收入为 W，则：

$$W_{0.2} = \frac{\sum_{i=1}^{n} Q_i P_q^i}{1 - e^{\frac{B_c-1}{B_c}}} = 1.02 \sum_{i=1}^{n} Q_i P_q^i, \quad W_{0.4} = \frac{\sum_{i=1}^{n} Q_i P_q^i}{1 - e^{\frac{B_c-1}{B_c}}} = 1.29 \sum_{i=1}^{n} Q_i P_q^i$$

$$W_{0.6} = \frac{\sum_{i=1}^{n} Q_i P_q^i}{1 - e^{\frac{B_c-1}{B_c}}} = 2.06 \sum_{i=1}^{n} Q_i P_q^i, \quad W_{0.8} = \frac{\sum_{i=1}^{n} Q_i P_q^i}{1 - e^{\frac{B_c-1}{B_c}}} = 4.52 \sum_{i=1}^{n} Q_i P_q^i$$

$$W_{0.9} = \frac{\sum_{i=1}^{n} Q_i P_q^i}{1 - e^{\frac{B_c-1}{B_c}}} = 9.51 \sum_{i=1}^{n} Q_i P_q^i, \quad W_{0.99} = \frac{\sum_{i=1}^{n} Q_i P_q^i}{1 - e^{\frac{B_c-1}{B_c}}} = 99.5 \sum_{i=1}^{n} Q_i P_q^i$$

因此，通过品牌建设，将 B_c 从 0.20 依次提高到 0.40、0.60、0.80、0.90、0.99，则其收入增长 $W_{0.2 \sim 0.4} = 1.29 \div 1.02 = 1.26$，即收入增长 26%。同样计算，$W_{0.2 \sim 0.6} = 2.06 \div 1.02 = 2.02$，即收入增长 102%；$W_{0.2 \sim 0.8} = 4.52 \div 1.02 = 4.43$，即收入增长 343%；$W_{0.2 \sim 0.9} = 9.51 \div 1.02 = 9.32$，即收入增长 832%；$W_{0.2 \sim 0.99} = 99.5 \div 1.02 = 97.5$，即收入增长 965%。

尤其值得重视的是，品牌信用度 B_c 从 0.90 提升到 0.99，仅仅提升了 0.09，收入增长则是 $99.5 \div 9.51 = 10.46$，即收入增长了 10 倍。

同样可以证明，通过品牌信用度 B_c 的提高带来的利润增加是正数。设每种产品或服务的单位变动成本为 a_i，生产 n 种产品的固定成本为 C_f，质量成本 $P_q^i = 1.2a_i$，即按照单位变动成本的 20% 加价作为毛利。则：

$$R = \frac{\sum_{i=1}^{n} Q_i P_q^i}{1 - e^{\frac{B_c-1}{B_c}}} - C_{(x_i)} = \frac{1.2 \sum_{i=1}^{n} Q_i a_i}{1 - e^{\frac{B_c-1}{B_c}}} - C_f - \sum_{i=1}^{n} a_i Q_i$$

$$= \frac{0.2 + e^{\frac{B_c-1}{B_c}}}{1 - e^{\frac{B_c-1}{B_c}}} \sum_{i=1}^{n} a_i Q_i - C_f$$

将 B_c 从 0.20 依次提升到 0.40、0.60、0.80、0.90，分别代入上式，分别得：

$$R_{0.2} = 0.222 \sum_{i=1}^{n} a_i Q_i - C_f, \quad R_{0.4} = 0.627 \sum_{i=1}^{n} a_i Q_i - C_f$$

$$R_{0.6} = 1.467 \sum_{i=1}^{n} a_i Q_i - C_f, \quad R_{0.8} = 4.425 \sum_{i=1}^{n} a_i Q_i - C_f$$

$$R_{0.9} = 10.423 \sum a_i Q_i - C_f$$

B_c 从 0.20 依次提升后的利润变化为：

$$R_{0.4} - R_{0.2} = \left(0.627 \sum_{i=1}^{n} a_i Q_i - C_f\right) - \left(0.222 \sum_{i=1}^{n} a_i Q_i - C_f\right) = 0.405 \sum_{i=1}^{n} a_i Q_i > 0$$

同样计算得：

$$R_{0.6} - R_{0.2} = 1.245 \sum_{i=1}^{n} a_i Q_i > 0, \quad R_{0.8} - R_{0.2} = 4.203 \sum_{i=1}^{n} a_i Q_i > 0$$

$$R_{0.9} - R_{0.2} = 10.201 \sum_{i=1}^{n} a_i Q_i > 0$$

由上证明，随着品牌信用度 B_c 的提升，无论是销售收入还是利润，都是显著增加的。

因此，通过提升品牌信用度 B_c，是确保范围经济得以成功的前提条件。从溢价倍增的角度，只有当 $B_c \geqslant 0.6$ 时，企业增加产品种类或服务种类即实施范围经济才能成功。

3.3 品牌信用：真实的内生增长

所谓新经济，是将业务划分为基本业务和派生业务。其中，基本业务的任务是低价格或者零价格以吸引尽可能多的顾客，而通过派生业务来获取利润的。例如，美国孩之宝玩具公司制作的卡通片《变形金刚》，免费转交央视播放，即基本业务价格 $P_0 = 0$，但该公司的相关产品即派生业务从中国赚得盆满钵满。湖南三辰公司耗资 6000 万元制作的卡通片《蓝猫淘气3000问》，也是靠衍生产品的品牌授权即派生业务渡过了资金难关。

设 Q_d 为顾客数量，P_0 为基本业务价格，P_d 为派生业务的顾客意愿价格，P_q 为派生业务的质量价格，Q_0 为自然销量，W 为企业收入，则：

$$W = Q_d P_d = \frac{Q_0}{P_0} \cdot \frac{P_q}{1 - e^{\frac{B_c - 1}{B_c}}} \tag{3-12}$$

从式（3-12）可见，若基本业务的价格 $P_0 = 0$，$B_c = 1$ 时，企业收入 W 将最大化。若 P_0、P_q 都一定，则 B_c 越接近1，企业的收益越大。[①]

根据上述的理论分析，可以很好地分析什么样的餐馆能得到顾客的重复选择。很多从事餐饮的老板，总是思考食客喜欢吃什么？而忘了无论吃什么，吃几次边际效用递减为零。根据式（2-2），饭菜卫生可口是基本的物质利益，但仅此不会吸引食客们乐此不疲地重复光临。吸引顾客的办法，是从让食客快乐的情感利益入手，比如，引入娱乐业。我国早期的餐馆或茶馆，在大厅的一边总要设置一个说书、唱戏、玩杂技等小型舞台。使食客们一边吃饭或喝茶，一边欣赏舞台演出。若某个食客特别喜欢某个演员（俗称"角儿"），该食客就会乐此不疲地光顾该餐馆或茶馆，则：食客利益 = 物质利益（卫生可口的饭菜）+ 情感利益（自己喜欢的角儿）。

根据上述分析，可以对生产函数进行新的改进。Y 为产出，K 为资本，L 为劳动，A 为技术的函数值，$A = e^{\lambda T}$，T 为技术，将其划分为硬技术 T_h 和软技术 $T_s = E_b$。为了解决人

---

① 孙曰瑶，沙楠. 基于品牌信用的性质研究 [J]. 南京财经大学学报，2010（5）：70 - 77.

口即劳动力 L 的减少导致的产出即 Y 的不可持续性，内生增长理论将外生的技术 A 生硬地列为内生变量，试图通过技术的不断进步来解释或保证产出 Y 的持续性。事实上，无论是干中学、学中干，还是日积月累，设备等硬技术 T_h 历来或本来是不连续的。在设备等硬技术 T_h 一定的条件下进行生产活动，故设备等硬技术 T_h 作为外生变量。而基于情感利益的软技术 T_s 是连续的，软技术 T_s 是名正言顺即真实的内生变量。则：

$A_h = e^{\lambda T_h}$，$A_s = T_s = E_b = \dfrac{qF}{P_q}\dfrac{h}{1-h}$，$h = e^{\frac{B_c-1}{B_c}}$。则经典生产函数可调整为：

$$Y = Af(K, L) = A_h f(K, L, A_s) = e^{\lambda T_h} K^\alpha L^{1-\alpha} T_s = \frac{qF}{P_q}\frac{h}{1-h}e^{\lambda T_h}K^\alpha L^{1-\alpha}$$

$$= \frac{qF}{P_q}\frac{e^{\frac{B_c-1}{B_c}}}{1-e^{\frac{B_c-1}{B_c}}}e^{\lambda T_h}K^\alpha L^{1-\alpha} \tag{3-13}$$

在其他因素不变的条件下，仅提高品牌信用度 B_c，比如，从 0.20 提高到 0.60、0.90，则产出 Y：

$$Y_{0.2} = \frac{qF}{P_q}\frac{e^{\frac{B_c-1}{B_c}}}{1-e^{\frac{B_c-1}{B_c}}}e^{\lambda T_h}K^\alpha L^{1-\alpha} = 0.0187\frac{qF}{P_q}e^{\lambda T_h}K^\alpha L^{1-\alpha}$$

$$Y_{0.6} = \frac{qF}{P_q}\frac{e^{\frac{B_c-1}{B_c}}}{1-e^{\frac{B_c-1}{B_c}}}e^{\lambda T_h}K^\alpha L^{1-\alpha} = 1.055\frac{qF}{P_q}e^{\lambda T_h}K^\alpha L^{1-\alpha}$$

$$Y_{0.9} = \frac{qF}{P_q}\frac{e^{\frac{B_c-1}{B_c}}}{1-e^{\frac{B_c-1}{B_c}}}e^{\lambda T_h}K^\alpha L^{1-\alpha} = 8.51\frac{qF}{P_q}e^{\lambda T_h}K^\alpha L^{1-\alpha}$$

则 $Y_{0.6} \div Y_{0.2} = 1.055 \div 0.0187 = 56.4$，$Y_{0.9} \div Y_{0.2} = 8.51 \div 0.0187 = 455$，意味着在设备等硬技术 T_h、资本 K 和劳动 L 投入不变的条件下，仅仅通过使基于商标的品牌信用度 B_c 从 0.2 增加到 0.6，产出 Y 可增加 56.4 倍。若能提高到 0.9，则其产出 Y 可增加 455 倍。而品牌信用度 B_c 的提高，核心是通过情感利益增加消费者的快乐度，这是新质消费力的力量所在。而提高品牌信用度，并不需要相应的资本和劳动的投入，从而可极好地弥补因出生率下降带来的劳动力较少所导致的产出或增长的衰退。

在 X 低效率理论[①]中，莱宾斯坦提出了一个问题，即在设备等硬技术 T_h 一定的条件下，投入一定量的资本 K 和劳动 L 后，理论上应该的产出是 Y_e，可实际产出是 Y_a，且 $Y_a < Y_e$。对此，莱宾斯坦从激励角度给予解释，认为厂商内部存在一个未知的（X）低效率因素。因无法测算，故 X 低效率理论至今无法进行更深入地研究。

但式（3-13）给出的解释是，不是厂商内部存在的未知低效率，而是厂商外部存在的顾客选择低效率。而顾客选择低效率是因为品牌信用度低导致目标顾客的快乐度低，从而使厂商内部的生产能力无法得以实现。故在硬技术、资本、劳动一定的条件下，产出 Y 的增加直接取决于品牌信用度 B_c。

---

① ［美］罗杰·弗朗次. X 效率：理论、论据和应用［M］. 上海：上海译文出版社，1993.

人们的欲望是无穷的，即 $D \to \infty$，才构成经济增长的不竭动力。故本书将经济增长理论分为三个阶段。

第一阶段是要素增长理论，即通过资本 K 与劳动 L 的投入，使产出 Y 得以增长。但随着一国的人口老龄化以及生育率下降，劳动 L 供给明显降低。此时，进入第二阶段，即全要素增长理论，将原来外生的科技进步 T 转为内生变量，通过科技进步确保产出增长的持续性。但科技进步事实上存在非连续性，将其引入内生变量，实属勉强。且在科学理论一定的条件下，其形成的技术终将逐步成熟稳定，即失去创新空间或进步空间。由此，根据式（3-13）可给出第三阶段增长理论，即基于无穷欲望基础上的品牌信用度增长。

从 1993 年在美国诞生的第一部智能手机，到 2013 年在中国普及智能手机，从而进入流量时代。从商业角度，电商平台 App 获得手机用户的下载并活跃使用，是一个成本很高的过程。获客成本支出，仅仅是获得流量的第一步，如何把流量转化成客量进而成为实际订单的销量，成为流量经济的关键。而据式（3-6）同样可以得出，品牌信用 B_c 起到决定性作用。即无流量，肯定无客量、销量；但仅有流量，未必有客量、销量。只有足够高的品牌信用度，才能确保流量转化成客量与销量。即正是品牌信用度的高低，决定转换率大小。例如，2009 年 12 月临近圣诞节时，麦当劳开始在早餐时赠送星猫宝宝"好运魔力吸水杯垫"，在孩子、学生及白领中引发了新一轮圣诞收集热潮。在短时期内迎来了早餐收益的新一轮增长高峰。显然，此轮早餐收益增长，既不是麦当劳内部生产效率提高了，也不是麦当劳餐饮技术突然进步了，而是赠送的星猫宝宝带给外部目标顾客以快乐而提高选择效率带来的。

从式（3-4）到式（3-13）可见，无论是微观经济还是宏观经济，无论是实体经济还是电商经济，无论是增值还是增量，都取决于基于商标的品牌信用度提升。笔者认为，无论是激烈竞争的电商平台，还是大量入驻的中小企业或中间产品厂商，都需要进行品牌提升。通过品牌建设，将电商经济从白牌（White Label）时代升级为基于注册商标的品牌时代。

有文章认为，在电商世界中，白牌商家靠低价在公域中抢夺流量，流量不具备忠诚度和黏性，买完即走；品牌商家则是长期深耕私域，培育用户心智，复购率更高。早期靠免费开店策略，吸引大批白牌商家入驻，而后进行品牌升级是电商玩家的惯用打法。淘宝最初凭借中小商家快速崛起，但实行品牌升级战略后，中小商家的处境越发艰难；拼多多承接住了这批中小"白牌"商家，实现了以低价团购为核心的高速增长神话，但拼多多也开启了品牌化之路，留给中小商家发展的空间也不多了。

电商经济从"低价商品+公域流量"，进化到"快乐内容+私域粉丝"阶段，再次说明过剩经济中按乐分配法则的强大力量。而要实现私域粉丝经济，前提是品牌商的直播顾问，与目标顾客形成强大的情感共鸣，即共情力。其实，在 20 世纪 90 年代中后期，笔者提出并推广了实体店精确导购技术，核心是一分钟内让顾客开心快乐：在过剩市场中，让顾客快乐不一定成交，但让顾客不快乐肯定不会成交。而要让顾客开心快乐，需要真诚地赞美顾客，如赞美服装饰物、赞美孩子可爱等。

案例3.2 肯德基首次"牵手"中国动漫（节选）[①]

刚从影院陪孩子看完《喜羊羊和灰太狼之牛气冲天》出来的李女士，在孩子的央求下，到商场地下一层的肯德基点了一份儿童套餐，这次不是因孩子馋嘴薯条和汉堡，而是为了凑全一整套喜羊羊玩具。

本书认为，根据"顾客利益 = 物质利益 + 情感利益"，孩子去肯德基的目的，不是为薯条和汉堡包这一边际递减的物质利益，而是为了凑全一整套喜羊羊玩具这一孩子心中最大的边际递增的情感利益。在这个实例中，孩子作出"去还是不去肯德基"选择的时间费用 $C_e = 0$。进入肯德基后，完全不会劳心费神地计算该吃啥，而是自己缺哪个喜羊羊的玩具，就点与该玩具相匹配的套餐。之所以选择成本 $C_e = 0$，是因为导致思虑成本 $T_e = 0$。故与其劳心费神地测算顾客的思虑成本本身，不如切实提高商标的品牌信用度，从而提高顾客的选择效率。

这是肯德基在中国推出的第一款儿童套餐玩具，而且将与中国国产动漫形象合作的处女秀留给了可爱又可乐的"喜羊羊"与他们的欢喜冤家"灰太狼"。百胜餐饮集团陈美瑜回忆说，早在2007年初，《喜羊羊与灰太狼》的动画片在各地电视台播映时就引起了他们的关注，一方面，这是中国原创的国产动画片；另一方面，他们发现这部片子和片中的卡通形象深受小朋友和家长喜爱。"小朋友熟悉和喜爱的卡通人物形象"，是肯德基挑选其儿童套餐玩具的重要标准。

本书认为，作为全球性的快餐店，让顾客重复光临是必须解决的关键问题。肯德基将目标顾客确定为儿童套餐，原因在于儿童能带动其父母一起吃。这就需要给儿童们一个重复来的理由，此理由不是说自己的薯条、炸鸡、汉堡等多么好吃，这属于物质利益，再好吃的美食也存在边际递减。而肯德基恰恰是把"小朋友熟悉和喜爱的卡通人物形象"，作为挑选其儿童套餐玩具的重要标准，这是典型的情感利益。正是强烈的边际递增的情感利益，解决了孩子们"爱不爱来"的问题，即选择成本为零。

陈美瑜说，肯德基在做决定之前都是做过评估的，肯德基选择"喜羊羊"的原因在于，其动漫形象已深受小朋友和家长的熟悉和喜爱；此外，肯德基还会考虑到动漫的内容是否健康积极、是否会对小朋友有正面的教育意义；要对市场前景做预测；之后还要获得授权；动漫形象是否适合制作成玩具等因素。整个过程至少需要1年。

本书认为，整个过程至少需要1年的时间，属于陈美瑜及其团队完成动漫形象选择的时间费用，即选择成本比较高。而在这一年时间里，该团队需要在多个动漫形象中进行多指标评估，需要劳心费神的付出，此心神付出即思虑成本。陈美瑜及其团队所付出的思虑成本，恰恰是为了降低目标顾客即孩子们的选择成本。而肯德基此次之所以成功，是因为抓住了目标顾客的精确性。

陈美瑜笑着说，当时肯德基也是一颗红心、两手准备，若推出"喜羊羊"儿童套餐玩具没能达到预期，就当作为推动国产动漫做些力所能及的事情。

[①] 贺文. 肯德基首次"牵手"中国动漫［N］. 经济观察报，2009 – 02 – 13.

本书认为，按本书 1.3 节苏甘的算法，一颗红心两手准备，预示着置信水平并不高。在不高的置信水平条件下作出的决策，也产生了较高的购后焦虑症：自己的选择是否正确？

好在市场的反应印证了肯德基的眼光。陈美瑜说，"喜羊羊与灰太狼"系列玩具推出以来销售情况非常好。锦上添花的是，"喜羊羊"玩具的儿童套餐推出不久，正好碰上改编的电影热映。2009 年 1 月 16 日，"喜羊羊"电影版在国内各大影院公映，并成为 2009 年度贺岁片中的"黑马"。活动原计划为 6 周，但这部动画片深入人心，这套玩具的受欢迎程度远远超出预期，很多餐厅约 3 周就断货了。这套玩具因形象可爱、设计新颖，还吸引了不少成年人购买儿童套餐。

本书认为，形象可爱能实现乐而忘忧的心理满足。在繁杂的世界里，人人都或多或少有一些焦虑。故在边际递减的物质利益能充分满足的条件下，通过边际递增的情感利益化解焦虑，成为选择产品或服务即物质利益的前提。即在市场过剩条件下，顾客面临的商品选择是非常充足的，从对商品本身的选择，转到让我开心的我不一定选择，但让我不开心的我肯定不选择。即式（2-2）中的 h 与 S_e 两个参数提高。

肯德基在套餐玩具开发时颇花费了一些心思。此次推出的"喜羊羊与灰太狼"系列玩具，精心设计了好玩儿的机关，比如，灰太狼可脱掉"外套"，美羊羊可替换裙子等。"这些都很符合小朋友对玩具的天性要求。"

本书认为，颇费了一些心思，属于劳心费神的思虑成本。故不仅在两个以及多个产品之间进行比较选择，需要劳心费神的付出。脑力劳动，需要程度不同的心神付出或心智付出。即劳心费神的付出具有广泛的场景，并非限于消费者购物场景。而品牌经济学的选择成本，是严格地限定在基于厂商注册商标为载体择其一的场景。

如同上座的商业电影往往会开发出系列影片，陈美瑜所在的肯德基品牌推广团队已盯上了"喜羊羊"电影版的续集。有消息说，上海文广新闻传媒集团已在着手准备"喜羊羊"电影的续集拍摄。"我们也很期待看到第二部、第三部……改编的电影。肯德基也会继续努力，争取推出更多'喜羊羊和灰太狼'系列玩具。"

我们期待着看到第二部、第三部……改编的电影，正是这系列化电影带来的动漫形象，即情感利益，能确保肯德基儿童套餐即物质利益的持续销售。

3.4 品牌工程：将商标建成品牌

从嵊州领带的案例可见，能大批量地生产领带，说明嵊州领带企业的生产工艺问题解决了；样品是订单委托方提供的，说明研制问题或设计问题尚未解决。而意大利的科墨领带厂商，则解决了一个根本问题，即为谁设计、卖给谁。由此，本书区分出三个问题，即品牌工程、研制工程、工艺工程。品牌工程解决目标顾客爱不爱用的问题，研制工程解决顾客能不能用的问题，而工艺工程解决批量生产的问题。

所谓研制工程，是指设计并生产新产品的样品，使样品达到设计要求。例如，成飞公

第3章 持久增值的品牌溢价机制

司于2011年1月11日完成首飞的J-20战斗机，是样机的研制。从样机研制成功，再到2018年2月列装空军形成战斗力，还需若干年时间，说明研制过程的艰巨性。

在厂商的实际研制过程中，产品研制可以是正向研制，也可以是逆向研制。正向研制是完全从无到有的研究过程和开发过程，包括从概念到结构要从零开始。而所谓的逆向研制工程，则是在有先例的情况下，将已有的其他厂商产品买回来进行拆卸，对零部件逐个进行绘制分析，对材料进行成分与比例的分析，在此基础上，设定设计要求或设计标准，采取新技术进行设计与开发。研制工程的成果，是拿出达到设计要求的样品以及批量生产所需要的全套图纸。在此基础上，进行工艺工程的设计与开发。

从我国的众多生产型工业企业来看，多数是从欧洲、美国、日本进口的生产设备。以家电为例，在20世纪90年代，不仅生产线是进口的，而且，主要零部件是进口的，在中国国内，只完成组装和销售。从20世纪80年代到90年代中期，我国家电属于短缺市场，家电厂只要生产出产品，就不愁销售。在此情况下，中国的家电企业埋头生产，不需要考虑销售问题，也不用深究技术创新问题，更不用思考为谁设计、为何购买的问题。

所谓工艺工程，即在保证产品质量的前提下实现批量生产。批量生产不仅是购置设备，而且是如何做到批量生产出来的产品，能保证产品质量。例如，在生产电冰箱时，不是简单地购置电冰箱生产线，将电冰箱零部件进行组装。电冰箱在使用一段时间后，因重力原理，冰箱门外缘会下沉，导致冰箱门上缘出现小缝隙，使冰箱的保温效果下降。为解决此问题，需要在生产线上安装冰箱门时，外缘比内缘高3毫米，在冰箱启用一段时间之后，冰箱门的外缘下沉达到重力平衡之后，上缘仍然是密闭的，使冰箱保温效果仍然很好。这就是工艺问题，即工业工程。

再如，某摩托车企业，引进日本某企业生产线生产出来的摩托车，其发动机在冬季出现漏油现象。研究后发现，是发动机组装工艺要求在低温下组装，如此在热胀冷缩效应作用下，冬季就不会漏油。若在常温下组装，在冬季冷缩作用下就会出现漏油问题。

所谓品牌工程，是回答产品或服务为谁设计、为何选择的问题。本书认为，是在价格一定的条件下，通过运用品牌信用技术，厂商将自己的注册商标转换成目标顾客产生购买动机时，能不假思索（即选择成本等于零）且溢价选择的某个单一利益点的代言或象征。基于互联网的电子商务，价格是极其透明的。即因价格信息的交易费用近似为零，顾客不是货比三家而是可货比百家，则品牌工程的任务是在价格透明的条件下降低顾客价格敏感度。工程学的研究目的是在预算一定的条件下，运用一定的技术手段，实现既定目的而进行的资源配置。例如，建筑工程，是在预算一定的条件下，运用力学和材料技术，设计并建造一座符合委托方要求的楼房。

品牌工程的目的是形成品牌垄断，从而获得品牌溢价。再次强调，品牌溢价不等于高价格。为此，进一步分析如下。

第一，所谓"在价格一定的条件下"，是指厂商的既定价格，即厂商拥有的定价能力。主流经济学的理论基础是供需曲线，即价格变化带来供求关系的变化，进而带动资源的配置变化。得出的结论是，在产品其他条件一定的情况下，价格降低，带来需求增加。据此结论，厂商的行为是通过降低价格获得销量的增加，即价格战。

品牌经济学

笔者研究发现，顾客在作出购买选择时，首先，确定自己的购买价格预算，即确定心理价位；其次，在此心理价位下，付出交易费用后，建立备选集并最终选择一个。故将顾客的选择过程转换成厂商行为，是在价格一定的条件下，通过降低目标顾客的选择成本，提高选择效率增加销量。而要降低目标顾客的选择成本，就要提高商标的品牌信用，即品牌信用技术。例如，麦当劳等快餐店推出的套餐，客观上降低了消费者的选择成本。假设午餐时间为 60 分钟，若消费者单点选餐，每次占用 5 分钟，则只能销售 12 份。而选定套餐只需要 1 分钟，则能销售 60 份，意味着选择效率增加了 5 倍。

第二，所谓"品牌信用技术"，是指厂商通过注册商标向目标顾客做出并做到某个单一利益点承诺的程度。"信用"的本意是作出承诺以及实现承诺的程度。若实现了作出的承诺就是讲信用；否则，就是无信用。对厂商而言，谁作出的承诺，向谁作出的承诺，承诺了什么，此承诺是原创的还是模仿的，如何实现此承诺。其中，谁作出的承诺，就是注册商标。即厂商是通过注册商标来作出承诺。而顾客正是通过注册商标承载的承诺，来做出是否选择的决策。

在现实工作中，更多的品牌工作是委托广告公司承担的，而它们的工作目标是知名度、美誉度和忠诚度。可问题是，很多知名度很高的商标及其产品或服务，已退出了市场，如 1995～2013 年的央视黄金时段广告招标大战中的标王们，很多都是昙花一现，在赢得了极高知名度之后，却没了市场。这说明，知名度高，未必赢得顾客的选择，即不一定有销量。从逻辑上说，有销量一定有知名度，但有知名度不一定有销量，故知名度高不是有销量的充分必要条件。

如何解决有知名度而无销量的矛盾呢？广告学界提出要有美誉度，但有美誉度也未必有销量。例如，走在大街上，问一个行人奔驰车好不好，回答说好的比例会是很高的。可说奔驰车好的人，不一定购买奔驰车。不是因为奔驰车不好，而是因为行人的收入低。故美誉度高也不一定带来高销量。

为了解决美誉度和销量之间的矛盾，广告学界提出了忠诚度，而测量忠诚度高低的指标是重复购买率。其实，这同样存在逻辑问题：忠诚度高一定带来重复购买，但重复购买不一定忠诚度高。例如，每个家庭主妇做饭时都要使用食盐，在食盐专营条件下，其重复购买率很高。可有几个主妇知道自己买的是哪个商标的食盐呢？其实，她们到超市重复地买某个不知道商标的食盐，不是出于忠诚度，而是出于超市卖哪个商标的食盐。

我们通过选择成本，将以注册商标为载体的品牌引入经济学，建立了品牌经济学的理论体系，通过品牌经济学的理论研究证明，厂商进行品牌建设的根本目的是通过将注册商标转换成某个单一利益点尤其是排他性乐点的代言或象征符号，使喜欢该单一利益点的目标顾客的选择成本等于零，从而获得溢价权。为实现该目的，需要提高品牌信用度。

故品牌工程是通过不断提高品牌信用来降低目标顾客的选择成本，从而形成品牌垄断，进而获得定价权，实现品牌溢价的目的。

通过以上论述可得结论：在研制工程、工艺工程之前，先要进行品牌工程。即对厂商而言，正确的流程是：品牌工程→研制工程→工艺工程。但更多地以引进设备为主的中国厂商们，恰恰是倒过来，即先引进国外工艺设备，之后进行产品开发，等产品开发出来了，却不知该卖给谁了。为了保证生产线别停下来，只好通过降低价格来推销。之所以如此尴尬，是因为缺失了品牌工程，缺失了品牌工程的结果是什么？通过诸多案例和资料得以深刻理解。

案例 3.3　温特姆的窗外管理（节选）[①]

温特姆酒店的创办者是鲍勃温特姆，酒店坐落在迈阿密海边，顾客在房间内就可欣赏到美丽的海景。他认为酒店提升业绩大有空间。酒店的中间有一条走廊，左边的客房对着大海，右边的客房对着一片陈旧的居民楼，人们更愿意选择住进海景房。

温特姆"认为自己的酒店提升业绩大有空间"，提升空间体现在哪里？是走硬技术 T_h 路线，即继续扩建房间，增加客房设施，还是采取软技术 T_s，即提升房客情感利益？房间内的设施是同质化的，那房客为啥更愿意选择海景房？旅客的利益 = 物质利益（客房设施）+ 情感利益（窗外海景）。例如，游轮的海景房价格高于非海景房。客房内部的设施是同质化的，高出的价格只能解释为窗外海景带给游客的快乐体验，即情感利益。在过剩经济条件下，消费者的利益更多体现为情感体验，即美好生活。

有一天，一位顾客来到酒店，得知海景房客满后便选择了其他的客房，于是，温特姆就安排他入住右边的客房，可是没几分钟，那位顾客就退房离开了，并对温特姆说："我虽然不一定要海景房，但实在受不了住在右边客房里的感觉！"

本书认为，房客的利益 = 物质利益（良好的客房）+ 情感利益（良好的窗外环境），顾客因不快乐而退房。问题是不快乐并非因客房内部设施，而是窗外不堪入目的环境导致的，这就是按乐分配的结果。

温特姆听了他的话，就来到右边的客房里想体会顾客感受，他发现窗外是陈旧的居民楼，灰褐色的墙体，成堆的垃圾，甚至有家长打骂孩子的场景映入眼帘。温特姆作出一个决定：自己出钱整修居民楼。他请来了施工队，把居民楼的外墙都刷成了浅蓝色，在上面画上许多美丽的图案还让施工队在居民楼下建造了许多美观实用的加盖垃圾桶、大片草地和水池。温特姆还请来了教育专家，组织居民们学习教育孩子的方式方法……过了两个月，酒店右边客房窗外的景象完全不同了，美丽而整洁的居民楼、草坪和水池，和谐的居民生活，一切都显得非常幸福与自然。

从此，温特姆酒店的生意逐渐兴旺。现在，温特姆酒店已成为世界上最大的酒店集团，在全球 66 个国家经营着约 7000 家酒店及 58 万多间客房。直到现在，酒店仍旧沿袭温特姆当初的"窗外管理"，尽一切努力让顾客透过每一个窗户都能看到美！

本书认为，温特姆酒店之所以成为世界上最大的酒店集团，是因为其宾馆房间设施优良、接待服务优秀，是必需的物质利益。"尽一切努力让顾客透过每一个窗户都能看到美！"是温特姆采取的品牌信用度建设。窗外美景带给目标顾客的快乐度很高，契合了过剩市场中按乐分配的法则，才成就了世界最大酒店集团的地位。正是基于品牌信用度 B_c。

---

① 陈亦权. 温特姆的窗外管理［N］. 家庭主妇报，2014 – 03 – 29.

的软技术，温特姆实现了提升业绩的愿望。

2010 年 11 月 29 日，谢登科等在新华网发表文章"艰辛的奋起——中国自主品牌警示录"①。

文章指出，即便是在安装了"中国芯""飞腾-1000"后，"天河一号"仍有 6/7 的芯片来自美国。对此，本书认为，如果说工业时代的核心是内燃机的话，那么，信息时代的核心是芯片。没完全掌握内燃机的工业化，经济规模再大也是建立在沙堆上，难以有国际竞争力；同样，不掌握芯片技术的信息化，也是建在沙滩上，命运掌握在别人手中。在内燃机、芯片的硬技术领域，中国需要一段追赶的时间，在未达到世界领先地位之前，中国的厂商们完全可以学习孙子兵法的"以迂为直"策略，将更多精力用来研究终端顾客行为，将终端顾客的乐点转换为产品或服务的卖点，从而完成价值转换获得定价权。欧美国家占领中国市场的大量产品或服务，诸如麦当劳、肯德基等，并不需要多高的硬技术，它们之所以掌握定价权，是因为深入地研究了终端顾客的选择行为。尤其是基于情感利益满足顾客的欲望。对此，务必深刻思考随后的案例 3.4，即飞跃鞋的法国重生。

文章提出自主品牌，离世界有多远？中国离真正的品牌强国有多远？2008 年 4 月，当主演过《指环王》《加勒比海盗》的男星奥兰多·布鲁姆穿着一双"飞跃"鞋出现在曼哈顿的片场时，中国人的镜头对准的不是他的面孔，而是他的那双脚。对此，本书认为，在随后的案例 3.4 中，将评析"飞跃"鞋在欧洲成为潮鞋的案例。"飞跃""飞鸽""永久""海鸥""梅花"等，按品牌经济学的观点，都只是短缺时代的驰名商标，他们之所以在今天陷入困境，是因为短缺时代导致的忽略目标顾客的后遗症。当进入供大于求的过剩时代，这些在计划经济时代曾经辉煌的厂商，因不清楚目标顾客的利益被顾客抛弃了。1987年，笔者在青岛从事战略研究，在提交的研究报告中，认为自行车将不再是简单的交通工具和承载工具，而将通过式样、颜色等扮演时尚的角色，建议青岛自行车厂从骑行转型到时尚代言。

文章指出，在饮料市场、化妆品市场、啤酒行业、洗涤用品市场、感光行业，诸多国有品牌被外资收购。对此，本书认为：所以如此多的曾经控制国内市场的中国在位者纷纷被外资吃掉了。是因为这些国内的厂商基于短缺市场形成规模增产，长期以来忽视了对终端顾客的利益尤其是情感利益的重视，导致其不清楚目标顾客究竟是谁，顾客为何选择自己，结果在市场过剩到来时丢掉了市场。

文章指出"没品牌，就会受制于人；没品牌，只能仰人鼻息"。本书认为这句话指出了"商标"与"品牌"的区别。通过代理机构注册一个商标，只需要 1500 元，但不等于拥有了一个品牌。而品牌是在价格一定的条件下，使目标顾客选择成本等于零的排他性单一利益点，当注册商标成为此单一利益点的代言或象征时，此厂商所拥有的商标才成为目标顾客的品牌。但有商标而无品牌，受制于什么人呢？是有品牌的厂商吗？

本书认为，不是受制于有品牌的厂商，而是受制于终点顾客。20 世纪 80 年代，我国的洗发液是占领市场？我们都用过这两种洗发液，效果很好。但当宝洁（P&G）公司进入

---

① 谢登科等. 新华网，2010 - 11 - 29.

第3章　持久增值的品牌溢价机制

中国，推出了"海飞丝""潘婷""飘柔"之后，为何就放弃了使用多年的"美加净"和"蜂花"呢？而且，宝洁公司的洗发液价格，都高于"美加净"和"蜂花"。本书认为，不是因为"美加净"和"蜂花"洗发液有质量问题，而是因为海飞丝的"去头屑"、飘柔的"让头发更柔顺"、潘婷的"护发"。这三个商标的洗发液，每个都聚焦于单一利益点。宝洁公司怎么知道某个单一利益点是目标顾客需要的呢？是坚持不懈地研究目标顾客的利益需求，即品牌工程导向。

文章指出，10月的北京，人们在瑟瑟秋风中排起长长的队伍，只是为了买一部iPhone4手机。本书认为，更需要思考的是谁在瑟瑟秋风中排队买这款手机呢？是年轻人，为何呢？难道旧手机不能打电话、发短信？不是，是苹果公司将iPhone4手机变成了信息时代娱乐的代言或象征。当手机在位者们满足于打电话时，苹果公司作为手机后来者主推诸如《愤怒的小鸟》等游戏的娱乐功能，成为社交①时尚的工具，满足了年轻人的欲望，原因在于，没有一个年轻人愿意被别人认为自己落伍了。

文章指出"短线作战、贴牌生产、初级加工是我们的致命伤"。在全球市场上，"中国制造"被埋在华贵品牌的底层。本书认为，中国厂商为何"短线作战、贴牌生产、初级加工"呢？因为它们忽略了顾客的情感利益。之所以忽略顾客的情感利益，是因为短缺后遗症：长期的短缺导致生产出产品就能卖掉的酒香不怕巷子深的短缺思维。而在过剩市场中需要解决的是顾客的选择焦虑症。本书认为，这才是高质量发展的转型关键所在。

文章指出，在围绕自主品牌展开的较量中，我们已走到了无法绕开的"卡夫丁峡谷"。2009年10月，在生死边缘挣扎了16年的重庆天府，将合作方百事可乐告上法庭，踏上品牌重塑之路。"我们陷入了他们预制好的陷阱，百事在全力推广自己的同时，步步为营将天府扼杀。"提起这场合作，天府创始人李培全至今痛心疾首。

本书认为，宗庆后也说过自己"掉入了达能精心设下的圈套"。② 其实，这就是知识维度的问题，对高维度空间而言，低维度空间是开放的。只有农业思维和短缺思维的厂商，怎么能打得过信息思维和过剩思维的厂商呢？！本书认为，若宗庆后和李培全对问题的解释是"陷入了他们预制好的陷阱"的话，"踏上品牌重塑之路"仍将难以成功，由于"陷阱"只是加剧问题的直接原因或表层原因，其间接原因或深层原因是在有在位者的条件下，你究竟能满足谁的利益及什么利益！

文章提到了可口可乐提出以每股12.2港元的上市以来最高股价全面收购汇源果汁事件。本书认为，可口可乐为何要收购汇源果汁？是为了进行拦截式收购。想想看，在酒桌上，女士们喝什么？在无啤酒时代，或喝白酒，或喝红酒；有了啤酒以后，要么喝白酒，要么喝啤酒；有了可乐之后，要么喝啤酒，要么喝可乐；当有了果汁之后，要么喝可乐，要么喝果汁。即至少在酒桌市场上，女士们更多地选择了果汁，而酒桌是中国一个巨大的、持久的市场。这对可乐来说，就丢掉一个市场。可推演一下，可口可乐一旦收购了汇源果

---

① 孙曰瑶，孟庆蛟，程方方. 基于社交指数的消费者行为研究［J］. 湖南大学学报，2020（2）：72-81.
② 张鑫. 娃哈哈集团创始人宗庆后逝世［N］. 北京青年报，2024-02-26.

汁，结果会是什么？是利用汇源果汁已形成的庞大的渠道资源和配送资源销售可口可乐，而不是果汁。因为在酒桌上，女士们在啤酒和可乐之间选择，还是更愿意选择可乐的。当然，浓缩果汁可作为可乐的原料使用。

文章引用了邓小平在20世纪90年代初期说的话，即"我们应该有自己的拳头产品，创出中国自己的名牌，否则就要受人欺负"。邓小平同志高瞻远瞩，在20世纪90年代，国内厂商如火如荼地发展代工厂的时代，邓小平同志就强调创出中国自己的名牌，否则，就要受人欺负。邓小平同志指出，科技是第一生产力，而笔者认为，品牌是第一消费力。2023年8月6日，在西安市举办的TFboys"十年之约"演唱会，得到年轻女粉们的狂热追求，尽管演唱会充满争议，但从振兴消费的疫后时代需求来看确实是成功的。演唱会前后的西安出行总订单量同比增长738%，门票收入3576万元，直接带动4.16亿元旅游收入。据售票软件统计，预订演唱会门票的人数超过546万，门票刚开售就被一抢而空。如此显著的消费数据，恰恰是因为TFboys组合带给其目标顾客乐在其中的品牌信用产生的，生动地体现了品牌是第一消费力。从经济角度看，生产出来的商品只有被消费，才能完成马克思所说的把商品转换成货币的"惊险的跳跃"。"此跳跃若不成功，坏的不是商品，但一定是商品占有者。"故至少在市场过剩阶段，科技是第一生产力与品牌是第一消费力是一体两面，但财富的分配遵循的却是按乐分配。

文章指出，一款款造型别致、色彩亮丽的"永久c"自行车图样迅速在年轻人聚集的豆瓣、开心和新浪微博等SNS网站疯传，其中，开心网上一个帖子就被转了40多万次。对此，本书认为，"永久"自行车加入了时尚要素很好，但造型和色彩仅仅是外表，"永久"的心是什么？本书认为，若将"永久"作为万变不离其宗的不动点，潜力更大，至少对大学情侣而言，是渴望爱情"永久"的。若通过情感主题系列活动，将"永久"作为他们表达情感的符号或代言，才是品牌建设的道路。譬如，可设计出面向情侣的双座版"永久"自行车，更可推出可放置在桌面的玩具版双座永久，使其成为新婚必备的吉祥物。

谢登科等指出惊醒的天府，异域征战的燕加隆①，复活的永久，唤起的不仅是对国货老品牌沉睡的记忆，更是对中国自主品牌的想象力和自信心。

文章认为，在科技和创意引领全球之际，谁抢得先机，谁将成就强大的品牌。并提到了中国高铁。本书认为，中国高铁是技术还是品牌呢？笔者认为，中国高铁目前还是一门硬技术，只要是硬技术，若存在较高的利润率，发达国家的厂商们也会进入高铁行业。问题是，如何将中国高铁技术转换成为高铁品牌呢？这是一个品牌工程。若通过高铁品牌工程，将基本业务的高铁品牌化，然后，通过品牌授权，开发出一系列派生业务，则高铁的价值空间更大，更持久。但在新的产业机遇时期，确实是建立中国品牌的好时机。问题是，国内厂商们真的明白并掌握品牌建设的理论与技术。汉王科技的刘迎建先生曾说"自主创新，做强民族品牌，携手更多的民族企业，成就民族品牌，走向世界的梦想"。但在2010年初，汉王科技以每股41.9元的价格发行股数2700万股，募集资金11亿元，董事长刘迎建喊出"成为财富500强"的豪言壮语，显赫一时。仅仅过去三年，数亿元的融

---

① 燕加隆的分析，详见第5章图5.1及其分析。

资，却只换来了电子书的一场烟花绽放。刘先生打造民族品牌的梦想，值得敬佩，但未能实现，又令人惋惜。由此可见，品牌建设也需要理论与方法。

文章认为，在新兴产业领域，我国和西方发达国家站在同一起跑线上，实现超越的机会更大。本书认为，针对这些新兴产业，"我们和西方发达国家站在同一起跑线上"，这句话是对的，但问题是运动场上的百米跑运动员，比赛时不也是站在同一起跑线上吗？为啥到终点时，成绩不同呢？这说明，能站在同一起跑线上当然重要，赛前的科学训练更重要。对中国的厂商而言，若不把终点目标——顾客当作技术进步的唯一目的，还会继续落后下去。亚当·斯密在《国富论》中曾经明确指出：消费是一切生产的唯一目的，而生产者的利益，只有能促进消费者的利益时，才应当加以注意。凯恩斯也重复过：一切生产之最后目的，都在满足消费者。消费乃是一切经济活动的唯一目的，唯一对象。

近几年来，中国比亚迪电动汽车成长很快，且在 2023 年成为世界电动汽车市场占有率第一。2023 年 8 月 9 日，其第 500 万辆新能源汽车下线，成为全球首家达成这一里程碑的车企。在欢欣鼓舞的同时必须看到，特斯拉单车利润是比亚迪的 8.5 倍。

需要进一步分析，2023 年 1～6 月，比亚迪新能源汽车销量是 127.5 万辆，但单车平均利润是 8400 元。显然，比亚迪新能源汽车的规模很大，但单车平均利润与特斯拉有相当的差距。此差距显然不能用规模效应解释，而是品牌溢价的差距。即比亚迪发挥了自有电池的历史优势，抓住了新能源汽车的风口势力，都值得肯定。但随着电池技术的快速迭代以及风口期的结束，新能源汽车将很快进入供大于求的过剩阶段。谁能在市场过剩时期避开价格竞争，获得足够高的品牌溢价，谁才能赢得最后的胜利。故抓住供小于求的短缺即风口期，或许有运气的成分。但风口期带来的机遇很快会被更多厂商发现，从而加大投入。随着总产能的快速增加，供大于求的过剩阶段即背风效应随即形成。在需求方增速显著下降的阶段，生存与发展依靠的不是运气，而是之前能否远虑，进行品牌信用建设，以此提升品牌溢价能力。

谢登科执笔的这篇报道，振聋发聩，这是记者的责任和任务，问题是如何促进中国的品牌建设？先要在理论上解释清楚什么是品牌，这就是本书的任务之一。

3.5　爱不爱用：品牌工程软技术

看了谢登科等写的文章，中国厂商进行自主品牌建设的紧迫性和重要性不言而喻。可问题是，自主品牌建设的道路如何走呢？中国的厂商们，依靠良好的愿望以及摸索，能否完成从代工到品牌的转变呢？为此，可阅读以下资料与案例。

资料3.2　娃哈哈：会不会被资本"玩"丢（节选）①

2007 年 4 月 2 日，一向低调的宗庆后主动向媒体爆料"因当时对商标、品牌意义认识

---

① 方化. 娃哈哈：会不会被资本"玩"丢［N］. 河南日报，2007 - 05 - 10.

不清，使得娃哈哈的发展陷入了达能精心设下的圈套"。所谓圈套，是指1996年娃哈哈集团与法国达能集团共同出资建立了五家娃哈哈公司，共同生产以"娃哈哈"为商标的产品。当时，娃哈哈集团占49%的股份，达能控股的金加公司占51%的股份。达能提出将"娃哈哈"商标权转让给与其合资的公司，但遭到国家商标局的拒绝，因此，后来双方改签了一份商标使用合同。根据合同，娃哈哈集团要使用自己的商标生产和销售产品，需经过达能同意或者与其合资。这使得宗庆后在1999年后建立的61家与达能无合资关系的公司生产的产品，成了没领过"准生证"的"黑孩子"。

娃哈哈集团方面透露，法国达能公司正以此胁迫娃哈哈就范，欲强行以40亿元人民币并购杭州娃哈哈集团有限公司总资产达56亿元的其他非合资公司51%的股权。并购之后，宗庆后将丧失对所有非合资公司的绝对控股权。对此，宗庆后坚决不同意，声称自己中了达能"精心布置的圈套"。双方的冲突步步升级。

非常感谢国家商标局做出的拒绝，否则，娃哈哈集团真的会遭受巨大损失。宗庆后先生说的"因当时对商标、品牌意义认识不清，使得娃哈哈的发展陷入了达能精心设下的圈套"。值得引起国内本土企业极其高度的警觉。笔者一直认为，对于民营企业而言，唯一的战略是把唯一属于自己的注册商标建成能让目标顾客不假思索且溢价选择的品牌，否则，不可能有未来。从图4.1即目标顾客链模型可见，一切技术投入的最终目的是把自己的注册商标建成目标顾客乐此不疲溢价选择的品牌。与此同时，要高度地佩服达能公司老辣的品牌战略。这种精致的品牌思维，并非达能公司一家所有，案例3.4中的巴斯蒂安不仅购买了飞跃鞋的海外商标权，而且，能把在国内边缘化的飞跃牌鞋，以"Feiyue"牌变成国际潮鞋。这种极致的品牌智慧，值得中国厂商认真学习。以下两个案例，一定要联系起来阅读，就能知道产品逻辑与品牌逻辑的根本区别。本书认为，从产品逻辑到品牌逻辑的转变过程，是高质量发展转型。

案例3.4　巴斯蒂安：把中国小白鞋变成国际潮品[①]

飞跃鞋曾经是在北京天桥下卖20元的地摊货，却在巴黎或伦敦，卖到了1000元。鞋没变，商标没变，即产品的物质利益没变：卖产品仅值20元，且厂家面临破产。而卖基于商标的情感利益即品牌，不仅溢价了20倍，而且销量大增。这是从产品到品牌的价值转换，也是真正的满足消费者美好生活的高质量发展。故笔者坚持认为，高质量发展不仅体现为产品技术含量及其低碳化，更重要的是把产品技术作为促进消费者或用户美好生活的情感利益的手段，而不是目的。

人们知道赶时髦，说的是基于产品带来的情感表达。好看、舒适、轻便、耐穿，几乎囊括了鞋的所有优点。"在那个被军绿色解放鞋统治的年代"，单色的解放鞋为品类"A"，则"红蓝条纹的新奇样式已算是一种颠覆了"，红蓝彩色的飞跃鞋为品类"－A"。原文作者说"每个年轻人都有一双"，不符合实际。笔者生于20世纪60年代初，即使在七八十年代，家庭收入也不足以买得起飞跃鞋。每年销量400万双，别忘了，1963年出生的人口

---

① 毛予菲. 巴斯蒂安：把中国小白鞋变成国际潮品 [J]. 环球人物，2016（11）：13－15.

就高达 2800 多万，故 400 万的销量实在不算高。

飞跃鞋在 20 世纪 90 年代为何一落千丈？当然有诸多原因。但捂脚、易臭两个缺点，难道原来没有吗？既然飞跃鞋原来也有这两个缺点，为啥在 90 年代之前，依然成为"国民鞋"？显然，在成为国民鞋的年代，消费者们购买飞跃鞋，也不是因为鞋的物质利益，恰恰是因为与绿色解放鞋所形成的彩色对立，带给消费者显示我买得起此情感利益。1984 年，上映了一部长春电影制片厂拍摄的电影，名字是《街上流行红裙子》，在当时产生了很大的社会反响。因为"红裙子"的意象是对过去以灰蓝色为主服饰的替代，折射的是从根本上人们观念的开放，正好迎合了改革开放的风口。

从案例原文可见，巴斯蒂安对飞跃的理解，不是一双充满物质利益的鞋，而是极具情怀的故事。通过讲故事，将 Feiyue 注册商标转化为"中国武学"的代言载体。即中国功夫片电影，在欧美国家已成为中国文化的代言之一，且得到了社会性的认可，一个重要原因是，中国功夫片传达的理念，是主持正义的武林高手，契合了个人英雄主义的西方文化。作为艺术总监的巴斯蒂安，能在产品与文化之间建立联系，这是智慧所在。别忘了，巴斯蒂安既不是鞋的设计师，也不是生产鞋的工程师，而是艺术总监。

根据原文的描述，与其说巴斯蒂安在卖鞋，不如说他在卖中国功夫所承载的个人英雄主义。尤其是背景的"少林功夫"以及系列命名都来自中国武术。问题是飞跃与武术都诞生于中国，为何国内厂商未将两者结合呢？同时，需要指出的是，巴斯蒂安认为飞跃鞋简洁的 Logo 和轻便材质"即使过了几十年，这些元素依然非常符合极简潮流趋势"，关键词是"极简"。在绿色低碳发展日益成为全球性主题的时代背景下，"极简"意味着简单低碳、不浪费的文化内涵。

根据原文的描述，没任何市场经验的巴斯蒂安，却成功地为 Feiyue 商标的鞋赢得了市场。他采取三大措施，即专门为女性、为儿童设计的色彩与名称，通过互动网站为每双鞋写上出生地的仪式感、明星效应。这些都在贯穿一个准则，从物质利益转到情感利益。千百年以来，中国都处于短缺经济，从而形成了牢固的短缺后遗症：酒香不怕巷子深。总是把产品尤其产量奉为圭臬。品牌经济学的理念是控制产量，通过与目标顾客的情感共鸣实现品牌溢价即增值。与此同时，控制产量能减少碳排放，通过提高品牌信用度获取品牌溢价即增值，也能实现经济增长的目标且是低碳式增长。

原文认为"飞跃最欠缺的不是硬件，而是思维。"这句话是对的，但却没有可执行的价值。什么思维呢？本书认为，"飞跃"们缺乏的是过剩思维：在产品数量和品种同质化充斥市场的过剩条件下，消费者唯一能轻而易举地看出差别的只有各个厂商的注册商标。唯有将注册商标变成目标顾客乐而忘忧、乐在其中的情感共鸣载体符号，才能使目标顾客乐此不疲地购买该商标及其产品。摆脱做大增产的短缺思维，是一件困难事，但随着生于过剩时代的"90 后""00 后"成为社会主力，基于情感利益的持久增值的品牌思维应成为中国企业经营的主流。

2010 年 2 月 2 日，《经济导报》报道了海信国际化的情况。尽管反映的是那个年代的经历，但透露出的产品逻辑却是清晰的。与巴斯蒂安的品牌逻辑，形成了鲜明对比。

案例 3.5　海信试错国际化①

从式（3–13）可见，对海信而言，开设工厂，属于硬技术 T_h，面板价格和渠道商确实是拓展欧洲市场需要解决的问题，但在欧洲，彩电的在位者已存在，这需要解决一个前提问题，即在存在彩电在位者条件下，海信电视在欧洲的目标顾客究竟是谁？这些目标顾客为何要买海信彩电？这是海信电视进入欧洲应优先解决的软技术 T_s，即品牌工程。此问题不解决，研制工程和工艺工程的硬技术 T_h 投资，都有极大的风险。原文中的林澜提到了"品牌溢价能力"是个很好的观点。在技术条件一定的情况下，品牌溢价能力直接取决于带给目标顾客的情感利益，正如案例 3.4，巴斯蒂安把 Feiyue 商标打造成了中国功夫的象征，具有了品牌溢价能力。必须清楚，品牌溢价能力来自目标顾客的情感认知：千金难买我乐意，其逆定理是我乐意就愿花千金，这就是品牌溢价能力。海信在欧洲市场过于集中于生产、技术与产品等硬技术 T_h，而对目标顾客及其乐点等软技术 T_s 的精确认知不足，导致品牌溢价能力不高，从而给渠道商压价提供可能。

原文中用到了"这次失败"的说法。对此，本书认为，这算不上失败。国际化道路，就像婴儿学步，难免摔跤，任何人都在摔跤中学会走路。问题是如何理解"深耕细作"。"必须有低成本的自建工厂"即硬技术 T_h 才是深耕细作吗？其实，在存在彩电在位者的欧洲市场，只有深入消费者，并对消费者行为即软技术 T_s 进行更细致地研究，了解他们对现有彩电的抱怨或新的期待，才是真正的深耕细作，才能实现高质量发展。

原文认为，欧洲各个国家电视信号制式标准不同，仅以欧洲的数字视频广播（简称DVB）为例，其标准包括视频、音频等多达 34 种。本书认为，这都是研制工程的硬技术 T_h 问题，硬技术问题的解决要有个前提假设，即硬技术问题解决之后形成的产能，能有足够数量的顾客选择。此问题即品牌工程要回答的软技术 T_s。若目标顾客不精确，或者他们的选择成本比较高，即使解决了硬技术问题还是没有市场。

原文认为，"唯一的路径就是通过上量以及对供应链成本进行优化"是正确的，问题是如何上量。对此，海信可有两个选择：一是跟随策略，但欧洲的彩电厂商们，作为在位者已在专利、关税、成本、供应链的每个环节都对后来者构筑了强大的拦截。二是对立策略，按 7.1 节的品类对模型，海信欧洲上量唯一的路径是《孙子兵法》所言"军争之难，以迂为直，以患为利"，而不是通过上量直接竞争。欧洲每年的需求量一定，海信增量了，就会有欧洲厂商减量。按第 5 章的单一利益对立性指标可以换个思路，即采取与欧洲厂商所属品类对立的策略创造出新的欲望，而不是替代欧洲厂商的产品，就能既避免直接竞争，又能实现上量的目标。本书认为，此新的欲望绝非基于新的硬技术产品，而是类似飞跃鞋在法国一样，直指人心、乐而忘忧的软技术。比如，中国独有的东方神秘文化，即将"Hisense"建成东方神秘文化的代言或象征，正如 Feiyue 鞋在欧洲成为了中国功夫的代言一样。

原文认为，"B 品牌"毫无空档。本书认为，早在 2008 年，我们就研究过所谓的 B 品

---

① 岳淼．海信试错国际化［N］．经济导报，2010–02–02.

牌问题①，高收入顾客不在乎价格，更在乎品牌；低收入顾客在乎价格，而不在乎品牌。故所谓"B品牌"就掉进空档了：重视品牌的高收入者不选择，重视价格的低收入者也不选择。在这种情况下，上量是不可能的。是否有出路呢？当然有：福特轿车的品牌信用是技术（A），通用轿车的品牌信用是款式（－A），两者的共同点是"正规路面"。而"正规路面"（A）的对立面是"非正规路面（－A）"，因此，就有了克莱斯勒的吉普。克莱斯勒的轿车难以生存，不是其价格高，也不是其质量差，而是顾客选择问题：喜欢技术的，选择福特；喜欢款式的，选择通用，没有选择克莱斯勒的理由。但喜欢越野的，则选择吉普。若有人说轿车与彩电不同，但隔行不隔理，"理"是顾客的选择成本。

原文认为，"盈利的关键在于如何处理退货"，是海信亏损的理由，通过质量管理可以降低。"海信必须准备10%的正常退货量"的前提是什么？是要有足够的销量，从式（3－6）可见，足够销量的前提是要有足够的顾客选择，而有足够数量顾客选择的前提是，要给顾客一个不假思索且溢价选择海信牌电视的排他性单一利益点，即乐点。

原文认为，在海信接下来的议事日程上，已列上了并购一个欧美当地品牌的计划。事实也是如此，2018年8月，海信收购了斯洛文尼亚的（Gorenje），该公司是一家创立于1950年的老牌家电企业，旗下有6个商标。问题是使用的商标并非Hisense。再次验证了跨区域尤其是跨国经营，品牌建设先行的"腹地—品牌"模型（详见本书7.4节）。通过匈牙利建厂作为拓展欧洲的基地，结果呢？通过墨西哥建厂，作为拓展美国的基地，是否会重复匈牙利投资的结果呢？若海信不真正地测定欧美消费者还有哪些未被满足的潜在物质需求或情感欲望，拓展欧美的这些常规措施，同样难以预期。

通过上述两个案例，即海信国际化的试错与"Feiyue"国际化的成功，各位可能已感觉从进口设备代工生产到自主品牌建设，拓展国际市场，不是满腔热情所能解决的，也不是做广告那样简单。因为品牌建设是一门技术，基于目标顾客情感利益认知以及实现的软技术 T_s。

在一次科技干部培训会议上，笔者曾提问："邓小平同志说科技是第一生产力，对不对？"全场回答"对"。接着再问："请说出可口可乐有何科技进步？麦当劳、肯德基又有何科技进步呢？"全场沉默。过了一会，有位学员回答说，"它们是特例"。接着问："按哲学的基本观点，是普遍性存在于特殊性中，而不是特殊性存在于普遍性之中，又作何解释呢？"该同志说，"它们是垃圾食品"。笔者接着说："若这样的话，那问题就更严重了：为何那么多人会兴高采烈地乐此不疲地去吃这些'垃圾食品'"？

其实，学员之所以难以解释，是因为对科技进步的理解有误。长期以来，我国将科技进步理解为对物质进行形态、结构或成分加工的手段，而未将对人的行为的研究纳入科技进步范畴。本书将科技分为两类：一是硬科技，解决的是"能不能用"的物质属性问题；二是软科技，解决的是人类"爱不爱用"的行为问题。可口可乐、麦当劳、肯德基等，在物质属性方面，确实没多少值得称道的硬科技进步（其在1985年的改配方事件，却因众

---

① 刘华军，孙曰瑶. 厂商市场份额的品牌经济模型及其现实解释［J］. 中国工业经济，2008（1）：77－86.

多的顾客反对，只好作罢），但他们在研究人的行为，尤其是研究目标顾客的选择行为方面，确实取得了巨大的成就，[1][2] 难道这不属于科技进步吗？

在中国国内，肯德基、麦当劳出售的食品，都是在中国国内生产的。生产这些食品的中国厂商们，为何不能联合起来开设快餐店呢？本书的研究结论是：中国的食品厂商们，根本不了解是谁、为何愿意到肯德基花高价。而肯德基做到了这一点。这就证明肯德基掌握了目标顾客的选择行为这一科技水平。其实，与其说肯德基、麦当劳是卖快餐的，不如说是卖儿童喜爱的卡通玩具的。儿童通过看卡通电视片，喜欢其中的卡通形象，希望得到这些卡通玩具。但商店里没有出售的，到哪儿能得到呢？到麦当劳或肯德基，不同的套餐能得到不同的卡通玩具。

读者可能会有疑问，既然如此，那可口可乐和百事可乐也没赠送啥玩具，为何火呢？这是个好问题。根据我们对100多年来可口可乐和百事可乐广告的研究，发现可口可乐在1943年的广告词是"美国生活方式的世界性标志——可口可乐"、百事可乐在1963年的广告词是"奋起吧，你就属于百事新一代"，分别构成了这两种可乐发展的标志：可口可乐是从二战期间，伴随美国大兵走向世界的；而百事可乐是借助20世纪60年代美国反传统青年一代突破瓶颈的。可口可乐在1943年的广告，成为那个时代美国人的自豪，而百事可乐在1963年的广告语，又得到了反传统一代青年人的共鸣，从而成为自己的选择！这些广告语表达的是情感利益，而不是好喝的物质利益。

在当今社交时代，可口可乐在瓶子上增加了印有"粉丝""喵星人""纯爷们""氧气美女""零度""文艺青年"等瓶贴，构成了小伙伴们标榜自己的社交符号。这难道不是科技进步吗？！本书认为，硬科技水平决定了一个国家的国防能力，而软科技水平则决定了一个国家的定价能力。没有"两弹一星"，没有先进的战机，就没有中国的国防能力，日子就不踏实。但若我们不研究作为国民的顾客选择行为，国内的市场也会丢掉，更别说拓展国外市场了。

所谓硬技术，是指将物质加工成产品的能力。产品的价值在于质量。例如，将橡胶、炭黑等加工成轮胎，就是硬技术，轮胎的质量是保证汽车安全运行。这属于技术团队的任务，解决的是产品"能不能用"的问题。

所谓软技术，是指将情感具体化为顾客快乐的能力。例如，轮胎是给汽车用的，但汽车不会自己来买轮胎，是开车的人来买。让开车的司机不假思索愉快地选择，是软技术。这属于品牌团队的任务，解决的是顾客"爱不爱用"的问题。

资料3.3 自主品牌密谋撞线30万元价格区间，他们会成功吗（节选）[3]？

一直以来，诸多自主品牌轿车均徘徊在15万元左右的价格区间之下，20万元以上的寥寥无几，更别提30万元左右的价格区间。但在不久之前，在一片迪粉的包围和鼓掌声中，为比亚迪首款插电式混动动力SUV"唐"站台的王传福，自信满满地公布了这款最新

---

① ［美］罗伯特·B.西奥迪尼.影响力［M］.北京：中国社会科学出版社，2001.
② ［美］帕科·昂德希尔.顾客为什么购买［M］.北京：中信出版社，2004.
③ 沈楠.自主品牌密谋撞线30万元价格区间，他们会成功吗？［N］.环球时报，2015-01-22.

车型标准版 30 万元和极速版 60 万元，高昂的售价直接逼近了奔驰、宝马、奥迪这样的豪华汽车品牌的售价区间。去年在水立方举办的声势浩大的吉利新车（GC9）发布仪式上，李书福罕见地出席并亲自为博瑞站台。总裁安聪更是给予了博瑞极高的评价"吉利博瑞是奠定全新吉利品牌形象的基石，在吉利的发展史上具有划时代意义。"业内人士预计，吉利博瑞的新车价格不会低于 20 万元，甚至会直至 25 万 ~ 30 万元的自主品牌的"禁地"。

本书认为，先为国产车高定价鼓掌！毕竟高价格是树立品牌形象的第一步！"冲击中高端产品的野心"是必需的，从技术和性能的角度，毫不怀疑比亚迪的"唐"牌 SUV 和吉利的"博瑞"。问题是根据图 4.1 这两款车在设计时，是给谁设计的？彰显国家即其目标顾客是谁？奔驰车最早突出的是质量，但其从 S600 系列开始，突出了权贵。正如其主流广告所言：世界元首使用最多的车。奔驰 S600 是从 1964 年开始的，是为谁设计？卖给谁？是为了非洲民族独立运动的。1962 ~ 1974 年，随着非洲大量的原殖民地独立，这些国家元首迫切需要身份的象征即欲望，彰显国家独立了，我是元首了。于是，奔驰 S600 应运而生。该款车最大的特点就是前脸很大，显得盛气凌人。随后，奔驰走上了权贵的定位，且限量生产，其 S600 系列只接受预订。

这两款新车尽管出身自主阵营，但从技术配置、外形设计等方面可比肩外资品牌，也是比亚迪和吉利近年来花大心血打造的旗舰车型，几乎代表了这两家企业目前为止能达到的最高制造、技术水准。

本书认为，宝马公司成立于 1916 年，BMW 是巴伐利亚发动机工厂的德文缩写，原来是给德国空军生产发动机的，20 世纪 60 年代其汽车规模很小，是德国最小的汽车公司。为何说开宝马、坐奔驰？奔驰是给"元首"坐的，外观大气、内部设计为了后座，"元首"当然不能自己开车。宝马为何定位于"驾驶的乐趣"？这也与宝马为谁设计，卖给谁有关。宝马为何盛于 20 世纪 80 年代，且最早打开的市场是美国？原因在于，城市中年轻的专业人士（Youngth Professional In City，YPIC）阶层的产生。经过 20 世纪 60 年代开始加速到 80 年代，美国形成了独立的白领精英阶层，此精英阶层被称为 YPIC，即雅皮士。YPIC 阶层属性是：以 MBA 为主体的高学历、未婚的年轻人，担任高层职务，拥有高收入。此阶层形成之后，他们的需求，一是自己驾驶；二是追求潇洒，由此设计出突出的腰线，以显出飘逸而不是笨重的车型；三是身份代言，高价格以彰显的高收入；四是白色车身，除了宝马车以外的高端车，基本色调都是黑色，为何宝马车的基本色调是白色？原因在于，这些未婚的 YPIC 符合欧美的神话故事白马王子。想想看，宝马车在中国推出的 7 系、5 系、3 系中，7 系车白色车身多吗？其实，在中国，买得起 7 系的车主，有几个符合 YPIC 的特点？

博瑞 GC9 在产品性能上可以与合资品牌一比高低。其车身长度超过 4.9 米，并配备了 2.4L、1.8T 以及 3.5L 三款发动机。博瑞 GC9 在安全性上迈入了全新境界，与沃尔沃一样，博瑞也将车内空气质量视为一大卖点，博瑞 GC9 配备 AQS 空调质量控制系统和 PM2.5 空气净化器，还与哈曼共同开发了多媒体通信娱乐系统，包括 8 英寸超大高清数字触控屏、8 方向中央集控器、13 扬声器音响环绕系统。

本书认为，这些技术和性能、功能，当然是重要的。但这些技术、性能、功能也是国外品牌汽车的配置，但从顾客利益的角度，可进行如下分析。

顾客买国产车的利益＝国产车的物质利益＋国产车的情感利益

顾客买外国车的利益＝外国车的物质利益＋外国车的情感利益

顾客买国产车的利益－顾客买外国车的利益＝（国产车的物质利益＋国产车的情感利益）－［外国车的物质利益＋外国车的情感利益＝（国产车的物质利益－外国车的物质利益）＋（国产车的情感利益－外国车的情感利益）］

假设国产车的物质利益＝外国车的物质利益，即技术、质量、性能、功能等一样，即同质化，则顾客利益的变化是：

顾客买国产车的利益－顾客买外国车利益＝（国产车的情感利益－外国车的情感利益）

只要顾客认为购买外国车获得的情感利益大于购买国产车带来的情感利益，即顾客买国产车的利益－顾客买外国车的利益＜0，顾客就选择购买国外车。

根据式（2－2）、式（3－4）可见，在质量、技术、性能、功能等硬技术即物质利益同质化的条件下，决定比亚迪的"唐"和吉利的博瑞市场价格的，是如何增加顾客购买的情感利益，让目标顾客以此为荣才是品牌溢价的关键。在国内电动汽车市场，能获得青年人尤其是"90后"们的青睐一个重要原因在于电子装置、大屏显示、互联网技术、智能手机操控等诸多新技术带来炫酷的科技感，这种炫酷的科技感是燃油车这种传统产品难以比拟的，从而成为"我年轻，我电动"的象征。

具有浓重沃尔沃"味道"的博瑞一经面世，《华尔街日报》指出："在中国自主品牌纷纷抄袭的时候，吉利却用了来自前沃尔沃汽车的设计师设计新车的外观内饰。相比其他品牌，吉利的做法非常明智，且在外观设计上更具有自己的独立精神，同时改进了海外对于中国自主品牌的印象"。而被扣上明星光环的"神车"博瑞和"唐"，同样面临品牌溢价能力欠缺的尴尬局面，"60万元的价格都能买宝马、奔驰了。谁会去买比亚迪？"相信这是不少中国消费者的真实声音。

本书认为，1924年4月14日第一辆沃尔沃牌车诞生，创始人是阿瑟·格布里森和古斯戈夫·格森，都特别追求汽车的安全性，在创立之始，两人就约定：新车型不经过至少两年的全面检验，不得投放市场。那么，沃尔沃是为谁设计的？卖给谁的？沃尔沃最初进入美国市场时，主推的是"坚实耐用"。但经报纸记者体验之后，给予的报道是最安全。此后，沃尔沃才正式将"安全"作为自己的品类定位。沃尔沃是被动安全的最忠实的研究者和实践者。但别的高级轿车同样是安全的。沃尔沃轿车是卖给谁的？即其目标顾客是谁？是包括牙医、律师、会计师等的自由职业者。他们不仅收入高，而且生活低调，自己就是最大的资产，沃尔沃轿车车型既有特点但又不张扬。当沃尔沃增加了时尚要素之后，销量就下降了，代之而起的是低调奢华的大众辉腾（PHAETON）系列。这恰恰是中国车市一个显著的特征，即国内市场并不青睐中国汽车。

本书认为，中国消费者为啥不怎么青睐中国汽车？一个重要原因是中国汽车厂商们没有很好地研究中国消费者的物质利益和情感利益，尤其是情感利益的欲望！故无法获得品牌溢价能力。改革开放以来，中国厂商的硬技术标准确实取得了可喜进步，但这不是获取品牌溢价的充分条件。本书认为，只有通过品牌信用建设，把厂商的商标建成目标顾客乐而忘忧的品牌，才能使目标顾客乐在其中，从而乐此不疲地选择。

其实，低价格产品及其目标顾客，更需要给出一个高尚且快乐的理由，使他们也能乐而忘忧、乐在其中、乐此不疲地选择。

第4章 价值转换的目标顾客链模型

每个企业经营者尤其是私企老板，几乎都有一个百年老店之梦。

事实上，多数生意不可持续。在中国互联网历史上，大约每4万家创业公司才有一家能上市。

品牌经济学很早就发现了此问题①：企业的所有有形资产即生产要素都不可持续：厂房设备有折旧年限和技术寿命、专利有时效性、员工是流动的、流动资金可能变成难以回收的应收账款、老板有退休或寿命终结之时。唯一在法律上可持久的，是其注册商标。正是基于此，品牌经济学很早就明确地指出：所谓好企业，是指离开谁都能良好运营的企业。而能实现此标准的唯一路径，是将企业的注册商标，通过情感利益的承诺，成为目标顾客不假思索即选择成本为零的溢价选择品牌。查理·芒格②认为，若能知道哪些因素会造成事业倾覆，我们就应尽量规避，才可能基业长青。但芒格先生并未指出究竟哪些因素会造成事业倾覆，而本书认为唯一品牌化的企业，才能基业长青。

既有研究给出了企业无法持续的十大原因：一是任何事业的发展，一旦建立在高杠杆的基础上，就可能透支未来，很难持续；二是以未来的高风险为代价，换取当下利益，无法持续；三是进入门槛低的行业难以为继；四是周期性的行业通常难以持续；五是毛利率过低的生意，难以持续；六是企业的重要临界点，是单位经济、现金流和利润转正，过不了这条及格线，业务多难以为继；七是有机增长才能持续，收购兼并带来的增长多难以为继；八是把核心能力建筑在制度套利之上，则无法持续；九是无良好的外部生态系统，缺乏伙伴和外交纵深，则事业难以持续；十是创业者忘乎所以，故认为自己不可战胜、不会犯错，则企业无法持续。

虽然给出了企业无法持续的十大原因，却没给出企业能持续的路径。这涉及什么样的企业是好企业的命题，不同的经济理论基本上都有相应的企业理论。任何企业是由人来创办与经营，但人不仅寿命有限，同时，其智力与智慧都有缺陷。正如华尔街曾经相当著名的对冲基金、长期资本管理公司（LTCM），其不仅有惊人的资本体量，更有相当天才的创始团队，其三位核心人物中有两位因创立期权定价的 Black – Scholes – Merton 公式而赢得诺贝尔经济学奖。但该公司仅仅存续了不到5年，可谓昙花一现，流星一闪，照亮了天空，烧毁了自己。

---

① 孙日瑶，刘华军. 品牌经济学原理［M］. 北京：经济科学出版社，2007.
② ［美］彼得·考夫曼. 穷查理宝典（全新增订本）［M］. 北京：中信出版社，2021.

第4章 价值转换的目标顾客链模型

所谓价值转换，是指从产品价值转换为顾客价值，从使用价值转换为交换价值，从技术价值转换为情感价值。产品价值、使用价值和技术价值都属于厂商的价值创造。只有目标顾客支付了货币完成了"惊险的跳跃"，才能实现价值。因此，从厂商的价值创造到顾客的价值实现之间，存在价值转换过程。为了揭示价值转换过程，本书建立了目标顾客链模型，完整地展现了从厂商及其产品是如何传递到目标顾客，以及目标顾客为何选择某厂商产品的过程。作为术语，本书采用价值转换，是为了避免与经典的价值转型问题产生联系。

4.1 目标顾客链模型结构与功能

从产品推力型增长到顾客品牌拉力型增长，是实现持久增值的关键，也是价值转换的逻辑[1]。戴闻名引用曾在制造业企业工作多年、现任京都大学和日本东北大学的汤之上隆在其《失去的制造业：日本制造业的败北》一书中所言[2]：日本企业陷入了"创新陷阱"。因过去的辉煌，日本企业容易走"延续性创新"的道路，即在原有产品的基础上，采用部分新技术来制造换代型新产品，或者对只是原有产品的性能、规格、款式、品种进行完善，导致在旧技术轨道上与真正的新业态、新趋势渐行渐远。此外，日本对"工匠精神"的痴迷，往往会降低产品的性价比，即为了提高1%的性能，不惜增加30%的成本，久而久之，导致成本过高，价格上失去国际竞争力。过于注重工匠精神，还会使一些日本企业重技术、轻市场，致使生产出来的产品与市场需求脱节，"好看不好卖"。

汤之上隆的观点概括起来，即为了产品而产品，而忘记了一切产品最终都是为了满足目标顾客的需求（物质利益）与欲望（情感利益）。则这恰恰是1.2节即自主创新的品牌经济学研究所持的核心观点。日本企业过去的辉煌，恰恰是以短缺市场即风口效应为前提条件。而其今日的败北，恰恰发生在过剩市场即背风效应的条件下。按本书的观点，日企的败北是未及时从产品推力型增长，转换到品牌拉力型增长。

4.1.1 目标顾客链基本结构

从产品—规模推力型增长，到顾客—品牌拉力型增长，即价值转换过程，需要一个能将所涉及的要素予以直观整合表达的模型，即目标顾客链模型，其基本结构如图4.1所示。

通过目标顾客链模型可见，生产类企业的 X 牌产品，若通过区域代理商、分销商进入众多的实体或电商终端，接受目标顾客的选择。X 牌产品的生产企业，顺着此链条逐步推进，即推力型增长。若能反过来，先从目标顾客识别并给目标顾客一个不假思索选择 X 牌产品的排他性乐点，从而使足够数量的目标顾客能在诸多终端中，持续地认牌选择 X 牌产品，则是品牌拉力型增长。

---

[1] 孙曰瑶，刘华军. 经济永续增长的品牌经济模型 [J]. 福建论坛，2006（2）：67 – 71.
[2] 戴闻名. 日企落入"创新陷阱"的警示 [N]. 新华日报，2023 – 04 – 04.

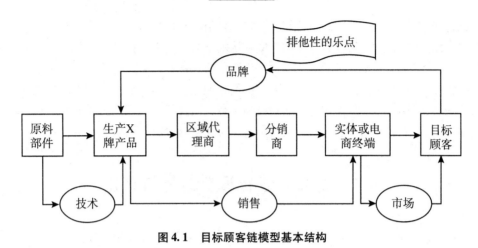

图 4.1　目标顾客链模型基本结构

资料来源：笔者绘制。

对 X 牌产品及其生产企业而言，产品推力型增长，受制于渠道商，尤其是受制于终端商。根本原因是，终端商的店面面积以及每个品类的展台面积都是有限的。卖品周转率越高，单位面积带来的收益越大。这就出现了产品品牌与商家品牌的关系。目标顾客根据自己的居家位置，常去附近的商超采购，商超品牌是既定的。但进入商超之后，同类产品的陈列是多样的，意味着可选择的产品商标是多样的。当某个顾客看到陈列在一起的同类产品（如饼干类）时，映入眼帘的是不同的注册商标。哪个商标能给顾客带来乐而忘忧、乐在其中的情感乐点，顾客选择该商标且乐此不疲的可能性最大。

故按品牌经济学的逻辑，若 X 牌产品在目标顾客心里不具备排他性乐点，不能触景生情，从而情不自禁地选择，不仅受制于商超陈列、账期等约束，而且，在一定时间内若销量达不到商超预期，被强制下架的可能性是很大的。

若生产类企业通过电商平台进入市场，则其目标顾客链模型可简化如图 4.2 所示。

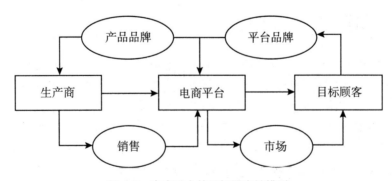

图 4.2　电商平台的目标顾客链模型

资料来源：笔者绘制。

与实体商超一样，电商平台之间也存在激烈竞争，故存在品牌效应。比如，亚马逊、京东、拼多多、Shein（希音）等，从访问流量、成交额等来看，至少都属于知名度极高的电商平台品牌。若目标顾客对某生产商不具有指牌或认牌选择的品牌信用，则该生产商只能受制于电商平台。

作为电商平台的拼多多，对顾客实行简便的退款政策，即所谓的"向消费者一边倒"，对此不满的部分商家在 2023 年 3 月发起所谓的"炸店"行动：恶意下单、闪退差评。应该看到，在拼多多早期阶段，迅速进入的卖家及其产品，确实鱼龙混杂。拼多多采取的退款政策，恰恰是在倒逼卖家提升产品质量，从而保护买家即顾客的利益。

从图 4.1、图 4.2 可见，实体的技术端和电商的采购端，都涉及企业供应链。供应链不仅要求完整与效率，更重要的是增值。只有能使供应链企业不断增值的龙头企业，才拥有高质量、稳固的供应链。

极力压榨供应链供应商的企业，属于竭泽而渔的行为。在过剩市场中，能增加供应链价值的企业，唯一的选择是提升终端的品牌溢价能力。这就要求企业必须切实从供应链成本管理转到顾客链价值管理。例如，沃尔玛的采购部门通过数据分析，发现顾客常一次买 4 瓶 D 公司的 10 盎司果汁饮料，于是建议该供应商推出 6 瓶/件的包装，受到顾客欢迎。从一次买 4 瓶，到 6 瓶/件的重量，对顾客不构成负担。通过顾客消费行为研究，帮助供应商增值的同时，沃尔玛也增值，这才是稳固的双赢机制。

4.1.2　目标顾客链的技术功能

对于生产类企业而言，将采购的原料或部件按质量标准生产合格的产品。按品牌经济学的逻辑，产品的注册商标是确定的，故企业技术部门解决的是产品能不能用的问题，遵循的是产品质量法和消费者权益保障法。品牌建设不涉及产品技术与产品质量，原因是产品质量是法律问题，属于技术部、生产部、质检部等的共同责任。对于商业类企业而言，技术表现为采购、物流、仓储等技术。为了理解厂商技术部门在目标顾客链的功能，可阅读资料 4.1。

资料 4.1　中国"黑科技"手套走俏欧洲市场（节选）[①]

"圣诞节前夕，我们生产的手套将在欧美国家迎来销售高峰。"黄健昌拿着的红白色拼接手套外观看似普通，但手套中间有个黑色开关，能实现三档热度调节，最长可连续保暖 6 个小时。黄健昌介绍说，电加热手套是其公司的主打产品，通过锂电池充电系统实现自动加热，特别适合高寒地区户外运动。"每年 3 月到 9 月底是我们的出口旺季。这样一双手套在国外售价为 100 多美元，深受欧洲消费者欢迎。"在黄健昌看来，要从行业中脱颖而出，先要打破普通滑雪手套的生产款式，在研发方面提高竞争力，在普通滑雪手套的基础上增设全新的电加热发热系统，扩充产品的新功能，更好地满足消费者的需求。

---

① 赵晓. 中国"黑科技"手套走俏欧洲市场［EB/OL］. 中新网，www.chinanews.com，2022 - 12 - 10.

本书认为，能把一个常见的手套进行如此创新的硬技术提升，非常值得敬佩。但从品牌经济学的角度看，电加热手套属于典型的技术层面，其目标顾客是滑雪爱好者。值得预防的是，此技术功能很快就会被其他手套企业模仿，进入同质化竞争，唯一不同的是其注册商标。故在高度重视产品技术的同时，必须清醒地认识到，产品技术仅仅是满足目标顾客边际递减的需求，而不是其边际递增的欲望。正如 2023 年 3 月，维珍轨道公司因财务危机停业时美媒报道的一样：激动人心的技术 ≠ 伟大的企业。也如近些年来"老干妈"辣酱销量下降，表面原因在于降成本而更换辣椒产地导致口味变化。其实，按目标顾客链模型分析，是辣酱的目标顾客发生了改变：辣酱之所以能成长起来，是伴随大量农民工外出打工以及卡车司机长途佐餐。随着农民工返乡或定居，以及卡车司机随车炊事条件的改变，对辣酱的需求下降。与此同时，众多厂商推出各自口味的辣酱，也给消费者提供了更多尝试。故突出佐餐功能的老干妈辣酱销量下降，是意料之中的。

山东嘉祥被称为"中国手套之乡"，从 20 世纪 80 年代末开始发展手套产业，经过 30 多年的发展，当地头部企业逐步由贴牌生产向自主培育品牌转变，并与高校合作创新研发了防火、防穿刺、电加热等手套新技术、新产品 200 余款（项），获批专利 70 余项。有近 20 年从业经验的陈建华告诉记者"我们公司成立了技术中心，并引进先进的机器设备和检测认证，已完成 30 多个国家专利和 600 多个新产品。"该公司研发的高档滑雪手套具备多重功能，不仅防风、防水、可触屏，食指还自带刮雪器，方便滑雪人士及时清理雪镜；防火、防油、防穿刺等特殊功能手套，为危险作业人员提供安全的手部保护。

本书认为，陈建华的手套企业成立技术中心，并取得诸多专利和新产品，非常值得肯定。在企业层面将日常普通的手套产品推向了高质量发展的轨道。同时，在手套之乡的嘉祥县，新技术、新产品 200 多款，专利 70 余项，在产业集聚层面将手套产业推向了高质量发展的轨道。与此同时，当地头部企业逐渐由贴牌生产向自主培育品牌转变。该资料将手套技术创新与自主品牌培育放在一起阐述，隐含着产品技术创新与自主品牌培育同等重要，此观点是正确的。但手套企业需要清楚的是：这些取得创新的手套属于硬技术层面，很容易被山寨或被模仿，跟随且低价的策略在其他行业很普遍，手套产业不可能除外。

在创新技术的同时，陈建华带领公司探索培育自主品牌，摆脱为国际品牌代加工的模式。"得知北京成功申办 2022 年冬季奥运会的消息后，就筹备注册了自主品牌，搭'3 亿人上冰雪'的东风拓展国内市场。"谈及未来如何深耕海外市场，陈建华坦言，当前，国际手套行业市场竞争激烈，印度企业和东南亚企业的规模和实力不可小觑，中国手套企业既要扎实提高产品质量，通过技术创新、创意设计塑造自主品牌，还要多出去交流，深入了解海外市场需求，建立市场快速反应机制，捕捉商机，不断开拓发展空间。

根据资料 4.1 及本书点评，绘制手套企业的目标顾客链模型，见图 4.3。

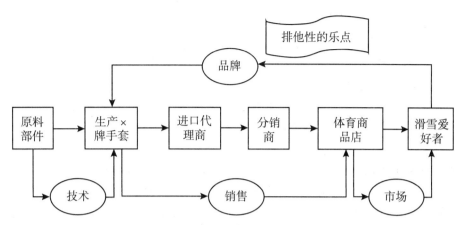

图 4.3　手套企业的目标顾客链模型

资料来源：笔者绘制。

本书认为，品牌培育最大的问题是将商标与品牌混淆。"我们就筹备注册了自主品牌"，中国有商标法，就有了商标注册。但没有品牌法，故不能说注册了自主品牌。自主品牌的载体即注册商标，是品牌建设的第一步，而且注册商标的产权属于厂商。若产品给消费者带来损害，消费者可按商标找到生产企业进行索赔，故注册商标是保护消费者权益的凭证。因此，只有当目标顾客能指牌且溢价购买某商标产品或服务时，该商标才完成了蜕变，从产品的法律符号升华为目标顾客引以为傲的品牌。故嘉祥手套产品的品牌建设仅仅是开始。

从图 4.3 可见，资料 4.1 中的手套企业成立的技术中心，对应的是技术环节，注册商标、各种新产品对应的都是厂商环节。根据陈建华所言，"该公司研发的高档滑雪手套具备多重功能，不仅防风、防水、可触屏，食指还自带刮雪器，方便滑雪人士及时清理雪镜；防火、防油、防穿刺等特殊功能手套，为危险作业人员提供安全的手部保护"。

对销售、市场尤其品牌的关注在资料 4.1 中并未显著地体现。故可推测资料 4.1 所提到的手套集聚地，仍然是基于专利、商标的产品导向，而非基于目标顾客情感利益的品牌导向。随着他们开发的新产品受市场欢迎，众多模仿者必将蜂拥而至，从而拉低价格，导致新品红利消散。故这些手套企业该切实采取品牌逻辑了。

4.1.3　目标顾客链的销售功能[①]

所谓销售功能，是指把已生产出来的产品按既定价格找到合适的买主，并把钱收回来。销售主要解决渠道合作商即跟谁合作的问题，销售完成的是物流和资金流。产品代理与分销、物流等的畅通性，即渠道建设属于企业销售部即销售经理们的任务。若生产类企

[①]　孙曰瑶. 区域市场精确营销［M］. 北京：经济科学出版社，2001.

业通过电商平台直接销售，则存在接受电商平台制定的规则。

销售功能涉及两个关键点，一是经销商；二是销售经理。

经销商被干掉或取代的言论，每隔几年就会出现。但这么多年来，至少在快消品行业，经销商一直存在，且总有部分经销商过得很好。快消品进入消费者时代，社会供给出现产品严重过剩，企业更加注重品牌服务，很多经销商伴随优秀品牌商不断分化。快消品进入互联网时代，特别是手机互联网时代的冲击下，"去经销商化"的音量越来越大，电商平台对传统渠道的冲击是有目共睹的且有愈演愈烈之势。本书认同网友的上述观点。

从目标顾客链模型可见，生产厂、中间商、零售商，构成了博弈三方。[①] 表面来看，存在利益的零和竞争。三方都受制于消费者手中的钞票。从进入零售商的消费者角度看，先是零售商品牌，即在多个终端可选择的条件下去心仪的商超。进入商超后，走到这次要买的商品货架或陈列区后，面对的是诸多同类商品，这些商品在很大程度上是同质化的，唯一的不同是各自的注册商标。消费者的眼睛扫过这些商品和商标时，商品（如饼干）代表物质利益，而看到的不同的商标时，会产生不同程度的联想，即触景生情，即情感利益。若某个商标带来的情感愉悦最大，则选择该商标代表的商品。

在此过程中，没有中间商的位置。问题是任何区域或城市，因消费者居住空间的分散性，决定了必然形成规模不等的商超体系，导致任何厂家建立自己的存储配送体系都是不经济的。这就为中间商提供了通过多种商品搭配存储配送的范围经济空间。故从功能角度看，中间商即经销商不可能消失。

经销商环节不可能被干掉，一个事物被干掉或是被取代，犹如汽车代替马车，唯一的原因在于此事物的核心价值被代替。经销商的核心价值包括宏观与微观两个层次。

所谓经销商的宏观价值是分工价值。市场经济的本质是分工效率论，[②] 生产、流通、零售，属于市场经济的三个宏观环节。中间商的行为，取决于市场是短缺还是过剩。在短缺市场中，生产方占据定价权，但市场缺口带来的高利润使中间商乐于向生产方预付货款。而零售商因订货量低于中间商，从而在短缺市场中居于相对弱势位置。但进入过剩市场后，随时可能出现降价行为，导致中间商不敢冒风险大量进货，而生产方属于规模生产，产品积压带来的现金流压力迫使向中间商提供更多优惠。在过剩阶段，作为临门一脚的零售商占据更大的强势位置。故三方的地位变化，是市场短缺还是市场过剩决定的。在短缺市场中，中间商的盈利模式是获取进出差价；而在过剩市场中，中间商的盈利模式是存储配送费用。存储能力与配送能力决定了中间商的规模。当然，在此阶段，某些中间商也会通过定制方式推出自有品牌产品作为新的盈利点。

所谓微观价值，是指不同中间商各自的资金、存储、配送、信誉等差异。在过剩市场中，零售商的赊销行为即账期很普遍。对中间商而言，向本地的零售商赊销风险更低。因为某零售商一旦失信，中间商在当地圈子里发布消息后，其他中间商不敢向该零售商赊

---

① 孙曰瑶，尚豫新. 双渠道供应链制造商品牌决策机制 [J]. 华东经济管理，2019（4）：141–147.
② ［英］亚当·斯密，唐日松等译. 国富论 [M]. 北京：华夏出版社，2008.

销，导致该零售商无法赊账拿货。此外，外地来的生产企业，如何处理当地关系也得依赖当地中间商。故当地圈子与熟人社会形成的社会资本，就属于中间商的微观价值。

通过阅读资料4.2，深刻理解作为X牌产品的生产企业，若不能在目标顾客中形成强大的品牌信用度，则作为终端的商超将对作为供应商的生产企业给出更多约束力，从而使X牌产品的生产企业面对更大被动性。

资料4.2　订单抢回来之后的新故事（节选）[1]

从2022年底开始，中国企业出海抢订单，尤其是家电企业，无论是主动参加各省（区、市）的包机还是参加各类展会，它们奔赴欧洲、东南亚、中东、日本等地主动寻觅海外商机，拓展国际订单资源。"从2022年就意识到，必须要'走出去'，出海交朋友才能抢占发展先机，因此，格兰仕出海抢订单是比较早的，故在持续的外贸业务开拓中，格兰仕的微波炉、冰箱、烤箱、洗碗机等家电产品类出口订单排到了今年二季度。"格兰仕方面称。

本书认为，出海抢订单属于销售功能，疫情封控确实导致销售经理无法面对面地拜访客户。通过电话或互联网进行交流的效果，毕竟不如面对面交流。原因在于，面对面的交流不仅能交流产品信息与价格等物质利益，更能通过类似于实体商超服务体验的交流增进与客户的情感利益。人与人之间，不仅存在投缘，而且还有交情。

在这次出海过程中，很多企业发现海外市场已进入存量竞争阶段了，市场逐渐细分。"走过疫情三年，海外市场消费者的消费观念与选择发生了较大转变。卫生健康理念普及，健康家电需求更加多元，受全球经济环境影响，消费者更倾向于选择价格适中、质量可靠的创新品质家电。我们在海外市场的自主品牌呈现的是年轻、颜值与综合实力并重的形象，还要发力新营销下的电商平台与社交种草渠道，推动空气炸锅、微波炉、微蒸烤一体机、套系化复古家电等颠覆式创新产品的研发与消费引导，通过市场调研、创新营销系列动作才能打通海外消费者心智，培育忠实的品牌用户，从实力制造供应商转变为真正的中国智造创新品牌。"格兰仕相关负责人表示。

本书认为，"市场逐渐细分"的本质是在过剩条件下，消费者更加注重个人喜好即个人情感利益。这不仅是存量竞争，更是同质化条件下的存量竞争。这需要中国厂商必须采取新的竞争逻辑，正如格兰仕海外销售负责人所言，"我们在海外市场的自主品牌呈现的是年轻、颜值与综合实力并重的形象"。但此判断的依据是"消费者更倾向于选择价格适中、质量可靠的创新品质家电"。进而提出渠道、产品等"颠覆式创新产品的研发与消费引导"。三者结合起来的逻辑具有一定矛盾性：打造自主品牌形象，是因价格适中质量可靠的创新品质家电，为此需要颠覆式创新产品的研发与消费引导。即将自主品牌形象等同于创新产品。而忽视了一个家电领域的基本特性：一旦某个创新产品被某个厂家创造出来且打开了市场，其他众多的家电厂家在极短时间内会蜂拥而至，从而通过更低价格抢占市场，从而导致该创新产品的原创厂家失去创新红利。九阳豆浆机的经历是一个很值得吸

---

① 侯隽. 订单抢回来之后的新故事［J］. 中国经济周刊，2023（3）：1.

取的教训。从图4.1即目标顾客链模型来看，抢订单是必需的销售功能。

外资家电的生产离开中国，对中国而言没多大损失，原因在于国产家电产品品类与质量、数量都足以满足国内需要。外资家电生产转移到东南亚一带，真正的问题是这些外资家电的商标品牌信用度，在世界范围内的消费者中是比较高的。借助于东南亚更低的生产成本，面对同质化的产品功能与产品质量，中国国产家电的商标品牌信用度低于外资家电的商标品牌信用度，对中国国产家电的市场竞争力是很大的威胁。故根据目标顾客链模型可见，中国家电企业海外抢订单属于销售功能。而外资家电企业不仅有原来的销售渠道，还有更强的商标品牌信用度。

面对成本更低的越南制造、菲律宾制造，我们该怎么办？海尔在全球拥有许多工业园、制造中心，在美国、波兰、俄罗斯、印度、菲律宾、伊朗、巴基斯坦等地建有生产基地。美的在全球也有三十几个生产基地，占比过半。越南制造的门槛比较低，都是代工，中国已过了那个阶段，越南的产品短期内不会构成太大威胁。但中国自主品牌必须要产生品牌溢价才能实现高毛利，低端低质的产品是无法做自主品牌的，因此，企业必须提升创新力度和技术研发水平，提高产品的工艺品质、可靠性以及智能化水平。

本书认为，海尔、美的、海信等确实是自主品牌布局，但从品牌竞争角度，与松下、索尼、东芝、日立、飞利浦、三星、LG、博世西门子等外资品牌相比还有一定差距。若这些商标的产品都在中国大陆生产，在生产成本相近的条件下，中国国产家电还有价格优势。但它们转移到东南亚生产，也具备了价格优势。而在品牌优势方面，中国国产家电企业相对而言还有比较明显的差距。[1] 这恰恰是中国家电企业今后努力的方向。据目标顾客链模型可见，识别目标顾客并与足够数量的目标顾客建立排他性的乐点，从而降低目标顾客的选择成本成为关键所在。

作为日本制造业的代表，日本家电企业一度是全球家电领域的绝对王者。但从2010年开始，日本家电企业业绩急速直下，昔日的家电巨头，例如，索尼、日立等，不再生产家电或消费电子产品，早已转型到核电、生物、集成电路、家电上游产业等，有的主要集中精力在B2B领域，有的甚至"卖身"给中国企业。

中国企业目前已不断占领日本家电品牌退出的市场份额，但韩国品牌三星、LG也一样不断地在国际市场上建设高端品牌，打造运营高端品牌。中国企业现在不断替代欧洲、美国、日本企业退出家电市场之后腾出的这部分市场份额，和韩国三星、LG竞争家电市场。在竞争中如何获胜呢？目前，中国众多家电企业仍以代工模式为国外企业贴牌生产，自主品牌份额仍较低。"家电企业想在激烈的同质化竞争中突围，要另辟蹊径，主动捕捉政策、行业、市场等方面的变化趋势，动态捕捉消费者的新需求点，并在创新领域走在行业前列"，中国家电协会张剑锋如是说。

本书认为，从2010年开始，日系家电企业确实在退出家电市场，并将包括商标在内的家电业务纷纷出售给中国家电企业。但值得关注的是，被收购的日系家电业务在海外销售产品时，用的是日本家电企业的商标，还是使用中国家电企业在中国国内的家电商标。

---

① 中国家电企业纷纷收购日本家电商标，用以拓展国际市场，而不是用国内商标，反映的正是这种差距。

需要思考若使用的是日本家电企业的商标，对于促进中国家电商标国际品牌化有多大的帮助。故正如资料中所言：目前，中国众多家电企业仍以代工模式为国外企业贴牌生产，自主品牌份额仍较低。根据品牌经济学的逻辑，从产品推力转到基于目标顾客排他性乐点的识别，即品牌拉力才是正确的路径。

4.1.4　目标顾客链的市场功能[①]

市场是指顾客购买商品或服务的场所。规范地讲，是指零售终端，包括实体终端与网络终端，因能够切实降低消费者的交易费用，故务必越来越增强网络终端。终端建设和促销活动的策划执行与评估，属于企业市场部，即市场经理们的任务。

前段时间亚马逊为了让消费者有一个更好的消费体验，产品的 review 评分直接出现在搜索页面，而最近又有传闻称，亚马逊将会给退货率高的产品贴上"高退货率"标签，将会自动标记一些退货太多的产品，并且，会在 listing 页面展示，英文是"Frequently Returned Items"（经常被退货的产品）。

电商平台之间存在激烈的竞争，故依据式（2－2），电商平台要持续地给予消费者们更好的购物体验 S_e。但与实体商超的接触类服务体验不同，电商平台只能从心安理得的角度，降低消费者的思虑成本，从而降低消费者访问该电商平台的选择成本。亚马逊将会给退货率高的产品贴上"高退货率"标签的措施，就是提高消费者购物体验的有效措施。之所以有效，是因为能极大地降低了消费者们的思虑成本，从而极大地降低访问亚马逊的选择成本，从图 4.1 即目标顾客链模型来看具有很高的品牌效率。

亚马逊之所以会推出"高退货率"的标签政策，在逼迫卖家改进在因为产品，提高消费者购物体验。与其说是在逼迫卖家改进产品，不如说是亚马逊通过标签政策进一步极大地提高"亚马逊"商标的品牌信用度，极大地降低更多消费者访问亚马逊的选择成本。据目标顾客链模型可见，亚马逊的"高退货率"标签政策，其作用恰恰是强化了"亚马逊"此商标的品牌信用度，不仅在电商平台之间的竞争处于优势地位，而且，在与卖家利益分配谈判中处于有利且有力的地位。当然，若 X 牌产品的生产企业能在足够数量的目标顾客中形成强大的认牌选择势力，则在与电商平台合作中提高谈判能力，犹如宝洁公司在实体商超中占据品牌优势一样。

4.1.5　目标顾客链的品牌功能

品牌不等于商标，有品牌一定有商标保护，但有商标不等于有品牌。故当"品牌"作为一个词组单独出现时，内含的是"商标 + 目标顾客对厂商基于该商标所作承诺的判断"，故完整的理解是商标的品牌信用度，可简称品牌信用度。品牌是通过商标给目标顾客一个

---

① 孙曰瑶．终端市场精确营销［M］．北京：经济科学出版社，2002．

不假思索且溢价选择的排他性单一利益点！目标顾客选择的精确性以及其爱不爱使用本企业商标产品，属于企业品牌部的任务。

从商标的品牌信用度角度看，企业的品牌功能，是围绕目标顾客展开工作进行因果性的逻辑分析，梳理出 10 项具体事务，构成商标的品牌信用指标体系：

一是确定本公司的产品或服务，究竟为谁设计？为谁生产？广告究竟是做给谁看的？从概念化、指标化角度，称其为目标顾客精确性。从 4.2 节目标顾客链模型可见，为谁设计与为谁生产，是厂商基于商标做出承诺的前提条件或逻辑起点。若目标顾客都不清楚，所作承诺很难有针对性。比如，足力健老人鞋，承诺的是宽松透气防滑。尽管这属于物质利益，但确实是老年人对鞋的性能要求。

二是随着目标顾客的明晰，就需要给目标顾客不假思索选择的理由，即顾客们为啥非得选择你的产品或服务？从概念化、指标化角度，称其为承诺利益的单一性。之所以要单一，是因为多个利益点带给顾客较高的选择成本。

三是向目标顾客承诺的单一利益点，与竞争对手承诺的是否构成对立关系？若是跟随对手，则目标顾客的选择成本将增加。只有足够高的对立性，才能规避与在位者的价格竞争。从概念化、指标化的角度，称其为承诺利益的对立性。

四是所承诺的单一利益是否构成目标顾客持久的选择，将直接决定业绩的持久性。从概念化、指标化的角度，称其为对立利益的持久性。

五是作为承诺的单一利益，对目标顾客而言是否及如何具有足够高的敏感性？才能确保目标顾客及时作出反应。从概念化与指标化角度，称其为品类需求的敏感性。

六是如何让目标顾客对所敏感的品类需求的法律载体即注册商标，不产生歧义？从概念化与指标化角度，称其为注册商标的单义性。

七是如何让目标顾客对企业通过媒体传播的信息形成足够高的信任感，从概念化与指标化角度，称其为媒体传播的公信性。

八是认定的目标顾客经常选购的终端形式是什么？哪类实体终端？哪类电商终端？哪些终端是本公司能控制的？从概念化与指标化的角度，称其为终端建设的稳定性。

九是如何通过产品质量说明书满足目标顾客知情权？从概念化与指标化的角度，称其为质量信息透明性。

十是以上围绕目标顾客进行的九项工作该由谁具体负责？该具备什么知识结构与经历匹配？从概念化与指标化的角度，即品牌建设的岗位性。

这十个要素构成了商标的品牌信用度建设的核心内容。

本书绘制凯洛格（Kellogg's）前后两个目标顾客链（见图 4.4、图 4.5），直观地展示其做出的改变。通过对比前后两个目标顾客链可见：一是目标顾客改变了，原来的目标顾客是家庭消费者，而新的目标顾客是控制体重的人；二是带给目标顾客的乐点变了，原来的乐点是低价格，因 Kellogg' 未能成为低价格厂商，故导致顾客流失，而现在的乐点是更健康。

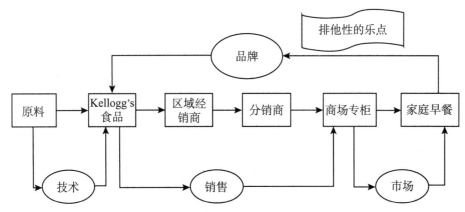

图 4.4　Kellogg's 旧的目标顾客链

资料来源：笔者绘制。

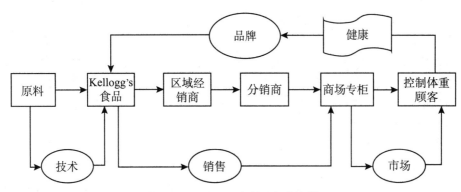

图 4.5　Kellogg's 新的目标顾客链

资料来源：笔者绘制。

　　2001 年 7 月 20 日晚，一场别开生面的时尚派对在淮海路百富勤广场三楼进行，女士进门的第一件事是穿丝袜，而几十位身着迷你裙、连裤袜的"美眉"更是挖空心思地"秀"修长匀称的双腿，由杜邦莱卡（Lycra）主办，耐尔丝袜协办的"耐尔美腿姐姐大比拼"告诉每个时尚中人，没什么比有一双漂亮的腿更时髦的了。"作为一个站在时尚前沿的品牌，莱卡举办这样的活动是想要告诉大家，织有莱卡的丝袜让你更入时，更美丽。"杜邦纺织服饰科技事业部中国区品牌经理齐燕小姐对记者道出了举办此次时尚派对的初衷。曾经，丝袜是女性美的象征；可如今，也有许多女性都把赤脚作为时尚，而莱卡又悄悄兴起了一股丝袜回归风潮。

　　根据案例描述，绘制杜邦莱卡氨纶的目标顾客链见图 4.6。根据"老鼠—米老鼠"转形模型可见，莱卡仅仅是一种化纤原料，本来深埋于产品中，女士们对其不感兴趣，但通过以商标"莱卡"为载体举办系列的模特美腿大奖赛，使商标"莱卡"从产品"小白鼠"，一跃而变形为"美丽时尚"的代言，这恰恰是女士们所爱，这就是基于美好的新质消费力。

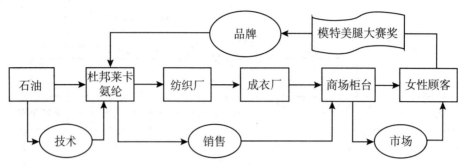

图 4.6　杜邦莱卡氨纶的目标顾客链

资料来源：笔者绘制。

案例 4.1　日本农产的"光"牌战略[①]

使用其饲料的"光"牌鸡蛋，视觉上蛋黄更红像咸鸭蛋一样，比普通鸡蛋更有张力，营养上含有一种微量元素。它采用面向消费者的传播战略，使用日本农产饲料的养殖场，可使用公司注册的"光"品牌出售鸡蛋。日本超市货架上出现两类鸡蛋：一类是没有商标的鸡蛋，售价 150 日元/盒；另一类是"光"牌鸡蛋，售价 300 日元/盒。后者的销量占 1% 的市场份额。没有"光"牌，消费者难以识别鸡蛋的细微差别，就没有高达 1 倍的利润，养殖场也不会使用高价格的日本农产蛋鸡饲料。对日本农产来说，向养殖场推销品牌较难，但向消费者推广鸡蛋品牌较易。

从直观来看，绘制日本农产"光"牌饲料目标顾客链见图 4.7。养殖场的利润 = 销售收入 − 饲料等成本，即饲料属于养殖场的成本，要降低成本。而买鸡蛋的顾客利益 = 物质利益（安全）+ 情感利益（喜欢），顾客为了满足喜欢而乐于支持高价格，正是乐于支付高价格构成了企业品牌拉力型增长的源泉。同时，日本农产，运用"光"牌鸡蛋加工食品，同样用"光"品牌向消费者销售，就形成一个"光"品牌产业链，通过产业链拉动饲料销售，确保行业地位。

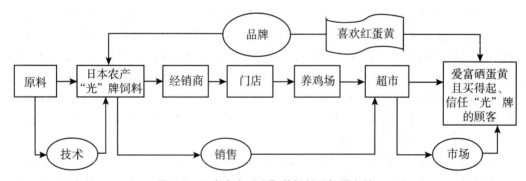

图 4.7　日本农产"光"牌饲料目标顾客链

资料来源：笔者绘制。

[①] 吴威. 插位营销：找寻你的 Intel Inside［N］. 中国经营报，2006 − 01 − 08.

第4章 价值转换的目标顾客链模型

关于鸡蛋及其品牌建设问题，在1989年的一项研究中[1]，给出了12类产品品牌敏感度的排序，在营销专家们给出的排序结果中，认为购买鸡蛋对品牌敏感度最低。但在针对消费者的实验中，得出的答案却表明消费者对鸡蛋的品牌敏感度较高，在12类中排在第5敏感。笔者坚持相信逻辑，不相信所谓的专家。

上述两个案例，化工产品的氨纶和蛋鸡饲料都属于中间产品。中间产品的一个重要属性是两头受压：上游原料的提价压力与下游用户的压价压力。越是中间产品，越要通过基于终点顾客的品牌拉力扭转所处的被动甚至尴尬的市场地位。

可口可乐的饮料配方不能改变，商标也不能改变。与不同时代、不同地区消费者形成情感共鸣的唯一可能是瓶贴。记得有同事对我说，一天早餐后，给上小学的儿子说餐厅有一箱可乐，你自己拿一瓶上学喝吧。儿子在可乐箱子里拨来拨去，同事说早上时间本就紧张，可乐都是一样的，你在那儿磨蹭啥。儿子说，今天我要喝纯爷们。按"顾客利益 = 物质利益 + 情感利益"，该同事的儿子看中的不仅是饮料本身，更是瓶贴"纯爷们"的社交意义即情感利益。这是品牌拉力带来的销量增长，瓶贴策略在"展示可口可乐带来的亲密感"。此时的可口可乐饮料的物质利益，让位于亲密感带来的社交情感利益。即喝的是心情，而不仅是解渴的饮料。而后面所分析的YQSL仍旧沉浸在所谓的产品力，即饮料的物质利益上。若不转变，未来堪忧。

为了解读可口可乐的瓶贴策略，绘制可口可乐的目标顾客链，见图4.8。

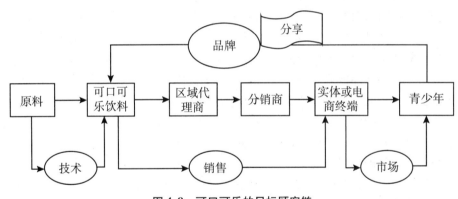

图4.8 可口可乐的目标顾客链

资料来源：笔者绘制。

在过剩市场中，销量增长的动力不是产品功能和质量需求，这属于物质利益，其边际递减是无法改变的。而是情感利益即消费者对乐而忘忧的欲望却是边际递增的，故常言道人的需求是有限的，而欲望是无限的。从目标顾客链模型来看，品牌拉力型增长的源泉，是始终给予终点目标顾客一个不假思索的乐点，并根据时代、地区进行及时更新乐点。从"90后"到"00后"们，出生于、成长于物质过剩的时代，从而对个人情感感受更

① 里克·莱兹伯斯，等. 品牌管理 [M]. 北京：机械工业出版社，2004.

加敏感，符合管子所言仓廪实知礼仪。2023 年 8 月 6 日 TFboys 在西安演唱会引起的数百万名女粉丝的狂热，对 20 世纪五六十年代即物质短缺时代出生的人而言，是难以理解的，但对于"00 后"的女孩们则是正常表现。客观地说，时代不同了，厂商的经营理念真的该从满足目标顾客边际递减的物质利益（需求）即产品逻辑，转到能给目标顾客带来边际递增的情感利益（欲望）即品牌逻辑，也是在过剩经济条件下按乐分配的具体体现。

通过以上案例可见，精确的目标顾客是品牌建设的第一步，而给目标顾客一个不假思索选择的排他性乐点即情感利益，成为实现拉力型增长的关键。

诚如杨一凡在文章①谈到的，六一期间的快餐店里总是挤满了牵着孩子的家长，但没人知道，队伍里藏着多少偷偷惦记儿童套餐玩具的成年人。为了从孩子们手里"抢"玩具，成年人可谓煞费苦心。在百度食玩吧里，有人抱怨："肯德基又骗我去点儿童套餐，每次进去都说是给儿子带的，我连儿子都没有。"微博上，也出现很多成年人假装用孩子作掩护给自己买玩具的段子。

本书认为，六一节无疑是儿童的节日，为啥很多成年人也来快餐店"抢"玩具呢？是为了乐而忘忧，从而乐在其中，并为此乐此不疲地给自己买玩具。为了描述儿童和成年人共同的乐点，专门造出了一个英文单词，即 Kidult，来自儿童 Kid 与成人 Adult 拼接，可表达为老少咸宜的童趣。

被吸引来的成年人，显然不是为了吃套餐的食物，而是"生活中唯一还没熄灭的爱好"。将这种情怀推而广之，在一个过剩市场里，顾客可选择的产品或服务很多，即物质利益不缺乏，这些产品之间很难有多大差异，唯一的差异是各自排他性的注册商标这一法律符号不同。故哪个注册商标的产品或服务界面，能带给目标顾客最大的排他性乐点，那个注册商标所承载的产品或服务就能被目标顾客不假思索地选择，即选择成本为零，从而使目标顾客触景（商标）生情，进而情不自禁地溢价选择。

20 世纪八九十年代，还是一个低收入时代，属于相对短缺市场。洋快餐的工业化食品与家庭手工食品，具有不一样的味道和口感，属于目标顾客的物质利益。即使在此相对短缺时代，情感利益仍旧不可或缺。正如"95 后"晓谢所言，"用炸鸡填饱肚子，用玩具滋养精神"。填饱肚子的炸鸡满足的是物质利益，而滋养精神的玩具满足的是情感利益。其实，吃饱了，物质利益的边际为零了；但可带回家、偷偷带到学校跟同学炫耀的这个情感利益，却是边际递增的。

分量吃不饱，也不太喜欢儿童套餐的食物，为啥看到新玩具的海报，还是会选择绕路去到店内带走它？正是基于新玩具带给顾客们边际递增的快乐，即情感利益，才形成最终的消费拉力，拉动着企业持续增长。在此尽管描述的是快餐场景，但内涵的原理即"顾客利益 = 物质利益 + 情感利益"，却具有普适性。尤其是在以国内大循环为主的时代，顾客利益模型和目标顾客链模型的价值，值得所有民营企业重视。

杨一凡认为，20 年来，套餐附赠的玩具一直变化。小时候儿童套餐里的玩具包罗万

---

① 杨一凡．有多少成年人在惦记儿童套餐里的玩具［N］．新京报，2022-06-01．

象，充满惊喜。既有书包、手表、铅笔盒这样的生活中实用的物品，也有集邮戳换玩具、组合合体玩具一类的创意玩法。那时候，快餐品牌都以拥有自己的 IP 为荣。麦当劳坐拥麦当劳叔叔、汉堡神偷、小菲菲、滑嘟嘟四大原创 IP。肯德基也以白胡子爷爷和吉祥物小鸡奇奇的形象深入人心。随着更多国际 IP 的出现，国产 IP 已无法给网络时代出生的小朋友带来长久新鲜感。小时候，我们希望得到的是印有快餐品牌的玩具。现在，我们买的是喜欢 IP 形象的玩具，好像吃什么、在哪里吃都显得没那么重要了。

本书认为，不同时代的儿童能带给自己的乐点当然不同，这就需要厂商必须及时更新乐点表达载体，即获得快乐是永恒的，但满足快乐的载体是不同的。并无一劳永逸的快乐载体，及时发现目标顾客的新乐点，成为品牌经理的功课。"现在我们买的是喜欢 IP 形象的玩具，好像吃什么、在哪里吃都显得没那么重要了。"所内含的意义，绝对具有普遍意义。想想看，不同玩具所对应的套餐销量是不同的，这反映的不是套餐好吃与否，恰恰是不同玩具带给目标顾客的快乐度不同。正如下文所言：品牌不得不转型，转身拥抱更赚钱的国际 IP。

一位网友在微博上说："老爹每次都是为了帮我吃齐一套快餐而一天跑 n 多家店，本来以为没多少，直到倒出来才发现，老爹为我吃了这么多顿儿童套餐。"儿童套餐玩具收藏者小鱼说："商场买的玩具没灵魂，要一路真心诚意吃过来，才能收获到更上一层的限定快乐。"正如某网友所言，"都是小时候一口口吃出来的"，现在，成年人买儿童套餐玩具变得越来越普遍，快餐品牌和消费者都心照不宣地接受了这种设定。儿童套餐内的玩具对小朋友来说有些幼稚，但对成年人来说正好。成年人也只是长大了的孩子，在快餐店前排队的他们，也许只想借着节日重温一下做孩子的快乐。

网友无比怀念的不是满足肚子的物质利益即套餐，而是与所吃套餐配套的卡通玩具带给自己的情感快乐。将"商场买的玩具没灵魂"与"都是小时候一口口吃出来的"结合起来，就是购物体验，即式（2-2）中的体验系数 S_e。这种购物体验是电商平台购物不具备的，正是此实体场景的亲身体验所带来的仪式感和回忆感，带给了目标顾客持久的快乐，即情感利益。故本书认为，无论电商如何发达，实体店不可能被取代。但实体经济若想持久发展，必须改变简单地卖货这个物质利益，在实体场景中，引入目标顾客乐而忘忧、乐在其中的体验元素，这才是基于品牌拉力型增长的动力之源。在一个充满内卷的社会中，多数人的物质生活是有保证的。但高度内卷带来的恰恰是快乐的缺失。即在一个商品过剩市场中，快乐成了短缺状态，这也是按乐分配法则之所以产生作用的前提条件，这恰恰是品牌工程学的用武之地。[①]

4.2　基于目标顾客链的案例分析

案例分析不是为了照搬案例企业的成败经验，而是运用目标顾客链模型作为工具与标

---

① 孙曰瑶，宋宪华. 品牌工程学 TBCI2.0［M］. 济南：山东大学出版社，2015.

准，对案例企业的实际过程进行重新解构梳理，从中发现案例企业做过了什么以及缺失什么。2023 年 7 月，耐克的创始人奈特，作为 1962 届校友，在斯坦福商学院的演讲中提到：在学校里你们分析过几十上百的案例，未来你们还要面对成千上万的案例。但案例学习不在于如何做出选择，也不是做正确的判断，而是在寻找中的智慧。

问题是"何为智慧呢？"笔者认为，所谓智慧，是指不同事物或现象之间的联系或关系。这种联系或关系是无形存在的，难以被生理感官直接观察到。即不属于一目了然，而是润物细无声。正如目标顾客链模型展示的，每个环节都是可被观察或感受的有形存在。但不同环节之间的联系或关系属于无形的存在。正是这些无形的联系或关系将各环节构成了一个整体。故智慧类似于串珠之间的线：将各个因素（珠子）串起来成为一个整体。

故案例分析所要揭示的智慧是通过目标顾客链模型揭示案例企业的各环节之间的联系或关系，从中判断做对了什么，做错了什么，下一步还需要解决什么问题。

在此所分析的案例是"6000 万美元打造的一段品牌噩梦"①。尽管是鞋业实践但具有普适性。企业经营中的诸多实际问题的解决，最终是为了目标顾客的需求与欲望。目标顾客链的最后一环，即终点目标顾客，构成了企业一切投入能否超值回收的临门一脚，即"惊险的跳跃"。哪个企业能切实把终点目标顾客的需求和欲望转化为产品或服务的卖点，才能在过剩市场中得到足够数量目标顾客的溢价选择。

文章认为，大多数制造业老板都梦想着做品牌，尤其是这次金融海啸，出口受阻，大家都将眼睛盯着国内市场。要做国内市场，就意味着要打造品牌。

本书认为，梦想的实现，需要理论指引出正确的方向，需要技术提供可靠的方式，需要专职岗位经营方法，更需要灵活机动的方术。案例作者认为，"要做国内市场，就意味着要打造品牌"？这句话属于一个判断或结论。问题是，此判断或结论是如何得出的？是否具有普遍意义？从图 4.1 即目标顾客链模型可见，要做国内市场，需要给终点目标顾客一个不假思索溢价选择的排他性乐点，这需要打造品牌。目标顾客链模型属于无量纲模型，具有普适性，没说哪个商品或服务除外。故要做国内市场，就意味着要打造品牌此判断具有普遍性。

文章指出，在一次打造品牌研讨会上，我问老板：若给你 500 万美元打造品牌，你的钱将如何花？与会者的答案虽然各有不同，但基本上都是"烧钱方案"，只是花钱的时间、顺序不同而已。我把一客户鞋业老板 Tom 烧了 6000 万美元还不得正果的品牌故事分享给大家。

本书认为，为了准确地分析 Tom 先生是如何烧掉 6000 万美元却未建成预期的品牌，绘制图 4.8 的 Tom 牌皮鞋目标顾客链。结合后文的案例阐述和本书点评，可清楚地看出老板 Tom 实际所做的是渠道建设，即销售渠道和终端建设，并不是围绕目标顾客提供使其乐而忘忧、乐在其中从而乐此不疲的情感利益。

文章指出，万事俱备，只欠品牌。鞋业老板 Tom 为多个全球知名品牌做 OEM 多年，

---

① 金伯杨，梁芷媚. 智慧有价 [M]. 深圳：海天出版社，2009.

每双鞋大概赚5美元，而品牌商却赚25～50美元不等。经营鞋厂多年，Tom 在制鞋方面人才济济、经验丰富，资金实力雄厚。作为企业转型、升级，Tom 觉得自己万事俱备，只欠品牌。然而，让 Tom 始料不及的是，做了3年品牌，不但没赚到品牌的丰厚利润，还烧了6000万美元，而且还没烧出个结果来。

对此，本书认为，万事俱备，只欠品牌，那么，品牌之源在哪里呢？从图4.9可见，既不在产品身上，也不在渠道里，而在终点目标顾客那里。故 Tom 要建设自己的品牌，就要从商场鞋类柜台开始，观察正在选择鞋的顾客们，关心什么，抱怨什么，期待什么。但遗憾的是，从下面的资料可看出，Tom 所聘请的团队，恰恰是擅长于渠道的销售经理。从案例中的这段表述可见，Tom 工厂的生产与工艺都是成功的，否则不可能给多个全球知名品牌的提供 OEM。台湾宏基企业的施振荣先生将 OEM 升级为 ODM，并以此来带动 OEM。但问题是其他的竞争者也会掌握 ODM。故最终不得不转到 OBM。①

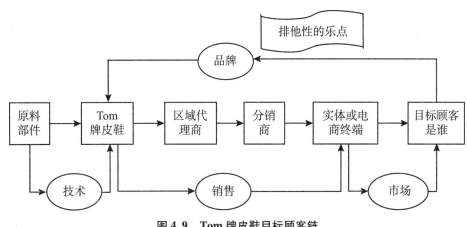

图4.9 Tom 牌皮鞋目标顾客链

资料来源：笔者自行绘制。

文章指出，钱都烧在哪里了？几年前，Tom 投资2000万美元买断了一个历史悠久的意大利知名品牌，然后又投资4000万美元做渠道，整整折腾了3年，但依然不见成效，失望之余只好让这个意大利品牌睡大觉。这4000万美元到底都烧在哪里呢？Tom 高薪挖了某著名品牌的大区经理，让大区经理组建队伍，小小一个品牌公司，工资成本相当于几百名工人的工资。

对此，本书认为，花2000万美元买断的意大利知名品牌，为何未取得市场的成功？再次表明知名商标、驰名商标都仅仅是商标本身的传播，并未与其目标顾客达成情感共鸣，也即未完成品牌转型。而高薪挖来的某著名品牌的大区经理，其责任恰恰是区域代理商的管理和拓展，即渠道建设。因为该著名品牌肯定不是该大区经理建成的。故 Tom 要建设自己的品牌，聘请来的却是擅长渠道建设的大区经理，这第一步确

---

① 施正荣. 全球品牌大战略［M］. 北京：中信出版社，2005.

实是错了。

文章指出，第二笔钱给了一家专业市场调查公司。第三笔钱给了国内大名鼎鼎的广告公司，负责搞形象、店铺设计。第四笔钱是给某品牌策划公司，做品牌运营手册，产品目录……第五笔钱是在某一线城市打造了第一家旗舰店，仅月租金就高达十几万元。开店前半年，营业额加起来都不够付铺租。

对此，本书认为，第二笔钱聘请的是专业市场调查公司，从形式上看是对的，但问题是调查出来的结论是什么呢？根据图4.8，是否得出了精确的目标顾客？从后边的资料反推，答案是否定的。根据图4.8，在目标顾客不精确的条件下，向谁做出利益承诺呢？既然此问题不清楚，那做出来的广告创意与设计、运营手册、产品目录、旗舰店的选址及其装饰等等的依据，也就不精确了。即由此形成的投资，都将是高风险的。品牌经理的责任，就是降低品牌投资风险。

文章指出，当工厂的高层对旗舰店提出异议的时候，品牌经理列出了无数店铺只要能"守"到一定阶段，就可能盈利的案例，并指出旗舰店最重要的作用不是盈利，而是广告。第六笔钱是在时尚杂志、鞋业专业杂志上做广告招商，这一点上，大家都没异议，尽管时尚杂志的广告版面非常昂贵。第七笔钱是用优惠的条件招商：品牌公司的员工到各地去"忽悠"经销商，包来回机票、吃住，请经销商来参加招商会。招商条件也极有吸引力：送装修费、货架、促销品，退货制度，返点……

第一次渠道失败：经销商赚不了钱。几次成功的招商大会，让Tom的公司签下了30多名总代理，店铺一下子开得到处都是，公司的士气极度高昂，Tom也非常高兴。谁知道没高兴多久，经销商的抱怨来了。首先，要求公司做广告，虽然是意大利名牌，但中国消费者不认识，希望公司花钱做广告，提升品牌知名度；第二，作为新品牌，公司的支持力度太少；第三，折扣太高，导致经销商没钱赚；第四，有些鞋出现质量问题，有些款式不适合中国市场，滞销，要求退货……一年下来，总代理给Tom带来的毛利远远不够支付品牌的运营成本，同时，绝大部分总代理也处于亏损状态，于是，有些总代理退出，有些拒付余款，有些拿了装修费、货架，却摆卖其他牌子的鞋。Tom向品牌经理问责，品牌经理抛给Tom一句类似"母亲是女人"的真理："若经销商赚不了钱，是不可能听我们的。"然后，品牌经理带着几个手下愤而辞职。

对此，本书认为，召开招商大会，实在是大区经理的擅长。几次招商大会都很成功，也证明了高薪聘请的大区经理是优秀的、称职的。根据图4.8，这只是做销售的渠道建设，不仅离终端建设很远，而且离品牌建设更远。对招来的这些经销商而言，进货容易卖货难。当Tom的鞋摆到了柜台，却无足够数量的顾客来选择，不是因为鞋质量不好，也不是鞋款式不好，更不是经销商不好。而恰恰是没弄清楚为谁设计、为谁制造，向谁销售的，也就更没法搞清楚降低目标顾客选择成本的各种措施，因而失败是必然的。

文章指出，渠道再造：商场专柜。"人才"流失后，Tom通过猎头公司又找了另一名渠道经验丰富的职业经理人，经理人力主进商场做鞋专柜。Tom也确实尝够了专卖店只是为房东打工的苦头，决定改变渠道策略，不做专卖店，进商场做专柜。

　　对此，本书认为，做专卖店失败了，就做商场专柜。问题是做专卖店为何失败了？若不能总结出做专卖店失败的原因，进商场做专柜也同样会失败。因为根本的问题还是未解决，此根本的问题是：在存在如此众多的鞋类在位者条件下，如何降低终点目标顾客的选择成本。只要此问题不解决，商场专柜还是要失败。在基于互联网的电子商务时代，很多企业都在疑惑：为何投资建成了企业网站，但销量与销售额却并没增加？本书认为，这是因为未将商务电子与电子商务搞清楚，将满足需求的商务电子当作目的，而电子商务满足的是欲望。

　　文章指出，进商场是不需要缴纳租金的，代之以与营业额挂钩的 25% ~ 35% 不等的扣点。此外，还要付给商场上架费、广告费、公关费，要参加商场各类促销，货款每 3 个月与商场结算一次。当然，若营业额低于一定数额，是需要补给商场租金的，同时也有被清场的危险。刚开始，商场专柜不多的时候，压了 3 个月的货款与货也不算什么，等专柜有一定量的时候，Tom 发现，一个商场哪怕压了 20 万元的货款和货物，若有 300 个商场专柜，则压 6000 万元的资金，这似乎是一笔不划算的生意。

　　对此，本书认为，商场专柜经营的利润 = 专柜销售收入 - 专柜经营成本 = 销量 × 价格 - 专柜经营成本。上面提到的这些费用，都属于专柜经营成本，且多数是固定成本。则在成本和产品零售价格一定的情况下，确保利润的唯一方向就是增加销量。而要增加销量，根据式（3 - 6），就要给终点顾客们一个不假思索选择的排他性单一利益点。

　　文章指出，有一次，某二线城市新开了一个购物广场，Tom 的手下与购物广场的副经理是铁哥们，以为进驻购物广场是铁板钉钉的事，谁知道百丽集团来了，百丽旗下有 8 个鞋品牌，要不就全部进驻，要不就不来。购物广场为了吸引百丽，不但不要进场费，而且还包装修，地方让百丽先挑，挑剩的才轮到 Tom 等小品牌。因为跟购物广场的副经理熟，Tom 了解到购物广场收百丽的扣点少了 15%，且货款 2 个月结一次……绝望之余，Tom 又作出了一个重要的改变：拒绝进入该购物广场，同时，也决定不再进入商场专柜，只开专卖店。

　　当 Tom 的渠道策略轮回到专卖店的时候，Tom 发现，哪怕肯帮房东打工，也未见得处处能打。开专卖店要挑选旺铺，但很多地方的旺铺，哪怕愿意付钱也没位置。就这样，从选址、装修、招人、培训、进场、卖货、促销、清仓大拍卖、跳楼价、撤场，Tom 折腾了 3 年，前后 6000 万元花没了，但并没能把意大利知名品牌变成中国知名品牌。

　　后记：后来 Tom 找我说，不做品牌在等死，做品牌又烧钱烧死，那应如何解决？我的意见是首先低成本自身打造品牌人才，其次才以点带面地做！

　　对此，本书认为，首先低成本自身打造品牌人才，其次才可以点带面地做，此观点是正确的。那么，品牌人才需要掌握哪些理论知识呢？又需要掌握什么样的专业技术呢？《品牌经济学原理》提供了科学的理论基石，《BCSOK：品牌建设体系》提供了系统的专业知识，而《品牌工程学》则提供了可靠的专业技术。而本书则是将理论与技术、行业与企业结合起来。缺乏理论的结果，就如案例中所言"还没能把意大利知名品牌变成中国知名品牌"。依然把品牌建设理解为提升知名度。

4.3 基于目标顾客链的爆款分析

4.3.1 电商悖论与爆款陷阱

针对电商时代，本书提出了电商悖论：在顾客预期送达时限的约束条件下，电商规模越大，递送速度越慢，顾客体验越差，重复购买的意愿下降，电商规模受限。

故在顾客可接受的递送限时最多的天数下，电商的规模是限定的。据"利润 = 收入 − 成本 = 销量 × 价格 −（固定成本 + 变动成本）"，在最大限定规模之后，电商增加利润的途径有两个：提高价格与降低成本。偷工减料或山寨，就是降成本的策略，后果用脚后跟都能想出来。网民可能是盲目的，但对手的眼睛以及职业打假的网络特务的眼睛是雪亮的！

通过邹卫报道的清远鸡的实例[①]，可直观地理解电商悖论。清农电商成立于 2014 年 11 月 6 日，5 天后恰逢"双十一"到来，清农电商当天在网上一天共卖出了 857 万只清远鸡。

"我们的目标是 2018 年后每年销售 3 亿只清远鸡。"相关负责人说。据清远市鸡协统计：清远鸡每年的出栏量在 4500 万 ~ 5000 万只，这意味着未来 3 年，清远市清远鸡的出栏量必须要爆发式地数倍增长，才能满足清农电商的需求量。"最大瓶颈可能是供应量的不足，而不是销售。"相关负责人说。他说"双十一"卖的 857 万只清远鸡，截至目前只供应了不到 30%，还有差不多 70% 没供货。"还要 6 个月的时间我们才能把'双十一'那 800 万只鸡全部交付完，要不然我们就会赔得很惨。""这也是农村电商与传统农业模式最大的不同。在清农电商的销售模式下，鸡还在蛋壳里，但鸡已通过网上订单卖出去了，之后要做的事情就是把鸡养大，并在订单要求的时间里送到终端消费者手中。"相关负责人说。

实际上，2021 年清远鸡的出栏量是 1.28 亿只，2022 年清远鸡的出栏量是 1.36 亿只。注意上段最后一句话"在订单要求的时间里送到终端消费者手中"。此时间也即顾客可接受的送达时限的最多天数。此天数无论怎么计算，都不应超过 180 天吧。

根据电商悖论，需要小心的是爆款陷阱，也即互联网思维。作为一个现象或概念，爆款是伴随智能电商时代产生的。随着智能手机的普及，消费者通过智能手机登录电商平台搜索、下单与晒朋友圈某产品，使该产品在短时间内具备了社交属性，从而产生指数增长。所谓爆款陷阱，是为了应对互联网订单短期的迅速增加，厂商需要提前备足库存。假如备足库存的产品品类有 N 个，只要有一个品类产品的订单销售额未迅速出清该品类的库存产品，将直接产生损失。就像清远鸡一样，根据"双十一"天量订单的反馈，加大养殖

---

① 邹卫. 广东农民去年双 11 网上卖 857 万只鸡 70% 还没发货［N］. 南方都市报，2015 – 04 – 13.

量，一旦订单减少呢？再好吃的鸡也存在边际递减的规律，何况中国各地还有很多优质的地方品种的鸡，也即竞争者存在。

按持久增值逻辑，可确定清远鸡的年度养殖量，比如，800万只。通过众筹和竞价来确定哪些顾客可以得到。如此稳定产量，通过价格增加来确保盈利能力。

借助互联网强大的渗透能力和传播广度，在众多创新的产品中，总会出现若干一鸣惊人的爆款。对于创造爆款的企业而言，当然是可喜可贺的。从市场的随机行为来看，爆款是可遇不可求的。故创出爆款的企业，尤其值得幸运。但如何借助出现的爆款，使企业能持久发展，避免"其兴也勃焉，其亡也忽焉"，才是创造出爆款的企业团队时刻思考的焦点。

经过短暂的火热，爆款骤然熄火，变成爆雷，也并不是难得一见的偶然。曾经的三株口服液，1992年才成立，1995年的销售额即超过23亿元，1996年销售额则高达80亿元，随后就从市场上消失了。该口服液在那个年代，绝对属于现象级的爆款。

即使在互联网时代，曾经拥有超过8000万用户的电商凡客诚品，从2013年以后，基本也无声无息了。一个重要原因也是陷入了爆款陷阱：凡客诚品是借网购之风口发展起来的，2010年销量3000万件衣服，销售额达20亿元，员工达1.3万人。公司宣布2011年要做到100亿元销售额（实际实现了40亿元），2015年实现1000亿元销售额。为了增加销售额，在一年内实现极速扩张，各种品类一度超过20万个，甚至在官网卖起了拖把。但14.45亿元的库存积压，最终导致资金链断裂。

关于电商悖论问题，正在引起电商平台的重视，一个重要实例就是跨境电商平台的速卖通在2024年2月开始实施半托管服务。对此，有自媒体作者认为之前很多做速卖通的朋友，多数是玩铺货、玩店群的，开好几个店铺，拼命地上架，一个店铺上架几百个产品。几个店铺全部加起来可能上千个链接，家里也不备货，更不用说备货海外仓了。每卖出一单，就去阿里巴巴买一件回来打包发货。这样做的优点是你不用囤货，无风险，缺点是发货速度太慢，质量也不能保证。比如，你卖了一单去法国的订单，从成交到客户收到货，可能需要20天左右。而半托管的要求就高了，要求美国的订单，48小时就必须寄到速卖通仓库。相信很快全部国家都会要求48小时上网。你在速卖通这边卖出去了才去阿里巴巴下单，阿里巴巴又要先寄给你，这里耽误了两三天，到了之后你再打包发货到国内的速卖通仓库，又要两三天。到了速卖通仓库那边称重量、量体积，才能真正发往国外，可想而知有多慢了。

任何想长久发展的生意都必须把客户放在第一位，除了质量问题，快递时间也是很重要的。换了是你去淘宝或是拼多多买一个产品，快递让你等20天才收到货，你自己能不能接受，若你自己都不接受，凭什么外国人就能接受，买个产品要等20天甚至更久，是我可能都退款不要了。加上还有其他平台的竞争，比如，亚马逊大部分都是备货海外仓的，下单之后两三天就能收到货，买你家的却要等20天，是你也会选择去亚马逊买了。先不管质量和价格，就这快递时间就已被打败了。

为了尽可能地降低消费者收货时间，增强网购体验系数（S_e），Shein借助网络技术建立了"小单快返"模式，通过"小批量、高频次、快速滚动返单"，以及产能充足广东番禺的中小服装工厂，从传统快时尚品牌 H&M、Zara、优衣库等手中夺得海外消费者的选择。与传统快时尚品牌相比，Shein 每批次出库量更小，订单更灵活，市场测试频次更高，更能快速识别出爆款。单次订单量多为 100～200 件/单，且平均出货周期在 1 周之内；而传统快时尚 ZARA 的单次订单最低 500 件，平均出货周期为 2 周。

Shein 每天可上新 3000～4000 件新品，大部分为 5～30 美元的低价商品。通过数字化统计算法快速识别出走量处于增长的款式，将其快速地匹配给相应的工厂，将该款式销量扩大。2015 年，Shein 将中国的总部搬到了广州番禺，因为番禺聚集着一大批服装中小加工厂，能快速适应 Shein 的小单快返生产模式。

4.3.2　YQSL 如何摆脱爆款陷阱

YQSL 公司成立于 2016 年，2018 年销售额不到 3 亿元，2019 年销售额突破 8 亿元。2020 年突然爆发，销售额一跃突破 20 亿元，成为 2020 年的爆款单品。2020 年 618 在天猫一度超过了可口可乐、百事可乐的销量。2021 年销售额为 73 亿元，2022 年在 80～90 亿元。2018～2021 年的年度增长率，分别是 300%、200%、309%、260%，但在 2022 年骤降到 30%。

YQSL 能成为爆品，必定有其道理。综合网络观点，高频率的认同是 YQSL 以 0 糖、0 脂、0 卡的精确定位。在营养过剩的时代，与年轻女生男生达成了情感共鸣。其核心是无糖还有甜味的气泡水、无糖酸奶、无糖奶茶、无糖功能饮料。与此同时，其创始人将自己在网络游戏中体验的游戏皮肤的理念，设计出了 YQSL 外包装，使同样或多或少都有过网络游戏的年轻消费者触景生情，然后情不自禁地作出选择。即 YQSL 因契合了年轻消费者的快乐而获得按乐分配的市场地位。

但从本身的角度看，其问题是：0 糖、0 脂肪、0 卡路里，这三个属性对 YQSL 企业而言，并不具备法律效力的排他性。故当 YQSL 将具备此三个属性的产品市场做起来之后，跟随者必将蜂拥而至，这才是其最大潜在风险所在。对此，品牌经济学反复论述强调，对企业而言，唯一具有法律效力排他性的是自己的注册商标。故企业创业者唯一的任务就是将自己的注册商标，通过向目标顾客承诺能引起共鸣且乐而忘忧的情感利益，也即品牌认知，才能持久地获取溢价收益。

从后文的资料来看，诸如农夫山泉、可口可乐、百事可乐等传统饮料厂商，已或正在采取针对 YQSL 的产品和渠道活动。网络公开资料显示，2020 年以来，面世的无糖气泡水产品超过了 30 款，也即进入了同质化阶段。YQSL 风味气泡水的市场份额，从 2019 年的 85%，降到了 2022 年的 50%。其实再回到目标顾客链模型，无糖气泡水的目标顾客群是 20 岁左右的青年人。他们的选择行为是尝试、追求新事物，这是他们成长过程的习性。但也正因他们此尝新习性，决定了他们选择行为的波动性，即日新月异、因新而宜。本书称其为青春陷阱。为避免陷入此陷阱，可阅读案例 4.2。该案例是根据苗正卿于 2023 年 3 月，发表于新三板上市的虎嗅网的文章节选展开分析的。

案例 4.2 YQSL 的目标顾客链分析

区域经销商为了自己的生存与发展，的确能如原文所说，即 YQSL "所合作或潜在合作的经销商多为地方实力派：有的几个家族盘根错节，世代做经销商；有的生意横跨几个城市，一句话能决定一瓶水在小半个省的存亡；有的触角能伸进山里所有最偏僻的村子。"。这也就是为何任何企业都不能忽视区域经销商的价值与作用，尤其是不能形成危害其利益的措施。也正因为此，"YQSL 的 T 先生从春节后频繁外出拜访各路经销商"。品牌经济学的基本策略，就是区域经销商负责区域分销体系，品牌商也即产品生产企业负责终端动销和终点目标顾客的品牌建设，目的是使区域经销商敢进货、快周转，同时获得一定的毛利率。为了梳理与判断本书所描述的 YQSL 诸多措施，绘制如图 4.10 所示的目标顾客链。

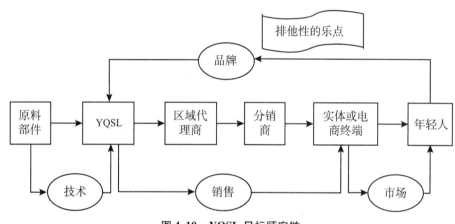

图 4.10　YQSL 目标顾客链

资料来源：笔者自行绘制。

从 2016 年至 2018 年，YQSL 起步阶段，其主要渠道开始是高线城市的便利店，之后是高线城市的大卖场。从图 4.10 可见，便利店和大卖场都属于零售终端。在 2022 年底召开的经销商大会表明，YQSL 是通过区域代理商和分销商将产品配送到便利店和大卖场即终端的。

到 2022 年，YQSL 在北上广等一线城市的增速已放缓，业绩需要突破，就必须拓展下沉市场，而随着市场地域范围的扩大，传统区域代理商和分销商的作用，就越发重要。T 先生在经销商大会上说"长期来说，依托经销商发展我们的销售网络才是正道"。这就是 YQSL 在 2023 年会高度重视经销商的市场背景。

从图 4.10 可见，YQSL 所重视的经销商问题，属于销售环节。产品一旦进入众多的终端门店之后，如何提升动销率就成为关键。而能否给善变的年轻人持续稳定的认牌选择 YQSL，就成为门店进货周转率的决定因素。

尤其值得警惕的是"在 YQSL 内部，每天都有产品研发团队的员工端着试饮品穿梭于公司内请其他人试喝"。这些参与试喝的公司内部员工们是试饮品的目标顾客吗？若不是，这就是真正的盲测。"不停地产出新品"即爆款思维：我不知道哪款能成为爆款，但足够多的新品总该能出一个爆款吧。销售团队在"账面上"呈现出的是一片大好，毕竟东西"卖"出去了。笔者在20世纪90年代称此种"销售"为仓库搬家。最终只能在临近保质期时进行降价处理。

"2023年，YQSL开始与经销商'共建业代'在不到一年的时间里，共建业代人数新增近1000人。"对比图4.10可见，YQSL正在从渠道销售，进展到了终端市场了，总算前进了一步。但正如YQSL气泡水品牌负责人所言"渠道建设是个慢活，而我们在可乐口味里还是摸索的小学生。"到2023年4月，YQSL拥有超过1000位经销商，线下终端突破100万个。而农夫山泉的经销商超过4454家，覆盖243万个以上的零售终端网点；康师傅、统一、可口可乐、娃哈哈的终端也在500万个以上。相比互联网的零空间的无边界逻辑，基于社交网络以及搜索下单的便捷性，聚沙成塔，订单可迅速增长。用这种快速成长的互联网思维，来拓展实体店这种三维空间，需要克服的阻力是很大的。

"长期来说，依托经销商发展我们的销售网络才是正道。所谓的去中心化，这种互联网思维是毒药，对销售理解不够。"T先生能直言对销售理解不够，非常值得赞扬。能对成立七年的企业经历进行反思，就是能进步的重要保证。若能早些理解并借助目标顾客链模型，或许就能及早且真实地理解"依托经销商发展我们的销售网络才是正道"。提到的"所谓的去中心化，这种互联网思维是毒药"，此观点尤其值得实体经济警惕。若说生产厂是心脏，区域经销网络就是主动脉，分销商体系则是更庞大的血管甚至是毛细血管。正是通过经销商才能把产品分布到遍布城乡的各类终端。

但据图4.10可见，最关键的还是产品在终端这里能否及时足量地变现，即被终端顾客所购买消费，商品才算是完成了一个循环。而要实现此临门一脚的交换，产品的品牌建设就成为关键的关键。尤其是对瓶装饮料这类即时消费品，顾客更多的是在所处场景的零售店或售卖机中随手购买，即时消费。而不可能拿出手机通过电商网购，再坐等若干时间，等待快递员前来送货。T先生所言的互联网思维是毒药，可理解为因网购逻辑而忽视了实体店的场景逻辑。遍布城乡的便利店、售卖机等数量巨大，这就需要区域代理商和分销商构成的经销商体系。

YQSL同时建设电商渠道和线下实体渠道。这就存在一个渠道冲突问题。多数企业解决的办法是进行产品差异化，对此容易出现线上、线下两者相互诋毁，相互向顾客暗示对方产品质量有问题（本人也亲自经历过）。最终伤害的都是顾客对产品品牌的信任。其实。本书认为采取多商标策略，是值得实践的。线上的目标顾客以年轻人为主，线下的目标顾客以中老年人为主，各有不同的情感共鸣点。正是目标顾客的情感利益存在明显的差异，才有必要赋予不同的商标进行区隔，同时，进行情感共鸣的品牌建设。并为经销商实现平稳有利的进货、存货、分销，提供坚实的保证。遗憾的是，多数厂商更愿意赌一把，采取一荣俱荣的一标多品策略，而忽视了一损俱损的三鹿奶粉悲剧。

"天怒人怨"的经销体系，恰恰表明问题出在终端门店进货后的动销率过低，从图4.10来看，过低的动销率，恰恰反映的是进店顾客的认牌购买率低。任何一个门店或售卖机，都不可能只卖YQSL，而是众多品牌的瓶装饮料。这就表明，经销商出现的诸多问题，映射出的是 YQSL 的品牌信用度尚需进一步地提升。通过阅读多篇网络文章和官网资料，发现 YQSL 主推的 0 糖、0 卡路里、0 脂肪，这不属于品牌建设的情感利益，而是产品的物质属性。此物质属性尽管可能是由 YQSL 首先提出的，但属于产品通用属性，其他厂商照样可推出 0 糖、0 卡路里、0 脂肪的饮料。故根据图 4.10 可见，YQSL 真正的问题依然是贯彻左侧的产品逻辑，而不是右侧的品牌逻辑。

"在统计销售回款时，只统计经销商回款。"只统计经销商回款，这是典型的产品仓库搬家。根据图 4.10 可清楚地看出，YQSL 的业务主要在区域经销商，或许有一部分分销商，但终端动销的操作并未成为其关注点。这表明至少线下经营，尚处于区域经销商阶段，分销商以及终端建设，就成为今后的关键。"YQSL 的战区会急着让我们拿货、付款、多拿货、多付款。"这句话表明，推销还是 YQSL 的重点，营销还在路上，但也表明潜力巨大。故 YQSL 仍属于产品推力型增长，而不是品牌拉动型增长。

"在 YQSL，销售回款也被纳入 OKR 体系。""为了提高战区 OKR 完成度，战区会让区域内经销商'压货'"从而使经销商"面临着'钱付了，货卖不出去'的窘境。"OKR 即 Objectives and Key Results，全称是目标与关键成果。其实，问题不在于目标与关键成果，而在于目标是什么，关键成果又是什么。根据图 4.10，可见经销商需要的是把所购进的产品，送进尽可能多的终端门店或商超，而终端门店的愿望则是尽可能快地把所进货品卖掉，回收货款。故若把目标确定为从销售推进到市场，也即协助区域经销商拓展终端数量，并围绕终端动销进行有效的活动，而不仅仅是回款，效果就不一样了。更重要的是，YQSL 的品牌经理，围绕目标顾客的敏感需求，按品牌信用度的 10 个指标，进行系统的测算与优化设计，才能给目标顾客一个不假思索且持久溢价选择 YQSL 的理由，才能确保不出现"钱付了，货卖不出去"的窘境。

"比如一款产品在 2020 年卖得不错，那么 2021 年可能其销量目标会上浮 20%、并匹配更多的推广资源、渠道资源"这句话很正常，却是短缺思维的具体表现，更是线性逻辑的巨大陷阱。同时表明，这款在 2020 年卖得不错的产品，为何卖得好，YQSL 并不清楚。若能清楚地知道卖得不错的这款产品被谁（目标顾客）、在何处、何时所买，并由此推测产品覆盖率，并按 2021 年、2022 年疫情放开的乐观、持平、悲观的三种情况，进行总量测算，在极度不确定的条件下，按悲观测算作为执行目标，是最稳妥的逻辑。

"2022 年，在一些战区，YQSL 个别人开始'摊派'销量不佳的产品。"这里提到的"摊派"销售，又称捆绑销售，即订购畅销产品时，搭售"不好卖"的产品。一款产品莫名其妙地火起来了，最应该做的是深究为何会火起来，这就是亚里士多德提出来的、但借马斯克而流行起来的第一性原理。此根本的问题不去解决，而是"搭便车"地推出更多款式其他产品，自认为也应该能火起来，实属侥幸。客观存在"不好卖"的产品，说明并没真正地理解并执行第一性原理。根据图 4.10 可见，"将产品划分为三个梯队"，所表达的是 YQSL 还处于产品推力的传统逻辑，而不是聚焦终端目标顾客情感共鸣的品牌拉力逻辑。也正是产品推力型增长逻辑，导致经销商渠道压货滞销等问题。若不从产品推力型增长逻辑，转到品牌拉力型增长逻辑，继续以增量为导向，而不是以增值为导向，当前的经销商问题暂时解决了，但问题产生的根源依旧存在，隐患也就依旧。

品牌经济学

"2022 年经销商遇到的困扰，本质上源自'没尊重规律'，若想彻底改变现状，需要从规律入手，借力传统消费公司的经验。"本质源自"没尊重规律"，这句话具有哲学解。问题是需要尊重的规律是什么。本书认为，此规律是图 4.10 所指出的品牌拉力型增长逻辑。而"从传统消费圈招聘来了气泡水品牌负责人"表明，YQSL 的此举措是正确的。需要考虑的是，所招聘来的品牌负责人，是品牌接管型人才，还是品牌拓展型人才。别忘了，4.2 节中的鞋业老板 Tom 高薪聘请来的也是某著名鞋业的品牌经理，其实是品牌接管型人才。再如可口可乐或宝洁等公司的现任品牌经理，也属于品牌接管型人才，因为这类具有历史的传统公司已形成了自己的品牌逻辑与操作流程，所任品牌经理，更多的照章办理即可。而品牌拓展型人才，则是从头把一个商标建成品牌的人才。两类人才都是极具专业素养的，但所能承担和胜任的任务属性却大不相同。YQSL 所处的现阶段，更大的可能是需要品牌拓展型人才。还需要深思一个问题，即认为国际大牌、百年品牌们走过的路，往往是捷径。问题是此捷径是否适合其他厂商？毕竟成语南橘北枳、邯郸学步所隐含的问题，也是客观存在。

企业运营，结果导向，但过程管理。而过程所遵循的无形的规律是第一性的，所发生的事实是第二性，数据则是第三性。通过数据进行管理，属于典型的用第三性代替第一性。数据是数据，事实是事实。在 YQSL 周报里"T 先生还是产稿量最大的撰稿人，他会频繁把自己的想法、心得、读后感发在里面"，老板如此辛苦地劳心费神，属下何必动脑。既然是最大的撰稿人，那目前所出现的经销商问题又是咋出现的？冰冻三尺非一日之寒。笔者认为[1]，一个健康的组织应当是，旁观者的外脑做规划，当局者的老板作决策，中层基于内部资源负责制订实施计划，而基层负责具体实施。

根据图 4.10 可见，"更加服务线下销售和终端客户"属于销售与市场的环节。"品牌工作核心围绕终端卖力开展"这句话实在费解，终端卖力属于市场部的核心工作，即能不能把产品通过经销商、分销商送进各类终端，是销售经理的任务。一个区域可有若干名销售经理，而产品进入的终端数量，则是几名销售经理无法跟进的。这就需要市场部的接续，也即市场部的工作场景是终端动销管理、展柜管理、促销活动策划与实施、竞品监测等，这并不是品牌工作。品牌部的职责，是聚焦于目标顾客的精确识别，始终围绕给目标顾客一个排他性乐点来展开。终端进店率是终端品牌拉力的测量指标，进店后的试用率是导购的测量指标，而进店指牌购买率则是品牌测量指标。

"无糖 + 气泡"确实属于新品类，遗憾的是不属于法律保护的产品名称，YQSL 掉进品类陷阱了。将无糖与气泡结合起来，属于智慧超群。但所创立的产品名称并不具备产权保护属性，因为作为通用名称的产品名称，不被相关法律保护。直言之，YQSL 创立了无糖气泡水，但无糖气泡水属于产品名称，随着 YQSL 把无糖气泡水的市场打开了，其他更多的厂商必然跟进，推出各自的无糖气泡水。"商标 + 产品名称"的宣传或品牌定位，是本书认为最遗憾的事情：替人作嫁衣，先驱变成了先烈。这是某著名豆浆机曾走过的弯路：即使拥有很高市场份额，利润率却很低。唯有"商标 + 排他性乐点"的策略，才能避

---

① 孙曰瑶. 区域市场精确营销［M］. 北京：经济科学出版社，2001.

第4章 价值转换的目标顾客链模型

免这种尴尬。

资本要的是增值率，以便在资本市场套现，这是资本的本性，无可厚非。但作为实实在在被消费的产品，需要落地扎根，能够围绕精确的目标让顾客重复且持久的消费。估值的逻辑，更多的属于线性思维，缺乏对竞争逻辑的理解。随着 YQSL 的无糖气泡水的热销，更多的同类竞品必然加入以能搭便车。从而导致销量即使增加，但利润率却不可阻挡地下降。而为了维持更大的销量，就要投入更大的费用，从而进入恶性循环。据图 4.10，这种恶性循环属于典型的规模增产推力型增长的逻辑。只有持久增值的品牌拉力型增长，才能摆脱这种恶性循环。

已有的分析都在强调 YQSL 重视经销商也即渠道建设。T 先生明确地说"长期来说，依托经销商发展我们的销售网络才是正道。"YQSL 在 2019 年之前的市场占有率高达 85%，但到 2021 年下半年占有率最多 50%，可口可乐的小宇宙 AHHA、农夫山泉苏打气泡水分别在 25%、18% 左右。这也意味着，YQSL 气泡水的市场份额在缩小，其他品牌气泡水开始被消费者所认可。

从本源而言，将"YQSL（商标）+无糖气泡水（产品名称）"组合起来，进行市场推广，是最大的失误，因为给了更多其他企业搭便车的机会。市场份额在减少，以及"其他品牌气泡水开始被消费者所认可"，表明被搭便车的效果业已显现出来了。由此一来，YQSL 的策略就很尴尬：跟进硬拼，实力不够。不跟进，又有滑落的可能。如图 4.10 所示，YQSL 恰恰应在右侧的目标顾客的精确锁定，以及按提升品牌信用度的 10 个指标，进行逐个优化，从而避开实力的拼耗，才有可能避免更大的损失。其实，纵观 YQSL 的诸多文章，所谈的共性是品类、经销商，作为目标顾客的终点顾客，也即 YQSL 产品的目标顾客的行为研究，尚未发现。

YQSL 的"0 糖"产品中真的不含糖吗？答案是否定的。据新华每日电讯消息[①]，早在 2021 年 1 月，就有专业人士质疑该产品涉嫌虚假宣传，产品主打"0 蔗糖·低脂肪""奶茶控不怕胖"，配料表却显示添加了结晶果糖。"0 蔗糖≠0 糖"，这两者之间的区别，普通消费者很容易混淆。近几年的高速发展，入局无糖饮料的企业越来越多，竞争也越来越激烈。在此境况下，内忧外患的 YQSL 还能走多远？

以上关于 YQSL 的成分问题，按本书后面的测试商标的品牌信用指数的 TBCI 模型，属于第十个指标，即质量信息透明性。质量信息透明性属于法律范畴，不属于可讨论的问题，作为企业必须执行。绝对不应出现涉及产品质量、承诺以及信息透明性的错误，这类错误实属低级类常识类错误。按 7.1 节的品类对模型，作为后来者的 YQSL 们，最大的致命的战略失误是与国际巨头们发生正面硬拼。2002 年两乐启动的 1 元战略，目的就是扼杀非常可乐，应该引起足够的教训。对这些国际巨头而言，睡榻之侧岂容他人鼾睡，无论多大的消耗战，他们都承担得起。故根据品类对模型和目标顾客链模型，避开硬拼的策略，实属上策。

---

① 刘晶瑶. 新华社评论：产品宣传玩"0 糖"文字游戏，只会伤"元气"丢"森林"，新华每日电讯，2021 - 04 - 14.

第 5 章　品牌信用模型的指标算法

持久增值的品牌溢价机制，揭示了把商标建成品牌为何能获取溢价，为实现从增产到增值提供了理论依据。那如何把注册商标建成能溢价的品牌呢？这就属于品牌工程学的任务，为此就需要建立实施品牌工程的品牌信用模型。

在市场全球化的条件下，靠房地产和 OEM 堆积出来的 GDP，是无法提升一个国家的全球竞争力的，只有赢得全球顾客选择的品牌，才能拥有定价权，在占领国际市场的同时，赢得世界的尊敬。这就需要不断提高中国的品牌信用，即品牌信用强中国。只有拥有高的品牌信用度，企业才能获得定价权，实现品牌溢价从而既赢得市场，又赢得顾客的尊重。没有信用的商标，就不会有持久的生命。正如经过毒奶粉事件的三鹿商标，以 730 万元被浙江某企业拍得，用于该企业推出粗粮有机食品，很短时间即告失败[①]。

厂商们在品牌建设中存在的最大问题，就是不知道什么是品牌而进行所谓的品牌建设。结果就是导致众多企业出现严重的品牌建设失误。故品牌工程学研究的目的，就是为中国厂商品牌建设，在品牌经济学基础上，提供具有科学依据的可靠标准，并由此为投资者和消费者选择品牌提供可靠的依据。在缺乏可靠的表内评估条件下，通过品牌信用评级此表外评估，也可对中小企业和文化产业投资项目进行评估。

在厂商品牌建设的实践过程中，正是因为将商标与品牌混淆了，所以才得出了知名度、美誉度、忠诚度这三个"品牌"建设指标。本书认为，在价格一定的条件下，只有降低目标顾客选择成本的品牌信用度，才能使目标顾客在产生购买动机时不假思索地进行排他性选择。鉴于此，本书认为，品牌建设的核心，不是知名度，不是美誉度，不是忠诚度，而是建立在能极大降低目标顾客选择成本的品牌信用度，并由此获得品牌溢价。

流转率对面积既定的商场超市经营至关重要，为什么其他同行做不到高流转率，而胖东来做到了？因为胖东来用三十年的时间做成了两个字：信任！在胖东来的企业文化非常核心的是对员工好：工资高、工时短、休假高。由此形成了良性循环，即对员工好→员工好好干→品质逐渐提高→客户越来越满意→企业收益增多→有钱了对员工更好。

---

① 石伟."三鹿"变身有机粮后再度折载 [N]. 长江商报，2015－04－27.

5.1　如何理解商标的品牌信用度

传统的信用研究属于历史归纳法，也即评估过去的守信或违约概率。但问题是过去守信的人，将来未必守信。很多商业欺诈行为，开始都是表现得很守信，在获取信任后，再实施更大的欺诈活动。

例如，某地的商人甲，为了骗取远离该地的啤酒生产企业的信任，支付给该啤酒企业100 万元现金，从而获得该啤酒企业的 100 万元啤酒产品。该商人甲在一个月内，将该啤酒产品价格打对折销售，获得 50 万元现金。然后，商人甲将这 50 万元现金支付给该啤酒企业，获得该啤酒企业价值 50 万元的啤酒产品。继续对折销售，变现获得 25 万元现金。又将该 25 万元现金支付给该啤酒企业，获得价值 25 万元的啤酒产品。到目前为止，在该啤酒企业眼里，商人甲的信用很高。也就在此时，商人甲开始了诈骗活动：告诉该啤酒企业市场需求很旺，快断货了，希望尽快供货，货到付款。

为了解决过去守信、将来未必守信的信用评估问题，品牌经济学提出了新的评估方法，即对厂商以商标为载体进行承诺的评估。若承诺本身就不值得信任，其信用必定是低的。在什么条件下的承诺是值得信任的？答案是所作承诺本身是可验证的。

泸定桥是大渡河上建造最早最长的一座桥梁。桥体分别由桥身、桥台、桥亭三个部分组成。踏上桥面，整个桥身起伏荡漾，如泛轻舟，它是连接川藏交通咽喉之地。当年对铁环的铸造要求极其严格，要求工匠必须将名字一起铸在铁环上，以便日后发生质量问题好追究其责任，从而保证了近 300 年来铁桥仍然横跨大渡河之上。

读完这段文字之后，您印象最深刻的是什么？笔者读完印象最深的是"当年对铁环的铸造要求极其严格，要求工匠必须将名字一起铸在铁环上，以便日后发生质量问题好追究其责任"。其实，这就是中国产生于春秋时期、完善于战国晚期的"物勒工名"制度，是指器物的制造者要把自己的名字刻勒在上面，以能检验质量和日后的追查。

将工匠的名字铸造在铁环上，就是信用，其含义是：若哪个铁环断裂了，就追究该环铁环铸造者的责任。即使当年的亲自铸造者过世了，在那个时代，是父债子还的。而在此规定下，为了子孙后代的安宁，当年铸造铁环的祖辈，是绝对不敢忽视质量的。故本书认为，品牌信用的要素有 5 个：

第一，要有明确的承诺者，也即是谁作出了承诺。在建造泸定桥时，铸造在铁环上的工匠姓名，就是明确的承诺者。对现代厂商而言，则是注册商标。欧美日等国家的很多注册商标，其实就是家族姓，如西门子、福特、奔驰、松下等。

第二，作出了什么明确的承诺，也即该承诺者作出了什么可以看得见的承诺。在泸定桥制造时，在无自然灾害等不可抗力条件下，保证铁环不断裂就是看得见的承诺。对厂商而言，则就是白纸黑字的文字记录，这就是质量信息的透明性。

第三，该承诺向谁作出的？若缺乏明确的承诺对象，再好的承诺也无效。在泸定桥中，承诺的对象是过往行人。在厂商品牌建设过程中，基于图 4.1 最右端的终点目标顾客就是承诺的对象。

第四，该承诺是否可以验证？若作出的承诺不可以验证，承诺者即使违约了，也无法证实，自然也就无法受到惩罚。在泸定桥中，铁环是否断裂，是很容易验证的。据力学原理，每根铁索能承受的最大重量，不取决于最强的那一环，而取决于最薄弱的那一环。每个工匠都明白此道理：谁制造的铁环质量最差，也就最容易断裂，这是无法抵赖的。正是此可验证性，每个工匠确保自己铁环的质量。对厂商而言，则是注册商标、生产企业名称、生产地点、生产日期、产品成分、服务内容等，必须清楚地写在产品标签上。

例如，19世纪90年代，当时的绝大多数商家采取的是"商品出门概不退货"的政策。但马歇尔·菲尔德率先作出了商品退货和免费送货的承诺，使离该商场很远的顾客也来此购物，并因此树立起了马歇尔·菲尔德的品牌，使"马歇尔·菲尔德"成为当时商界诚信的代言或象征，从而成为顾客们不假思索前来该商场选择的品牌。

河南胖东来超市，将商品进货价予以公布。例如，泰国金枕头榴梿，售价21.9元/斤，进货价19.7元/斤。同时，POP牌也清楚地标明了：品名、产地、价格、进货价、糖度值及外形特征和口感，还有消费者关注的出肉率是35%。尤其是还准备了榴梿专用的手套进行挑选，避免扎伤手。

第五，违约之后受到的处罚成本超过其违约收入，只有满足了承诺的可验证性，才有可能确定违约之后的处罚成本。为此，本书构建了一个是否违约的经济模型：

$$违约净收入 = 违约收入 - 违约处罚成本 \times 查出率$$

若查出率=0%，则必定违约；若查出率=100%，且处罚成本超过违约收入，在执法者不被违约者收买的条件下，则无人违约。目前的法律体系，多数是采取加大处罚成本和提高查出率也即提高侦破技术的策略。其实，若违约收入为零，无论处罚成本和查出率有多高，也无人违约。据此，本书认为，在现实经济活动中，建立起品牌信用评级系统，使顾客预先知道或者自己也能对商标及其承诺进行信用评级，才能降低厂商的违约收入预期，从而避免其违约行为。在泸定桥案例中，铁环出现质量断裂后，制造者即工匠的处罚成本是什么，我们无从查起，但从事实来看，铁索至今未断，可反推，因质量断裂的处罚成本将是很高的，而且也必定是危及其子孙后代的，否则，不可能保留至今。

资料5.1 中国本土洗发水去哪了？[①]

2011~2013年，洗发水市场国际品牌的市场份额分别为70.5%、72.3%和73.9%，本土品牌分别为29.5%、27.7%、26.1%，呈现逐年下滑态势。"本土洗发水衰落已是不争的事实。"某咨询公司彭儒霖说。行业中已看不到年销售额5亿元以上的本土品牌了，某知名本土洗发水品牌2010年时还有10亿元左右的销量，现在大概只有2亿元。外资品牌占据了中国洗发水市场约80%的份额，其中宝洁占60%，联合利华占15%，还有5%来自欧莱雅。日化专家冯建军曾向媒体透露，潘婷、海飞丝、飘柔、沙宣4个品牌贡献了整个宝洁中国超过53%的收入，但在中国的卖场中这4个牌子却不用交进场费。

---

① 贺文婷. 中国本土洗发水去哪了 [N]. 每日经济新闻，2014-11-16.

第5章 品牌信用模型的指标算法

本书认为,潘婷、海飞丝、飘柔、沙宣这4个品牌在中国的卖场中为啥能不用交进场费?从图4.1可见,是因为这四个商标已成为目标顾客乐此不疲溢价购买的品牌,从而形成了强大的品牌拉力。考虑到消费者购买的组合型行为,若某个卖场没有这四个品牌的洗发液,会流失相当部分的消费者,导致卖场损失的不仅是洗发液的销售,更多的是由此带来的其他商品的销售。缺乏品牌信用度的商标及其产品的厂商,只能通过缴纳进场费等来进入卖场,并被动地接受卖场诸多要求和较长的账期。故通过是否需要缴纳以及缴纳多少进场费,可间接地判断该产品的商标成为目标顾客溢价选择的品牌的程度。

黄志东提到,[①] 他们受到国际品牌的冲击非常大,利润下滑得非常厉害,已是微利,老板考虑到行业后劲没那么足,当然不会投那么多钱去发展了。"企业必然要去寻找其他行业补回业绩,多元化不足为奇,现在做洗涤类的企业大部分都有涉足其他行业。"早在几年前,洗发水企业就加快了多元化步伐,房地产市场爆发后,转投房地产的企业更是数不胜数,丝宝、雅倩、雅嘉、飘影、好迪等都曾不同程度投身楼市。"现在日化已很难说是洗发水企业的主业了。"彭儒霖说,他们都在当地搞起了房地产,厂房出租等物业,因为在现有的环境下毛利太低了,为了生存下去也就不得不"不务正业"了。

本书认为,同样是洗发液,为何宝洁、联合利华等就能发展得很好?而本土日化企业就日渐衰落?面对同样爆发的中国房地产市场,为何宝洁公司、联合利华等就未投身其中?而是继续在洗发液市场精耕细作?而本土洗发液企业却纷纷投资房地产?这就是对品牌信用不同态度导致的必然结果。对中国多数企业来说,用什么赚钱就干什么的商业思维,当然不可能形成精益求精的工业思维,更不可能牢固地树立取悦于人的品牌思维。

通过案例5.1,可更好地理解究竟什么是品牌信用以及如何提升品牌信用。

案例5.1 一张床垫(节选)[②]

美国人汤姆搬家时,准备买一张新的床垫。汤姆去了一家名为"蓝森林"的家具店买床垫。汤姆买的床垫出自美国最知名的家具厂"美像"厂。床垫的质量与价格都是美国一流的,在社会上很有声誉。

本书认为,"蓝森林"是商店商标,"美像"是产品商标,两者都是承诺者。消费者进店接触的是具体的店员,良好的服务反映的是式(2-2)中的 S_e,但记住的更多的是家具店的名称,即品牌的法律载体,反映的是式(2-2)中的快乐度 h。

汤姆买床垫的那天,按规定交付了200美元的订金。令人遗憾的是,在回家的路上遇到路边的煤气车突然爆炸,汤姆的车子被炸翻了。送到医院时,已人事不省。几天后,他仍然没脱离危险。而这时已到了家具店给汤姆送床垫的日子。当家具店把床垫送到汤姆的家里时,开门的人说自己从来没订过什么床垫。送货人对照订单上的地址,发现一点没错,但房主坚持说送错了,还说这里根本没叫汤姆的人。送货员只好将床垫拉回了店里。他想那个叫汤姆的人一定会回来找的。殊不知,这时的汤姆已被医院诊断为植物人。

---

① 贺文婷. 中国本土洗发水去哪了 [N]. 每日经济新闻,2014-11-16.
② 星竹. 一张床垫 [N]. 羊城晚报,2004-10-02.

他的家人也不知道此事。家具店在店门口张贴了广告，又在当地的报纸上发布了消息，寻找汤姆，并希望知情者能提供有关汤姆的线索，好让他将床垫领走。

本书认为，"蓝森林"是家具店的名称，若注册的话，即注册商标，也构成了承诺者。在找不到汤姆的情况下，"蓝森林"在店门口张贴了广告，在报纸上发布消息找汤姆，这都是"蓝森林"的公开承诺，因为这些寻找汤姆的信息都是广而告之的。故是可验证的承诺。别忘了，"蓝森林"在报纸上发布消息，是要付费的。

汤姆的处境使他的家人根本没时间看报纸。他的邻居们更没想到，遭遇了不幸的汤姆，在这之前还订购了一张床垫，事实上，这已经成了一桩悬案。然而家具店和生产床垫的厂家都坚持一定要等汤姆来领床垫，这是关乎信誉和诚实的问题，做生意怎能不讲诚信呢？

本书认为，急顾客所急、想顾客所想，这句话或类似的话，是所有厂商都会说的，问题是有几个真正做到了呢？若做不到，很多国人常用的依据为自己辩解的话，就是孟子的"此一时彼一时"。这句话为一些不讲信用的国人，提供了心理依据。

但事实是，汤姆却不能来领床垫了。一切如石沉大海。汤姆订购的床垫放在家具店里一年了，依然没人来认领。汤姆的床垫在店里放置了两年了……还是那个老样子。又过了两年，厂家已不生产这种床垫了，汤姆还是没来。这期间商店和厂家为这张床垫又交换过几次意见。双方商定还是留下这张床垫。虽然事实上也许不可能有人来认领这张床垫，但道义上，他们仍然选择了信守诺言，因为他们是美国知名的厂家和商家。

本书认为，做出承诺容易，实现承诺难。其实，不是因为他们是美国知名厂家和商家，所以才讲信用，而是因为他们讲信用，所以才成为了知名厂家和商家。即很多厂商，把因果关系搞颠倒了。笔者在足够多次的品牌经济学专题讲座时，会用到诸如可口可乐、杜邦等公司的案例，很多厂商学员的质疑是：老师，您举的案例都是大企业，我们做不到啊。笔者给他的回答是：这些企业不是一生下来就是大企业，他们之所以成长为大企业，是因为按品牌建设的规律做才长大的，而不是因为他们是大企业，所以做得起品牌。

就这样，这张没人来认领的床垫被店家挪来挪去，虽然很占地方，却没人说什么，信守诺言和诚信有时确实会呈现出愚和拙的一面。这期间，家具店换过两次老板。接任时，前任都要领着接任者走到这张奇特的床垫前，说明几年前发生的事情。接任者也像他们的前任一样，信守诺言。

本书认为，读到此想起来了关羽，虽然在曹操那里受到了极好的待遇和礼遇，但一得到刘备的消息，立刻封金挂印，过五关斩六将，千里寻兄。国外有人说中国人更重视家庭或家族，这是可解释的。想想看，家庭或家族的关系是连续的，利益是有保障的，也即是确定的。而封建朝廷呢？"城墙变换大王旗"，是不确定的。所以连续且确定性的收益，是信用得以保证的前提。一切流动的摊贩、随时可能关门的小店，负债率过高的大中企业，在理论上都是难得有信用的。

谁也没想到，七年之后，奇迹发生了——植物人汤姆苏醒了。这时的汤姆已不记得从前的事了，但离最近的一件事他还是想起来了，那就是七年前，他是在订购床垫回来的路上出了事的。家具店老板得知这一消息后十分惊讶，急忙派人去医院找汤姆。原来，七年前汤姆把订单上的地址写错了,把一区写成了七区。一区和七区相差了五里路,怪不得床垫永远送不到汤姆家里。

本书认为,汤姆把送货地址写错了导致家具店没法送货。表面上看,错确实在汤姆身上。但若家具店有个审核的流程,也即汤姆填好了送货地址之后,接待的店员当场与汤姆核对一遍,很有可能就把错误更改过来:不知道顾客是否会填错送货地址,但现场核对一遍,就能消除错误却是可肯定的。若此分析对各位有所帮助,就是案例分析的价值。

七年之后,家具店终于把汤姆订购的床垫送到了汤姆的家。作为汤姆康复回家的一个礼物。此事在全美引起了强烈的震动。床垫商和家具店的信誉让人十分感动,他们默默地坚持了七年,整个过程平凡得让人流泪。汤姆回家的那天,许多市民跑到街上,他们一定要抬一抬,摸一摸这张神奇的床垫。

其实,一张床垫,确实不值多少钱,"美像"或"蓝森林"即使不送给汤姆,也赚不了多少。现在,如此众多的新闻媒体给予了主动的、正面的、免费的报道,将这些新闻报道的版面折算成广告费,将是一个很大的金额,这就是对信用的奖励。

5.2　为何品牌信用当先行

本书认为,厂商以自己的注册商标作为承诺者所进行的品牌信用建设,就构成了品牌工程的核心。图 4.1 表明,厂商进行技术进步本身不是目的,满足目标顾客的需求和欲望才是目的。即技术进步是满足目标顾客需求与欲望的手段。若颠倒了此关系,为了技术进步而技术进步,得不到目标顾客尤其是终点目标顾客的选择,技术进步就难以实现价值转换。即硬技术创造价值,故科技是第一生产力;而软技术实现价值,故品牌是第一消费力。故本书认为,厂商在进行技术进步之前,也即在进入研制工程之前,首先进行品牌工程,也即进行品牌信用研究。即若说品牌信用是发展方向的话,则实现该品牌信用的技术进步就是方式。品牌信用当先行的数理逻辑证明,详见 7.3 节中的腹地—品牌模型。

据王博采访报道[①]:2003 ~ 2010 年,沈机集团产值翻了两番。2011 年,沈机集团销售收入 180 亿元。此后,沈机集团连续 3 年世界机床行业销售收入第一名。随着中国市场需求增大,外企机床开始提价,此时无论是为了解决财务问题还是解决内需,"先做大,后做强"都成为沈机集团的必走之路。当时沈机集团所有的力量都在支持营销。工程师们 80% 左右也都开始支持销售、走向市场。订单纷至沓来,在车间里,生产线上的机床还未最后装完就被买走,提货的货车堵满机床厂的大路。这倒逼着沈机集团继续扩大产能。值得注意的是,一味扩大规模让这家以精密技术著称的企业陷入了一个恶性循环。

注意,"先做大,后做强"的策略,实际结果是确实做大了,2011 年的沈阳机床成就了世界机床企业销售规模第一。也确实研发出来了先进的 i5 智能机床,即做强了。可问

---

① 王博.曾经的"金饭碗"深陷泥潭,沈阳机床艰难自救 [J].中国企业家,2016 - 04 - 27.

题是在 2019 年因债务问题被破产重组了。经测试得出沈阳机床的品牌信用度是 0.52,[①]不足以支撑其获得足够高的品牌溢价,也就不足以支持大规模远距离拓展市场。

尤其值得关注的,是随着工业 4.0 技术的成熟,目标顾客选择的个性化越来越多地通过"互联网 + 物联网"在生产企业内通过定制得以实现。在此过程中,哪个厂商对目标顾客的个性化选择研究和理解更深刻,哪个企业就能获得更多的顾客选择。为了深刻直观地理解品牌工程先行的价值,请思考中国深圳的 YJL 公司,研制成功了地板锁扣技术并获得了专利,但为何其市场推广就不成功呢?

锁扣技术是地板领域的核心技术,目前,全球仅三家企业拥有地板锁扣技术核心专利,YJL 是唯一的中国企业。在 YJL 的"一拍即合"锁扣技术诞生之前,全球地板锁扣技术由比利时 U 和瑞典 V 两家企业垄断。这两家企业近 10 年来仅靠专利实施许可及侵权赔偿,就获得了几十亿美元收入。不少中国地板企业表示,中国地板行业因欠缺核心技术,不得不采用国外锁扣专利并向他们支付巨额专利许可费。

专利作为知识产权的目的,就是通过防止模仿侵权,来保护技术进步的收益,以此来促进技术进步。故两家外国公司收取专利费本身是合法的。这就是知识产权保护能促进经济发展的经济学原理。

"中国制造"频遭国际打压:在越来越多中国企业拥有自主知识产权、国际竞争力不断提升的背景下,一些欧美企业通过各种方式竭力打压"中国创造"。地板锁扣技术也不例外,尽管是破了"洋专利"的垄断局面,但"中国制造"却遭到对手的强烈反攻。

中国有句俗话,真金不怕火炼。若中国企业的专利技术,确实不存在侵权事实,任何对手的打压,都不会得逞。但中国企业的专利型技术进步,目的不是经得起对手的打压,而是得给目标顾客一个排他性单一利益点。否则,再好的技术,没终点目标顾客的选择也是无价值的,这就是品牌工程先于研制工程的根本原因。真正的问题是,地板消费者们知道地板锁扣技术吗?即使知道了,对地板锁扣技术感兴趣或敏感吗?

2004 年在 U 公司的策动下,加拿大对中国地板启动反倾销/反补贴调查。2005 年 7 月,U 公司下属的两家美国企业又向美政府提起更具杀伤力的"337"调查申请,指控 34 家企业(其中中国企业 18 家)生产的锁扣地板侵权。2009 年 9 月 U 公司再次于德国将曾两次胜诉的 YJL 公司告上法庭,最终以 YJL 胜诉告终。

目前我国企业 95% 的涉外专利诉讼都发生在美国,发达国家企业运用知识产权壁垒进行大量的侵权诉讼目的很清楚,就是排斥和削弱国外的竞争对手。而 U 公司打官司可能出现两种结果:一是 U 公司打赢官司直接扼杀中国专利,实现专利垄断的目的;二是若打不赢,通过官司的"马拉松式"诉讼,以诉讼冻结贸易、带来巨额诉讼负担的方式,可消耗中国公司的实力,使得本土专利难以延续推广。

其实除了这两个目的之外,对 U 公司来讲,还有第三个目的,就是通过新闻传播,对地板厂家和消费者以强大的心理暗示,即我 U 公司才是主角!即从品牌经济学的角度看,U 公司即使输了官司,却能强化其品牌,因为通过主动的起诉,以受害者的身份出现,将

---

① 孙曰瑶,崔蜜. 基于"腹地—品牌"模型的东北振兴之微观研究 [J]. 经济研究参考,2021 (11):37 – 64.

强化自己占先的地位。而作为后来者的 YJL 则可突出被在位者欺负的形象，以获得消费者的"同情"。

"本土专利"国内面临尴尬：当"本土专利"打破垄断后，却在国内地板行业推广中遭遇尴尬境地。尽管大家为 YJL 胜诉叫好，但几乎没一家采用"本土专利"，全部无一例外地使用 U 公司的专利技术。在建材卖场中，销售人员在向消费者介绍时，也将"美国专利""德国技术"赞美有加。

为了理解本书绘制图 5.1 的 YJL 目标顾客链。YJL 技术在中国国内推广所遇到的尴尬，原因就是未先通过品牌工程，提高自己的品牌信用所导致的。YJL 在获得了专利之后，首先要进行的不是面向地板厂推广该技术，而是针对地板的终点顾客。按图 5.1，理想状态是：在地板展销门店，顾客进门先问是否是用的"一拍即合"技术？若店员回答是，顾客就选购，若店员回答不是，顾客就走人。剩下的就是通过策略，实现此理想状态。知道以及实现此理想状态的工作，就是品牌工程。其实，按我们品牌经济学观点，在 YJL 立项进行地板锁扣技术进步时，也即进入研制工程之前，就应该到地板展销门店，观察前来选购地板的顾客们是否关心地板锁扣，是否知道锁扣。除了地板锁扣，顾客们更关心什么呢？关心地板质量是必定的，但地板质量是法定标准，是物质利益。本书认为，"顾客购买地板的单一利益点 = 地板的物质利益 + 情感利益"。在物质利益一样的情况下，什么样的情感利益，才能打动选购地板的顾客们呢？这就是品牌信用也即品牌工程要回答的。

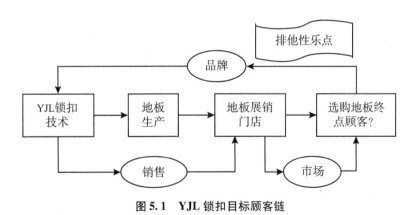

图 5.1　YJL 锁扣目标顾客链

资料来源：笔者自行绘制。

难道是"本土专利"技不如人？地板总裁张某坦言，之所以沿用国外技术主要是担心出口遇阻。张某说，一是国外专利技术长期垄断市场，国外的客户只认可国外专利技术，对国内技术十分排斥。二是作为生产商，在技术的更新上还要面临更换生产设备的问题。不同的锁扣制造要用不同的刀具，一些刀具厂为规避风险对用于新技术的刀具生产也非常保守。不过，张跃轩以及更多的中国地板企业代表明确表示，若"本土专利"能得以推广壮大，未来将停止与国外专利续约，转投"本土专利"。

对此，消费者则理解得更为实际。某先生告诉记者，买地板的时候关注更多的是材质，对于用了谁的专利他并不在意。知名品牌地板选择的技术应该是最适合的，即使为此多付出一些"专利费"也是可接受的。

在图 5.1 链条中，谁掌握定价权呢？当然是终点的地板选购顾客。那么，顾客在选购地板时，对地板的物质利益，至少有五个关注点：一是价格，根据自己的收入水平所作出的预算。二是颜色，选择自己喜欢的颜色。三是材质，也即地板是复合还是纯木，是何种纯木？四是质量，也即抗磨性和是否变形。五是服务，也即是否给铺装以及出现质量问题的解决承诺。在这五个关注点中，几乎无人关注锁扣问题。

再站在地板生产厂来看，若使用国外锁扣技术，需要的是缴纳专利费，但不要更换设备，因为设备已购买使用了。更换设备的费用远远高于继续缴纳的专利费，地板生产厂家当然不愿意使用"YJL"的技术了。

在这种情况下，若 YJL 从地板选购顾客入手，先进行品牌工程，使选购地板的顾客们进到地板展销门店就问：是否 YJL 锁扣技术？是，就买；不是，就不买。从图 5.1 可见，这样就对地板展销门店形成了压力，他们将这种压力向后传递给地板生产厂家，就会迫使地板生产厂家来采用 YJL 的技术，也就掌握了定价权，这就是品牌拉力型增长。在此过程中，若 YJL 与地板生产企业达成一个免费协议，即免费提供设备或专利，但要求地板生产企业在地板外包装和地板展示材料中，加入"采用 YJL 锁扣技术"，并且设计注册一个令人开心且使顾客一见钟情的卡通形象，地板厂家就更有采用的动力。随着地板数量的增加，此"YJL"技术及其卡通形象，就有了品牌授权的溢价空间。

5.3 品牌信用度指标体系设计

品牌信用是实施品牌工程的技术手段，作为一种技术手段，需要有可操作、测量、测试的指标体系。那么，品牌信用由哪些指标体系构成的呢？

指标体系的设计有两种思路，一是经验总结，例如，广告学界提出的知名度、美誉度、忠诚度，就是基于成功厂商的经验基础上总结而成的。这就存在着逻辑缺陷，即有知名度不等于有销量；有美誉度的顾客未必是实际购买的顾客；重复购买的顾客，也未必是因为忠诚度。二是理论设计，即先有理论标准，然后分析需要通过哪些指标来实现该理论标准。例如，爱因斯坦得出的质能转换公式即 $E = MC^2$，就是一个理论标准。在此理论标准基础上，通过技术手段来实现原子弹的爆炸。

根据图 4.1 即目标顾客链模型，按因果性的逻辑推导，获得了品牌信用的十个指标。在本章，只对这 10 个指标的定义及其价值进行论述，每个指标的技术标准、量化测算、设计流程，都将在第 6 章、第 8 章中论述。

指标 1：目标顾客的精确性

所谓目标顾客的精确性，是指厂商确定性地清楚自己的产品或服务，究竟会被哪些终点顾客选择，并确定这些终点顾客为何选择。因此，根据目标顾客精确性的定义，世界上不存在能够满足所有顾客需要的产品或服务，这就要求厂商必须对目标顾客进行区隔，并对选定的目标顾客群提供承诺或服务。

在厂商的现实经营活动中，往往推出多种产品，美其名曰满足顾客的挑选。其实，这是因为厂商并不知道哪些顾客需要什么，就给出很多产品，让顾客们自己挑选自己满意的产品。顾客们自己挑选自己满意的产品，就是厂商把定价权也即命运交给了顾客，结果就是增加了产品类型，为此就要增加流动资金。那些到了换季打折处理产品的厂商，都是因为不了解顾客的需求，而采取的资金回收措施。

毛泽东发表的第一篇文章是他在 17 岁时写的《体育之研究》。但在出版毛泽东选集时，第一卷第一篇文章，却是他 1925 年 12 月 1 日也即 32 岁时完成的《中国社会各阶级的分析》，其开篇第一句就是"谁是我们的敌人，谁是我们的朋友，这个问题是革命的首要问题"。[①] 为何这篇文章被列为第一卷第一篇呢？笔者认为这是毛泽东思想的起点。正是通过对当时中国各个阶级的分析之后，毛泽东在理论上得出了贫下中农才是革命的朋友，并由此得出了农村包围城市的革命道路。

贫下中农需要什么呢？短期利益是吃饭，长期利益则是获得土地。如何满足他们的需要呢？就是"打土豪，分田地"。因为当时的粮食和土地，都掌握在"土豪"们也即地主的手里，而土地和地主都在农村。这就是毛泽东为何从农村开始且极为成功的政治原因。正确的政治方向确定之后，就要采取灵活机动的战略战术。对政治而言，政治方向就是依靠谁、团结谁、争取谁、打击谁，即目标顾客的确定问题。很多厂商的战略战术确实是灵活机动的，但其政治方向也即目标顾客也是灵活机动的。想想看，行驶中的车轮，无论车轮转多快，车轮的中心点是不动的。此不动点就是精确的目标顾客，而满足目标顾客利益的策略，则是需要灵活机动的。

早在 2011 年沈机集团销量达到峰值时，时任董事长关锡友就算了一笔账，感觉后怕。机床都卖给谁了？机床不是快消品，这样下去市场必然饱和，未来沈机集团怎么办？"都卖给谁了？"这句话直接表明沈阳机床不清楚自己的目标顾客究竟是谁。

任何厂商，若不清楚谁是自己产品或服务的终点目标顾客，但又承诺说为顾客着想，这种承诺在逻辑上是不可靠的，即缺乏品牌信用的直接表达。故本书得出的结论是：凡是目标顾客不精确的厂商，其信用度必定是低的；反之，凡是信用度低的厂商，其目标顾客也必定是不精确的。通过对目标顾客的精确性评级，就能判断出某个厂商是否重视顾客需求以及重视的程度，并由此得出该厂商的承诺是否值得信赖的逻辑结论。

品牌建设的根本，是将目标顾客选择成本等于零的单一利益点也即买点，在过剩市场条件下，此买点体现为乐而忘忧、乐在其中、乐此不疲的乐点，转化为产品的卖点，以此来获得定价权。在过剩条件下，当且仅当目标顾客的买点是其乐点时，他们对所需产品价格的敏感性就降低了，厂商从而实现品牌溢价。为此，要求厂商在产品或服务设计时，就遵循目标顾客导向，而不是产品研制、生产出来了，再去找顾客。即先进行品牌工程，再

---

① 毛泽东. 中国社会各阶级的分析 [M]. 北京：人民出版社，1951.

进行研制工程和工艺工程。

例如，中国动向公司在购买了 Kappa 在华永久代理权之后，做了一个调研，发现穿 Kappa 服装的人很多都是白领。Kappa 原来是运动服，白领喜欢运动，但因缺乏时间使很多人没有时间去运动。所以中国动向将目标顾客定义为喜欢运动感觉的人，而不是实际运动的人。该定位非常精确，因为喜欢运动的感觉和喜欢运动是完全不同的。故它对 Kappa 的服装重新进行设计：作为运动服都是讲究宽松，讲究透气，现在则讲究时尚。故现在穿 Kappa 运动服基本上在休闲场合比较多。它的盈利是多少呢？在 2008 年的时候 500 个人创造了 13 亿元净利润，净利润率 42%。

当然，此成绩的获得，与 2008 年奥运带来的全民运动风口有关。从 2011 年之后，随着风口消散，风速迅速降低的背风效应产生了。与此同时，时尚的易变性导致年轻的白领们喜新厌旧，而中国动向对这种易变性的把握出现了失误，导致其经营业绩一直下降。这就从一个实例的角度，否定了所谓的品牌忠诚度的存在，尤其在过剩市场中。

专业人士认为[1]，"这几年随着 Kappa 品牌不断转型时尚潮流定位，离最初的体育品牌越来越远，其在运动领域的研发投入也在减少。国产运动品牌都在搞科技的军备竞赛，Kappa 品牌的科技方面严重落后，溢价能力一年不如一年，而竞品都在争先恐后地力推新科技，要么如安踏、匹克等品牌一样自主研发，要么就像李宁一样去买断、合作，而 Kappa 基本上没创新。从某种意义上来说，Kappa 的母公司中国动向早已是个投资公司了，不是一个运动公司"。事实上，自 2011 年起，投资业务就成为中国动向的核心业务之一。同年中国动向通过旗下全资附属公司明泰斥 1 亿美元投资阿里巴巴集团。2022 年财务报表披露，在 2022 年，中国动向投资分部亏损 14.68 亿元。

通过案例 5.2 可看到，在目标顾客不精确的时候，建筑历史研究所几乎难以为继了。但有了精确的目标顾客之后，则获得了巨大的发展空间。

案例 5.2　中国建筑设计研究院（集团）建筑历史研究所发展纪实[2]

中国建筑设计研究院（集团）建筑历史研究所所长陈同滨永远也忘不了转制之初自己和同事们经历的那些艰难时刻。最困难的时候，历史所只剩下 6 个人。一次偶然的机会，历史所接了一个地方历史街区保护规划的活儿，站在历史废墟上，陈同滨和她的同事们有了"新生"的感觉，大家找到了方向，即文化遗产研究与保护。

本书认为，为何是"一次偶然的机会"？既然是从事建筑历史研究，为何一开始就没立足于文化遗产研究与保护？其实，这不能责怪他们，而是评价标准导致的行为偏离。改制前的建筑历史研究所，评价标准是发表论文或专著等科研成果，从而使他们不必去关心文化遗产研究与保护。改制后的评价标准，则是市场顾客的选择，若得不到市场的选择，挣不到钱，也就难以为继了，这就是价格机制对资源配置的价值。陈同滨和同事们为何有了"新生"的感觉？就是因为目标顾客找到了。特请关注"一次偶然的机会"，本书后边

---

① 李媛. 中国动向亏损 7 亿元背后：Kappa"迷失"中寻找出路 [N]. 中国经营报，2021 - 12 - 11.
② 李予阳. 中国建筑设计研究院（集团）建筑历史研究所发展纪实 [N]. 经济日报，2011 - 02 - 04.

的案例中，也不止一次地出现这种偶然。1960 年 7 月，在安江农校实习农场早稻田中，袁隆平先生偶然发现一株"鹤立鸡群"的特异稻株，此特异稻株有 260 粒。第二年，袁先生把这 260 粒稻籽种到地里，本以为也能长出同样的水稻，实际却长得参差不齐。袁先生才意识到这是"天然杂交稻"株，而受到启发。在大数据喧嚣的今天，各种各样的孤本小数据，才是创新的源泉。善于抓住偶然或意外事件并持续对其研究，才是原创性的逻辑。

如今，历史所已成为中国建筑设计研究院的增长明星。2010 年总收入近 2000 万元，是 2001 年的 60 余倍。无法衡量的是他们创造的巨大社会效益：保护和弘扬中华民族的文化遗产，在多项事关国家、民族利益的文化遗产保护重大项目中作出了突出的贡献，并先后完成了《中国古代建筑史》（第二、五卷）、《中国古代城市规划史》等重大科研成果。

与市场接轨，不仅实现了自身的经济价值，而且还实现了社会和学术价值，这就是市场经济的互利法则的作用。未读过斯密《国富论》的人，总是认为斯密把市场经济的人性说成"人是自私的"，但斯密从未这样说过。在分析分工产生的原因时，斯密认为是因为人类拥有一种倾向：互通有无、物物交换、相互交易。请给我以我所要的东西，同时，你也可获得你所要的东西：这句话是交易的通义。斯密明确指出：我们每天所需的食料和饮料，不是出自屠户、酿酒家或烙面师的恩惠，而是出于他们自利的打算。我们不说唤起他们利他心的话，而说唤起他们利己心的话。我们不说自己有需要，而说对他们有利。这就是互利法则。互利的前提是：甲有 A，乙有 B，而甲需要 B，乙需要 A，且甲乙愿意进行交换。品牌建设的本质，就是将能给终点目标顾客带来欲望满足的乐点，转换为厂商产品或服务的利益承诺，当目标顾客产生需求动机时，自然会选择自己喜欢的乐点。

目标顾客精确性的价值，表现为三个方面。

1. 通过绘制目标顾客顾客链，来识别终点顾客，只有终点顾客的选择拉力，才能使厂商拥有定价权

从图 4.1 可见，所谓目标顾客顾客链，就是厂商的产品或服务直接卖给了 A，A 卖给了 B，B 卖给了 C，而 C 买了产品或服务之后，不是为了再次转卖，而是为了自己的需要。则我们将 A 和 B 称之为中间客户，而 C 则是该厂商的终点顾客。但并非所有的终点顾客都是该厂商的目标顾客，只有用得着、买得起、信任你、喜欢你的才是目标顾客，此即终点目标顾客。只有赢得了这样的终点目标顾客，厂商才能获得定价权，从而获得品牌溢价。

厂商的产品或服务的流转程序是从中间客户到终点顾客，但资金也即价值实现的过程，却是从终点顾客开始的，也即：终点顾客 C 把钱交给了 B，B 把钱交给 A，A 再交给厂商。即终点顾客 C 是价值实现之源：谁离终点顾客最近，谁将分得最大的价值。

据此价值分享规律，大量的中间产品生产厂商，更需要知道自己的产品或服务，究竟被哪些终点顾客、为何买走的。否则，自己被深埋在顾客链的中间环节，必将遭受两头挤压的价值流失状态：上游涨价，导致成本增加；下游降价，导致毛利流失。最终就是价值流失，企业关门或者勉强维持。

例如，各位看看自己所用的电脑（苹果电脑除外），一定有两个显著标志：一个是 Intel，

品牌经济学

一个是 Windows。前者是告诉你这台电脑里安装的是"Intel"牌处理器，后者则告诉你这台电脑里安装的是"Windows"操作系统。可问题是，你拆开电脑，看过处理器是啥样的吗？知道"Windows"操作系统是怎么写的吗？"Intel"和"Windows"都是典型的中间产品。以"Intel"为例，我们来绘制一个简单的顾客链：

芯片→微处理器→电脑整机厂→代理商→电脑柜台→终点顾客

按此顾客链，自然会发现，微处理器深埋在电脑整机里，购买电脑的终点顾客是无法打开看看的，即使看，也是看不明白的。在"YJL"地板锁扣技术中，买地板的顾客不关心地板锁扣。但买电脑的终点顾客为何偏偏关心是否安装的是"Intel"处理器？其实，不是顾客不关心地板锁扣技术，而是因为终点顾客根本不知道。选购电脑的终点顾客，也不是天生就知道"Intel"牌处理器的，而是英特尔从 1991 年开始实施的"Intel Inside"计划。该计划规定，任何一家电脑生产商，只要在其广告上加入英特尔公司认可的"Intel Inside"图像或者标识，英特尔就会为其支付 30% ~ 40% 的广告费用。在全球，平均每 5 分钟，5 音调的 Intel Inside 广告曲就会响起一次。英特尔全球 Intel Inside 项目总监评价此项计划时说："Intel Inside 计划使得计算机制造商，纷纷将 Intel Inside 品牌视为他们所提供产品的一个重要组成部分。而电脑购买者也愿意选择 Intel Inside 品牌，因为此品牌能使他们确信从产品中获得英特尔公司领先的技术、优质的产品和可靠的保证。"

通过 286、386、486、586 这种升级数字来命名处理器，使科技进步得以直观体现，从而使购买 386 的用户，感觉比用 286 的用户更先进，此即 386 带来的情感利益。而苹果手机也采取了连续升级的数字方式命名 iPhone 手机。

其实，"Intel Inside"计划的创意者是丹尼斯·卡特。他是一名拥有斯坦福大学 MBA 学位的工程师，1990 年时在英特尔公司任市场营销经理。他当时希望为微处理器这一消费者看不见、摸不着的复杂技术产品，创建一种品牌身份和消费者偏好。虽然"Intel Inside"计划最终得以实施，但起初公司内外都对它持怀疑态度，它从一个最初刊登在华尔街日报 1991 年 4 月的 IBM PC 的广告，演变为得到了 2700 家计算机制造商支持的计划。获准加入该计划的电脑厂家有权在他们的系统上粘贴英特尔公司的商标、Intel Inside 标识，以及获得市场推广资金的支持。"Intel Inside"计划的目的是既要在最终用户当中建立强大的品牌形象；又要通过英特尔的品牌效果限制 PC 机厂家在最终用户中的影响，使 CPU 成为消费者的关注对象，而不是计算机的品牌，从而获得定价权：因为选购电脑的顾客，关心的是电脑整机里是否是"Intel Inside"。即他们更愿意为"Intel Inside"付账，而不是电脑整机。这就是中间产品通过品牌拉力所形成的品牌溢价效应。

2. 终点目标顾客需求和欲望描述的个性化及其类型化

对目标顾客的描述不是总体化的信息，而是某个具体的个人信息，通过该个人信息来作为一类顾客的代言。为此，就需要进行终点目标顾客选择行为的精确观测与测试。

通过绘制目标顾客链，来确定自己产品或服务的终点顾客究竟是谁，接着就需要回答的是他们为何选择。即终点顾客边际递减的需求（物质利益）和边际递增的欲望（情感利益）究竟是什么。在此基础上，再进行类型化研究，判断究竟谁才是终点目标顾客，由此获得的总量信息才是可靠的。在研究终点目标顾客行为时，厂商常犯的错误是用数据代替活生生的人。而忘了数据是第三性，反映数据的事实是第二性，而隐藏在事实中的因果规律才是第一性，从而只见树林不见木，更不见光合作用才是绿色植物之源。其实，只有通过个性化的顾客描述，从需求和欲望两个维度才能精确地理解顾客是基于物质利益还是情感利益进行选择此命题。

3. 进行顾客数据库的建设及其挖掘

通过对顾客描述的个性化和类型化研究，就可为建立顾客数据库提供设计依据。本书认为，厂商最大的资产是那些已购买自己产品或服务的终点顾客，将这些终点顾客信息进行存储和处理，不仅能识别出目标顾客，而且还可挖掘出更大的价值，这就需要建立顾客数据库。

请各位读者再进超市购物时，在超市出口结账时，注意一个环节，就是条形码或二维码扫描仪，此扫描仪链接的是收款机。其实，这是一个顾客购买信息收集处理系统，而不是一个简单的收款机。正是通过此顾客购买信息处理系统，使超市详细地了解了顾客的购买行为。这就是为何超市希望你办个会员卡。办此会员卡，不是为了打折用，而是为了对你的购物行为进行分析的。想想看，这是一个多么巨大的数据库。此巨大的顾客购物数据库，犹如参天大树庞大的根系一样，吸收着大量的养分，才确保大树的生长。

遗憾的是，我国很多超市，仅仅是将 POS 机作为收款机，而不是顾客购物处理信息系统。对更多的厂商而言，更是远离自己的产品或服务的终点顾客，从而成为没根系的树，不仅难以长大，而且还将因营养不良而枯萎，这是必然的。

在案例 8.5《宰运立的果农档案》，看看宰运立是如何建设顾客数据库并进行数据库挖掘，从中不断加深目标顾客精确度，从而不断扩大价值空间的。

指标 2：利益承诺的单一性

所谓利益承诺的单一性，是指厂商通过注册商标承诺的利益是否是单一的。只有当目标顾客的备选集中是单一利益点时，才能将目标顾客的选择成本降到最低。

作为厂商，若问"你相信别人的药能包治百病吗？"你的答案是肯定的，那就是"不信"。既然你不信别人的药能包治百病，为何会认为有人会信你的药能包治百病呢？这不符合逻辑。"包治百病"是指厂商承诺自己的产品或服务，具有很多种利益。问题是为何没包治百病的药呢？其实，这是个逻辑问题：若有能包治百病的药，百病也就被治好了，这种药也就不需要了。其实，当一个厂商将自己的产品或服务的好处列出很多时，潜台词是自己也不知道顾客究竟需要哪个，请顾客们自己选择吧。而顾客一看有如此多的好处，就要琢磨自己究竟需要哪一个好处呢？这一思考，就费去了一定的时间，此时间折算成购物费用，就是品牌经济学的选择成本。因此，品牌经济学不是研究品牌的，而是研究顾客的选择成本的，因为品牌能降低顾客的选择成本，故称其为品牌经济学。而品牌工程学则是从技术上来降低顾客的选择成本，此技术即品牌信用指标及其优化设计。

从图 1.5 可见，单一利益点是由物质利益和情感利益两个方面构成的，即"单一利

益点 = 物质利益（需求）+ 情感利益（欲望）"。在品牌建设过程中，物质利益是产品或服务必需的。故厂商在向目标顾客承诺单一利益点时，必须是基于物质基础上的情感利益。只不过在过剩市场中更容易出现产品同质化，也即物质利益相同。此时以商标为载体的情感利益占据主导地位。为此，可通过资料 5.2 来理解。

资料 5.2　幸福的源泉[①]

詹姆斯是美国哥伦比亚大学的哲学系博士，他毕业论文选取的课题是《人的幸福感取决于什么》。为了完成这一课题，他向市民随机派发出了 10000 份问卷。问卷中，有详细的个人资料登记，还有五个选项：A 非常幸福，B 幸福，C 一般，D 不幸福，E 很不幸福。最后，收回了 5200 余张有效问卷，但只有 121 人认为自己非常幸福。接下来，詹姆斯对这 121 人做了详细的分析。他发现，有 50 人，是此城市的成功人士，他们的幸福感主要来源于事业的成功；而另外的 71 人，有的是普通的家庭主妇，有的是卖菜的农民，有的是公司里的小职员，甚至还有领取救济金的流浪汉，他们又为何会拥有如此高的幸福感呢？

本书认为，事业成功者之所以成功，是因为对自己的预设目标高，由此获得的幸福，是因为成功的事业，得到了人们的尊敬。当事业失去了，此达到别人尊重的条件就没了，幸福感也就不存在了。而对于平凡者而言，之所以平凡，是因为本身的目标预期设定就低，而此低的预设目标总是容易实现的，幸福感自然就一直存在。即就个人而言，是否幸福，不取决于实际成就，而取决于事先预期设定的高低。

通过与这些人的多次接触交流，詹姆斯发现，这些人对物质没有过高的要求，他们平淡自守，安贫乐道，很能享受柴米油盐的寻常生活。詹姆斯得出结论是：此世界上有两种人最幸福，一种是淡泊宁静的平凡人，一种是功成名就的杰出者。若你是平凡人，你可以通过减少欲望、修炼内心来获得幸福。若你是杰出者，你可以通过进取拼搏获得事业的成功，从而达到更高层次的幸福。导师在他的论文结尾批了一个大大的"优"！

十多年后，詹姆斯已是哥伦比亚大学的哲学系教授。他的一位学生，叫爱德华，在作毕业论文时，选了一个与詹姆斯当年十分类似的题目——《幸福的源泉》。詹姆斯看到了，很感兴趣。他把当年那 121 人的联系方式又找了出来，让爱德华去调查。

几个月后，调查结果反馈回来了。当年那 71 名平凡者，除了两人去世以外，收回 69 份调查表。这些年来，这些人的生活发生了许多变化，他们有的已跻身于成功人士的行列，有的一直过着平凡的日子；也有的人因疾病和意外，生活十分拮据。但他们的选项都没变，仍然觉得自己"非常幸福"。而那 50 名成功者却发生了巨大的变化。只有九人事业一帆风顺，仍然选择了"非常幸福"。有 16 人因为事业受挫，或破产或降职，这次选择了"痛苦"和"非常痛苦"。他得出结论：所有靠物质支撑的幸福，都不会持久，都会随着物质的离去而离去。只有心灵的淡定宁静，继而产生的身心愉悦，才是幸福的真正源泉。看着爱德华得出的结论，詹姆斯用红笔在文末批了一个大大的"优"字！

---

① 朱国勇.幸福的源泉［J］.少年文摘，2011（4）.

第5章　品牌信用模型的指标算法

由上述资料可看出，无论是成功者或是平凡者，感到幸福的都不是边际递减的物质利益，而是边际递增的情感利益：早期的成功者后来感到不幸福，不是因为物质利益的损失，而是由此失去了别人的尊敬。平凡者一直幸福，则更不是因为物质利益，而是因为心灵的淡定宁静。故厂商在研究测定产品或服务的单一利益点时，应该聚焦于基于物质基础上的情感利益。厂商向目标顾客做出单一利益点的承诺，可有三个价值。

1. 所承诺的利益点越单一，可验证性越强，信用度越高

从逻辑上讲，一个厂商对自己产品或服务，向顾客作出的利益承诺越多，顾客可验证性就越弱，其承诺的信用度也就越低。例如，瑞典轿车沃尔沃承诺的利益就一个，即被动式安全。故当戴安娜出车祸不幸去世后，沃尔沃做出的广告是"若当时戴妃乘坐的是沃尔沃，情况就完全不同了"。沃尔沃之所以敢这么说，是因为自己坚持不懈地进行被动式安全的研究。占据洗发液份额第一的海飞丝，其承诺也只有一个，即去头屑。是否去头屑，这是顾客自己就可以验证的。若沃尔沃或海飞丝同时承诺更多的利益，潜台词就是：这个利益不成，还有那个利益呢，问题是顾客如何验证呢？

2. 所承诺的利益点越单一，越能避免品牌错误延伸

一提到"RC"，想到了什么？当然是治疗痔疮的药，因为"RC 肛泰，贴肚脐，治痔疮"做得太成功了。RC 制药公司通过贴肚脐治痔疮，将注册商标"RC"成为"贴肚脐治痔疮"此单一利益点的代言，这是很成功的。但后来 RC 制药推出了主治安神功能的甜梦胶囊与甜梦口服液，问题是在外包装盒的左上角显著地标明"RC 制药"，问题就出来了。你看了"RC 制药"，联想到了"贴肚脐治痔疮"，再看到"甜梦胶囊"，你会吃吗？其实，RC 制药只需要将外包装盒左上角的"RC 制药"的显著性降低，将这四个字换到药盒的背面也可，或许能阻断顾客的联想，从而增加销量。

品牌延伸的前提条件，是成为情感类或情感物质类品牌，若只是一个物质类品牌，延伸是不会成功的。例如，"RC"作为注册商标，已成为"贴肚脐治痔疮"的代言，且是药物这个物质类品牌，就无法用于"口服液或胶囊"，不是口服液或胶囊不好，而是因为顾客的选择成本极高，导致顾客拒绝选择。

越是情感类品牌，因其是满足目标顾客欲望的情感利益，其品牌延伸的广度也即范围经济也就越大。这就是米老鼠、维尼熊等卡通授权产品之所以很多的原因。"海尔"已成为"家电快速服务"此单一利益点的代言，也即情感物质类品牌，就可用于各种家电。但用于药业就难以成功。而英国的 Virgin 成了反叛年轻人即嬉皮士的身份代言，则用于了200 多种不同的产品或服务，同样是成功的。故若厂商的产品或服务，单一利益点也即品类越多，就越需要采用多商标策略，而应避免企业将一个注册商标用于多种商品，即一标多品，否则，其品牌信用度必定很低。

其实，当一个企业产品或服务品类越多，越需要采取多商标策略。一个重要原因是，假设产品或服务出错率是 μ，产品或服务的品类数是 N，则出现危机事件的次数 $Z = \mu N$。显然，在 μ 一定的条件下，N 越大，出现危机事件的次数越多。这类危机事件一旦产生，

就会形成一损俱损效应，导致一蹶不振的危机。

3. 所承诺的利益点越单一，目标顾客定位越精确

厂商产品或服务承诺的利益点越单一，就越要清楚此单一的利益点究竟谁需要。即承诺的利益点越单一，就需要厂商对目标顾客的研究越精确，否则，卖不出去的风险也就越高。但也正好促进厂商来更加关注目标顾客的利益，也就越能判断出厂商所作出承诺以及实现承诺是否可信。

本书得出的结论是：凡是利益承诺越单一的厂商，其利益可验证性越强，信用度越高；反之，凡是信用度低的厂商，其利益承诺必定是多样，从而也是难以验证的。

指标3：单一利益的对立性

所谓单一利益的对立性，是指厂商所承诺的单一利益点，与对手或在位者所属单一利益点是否具有对立性。这里的对手或在位者可是同类产品或服务，也可是替代品或替代服务。7.1节品类对模型证明，在存在在位者的条件下，作为后来者的厂商，只有与在位者的单一利益点是对立的单一利益点，才能降低目标顾客的选择成本，从而避开价格竞争。

简言之，若在位者厂商 A 所承诺的单一利益点，已使终点目标顾客的选择成本等于零了，则定义此单一利益点是 A。作为后来者的厂商 B，所承诺的单一利益点只有是"－A"，才能使终点目标顾客的选择成本等于零，从而赢得终点目标顾客的选择，即品类对模型的内涵。若在位者承诺的是功能性的物质利益也即需求，则后来者的最优定位或选择就是快乐性的情感利益也即欲望。

在西方占据燃油车（A）的历史优势条件下，中国国内车企很难突破消费者心中的偏好外资车的品牌壁垒。但随着国产电动车（－A）的兴起，国产电动车品牌却在国内消费者尤其是年轻群体，形成了品牌优势。时至今日，中国已成为世界新能源汽车的全产业链的领导者。这也是品类对（A，－A）的一个典型事例。

本书得出的结论是：凡是承诺的单一利益与在位者的是对立的厂商，其信用度是高的；凡是承诺的单一利益仿冒跟随在位者的厂商，其信用度低的。反之，信用度高的厂商，必定不会去仿冒跟随在位者厂商。

在选择过程中，人们一看到某个基于商标的品牌符号，就与大脑中已有信息进行过滤，相同的、毫无联系的都将被过滤掉，只有与已有信息构成对立的新的信息，才能被自动编码，占据一个信息位。为此，本书将信息分为两类：第一类是规定类，即被共同体规定意义而不需要讨论的符号。例如，动物名称、植物名称、轿车、随身听等。

第二类是判断类，即接受者需要与大脑中已有信息进行比对，只有占先、对立、重复的信息，才能被牢固存储。记忆最持久的信息是对立性信息，而占先是与无对立，重复是与新对立。定义记忆度为 R，记忆持续时间为 t，已有信息为 $f(A)$，则有记忆函数：$R = f(A)t$。现在增加新的信息为 $f(B)$，则有记忆函数：$R = [f(A) + f(B)]t$。

对于此函数，当 $dR/dt = f(A) + f(B) = 0$ 时，记忆持续时间达到最大值。而只有当 $f(A) = -f(B)$ 时，也即新的信息 B 只有与大脑中已有信息 A 构成对立关系时，才能实现

牢固且持久的记忆。故若在同一种商品范围进行品牌建设，即 A = B，则存在如下关系：

当 f(A) = − f(B) = − f(A) 时，dR/dt = f(A) + f(B) = f(A) + f(A) = 0，即当 f(A) = − f(A) 时，dR/dt = 0，表示新的信息被牢固持久的记忆。

设 $C_c = \dfrac{A(1 - R_s)}{R_s}$，A 是待定参数，$R_s$ 为记忆的持久性，且 $R_s \in [0, 1]$。记忆的持久性与选择成本存在如下关系：

$\dfrac{dC_c}{dR_s} < 0$，即记忆的持久性越高，选择成本就越低，反之则越高。且当 $R_s = 1$ 即持久性最高时，选择成本 $C_c = 0$，选择效率达到最高。

例如，对脑白金而言，礼品并不是脑白金提出的，但脑白金利用电视媒体的高频率的重复，特别是在别的保健品大肆宣扬自己的"治疗"效果时，脑白金直截了当地提出了"收礼只收脑白金"，从而具有占先和重复的优势。

在美国，每 3 瓶清凉饮料的消费中，几乎有 2 瓶是可乐饮料，从而使"可口"（Coke）与"百事"（Pepsi）在人们的心智上具有巨大的占有率。在此情况下，"七喜汽水"（Seven-up），以"非可乐"的定位，使潜在顾客将"七喜"与早已存在于人们心智中的"可乐"类产品相比较，使"七喜"成为在可乐饮料之外的另一种选择：要么选可乐，要么选非可乐。只要选非可乐，则"七喜"必然成为记忆最牢固的品牌。

作为方便面的后起之秀，"五谷道场"与主流油炸方便面背道而驰，提出了"非油炸"的承诺，也迅速地赢得了市场。遗憾的是，也是因为品牌策略出现了失误，尤其是在导入期投放了过多的广告，导致现金流出现问题而被收购。

运用 7.1 节的品类对模型，本书对"二战"后日本的崛起进行了重新揭示，发现日本厂商的在位者，都是欧洲和美国的强大厂商。在这种情况下，日本的厂商正是采取与欧美在位者厂商所承诺单一利益点对立的策略，才避开了欧美在位者的直接竞争，从而开创出了属于自己的新需求。例如，面对瑞士的机械表（A），日本开发出了石英表（−A）。本书认为，按日本的技术，生产出与瑞士机械表一样质量的机械表，是完全可能的。但一提到机械表，顾客们还是下意识地想到瑞士机械表，而不会是日本。但通过开发石英电子表，不仅拓展出了新需求，而且避开了瑞士机械表的直接竞争。

又如，本田摩托，面对的在位者是美国的哈雷摩托。哈雷摩托是 800cc 以上的大排量（A），而且不是为了骑着上下班的，而是为了享受强大功率带来的轰鸣声，也即是休闲的。本田摩托则是小排量的（−A），集中在 250cc 到 750cc，主要用于骑着上下班的交通工具。

丰田轿车更是典型，推出的第一款花冠牌轿车，被美国人当成玩具车。面对的在位者是福特轿车和通用轿车，他们都是大排量轿车（A），车体宽大、排气量也很大。当时占据小型车市场的是大众甲壳虫，使用甲壳虫的顾客对甲壳虫的抱怨是后座狭窄、冬天难启动、内饰粗糙，而花冠轿车则加大后排空间，更容易启动，内饰精美，这都是花冠轿车的物质利益，丰田将花冠的单一利益点承诺为是"人生第一辆车"（−A），即子女达到独立年龄或者大学毕业时，父母送给子女的礼物。正是此"独立"的符号，才使丰田花冠不仅价格高于同样配置的其他商标的车，而且销量一路领先。

再如，通用汽车是后来者，当时通用汽车面对的在位者是福特汽车，福特作为流水线的创始人，高度重视技术进步，不重视轿车款式的变化，其黑色的 T 型车生产了 1500 多万辆，故美国顾客对福特的单一利益点认知就是福特代表汽车技术（A）。在这种情路况下，通用汽车则突出自己的款式和颜色，率先推出了年度新款（－A）。在美国就形成了这样的轿车品类对：喜欢技术（A）的顾客，选择福特轿车；喜欢款式（－A）的顾客，则选择通用轿车。

福特轿车代表技术（A），通用轿车代表款式（－A），那克莱斯勒轿车代表什么呢？即喜欢轿车技术的顾客，选择福特牌；喜欢轿车款式的顾客，选择通用牌。克莱斯勒牌轿车左右为难，顾客们不知道选择克莱斯勒牌轿车的理由是什么。故从品牌经济学角度分析，克莱斯勒牌轿车之所以陷于困境，不是因为克莱斯勒牌轿车有什么质量问题，而是在技术代言的福特牌（A）、款式代言的通用牌（－A）作为在位者的条件下，没有使选择轿车的顾客们的选择成本等于零。

当艾科卡担纲克莱斯勒时，保留了"Jeep"牌越野车。因为"Jeep"是一种与福特和通用都对立的车型：福特和通用轿车都是用于正规路面的（A），而 Jeep 是用于非正规路面的（－A）。故当人们选择非正规路面用车时，不会想到福特或通用，而是"Jeep"。

在我国，前几年央视高频率播出广告，"去头屑买雨洁"，单一利益点即去头屑是足够的，但与在位者即海飞丝构成了跟随行为，尽管雨洁的价格低于海飞丝，也很难成功。后来雨洁又模仿百事可乐在 1963～1964 年的广告，即新一代的选择。对此笔者认为也难以成功，因为百事可乐当年的"新一代"，是特指反传统的嬉皮士群体，此群体反对越南战争，而当时的可口可乐仍旧作为战需品配送到越南战场，嬉皮士们反对越战，也就拒绝喝可口可乐。这时，百事可乐站出来说百事可乐是"新一代"的选择，结果就是：支持越南战争的（A），选择喝可口可乐；反对越南战争的（－A），选择喝百事可乐。那么，请问雨洁所说的中国的"新一代"，是谁呢？谁认为自己是新一代呢？

1991 年海飞丝进入中国时，当时的在位者是遍布大江南北、长城内外的美加净和蜂花洗发液。但这两个商标均缺乏利益承诺的单一性，而海飞丝作出了单一利益点即去头屑的承诺并做到了此承诺，结果以高价格赢得了当时中国整个洗发液的 40% 的份额、去屑类洗发液 80% 的份额。孙子兵法认为，百战百胜，非善之善者也，不战而屈人之兵，才是最高境界，并提出上兵伐谋和以迂为直两个策略。而通过 7.1 节证明，在存在在位者的条件下，后来者只有采取与在位者所属品类"A"对立的新品类"－A"，才能提高自己的品牌信用度，从而降低目标顾客的选择成本，赢得目标顾客的选择也即掌握定价权。

指标 4：品牌建设的岗位性

所谓品牌建设的岗位性，是指厂商是否有单独的责任明确的品牌经理，并且品牌经理是否获得了品牌工程师的专业技术。

我们很奇怪，企业都设有财务经理、生产经理、采购经理、销售经理等具体的岗位，但我国绝大多数企业却未设置品牌经理，从而无人具体负责终点目标顾客及其乐点识别，也就使满足终点目标顾客需求与欲望的承诺成为空想，进而使品牌建设落空。

第5章　品牌信用模型的指标算法

本书认为，企业内部对每个商标都应给予明确的岗位责任，也即品牌经理，承担起品牌信用的具体负责。在缺乏具体的品牌经理岗位保证的情况下，企业决策者就成为事实上的品牌经理，但几乎都缺乏品牌建设专业知识和技能。很多企业创立者尽管开辟了一个新的产品领域，但因缺乏品牌建设知识和技能，企业是建立起来了，也成了驰名商标，但品牌却失落了，从而失去了定价权，也就不可能获得品牌溢价。

本书得出的结论是：凡是建立了明确的品牌建设岗位责任制的厂商，其信用度是高的；否则，就是低的；反之，凡是信用度低的厂商，必定缺乏明确的品牌建设责任制。

在我国，多数企业将获得驰名商标作为品牌建设的目标，这是极其片面的。因为驰名商标可通过法院判决的，问题是法院无法决定该商标所承载产品或服务的终点目标顾客的选择。好在 2013 年修正的《商标法》规定了从 2014 年 5 月 1 日起在产品、包装、宣传中将不得出现驰名商标的字样。

如何进行品牌建设岗位性设计详见第 8 章。在此，特别强调的是，品牌建设的目标不是获得驰名商标，而是通过品牌工程，将厂商的商标变成目标顾客的溢价品牌，从而通过掌握定价权来获得品牌溢价，使厂商从增产盈利的商业模式，转到增值盈利的商业模式。

品牌经理承担的不仅是销量、销售额、利润这样的经营指标，而是通过锁定终点目标顾客的欲望也即情感利益，使目标顾客获得快乐，从而实现品牌溢价，并由此获得销量、销售额和利润。曾有朋友的企业，销售规模不大，笔者建议他要注重品牌建设，他回答说我已经是中国驰名商标了。笔者给他说的：为了生存，动物都会某种伪装，以欺骗天敌。但绝对不要自己骗自己。为理解品牌建设的目标不是获得驰名商标，请阅读资料 5.3。

资料 5.3　驰名商标近年泛滥成灾，浙江全省皆"驰名"①（节选）

东方网 2009 年 2 月 12 日报道　驰名商标原本拥有极高的权威性。但因为司法认定中存在的一些问题，这些年，许多闻所未闻的商标一夜"驰名"，驰名商标几乎已达到泛滥成灾的地步。一些特殊群体依附其上，将驰名商标认定当成了一场各取所需的商业游戏。

本书认为，驰名商标的要义是驰名即 Well - know，也即知名度。此指标本身是可衡量的。问题不在于是否是驰名商标，而在于商标是否驰名是商标所属厂商的事，与终点目标顾客没关系，故驰名商标不是品牌建设的目标。想想看，市场上有多少驰名商标，却又为何退出了市场？那些曾经的央视标王们，哪一个不是驰名商标？现在呢？商标还是驰名的，可市场没了。难道这就是厂商进行品牌建设的目的？

"现在驰名商标太多了，我们根本统计不过来。我们这里只有工商总局认定的数字，到现在整个金华市只有 10 个。司法认定的就多了，但具体有多少我不知道，也许今天就认定了一件呢。"2 月 10 日，金华市工商局商标处某工作人员告诉记者。商标处的人不知道辖区有多少驰名商标，这或许是个讽刺，不过事实确实如此。驰名商标的认定有两大途径，一是工商行政认定，二是司法认定。按金华市工商局这位工作人员的说法：司法程序

---

① 陶喜年. 驰名商标近年泛滥成灾，浙江全省皆"驰名"［EB/OL］. 东方网，www. eastday. com，2009 - 02 - 12.

认定的驰名商标，若公司不把判决书拿过来，工商局根本就不知情，也不会主动去统计。

本书认为，司法可认定驰名商标，可司法无法决定顾客的选择权。当一个顾客看到一个产品外包装上写着"驰名商标"时，可能心里却在琢磨："咋没听说呢？蒙人的吧？"一旦顾客有了这样的想法，还会掏钱购买吗？

记者经过粗略统计得出，金华市目前拥有的驰名商标至少已达150个。以金华下属的永康市为例，2006年之前，该市驰名商标的数量是零，3年过去，此数字一下变成了44。义乌、东阳等地的情况也莫不如此。有趣的是，不少驰名商标，别说在中国驰名，连金华本地人也闻所未闻。

本书认为，若把获得驰名商标作为品牌建设目标，已有150个驰名商标的金华市，可谓已经完成了品牌建设。可问题恰恰就出在这儿。"有趣的是，不少驰名商标，别说在中国驰名，连金华本地人，也闻所未闻。"既然连本地都闻所未闻，又何来驰名呢？

在驰名商标泛滥最严重的浙江，从2008年开始，浙江省工商局已取消对司法认定驰名商标的授牌。2008年12月，浙江高院将"涉及驰名商标认定的案件"，列为6类容易发生虚假诉讼的案件之一。驰名商标遍地开的背后，蕴藏着什么样的玄机呢？时间回到2006年8月17日。这天，步阳集团董事长徐步云从时任浙江永康市委书记吴彩星手中接过一张100万元的支票。"步阳"牌商标荣获中国驰名商标，永康实现驰名商标零的突破。为鼓励企业创牌，此前，永康出台了若干奖励政策，对辖区获得中国名牌、中国驰名商标的企业一次性给予100万元奖励。

本书认为，永康市出台的此奖励政策，将中国名牌和中国驰名商标当成了品牌建设的标准。这就是为何本书认为，品牌建设中存在的最严重的问题，就是将商标当成了品牌。既然如此，企业当然就要追求中国名牌和中国驰名商标了。可问题是，即使追求到了，对市场竞争能有多大的提高吗？难道仅仅是为了套取政府这100万元奖励吗？

让永康市政府始料不及的是，步阳前脚刚拿到100万元奖励，永康的一大堆驰名商标后脚就追了上来。短短几个月时间，永康9家企业的商标先后荣获中国驰名商标，光防盗门企业就占了6席。此后，永康的驰名商标，依然接二连三地冒出。截至目前，永康已有44件驰名商标，但通过工商认定的仅有3件。或许是认识到了司法认定背后的猫腻，从2008年开始，永康市取消了对司法认定驰名商标的所有奖励，但对通过工商认定的驰名商标，依然奖励100万元。

本书认为，若驰名商标就是品牌建设的话，浙江省也基本完成了，可我们看到的还是代工厂遍地的浙江。这就从反面证明，驰名商标不是品牌建设的目标。其实，高价格的海飞丝，之所以能取代低价格的美加净或蜂花洗发液，不是因为海飞丝是驰名商标，而是因为"去头屑"及其隐含的生活水平（为何有头皮屑？因为好久没洗澡；为何好久没洗澡，因为家里没洗澡的设施；为何家里没洗澡设施？因为家里穷）。

蹊跷的司法认定：浙江的驰名商标数量在几年间狂飙突进，一路井喷，奥秘就在司法认定上。《时代周报》记者调查发现，通过判决认定浙江数百家驰名商标的法院，80%以上集中在中西部地区，通过浙江本省法院系统做出的认定则凤毛麟角。

本书认为，看来以后看见某个商标是驰名商标，还要进一步打听是谁认定的，是否是司法认定的，是哪个地方的司法认定的。好在根据 2013 年修正的《商标法》，驰名商标从 2014 年 5 月 1 日开始不得使用。其实，还有一个原因，就是相关采购的招标说明书中，明确列出必须是"驰名商标"此条件。从而有滥用市场支配地位之嫌，也就违反了反垄断法的规定。令人非常高兴的是，2013 年 8 月 30 日通过的《商标法》修正案，决定从 2014 年 5 月 1 日起驰名商标将不得出现在产品、包装或宣传材料上。

原来是一场局："侵犯"浙江等地企业权利的当事人何以如此集中在中西部地区？有知情者道破玄机：这些人不过是一些托而已，侵权官司几乎全是中间人策划好的。而中间人选择在中西部打官司，是因为在浙江等地不容易钻空子。根据《时代周报》记者了解，在浙江金华、温州、绍兴等地，长期有一批号称"全程代理企业司法认定中国驰名商标"的机构、个人在活动，其身份主要以律师和广告公司员工为主。他们与一些法院关系熟稔，经常登门鼓动企业出钱，全权委托他们代理驰名商标认定事宜。浙江那些苦于无法扩大企业知名度和产品销路的中小企业主一旦知道有此"投资省、见效快"的捷径，无不心动，争先恐后加入争创驰名商标的行列。那些动手快的，甚至还拿到了政府的几十万甚至 100 万元奖励，除掉支付给中间人的费用还有盈余，驰名商标好像是倒贴的。

本书认为，品牌经济学的理论证明，使目标顾客选择成本等于零的品牌，绝对不是哪一个政府部门或机构认定的，而是目标顾客选择的结果。请各位想想看，"立顿"是哪个部门或机构认定的驰名商标？

指标 5：单一利益的持久性

所谓单一利益的持久性，是指某商标所承诺的单一利益点，是否是终点目标顾客某种永恒的利益需求。根据资料 5.2 可见，人类的终极需求是因欲望的心理满足而获得的快乐，而快乐本身是多元化的，这就为厂商的品类创新提供了空间。因此，无人知道百年后的人们需要什么产品，但能知道的是一定需要快乐。只有当某个注册商标成为目标顾客欲望的某种快乐代言或象征时，此注册商标才能成为百年品牌。

利益的持久性决定了商标所承载的产品或服务，是否具有足够持久的市场空间，通过 8.5 节的顾客利益衍生链的分析，可以判断某个商标所承诺的单一利益或首位利益，是否符合终点顾客的终极利益。

本书得出的结论是：凡是承诺的单一利益是持久的厂商，其信用度是高的，否则，就是低的；反之，信用度高的厂商，必定承诺持久的单一利益。

消费者为了获得有限的盲盒里自己喜爱的卡通形象，居然催生出了餐饮行业的"代吃"现象。对此，中国消费者协会的点名批评发布得非常及时[①]，但也引出了一个问题，值得厂商们深思。即在过剩市场中，顾客购买的目的究竟是什么？有一种很流行的观点，就是产品质量一定要优质。事实上，产品质量属于法律概念，既有产品质量法，又有消费者权益保障法。故达到一定标准的产品质量，是一个不容讨论的法律问题。在过剩市场中，经常的场景是不同厂商生产的同类产品，在产品质量和功能等物质利益方面，实现了

---

① 赵述译，蔺雨葳. 中消协点名肯德基：用"盲盒"诱导食品过度消费，当抵制［N］. 北京商报，2022 － 01 － 12.

同质化水平。唯一不同的各个厂商的产品搭载着各自不同的注册商标。故根据"顾客利益＝物质利益＋情感利益"，针对肯德基这次盲盒活动，可以轻易看出，消费者渴望的根本不是套餐里的食物也即边际递减的物质利益此需要，而是能让自己乐而忘忧、乐在其中的盲盒所内藏的卡通形象，也即边际递增的、永无止境的欲望。正因为目标顾客敏感的是盲盒中的卡通玩具，而不关心与其配套的快餐食物是什么。本书1.3节中学者苏甘（Shugan）所言的劳心费神本身也就不存在了，即思虑成本为零。

指标6：终端建设的稳定性

所谓终端建设的稳定性，是指在品牌建设过程中，终点目标顾客选择注册商标及其承载产品或服务的场所是稳定的。所谓终端，是指终点目标顾客购买产品的具体场所。从终端的形式来看，包括实体终端与虚拟终端。无论是资源类、中间类、消费类、服务类的厂商，都存在终端市场，所不同的是不同类型的厂商，其终端市场的具体形式不同。

例如，服务类的终端形式或者是酒店、饭店、教室、服务电话，或者是景区等；食品、服装类产品的终端形式是超市；汽车类产品的终端形式是4S店；家具、建材类产品的终端形式是专业市场。设备类（又称为"投资类"）产品，表面上看没有类似超市的终端，因为设备类产品更多的是从厂家直接卖给了用户，用户就是终端。同时，该类设备其他用户在选购设备时，也往往到设备老用户那里进行考察，这样一来，设备的已有用户就是终端。此外，网店与直播已经成为日益强盛的终端形式。

本书得出的结论是：凡是终端建设稳定性强的厂商，其信用度是高的；否则，就是低的。反之，凡是信用度高的厂商，其终端建设也必定是稳定的。苹果公司在全球建设旗舰店，就是此道理。对厂商而言，终端建设确定性的价值有三个。

（1）降低顾客购买时的地点选择成本。即若终端形态是很明确的，顾客具有了购买需求时，能不假思索地来到此终端地点，而不必到处寻找。到处寻找必然是货比三家，也就增加了顾客的选择成本，降低了选择效率。

（2）避免假冒伪劣产品。在企业控制的零售终端，企业可确保产品的真实性，一旦零售终端不受产品企业控制，则在机制上就存在假冒伪劣的可能，这就需要企业必须建立自己可控的零售终端体系：超市的专柜、自己的连锁专卖店、自己的网络旗舰店等。

（3）通过终端顾客的购买（进店率、试用率、成交率、服务记录等），为建立数据库营销，提供可靠来源。若厂商仅仅是通过代理商向各地终端供货，则厂商就是远离自己产品或服务的终点顾客，关心顾客利益、为顾客着想的承诺，其可信程度都是值得怀疑的。

指标7：品类需求的敏感性

所谓品类需求的敏感性，是指目标顾客对某商标所承诺的单一利益点即品类需求，从生活、工作或情感而言，在日常必需、阶段性必需、锦上添花、可有可无四者中的哪一类。

大量的农产品的价格之所以难以提高，一个重要的原因是，没有一种农产品是消费者生活必需品：没小麦，可吃大米；没大米，可吃玉米……即替代性太强。既然如此，

第5章 品牌信用模型的指标算法

按品牌溢价模型，农产品的品牌建设，就在于把生活上的非必需品，转化成情感上的必需品。如将生活上非必需的大枣、花生，加以包装，变成"早生贵子"的口彩礼物，成为新婚贺礼。

2009年底，麦当劳早餐赠送的星猫宝宝"好运魔力吸水杯垫"，在儿童、学生及白领中引发的收集热潮，在短时期内迎来了早餐收益的新一轮增长高峰。显然，儿童、学生及白领涌到麦当劳吃早餐，是为了获得能使自己乐而忘忧且乐在其中的星猫宝宝。

星域公司的产品是工业阀门，其聘请的品牌顾问创意了"帝企鹅"的卡通形象[①]，以帝企鹅的亲和力、敬业精神、不怕困难、勇于担当和活泼幽默的精神来表现星域对客户无微不至的服务，并通过创作一系列的海报、行业杂志广告、年会主视觉、PPT、商务礼品等，将"用心"服务的概念传达到每一个客户接触点，对内与对外都引起共鸣。这一组作品投放市场后，在行业内引起了强烈反响，客户的好评纷沓而来。

在厂商的实际经营活动中，若前6个指标得分都很高，但目标顾客对厂商所承诺的单一利益是不敏感的，尤其是面对厂商的利益承诺，顾客的反应是"这有啥用"时，厂商就该明白了，自己作出的利益承诺，是目标顾客不敏感的。

本书得出的结论是：凡是目标顾客对厂商承诺的利益越是敏感，对厂商的信任度越高；否则，就降低对厂商的信任度。反之，若厂商承诺的利益是终点目标顾客所不敏感的，则其信用度也是很低的。

若终点目标顾客对厂商所承诺的单一利益点的需求非常强烈，则对品牌信用度的提高是很大的；若是对目标顾客的需求而言，所承诺的单一利益点是可有可无、可多可少的，只能影响该产品的实际销售量，但对品牌信用度本身的影响是很小的。为了理解品类需求的敏感性，阅读案例5.3。

案例5.3　良心的处方[②]

参加朋友的家庭聚会，有幸认识了当地颇具名气的私立医院的院长王先生，他向我讲述了自己的经历：那一年我26岁，是当时分到那家公立医院的第一个研究生。医院有一条内部规定，医生的工资和奖金是与自己的业务量相挂钩的。即说你所开处方的多少、患者购买药量的大小和所做辅助检查的费用都将直接影响你当月的收入。正是在这种机制的鼓舞下，许多医生不管患者的病情轻重，总要叫患者去各个辅助科室走一遭，做着没多少必要的这样或那样的化验与检查，并在开处方时尽量开得贵一点、多一点。最初我也是这么做的，而且并没感觉有什么不妥。

本书认为，这些"没多少必要的这样或那样的化验与检查"，正是患者所不需要的，也即不敏感的，这样的化验与检查越多，患者对医院的信任度越低，医生在患者中的信用也就越差。长眠在纽约东北部的撒拉纳克湖畔的特鲁多医生的墓志铭是："To Cure Sometimes, To Relieve Often, To Comfort Always。"即著名的：有时是治愈，常常是救济，总是

---

① 博扬工业品牌营销案例研究中心."帝企鹅"之旅工业品牌的营销创新思维 [EB/OL]. http://www. linkshop. com/, 2012 - 08 - 15.

② 朱砂. 良心的处方 [J]. 公关世界, 2010 (1).

去安慰。若说治愈和帮助属于患者所需的物质利益，安慰则是患者更需的情感利益。

直到有一天，一个穿得破破烂烂的农民模样的人走进我的诊室。我为他诊断后，确定他只是得了农村人因为不讲卫生而经常患的肠道寄生虫病。检查完了，我正要开化验单让他去化验一下大便，不经意间抬起头时，却见他正怯怯地看着我："医生，我的病严重吗？要治得花多少钱？"我一愣，开化验单的手不由自主地停了下来。见我犹豫了，那农民的脸一下子变得惨白，"钱多的话我就不治了。去年孩子他娘得了子宫癌，治了一年多没治好最后还是死了，欠的债至今还没还清。不能再因为我让俩孩子这辈子也翻不了身啊！"他嗫嚅着，眼泪顺着那张干枯的脸簌簌地淌了下来。

那一刻，面对着那张满是皱褶的脸，我羞愧难当。也正是从那时起，我发誓再也不开"泡沫处方"了。但也正是那一决定，改变了我一生的命运。最初几个月我甚至拿不到别人收入的1/4。一年后，才渐渐有了一批自己的固定病人，一些新病人也大都是老病人介绍来的，有许多病人一进医院便直接要求找我。我生平第一次体会到了被人尊敬的滋味，那不是钱所能买得到的。

本书认为，这些固定的病人，就是王医生的目标顾客，而王医生赢得这些固定病人的信任，恰恰是放弃了患者们需求不敏感的那些化验与检查。东芝公司拟进入医用CT，派人到医院访问，发现医院现用的CT机附加了若干辅助功能，这些辅助功能另有专业仪器，因此，基本无用。东芝公司推出的CT机，不仅不包括这些辅助功能，而且主功能效果更好，且价格比对手降低，从而后来居上。显然，医院对这些辅助功能是不敏感的。

后来，院长找了我好几次，说别的医生反映我争夺了他们的病人。我一气之下辞了职，自己开了一家小诊所。有许多我原来的病人，不惜辗转几十里路来找我给他们看病，那种被人信任的感觉一次次鼓舞着我在最艰难的时候将诊所支撑了下来。再后来，我的一位病人看中了我，为我投资建了当时市里的第一家私人医院，再后来便发展到了今天你所看到的此样子。现在我们旗下的这九家医院每年都要招收大约二三百名新毕业的学生，在他们开始自己职业生涯的第一天，我都会提一个要求：面对病人，请开出你良心的处方。

听了王院长的经历，我想起德国西门子电器公司的创始人在他的晚年谈到自己的创业史时曾经说过一句很是耐人寻味的话："我的一生中，所选择的研究总是以大众利益为前提，但到了最后最大的受益者却总是我自己……"

本书认为，想想看，王院长在以前的医院里做医生的收入高，还是现在收入高？为何？现在，王医生已有9家医院，笔者认为此数量还将继续增加。王医生现在的收入必定高于他开泡沫处方时的收入，这就是信用的价值，而信用恰恰构成了品牌的核心。正如西门子创始人说的："我的一生中，所选择的研究总是以大众利益为前提，但到了最后最大的受益者却总是我自己……"其实，病人生病了，医生的承诺是能治好病，此承诺是病人敏感的吗？当然是，但对中低收入者病人而言不是最敏感的，对中低收入者的病人而言最敏感的是"付得起钱"。正如文中病人农民所言："医生，我的病严重吗？要治得花多少钱？"

留德博士杨佩昌提到[1]在汉堡市区的西部坐落着奥托集团总部。这家德国著名家族企

---

[1] 杨佩昌. 让"德国制造"走向辉煌的，恰恰是那些"慢公司"和"笨公司"[J]. 商界杂志，2016（9）：27.

业是世界邮购业泰斗，在全世界 20 个国家拥有 123 个企业，年营业额超 114 亿欧元。2011 年 3 月刚就任奥托中国总裁的邹果庆正在这里熟悉新公司的商业理念和运作方式。短短 3 个月的工作就有一件事令他震撼。有人问公司创始人奥托先生：你的公司做得那么大，又很赚钱，为何不上市呢？奥托回答：我不愿意我的员工为利润打工。"这句话的内涵非常深刻。"邹果庆说，"他是希望员工能为消费者带来更大的利益。因为此公司把员工和客户都放在第一，所以它能长久"。

案例 5.4　卖电的韦普如何赞美顾客[①]

一天，菲德尔费电气公司的约瑟夫·韦普走到一家看来很富有的整洁的农舍前，他前去叫门。当时户主布朗肯·布拉德老太太只将门打开了一条小缝。当她得知是电力公司的推销员之后，便猛然把门关闭了。韦普再次敲门，敲了很久，大门尽管又勉勉强强裂开了一条小缝，但未及开口，老太太却已毫不客气地破口大骂了。

本书认为，布德拉老太太为啥关门且态度极不友善？是因为她得知了来者是"电力公司的推销员"。她一旦知道是推销员登门，就知道推销员是来卖东西的。按照利润 = 收入 – 成本，登门的推销员就成了布德拉老太太的成本项，而降成本是人们的本能。

经过一番调查，韦普又上门了，等门开了一条缝时，他赶紧声明："布拉德太太，很对不起，打扰您了，我的访问并非为电力公司，只是要向您买一点鸡蛋。"老太太的态度温和了许多，门也开得大多了。韦普接着说："您家的鸡长得真好，看它们的羽毛长得多漂亮。这些鸡大概是某个名种吧！能不能卖一些鸡蛋呢？"

本书认为，这次韦普先生登门，为何赶紧声明不是推销电力，而是购买鸡蛋呢？因为他要从布德拉老太太的成本项，成其收入项。于是，老太太态度温和了，而且开门了。进门之后，韦普接着说道"您家的鸡长得真好……"，这就是赞美的开始，为何要赞美老太太养的鸡呢？是因为韦普登门之前"经过了一番调查"。

门开得更大了，并反问：您怎么知道是名种的鸡呢？韦普知道，投其所好之计已初见成效了，于是更加诚恳而恭敬地说："我家也养了这种鸡，可像您所养的这么好的鸡，我还从来没见过呢！而且，我家的鸡，只会生白蛋。附近大家也都说只有您家的鸡蛋最好。夫人，您知道，做蛋糕得用好蛋。我太太今天要做蛋糕，我只能跑到您这里来……"老太太顿时眉开眼笑，高兴起来，由屋里跑到门廊上来。

本书认为，面对韦普的"唐突"的赞美，老太太当然有所怀疑。对此，韦普更加诚恳而恭敬地继续赞美，且给出的赞美理由非常合乎生活常识，即"做蛋糕得用好蛋"。在赞美过程中，韦普采取的是反衬法策略：我家养的鸡不如您养的鸡、我家的鸡蛋是白蛋而您家的鸡蛋是红蛋、附近大家都说您家的鸡蛋最好。

韦普利用这短暂的时间瞄了一下四周的环境，发现这里有整套的奶酪设备，断定男主人定是养乳牛的，于是继续说："夫人，我敢打赌，您养鸡的钱一定比您先生养乳牛的钱赚得还多。"老太太心花怒放，乐得几乎要跳起来，因为她丈夫长期不肯承认这件事，而

[①]　周忠兴. 商务谈判原理与技巧［M］. 南京：东南大学出版社，2004.

她则总想把"真相"告诉大家，可是没人感兴趣。

本书认为，韦普通过赞美老太太养鸡赚的钱比她丈夫养奶牛赚得多，赢得了老太太的心花怒放，乐得几乎要跳起来了。"因为她丈夫长期不肯承认这件事，而她则总想把'真相'告诉大家，可是没人感兴趣。"通过此赞美，赢得了老太太的情感共鸣，找到了知音。这就是共情力的力量所在。也是按乐分配法则的根源所在。笔者坚持认为赞美是第一推销力。

布拉德太太马上把韦普当作知己，不厌其烦地带他参观鸡舍。韦普知道，他投其所好的计策已渐入佳境了。但他在参观时还是不失时机地发出由衷的赞美。赞美声中，老太太毫无保留地传授了养鸡方面的经验，韦普极其虔诚地当作学生。他们变得很亲近，几乎无话不谈。赞美声中，老太太也向韦普请教了用电的好处。韦普针对养鸡的需要详细地予以说明，老太太也听得很虔诚。两星期后，韦普在公司收到了老太太的用电申请。不久，老太太的所在地申请用电者源源增加。老太太已成为韦普先生的热心帮手。

本书认为，通过假装买鸡蛋进门，到赞美鸡养得漂亮、赞美鸡蛋是红蛋、赞美老太太赚钱比她丈夫多，"布拉德太太马上把韦普当作知己"，并"不厌其烦地带他参观鸡舍"。对此，想想看，无论在实体店还是在网店直播间，为何很多顾客不乐于多听导购员的推荐呢？原因很简单，就是因为导购员因缺乏赞美，而让顾客们没把导购员当作知己。李佳琦无论是作为实体店的美妆顾问，还是直播间的直播，之所以能取得非凡的销售业绩，是因为他能让面前的女孩们把他当作美妆知己。

在参观鸡舍的过程中，韦普继续赞美，从而让老太太在"毫无保留地传授了养鸡方面的经验"过程中，体现了老太太专业与职业的自豪感。在此过程中"韦普极其虔诚地当作学生"，问题是韦普并未准备改行养鸡，而是为了与老太太"变得很亲近"，并在"赞美声中，老太太也向韦普请教了用电的好处"。最终，不仅老太太选择了韦普的电力（拔草、买手），而且成了韦普的热心帮手，推荐她的邻居们源源不断地选择韦普及其推销的电力（种草、买手链）。该案例是本书所坚持的按乐分配法则非常典型的体现。

韦普先生属于实体经济的推销或导购，李佳琦是电商直播美妆顾问，两者的工作或职业时代是不同的，但属性是一样的，即"出售"快乐。

其实，干什么很重要，但干到什么程度更重要。能把爱好变成职业，且作出一流业绩，属于禀赋。市场经济的一个重要功能，就是提供给人们发现自我禀赋的机会。

因大多数顾客并不愿意直接试色柜台的样品口红，所以李佳琦开始尝试用自己的嘴巴为顾客试色。到欧莱雅专柜上班一周后，柜长评价他"知道怎么讨女孩子欢心"。善于察言观色的李佳琦的销售秘诀是"要站在所有女生那一边"，"我要把你变成我的潜在客户，一直跟着我买"，为此他诚恳对待每一位顾客。当某位穿搭随意的女顾客进店选购后，唯有李佳琦热情相迎。女顾客开单3万元。事后，女顾客坦言，她逛商场那么久，只有李佳琦笑脸相对且不厌其烦地为她介绍产品。

"知道怎么讨女孩子欢心"，是因为李佳琦能"站在所有女生那一边"，也即设身处地地替自己的目标顾客考虑，这恰恰是共情力的前提条件。而这位穿搭随意的女顾客，之所以开单3万元，是因为"只有李佳琦笑脸相对且不厌其烦地为她介绍产品"。无论实体店的导购还是电商直播间的导购，变化的仅仅是工作方式。而永恒不变的是顾客需要快乐的体验即式（2-2）的 S_e。所谓服务的本质，是让顾客因你而快乐（情感利益），顺带着出售顾客所需要的产品（物质利益）。而要做到此标准，多数人需要进行专业培训，只有少数具备服务禀赋的人类似于李佳琦，只需要合适的机会，其服务禀赋自然绽放。

2018 年 9 月，李佳琦成功挑战"30 秒涂口红最多人数"的吉尼斯世界纪录，成为涂口红的世界纪录保持者，自此被誉为"口红一哥"。这表明李佳琦确实有快速涂口红的禀赋，再经过后天的努力而赢得"口红一哥"。这也是管理学中的特质理论所研究的：把合适的人选择出来，从事合适的工作。在此基础上，给予的专业培训才能发挥作用。在 2018 年的"双十一"，李佳琦与马云 PK 卖口红，最终战胜马云。对此值得深思的是马云的名人效应绝非李佳琦所能比拟的，但为何在卖口红的 PK 中获胜呢？答案还是共情力。故本书所主张的按乐分配，不仅具有式（2-3）的理论基础，更是实践。正如李佳琦自己说的"他最大的优势，就是会站在消费者角度上去想事情"。在一个无底线利己的社会里，能切实做到这一点，才是李佳琦业绩的根源。

指标 8：注册商标的单义性

所谓商标的单义性，是指目标顾客对商标意义的理解是否存在歧义性。通过商标意义测试，在给定的测试样本中，若对给定商标的理解的方差不等于 0，其方差越大，表明商标单义性越差，也即歧义性越大。

注册商标的歧义性大，直接影响到传播效率，即歧义性越大，传播效率越低。注册商标的歧义性越小，传播效率越高，对品牌信用度的传播效果越大。但即使某个注册商标存在一定的歧义性，若能坚持不懈，其信用度将是增加的。例如，美国的"亨氏 57"西红柿酱，开始时很多人并不了解此"57"的意思，也就有了各自的理解，也即歧义性比较高。但随着时间的推移，消费者已不再关注此"57"究竟是什么意思①，只是将其作为优质西红柿酱的代言符号了。

当然，通过品牌建设，将某商标精确地塑造成为了某目标顾客群体的溢价品牌代言，这存在一个悖论：代言越精确，目标顾客的数量越受限，其市场空间越小。这就需要采取多商标策略。例如，去头屑的海飞丝、护发的潘婷、柔顺的飘柔。

在中国的厂商实践中，注册商标单义性存在的主要问题是，试图通过好听的名称来产生好的联想，这本身不存在法律问题，但存在事实误导的可能。同时，更存在理解的歧义性。例如，当青岛电视机厂将"青岛"牌更名为"海信"且将"海信"注册商标后，人们看到"海信"自动下意识的会琢磨"海信是啥意思？"，某高层给出的解释是"像大海一样的信用"，问者当场玩笑式地说"大海是反复无常的"。

某啤酒厂，为了推出中价位的啤酒，曾创意设计注册了一个"吉祥"牌啤酒商标。创意者认为，人们都求吉祥，所以"吉祥"牌啤酒也会畅销，可事实并非如此。其实，人们确实都追求吉祥，可问题是代表吉祥的东西很多，没人把"吉祥"与啤酒联系起来。当然，创意"吉祥"牌啤酒，本身已经从啤酒的物质利益向情感利益转型了。根据 2.5 节的

---

① "亨氏 57"的本意是一年 52 个周加 5 个节日（圣诞节、感恩节、新年、独立日、复活节）。

"老鼠—米老鼠"转形模型，这种转形并非能通过商标此符号本身来实现，而是通过商标表情化、表情欲望化来实现的。

在国际化的过程中，注册商标的单义性尤其重要，甚至是决定性的。例如，通用汽车在拉丁美洲销售"Chevy Nova"时，就是不见起色，后来才发现在西班牙语中，"Nova"的意思是"走不动"。三菱公司的 Pajero 在西班牙也遭遇了尴尬，因为"Pajero"在西班牙语中是"手淫者"的俚语。丰田的"Fiera"在波多黎各也引起争议，因为在这里"Fiera"的意思是"丑陋的老太婆"。劳斯莱斯的"Silver Animal"在德语的意思是"银色动物粪"。福特的"Pinto"牌车在巴西也远远没达到预期，后来才发现，在巴西人的葡萄牙语中，"Pinto"是"小阴茎"的俚语。2023 年 9 月，比亚迪公司宣布销往欧洲的车辆，取消尾部的"Build Your Dreams"，公开的理由是应消费者要求，实际是此话在中国可以理解为"成就梦想"，但在英国也可以理解为"做你的梦"或"快去构建你的梦想"，这导致诸多消费者购车后自己扣标。

本书得出的结论是：凡是注册商标单义性高的厂商，才能降低终点目标顾客的选择成本，就能提高其品牌信用；否则，若注册商标的歧义性很大，将极大地降低终点目标顾客的选择成本，从而降低厂商的品牌信用。反之，信用度高的厂商，必定通过科学测试来设计出歧义性低的注册商标，而信用度低的厂商，必定通过商标本身的美好含义来掩盖某些实质。

在注册商标单义性建设过程中，最缺乏信用的就是频繁地更换商标。可推定：若一个厂商频繁地更换商标，必定是没信用的。对此，可听听马季先生的相声《宇宙牌香烟》。

指标 9：媒体传播的公信性

所谓媒体传播的公信性，是指厂商在品牌建设过程中，目标顾客对厂商所进行的传播方式的可信度。新闻媒介的主动、免费的正面报道，可信度就高，而商业广告形式的可信度就很低。这样一来，商标所承载的同样的内容，不同的传播方式所产生的可信程度是不同的。尤其是在新产品的导入期，作为市场活动的起点，其新闻媒介的主动、免费的正面报道，是正确的选择。但媒体传播的可信性与品牌信用度本身是不同的，可信度高的媒体传播，对品牌信用度的传播是正面的，若是通过广告等形式，对品牌信用度本身并不必然构成负面影响。

本书得出的结论是：凡是媒体传播公信性高的商标，目标顾客对该商标的承诺就是信任的；否则，媒体传播本身公信性低的商标，目标顾客对该商标的承诺也是不信任的。反之，信用度高的厂商，必定选择公信度性的媒体传播方式；否则，选择公信性低的媒体传播方式的厂商，其信用度必定也是低的、不可信的。

案例 5.5　Zippo 是如何成为品牌的？[①]

1932 年，美国人乔治·布雷斯代发明了一个设计简单，且不受气压或低温影响的打火

---

① 金界. ZIPPO 打火机的传奇故事［N］. 经理日报，2008 - 04 - 22.

机，其定名为 Zippo。此后此小小的打火机便演绎了一个又一个的经典故事。"二战"期间，因战争的需要，Zippo 把所有的产品都提供给了美军。这样，它就随着战士们走遍战场。在战场上百无聊赖的深夜里，士兵们用 Zippo 来点火取暖，或暖一暖冻僵的双手，顺便点燃一根"万宝路"，还曾有人用 Zippo 和一只空钢盔做了一顿热饭。

1960 年，一位渔夫在奥尼达湖中打到了一条重达 18 磅的大鱼。在清理内脏的时候，他发现一只闪闪发光的 Zippo 打火机赫然在鱼的胃中。这只打火机不但看上去崭新如旧，且一打即燃，完好如初。单凭这一点，就可知道为何不必把 Zippo 小心翼翼地收藏在工具箱里，而可把它放在任何伸手可得的地方。

在越南战场上的一次攻击中，美军士兵安东尼在敌军炮火的攻击下，左胸口受到枪击，子弹正中了置于左胸口袋的 Zippo 打火机，机身一处被撞凹了，但却保住了安东尼的命。越战后，尽管 Zippo 公司期望他能将那只打火机送修，但安东尼却视"它"为自己的救命恩人，不仅慎重收藏，更希望永久保存它那受伤的机体。

1974 年 10 月 1 日，一名叫丹尼尔的飞行员驾机飞离旧金山机场不久后，发现飞机的引擎油门不顺，不得已只好采取紧急迫降的行动。而他正是利用 Zippo 打火机的火焰发出求救讯号，并以火焰引导海岸警备队的直升机迅速发现其迫降位置而安全获救的。

这些广泛流传的故事，将 Zippo 化身为"救命恩人""信号灯"等英雄角色，无不是对 Zippo 品质最好的称颂，Zippo 的拟人化的故事行销空前成功。Zippo 将融合其品质的故事营销手法发挥得淋漓尽致，给用户的只有无边的赞叹而没丝毫造作，在 Zippo 看来，始终如一的风格和品质缔造了这些神话及口碑，也更使得全球用户一生为之痴迷。

本书认为，其实，Zippo 质量再好，还是一个打火机。但对顾客而言，Zippo 利益＝点火＋定情，所有打火机都能点火，但只有 Zippo 在讲自己的产品，给顾客带来的这些情感故事，也正是这些情感故事，将 Zippo 从一个打火机，转变为英雄角色的代言，进而成为定情物：我接受你作为我的保护神！这依然是按乐分配法则的体现。您为啥就非得说自己产品多么多么好这种"俺的杯子不漏水"的话？为啥就不能深入顾客生活，去发现你的产品带给顾客所发生的诸多感人的故事？

案例 5.6　谭木匠的秘密[①]

1995 年，谭传华正式注册"谭木匠"商标。经历过艰难的推销之旅，烧过价值 30 万元的不合格产品，搞过无数次技术改革，创办过《快乐的谭木匠》宣传漫画报……1997 年，"谭木匠梳子"终于获得了不小的市场知名度。就在他盘点过去规划未来准备大干一场的时候，一道难关横在了脚下：因为没固定资产作抵押，银行不愿意贷款给此靠生产小梳子为生的小企业，谭木匠公司后继乏力。

这是中国所有中小民营企业共同的成长难关，无数的企业因此而死，谭传华决心破此难关而求生。1997 年 8 月 19 日，他在重庆一家报纸上打出整版广告：谭木匠工艺品

---

①　范佳丽. 谭木匠的秘密［J］. 商界，2005（3）.

有限公司招聘银行。"民营企业招聘银行"是一件轰动的稀奇事，全国乃至全球 1000 多家媒体蜂拥而至，争相报道，并随后在金融界、企业界引发了一系列关于"银、企关系"的大讨论。一则奇怪的招聘广告，一次漂亮的公关策划，谭传华借此获得了银行的支持，"谭木匠"的知名度也空前高涨。1998 年春节，拿到贷款的他在央视投放产品广告，获得了全行业第一个抢先出头的机会。"谭木匠"毫无争议地成了中国梳子第一品牌。

谭木匠招聘银行事件就属于典型的与常识反常的新闻事件，自然轰动国内，从而吸引 1000 多家媒体争相报道，并进而引发银企关系大讨论，并因此使谭木匠一举成名。

有种观点是"最终取决于你的产品是否有真正地打动消费者，满足消费者的某种深层次的需求"。这句话属于非专业表达。此话拆开分析，涉及两个专业思考。

第一，究竟什么样的产品能真正打动消费者？在短缺市场中，能买到的产品都能打动消费者。而在过剩市场，在同质化日益显著的条件下，能带给消费者乐而忘忧的产品，才能真正打动消费者。而能使消费者乐而忘忧的，一定不是产品的物质利益，而是情感利益。这就是盲盒大行其道、联名 IP 得以流行的逻辑所在。

第二，"消费者的某种深层次需求"究竟是哪种需求？只要谈到需求，别忘了人的需求是有限的。即只要是需求，就存在边际递减，也就不存在深层次。而所谓的深层次，是指边际递增的欲望，因为人的欲望是无穷的。故提高转化率，不是靠讲出来产品的好，面对厂商说的产品的好，本能的勾起消费者潜意识中的王婆卖瓜。也不是画出来或拍出来，面对画出来的或拍出来的，消费者都有眼见为实的底线。

2023 年 9 月 13 日晚，一处老旧厂房，三位大叔开始直播，推广洗涤产品。没有流畅的带货话术，三个手足无措的大叔，在直播间现学现卖，却意外收获 10 万粉丝捧场。有粉丝评论："真的就是很老实本分做好生意的一辈人，想起了我爸妈。他们就是和我爸妈那一辈的，突然就泪目了。"这三位大叔的直播，总共卖出约有 1000 吨。在商品过剩时代，品种、品质都可同质化，唯一可做出改变的差异是情感共情力，即品牌力。

指标 10：质量信息的透明性

所谓质量信息的透明性，是指据消费者知情权，厂商必须将产品或服务质量信息全面、客观、清晰地标识出来，供消费者自己作出判断，而不能利用模糊信息来诱导或误导消费者。对品牌信用而言，产品质量类似水桶的"桶底"：没桶底，桶壁再好也无法盛水，但只有桶底也不能盛水。我们无权对厂商产品或服务质量进行检验，这是质监局的职责。但据消费者权益保障法，我们有权研究厂商自己的客观事实，即质量信息是否透明。即产品质量是政府的质监部门管制，我们不对某个商标所代表的产品质量进行评价，而是据消费者保护法所给定的消费者知情权进行的评估。

本书得出的结论是：凡是质量信息透明性高的厂商，其承诺的利益必定是可验证的，其信用也必定是高的。反之，凡是信用度低的厂商，其质量信息必定是不透明的。

为了直观地理解质量信息的透明性，可见资料 5.4。

资料 5.4　北京停售 16 种存安全隐患小家电（节选）[①]

16 种小家电因为安全问题，昨天被北京市工商局责令全市停售。市工商局近期委托北京市信息产品质检站对在本市销售的家用电器商品进行了质量监测，这些产品包括电吹风、离子烫发器、电子泡茶壶、多功能酸奶机、电热开水壶、电火锅等，都是居民家中常用的电器产品。检测中发现，有的不合格样品的使用说明书未按国家标准要求明示相关内容，给消费者造成使用中的困惑及危险；有的电吹风和电热水壶输入功率和电流不合格，与其标注的额定输入功率的相差甚远；还有的商品上的电源插头未达到标准要求。

上述报道中的被停售的 16 种小家电，主要是因为质量信息不透明而遭到停售的。

在对已有商标所承载产品或服务质量信息透明性进行测评时，我们采取的测评办法，就是测评企业将产品或服务的所有质量信息，是否完全、清晰地在产品包装或说明书中予以说明。尤其是包括三类信息。

第一类是原料的质量和含量信息。例如，某豆浆机商标，没公布其使用的金属刀具和塑料杯桶在长期使用后会存在磨损，磨损下来的成分就混入豆浆中被饮用，而这些成分是否存在安全性问题，并未明确告知消费者。某公司的阿胶晶枣食品，未标示其中的阿胶含量。还有一种是恶意隐瞒，也即因生产工艺等原因，产品中含有相关法律明确规定的违禁成分，但厂商恶意隐瞒。例如，曾经轰动一时的"巨能钙"内含过氧化氢事件。

第二类是产品适用或者不适用范围。例如，阿胶晶枣就注明了糖胶病人不适用。很多产品，尤其是食品，包含大量的添加剂，且这些添加剂都有很好的名称，诸如安赛蜜、甜蜜素之类的，但对其危害并没给出明确的提醒。2023 年 7 月，世界卫生组织将阿斯巴甜列为 2B 类致癌物质，并建议日摄入量不超过 40mg。

第三类是信息的可测性。例如，某移动通信公司曾经说"话费差错，给予 3 倍补偿"，此信息就是不可测的，因为话费差错是消费者很难测量的。再如，某些药品厂家承诺自己的药品有效率是 90%，若顾客出现无效，则总是那无效的 10%，这就属于典型的专业欺诈。

当然，善意的模糊信息不包括在内。对此可阅读案例 5.7。

案例 5.7　标尺码哄你开心[②]

2008 年 10 月，英国玛莎百货在上海南京西路开业。时隔不久，这艘亚洲最大的"旗舰"搁浅了，原因是外国人抱怨这里的内衣尺码太小，而中国顾客觉得服装号太大。玛莎显然忽视了一个事实，尺码就是竞争力。国际同行们吃一堑长一智，来自西班牙的"ZARA"就聪明多了。"裙子看上去不错，但领口低得能看见内衣，高跟鞋也很漂亮，可是最小只有 36 码。"类似这样的抱怨成为动力，"ZARA"很快在中国大陆推出 35 码的高

---

① 杨滨. 北京停售 16 种存安全隐患小家 [N]. 北京晚报，2011 - 01 - 10.
② 任惠兰. 标尺码哄你开心 [J]. 发现，2010（11）.

跟鞋，并在现有服装型号中增加一些 XS（160）码。从这些可看出 ZARA 攫住中国大陆市场的决心。

本书认为，终点顾客的抱怨，就是获得新的单一利益点的来源。而面对顾客的抱怨，更多的厂商的直接反应是试图给出这样或那样的解释。结果是赢得了道理，失去了顾客。

来自日本的"优衣库"靠给亚洲人做衣服起家，很明白此道理。若到"优衣库"的网站看看，会发现女装提供的 S 号是 155，而非欧美品牌约定俗成的 165；M 号和 L 号都是针对 160 女性的身材，尺寸略有不同；而最大号 XL 也只到 165。同样，国际大牌"杰尼亚"为了照顾那些身材较为瘦小的中国男人，也推出一对一订制服务业务。故顾客能不能买到尺码合适的衣服，要看品牌重不重视此市场。世界时装大腕们心照不宣，中国正在从世界工厂变为世界市场，与其妄想顾客会增肥或增高迁就衣服，不如学会给顾客量体裁衣。发明服装尺码，也许是为了让人找到合身的衣服，但其效果却经常相反，尺码的贡献，可能是让人便于找到"合心"的衣服。

本书认为，"合心"此词太对了，服装尺码的目标是让衣服"合体"，但"合体"不等于"合心"，即"合体"是服装的物质利益，"合心"才是情感利益。

尺码的错乱中藏着流行密码。20 世纪 70 年代 Hip-hop 流行，带热了宽松的 T 恤和肥腿裤，整条街的年轻人会穿大两个号衣服，摆一个叛逆的造型。迈克尔·杰克逊唱红以后，他的黑色紧身裤风靡一时，人们拼命把自己往窄紧的牛仔裤里塞。然而，深谙消费心理的商家会在尺码上"放水"，这是取悦消费者的绝佳手段。前不久，英国《星期日泰晤士报》揭露了一个很多人都不愿面对的事实，各大知名服装店内购买的牛仔裤，实际腰围超出标签上的型号。即人们的实际身材比自己想象的要胖。尺码会对人的心理产生微妙影响，比如，对于大多数游走在 X 和 XL 的女人来说，突然挤进了 M，简直可摆筵席庆贺一下。

女性内衣的商家们也从尺码中发现有利于自己的规律：当顾客发现适合自己的胸围尺码从 70A 上升到 70B 时，会更容易买下产品。故当你挑选"黛安芬"的无痕系列，告诉导购小姐自己是穿 80B 时，营业员会主动拿出 80C 的文胸。而"安莉芳"也在新款内衣推出无 A 系列文胸，最小尺码就是从 B 罩杯开始的。腿没细，胸没大，只是尺码变了。总之，女人怎么开心怎么标。

本书认为，让自己看起来更年轻更漂亮，是每个女性永恒的欲望，尽管谁也挡不住时间的磨损，但却使女性们乐此不疲。正如案例结尾"女人怎么开心怎么标"。这句话体现的恰恰是按乐分配法则。

5.4 指标量化的均值—非连续差分法

5.3 节给出了品牌信用度的 10 个指标的定义和案例理解，在第 6 章需要对每个指标进行具体的量化赋值，并最终得出商标的品牌信用度。为此，就需要确定指标的量化方法。

5.4.1　案例经济指标设计的剖析模型

考虑到每个具体的商标的品牌信用度的测算，都属于个体案例。而在进行案例经济研究时，需要建立剖析案例的指标体系。基于图 4.1 的目标顾客链模型即因果性研究，抽象出能揭示案例属性的 N 个一级指标，每个一级指标为 S_{i1}（$i = 1,2,\cdots,N$）。设存在一个外生变量 k（也可是多个，在此为便于表达，设定为一个），对 N 个指标值进行归总处理得出指数 S_1，以从整体上认识案例属性，即得式（5 - 1）：

$$S_1 = \frac{S_{1k}\sum S_{1i}}{N-1} \tag{5-1}$$

每个一级指标内部由若干个二级指标构成，每个二级指标值为 S_{2j}（$j = 1,2,\cdots,M$），则：$S_{1i} = \sum S_{2j}$。

针对某个具体的案例，对每个一级指标的二级指标进行具体测算时每个二级指标的测算点数值为 y_r（$r = 1,2,\cdots,m$）。则 $S_{2i} = \sum y_r$（$j = 1,2,\cdots,m$）。

假设每次测算时，有 x% 的测算点出现失误，误差分值为 e。按一级指标数量 N、二级指标数量 M 进行平均，得式（5 - 2）：

$$E = \frac{m.\,x\%.\,e}{(N-1)M} = \frac{m}{(N-1)M}.\,x\%.\,e \tag{5-2}$$

由式（5 - 2）可见，在对个体案例进行剖析时，在每个指标测算点数量 m 一定的条件下，测算或衡量案例的一级指标数量 N 与二级指标数量 M 越大，对测算结果的误差越小。设限定误差为 $E_{0.05}$，则当实测误差 $E \leq E_{0.05}$ 时，可接受实测结果。

在同一个企业内部，假设年度投资预算总额为 V，在内部多个不同品类产品之间进行配置，每个品类产品需要投资额为 V_i，且 $\sum V_i \leq V$。每个品类产品一级指标测算值为 S_{1g}（$g = 1,2,\cdots,w$），为了便于表示，设 $S_{11} > S_{12} > \cdots > S_{1w}$，且 S_{11} 为最优值。根据 S_{1g} 大小进行资源配置。则通过表 5.1 即可进行投资预算额的分配。

表 5.1　　　　　　　　　　　基于一级指标排序的投资配置

B_{ci}	S_{11}	S_{12}	S_{13}	...	S_{1k}	...	S_{1w}
V_i	V_1	V_2	V_3		V_k		V_w
V	$V = \sum_i^k V_i$						

资料来源：笔者自行绘制。

假设从产品 1 到产品 k 的投资预算额正好等于总的投资预算总额 V，则产品 k 之后的产品就不能给予投资。

5.4.2 对二级指标相对于一级指标的权重赋值

在对品牌信用度的 10 个指标进行具体测算时，本书设计了"均值—非连续差分"算法进行量化赋值算法。

商标的品牌信用度的具体测算，所依据的几乎都是通过网络进行主题词搜索所获得的文本信息，这就需要将文本信息进行定量赋值。而对文本信息的量化，多数情况下只能按重要性进行相对赋值。对文本信息进行赋值量化，起源于 1932 年，由美国社会心理学家李克特所设计的，故称李克特量表。

针对所需调查的具体事项，李克特量表由一组陈述组成，每一陈述旁边有文字说明，回答者从中选择最适合他/她对该项目看法的那个选项，选项范围包括"非常同意""同意""难以决定""不同意""非常不同意"共 5 个等级，这 5 个等级的文字说明与差异本身都属于文本信息。通过对这 5 种等级分别赋值 5、4、3、2、1，然后测算每个被调查者针对该调查事项的态度总分，用其对该组陈述内各道题目回答所得分数的加总或取平均值，来说明其态度强弱或其在这一量表上的不同状态。该方法被称为量化表格法。

故基于商标的品牌信用度测算，本质上也属于量化表格法，但需要进行更为专业的具体化。为此，本书设计了"均值—非连续差分法"的量化赋值算法。其具体步骤与标准如下。

每个一级指标内部的二级指标的权重赋值算法如下。

第一步，据每个一级指标的定义，将其细化出 n 个二级指标。二级指标均采取基于事实即可简单判别的"是否"（35 项）或"是……还是"（4 项）。从"是"到"否"有一个非连续的过程，能识别出若干个状态。

第二步，每个一级指标最大值绝对值是 1，故算出 n 个二级指标的均值 $u = 1/n$。

第三步，将每个二级指标相对于均值 u 的重要性进行比对，进行加分或减分的调整，从而确定每个二级指标的具体测算值 V_{2i}。根据重要性的差异程度，确定出 7 个等级，每个等级的差分调整标准分别是：微级 ±10%，较级 ±20%，很级 ±40%，非常级 ±60%，极级 ±70%，绝对级 ±80%，加倍级 ±100%。差异等级用 a 代表，则第 i 个二级指标的具体赋值 $V_{2i} = u(1 \pm a)$。每个二级指标相对于均值的具体等级的差异识别，直接取决于对所属一级指标定义的理解的准确性。

之所以采取基于指标均值作为比较的基准，有三个原因，一是借鉴了统计学中的离差、方差等概念，皆建立在样本均值的基础上。二是若二级指标之间属于独立变量，基于事实的文本信息之间直接对比缺乏依据。若将指标的均值作为统一标准进行对比更加可靠。三是未采用类似层次分析法（AHP）的专家打分法，是因为对品牌经济学以及 10 个一级指标的定义和理解，需要专业知识，而不能仅靠感觉。

第四步，各个二级指标赋值加总应等于 1。若小于 1，则缺数加入分值最大的二级指标；若大于 1，则从分值最小的二级指标中减掉。

5.4.3　二级指标内的测分点非连续差分赋值

第一步，根据二级指标的权重，按测分点从满分（V_{2i}）到 0.00 分之间，通过从最优（是）到最差（否）的差异划分，识别出可能出现的差异级数而递减赋值。差异级数之间是排他性的，即只能从中择其一作为赋值标的。比如，二级指标 1.1 是"在产品设计时，是否有明确的个性化顾客描述？"此项归整赋值为 0.15 分。从最优到最差的差异级数依次是：有个性化顾客描述、以老顾客为主、经过个性化顾客试用后推广、未经顾客试用直接推销。这 4 个差异级数只能据企业的实际择其一进行赋值。

第二步，按最优（是）到最差（否），可划分 6 个等距差异级数，赋值系数分别是 1.0、0.8、0.6、0.4、0.2、0.0，用 Z_j 代表。之所以采取偶数等距划分差异，既是为了避开模糊的 0.5，也是为了满足［0，1］的完整性。

第三步，按 $V_{2i}Z_j$ 具体测算每个测分点的分值。实际测算时，因存在断点现象，故差异级数并不是连续性的。比如，在 1.1 中，该二级指标的权重赋值满分是 0.15 分，即 $V_{21.1} = 0.15$ 分，从 0.15 分到 0.00 分，识别出 4 个等级差异，故分别赋值 0.15（0.15 × 1.0）、0.12（0.15 × 0.8）、0.09（0.15 × 0.6）、0.00（0.15 × 0.0），因第四个测分点被直接定义为 0.00 分，故在第三与第四个测分点之间，出现了明显的断点现象，从而导致 0.4、0.2 这两个差异等级不存在，故称其为非连续差分法。

在 39 个二级指标中，只有 3.2 和 6.2 中的 6 个差异级数是连续地出现，其余 37 个二级指标内部测分点都存在非连续性。123 个测分点的具体分值皆是按照该算法赋值的。

5.4.4　品牌信用度的等级测算

给定具体的商标及其所代表的产品或服务，定义该商标的品牌信用指数：将 10 项指标评级实际得分除以 9 得出的数值，也即为商标的品牌信用指数，英文是 Trademark Brand Credit Index，缩写为 TBCI，TBCI = B_c，也即将实际测算的 TBCI 等同于品牌信用度 B_c。因 10 个指标对品牌信用度的影响是同等的，故采取等权重处理。考虑到类似三鹿奶粉等出现的重大质量事故，导致其在市场基本无人选择，迫使企业重组的现象，且第 10 个指标是减项，故将该指标作为外生变量。则根据式（5 - 1），设计 TBCI 的计算公式是：

$$TBCI = B_c = \frac{(1 + B_{10}) \sum\limits_{i=1}^{9} B_i}{9} \qquad (5-3)$$

式（5 - 3）中，B_i 的数值是正值，B_{10} 的数值是负值。

当 $B_{10} = -1$ 时，TBCI = 0，意味着质量信息的透明性对品牌信用建设的重要性。

将测算得出的 TBCI = B_c 代入式（3 - 4），可进行品牌溢价实际计算。

为了避免0.5这种模棱两可的含糊判断，本书采取了偶数分级法，将TBCI分成0.2、0.4、0.6、0.8、1.0，由此形成了以下信用等级表（见表5.2）。

表5.2 商标的品牌信用等级

序号	TBCI 数值标准	信用等级	等级含义	品牌溢价阶段
1	TBCI = 1.0	AAA	极高信用	品牌溢价效应极其显著
2	TBCI = 0.8 ~ 0.99	AA	很高信用	品牌溢价效应非常显著
3	TBCI = 0.6 ~ 0.79	A	非常高信用	品牌溢价效应显著显现
4	TBCI = 0.4 ~ 0.59	B	低信用	品牌溢价效应明显
5	TBCI = 0.2 ~ 0.39	C	很低信用	品牌溢价初步显现
6	TBCI ≤ 0.19	D	非常低信用	品牌溢价不显现

资料来源：笔者自行绘制。

为了直观测量商标距离品牌还有多大程度，本书提出了商标品牌化指数 TBI = TBCI − 1。

将每个指标的测算得分，填入量化测算表，并计算 TBCI，对照表5.2的信用等级，即可判断商标的品牌信用现状，以及商标品牌化指数（见表5.3）。

表5.3 商标的品牌信用量化测算

商标名称： 产品或服务： 企业名称： 地址：

序号	指标名称	指标分值	序号	指标名称	指标分值
1	目标顾客的精确性 B_1		6	终端建设的稳定性 B_6	
2	利益承诺的单一性 B_2		7	品类需求的敏感性 B_7	
3	单一利益的对立性 B_3		8	注册商标的单义性 B_8	
4	品牌建设的岗位性 B_4		9	媒体传播的公信性 B_9	
5	单一利益的持久性 B_5		10	质量信息的透明性 B_{10}	
	$$TBCI = \left[(1 + B_{10}) \sum B_i \right] \div 9, \ i = 1 \sim 9$$				
信用等级	≥1.0	0.8 ~ 0.99	0.6 ~ 0.79	0.4 ~ 0.59	0.2 ~ 0.39	≤0.19
	AAA	AA	A	B	C	D

资料来源：笔者自行绘制。

以某服务商标为例，来理解品牌信用评级表（见表5.4）。

第5章 品牌信用模型的指标算法

表 5.4   某服务商标的品牌信用量化测算

商标名称：AAA   产品或服务：保健服务   企业名称：AA 集团   地址：ddd

序号	指标名称	指标分值	序号	指标名称	指标分值
1	目标顾客的精确性 B_1	0.82	6	终端建设的稳定性 B_6	0.58
2	利益承诺的单一性 B_2	0.82	7	品类需求的敏感性 B_7	0.64
3	单一利益的对立性 B_3	1.00	8	注册商标的单义性 B_8	0.66
4	品牌建设的岗位性 B_4	0.52	9	媒体传播的公信性 B_9	0.04
5	单一利益的持久性 B_5	0.62	10	质量信息的透明性 B_{10}	−0.40
$TBCI = \left[(1 + B_{10}) \sum B_i \right] \div 9, i = 1 \sim 9$					0.38
信用等级	≥1.0	0.8~0.99	0.6~0.79	0.4~0.59	0.2~0.39	≤0.19
	AAA	AA	A	B	C	D

资料来源：笔者自行绘制。

根据表 5.4 的 TBCI 值可见，该服务 AAA 从商标到品牌的距离仅有 0.38，距离成为目标顾客选择成本 $C_c = 0$ 的品牌的 1.0 值，还有 0.62 的距离。此距离需要通过品牌信用度指标的优化设计来实现。而每个指标优化设计的流程，将在第 8 章进行详细论述。

第6章 品牌信用指标的技术标准

根据5.4节中的品牌信用指标量化的"均值—非连续差分法",本章对品牌信用度的十个指标质性标准、量化标准、测算标准进行具体赋值。在此基础上,给出了测算案例。

6.1 目标顾客精确性的技术标准

6.1.1 目标顾客精确性的质性标准

从图4.1即目标顾客链模型可见,在把厂商的商标建成品牌的过程中,目标顾客的精确性直接决定了一个注册商标能否成为品牌。

从实践中发现,厂商虽然卖出了自己的产品或服务,但并不一定知道自己的产品或服务究竟被谁买了、为何买了、是否还会再买。即这样的厂商只是被动地等着顾客选择,也即把命运交给了市场。在现实的企业中,之所以同时推出多个产品或新产品,一个重要的原因是不清楚自己的产品其目标顾客究竟是谁。只能希望这么多类的产品,总会有一个能成为爆款。这就是典型的产品推力型逻辑:某款产品取得了销量,也不知道啥原因;其他款产品没有销量,也不知道啥问题。

对厂商而言,必须清楚:目标顾客一定会选择你的产品或服务,但选择了你的产品或服务的,却未必是你的目标顾客。在产品物质利益同质化条件下,只有那些能满足其情感欲望且对你的价格不敏感的顾客,才是你的目标顾客。

特别请注意的是,在不加说明的条件下,本书的目标顾客都是指终点目标顾客,也即产品的最终购买者或使用者。本书认为,谁是目标顾客,这是厂商将注册商标建成顾客品牌,从而掌握定价权的第一步。问题是此第一步,是一个专业性极强的技术问题。精确的目标顾客从何而来?本书认为不是从天上掉下来的,而是需要进行科学测试的。从案例6.1中,可深刻地理解目标顾客精确性的重要性。

19世纪后期,荷兰有两兄弟来到南非,花50英镑购买了块土地作农场,因是兄弟二人共同拥有,且姓De Beer,故称De Beers,汉译戴比尔斯。1869年,在其地里发现了含钻石的金伯利岩。1870年,英国人赛西尔–罗德兹来到南非,和他哥哥一起以6300英镑从戴比尔斯手中买下农场,并沿用戴比尔斯,于1888年3月12日正式成立戴比尔斯矿业公司。1890 年，戴比尔斯公司与伦敦钻石联合体签署协议，所有戴比尔斯矿山生产的钻石只销售给联合体内的钻石商。到 1930 年建立了戴比尔斯中央统售机构，稳定了钻石市场。20 世纪 40 年代，戴比尔斯开始进行钻石广告宣传，借"A diamond is forever"（汉译：钻石恒久远，一颗永流传），使钻石成为家喻户晓的宝石。问题是戴比尔斯公司是如何把钻石首饰打造成新婚代言的？

案例 6.1　戴比尔斯是如何把石头建成品牌的？①

20 世纪 30 年代，因全球经济不景气，钻石供应商戴比尔斯（Dabeers）公司主席欧内斯特爵士决定削减 90% 的产品以止住亏损。同时，他着手成立钻石贸易公司，由他的儿子哈里·欧内斯特亲任掌门，专事新钻石产品的开发。

本书认为，20 世纪 30 年代美国经济为啥不景气？是因为发生于 1929 年的美国大危机，其起因是芝加哥的房地产泡沫破裂。在 30 年代，钻石有啥用？其实，当时的钻石主要用于切割玻璃，也即物质利益，而不是今天作为情感利益代言的首饰。也正因为未赋予钻石以情感利益，故未在普通人中形成市场需求，实际销量就难以增加。

哈里说干就干，立即把目光投向了潜力巨大的美国市场。经过一番调查之后，他发现：因为价格昂贵，钻石产品仅是富人们购买，普通人对其兴趣不大。

本书认为，哈里没盲目行动，而是经过了"一番调查"。没调查，就没发言权，但经过了一番调查的哈里后来为何也失败了呢？天然钻石价格如此昂贵，不是因为供小于求也即稀缺性，而是因为开采成本太高。当时，筛选出一克拉钻石，需要挖掘 250 吨矿石。哈里发现钻石价格昂贵，很自然地就确定钻石的目标顾客是有钱的富人们，而不是普通人。

于是他将"时尚"作为钻石产品的全新定位，与当时负有盛名的普奈尔饰品公司联手打造精美钻石首饰，开始频频与上流人士打交道。但这一块的市场份额显然太少，而富人们对此新事物的兴趣也不是很大，一段时间之后，经营业绩不升反降，策划失败了。

本书认为，哈里将富人们作为钻石的目标顾客，赋予钻石以"时尚"，并与当时知名度很高的普奈尔联手，但为何失败了呢？富人们为啥对钻石此新事物不感兴趣呢？本书认为，这是因为哈里未对富人进行个性化测试所致。富人不同于有钱人，靠自己努力获得了财富的人，是有钱人，比如，盖茨。而富人是指继承了爷爷辈的财富（俗称老钱 old-money），自己又不用亲自管理的人，这样的富人为了证明自己是富人，采取的是保守行为，也即对新事物不感兴趣。而所谓"时尚"，则是证明我跟上了时代，没被时代淘汰。而富人们当然不接受作为新"时尚"的钻石。故哈里的失败，不是因为钻石此产品不好，而是目标顾客选错了。之所以选错了目标顾客，是因为仅仅从价格出发，而没有进行个性化顾客行为测试，机械地得出富人们买得起高价格的钻石，而忘了通过累积消费，普通人也买得起。问题是哪些普通人为何要将积蓄的钱用来买这块昂贵的石头呢？这就是下面克劳馥问的"它有些什么特别的意义呢？"

哈里有些心灰意冷，几经思考，认为钻石饰品的时代要成为历史了。他打算淡出钻石行

　　① 蒋平．当石头有了爱情［J］．人民文摘，2005（12）．

业，转攻市场竞争激烈的黄金饰品。公司还有一大堆积压的钻石饰品。哈里就联系好莱坞的赞助商，将它们作为一年一度奥斯卡颁奖典礼的赠品，为公司的下一步发展扩大影响力。1945 年，哈里照例出席了奥斯卡盛典，当他将一根镶有 24 克拉钻石的项链递到美丽动人的影后琼·克劳馥手心时，克劳馥当场就叫出声来："真是太漂亮了，这是用什么做的？"

本书认为，克劳馥的这句话说明什么？说明在 1945 年，影后居然不认识钻石。从产品市场生命周期来看，在 1945 年，钻石首饰尚处于市场导入期。

"这是我们公司的产品，24 克拉纯钻石项链。""钻石，它有些什么特别的意义呢？""钻石代表了坚硬、亘古不变的品质，就是您的下一代，再下一代之后，它依然会保持今天的美丽和光鲜！"

本书认为，你觉得哈里回答的，是克劳馥问的本意吗？笔者认为不是。按式（2－2），顾客买钻石的单一利益点 = 物质利益 + 情感利益，哈里回答是什么利益？是钻石的物质利益，因为钻石作为石头的物质特点，就是亘古不变的坚硬。克劳馥问的是钻石的物质利益吗？显然不是，而是钻石这种石头能代表什么样的情感利益。

"是吗？"克劳馥有些伤感，"要是一个人，能有像钻石一样的爱情，那该多好啊！"

本书认为，克劳馥为啥会有这样的联想？是否是因为钻石的物质利益？哈里早就知道该物质利益，为何缺乏此问？是因为目标顾客选择的错误。同时，"要是一个人，能有像钻石一样的爱情，那该多好啊！"说出的恰恰是克劳馥的欲望即情感利益所在！

说者无意，听者却是有心。哈里打听到，这位红极一时的女星在婚姻上几起几落，有着太多的不幸。看来，不仅仅是影星，就是普通人，也在为一生风雨飘摇的爱情所困扰。哈里一下子找到了钻石的灵魂，他当即调整了自己的营销策略，以爱情为主线，打出了名噪全球的广告"钻石恒久远，一颗永流传"。结果，象征爱情的钻石产品不仅一举改变了城市人的婚恋习俗，而且还打开了哈里梦寐以求的普通消费者市场。

本书认为，在钻石之前，美国普通人结婚是否有信物？当然有，是黄金、白银。黄金或白银比钻石价格贵还是便宜？当然是便宜。但新人们为何放弃了价格便宜的黄金或白银，改用了价格昂贵的钻石？是因为新人们的欲望都是"恒久远"。

到 20 世纪 60 年代，80% 的美国人订婚都选择钻戒作信物。步入 21 世纪，戴比尔斯公司在全球的年销售额已逾 50 亿美元，成为钻石行业遥遥领先的"龙头老大"。

请问戴比尔斯此商标改变了吗？没变。钻石此产品改变了吗？没变。同样的商标，同样的产品，目标顾客从"富人"变为"新人"，产品从昂贵的"石头"变为结婚的"信物"，为何就成功了呢？富人们不需要昂贵的石头，而新人们需要表达他们内心祈求的"恒久远"。随着人工培育钻石的盛起，商标的意义将显得更加重要，因为培育钻石的物质利益与天然钻石同质化了。2021 年全球培育钻石达 900 万克拉，其中 400 万克拉产于中国商丘市柘城县，成为了"中国钻石之都"。2018 年，美国联邦贸易委员会改变了已使用 62 年的钻石定义，承认实验室培育钻石也是钻石。由此一来，唯一的差别就是注册商标及其承诺的情感利益了。从而进一步凸显了商标的品牌信用度的价值。作为结婚信物的钻石，在新人们的日常生活中，无任何实际的物质利益，完全是按乐分配法则在起作用。

早在 1963 年，河南省就产出了第一颗培育钻石，也即人工钻石。但只在近些年来，河南培育钻石的市场才得以迅速成长起来，并占据世界第一的份额。培育钻石的价格远低于天然钻石，且培育钻石的质量完全不输于天然钻石，也即两者实现了产品同质化。问题是培育钻石的目标顾客是谁呢？是日益兴起的悦己消费群体。

我国的 Z 世代群体生于互联网年代，有一定的经济基础，他们的消费不再局限于物质利益的"实用主义"，让自己开心的"悦己"消费逐渐兴盛。故该群体购买佩戴培育钻石的目的，不是为了结婚，而是让自己开心。在悦己消费的时代背景下，更是催生了针对女性的将每年的 5 月 25 日定为"525"日，即谐音"我爱我"，由此成为诸多商家借题发挥的日子。这又是按乐分配法则的体现。

通过戴比尔斯从失败到成功的过程可清楚地看出，哈里败于目标顾客的不精确，成于目标顾客的精确。问题是哈里是如何获得精确的目标顾客呢？别忘了，1945 年，哈里照例出席奥斯卡奖颁奖典礼，"照例"的意思，就是以前也参加过，但 1945 年这一次，克劳馥的偶然一问，才点醒了哈里。以前参加的历次颁奖，没有人像克劳馥一样提出过感叹。这说明哈里的成功，更大程度上是"命好"。问题是，谁能保证你何时碰上"克劳馥"呢？故本书认为，何时何地能碰上"克劳馥"是不确定的，但按本书技术标准和设计流程，找到"克劳馥"则是确定的。

哈里通过克劳馥此偶然的个性化的"顾客"，测定了钻石精确的目标顾客是结婚的新人，而不是原来的富人。尽管克劳馥此个性化的"顾客"是哈里偶然得到的，但却得出了一个必然的结果。这就是为何本书强调的是个性化的顾客测试，也即小样本甚至是独本数据，而不是通行的大容量样本数调查。

6.1.2 目标顾客精确性的量化标准

将目标顾客完全精确定义为 1.0 分，将完全不精确定义为 0.0 分。据目标顾客精确性的定义，将其细化出 6 个二级指标，并识别出 18 个测分点。则每个二级指标的均值 $u = 1/6 = 0.167$ 分。基于该均值，结合每个二级指标相对于该均值的重要程度进行差异判断，据均值—非连续差分法，具体技术量化标准确定如下。

表 6.1 中 1.1 在产品设计时，是否有明确的个性化顾客描述？此项相对于 0.167 微不重要，故减 10%，$0.167 \times (1 - 10\%) = 0.1503$，归整赋值 0.15 分。测分点量化标准是：若有个性化顾客描述，得 $0.15 \times 1.0 = 0.15$（分）；若以老顾客为主，得 $0.15 \times 0.8 = 0.12$（分）；若经个性化顾客试用后推广得 $0.15 \times 0.6 = 0.09$（分）；若未经顾客试用直接推销，得 $0.15 \times 0.0 = 0.00$（分）。

在具体测算时，可通过查看其广告代言人所映射的顾客群。例如，张凯丽代言的足力健老人鞋、倪萍代言的倍力优羊奶粉，都可以得出其映射的目标顾客是老年人。

表 6.1 中 1.2 是否测试过个性化顾客的需求和欲望？此项相对 0.167 比较重要，故加 20%，$0.167 \times (1 + 20\%) = 0.2004$（分），归整赋值为 0.20 分。测分点量化标准是：若进行过快乐性欲望测试，则得 $0.20 \times 1.0 = 0.20$（分）；若仅进行过产品功能性测试，得 $0.15 \times 0.8 = 0.12$（分）；若两者皆无，得 $0.15 \times 0.0 = 0.00$（分）。

品牌经济学

表 6.1 中 1.3 通过绘制顾客链，所描述的个性化顾客的是否是终点顾客？相对于 0.167 绝对重要，故加 80%，$0.167 \times (1 + 80\%) = 0.3006$（分），归整赋值 0.30 分。测分点量化标准是：测试的若是终点顾客，则得 $0.30 \times 1.0 = 0.30$（分）；若不是终点顾客，则得 $0.30 \times 0.0 = 0.00$（分）。

表 6.1 中 1.4 所选定的个性化顾客是否有成长性？此项相对于 0.167 略为不重要，故减 10%，$0.167 \times (1 - 10\%) = 0.1503$，归整赋值为 0.15 分。测分点量化标准是：若数量和收入都增长，得 $0.15 \times 1.0 = 0.15$（分）；若仅是数量增长，得 $0.15 \times 0.8 = 0.12$（分）；若两者都无增长性，得 $0.15 \times 0.0 = 0.00$（分）。

表 6.1 中 1.5 为了进行顾客挖掘，是否建有顾客数据库或跟帖分析？此项相对于 0.167 很不重要，故减 40%，$0.167 \times (1 - 40\%) = 0.1002$，归整赋值为 0.10 分。测分点量化标准是：若有顾客数据库且进行了品类组合分析，或对网络跟帖进行分析，得 $0.10 \times 1.0 = 0.10$（分）；若仅建有顾客数据库而未进行品类组合分析，得 $0.10 \times 0.6 = 0.06$（分）；若无顾客数据库，得 $0.10 \times 0.0 = 0.00$（分）。

表 6.1 中 1.6 所选定的个性化顾客选择行为是否稳定？导致其选择行为逆转的外部因素有哪些？此项相对于 0.167 很不重要，故减 40%，$0.167 \times (1 - 40\%) = 0.1002$，归整赋值为 0.10 分。测分点量化标准是：若顾客总体无明显的逆转因素，得 $0.10 \times 1.0 = 0.10$（分）；若部分顾客存在明显的逆转因素，得 $0.10 \times 0.8 = 0.08$（分）；若顾客总体存在明显的逆转因素，得 $0.10 \times 0.00 = 0.00$（分）。

所谓品类组合分析，是指对顾客购买过程中，哪个是初始动机？哪个是因初始动机带来的衍生动机？例如，沃尔玛超市将尿片和啤酒陈列在一起。详见资料 6.1。

所谓个性化顾客选择行为的逆转因素，是指目标顾客的选择行为是否存在突然转折的因素。例如，2010 年初，索尼表示不喜欢任何与互联网有关的事物，声称这种开放的模式会打乱市场秩序。而短时间内，索尼就在行动上表现出了截然相反的论调。原因就是四个月后索尼发现年轻人更喜欢互联网。

在分析顾客选择行为是否稳定时，关键是测试导致顾客选择的因素是什么？是价格、人物、功能、颜色、娱乐、显示等哪一个？此因素可变性多大？

例如，28 岁的某顾客是中国济南市一家发电厂的员工，自小米四年前开始销售智能手机以来，他把每一款都买了下来。他说他真的很敬佩小米创始人兼董事长雷军的创新力，敬佩他的思维方式。表面看，该顾客的四年来的选择性行为是稳定的，他选择小米的原因是敬佩雷军的创新力和思维方式。即只要雷军还在小米，该顾客就会选择小米手机。那问题就来了，一旦雷军离开小米呢？这就是为何品牌经济学一再强调，企业尤其是民企老板唯一的任务是将注册商标建成目标顾客的品牌，而不是把某个人物变成了企业的象征。有记者问宗馥莉"娃哈哈减去宗庆后"等于什么？她不假思索地说"等于零"。而品牌经济学的回答应该是：娃哈哈 – 宗庆后 = 娃哈哈。正如宗先生自己所言，"娃哈哈是我在这个世界上存在过的证明"。[①]

---

① 赵晓娟，许悦. 宗庆后：娃哈哈是我在这个世界上存在过的证明［J］. 界面新闻，2024 – 02 – 25.

第6章 品牌信用指标的技术标准

在美国沃尔玛超市的货架上，尿片和啤酒赫然地摆在一起出售。一个是日用品，一个是食品，两者风马牛不相及，这究竟是什么原因？原来，沃尔玛的工作人员在按周期统计产品的销售信息时发现一个奇怪的现象：每逢周末，某一连锁超市啤酒和尿片的销量都很大。为了搞清楚此原因，他们派出工作人员进行调查。通过观察和走访后了解到，在美国有孩子的家庭中，太太经常嘱咐丈夫下班后要为孩子买尿片，而丈夫们在买完尿片以后又顺手带回了自己爱喝的啤酒，因此啤酒和尿片销量一起增长。搞清原因后，沃尔玛的工作人员打破常规，尝试将啤酒和尿片摆在一起，结果使得啤酒和尿片的销量双双激增，为商家带来了大量的利润。

所谓网络跟帖分析，是指对网络跟帖内容进行分析，从中判断帖友的共同乐点。在互联网发展到社交模式的时代，通过分析跟帖，可以很好地识别帖友的情绪化，从而判断哪种乐点具有更大的普遍性或聚类度。例如，《失恋33天》的故事背景，就是由豆瓣热帖催生的，也是按乐分配的具体表现。

基于鲍鲸鲸跟男朋友激烈地吵了一架而抒发心中愤懑写成的帖子，本身构成了一个悬念，而此悬念又引发了"网友会跟帖猜测接下来剧情"，这是观众形成了自己的预期。而"鲍鲸鲸却不喜欢被猜中，想尽办法写出另外一条线索"，则是使悬念进一步强化，形成了冲突，从而使整个连载的帖子具有了想象力。这就是文化产品的悬念价值。

"失恋是个极其个人的经历，可失恋的体验却为大家所共有。"这就是一个共鸣点，正是此共鸣，成就了读者们的情感乐点。从而"引发的赞赏或评论，不下万条，在线围观直播的，则数以百万计"。在线围观直播的百万计的网民们，将他们的时间分给了鲍鲸鲸，本质上也是按乐分配的结果。

"终于可借着看鲍鲸鲸帖子的机会，哭出来了"，这其实就是小说的意义所在。小说本身没有物质利益，只有情感利益。《失恋33天》完全是网友与作者密切互动生成的，表明了互联网时代帖友的力量也是不容忽视的。而一支数量足够的帖子本身，就是小说《失恋33天》的精确的目标顾客。故每个厂商需要切实通过基于互联网来组建顾客俱乐部，目的就是给已购自己产品的顾客发表自己的感言，提供一个平台。

6.1.3 目标顾客精确性的测算标准

对目标顾客精确性的量化测算，可采取两个路线。

一是对商标现有产品的目标顾客精确性量化测算，按量化标准的六个方面，通过商标企业的官方网站、宣传材料等逐项诊断，进行具体赋值。

二是对商标新出产品的目标顾客精确性量化测算。对新推出的产品，也要按技术标准的六个方面进行具体衡量，并据量化标准进行赋值，形成具体分值。

在对已有商标进行目标顾客精确性量化测算时，关键是在该商标所属厂商的官方网站上，收集厂商对自己顾客的自述。通过厂商的自述，可以看出是否对个性化顾客购买行为进行过测试。若在厂商官方网站自述中，对自己的顾客描述非常模糊，则可逻辑地推断该厂商没进行过顾客个性化测试，因为该厂商若进行过个性化顾客购买行为的测试的话，其对顾客的描述是不可能很模糊的。

推论：若厂商自述的顾客描述是模糊的，则可推定缺乏个性化顾客测试；反之，若进行过个性化顾客测试，则自述的顾客描述不可能是模糊的。

通过分析厂商广告中的诉求，若是产品的功能也即物质利益，则可推定缺乏个性化测试。据采集到的拟评商标的公开信息，按目标顾客精确性的技术标准，完成目标顾客的精确性量化测算表。为了与指标顺序保持一致，表6.1和表6.2中的指标编号为"1"。

表6.1 目标顾客精确性量化测算

指标	测评二级指标	指标赋值要点	指标事实及其来源	得分
1. 目标顾客的精确性 B_1	1.1 在产品设计时，是否有明确的个性化的顾客描述？0.15分	若有，得0.15分；若以老顾客为主，得0.12分；若经个性化顾客试用后推广得0.09分；若未经顾客试用直接推销得0.0分		
	1.2 是否测试过个性化顾客的需求和欲望？0.20分	若进行过快乐性欲望测试，得0.20分；若仅进行过产品功能性测试，得0.12分；若两者皆无，得0.0分		
	1.3 通过绘制顾客链，所描述的个性化顾客的是否是终点顾客？0.30分	测试的若是终点顾客，得0.30分；若不是终点顾客，得0.0分		
	1.4 所选定的个性化顾客是否有成长性？0.15分	若数量和收入都增长，得0.15分；若仅是数量增长，得0.12分；若两者都无增长性，得0.0分		
	1.5 为了进行顾客挖掘，是否建有顾客数据库或跟帖分析？0.10分	若有顾客数据库且进行品类组合分析，或对网络跟帖进行分析，得0.10分；若有数据库但无品类组合分析，得0.06分；若无顾客数据库，得0.0分		
	1.6 所选定的个性化顾客选择行为是否稳定？导致其选择行为逆转的外部因素有哪些？0.10分	若顾客总体有明显的逆转因素，得0.0分；若部分顾客存在明显逆转因素，得0.08分；若顾客总体无明显的逆转因素，得0.10分		
得分合计				

资料来源：笔者自行绘制。

6.1.4　目标顾客精确性的测算案例[①]

1. "上海"牌手表目标顾客的精确性量化测算

在上海新世纪表业有限公司官网上看到这样一段话：上海手表厂建立于 1955 年，是我国最大的手表制造工厂，累计生产"上海"牌手表达 1.2 亿只，上缴税利达 52 亿元。曾被国务院批准为首批机电产品出品基地企业，被国家经委命定为大型一档和一级企业。

新世纪，新起点。为了重铸昔日辉煌，根据上海钟表有限公司沪钟新〔2000〕060 号文件的精神，企业在做好产品升级换代的同时，及时转换机制，并以上海新世纪表业有限公司作为企业名，旨在以新理念、新产品、新机制，在新的世纪追求新发展。

公司仍以"精益求精"为企业精神，坚持质量第一、服务至上、价格公道的经营理念，不断开拓、研制纪念手表、广告手表、礼品手表和各类手表机芯的新款式，以满足社会各界、机关团体、工矿企业、部队院校的需要，并为周年庆典、开张志禧、会议留念、产品促销定制各类礼品、纪念手表。

从这段描述中，可以看到，"上海"表将销售对象设定为"社会各界、机关团体、工矿企业、部队院校"，还包括周年庆典、开张志喜、会议留念等，几乎涵盖了所有的人。可见，"上海"表完全没有明确目标顾客，不知道自己的产品是为谁设计的，只是泛泛地将生产出的产品面世，由消费者自行选择。这无疑大大增加了消费者的选择成本，因为消费者自己必须要从大量的产品中通过比对，选出自己认为最合适的产品。这在早期计划经济时代，产品短缺，消费者没有太多选择余地的时候，或许行得通，但是到了市场经济时代，产品供大于求，如果有其他的产品明确设定了目标顾客，使消费者选择成本降低为零，那么这一部分消费者就会毫不犹豫地转而购买其他商品，"上海"表的市场份额只能越来越少。

所谓个性化顾客的购买行为测试，就是选定目标顾客之后，选择某个或某几个目标顾客，测试他们为何、何时必然选择。如果缺乏个性化的顾客描述，也就不可能进行购买行为的精确测试，目标顾客的精确性也就没有保证。对于"上海"表来说，就是测试目标顾客在什么情况下、为什么会必然购买"上海"表。而"上海"表缺乏个性化的目标顾客描述，所以，个性化顾客的购买选择行为测试也就不会进行。

品牌经济学证明，不论是中间产品还是终端产品，只有最终的顾客的认牌选择，才能拥有定价权，从而才是品牌建设的根本目标。终点顾客就是最终消费该产品的人。对于"上海"表来说，购买手表的人并不一定是终点顾客，其中包含三种情况：第一种情况是自己购买自己使用手表；第二种情况是使用公款购买产品作为礼品；第三种情况是使用公款为自己购买手表。也就是说，"上海"表面对三种类型的顾客：一是自己购买、自己消费的顾客，偏重实用性；二是大量购买作为礼品的单位，偏重外观华丽；三是用公款为自

---

① 孙曰瑶，宋宪华. 品牌工程学 TBCI2.0 ［M］. 济南：山东大学出版社，2015.

已购买的顾客，偏重奢华。

那么，"上海"表将哪个确定为重点顾客呢？从"上海"牌手表的公开资料中，我们很难分析清楚。目前，"上海"表业有限公司网站设有信息反馈平台和会员论坛，方便顾客与公司沟通，但这种形式比较被动，更新速度较慢，并且没有建立顾客数据库，也就无法进行深度挖掘：哪些是高频顾客，哪些是偶尔顾客，哪些是高消费顾客，哪些是低消费顾客。

综上所述，得出"上海"表的目标顾客精确性量化测算如表6.2所示。

表6.2　　　　　　　　　　　"上海"表的目标顾客精确性量化测算

指标	测评二级指标	指标赋值要点	指标事实及其来源	得分
1. 目标顾客的精确性 B_1	1.1 在产品设计时，是否有明确的个性化的顾客描述？0.15分	若有，得0.15分；若以老顾客为主，得0.12分；若经个性化顾客试用后推广得0.09分；若未经顾客试用直接推销得0.0分	从其官网知，自述的销售对象是"社会各界、机关团体、工矿企业、部队院校"。不是个性化，故此项0.0分	0.0
	1.2 是否测试过个性化顾客的需求和欲望？0.20分	若进行过快乐性欲望测试，得0.20分；若仅进行过产品功能性测试，得0.12分；若两者皆无，得0.0分	作为定制产品，需要与用户商定产品，类似产品功能测试。此项0.12分	0.12
	1.3 通过绘制顾客链，所描述的个性化顾客的是否是终点顾客？0.30分	测试的若是终点顾客，得0.30分；若不是终点顾客，得0.0分	自述"周年庆典、开张志禧、会议留念、产品促销定制各类礼品、纪念手表"表明不是终点顾客。此项得0.0分	0.0
	1.4 所选定的个性化顾客是否有成长性？0.15分	若数量和收入都增长，得0.15分；若仅是数量增长，得0.12分；若两者都无增长性，得0.0分	单位定制属于成本项，即使数量增长，价格也难以增加，故此项得0.12分	0.12
	1.5 为了进行顾客挖掘，是否建有顾客数据库或跟帖分析？0.10分	若有顾客数据库且进行品类组合分析，或对网络跟帖进行分析，得0.10分；若有数据库但无品类组合分析，得0.06分；若无顾客数据库，得0.0分	推论有单位档案，但无终点顾客档案，也缺乏品类组合分析。故此项得0.06分	0.06
	1.6 所选定的个性化顾客选择行为是否稳定？导致其选择行为逆转的外部因素有哪些？0.10分	若顾客总体有明显的逆转因素，得0.0分；若部分顾客存在明显逆转因素，得0.08分；若顾客总体无明显的逆转因素，得0.10分	作为单位纪念产品，随着年度或采购负责人的变化，其选择行为极易逆转。故此项扣减0.0分	0.0
得分合计				0.30

资料来源：笔者自行绘制。

2.　"依波路"手表的目标顾客精确性量化测算

1856 年，瑞士"依波路"由 Jules borel 创立，历经几代人的努力，奠定了这一世界名表的基础。传承 150 年的深厚文化底蕴，锐意进取，不断创新，依波路以"浪漫"为永恒主调，设计出无数情侣对表经典，堪称瑞士情侣表第一品牌。品牌文化独特，制表作风严谨，外在风格精美，内在品质卓越，"依波路"让不断追求完美、崇尚时尚与浪漫的人们，拥有一种无可替代的艺术精品，见证浪漫真爱，倡导浪漫积极的人生态度及对美好事物的不懈追求。

官网上也有相应的描述：爱情在时间中得以永恒！不管时间如何一点一滴流逝，即使在两次世界大战的动荡岁月里，"依波路"一对翩翩起舞的情侣，这一经典形象仍在世人心中留下了过目不忘的浪漫情结，赢得享誉国际的名声。

"依波路"品牌标志——一对情侣，两颗不期而遇的心在瞬间交汇成永恒。友情，爱情已在"依波路"上谱写出悦耳的奏鸣曲，在简约时尚的金属轨道上游弋，用刻骨铭心的时间语言，追求艺术的生活和诠释生活的艺术……

沉积岁月之美，传承文化典藏，历经三代人的不懈努力，锐意进取，"依波路"始终坚持最初的企业精神与追求卓越品质的不变理念，不仅在钟表制造业界具有不可磨灭的意义，而且还为一百多年来，不断追求完美、崇尚时尚与浪漫的人们奠定了一种无可替代的生活品位。

其亚太区行政总监曾经明确说明："依波路"手表的主要消费群体是有一种浪漫的生活态度，优雅的个性和对懂得享受生活的人。

从这些描述中，我们可以看出，依波路的目标顾客定位与最初相比，有了一些改变。"依波路"在创立品牌之初，应该是以"追求浪漫的情侣"为目标顾客的，后来随着品牌的发展和市场竞争的加剧，"依波路"的目标顾客逐渐扩大为"不断追求完美、崇尚时尚与浪漫的人们"或者说是"有一种浪漫的生活态度，优雅的个性和对懂得享受生活的人"。显然，追求浪漫的情侣是比较精确的目标顾客定位，而追求完美、崇尚时尚与浪漫的人就显得宽泛很多，追求完美和有浪漫的生活态度的人有很多，但并不能全部成为"依波路"的目标顾客。

庆幸的是，150 多年来，人们对"依波路"的定位始终是情侣表，因此，"依波路"后来虽然扩大了目标顾客的定位，对顾客的心理认知并没有产生较大影响，人们在选择情侣表时首先想到的还是"依波路"。

目标顾客是一个类别，但需要有个性化描述。所谓个性化顾客的购买行为测试，就是选定目标顾客之后，选择某个或某几个目标顾客，测试他们为何、何时必然选择。通过网络检索，我们没有发现"依波路"公司以任何形式来测试目标顾客为何、何时能够必然选择购买该品牌腕表。

其亚太区行政总监说："依波路传承 150 多年来经典制作的工艺，也经过一代又一代人的传承下来，汲取了 100 多年以来的精华，推出了以不同历史为背景的产品，结合每个年代时尚的潮流，来给消费者一种更有情感上的选择，或者是馈赠爱人、朋友，或者是自己表达一种身份的象征……依波路的定位在奢侈品和时尚品的结合体之间，依波路有100多年的历史的沉淀，它的个性比较独特，除了产品功能之外还代表独特的文化，象征着浪漫、优雅的传递，一种经典手表的产品，除了有奢侈品功能之外，还有本身这一种需要经典工艺做出来的产品，这种产品可以世世代代传下去的，还带出了奢侈品功能和价值。"也就是说，购买"依波路"的顾客，主要有两种，一种是自己佩戴，另一种就是馈赠。依波路将这两种类型的顾客都视为终点顾客，为"依波路"赋予独特的文化，一方面使"依波路"成为佩戴者身份的象征，另一方面成为某种情感的传递者。

但是，通过搜索，我们并没有找到依波路的顾客数据库，在"依波路"的官方网站也并没有与目标顾客沟通的平台，只有依波路的联系方式。

综上所述，"依波路"目标顾客的精确性量化测算如表6.3所示。

表6.3 　　　　　　　　　"依波路"手表的目标顾客精确性量化测算

指标	测评二级指标	指标赋值要点	指标事实及其来源	得分
1. 目标顾客的精确性 B_1	1.1 在产品设计时，是否有明确的个性化的顾客描述？0.15分	若有，得0.15分；若以老顾客为主，得0.12分；若经个性化顾客试用后推广得0.09分；若未经顾客试用直接推销得0.0分	因一浪漫故事而成就此商标，不是因表而编故事，故有个性化顾客。故此项得0.15分	0.15
	1.2 是否测试过个性化顾客的需求和欲望？0.20分	若进行过快乐性欲望测试，得0.20分；若仅进行过产品功能性测试，得0.12分；若两者皆无，得0.0分	官网自诉"爱情在时间中得以永恒"，从而"象征着浪漫、优雅的传递"，故认为有过快乐性欲望测试，故得0.20分	0.20
	1.3 通过绘制顾客链，所描述的个性化顾客的是否是终点顾客？0.30分	测试的若是终点顾客，得0.30分；若不是终点顾客，得0.0分	情侣之间的馈赠，属于终点顾客，故此项得0.30分	0.30
	1.4 所选定的个性化顾客是否有成长性？0.15分	若数量和收入都增长，得0.15分；若仅是数量增长，得0.12分；若两者都无增长性，得0.0分	情侣市场存在数量增长性，在中国独生子女的收入也在增长，故此项得0.15分	0.15
	1.5 为了进行顾客挖掘，是否建有顾客数据库或跟帖分析？0.10分	若有顾客数据库且进行品类组合分析，或对网络跟帖进行分析，得0.10分；若有数据库但无品类组合分析，得0.06分；若无顾客数据库，得0.0分	维修的需要，建有顾客数据库，但未必进行品类组合分析，故此项得0.06分	0.06

续表

指标	测评二级指标	指标赋值要点	指标事实及其来源	得分
1. 目标顾客的精确性 B_1	1.6 所选定的个性化顾客选择行为是否稳定？导致其选择行为逆转的外部因素有哪些？0.10 分	若顾客总体有明显的逆转因素，得 0.0 分；若部分顾客存在明显逆转因素，得 0.08 分；若顾客总体无明显的逆转因素，得 0.10 分	由于价格的因素，部分高收入情侣的选择行为存在明显的逆转因素，故此项得 0.08 分	0.08
得分合计				0.94

资料来源：笔者自行绘制。

6.2　利益承诺单一性的技术标准

6.2.1　利益承诺单一性的质性标准

在目标顾客确定之后，降低其选择成本的关键，就在于向其承诺单一利益点。厂商提供商标承诺的利益点越多，目标顾客的备选集越大，从中作出最终择其一的选择成本越高。形象的比喻是：当你有一只手表时，你能确定时间；当你有两只以上的手表且这些手表的时间又不一致时，你就无法确定时间。

事实上，据厂商对某个商标承诺的利益点数量的多少，可直接判断厂商的信用。因为承诺的利益点越多，被验证的可能性越少，信用自然也就很低。

根据图 1.5 的物质—情感矩阵，厂商通过自己的注册商标向目标顾客承诺的单一利益点，一定是物质利益与情感利益两个面，但这两个面是不对称的。在产品本身无差异化条件下，如何承诺单一利益点呢？是物质利益的功能需求，还是情感利益的欲望快乐？

笔者历来认为，员工是企业产品的第一顾客，若员工都不认同自己所在企业的价值观或产品，可以肯定地推断：该厂商对外部顾客所作出的利益承诺，都是不可信的。

娃哈哈矿泉水瓶盖是白色的，因为白色的瓶盖肯定是新料，安全健康，只是成本会贵一些。娃哈哈 AD 钙奶的吸管要短半截，不是为了节约成本，而是防止小孩戳到喉咙，故意设计成这样，只能半含着。娃哈哈产品整箱都用纸箱包装，不用塑料包装。因为宗老说过，要照顾下游老百姓的收入，让捡纸盒的老百姓也增加点收入。

6.2.2　利益承诺单一性的量化标准

将利益承诺完全单一的定义为 1.0 分，将完全不单一定义为 0.0 分。据利益承诺单一性的定义，将其细化出 4 个二级指标，并识别出 10 个测分点。则每个二级指标的均值 u =

1/4 = 0.25 分。基于该均值，结合每个二级指标相对于该均值的重要程度进行差异判断，据均值—非连续差分法，具体技术量化标准确定如下。

表 6.4 中 2.1 列出所承诺的利益是否是一个？若承诺多个利益点，厂方材料中排在第一位的利益即首位利益是什么？此项相对于 0.25 非常重要，故加 60%，0.25×(1+60%) = 0.40，故此项赋值 0.40 分。测分点量化标准是：若有明确的一个利益点得 0.40×1.0 = 0.40（分）；若有显著的首位利益得 0.40×0.8 = 0.32（分）；若既无单一利益点也无显著的首位利益，则得 0.40×0.0 = 0.00（分）。

所谓首位利益，就是厂商通过不同的宣传材料或媒体向目标顾客传播时，提到的第一个利益点都是一样的，若提到的第一个利益点是随机变化的，则意味着首位利益点不显著。在认定首位利益时，方法是对企业传播资料分析，确定传播资料承诺的排在最前边的利益点及其重复程度，排在第一位的利益承诺重复度超过 80% 的，可认定为具备首位利益。

表 6.4 中 2.2 所承诺的利益点是边际递增的情感欲望，还是边际递减的物质需求？此项相对于 0.25 比较重要，故加 20%，0.25×(1+20%) = 0.30，故此项赋值 0.30 分。测分点量化标准是：若承诺的利益点是边际递增的情感欲望，得 0.30×1.0 = 0.30（分）；若承诺的利益点是边际递减的物质需求，得 0.30×0.4 = 0.12（分）；若看不出明显的需求，得 0.30×0.0 = 0.00（分）。

表 6.4 中 2.3 作出的承诺是否是顾客的利益？此项相对于 0.25 比较不重要，故减 20%，0.25×(1−20%) = 0.20，此项赋值 0.20 分。测分点量化标准是：若符合顾客的利益，得 0.20×1.0 = 0.20（分）；若不是顾客利益，得 0.20×0.0 = 0.00（分）。

表 6.4 中 2.4 该商标用于几个产品？此项相对于 0.25 非常不重要，故减 60%，0.25×(1−60%) = 0.10，故此项赋值 0.10 分。测分点量化标准：若商标承诺的不是情感欲望，若该商标仅用于 1 种产品，得 0.10×1.0 = 0.10（分）；若超过 1 种，得 0.10×0.0 = 0.00（分）。

例如，英国 Virgin 代表青年人的反叛精神，故可用于唱片、饮料、航空等 200 多种不同产品或服务上，产品或服务本身是物质属性，但喜欢反叛的年轻人要的不是这些产品或服务本身，而是因为这些产品或服务上印有令自己反叛有理的 Virgin。

6.2.3　利益承诺单一性的测算标准

在实际品牌建设过程中，更多的企业是需要兑现现有产品的承诺，也即对正在销售产品或服务的单一利益点进行量化测算，以作为品牌建设的科学依据。

在对具体的某个商标承诺利益单一性进行实际测评时，所依据的信息，必须来源于该商标是所属厂商的公开资料，包括其电视广告、电台广告、报纸广告、产品宣传材料、企业官方网站、接受记者的采访文稿等。关于"承诺的利益是一个还是多个"，采集关于商标的整体性介绍语句，对厂商所作出的利益点，进行尽可能详尽的罗列。

关于"若承诺多个利益点，厂方材料中排在第一位的利益即首位利益是什么"，根据上一条所收集到的信息，对厂商所有宣传材料中可罗列的利益点，进行频率分析。

关于"该利益点，是边际递减的功能性需求，还是边际递增的快乐性欲望"，测算方法就是越多越好还是越多越不好。例如，吃馒头，随着吃尽馒头数量的增加，感到满足的增加值在减少，故就不属于越多越好。而看电影玩游戏，不仅是圈子内交流的谈资，更给自己带来摆脱现实焦虑的快乐，自然是越多越好。

正如至乐汇舞台剧的负责人孙恒海所言[1]，"2014年是全民文化素质飞速提高的一年，互联网思维带来的去大师化，似乎让每个人都成了知识分子。作坊式的人文戏剧因走不出形式的束缚，市场直线下滑，商业戏剧无疑是大势所趋。我一直认为，观众都有着良好的教育背景，进剧场既要赏心又要悦目，又要玩得不亦乐乎。这就要求创作者打破边界，坚持内容为王，先锋老矣，娱乐至死，但不娱乐必死。"

关于"该商标用于几个产品"，据商标所属官方网站产品展示，统计出产品的类别总数。

根据采集到的拟评商标的公开信息，按利益承诺单一性的技术标准，完成利益承诺单一性量化测算表。为了与指标顺序保持一致，表6.4、表6.5和表6.6中的指标编号为"2"。

表6.4　利益承诺的单一性量化测算

指标	测评二级指标	指标赋值要点	指标事实及其来源	得分
2. 承诺利益的单一性 B₂	2.1 列出所承诺的利益是否是一个？若承诺多个利益点，厂方材料中排在第一位的利益即首位利益是什么？0.40分	若是明确的一个利益点，得0.40分；若有显著的首位利益，得0.32分；若既无单一利益点也无显著的首位利益，得0.0分		
	2.2 所承诺的利益点是边际递增的情感欲望？还是边际递减的物质需求？0.30分	承诺的若是边际递增的情感欲望，得0.30分；若边际递减的物质需求，得0.12分；若看不出明显的需求，得0.0分		
	2.3 做出的承诺是否是顾客的利益？0.20分	若符合顾客的利益，得0.20分；若不是顾客利益，得0.0分		
	2.4 该商标用于几个产品？0.10分	若商标承诺的不是情感欲望，若该商标仅用于1种产品，得0.10分；若超过1种，得0.0分		
得分合计				

资料来源：笔者自行绘制。

[1]　孙博海. 娱乐至死但不娱乐必死，小剧场要有"大作为" [EB/OL]. 搜狐，www. sohu. com，2014-12-31.

6.2.4　利益承诺单一性的测算案例①

1. "上海"表利益承诺的单一性量化测算

上海表业有限公司官网指出："陈丕显同志为'上海'牌手表题词：精益求精。四个字高度概括了产品特点和品牌文化特征。"我们在网站和经营场所也发现，上海表业传播的诉求是"精益求精，质量第一，价格公道，服务至上"，而这些诉求是"上海"表建厂之初就承诺的通用性诉求，是每一个生产厂家都应该自己做到的，只是物质类诉求，不是"上海"表的独有的情感类诉求。

尽管"上海"表在新中国成立之初深受国人喜爱，一度风靡全国，并成为当时权力的象征，但是随着市场经济到来，消费者的选择空间迅速加大，我们无法确定"上海"表承诺的首位利益是什么，这些通用性的物质类诉求也不足以引起消费者兴趣，因此"上海"表的市场份额迅速减少。

综上所述，"上海"表的利益承诺缺乏单一性测试如表 6.5 所示。

表 6.5　　　　　　　　　"上海"表的利益承诺单一性量化测算

指标	测评二级指标	指标赋值要点	指标事实及其来源	得分
2. 承诺利益的单一性 B_2	2.1 列出所承诺的利益是否是一个？若承诺多个利益点，厂方材料中排在第一位的利益即首位利益是什么？0.40 分	若是明确的一个利益点，得 0.40 分；若有显著的首位利益，得 0.32 分；若既无单一利益点也无显著的首位利益，得 0.0 分	官网自述利益承诺是"精益求精、质量第一、价格公道、服务至上"过于含糊不清，难以验证。此项得 0.0 分	0.0
	2.2 所承诺的利益点是边际递增的情感欲望？还是边际递减的物质需求？0.30 分	承诺的若是边际递增的情感欲望，得 0.30 分；若边际递减的物质需求，得 0.12 分；若看不出明显的需求，得 0.0 分	据上承诺都是边际递减的物质需求，故得 0.12 分	0.12
	2.3 做出的承诺是否是顾客的利益？0.20 分	若符合顾客的利益，得 0.20 分；若不是顾客利益，得 0.0 分	据上承诺属于顾客利益，故此项得 0.20 分	0.20
	2.4 该商标用于几个产品？0.10 分	若商标承诺的不是情感欲望，若该商标仅用于 1 种产品，得 0.10 分；若超过 1 种，得 0.0 分	多种款式不属于多种产品，故不扣此得 0.10 分	0.10
得分合计				0.42

资料来源：笔者自行绘制。

---

① 孙曰瑶，宋宪华. 品牌工程学 TBCI2.0［M］. 济南：山东大学出版社，2015.

2. "依波路"手表的利益承诺单一性量化测算

我们主要通过网络搜索的途径，获得"依波路"在利益承诺方面的信息。

"依波路"品牌的 LOGO 来源于一个浪漫的爱情故事，一次贵族的舞会上，第二代"依波路"创始人 Ernest Borel 认识了一位漂亮的姑娘，他们优美的舞姿引来全场艳羡的目光，一位摄影师忍不住用相机将这动人的浪漫时刻定格。浪漫的时刻、优美的舞姿，点亮了 Ernest Borel 的灵感，由眼前瞬间的触动变为心灵恒久的感动，他以两人的舞姿画面设计出了"依波路"表的品牌商标，从此这段翩翩起舞的 LOGO 商标就定格为"依波路"的品牌商标。

在之后 150 多年的品牌发展中，"依波路"也始终以"浪漫"为主调，将"浪漫时刻，一生相伴"作为其品牌理念，设计出无数情侣对表经典，成为瑞士情侣表第一品牌。亚太区行政总监苏大也坦诚：正是创业之初浪漫品牌的定格，使得"依波路"发展成为一个能唤起人们心灵深处，对美好生活无限向往憧憬的品牌，并且在传承经典、浪漫，演绎精彩人生方面有着独特的优势。

"依波路"正是紧紧把握自己的品牌特色，努力地打造瑞士情侣表第一品牌，使"依波路"真正成为传递和表达美好情感的载体。"依波路"手表在选择品牌代言人的时候，也非常注重代言人本身的浪漫气质，从而与"依波路"的品牌文化相辉映。

现在，"依波路"为了顺应时代的发展，在经典设计中也融入了时尚元素，但其承诺的首位利益依然是"浪漫"。

我们可以看到，"依波路"将爱情和友情等人类美好的感情与品牌联系在一起，不仅代表一种生活品位，更成为见证浪漫真爱、倡导浪漫积极的人生态度及对美好事物的不懈追求的艺术品。因此，"浪漫"是属于"依波路"的独有的情感诉求，是情感物质类诉求。

通过网络检索，"依波路"（Ernest Borel）这一品牌目前只用于腕表。

综上所述，"依波路"承诺的单一利益点测试如表 6.6 所示。

表 6.6　　　　　　　　　　"依波路"手表的利益承诺单一性量化测算

指标	测评二级指标	指标赋值要点	指标事实及其来源	得分
2. 承诺利益的单一性 B_2	2.1 列出所承诺的利益是否是一个？若承诺多个利益点，厂方材料中排在第一位的利益即首位利益是什么？0.40 分	若是明确的一个利益点，得 0.40 分；若有显著的首位利益，得 0.32 分；若既无单一利益点也无显著的首位利益，得 0.0 分	尽管有过变化，但承诺的首位利益是"浪漫时刻，一生相伴"，故此项得 0.32 分	0.32
	2.2 所承诺的利益点是边际递增的情感欲望？还是边际递减的物质需求？0.30 分	承诺的若是边际递增的情感欲望，得 0.30 分；若边际递减的物质需求，得 0.12 分；若看不出明显的需求，得 0.0 分	"浪漫"的承诺属于边际递增的情感欲望，故此项得 0.30 分	0.30

指标	测评二级指标	指标赋值要点	指标事实及其来源	得分
2. 承诺利益的单一性 B_2	2.3 作出的承诺是否是顾客的利益？0.20 分	若符合顾客的利益，得 0.20 分；若不是顾客利益，得 0.0 分	"浪漫时刻，一生相伴"是情侣利益，故此项得 0.20 分	0.20
	2.4 该商标用于几个产品？0.10 分	若商标承诺的不是情感欲望，若该商标仅用于 1 种产品，得 0.10 分，若超过 1 种，得 0.0 分	未见用于其他产品，故此项得 0.10 分	0.10
得分合计				0.92

资料来源：笔者自行绘制。

6.3 单一利益对立性的技术标准

6.3.1 单一利益对立性的质性标准

厂商在品牌建设过程中，在已有在位者的条件下，仅仅承诺单一利益点是不够的，只有拥有与在位者或对手所在单一利益点相对立的单一利益点，才能降低目标顾客的选择成本。否则，若是采取跟随在位者的策略，即使是承诺了且做到了单一利益点，也无法降低目标顾客的选择成本，从而难以取胜。

在我的市场实例中，"去头屑"此单一利益点的在位者是宝洁公司的海飞丝洗发液，而我国众多的厂商随后也推出了"去头屑"此单一利益点，且价格也低，但就是难以撼动海飞丝的地位。例如，"去头屑，买雨洁"，单一利益点是足够的，但就是因为跟随了海飞丝且采取了低价格策略，雨洁的形象和份额至今也落后于海飞丝。

1891 年 8 月 14 日，法国的爱德华与工程师拉罗希花了两年时间终于研制出了第一条可拆卸轮胎，并将此项发明应用在 24 天后的布莱斯特—巴黎自行车环程赛上。此比赛的桂冠被勇敢采用可拆卸轮胎的泰洪轻而易举地获得了。对于生手来说，要完成整个安装可拆卸轮胎只需 2~4 分钟，而以往的轮胎修补至少需要 3 小时，然后还要等一个通宵胶水才能干，因此观众和竞争对手不得不心悦诚服地认输。由此，可拆卸轮胎的前途得以保证，并供不应求。这就是米其林轮胎。

在此之前的自行车轮胎，也即在位者是固定轮胎即"A"，而作为后来者的米其林，则是可拆卸轮胎也即"−A"。

那么，如何提高单一利益的对立性呢？通过案例 6.2，可直观而深刻地予以理解。

案例 6.2　用瑕疵超越芭比 [①]

十多年前，在纽约第五大街有一家玩具商店，老板拉里恩出于一种"销售不如生产"的想法，开办了一家小小的玩具娃娃公司，并将娃娃取了一个很可爱的名字 Bratz（贝茨）。拉里恩的朋友都说他简直疯了，因为在玩具娃娃当中，已有一个几乎雄霸天下的完美经典，那就是诞生于 1959 年的芭比！她以高贵典雅著称，白皙无瑕的皮肤，雍容华贵的服装，在几代人的心目当中，芭比简直就像公主一般完美，你拿什么去和人们心中的经典竞争？拉里恩的朋友果然没说错，他的 Bratz 娃娃一生产出来就被积压在了仓库里无人问津。仅仅两个月后，他就无奈地暂时关闭了工厂。

本书认为，Bratz 的在位者是芭比娃娃，而芭比娃娃承诺的单一利益点是高贵典雅的公主，构成了女孩们的童年偶像，也是她们梳妆打扮的对象。在女孩们已不假思索地选择了芭比娃娃的条件下，拉里恩生产出来的 Bratz，能给她们一个啥样的选择理由呢？若 Bratz 跟随芭比，女孩们会说我已经喜欢芭比了。正因为拉里恩的 Bratz 娃娃没有给女孩们一个不假思索溢价选择的排他性单一利益点，故拉里恩不得不关闭了工厂。庆幸的是，拉里恩没把 Bratz 积压的原因归于知名度不够，从而投放很大的广告，否则，亏得将会更多。

难道完美经典就真的无懈可击？拉里恩困惑极了。在一个周末的清晨，他独自一人拿起陈列在书房里的 Bratz 娃娃深思了起来，这时，他只有七岁的孩子走了进来，在玩耍的时候，他的孩子不小心将几滴墨水溅到了 Bratz 的脸上，可让人意外的是，他的孩子反而开心地一把抱起 Bratz 走到镜子前哈哈笑了起来。拉里恩奇怪极了，孩子平时并不喜欢此陈列在家的娃娃，可为何它的脸上一有瑕疵，他反而喜欢了？

本书认为，又是一个"让人意外"，联想前面的戴比尔斯案例中的哈里，都是因为目标顾客的一个"意外"或者"偶然"事件，激发出了他们的灵感。其实，这就是特殊性中存在普遍性的基本哲学原理。之所以是"意外"或"偶然"，是因为那是按已有的普遍性为标准得出的结论。现有的标准也即普遍性，无法解释的一个"意外"或"偶然"，必定包含着一个新的普遍性也即新的标准。

"你不觉得她和我很像吗？看她那一脸的雀斑，真可爱！"孩子指着 Bratz 脸上的墨水污渍说。"雀斑？"拉里恩细细看去，发现孩子说得确实很形象，娃娃脸上的墨水污点果真像极了孩子脸上的雀斑。拉里恩大胆地想：太完美的形象是不是容易给人一种不真实的感觉，而瑕疵的出现却使这些娃娃成了人们身边切实存在的朋友或者他们自己？拉里恩这样一想，顿时一阵激动：其中是不是暗示着某一条能超越经典的途径？

本书认为，在位者的芭比娃娃，是完美无缺（A）的代言，而"完美无缺（A）"的对立面，就是存在"瑕疵"（－A）。若说"完美无缺"是女孩们的偶像，则"瑕疵"就是自己的熟人。在我们每个人的实际生活中，都是既有自己的偶像，但更多的时候则是和自己的熟人待在一起。

不久，拉里恩为自己的 Bratz 娃娃打造了一个共有 5 位成员的组合，分别叫作"雅斯

---

① 陈之杂. 用瑕疵超越芭比 [J]. 特别关注，2010（9）.

敏""科洛""卡梅隆""小玉"和"萨莎",他们肤色各异,来自不同种族,足蹬厚底靴,着装前卫,热力四射。

本书认为,之所以要有 5 个成员,是因为人类有多种肤色,若缺了一种肤色,就有种族歧视之嫌。想想看,是否还记得中国海尔早期的两个儿童图案?20 世纪 90 年代,海尔投入巨资创意设计播出了一部海尔兄弟卡通片,但现在为何放弃不用了?就是因为不符合伊斯兰世界的不能光身子的习俗。此外,两个儿童,最多只能是两个肤色,这对国际化的海尔来讲,就面临着种族歧视的隐患。而且两个都是男孩,但人类是男女。故只能放弃了。

最主要的是,拉里恩有意识地在他们脸上制造了一些雀斑,这些瑕疵让人们一看到就觉得耳目一新,推向市场后,相继被包括沃尔玛和玩具反斗城在内的各大连锁百货公司看中收入橱窗,其平民化的特点很快得到了消费者的普遍认同,在当年圣诞节的礼物销售市场中,Bratz 娃娃一举击败芭比,排名时装玩偶第一,受欢迎程度震惊了整个玩具业。

本书认为,没瑕疵的 Bratz 没人选择,有了瑕疵的 Bratz 一举击败芭比,这就是单一利益对立性的巨大价值所在。在 7.1 节提出了"品类对"模型,从数理逻辑上证明:在已有在位者存在的条件下,若在位者所承诺的单一利益点是"A",后来者承诺的单一利益点当且仅当是"−A"时,后来者才能成功。有瑕疵的 Bratz,击败完美无缺的芭比,就是典型的例证。想想看,当海飞丝树立起来去头屑此单一利益点之后,中国有多少日化企业,纷纷推出了自己的"去头屑"商标,且价格还比海飞丝便宜,结果呢?各自热闹一番而已,投入的广告,除了换来了商标知名度之外,离品牌差得还是很远很远。

为了扩大品牌影响力,拉里恩接着又为 Bratz 娃娃加入了激光唱片播放机、电话和其他生活时尚产品,并授权开发了包括寝具、太阳镜、鞋和电子游戏等一系列 Bratz 品牌产品,仅用了两年时间,Bratz 娃娃就成功打入了国际市场,彻底打破芭比独领风骚数十年的局面。经过十年的发展,拉里恩的 Bratz 已成为世界上最受欢迎的玩具娃娃,《时代》杂志这样评价说:"拉里恩创造了一个不可思议的奇迹:用瑕疵超越了完美的经典!"

本书认为,拉里恩将 Bratz 进行了一系列品牌授权,即品牌资本化。到了此阶段,就能实现增值增长,而不是通过扩大玩具产量或销量的规模增产来实现增长。衡量一个法律属性的商标,是否实现了资本属性的转换,一个直观的判断就是其是否具备了衍生品或授权的能力。若能通过商标为载体,开发销售诸多衍生品,如广受工程人员欢迎的卡特彼勒工程机械的卡特彼勒工装。或者得到其他厂商的付费授权,则可判断该商标成功转换为溢价品牌。

6.3.2　单一利益对立性的量化标准

将单一利益完全对立的定义为 1.0 分,将完全跟随的定义为 0.0 分。据单一利益对立性的定义,将其细化出 2 个二级指标,并识别出 10 个测分点。则每个二级指标的均值 u = 1/2 = 0.50。基于该均值,结合每个二级指标相对于该均值的重要程度进行差异判断,根据均值—非连续差分法,具体技术量化标准确定如下。

表 6.7 中 3.1 是否给出拟评商标国际或国内在位者,并给出在位者的单一利益点即在位品类,此项相对于 0.50,比较不重要,故减 20%,0.50 × (1 − 20%) = 0.40,故此项赋

值 0.40 分。测分点量化标准是：若给出在位者产品及其单一利益点，得 0.40 × 1.0 = 0.40（分）；若给出在位者产品但无其单一利益点，得 0.40 × 0.6 = 0.24（分）；若只给出在位者厂商但无在位者产品，得 0.40 × 0.2 = 0.08（分）。若无在位者或在位者与本企业出现错位，得 0.40 × 0.0 = 0.00（分）。

例如，某自主商标冰箱企业说要成为冰箱行业的富士康。富士康属于消费类电子代工企业，拥有大规模高效率的生产管理能力。这属于企业与企业之间的比较，而不是两个不同商标所作承诺之间的比较。此即出现错位。

表 6.7 中 3.2 将拟评商标的利益点与在位者的利益点进行比对，测试两者是否对立？此项相对于 0.50 比较重要，故加 20%，0.50 × (1 + 20%) = 0.60，故此项赋值 0.60 分。测分点量化标准是：若与在位者完全对立，得 0.60 × 1.0 = 0.60（分）。例如，瑞士生产机械表，日本精工生产石英表。美国哈雷摩托是大功率、日本本田摩托是小功率等。

若与在位者有很大的对立，得 0.60 × 0.8 = 0.48（分）。两者之间首先是对立关系，但又存在程度较小的共同性，得 0.60 × 0.6 = 0.36（分）。两者之间不是对立关系，但却有很大差异。例如，海飞丝承诺的是去头屑，飘柔承诺的是让头发更柔顺。"去头屑"和"让头发更柔顺"两者不具备对立关系，但差别很大。若不对立但差别较大，得 0.60 × 0.4 = 0.24（分）。若差异很小的跟随，得 0.60 × 0.2 = 0.12（分）。在一个技术很成熟的行业里。例如，家电产品，从技术角度，达到相同的技术标准的产品之间，差异就很小。若完全跟随或通用性承诺，得 0.60 × 0.0 = 0.00（分）。所谓完全跟随，就是故意模仿现有或已有其产品或承诺，但通过低价格占领部分市场，各种山寨产品，就属于此类。所谓通用性承诺，是指用于每个企业都可的承诺，例如，质量第一、宾至如归等。

表 6.7 　　　　　　　　　　　　单一利益的对立性量化测算

指标	测评二级指标	指标赋值要点	指标事实及其来源	得分
3. 单一利益的对立性 B₃	3.1 是否给出拟评商标国际或国内在位者，并给出在位者的单一利益点即在位品类 0.40 分	若给出在位者产品及其单一利益点，得 0.40 分；若给出在位者产品但无其单一利益点，得 0.24 分；若只给出在位者厂商但无在位者产品，得 0.08 分；若无在位者或在位者与本企业出现错位，得 0.0 分		
	3.2 将拟评商标的利益点与在位者的利益点进行比对，测试两者是否对立？0.60 分	若与在位者完全对立，得 0.60 分；很大的对立得 0.48 分；不对立但差别很大，得 0.36 分；不对立但差别较大，得 0.24 分；差异很小的跟随，得 0.12 分；完全跟随或通用性承诺，得 0.0 分		
得分合计				

资料来源：笔者自行绘制。

6.3.3 单一利益对立性的测算标准

关于"将拟评商标的利益点与在位者的利益点进行比对，测试两者的对立程度"：采集在位者的利益承诺，从中整理该在位厂商通过其具体商标进行的利益承诺。若是承诺了多个利益点，则按每次出现的第一个承诺，或者按每个利益点的出现频率，获得首位利益点。然后，将获得在位者的单一利益点或首位利益点，与拟评商标的单一利益点或首位利益点，进行比对判断是完全对立还是完全一致，或者是虽不对立但有差异以及差异程度。

关于"给出拟评商标国际或国内在位者，并给出在位者的单一利益点即在位品类"：在位者信息的获取：一是行业网站；二是阿里巴巴之类的 B2B 网站、淘宝之类的 C2C 网站、当当网之类的 B2C 网站；三是在网页中搜索产品或行业商标排名；四是现实生活中的超市、商场，询问售点的厂商导购人员，哪个其他的厂商产品对自己构成了最大竞争。

通过这些信息，将成立时间占先厂商、行业市场份额或规模第一厂商，或者与其直接竞争的厂商，作为拟评商标所在厂商的在位者。

若拟评商标所代表的产品或服务本身就是占先者或份额第一（价格档次相同的产品中的份额），则与其所承诺的单一利益点也即品类相对立的品类所在现实厂商，或者此单一利益点潜在的假想厂商，可作为在位者。例如，柯达胶卷的前提是感光相机的存在，本书认为，20 年前，柯达公司的思路应是：无法预知数码相机的产生，但完全可作出假想：一旦出现一种不用感光原理的照相机，这种新原理有哪些可能？柯达该如何应对呢？

根据采集到的拟评商标的公开信息，按单一利益对立性的技术标准，完成单一利益点对立性量化测算表。为了与指标顺序保持一致，表 6.7、表 6.8 和表 6.9 中的指标编号为"3"。

6.3.4 单一利益对立性的测算案例①

1. "上海"表单一利益的对立性量化测算

"上海"表在 1955 年面世之初承诺的通用性诉求主要集中在产品质量和服务上，当时的在位者是"北极星"手表，承诺的利益点是"产品质量像北极星一样恒定"，同样集中于产品质量。不同的是，"北极星"表主要集中在机械表领域，"上海"表一开始也是以机械表为主，但在后来的发展中，慢慢地发展到了石英表。

在位者承诺产品质量像北极星一样恒定，"上海"表承诺质量第一，属于跟随；在位者的生产重心在机械表，而"上海"表的生产还包括石英表，属于对立。因此，"上海"表与"北极星"表构成了不完全对立关系。

同时，"上海"表虽然借用一个城市名称，但并不是他人已有的商标，而是属于自己的商标。

---

① 孙曰瑶，宋宪华. 品牌工程学 TBCI2.0 [M]. 济南：山东大学出版社，2015.

需要指出的是，20 世纪 90 年代末，上海手表厂重新调整，改制后，"上海"牌注册商标所有权由上海钟表有限公司（上海摩士达企业发展有限公司）和上海钟表公司共同所有，而现在"上海"牌这个注册商标的实际使用人是"上海"表业有限公司。新世纪表业是上海手表厂计划破产以后，按照上级的要求用于处理历史遗留问题的。现在新世纪表业主要是物业的出租。

综上所述，关于"上海"表承诺的单一利益点的对立性测试如表 6.8 所示。

表 6.8　　　　　　　　　"上海"表的单一利益对立性量化测算

指标	测评二级指标	指标赋值要点	指标事实及其来源	得分
3. 单一利益的对立性 B₃	3.1 是否给出拟评商标国际或国内在位者，并给出在位者的单一利益点即在位品类 0.40 分	若给出在位者产品及其单一利益点，得 0.40 分；若给出在位者产品但无其单一利益点，得 0.24 分；若只给出在位者厂商但无在位者产品，得 0.08 分；若无在位者或在位者与本企业出现错位，得 0.0 分	当时的在位者是"北极星"机械手表，属于产品，但缺乏比较的单一利益点，故此项得 0.24 分	0.24
	3.2 将拟评商标的利益点与在位者的利益点进行比对，测试两者是否对立？ 0.60 分	若与在位者完全对立，得 0.60 分；很大的对立得 0.48 分；不对立但差别很大，得 0.36 分；不对立但差别较大，得 0.24 分；差异很小的跟随，得 0.12 分；完全跟随或通用性承诺，得 0.0 分	"北极星"钟表突出的是产品质量。而"上海"钟表突出的也是质量，也即两者不对立。属于完全跟随或通用性承诺，故此项得 0.0 分	0.0
得分合计				0.24

资料来源：笔者自行绘制。

2. "依波路"手表的单一利益对立性量化测算

"依波路"牌手表创立于 1856 年，当时在位的手表商标主要是成立于 1839 年的"百达翡丽"、成立于 1833 年的"积家"表和成立于 1848 年的欧米茄表。"百达翡丽"承诺的首位利益是制造"世上最卓越、最具价值的腕表"，也即传世的艺术品；"积家"手表承诺的首位利益是"精密工艺"，"欧米茄"承诺的首位利益是"专业计时"。而"依波路"第一次引入情感诉求，将腕表赋予了情侣浪漫气质。

可以说，作为在位者，"积家"和"欧米茄"主要强调手表本身的价值、工艺或者计时作用，也即手表的物质利益；"百达翡丽"则是寄托家人亲情的情感利益，"依波路"则突出了情侣之间的浪漫情感。因此，"依波路"的"情侣浪漫"，与"积家"和"欧米茄"的物质利益构成对立，也与"百达翡丽"的家人情感构成对立。

另外，"依波路"（Ernest Borel）这一商标名称来源于该品牌的第二代创始人 Ernest Borel，品牌 LOGO 也是来源于与第二代创始人 Ernest Borel 相关的浪漫故事，并不是采用已有的他人商标。

综上所述，关于"依波路"承诺的单一利益点的对立性测试如表 6.9 所示。

表 6.9　　　　　　　　"依波路"手表的单一利益对立性量化测算

指标	测评二级指标	指标赋值要点	指标事实及其来源	得分
3. 单一利益的对立性 B₃	3.1 是否给出拟评商标国际或国内在位者，并给出在位者的单一利益点即在位品类 0.40 分	若给出在位者产品及其单一利益点，得 0.40 分；若给出在位者产品但无其单一利益点，得 0.24 分；若只给出在位者厂商但无在位者产品，得 0.08 分；若无在位者或在位者与本企业出现错位，得 0.0 分	积家和欧米伽的利益承诺是物质利益，比较的对象是产品及其单一利益点，故此项得 0.40 分	0.40
	3.2 将拟评商标的利益点与在位者的利益点进行比对，测试两者是否对立？0.60 分	若与在位者完全对立，得 0.60 分；很大的对立，得 0.48 分；不对立但差别很大，得 0.36 分；不对立但差别较大，得 0.24 分；差异很小的跟随，得 0.12 分；完全跟随或通用性承诺，得 0.0 分	欧米伽手表通过赞助体育赛事，赢得了计时精确的利益点，而依波路的利益承诺是情侣浪漫，与两类在位者构成了对立。故此项得 0.60 分	0.60
得分合计				1.00

资料来源：笔者自行绘制。

6.4　品牌建设岗位性的技术标准

6.4.1　品牌建设岗位性的质性标准

商标的品牌信用建设，本身是一个专业技术。亦非某个人的兼职，而是一个团队的专职工作。厂商或组织在进行商标的品牌信用建设时，犹如财务部和财务经理、生产部和生产经理、销售部和销售经理、技术部和技术经理一样，同样需要品牌部和品牌经理。作为一个管理岗位，品牌经理的专业技术就是品牌工程学，其专业技术职称，则是品牌工程师。担任品牌经理的人选，应该具备品牌工程师资质。将品牌建设从充满概率的艺术，变成克服不确定性的科学。

品牌经理，是公司为每个品牌的产品或产品线配备一名直接经营责任者，使其对该品牌的产品开发（包括产品概念、价格与成本、材料要求、包装要求、上市时间等）、产品

202

销售、产品毛利等经营承担全部责任，并具体协调产品开发部门、生产部门以及销售部门的工作，负责品牌建设的全过程。

很多厂商羡慕宝洁公司，殊不知正是宝洁公司首创了品牌经理制。品牌经理的概念诞生于 1931 年，创始者是美国宝洁公司负责佳美香皂销售的麦克·爱尔洛埃。

始创于 1837 年的宝洁公司，是世界最大的日用消费品公司之一，在全球 70 多个国家设有工厂和分公司，其经营的 300 多个品牌畅销全世界 140 多个国家和地区。宝洁公司品牌管理系统的基本原则是：让品牌经理像管理不同公司一样来管理不同品牌。

1923 年，宝洁推出了新的香皂品牌"佳美"，但业绩一直不尽如人意。出现这一局面的重要因素是"佳美"的广告及市场营销"过于'象牙皂'化"，不同程度上成了象牙皂的翻版。象牙皂于 1879 年诞生，是宝洁公司的重要产品之一，已成为消费者心目中的名牌产品，销售业绩一直很好。与象牙香皂面对同一消费群体，又被规定"不允许进行自由竞争"的佳美香皂，自然成为宝洁公司避免利益冲突的牺牲品。

1930 年，宝洁决定为佳美选择新的广告公司，并向这家广告公司许诺，决不为竞争设定任何限制。在此之前，负责"佳美"和"象牙"品牌的是宝洁自 1922 年起唯一指定的广告公司。佳美皂有了自己的广告公司后，可自由地、毫无顾忌地与象牙皂展开竞争。佳美销售业绩随之迅速增长。1931 年，负责佳美品牌的促销和与广告公司日常联系工作的是尼尔·麦克爱尔洛埃，他后来成为宝洁公司著名的 CEO，并担任过美国国防部长。他发现由几个人负责同类产品的广告和销售，不仅造成人力与广告费用的浪费，更重要的是容易对顾客造成顾此失彼，宝洁需要一个与其市场相匹配的特别的管理系统。

特别值得深思的是"更重要的是容易对顾客造成顾此失彼"，即解决人力和广告费用的浪费，或可有别的办法，但对顾客造成的顾此失彼，才是设置品牌经理制的关键所在。这句话的科学价值，在于明确了品牌经理的服务对象是终点顾客，而不是广告费用管理。根据图 4.1，我国目前设立品牌经理的很多企业，恰恰不是专注于终点顾客的服务，而在于广告管理。导致品牌经理制有名无实，当然效果也就没了。

于是，他起草了一份具有历史意义的备忘录，提出了"一个人负责一个品牌"的构想，指出宝洁的每一个品牌都应该有自己的品牌管理者，由他们来决定品牌的广告和其他营销活动。他的建议于 1931 年 5 月 31 日获得宝洁公司以倡导创新著称的董事长杜普利的正式批准，这一天被认为是宝洁公司品牌经理制度诞生的历史时刻。麦克·爱尔洛埃在备忘录中详细说明了"品牌员"（brand man）、"助理品牌员"（assistant brand man）和几位"现场核查员"（field check-up man）（指绝大部分时间都在商场里调查促销情况者）的工作职责，并在文件里写道：品牌经理应能把销售经理工作的大部分接过来，使销售经理能将主要精力放在销售产品的工作上。

按照图 4.1 即目标顾客链模型，销售经理负责与渠道商家的谈判合作，能否与某个商家合作，是销售经理的责任。顾客进店后的成交率属于导购等市场部的职责。但在选定区域内，计划与哪些商家合作，合作后有多少顾客进店（柜台）即进店率、终点顾客的行为研究等，都属于品牌经理的责任，这是品牌建设的岗位性。

麦克·爱尔洛埃认为，应通过分析不同市场的销售和利润状况区分"问题市场"，以此来加快营销问题的解决。品牌经理的职责是开展研究、发现产生问题的原因，接着找出措施解决问题，并保证这些措施能及时实施。解决问题的工具包括广告和其他营销手段，如价格策略、促销活动、店内展示、改进包装和产品革新以及刺激销售。这种制度固有的问题是品牌之间竞争和争夺资源的问题。

本书认为，品牌经理既不是个名称，也不是个概念，而是厂商拓展市场的进化新阶段，尤其是当所处的产品或服务，进入供大于求的过剩阶段，哪个厂商最接近终点顾客，并使终点顾客选择成本等于零，此厂商就将获得定价权。

6.4.2 品牌建设岗位性的量化标准

将品牌建设岗位性的定义为 1.0 分，将完全无人专职负责品牌建设的岗位性定义为 0.0 分。据品牌建设岗位性的定义，将其细化出 4 个二级指标，并识别出 12 个测分点。则每个二级指标的均值 $u = 1/4 = 0.25$。基于该均值，结合每个二级指标相对于该均值的重要程度进行差异判断，据均值—非连续差分法，具体技术量化标准确定如下。

表 6.10 中 4.1 是否设立有品牌经理？此项相对于 0.25 非常重要，故加 60%，$0.25 \times (1 + 60\%) = 0.40$，故此项赋值 0.40 分。其测分点量化标准是：若有，得 $0.40 \times 1.0 = 0.40$（分）；若由公司决策者直接负责，得 $0.40 \times 0.8 = 0.32$（分）；若只是一般岗位兼职，得 $0.40 \times 0.6 = 0.24$（分）；若既无品牌经理、也无其他岗位专责品牌建设，得 $0.40 \times 0.0 = 0.00$（分）。

表 6.10 中 4.2 若无品牌经理，是否有明确的其他岗位负责？此项相对于 0.25 很不重要，故减 40%，$0.25 \times (1 - 40\%) = 0.15$，故此项赋值 0.15 分。其测分点量化标准是：若是品牌经理运营制，得 $0.15 \times 1.0 = 0.15$（分）；若只有专职负责但无团队配合，得 $0.15 \times 0.4 = 0.06$（分）；若未实行品牌经理运营制，得 $0.15 \times 0.0 = 0.00$（分）。

表 6.10 中 4.3 品牌实际负责人（老板或职业经理）对品牌的理解是物质性还是情感性？此项相对于 0.25 比较重要，故加 20%，$0.25 \times (1 + 20\%) = 0.30$，故此项赋值 0.30 分。其测分点量化标准是：通过检索、分析品牌实际负责人的讲话，若其理解是心情、欲望、快乐等情感性，得 $0.30 \times 1.0 = 0.30$（分）；若其对品牌的理解是质量、功能等物质性，得 $0.30 \times 0.6 = 0.18$（分）；若其对品牌的理解是商标知名度，得 $0.30 \times 0.0 = 0.00$（分）。

表 6.10 中 4.4 针对目标顾客的逆转因素，品牌实际负责人（老板或职业经理）是否制订了预案？此项相对于 0.25 很不重要，故减 40%，$0.25 \times (1 - 40\%) = 0.15$，故此项赋值 0.15 分。其测分点量化标准是：针对逆转因素，制定了预案或不同方案，得 $0.15 \times 1.0 = 0.15$（分）；若无制定预案，得 $0.15 \times 0.0 = 0.00$（分）。是否制定了预案，若是对企业进行内部项目研究，可在内部访谈室获得。若是外部评级，则根据市场环境出现大的变化，企业销售下降程度推论，下降程度越大，表明企业内部没识别逆转因素，并制定预案。

6.4.3　品牌建设岗位性的测算标准

在对拟评商标进行品牌信用评级时，对该商标是否有专职的品牌经理进行测评时，可遵循以下流程：通过官方网站和厂商的企业宣传册，获取拟评商标所属公司的组织结构图，判断是否有品牌经理。如无法获得该公司的组织结构图，则可通过网络查询，该公司是否有品牌经理招聘信息。或者通过网络查询，是否有该公司品牌经理的讲话或报道、媒体采访等信息。通过实践，本书得出这样的推论：既无品牌经理招聘也无活动报道或媒体采访的厂商，可判断该厂商的品牌建设缺乏明确的岗位性；反之，设置了专职的品牌经理的厂商，在互联网上，必定留下活动或报道的信息。

在品牌建设的岗位性量化测算表时，为保证指标的顺序编号，表6.10、表6.11和表6.12中指标仍为"4"。

表 6.10　　　　　　　　　　品牌建设的岗位性量化测算

指标	测评二级指标	指标赋值要点	指标事实及其来源	得分
4. 品牌建设的岗位性 B_4	4.1 是否设立有品牌经理? 0.40分	若有，得0.40分；若由公司决策者直接负责，得0.32分；若只是一般岗位兼职，得0.24分；若既无品牌经理、也无其他岗位专责品牌建设，则得0.0分		
	4.2 若有品牌经理，是否是品牌经理运营制（即对拟评商标所承载产品的经营）? 0.15分	若未实行品牌经理运营制，得0.0分；若只有专职负责但无团队配合，得0.06分；若是品牌经理运营制，得0.15分		
	4.3 品牌实际负责人（老板或职业经理）对品牌的理解是物质性还是情感性? 0.30分	通过检索、分析品牌实际负责人的讲话，若其对品牌的理解是商标知名度，得0.0分；其对品牌的理解是质量、功能等物质性，得0.18分；若其理解是心情、欲望、快乐等情感性，得0.30分		
	4.4 针对目标顾客的逆转因素，品牌实际负责人（老板或职业经理）是否制订了预案? 0.15分	针对逆转因素，制订了预案或不同方案，得0.15分；若没制定预案，得0.0分		
得分合计				

资料来源：笔者自行绘制。

6.4.4 品牌建设岗位性的测算案例[①]

1. "上海"表品牌建设的岗位性量化测算

我们没有获得"上海"表的组织结构图，从而难以发现是否有品牌经理。但通过网络搜索，我们获知"上海"表虽然并未设立独立的品牌经理，但是加入了上海市钟表行业协会，参与协会的品牌推广活动，因此公司内部有人员负责品牌的全面管理，即有明确的岗位负责"上海"表的品牌建设。

因为没有设立专职的品牌经理，所以也就不存在品牌经理运营制。当然，作为企业领导人，也可以承担品牌经理的职责或者指定其他岗位经理兼职品牌建设。但问题是企业领导人或者其他经理未必掌握品牌建设的专业知识和技能。同时，企业领导人和经理还要承担企业经营的诸多事宜，导致其品牌建设被边缘化。品牌建设技能的缺乏与岗位责任的弱化，是绝大多数企业品牌建设不佳的重要原因。

"上海"表业没有设立专职的品牌经理，只是指定内部人员成为事实上的品牌建设责任者，而从品牌建设状况看，该负责人显然缺乏品牌建设的专业知识和专业技能。

综上所述，"上海"表的品牌建设岗位性测试如表 6.11 所示。

表 6.11   "上海"表的品牌建设岗位性量化测算

指标	测评二级指标	指标赋值要点	指标事实及其来源	得分
4. 品牌建设的岗位性 B_4	4.1 是否设立有品牌经理？0.40 分	若有，得 0.40 分；若由公司决策者直接负责，得 0.32 分；若只是一般岗位兼职，得 0.24 分；若既无品牌经理、也无其他岗位专责品牌建设，则得 0.0 分	通过网络搜索，尚未发现设立品牌经理。加入上海市钟表行业协会以及协会品牌推广活动，推论有其他岗位专职负责。因是参加行业协会，推论由企业高层直接或间接负责，故此项得 0.32 分	0.32
	4.2 若有品牌经理，是否是品牌经理运营制（即对拟评商标所承载产品的经营）？0.15 分	若未实行品牌经理运营制，得 0.0 分；若只有专职负责但无团队配合，得 0.06 分；若是品牌经理运营制，得 0.15 分	因无设立品牌经理，也就不会有独立的品牌经理及其独立运营团队。故此项得 0.0 分	0.0

---

① 孙曰瑶，宋宪华. 品牌工程学 TBCI2.0 ［M］. 济南：山东大学出版社，2015.

指标	测评二级指标	指标赋值要点	指标事实及其来源	得分
4. 品牌建设的岗位性 B_4	4.3 品牌实际负责人（老板或职业经理）对品牌的理解是物质性还是情感性？0.30 分	通过检索、分析品牌实际负责人的讲话，若其对品牌的理解是商标知名度，得 0.0 分；其对品牌的理解是质量、功能等物质性，得 0.18 分；若其理解是心情、欲望、快乐等情感性，得 0.30 分	通过检索资料分析，其对品牌的理解是质量、礼品等物质性。故此项得 0.18 分	0.18
	4.4 针对目标顾客的逆转因素，品牌实际负责人（老板或职业经理）是否制订了预案？0.15 分	针对逆转因素，制订了预案或不同方案，得 0.15 分；若没制定预案，得 0.0 分	存在逆转因素，但我们无法确定是否制定了预案，故此项得 0.0 分	0.0
得分合计				0.50

资料来源：笔者自行绘制。

2. "依波路" 手表的品牌建设岗位性量化测算

我们通过网络搜索，并没有获得"依波路"的组织结构图，也没有获得有关"依波路"品牌经理或者品牌经理的信息，故此我们推断没有设立品牌经理或品牌信息。只知道"依波路"在各个区设置了行政总监一职所谓的区域行政总监实际上就是区域市场经理，"依波路"的组织架构很扁平，只有市场和人事两个总监。因此，我们推断，"依波路"并未设置独立的品牌经理或者品牌经理，而是由行政总监负责品牌管理事务。

因为没有设立专职的品牌经理，所以也就不存在品牌经理运营制。作为一个大型企业的行政总监，要处理的日常事务有很多，虽然可以兼职品牌经理的工作，但是，未必能很好地掌握品牌建设的专业知识和技能，而且也很容易因为工作过多，而将品牌建设实际上边缘化。品牌建设技能的缺乏与岗位责任的弱化，是绝大多数企业品牌建设不佳的重要原因。

"依波路"没有设立专职的品牌经理，也不存在品牌经理运营制，不同区域的行政总监成为事实上的品牌建设责任者，但是，应该看到行政总监缺乏品牌建设的专业知识和专业技能。

综上所述，"依波路"的品牌建设岗位性测试如表 6.12 所示。

表 6.12　　　　　**"依波路" 手表的品牌建设岗位性量化测算**

指标	测评二级指标	指标赋值要点	指标事实及其来源	得分
4. 品牌建设的岗位性 B_4	4.1 是否设立有品牌经理？0.40 分	若有，得 0.40 分；若由公司决策者直接负责，得 0.32 分；若只是一般岗位兼职，得 0.24 分；若既无品牌经理、也无其他岗位专责品牌建设，则得 0.0 分	网络搜索，尚未发现设立有品牌经理信息。品牌建设由行政总监负责，可以作为公司决策者在负责。得 0.32 分	0.32

续表

指标	测评二级指标	指标赋值要点	指标事实及其来源	得分
4. 品牌建设的岗位性 B_4	4.2 若有品牌经理，是否是品牌经理运营制（即对拟评商标所承载产品的经营）？0.15 分	若未实行品牌经理运营制，得 0.0 分；若只有专职负责但无团队配合，得 0.06 分；若是品牌经理运营制，得 0.15 分	因无设立品牌经理，故此项得。得 0.0 分	0.0
	4.3 品牌实际负责人（老板或职业经理）对品牌的理解是物质性还是情感性？0.30 分	通过检索、分析品牌实际负责人的讲话，若其对品牌的理解是商标知名度，得 0.0 分；其对品牌的理解是质量、功能等物质性，得 0.18 分；若其理解是心情、欲望、快乐等情感性，得 0.30 分	通过检索发现"依波路"的品牌团队对品牌的理解偏向情感，故此项得 0.30 分	0.30
	4.4 针对目标顾客的逆转因素，品牌实际负责人（老板或职业经理）是否制订了预案？0.15 分	针对逆转因素，制订了预案或不同方案，得 0.15 分；若没制定预案，得 0.0 分	"依波路"的目标顾客不存在逆转因素，故此项得 0.0 分	0.0
得分合计				0.62

资料来源：笔者自行绘制。

6.5　单一利益持久性的技术标准

6.5.1　单一利益持久性的质性标准

追求百年品牌的企业很多，可问题是又有几个真正的百年品牌呢？本书认为，很多商标之所以曾经辉煌一时，未成为百年品牌，是因为他们未从理论上回答或解决一个根本问题，就是如何保证几十年或一百年以后，还能有足够多的顾客购买自己的产品或服务。本书认为，没人知道百年后的人们需要什么样的具体的产品或服务，唯一能确定的是百年以后的人们照样需要快乐。尽管快乐的方式在变化，但快乐本身属于人类不变的终极需要。

一谈到理论，很多厂商老板会说我是做实践的，对理论不感兴趣。其实不管对理论是否感兴趣，理论总是存在的，且对实践有着这样或那样的指导。理论的价值在于为实践提供了正确的方向，而技术的价值则是为实践提供可靠的方法。

厂商通过自己的注册商标，向目标顾客作出了单一利益点的承诺，且与在位者所属单一利益点构成对立关系。这是否就一定能成为百年品牌呢？答案是不一定。因为所承诺的单一利益点，未必是未来的顾客所需要的。例如，古代的马车，即使做得再好，今天的城市居民还是不会购买，不是马车不好，而是被汽车替代了。同样，柯达胶卷之所以渐渐地退出了市场，不是因为它的质量出了问题，而是因为今天的顾客纷纷使用数码相机，不需要感光胶卷了。故单一利益如何保持持久性，就是必须要解决的问题。

对商标的品牌信用建设来讲，此问题之所以重要，是因为厂商通过注册商标所作出的利益承诺，并未给出明确的时间限定，其在法律上就是无限期承诺。若在品牌信用建设的过程中，未考虑持久性，从心理学的角度，就是一种隐形的欺诈行为。

为了直观而深刻地理解如何才能做到单一利益的持久性，阅读思考案例 6.3。长期以来，如何解决游客的重复游览也即持久性，是困扰旅游界的核心难题之一，却被一位果农解决了。这再次证明了群众的智慧确实是无穷的，也再次表明，从事社会科学研究，只有立足于丰富的实践，而不是闭门造车，才能获得理论研究的营养。

案例 6.3　认养一棵摇钱树①

"此树已认养。谭莉，2008 年 3 月。""此树已认养。田纯，2008 年 4 月。"……田文英的农家乐"梨园"里，种植着四五百棵梨树，各种颜色的"认养牌"在树干上迎风飘展。有 2 万亩梨树的大林镇，有着"梨子之乡"的美誉，它出产的梨子早在 2005 年就被农业部批准为"国家级无公害农产品"。这些梨子被送入各大超市，每斤售价四五元。去年，田文英突发奇想，将每棵梨树以每年 30 元的价格给城里人认养，还向认养人保证年产量 50 斤以上。为何做这亏本生意？可田文英正是靠着这"亏本"生意，盘活了她的农家乐。

本书认为，旅游业作为广义的服务业，核心就是让游客得以快乐。农家乐也是如此，问题在于哪些游客喜欢农家乐呢？这些喜欢农家乐的游客，是否具有重复性呢？农家乐的主要内容是品尝农家饭菜。而农家饭菜的变化不大，游客吃几次之后就会失去兴趣，即边际收益递减了，也就不再来吃了。需要特别清楚的是，农家乐的前提是"乐"。

"梨园"是大林镇最早的那批农家乐之一。2006 年开始，政府发展旅游经济，每年春天在大林镇开办梨花节。田家响应政府号召，买了些桌椅碗筷，在自家院子里开起农家乐，她并没想到这会彻底改变一家人的农耕生活。梨花节开幕第一天就迎来了 8 万游客，小车停了 10 多公里，农家乐更是人气爆棚：1 个凳子每小时租金 10 元，1 张桌子每小时租金 20 元，1 桌午饭 400 元。田文英数钱数到手软，这 7 天她就赚了 5000 元！从前她种庄稼，1 亩土地也才收入 1000 多元。不到半个月的梨花节，给大林镇带来了 2000 万元的收入。可是田文英的高兴劲并没持续几天。随着梨花凋谢，游人渐渐稀少。原来，大林镇距离成都市区 38 公里，地处双流县最偏远的丘区，前不着村后不着店，少了梨花的吸引，市民自然不愿长途跋涉。梨花节一过，田文英只能重新拿起锄头下地。秋天，满园的梨子都熟了，她以 5 毛 1 斤的价格卖给收梨的大卡车。"梨子一卖到城里就是好几元"，田文英无力把上吨的梨子运出大林镇，只能低价批发。

本书认为，梨花节卖的是梨花，其基本业务是观赏梨花，派生业务是吃农家饭。梨花再美不过半月，随着梨花的凋谢，观赏梨花此基本业务也就没了，随之其派生业务也即吃农家饭也不存在了，持久性也就不存在了。"市民不愿意长途跋涉"说明，市民之所以在

---

① 曾晓娜. 认养一棵摇钱树［J］. 城乡致富，2008（11）.

梨花节愿意长途跋涉，是因为有盛开的梨花。当梨花凋谢之后，什么能吸引市民们继续愿意长途跋涉前来吃农家饭呢？即吸引市民们新的乐点是什么呢？其实，成都市私家车普及率是比较高的，区区38公里是不在话下的。问题是为何要来呢？农家菜能重复吃几次呢？故把眼光盯在农家菜上即物质利益上，难以保持持久性。

又是一年梨花节，田文英的老公陈福荣突然冒出了一个想法：很多游客都喜欢品尝新鲜的梨子，若在这里有一棵属于他们的梨树，他们会不会常来呢？抱着试试看的想法，陈福荣用废弃的纸壳写了一行字挂在梨园里"欢迎游客认养梨树"。他保证年产量不低于50斤，还帮助修枝施肥。而认养费，他最低的只收取了30元，其实把这些梨子卖给收梨的卡车，最多也是30元，不亏；而城里人买到50斤新鲜的梨子，得两三百元，更不亏。可城里人哪自己种过梨？一眨眼，几十棵梨树立即被认养出去。陈福荣给每棵梨树挂上认养牌，跟游客签好"认养协议"，他还专门准备了一个本子，详细地记录了认养人的名字、电话号码和认养时间。每隔一段时间，他会给游客打电话：你的树今天施肥了，你的树今天修枝了，你的树结果了快来摘吧……

本书认为，吸引市民们乐意长途跋涉来的理由，一定是某种利益，而根据图1.5，任何利益总是由物质利益和情感利益两个面非对称构成的，也即单一利益＝物质利益＋情感利益。认养的梨树以及梨树上的梨，都属于物质利益；而参与农事活动所获得的体验快乐，则是情感利益。梨需要几个月的时间才能长熟，即使摘果了，对梨树也需要继续农事保养。这些活动本身是连续的，也就需要游客持续地前来，而来了，就要吃饭。故城里的游客认养梨树，获得的不仅是新鲜的梨子所带来的物质利益，更重要的是给那些喜欢农事但属于业余级的游客，提供了一个业余时间体验农事快乐的机会和通过体验就能获得身心放松的快乐即情感利益。陈福荣的一个正确策略，是"专门准备了一个本子，详细地记录了认养人的名字、电话号码和认养时间"，且每隔一段时间，就会给认养梨树的游客打电话，这是一个实用的顾客数据库。

当初对这一举措并不重视的田文英突然发现，她几乎没时间下地种田了。梨花节落幕后，依然不断地有游客光临，有的还一家老小专门来体验农事活动。陈福荣给记者算了这么一笔账：若游客认养了一棵梨树，从他前来观花算起，就要在农家乐消费。花期后，游客还要前来修枝、施肥、摘果，若带上家人和朋友，其间的消费还会更大。拥有了这样固定的客源，农家乐的收入远远大于卖梨子的收入。"我今年认养梨树带来的收入，已相当于两个梨花节的收入了。"陈福荣说，他们一家也不再下田了，明年他们的农家乐会扩大规模，再栽种500棵梨树。

本书认为，这就是单一利益持久性的价值所在，陈福荣是通过梨树管理的时间连续性，来将农事的娱乐体验予以持久性。低价格的梨树认养费用属于基本业务，但却获得了稳定高收益的派生业务，即餐饮消费。万幸的是，从修枝、施肥、打药等各个管理环节，陈福荣没把每个环节当成"摇钱树"，否则，游客们认养了个麻烦，很快就放弃了。同时，这些"固定的客源"也就构成了陈福荣农家乐的目标顾客。

单一利益持久性的实现，不是靠广告来获得的，而是通过取悦于顾客终身价值来获得。

6.5.2　单一利益持久性的量化标准

将单一利益完全持久定义为 1.0 分，将完全不持久定义为 0.0 分。根据单一利益持久性的定义，将其细化出 3 个二级指标，并识别出 6 个测分点。则每个二级指标的均值 $u = 1/3 = 0.33$。基于该均值，结合每个二级指标相对于该均值的重要程度进行差异判断，据均值—非连续差分法，具体技术量化标准确定如下。

表 6.13 中 5.1 拟评商标承诺的单一利益或首位利益是否符合终情感快乐这一终极利益？此项相对于 0.33 加倍重要，故加倍，$0.33 \times (1 + 1) = 0.66$，经测算后两个指标赋值和为 0.30，$0.66 + 0.30 = 0.96 < 1$，少了 0.04，将其归于此项，故赋值 0.70 分。其测分点量化标准是：若从初始利益的产品，到终极利益的快乐，假设有 N 个利益，若拟评商标承诺的利益在第 i 个，则得 $0.7 \times i/N$ 分。

根据顾客利益衍生链，判断拟评商标承诺的单一利益或首位利益处于哪个利益态。初始利益定义为第 N 个利益态，终极利益为第 0 个利益态，倒数第一个衍生利益为第 1 个利益态。假定利益衍生链共有 6 个利益态，则每个利益态得分为 1/6，若拟评商标所承诺利益态为第 5 个，得分为 $0.7 \times 5/6$ 即 0.58 分。

据顾客利益衍生链，可测算拟评商标承诺利益的终极度和持久度。所谓品类终极度，是指某个具体品牌所代言的单一利益形态即品类，距离目标顾客终极利益形态的程度，品类终极度介于 0 和 1 之间。品类终极度 $B_u = [(N+1) - i]/(N+1)$；持久度 $B_s = B_u/(1 - B_u)$。

表 6.13 中 5.2 终点顾客的终极利益也即乐点是否稳定？此项相对于 0.33 很不重要，故减 40%，$0.33 \times (1 - 40\%) = 0.198$，归整后此项赋值 0.20 分。其测分点量化标准是：若乐点是非常稳定的，得 $0.20 \times 1.0 = 0.20$（分）；若乐点基本稳定，得 $0.15 \times 0.8 = 0.12$（分）；若乐点是不稳定的，得 $0.20 \times 0.0 = 0.00$（分）。

所谓乐点稳定性，是指使终点顾客快乐的方式是否容易改变。例如，同样是卡通片，迪士尼的卡通形象，给国内儿童带来的乐点被《喜羊羊与灰太狼》所取代。而英国维珍（Virgin）带给其终点顾客也即嬉皮士的乐点就不变。

表 6.13 中 5.3 其产品更新换代是否构成情感快乐的版本升级效应？此项相对于 0.33 极不重要，故减 70%，$0.33 \times (1 - 70\%) = 0.099$，归整后此项赋值 0.10 分。测分点量化标准是：若构成情感快乐的版本升级效应，得 $0.10 \times 1.0 = 0.10$（分）；若仅是产品更新换代，得 $0.10 \times 0.0 = 0.00$（分）。

所谓版本效应，是指目标顾客将选择新版作为更时尚、更优越、更亲近的快乐象征。例如，英特尔处理器从 286、386 到 486、586，都属于产品更新换代，但在目标顾客心里使用更新一代产品就构成了"我更优越"的情感快乐，从而乐此不疲地购买新版本产品。苹果手机也是如此，从 2007 年的 iPhone1，直到 2024 年的 iPhone16，也属于版本升级效应。

再如，2012 年可口可乐在瓶子外面印制了喵星人、高富帅、白富美、文艺青年、氧气美女、纯爷们、零度等，其口号是"今天你和谁一起分享了？"试想，在小学一个班里，有 5 个男孩子构成了小伙伴圈子。某天放学回家时，圈子里约定明天喝"纯爷们"。于是，小伙伴们第二天早上就会在可口可乐箱子里扒拉来扒拉去地找出"纯爷们"那瓶。这样，回到学校后，拿"纯爷们"的几个就是一伙的，也就具有了归属感，即更亲近的情感快乐。

6.5.3 单一利益持久性的测算标准

单一利益的持久性评级，关键是绘制拟评商标产品或服务的顾客利益衍生链。例如，柯达胶卷的顾客利益衍生链是：

胶卷（D_5）→照相（D_4）→记录（D_3）→留念（D_2）→触景生情（D_1）→快乐（D_0）

其中，胶卷只是初始利益，快乐则是终极利益，中间的状态则是衍生利益。

而柯达定位于胶卷，经过我们的测试，也都将柯达等同于胶卷。即柯达已经成为了胶卷的品类代言，则其得分为 $0.7 \times 1/6 = 0.12$ 分。从而其持久性就很低。测算柯达的品类终极度 B_u（柯达）$= [(N+1) - i]/(N+1) = [(5+1) - 5]/(5+1) = 1/6 = 0.17$；持久度 B_s（柯达）$= B_u/(1 - B_u) = 0.17/(1 - 0.17) = 0.20$。

通过测试顾客利益衍生链，来测定拟评商标所承诺的利益处于哪个利益态，从而对其评级。为了与品牌信用模型的指标序号保持一致，将表 6.13、表 6.14 和表 6.15 中的指标序号确定为"5"。

表 6.13　　　　　　　　　　　　　　单一利益的持久性量化测算

指标	测评二级指标	指标赋值要点	指标事实及其来源	分值
5. 单一利益的持久性 B_5	5.1 拟评商标承诺的单一利益或首位利益是否符合终情感快乐这一终极利益？0.70 分	若从初始利益的产品，到终极利益的快乐，假设有 N 个利益，若拟评商标承诺的利益在第 i 个，得 $0.7 \times i/N$ 分		
	5.2 终点顾客的终极利益也即乐点是否稳定？0.20 分	若乐点是非常稳定的，得 0.20 分；若乐点基本稳定，得 0.12 分；若乐点是不稳定的，得 0.0 分		
	5.3 其产品更新换代是否构成情感快乐的版本升级效应？0.10 分	若构成情感快乐的版本升级效应，得 0.10 分；若仅是产品更新换代，得 0.0 分		
得分合计				

资料来源：笔者自行绘制。

6.5.4 单一利益持久性的测算案例[①]

1."上海"表的单一利益持久性量化测算

根据顾客利益衍生链分析技术，我们绘制出"上海"表的顾客利益衍生链：

---

① 孙曰瑶，宋宪华. 品牌工程学 TBCI2.0［M］. 济南：山东大学出版社，2015.

"上海"表→计时准确→老牌新时尚→身份的象征→快乐心情

"上海"表正开始重新定位，力求用老字号演绎新时尚，在怀旧气息中加入时尚元素，位于顾客利益衍生链上的第三个环节，得分为0.6。

20世纪中后期，戴手表的中国人，每4个手腕上就有1只"上海"牌手表。始建于1955年的上海手表厂，如今已累计生产了超过1.2亿只手表，成为几代人的集体记忆。

现在"上海"牌手表的市场份额大幅下滑，但顺应潮流设计的多款时尚表，也获得市场认可。"上海"牌手表"老乱"[①]系列设计总监说："'上海'手表、永久自行车、大白兔糖带给我们很多童年的回忆。"

用现代的设计去重新表达和宣传中国老字号的历史，让年轻人更珍惜中国精髓是我们一直很想做的。因此，很多人对"上海"表有很深的情感依托，将老字号与新时尚集合起来，既有对老字号的怀旧情感，也有浓浓的时尚气息，这一利益承诺还是符合顾客衍生需求的。

但是这并不是顾客的终极需求，因为终极需求应该是某种快乐。20世纪中后期，"上海"手表对于人们来说是一种能力和富足的象征，佩戴"上海"表说明一个人能自给自足。当时还流行一句俗语：如果没有"上海"表，就没有姑娘会嫁给你。可以说，人们佩戴"上海"表是能够获得快乐的。

但随着时代发展，人们物质生活水平发生巨大变化，生活质量不再依靠"上海"表来体现，人们无法从佩戴"上海"表中获得生活富足的快乐感受，这就要求"上海"表重新定位。

综上所述，"上海"表的单一利益持久性测试如表6.14所示。

表6.14　　　　　　　　　"上海"表的单一利益持久性量化测算

指标	测评二级指标	指标赋值要点	指标事实及其来源	分值
5. 单一利益的持久性 B_5	5.1 拟评商标承诺的单一利益或首位利益是否符合终情感快乐这一终极利益？0.70分	若从初始利益的产品，到终极利益的快乐，假设有 N 个利益，若拟评商标承诺的利益在第 i 个，得 0.7×i/N 分	顾客利益衍生链共有5个利益态，上海表明确承诺的是第3个利益态，得 0.7×0.6＝0.42分	0.42
	5.2 终点顾客的终极利益也即乐点是否稳定？0.20分	若乐点是非常稳定的，得0.20分；若乐点基本稳定，得0.12分；若乐点是不稳定的，得0.0分	通过显示型快乐的乐点，也是稳定的。故此得0.20分	0.20
	5.3 其产品更新换代是否构成情感快乐的版本升级效应？0.10分	若构成情感快乐的版本升级效应，得0.10分；若仅是产品更新换代，得0.0分	存在产品款式的更新，不存在情感快乐的版本升级效应，故此项得0.0分	0.0
得分合计				0.62

资料来源：笔者自行绘制。

---

① "老乱"二字在上海方言中是指非常酷，非常厉害的意思。

2. "依波路"表的单一利益持久性量化测算

根据顾客利益衍生链分析技术，我们绘制出"依波路"的顾客利益衍生链：

"依波路"→情侣对表→生活品位→时尚浪漫→回忆的快乐

"依波路"承诺的单一利益点为"浪漫"，位于顾客利益衍生链上的第四个环节，得分为0.8。

无论在战争时期还是和平时期，爱情和友情都是人类感情最重要的组成部分，人们对"爱"都有永恒的追求。"依波路"承诺的"浪漫"，正满足了人们的浪漫情结，引导人们从"依波路"中寻求更深层次的情感寄托。在物欲横流的社会，人们对这种美好情感的追求更甚。因此，"依波路"承诺的利益点能够满足人们某个层次上的需求。

但是，人类的终极利益始终是某种快乐，换句话说，人类所作出的一切反应，从根本上来说都是为了获得快乐，也只有这种快乐，才具有持久性。目前"依波路"承诺的"浪漫"感受存在太多的不确定性，也许在某种场合的浪漫感受，换一个场合就不能再称之为浪漫。如果"依波路"能将利益点升级为某种快乐，就不会存在这个问题。比如，人们看到"依波路"的LOGO时，想到那个贵族舞会上的甜蜜镜头，任何情况下都会觉得浪漫和快乐。

综上所述，"依波路"的单一利益持久性测试如表6.15所示。

表6.15   "依波路"表的单一利益持久性量化测算

指标	测评二级指标	指标赋值要点	指标事实及其来源	分值
5. 单一利益的持久性 B_5	5.1 拟评商标承诺的单一利益或首位利益是否符合终情感快乐这一终极利益？0.70分	若从初始利益的产品，到终极利益的快乐，假设有N个利益，若拟评商标承诺的利益在第i个，得$0.7 \times i/N$分	依波路的顾客利益衍生链共有5个利益态，直接承诺的是第4个，得$0.7 \times 0.8 = 0.56$分	0.56
	5.2 终点顾客的终极利益也即乐点是否稳定？0.20分	若乐点是非常稳定的，得0.20分；若乐点基本稳定，得0.12分；若乐点是不稳定的，得0.0分	浪漫是情侣非常稳定的乐点，故此项得0.20分	0.20
	5.3 其产品更新换代是否构成情感快乐的版本升级效应？0.10分	若构成情感快乐的版本升级效应，得0.10分；若仅是产品更新换代，得0.0分	其产品款式存在更新，但不构成情感快乐的版本升级效应，故此项得0.0分	0.0
得分合计				0.76

资料来源：笔者自行绘制。

6.6　终端建设稳定性的技术标准

6.6.1　终端建设稳定性的质性标准

央视在 2011 年 1 月 17 日曾经报道过，有人在某地的宾馆里销售"纯"羊绒衫，价格只有 280 元。在现场，记者发现这些羊绒衫的标签上，确实也是写明 100% 山羊绒。其实，从品牌信用的角度看，在宾馆里租房间销售，本身就是缺乏信用的证据。因为宾馆租房销售，随时是可走人的。顾客在此购买的商品，一旦出现退换货问题，是无法得到保证的，因为宾馆并不承担退换货责任。由此推断该羊绒衫必定是假的。

根据《中华人民共和国消费者权益保护法》：消费者在购买、使用商品时，其合法权益受到损害的，可向销售者要求赔偿。销售者赔偿后，属于生产者的责任或者属于向销售者提供商品的其他销售者的责任的，销售者有权向生产者或者其他销售者追偿。

在上面此宾馆销售羊绒衫的报道中，宾馆并不是销售者。故即使顾客想退换货，宾馆也是没此责任的。那么，如何提高终端建设的稳定性呢？对此，通过沈阳机床的案例，来直观深刻地理解终端建设稳定性及其价值。尽管沈阳机床在 2012 年的经营出现了问题，但并不意味着其所有事情都做错了。按图 4.1 可见，沈阳机床所开办的 4S 店也即终端建设的稳定性，就非常正确的。

案例 6.4　一个"工业母机"掌门人的转型之道（节选）[①]

沈阳机床，一个几乎和共和国同龄的装备制造业企业，在市场的起伏跌宕中几经沉浮，最终跻身于全球机床企业前三强。它的转型，浓缩了中国机床行业几代人的梦想，更是一幅中国工业百折不挠、勇往直前的剪影。曾几何时，作为我国最大的机床制造商，沈阳机床有着辉煌的历史：共和国的第一台普通车床、第一台自动车床都诞生在这里，沈阳也因此被誉为中国的"机床之乡"。

本书认为，在短缺时代，因为不愁销售，追求规模增长是正确的选择，完全符合理性标准。问题是人无远虑必有近忧，为何不在日子好过的短缺时代，为日子不好过的过剩时代提前做好准备？请思考：您现在的远虑是什么？近忧是什么？

从计划经济时代进入市场经济时代，沈阳机床受到很大冲击。"刚改革开放时，国内市场大量进口机床，我们行业就不行了。最严重时，7 年间没招到一个大学生！厂子一度还差点被卖掉了。"关锡友唏嘘道。

本书认为，大量进口，意味着国外的机床产品带给顾客的物质利益更高，这就是竞争的好处。顾客权益的保护，不是企业的恩赐，而是企业之间竞争的结果。

"让厂子起死回生的，一方面是中国经济快速发展带来的市场需求，另一方面是受益

---

①　王敏，崔静，石庆伟．一个"工业母机"掌门人的转型之道［N］．新华时报，2010 - 12 - 02.

于东北老工业基地振兴。"关锡友说，"即使最困难的时候，我们都坚信，中国制造业一定行！"关锡友至今不能忘记数年前参加芝加哥国际机床展览会的情形。当时，沈阳机床在地下展馆有一个摊位，在"中国最大的机床企业"横幅下，放着几台笨重的机器。世界同行的先进程度，使他越看越汗颜，叫人马上取下横幅。

本书认为，"中国最大"与世界同行的技术水平的差异，表明了中国技术研发的落后。根本原因是计划经济体制隔断了竞争，加上短缺的市场阶段，使沈阳机床厂不需要进行研发，也能过得挺好。机床生产出来了，被国家调拨出去，至于分配给谁了，沈阳机床不必操心，即目标顾客是谁，是不需要知道的。数十年的经历，自然形成了埋头生产，不问用户的短缺逻辑。一经进入市场经济，需要生产企业自己发现与拓展产品客户时，就会感到无从下手。笔者合作过的某啤酒企业，其总经理曾说"建厂时期，我们都是加班到后半夜，一点不觉得累。可今天却觉着太累了"，原因是"怎么这么好的啤酒，卖不出来了呢？"说话时间是 1996 年，此时的中国，啤酒行业从短缺进入过剩了。

"十一五"期间，沈阳机床对产品结构进行了调整。当时很多人都不理解，连续生产30 多年、国内市场占有率高达 85% 的普通机床，成了要淘汰转移的对象！关锡友说："就算此产品赚钱，也不能吃老本。若不早点进行技术改造升级，迟早还要被淘汰！""今年我们再在芝加哥参展时，终于站在展示世界先进水平的 A 区，是世界前三名。是自主技术重塑了我们在国际上的地位。"关锡友说，"20 年前，世界著名数控机床品牌法纳克崛起时，在芝加哥展览排在 A 区前排。我们今年才在 A 区，但我们的目标是超过它！"

本书认为，即使超过了日本的法纳克，在机床用户脑子里，还是"法纳克"值得信任。沈阳机床若通过价格战来抢占市场，低价格遇到的不仅是"便宜没好货"的习惯思维，而且容易带来现金流不足的问题。在此，按照图 4.1，可绘制一个加长版的沈阳机床目标顾客链：零部件→沈阳机床→经销商→4S 店→机械厂→加工件→整机厂→机械用户→产品→经销商→终端店→终点顾客。

在这个长长的链条中，从零部件到沈阳机床，属于技术环节；从沈阳机床到 4S 店，属于市场环节；利用沈阳机床加工的机械厂，属于沈阳机床的直接用户，对他们而言，机床属于成本，在功能一定的条件下，当然选择低价格。利用机床进行加工后的机械件，进入整机厂用户，他们生产出自己的产品，再经过各自的经销体系进入实体和电商店，被最终的顾客买走。顺着此链，很清楚，链条上所有投资，最终在终点顾客这里获得价值实现。作为沈阳机床而言，从品牌经济学的角度，技术团队负责解决机床能不能用，而品牌团队负责解决机械厂爱不爱用，表面看，没问题。但实行起来有难度。难就难在机械厂对沈阳机床存在信任的精神成本与使用的学习成本。借鉴 Intelinside、莱卡 inside、光牌 inside 策略，从终点顾客入手，应该打开一片新天地。

"若按规模来统计，我们很快就可是世界第一。但大而不强不是我们的目标。要大而强，就一定要有自己的核心技术！"关锡友强调。一开始，沈阳机床希望通过模仿、引进来实现技术提升。但企业很快发现，通过这种方式，中国企业往往花费很多钱也学不到核心技术。他组织技术人员去国外考察，但即使是平时关系很好的同行也紧闭大门，将技术人员拒之门外。沈阳机床和一家外国公司搞共同开发研究，当项目快要完成时却被该国政府叫停了，理由是机床行业诞生的革命性研究不能离开该国。"这充分说明，若没强有力的技术创新作支撑，不能形成产品的核心竞争力，我们在国际舞台上将没任何话语权！"

2003 年，为加强技术创新，他痛下决心，重新招聘、组建研究队伍，集中培训。每年投资 1 亿元搞投资研发，提升自主创新能力。经过多年积累，2010 年 4 月在南京的中国数控机床展览会上，人们突然发现沈阳机床仿佛一夜间冒出那么多产品，连外国同行也要求来考察沈阳机床了。"过去我们曾被世界同行看不起，如今他们要求来考察我们，也不敢小看我们了！"关锡友加重语气道，"国际地位是靠自己赢得的，不能靠别人施舍！"

必须在新一轮竞争中找到制高点："我有个愿望，将来提起沈阳机床厂，人们脑海中联想的是一个切割技术专家的称号，而非一个机床生产厂家。"关锡友的话令记者耳目一新。

本书认为，"切割技术专家"比机床当然更精确，但还属于物质利益。想想看，即使是切割技术专家，必有衡量切割技术水平高低的参数。只要别人的参数超过沈阳机床，就意味着落后。就像某家电厂说"自己的空调零下 5 度能启动"，别的厂家接着就说"我的空调零下 10 摄氏度也能启动"。

国际金融危机发生后，关锡友多次去机床技术领先的德国、日本考察，发现那些技术先进同行的情况并不好。"为何高技术不能带来高市场份额？我们学习他们，会不会也走同样的路？"一连串困惑加深了他的思索。"经过研究后我们感到，企业必须要以客户为中心。无论是产品、内部结构还是营销服务都要服务客户，服务市场"，他说，"过去我们完全以生产制造为核心，不重视市场营销和品牌、服务。随着制造技术的进步，下一步转型既要重制造、研发，又要做好市场营销和用户服务"。

本书认为，关先生通过对德国、日本的考察，"发现那些技术先进同行的情况并不好"，此问题的发现和重视，是极具智慧的，说明关先生真是个有心人。因为很多企业的高层们出国考察时，更关心的是技术本身，而对经营问题的思考并不多。更重要的是，关先生得出的结论，就是企业必须以客户为中心。问题是以客户的什么为中心？若向客户承诺机床质量好也即物质利益，是应该的。如何在此基础上，带给目标顾客尤其是操作技师情感快乐，才是沈阳机床高质量发展的一个关键转型策略。

2023 年 9 月，日本成立于 1875 年 7 月的东芝公司退出股市，将在 9 月底退市。不仅仅限于东芝公司，夏普、松下、索尼在内的诸多日本明星企业，也都在循序走下坡路。对此现象，网络评论是：这些日企都患上了同一种"病"，那就是主张技术优于市场，总以为只要把技术做到极致，就能占领市场。技术至上论在供不应求的短缺市场，是非常有效的。而随着技术同质化的到来，产品同质化也就实现了，供大于求的过剩阶段也就随之到来。到来过剩市场阶段，按图 4.1 即目标顾客链模型，企业必须从产品端，转到终点顾客端，并将终点目标顾客的乐点，转化为企业产品的技术标准和卖点。

于是，像汽车业的 4S 店一样，沈阳机床在青岛、武汉、宁波、温州、广州、厦门、沈阳等地开设了 7 家 4S 店，从事机床销售、维修、配件和信息服务。其中最大的一家今年盈利有望达到 6 亿元。此数字完全可和很多汽车 4S 店相媲美。"我们改变传统业务模式，以后不再单纯卖机床，转向技术、品牌、金融租赁业务相结合的业务。将来用户买完装备后遇到问题，我们甚至可用远程网络来提供技术服务。这是未来的电子商务和信息技术，我们必须在新一轮竞争中找到制高点。"关锡友说。

本书认为，截至 2022 年，沈阳机床已设立 37 家区域 4S 店，也即实现了终端建设的稳定性。通过 4S 店，可极大地降低当地沈阳机床用户们的选择成本，因为机床用户买的不是机床，而是通过机床加工出来的产品。其实，对沈阳机床来讲，4S 店本身就是一个既有价值的商业品牌。随着各地 4S 店的增加和管理升级，该体系本身的价值也将不断提升。而重组后的沈阳机床也确实呈现了新的生机，不能说与其 4S 店无关。[①]

通过阅读上述资料，我们总结出沈阳机床进行了五次转型：第一次从计划经济转到了市场经济；第二次从产品生产转到了产品研发；第三次产品研发从模仿转到了自主知识产权；第四次从生产制造为核心转到了客户为中心；第五次从机床销售转到了综合服务。在这五次转型中，本书认为最大的转型是第四次和第五次，直接的表现就是沈阳机床区域 4S 店的建立，而这就是终端建设的稳定性。

6.6.2　终端建设稳定性的量化标准

将终端建设完全稳定的定义为 1.0 分，将完全不稳定的定义为 0.0 分。据终端建设稳定性的定义，将其细化出 3 个二级指标，并识别出 13 个测分点。则每个二级指标的均值 $u = 1/3 = 0.333$。基于该均值，结合每个二级指标相对于该均值的重要程度进行差异判断，据均值—非连续差分法，具体技术量化标准确定如下。

表 6.16 中 6.1 沟通终端的网络程度，是否使用二维码和新媒体？此项相对于 0.33 绝对重要，故加 80%，$0.333 \times (1 + 80\%) = 0.5994$，归整后此项赋值 0.60 分。其测分点量化标准是：若是品牌型二维码，或集中于新媒体，得 $0.60 \times 1.0 = 0.60$（分）；若使用了经过注册的商标型背板的二维码，则得 $0.60 \times 0.8 = 0.48$（分）；若背景使用了经过设计的广告型二维码，得 $0.60 \times 0.6 = 0.36$（分）；若印制了普通二维码得 $0.60 \times 0.4 = 0.24$（分）；产品或其包装普遍未印制自己的二维码，得 $0.60 \times 0.0 = 0.00$（分）。

所谓广告型二维码，是类似"维多利亚内衣的秘密"的设计，将普通二维码放置的背景进行广告设计。所谓商标型二维码，是把二维码进行个性化设计，尤其是把企业商标或标识设置在二维码中心位置。所谓品牌型二维码，是把二维码设置在一个经过设计的背板上，形成一个可商标注册的符号组合，目的是提高顾客扫码率。

所谓新媒体，是指通过网站、微博、微信等互联网进行传播。以往受众都是被动地接受传统媒体发出的信息，而在新媒体里，受众是主动的、按自己的乐点关键词进行搜索，具有很高的精确性和目的性。

表 6.16 中 6.2 拟评商标产品的现实终端形式是否自控？此项相对于 0.33 略为不重要，故减 10%，$0.333 \times (1 - 10\%) = 0.297$，归整后此项赋值 0.30 分。其测分点量化标准是：若完全为自控终端（厂家在商场直接租赁柜台，或者是自建专卖店），得 $0.30 \times$

---

①　孙仁斌，邹明仲，于也童. 在改革重塑中奔向新生——沈阳机床"二次创业"的背后［EB/OL］. 新华社新媒体，2024 - 10 - 12.

1.0 = 0.30（分）；若是旗舰店基础上的加盟连锁店，得 0.30 × 0.8 = 0.24（分）；若由代理商和企业各自拓展终端即双重渠道，得 0.30 × 0.6 = 0.18（分）；若完全为加盟终端，得 0.30 × 0.4 = 0.12（分）；由代理商进终端但拟评企业派驻导购员，或受导购个人影响很大，得 0.30 × 0.2 = 0.06（分）；若只有代理商，则得 0.30 × 0.0 = 0.00（分）。

在某些行业的终端里，比如，服装、家电、建材、保险、银行、宾馆、饭店等，导购员或服务员个人行为对顾客影响很大，若形成这样的终端效果，一旦某个优秀导购员离开所在企业，对该企业在该终端的实际销售产生很大的负面影响，这就是个人品牌超过企业或产品品牌。若产生这样的结果，对企业终端稳定性是不利的。

连锁经营为主的自控终端，不等于说此类终端不出现倒闭问题，而是说即使出现倒闭或暂停营业，已有顾客在利益保障方面具备了追索的可靠性。正如本章后边的北京青鸟健身事件一样，此类事件若发生在加盟店身上，顾客追索也无从下手。

表 6.16 中 6.3 目标顾客到拟评商标所代表的产品终端的是否便捷？此项相对于 0.33 极不重要，故减 70%，0.33 × (1 − 70%) = 0.099，归整后此项赋值 0.10 分。其测分点量化标准是：若是类似直销、网店或社区店等终端，就很便捷，得 0.10 × 1.0 = 0.10（分）；若是设立于城市中心，或者是郊区的位置，便捷性就很低，得 0.10 × 0.0 = 0.00（分）。

6.6.3　终端建设稳定性的测算标准

对已有的商标及其所承载的产品或服务进行终端建设的稳定性的量化测算时，可采取三个步骤：第一步，对该行业的终端形态进行总体判断：日用商品的终端以超市、便利店为主；电子耗材、机械配件、建材、家具等，多以专业市场为主；汽车、设备等，多以结盟的 4S 店为主；餐饮、饭店则以连锁店为主。第二步，在拟评商标所属企业的官方网站上，查找其"营销网络"栏目或内容，其中就可获得介绍该产品的所有终端形态。第三步，以"××招商"或"××诚招代理"为关键词，通过网络搜索，以补充第二步获得的信息。

据上述步骤获得的信息，完成终端建设稳定性量化测算表，并获得具体评级。为了与品牌信用模型中的指标序号保持一致，将表 6.16、表 6.17 和表 6.18 中的序号仍确定为"6"。

表 6.16　　　　　　　　　　　　　终端建设稳定性量化测算

指标	测评二级指标	指标赋值要点	指标事实及其来源	分值
6. 终端建设的稳定性 B_6	6.1 沟通终端的网络程度，是否使用二维码和新媒体？0.60 分	产品或其包装普遍未印制自己的二维码，得 0.0 分；若印制了普通二维码，得 0.24 分；若背景使用了经过设计的广告型二维码，得 0.36 分；若使用了经过注册的商标型背板的二维码，得 0.48 分；若是品牌型二维码，或集中于新媒体，得 0.60 分		

指标	测评二级指标	指标赋值要点	指标事实及其来源	分值
6. 终端建设的稳定性 B_6	6.2 拟评商标产品的现实终端形式是否自控？0.30分	若只有代理商，得0.0分；由代理商进终端但拟评企业派驻导购员，或受导购个人影响很大，得0.06分；若完全为加盟终端，得0.12分；若由代理商和企业各自拓展终端即双重渠道，得0.18分；若是旗舰店基础上的加盟连锁店，得0.24分；若完全为自控终端（厂家在商场直接租赁柜台，或者是自建专卖店），得0.30分		
	6.3 目标顾客到拟评商标所代表的产品终端的是否便捷？0.10分	若是类似直销、网店或社区店等终端，就很便捷，得0.10分；若是设立于城市中心，或者是郊区的位置，便捷性就很低，得0.0分		
得分合计				

资料来源：笔者自行绘制。

6.6.4 终端建设稳定性的测算案例[①]

1. "上海"表的终端建设稳定性量化测算

"上海"表业的终端形式包括钟表公司专柜、展会、个性定制、网络订购，还有少量代理。也就是说，"上海"表业的终端形态为自控终端为主，代理加盟为辅，相当于"旗舰店＋加盟店"形式。目前，"上海"表主要采取单位客户订制即厂方直供，虽然还没有开设专卖店，产品主要放在一些钟表店来卖即专柜。

综上所述，"上海"表的终端建设稳定性测试如表6.17所示。

2. "依波路"手表的终端建设稳定性量化测算

钟表的销售通常有以下终端形式，即旗舰店、加盟店、商场专柜、拍卖、展会、个性定制、网络订购。

我们在"依波路"的官网上获知，"依波路"在香港设有业洲区总代理——依波路（远东）有限公司，该公司负责"依波路"品牌在亚洲区的销售和品牌推广。"依波路"

---

① 孙曰瑶，宋宪华. 品牌工程学 TBCI2.0［M］. 济南：山东大学出版社，2015.

还在中国包括香港和澳门共设有 24 个专门的服务中心，2009 年在青岛和上海分别成立了两个旗舰店（不能确定的是旗舰店是自控还是加盟的）。另外，"依波路"的销售终端形式还包括商场专柜、拍卖和展会等。但是，"依波路"在官网明确说明，该腕表并没有通过网络销售，公司对网上购买的手表也不承担任何质量保证和国际维修服务。即"依波路"的终端形式相当于"旗舰店 + 加盟店"的形式。

表 6.17　　　　　　　　　　"上海"表的终端建设稳定性量化测算

指标	测评二级指标	指标赋值要点	指标事实及其来源	分值
6. 终端建设的稳定性 B_6	6.1 沟通终端的网络程度，是否使用二维码和新媒体？0.60 分	产品或其包装普遍未印制自己的二维码，得 0.0 分；若印制了普通二维码，得 0.24 分；若背景使用了经过设计的广告型二维码，得 0.36 分；若使用了经过注册的商标型背板的二维码，得 0.48 分；若是品牌型二维码，或集中于新媒体，得 0.60 分	在部分宣传材料上印制了普通二维码，故得 0.24 分	0.24
	6.2 拟评商标产品的现实终端形式是否自控？0.30 分	若只有代理商，得 0.0 分；由代理商进终端但拟评企业派驻导购员，或受导购个人影响很大，得 0.06 分；若完全为加盟终端，得 0.12 分；若由代理商和企业各自拓展终端即双重渠道，得 0.18 分；若是旗舰店基础上的加盟连锁店，得 0.24 分；若完全为自控终端（厂家在商场直接租赁柜台，或者是自建专卖店），得 0.30 分	上海表的终端形态是厂方直供、专柜和少量的代理。故得 0.30 分	0.30
	6.3 目标顾客到拟评商标所代表的产品终端的是否便捷？0.10 分	若是类似直销、网店或社区店等终端，就很便捷，得 0.10 分；若是设立于城市中心，或者是郊区的位置，便捷性就很低，得 0.0 分	顾客定制直供，类似直销，顾客便捷性很高，故得 0.10 分	0.10
得分合计				0.64

资料来源：笔者自行绘制。

目前，"依波路"公司对旗舰店、展会等销售终端的控制能力非常强，同时还有代理商负责区域内的品牌销售和推广。

综上所述，"依波路"终端建设稳定性测试如表 6.18 所示。

表 6.18   "依波路"手表的终端建设稳定性量化测算

指标	测评二级指标	指标赋值要点	指标事实及其来源	分值
6. 终端建设的稳定性 B_6	6.1 沟通终端的网络程度，是否使用二维码和新媒体？0.60分	产品或其包装普遍未印制自己的二维码，得 0.0 分；若印制了普通二维码得 0.24 分；若背景使用了经过设计的广告型二维码，得 0.36 分；若使用了经过注册的商标型背板的二维码，得 0.48 分；若是品牌型二维码，或集于新媒体，得 0.60 分	在其官网上，未见二维码，故此项得 0.0 分	0.0
	6.2 拟评商标产品的现实终端形式是否自控？0.30分	若只有代理商，得 0.0 分；由代理商进终端但拟评企业派驻导购员，或受导购个人影响很大，得 0.06 分；若完全为加盟终端，得 0.12 分；若由代理商和企业各自拓展终端即双重渠道，得 0.18 分；若是旗舰店基础上的加盟连锁店，得 0.24 分；若完全为自控终端（厂家在商场直接租赁柜台，或者是自建专卖店），得 0.30 分	依波路的终端形式相当于旗舰店＋加盟店的形式，故得 0.24 分	0.24
	6.3 目标顾客到拟评商标所代表的产品终端的是否便捷？0.10分	若是类似直销、网店或社区店等终端，就很便捷，得 0.10 分；若是设立于城市中心，或者是郊区的位置，便捷性就很低，得 0.0 分	多数在城市的二级商业中心销售，便捷性较高。故得 0.10 分	0.10
得分合计				0.34

资料来源：笔者自行绘制。

6.7 品类需求敏感性的技术指标

6.7.1 品类需求敏感性的质性标准

在商标品牌化建设过程中，若厂商向目标顾客承诺的单一利益点也即品类，是目标顾客所不需要的，那么，作出这样的承诺，尽管没什么错，但有什么意义呢？本书认为，厂商在对目标顾客承诺单一利益点时，必须测评目标顾客对该单一利益点也即品类需求的敏感性有多高。那么，如何提高品类需求的敏感性呢？通过阅读思考资料 6.1，就可直观深刻的理解此问题。

资料 6.1 啥样的农产品卖得好（节选）[①]

南京蔬菜公司许兴说道：如今可不是靠打季节差就能种啥赚啥的年头了。农民要寻找种养业的新突破，大胆创新农业生产。要知道，这些年农副产品数量大大丰富，人们的消费水平又在不断提高，在这种情况下，只有发展人家没的、市场稀缺的，才能获取高回报。

本书认为，文章里说"大胆创新农业生产"，什么叫大胆呢？若农业生产的周期一旦出现失误，此周期就没收获了，损失也就大了。故对农业种植来讲，保守就是降低风险的最好策略，这就是农民为何保守的原因。"发展人家没的、市场稀缺的，才能获取高回报"也是值得分析的。种出"人家没的"，谁来收购？卖给谁？一旦烂在地里和家里，损失是没人补偿的。

前不久，河南一家企业把普通山芋的基因进行重新排列，开发出了七彩山芋，不仅卖相好，而且把山芋的毒性给解除了，结果每公斤卖到了 4 元，是普通山芋的 10 倍。从山东寿光进过 500 公斤土豆和南瓜，不到两天就全卖光了，且每公斤土豆从平时的 2 元卖到了 3 元。其实，这些产品在感观上并没什么两样，但土豆长在树上，南瓜长在水上，不但确保没污染，而且吃起来口感更细腻，消费者自然就欢迎。

本书认为，在供不应求的短缺市场，顾客们对买得到最敏感；而在供大于求的过剩市场，顾客们获得了充分的选择权，则千金难买我乐意，顾客们对"我喜欢"最敏感。品牌经济学反复强调厂商别找自己产品或服务的卖点，而要把目标顾客的乐点作为自己的卖点。即将目标顾客的乐点转换为厂商的卖点，并以注册商标为此乐点的代言符号，法律属性的商标就变成资本属性的品牌，厂商也就掌握了定价权。

七彩山芋、长在树上的土豆、长在水上的南瓜、种在花盆的番茄，都增加了顾客的快乐，而不仅仅是蔬菜。孔子说寓教于乐，顾客也愿意寓吃于乐。杭州联华华商集团虞亚萍提醒：农业企业要想把产品打进超市，必须走标准化道路。若忽视了这些细节，就会影响农产品销售的附加值。像黄瓜、茄子若弯的、直的混在一起，价格起码要相差一半。

本书认为，"都增加了顾客的快乐，而不仅仅是蔬菜"，蔬菜满足顾客的无理由，而快乐满足的是情感利益。"像黄瓜、茄子若弯的、直的混在一起，价格起码要相差一半"，是因为顾客在挑选黄瓜、茄子时，是以长得是否直为标准，混在一起的蔬菜，有"不直的"意味着有不好的，此心理会把预期价格降低了。这就是寓吃于乐。

通过浙江日报的这篇报道，可清楚地看出，在供大于求的过剩市场中，目标顾客对不同的品类也即单一利益点的需求敏感度是不同的。只有最大敏感度的品类也即单一利益点，才能对价格不敏感。

[①] 王国锋，谭伟东. 啥样的农产品卖得好？［N］. 浙江日报，2006 - 07 - 14.

6.7.2 品类需求敏感性的量化标准

将品类需求敏感性的最高度定义为 1.0 分，将完全不敏感定义为 0.0 分。据品类需求敏感性的定义，将其细化出 4 个二级指标，并识别出 11 个测分点。则每个二级指标的均值 u = 1/4 = 0.25。基于该均值，结合每个二级指标相对于该均值的重要程度进行差异判断，据均值—非连续差分法，具体技术量化标准确定如下。

表 6.19 中 7.1 所作利益承诺是否是目标顾客生活、工作或情感所必需的？此项相对于 0.25 非常重要，故加 60%，0.25 × (1 + 60%) = 0.40，故此项赋值 0.40 分。其测分点量化标准是：若是一次性购买但常年性使用或标识的，得 0.40 × 1.0 = 0.40（分）；若是经常性购买的，得 0.40 × 0.8 = 0.32（分）；若是可有可无或可多可少的，得 0.40 × 0.0 = 0.00（分）。

所谓一次性购买但常年性使用或标识的，就是不一定经常性购买但需要长时间使用或标识的需要。例如，汽车轮胎就是一次购买但却多年使用，而结婚钻戒也是一次性购买但常年性佩戴，属于标识的使用。

所谓经常性购买，就是日常消耗类产品或服务，若所承诺的利益满足目标顾客的经常性需要，目标顾客对其敏感性就强。例如，对工作或社交场合的人而言，头皮屑或因痒而挠头皮，都是不好的，故"去头屑"的海飞丝就能满足他们经常性的需要；而能让长发更柔顺的飘柔，则是留长发女士们生活所必需的。

表 6.19 中 7.2 所作利益承诺，是否是目标顾客在某个时间或某个场合所急需的？此项相对于 0.25 比较不重要，故减 20%，0.25 × (1 − 20%) = 0.20，故此项赋值 0.20 分。其测分点量化标准是：若能给出明确的何时或何地所急需的，得 0.20 × 1.0 = 0.20（分）；若有急需的可能但何时或何地不明确，得 0.20 × 0.6 = 0.12（分）；若既无可能也不明确，得 0.20 × 0.0 = 0.00（分）。

例如，在缺乏道路编号的时代，汽车司机外出容易迷路，米其林指南就是长途汽车司机所急需的；而壳牌石油加油站的设施良好的厕所，也是司机内急时所急需的。

表 6.19 中 7.3 所作利益承诺对目标顾客而言，是否是锦上添花？此项相对于 0.25 比较不重要，故减 20%，0.25 × (1 − 20%) = 0.20，故此项赋值 0.20 分。测分点量化标准是：若使顾客感到若有更好，得 0.20 × 1.0 = 0.20（分）；若使顾客感到仅仅是有比无好，得 0.20 × 0.6 = 0.12（分）；若说不出明确的原因，得 0.20 × 0.0 = 0.00（分）。

所谓锦上添花，是指若有更好或有比无好的一种价值判断。例如，保健性的足部按摩，没有也行，但有更好，就属于锦上添花的需要。

表 6.19 中 7.4 所作承诺对目标顾客而言，是基本利益还是派生利益？此项相对于 0.25 比较不重要，故减 20%，0.25 × (1 − 20%) = 0.20，故此项赋值 0.20 分。测分点量化标准是：若是基本利益基础上的派生利益，得 0.20 × 1.0 = 0.20（分）；若仅是基本利益，得 0.20 × 0.0 = 0.00（分）。

所谓基本利益，就是顾客购买的直接动机。例如，顾客购买的喷墨打印机，司机内急时寻找厕所。所谓派生利益，就是顾客因直接动机衍生出来的需求。例如，顾客购买了喷墨打印机之后，就一定需要购买墨盒。司机内急时，若是在某个加油站厕所解决了，就会顺便给汽车加油。

6.7.3　品类需求敏感性的测算标准

在对已有商标及其承载的产品或服务进行信用量化测算时，需要掌握以下四个要点。

（1）该单一利益点是目标顾客生活、工作或情感所必需的吗

首先，据目标顾客的精确性、利益承诺的单一性、单一利益的对立性，分别获得目标顾客、单一利益点及其与在位者的对立性。若三者的信用程度都很低，品类需求未必就一定低，因为存在着"碰巧"的可能性。但若是靠"碰巧"对了，那与承诺即信用也就没关系了。故在对拟评商标的产品或服务的需求敏感性测评时，考评对象不是该商标所承载的产品或服务，而是对该商标自己作出的利益尤其是单一利益点的承诺。例如，沃尔沃轿车承诺的被动式安全，在测评该单一利益点的需求敏感性时，不是去测试目标顾客对轿车的需求敏感性，而是对"被动式安全"的需求敏感性。再如，"海飞丝，去头屑"，不是测试目标顾客对洗发液的需求敏感性，而是对"去头屑"的需求敏感性。

山东中科凤祥公司生产优质的鸡汁和鸡精，无论是产品口味测试还是赠送，都获得了极好的评价。该公司以"Mimido"为注册商标，以浓缩鸡汤块的产品形式，在尼日尔、多哥等非洲西部销售得非常好。西非市场的在位者是"美极"，经过不到五年的拓展，"Mimido"在该地区市场中已占据了很高的市场份额。为何会出现这种情况？2010年6月，我们到尼日尔进行了实地调查发现正是需求敏感性起的作用。因为在西部非洲，人们吃饭时多数是炖汤拌饭，在养殖业极不发达的情况下，肉类价格太高，多数消费者难以日常消费。但在炖汤时，加入几块浓缩鸡汤块，既有鲜美的味道，又有鸡肉蛋白，成为多数消费者的生活必需。相比而言，在中国，鸡精和鸡汁是作为调味品，既然是调味品，可有可无、可多可少。

（2）若不是必需的，该单一利益点是目标顾客某个时间或某个场合所需要的吗

若拟评商标所承诺的单一利益点也即品类，不是目标顾客生活、工作或情感所必需的，还可测试是否是某个时间或某个场所所需要的。对此，需要给出明确的证据，证明是哪个时间或者是哪个场合所必需的。例如，感冒药"白加黑"，承诺的是"白天服白片，不瞌睡"，"晚上服黑片，睡得香"。首先要清楚的是，"白加黑"承载的产品是感冒药，感冒药是在感冒此时段所必需的。但"白加黑"承诺的单一利益点也即品类，不是治疗感冒，而是"白天服白片，不瞌睡"，"晚上服黑片，睡得香"，那么，此品类需求对谁最敏感呢？关键在于白天不瞌睡，谁白天不能打瞌睡呢？一定是上班族，但又不是满足所有上班族的需要，再通过价格来切割出自己的市场。

案例 6.5　顾客为何对散装煤油不感兴趣?[①]

20 世纪初壳牌石油公司在亚洲国家发现煤油非常畅销, 于是迅速组织大宗散装煤油运到亚洲各地。以为需要煤油的顾客会亲自带着盛器来排队购买。但这批散装煤油却严重地积压下来, 差点毁了他们的生意。

调查后才知道亚洲顾客其实中意的是标准石油公司盛装煤油的铁皮听, 这些蓝色的铁皮听价值更大, 已成为当地重要的经济原料, 人们可将这些精致的马口铁制作屋顶、鸟笼、烟杯、手提炭炉、茶叶筛子等各种各样欧洲人无法想象的东西, 在这些人眼里, 铁皮听的价值要比煤油高得多, 因此没人愿意买散装的煤油。

发现此事实后, 壳牌公司迅速将大批马口铁原料运到亚洲, 根据当地人的建议, 制作了大批红色煤油听, 当地制作、崭新的红色煤油听, 比长途运输过来、磨损瘪凹的蓝色铁皮听更受当地人欢迎, 于是壳牌公司的听装煤油在亚洲开始畅销, 而中国上海、日本东京、新加坡、中国香港等地, 也开始出现了红色铁皮制作的屋顶、鸟笼、烟杯、手提炭炉、茶叶筛子等。

对亚洲顾客而言, 使用煤油是其需求, 也即物质利益, 而将盛装煤油的马口铁制作出自己喜欢的物品, 则是其欲望, 也即情感利益。不明白这一点, 差点毁了生意, 而明白了这一点, 就成功了!

(3) 若以上两个方面都是否定的, 那么, 该单一利益点对目标顾客而言, 是锦上添花的吗

若商标承诺的单一利益点也即品类, 对目标顾客而言, 既不是生活、工作或情感必需的, 也不是某个时间或某个场合必需的, 还可进一步测试是否是锦上添花的。所谓锦上添花, 就是有胜于无、多胜于少。到了此阶段, 基本情况就是该商标未承诺某个单一利益点, 只是承诺了产品或服务质量, 也即单纯的物质利益, 自然也就承诺物美价廉了。因为对目标顾客而言, 相同的钱可多买些产品或服务, 也算是锦上添花了。

(4) 所作承诺对目标顾客而言, 是基本利益还是派生利益

若以上三种情况都被厂商自己公开的、可验证的信息所否定, 则厂商所作出的此单一利益点承诺, 就是镜中的月亮了。那么, 现实中是否存在这样的实例呢? 当然存在, 在美国历史上, 曾经出现过多次开发飞行汽车的创新, 最"成功"的是保罗·莫勒, 先后花费了 40 年, 投资 5000 万美元, 获得了 43 个专利, 开发出了 M400 天空汽车, 但商业上却失败。根本原因就是违反了单一利益点的品牌分异规律, 试图将飞机和汽车两个巨大利益点融合到一起。

在上述二级指标信息收集与分析基础上, 完成品类需求敏感性量化测算表。为了与前几章指标序列号保持一致, 表 6.19、表 6.20 和表 6.21 中的指标序列号仍为 "7"。

---

① 刘波, 闻华. 顾客为何对散装煤油不感兴趣? [J]. 管理学家, 2007 (5).

表 6.19 品类需求的敏感性量化测算

指标	测评二级指标	指标赋值要点	指标事实及其来源	得分
7. 品类需求的敏感性 B_7	7.1 所作利益承诺是否是目标顾客生活、工作或情感所必需的？0.40 分	若是一次性购买但常年性使用或标识的，得 0.40 分；若是经常性购买的，得 0.32 分；若可有可无或可多可少的，得 0.0 分		
	7.2 所作利益承诺，是否是目标顾客在某个时间或某个场合所急需的？0.20 分	若能给出明确的何时或何地所急需的，得 0.20 分；若有急需的可能但何时或何地不明确，得 0.12 分；若既无可能也不明确，得 0.0 分		
	7.3 所作利益承诺对目标顾客而言，是否是锦上添花的？0.20 分	若使顾客感到若有更好，得 0.20 分；若使顾客感到仅仅是有比无好，得 0.12 分；若说不出明确的原因，得 0.0 分		
	7.4 所作承诺对目标顾客而言，是基本利益还是派生利益？0.20 分	若仅是基本利益，得 0.0 分；若是基本利益基础上的派生利益，得 0.20 分		
得分合计				

资料来源：笔者自行绘制。

6.7.4 品类需求敏感性的测算案例[①]

1. "上海"表品类需求敏感性量化测算

手表作为计时工具的一种，并不是广义的顾客生活、工作或情感所必需的，只可能是某个场合或某个时间需要的。而只有对顾客进行精确测试，才可以识别出此需求的目标顾客。因为"上海"表没有精确的目标顾客，并且没有承诺首位利益点，就难以测量其需求敏感性。

随着经济的发展，手表已经不仅仅是计时工具，其装饰性作用不断加强。"上海"表在设计中开始追求老字号与时尚的结合，意在增加"上海"表的装饰作用。因此，对购买"上海"表的顾客来说这至少也是锦上添花的。

由于"上海"表没有精确的目标顾客，所以，其承诺的单一利益点是否是可有可无，

---

① 孙曰瑶，宋宪华. 品牌工程学 TBCI2.0 [M]. 济南：山东大学出版社，2015.

是难以测量的。但是，"上海"表作为一个老字号企业存在了几十年，我们完全可以合理地推断出，其承诺的单一利益点对某些顾客来说是有需求的。

综上所述，"上海"表品类需求敏感性测试如表6.20所示。

表6.20   "上海"表的品类需求敏感性量化测算

指标	测评二级指标	指标赋值要点	指标事实及其来源	得分
7. 品类需求的敏感性 B_7	7.1 所作利益承诺是否是目标顾客生活、工作或情感所必需的？0.40分	若是一次性购买但常年性使用或标识的，得0.40分；若是经常性购买的，得0.32分；若是可有可无或可多可少的，得0.0分	手表属于一次购买常年性使用的，故承诺质量和价格的"上海"表，属于必需的。故得0.40分	0.40
	7.2 所作利益承诺，是否是目标顾客在某个时间或某个场合所急需的？0.20分	若能给出明确的何时或何地所急需的，得0.20分；若有急需的可能但何时或何地不明确，得0.12分；若既无可能也不明确，得0.0分	手表是生活或工作必需的，但看不出"上海"表是谁、在何时何地必需。故此得0.0分	0.0
	7.3 所作利益承诺对目标顾客而言，是否是锦上添花的？0.20分	若使顾客感到若有更好，得0.20分；若使顾客感到仅仅是有比无好，得0.12分；若说不出明确的原因，得0.0分	作为单位或会议纪念，有"上海"表比没有要好，故得0.12分	0.12
	7.4 所作承诺对目标顾客而言，是基本利益还是派生利益？0.20分	若仅是基本利益，得0.0分；若是基本利益基础上的派生利益，得0.20分	"上海"表承诺的质量和价格，仅仅是基本利益，故得0.0分	0.0
得分合计				0.52

资料来源：笔者自行绘制。

2. "依波路"表的品类需求敏感性量化测算

"依波路"亚太区行政总监坦诚："'依波路'的定位在奢侈品和时尚品的结合体之间"，"依波路"有100多年的历史的沉淀，它的个性比较独特，除了产品功能之外还代表独特的文化，象征着浪漫、优雅的传递。一款经典手表的产品，除了有奢侈品功能之外，还有本身这是一种需要经典工艺做出来的产品，这种产品是可以世世代代传下去的，还带出了奢侈品功能和价值。因此，我们首先能看到，"依波路"具有奢侈品和时尚品的功能，首先对于目标顾客来说，应该是锦上添花的。

另外，"依波路"作为瑞士第一情侣表品牌，虽然现在选定的目标顾客是"不断追求完美、崇尚时尚与浪漫的人们"，但是由于长久的文化积淀，人们对"依波路"的认识仍旧是情侣表，是追求浪漫的情侣的首选。而对于热恋中的情侣来说，浪漫的感觉是必不可少的，至少也是在某种场合所必需的，因此，"依波路"承诺的"浪漫"的单一利益点，对目标顾客来说，至少是在某种场合所必需的。而且事实也证明，很多购买"依波路"的顾客，正是看中了"依波路"见证浪漫爱情的利益定位。

综上所述，"依波路"表品类需求敏感性测试如表 6.21 所示。

表 6.21　　　　　　　　　"依波路"表的品类需求敏感性量化测算

指标	测评二级指标	指标赋值要点	指标事实及其来源	得分
7. 品类需求的敏感性 B₇	7.1 所作利益承诺是否是目标顾客生活、工作或情感所必需的？0.40 分	若是一次性购买但常年性使用或标识的，得 0.40 分；若是经常性购买的，得 0.32 分；若是可有可无或可多可少的，得 0.0 分	作为一次购买常年性使用的手表，浪漫确实是情侣生活、工作或情感所必需的。故得 0.40 分	0.40
	7.2 所作利益承诺，是否是目标顾客在某个时间或某个场合所急需的？0.20 分	若能给出明确的何时或何地所急需的，得 0.20 分；若有急需的可能但何时或何地不明确，得 0.12 分；若既无可能也不明确，得 0.0 分	对于喜欢浪漫且具备一定购买力的情侣而言，情侣表是必需的。尤其是作为定情物。故得 0.20 分	0.20
	7.3 所作利益承诺对目标顾客而言，是否是锦上添花的？0.20 分	若使顾客感到若有更好，得 0.20 分；若使顾客感到仅仅是有比无好，得 0.12 分；若说不出明确的原因，得 0.0 分	对于情侣而言，承诺浪漫的"依波路"属于若有更好的，故得 0.20 分	0.20
	7.4 所作承诺对目标顾客而言，是基本利益还是派生利益？0.20 分	若仅是基本利益，得 0.0 分；若是基本利益基础上的派生利益，得 0.20 分	手表是基本利益，"依波路"带来的派生利益是情侣的派生符号利益，故得 0.20 分	0.20
得分合计				1.00

资料来源：笔者自行绘制。

6.8　注 册 商 标 单 义 性 的 技 术 指 标

6.8.1　注册商标单义性的质性标准

本书一直强调，厂商在品牌建设中存在的最大问题，是将商标与品牌混淆。其实，商标是一个法律概念，在不转让、注册保护期到期后继续续期的条件下，作为知识产权的商标永远属于所属厂商。而品牌则是目标顾客对商标承诺单一利益点以及实现该单一利益点程度的判断。法律保护的是商标，而不是品牌，否则商标法就该改为品牌法了。

在品牌建设过程中，注册商标本身很重要，但更重要的是将注册商标变成目标顾客某种永恒欲望的代言符号，并进入目标顾客的潜意识。只有到此时，注册商标才从一个法律符号，转变为目标顾客的品牌认知。在此过程中，注册商标的单义性，起到了相当重要的作用。在网上看到一个帖子，内容是：今天同学在网上发来一件衣服图片问我："这件李宁怎么样？"我看到衣服上那个商标跟我印象中的李宁的商标不一样，以为是山寨的，就回："一看就是假的，商标都不一样！"结果我同学说"李宁公司7月份就全部换新的商标了，原来的老商标都不再用了，看来你 OUT 了"。结果就为这事，那同学嘲笑了我一个下午，唉！

为了直观深刻地理解如何提高注册商标单义性，可阅读花旗银行第四次换标案例。

案例 6.6　第四次换标：花旗银行不再"打伞"①

花旗银行使用了14年之久的小红伞标志即将退隐。启用了新的品牌标志，新标志计划去掉前标志里的红伞图案，并将标志文字缩短为"Citi"。为区别花旗银行各项业务，新标志将使用不同颜色的弧线。黑色弧线代表花旗银行的公司及投资银行业务，红色弧线代表花旗的财富管理业务，而蓝色弧线将代表花旗的消费客户业务。

红伞图案曾是旅行者集团的标志，花旗 1993 年收购旅行者保险公司时获得这一标志。尽管红伞标志也有近 137 年的历史，但花旗方面指出，市场研究表明伞形图案在美国的银行客户中难以产生共鸣。花旗集团 CEO 说："调研结果持续表明，红伞标志使人联想到保险业务，尤其是圣保罗旅行者保险。"花旗同时宣布，将向圣保罗旅行者保险出让红伞商标。此项交易还需通过相关法案的批准，预计将于 3 月份完成。而交易所获收入将用于抵消未来施行统一品牌形象的费用。

本书认为，伞的用途就是遮雨或遮阳的，即提供保护的，若与经济相联系，很自然与保险形成紧密关联。而花旗银行原商标中的小红伞，本来就是来自旅行者保险公司。花旗银行不是单纯的保险业务，故若美国的银行客户难以将小红伞与银行联系起来，即注册商标出现了歧义，将极大地增加目标顾客的选择成本。花旗银行调研结果持续表明红伞标志使人联想到保险业务，尤其是圣保罗旅行者保险。这表明，若花旗银行继续宣传该商标，其实是间接地帮助"圣保罗旅行者保险"作宣传，这就是注册商标歧义性的后果。而花旗将原来的红伞商标出售给圣保罗旅行者保险，对双方都是一个双赢。

6.8.2　注册商标单义性的量化标准

将完全没歧义的单义性定义为 1.0 分，将完全有歧义的单义性定义为 0.0 分。据注册商标单义性的定义，将其细化出 4 个二级指标，并识别出 12 个测分点。则每个二级指标的均值 $u = 1/4 = 0.25$。基于该均值，结合每个二级指标相对于该均值的重要程度进行差异判断，据均值—非连续差分法，具体技术量化标准确定如下。

表 6.22 中 8.1 以注册商标或拟注册商标为主题词，通过网络检索测试，是否有多种不同的含义？此项相对于 0.25 比较重要，故加 20%，$0.25 \times (1 + 20\%) = 0.30$，故此项赋

---

① 宋菁. 第四次换标：花旗银行不再"打伞"[N]. 新快报，2007 – 01 – 17.

值 0.30 分。其测分点量化标准是：若检索只有 1 个含义，得 $0.30 \times 1.0 = 0.30$（分）；超过两个含义得 $0.30 \times 0.0 = 0.00$（分）。

表 6.22 中 8.2 与在位者注册商标是否有相似性？此项相对于 0.25 比较不重要，故减 20%，$0.25 \times (1 - 20\%) = 0.20$，故此项赋值 0.20 分。其测分点量化标准是：若是完全不相似，得 $0.20 \times 1.0 = 0.20$（分）；若是文字不同但发音模仿在位者的注册商标，或者在文字上混淆与在位者的注册商标，得 $0.20 \times 0.0 = 0.00$（分）。

例如，依波路与依波，戴安芬（德国，1886 年）与霞黛芳、雪妮芳、曼蝶莉、黛莉安、爱莉莎、妮尔莉等，需要进一步检索哪个是第一个注册商标（国内外范围），除了第一个注册商标外，与第一个注册商标容易混淆的其他注册商标，尽管符合法律规定，但却在事实上对目标顾客的心理产生混淆行为。故这些后来的注册商标，尽管都是合法的，但不符合单义性标准，故得 0.00 分。

表 6.22 中 8.3 注册商标或拟注册商标本身表情化及其欲望化程度是否大？此项相对于 0.25 非常重要，故加 60%，$0.25 \times (1 + 60\%) = 0.40$，故此项赋值 0.40 分。其测分点量化标准是：若成为某种欲望代言的图案或卡通使目标顾客一见钟情，得 $0.40 \times 1.0 = 0.40$（分）（如米其林的必比登、Kitty 猫、莫顿食盐打雨伞的小女孩等）；若是有故事的图案或卡通类，得 $0.40 \times 0.8 = 0.32$（分）；若是无故事背景的图案或卡通类，得 $0.40 \times 0.4 = 0.16$（分）；若仅是个标识符号，得 $0.40 \times 0.2 = 0.08$（分）；若无注册商标，得 $0.40 \times 0.0 = 0.00$（分）。

表 6.22 中 8.4 注册商标或拟注册商标是否借用了在先的其他厂商未注册类别的注册商标？此项相对于 0.25 非常不重要，故减 60%，$0.25 \times (1 - 60\%) = 0.10$，故此项赋值 0.10 分。其测分点量化标准是：若获授权或原版权已过期，或不存在合法借用，得 $0.10 \times 1.0 = 0.10$（分）；若是文化或软件产品，未获得授权，得 $0.10 \times 0.8 = 0.08$（分）；此类属于合法借用行为，也即已有商标在某类注册，而拟评商标在其他类别注册，若是实体产品，得 $0.10 \times 0.0 = 0.00$（分）。

在实体产品中，比较好理解。例如，"统一"食品和"统一"润滑油，分属于不同的商标注册类别。商标法将产品与服务分为 42 类，同一个商标可注册于不同的类别，但必须要按类别分别注册。若某商标 A 在第 X 类中已注册，但厂商 B 以注册商标 A 没在第 Y 类注册为由予以注册，尽管符合法律规定，但在事实上，却是利用了商标 A 的知识产权，在心理上，对目标顾客选择产生了混淆。

若用于文化产品，有两种可能：一是同名小说改编影视剧；二是小说或影视里的角色名称和图形，被用来作为软件类产品名称或图形，典型是安卓的名称 Android 是小说《未来夏娃》里的人形机器人名称。在不违反版权的条件下，这不属于合法借用。

6.8.3　注册商标单义性的测算标准

1. 以注册商标或拟注册商标为主题词，通过网络检索测试，有多少种不同的含义？

以注册商标或拟注册商标为主题，分别在百度、谷歌搜索引擎中，进行主题搜索，在搜索结果列表中，可清楚地看到该注册商标或拟注册商标的含义有多少。例如，若将"EXXON"输入，就只有一种含义，即美国埃克森石油公司；将"SONY"输入，也只有一种含义，也即日本索尼公司。

2. 与在位者注册商标的相似性有多大？

网络搜索是以主题词为单位和对象，这样一来，若是三个字组成的一个搜索主题，例如，搜索主题是"XYZ"时，能将"XYZ""XZY""ZYX""ZXY""YXZ""YZX"全部搜索出来。若"XYZ"是厂商A第一个注册登记，则后边的即使在法律上注册登记成功，但却不符合注册商标的单义性，因为"XZY""ZYX""ZXY""YXZ""YZX"这些文字组合，对目标顾客而言是很容易混淆的，从而增加了目标顾客的选择成本。

3. 注册商标或拟注册商标本身表情化及其欲望化程度

很多商标仅仅是一个抽象符号，对目标顾客而言，没产生情感共鸣，也就降低了品牌信用度。故在单义性的基础上，商标要进一步表情化和欲望化。而这又涉及目标顾客的情感欲望测试。

4. 注册商标或拟注册商标是否借用了在先的其他厂商未注册类别的注册商标？

将注册商标作为搜索主题词输入百度之后，若发现同一个名称的注册商标，出现在不同的产品服务厂商中，则可判断出现了合法借用他人注册商标的行为。例如，将"统一"牌作为主题词输入到百度后，就显出了"统一牌食品""统一牌润滑油""统一牌蓄电池""统一牌冰水机""统一牌粉碎机"等。这就需要进一步查找究竟哪个"统一"是第一个取得注册商标权的。确定了第一个厂商之后，其他厂商的行为就是合法借用他人注册商标。站在目标顾客的角度，即出现了注册商标的歧义性，增加了其选择成本。

为了与指标顺序号保持一致，表6.22、表6.23和表6.24按"8"来标明。

表6.22 注册商标的单义性量化测算

指标	测评二级指标	指标赋值要点	指标事实及其来源	得分
8. 注册商标的单义性 B_8	8.1 以注册商标或拟注册商标为主题词，通过网络检索测试，是否有多种不同含义？0.30分	若检索只有1个含义，得0.30分；两个以上含义，得0.0分		
	8.2 与在位者注册商标是否有相似性？0.20分	若是完全不相似，得0.20分；若是文字不同但发音模仿在位者的注册商标，或者在文字上混淆与在位者的注册商标得0.0分		

续表

指标	测评二级指标	指标赋值要点	指标事实及其来源	得分
8. 注册商标的单义性 B_8	8.3 注册商标或拟注册商标本身表情化及其欲望化程度是否大？0.40分	若商标仅是个标识符号，得0.08分；若是无故事背景的图案或卡通类，得0.16分；若是有故事的图案或卡通类，得0.32分；若成为某种欲望代言的图案或卡通使目标顾客一见钟情，得0.40分		
	8.4 注册商标或拟注册商标是否借用了在先的其他厂商未注册类别的注册商标？0.10分	此类属于合法借用行为，也即已有商标在某类注册，而拟评商标在其他类别注册，若是实体产品，得0.0分；若是文化或软件产品，未获得授权，得0.08分；若获授权或原版权已过期，或不存在合法借用，得0.10分		
得分合计				

资料来源：笔者自行绘制。

6.8.4　注册商标单义性的测算案例[①]

1. "上海"表的注册商标单义性量化测算

我们在网络上检索"上海表"，搜索结果显示，除了有本书研究的"上海"表外，还有多个含义，如上海的手表、上海其他品牌手表、在上海销售的手表等。而且，"上海"这个名词本来意义就是中国一个大城市的名词，这很容易带来歧义。

因此，网络检索的结果是，"上海表"这一名称存在多项含义，有歧义性。

综上所述，"上海"表注册商标的单义性测试如表6.23所示。

2. "依波路"手表注册商标的单义性量化测算

欧洲的企业名称，常常来源于该企业的创始人，"依波路"作为瑞士的情侣表品牌，其名称也正是来源于该企业的第二代创始人 Ernest Borel。而且，"依波路"这一词汇在中文中并没有明确含义，而是从"Ernest Borel"一词翻译而来。

通过网络检索，发现"依波路"这一名称在中文解释中无多项含义，"Ernest Borel"这一英文名称也同样没有歧义性。

综上所述，"依波路"注册商标的单义性测试如表6.24所示。

---

① 孙曰瑶，宋宪华. 品牌工程学 TBCI2.0［M］. 济南：山东大学出版社，2015.

表6.23 "上海"表的注册商标单义性量化测算

指标	测评二级指标	指标赋值要点	指标事实及其来源	得分
8. 注册商标的单义性 B_8	8.1 以注册商标或拟注册商标为主题词,通过网络检索测试,是否有多种不同含义? 0.30分	若检索只有1个含义,得0.30分;两个以上含义,得0.0分	通过网络检索,发现"上海"牌的名称有多个含义。故此项得0.0分	0.0
	8.2 与在位者注册商标是否有相似性? 0.20分	若是完全不相似,得0.20分;若是文字不同但发音模仿在位者的注册商标,或者在文字上混淆与在位者的注册商标,得0.0分	与在位者商标完全不相似,故此项得0.20分	0.20
	8.3 注册商标或拟注册商标本身表情化及其欲望化程度是否大? 0.40分	若商标仅是个标识符号,得0.08分;若是无故事背景的图案或卡通类,得0.16分;若是有故事的图案或卡通类,得0.32分;若成为某种欲望代言的图案或卡通使目标顾客一见钟情,得0.40分	"上海"表的商标仅仅是个标识符号,不构成表情化和欲望化代言,故此项得0.08分	0.08
	8.4 注册商标或拟注册商标是否借用了在先的其他厂商未注册类别的注册商标? 0.10分	此类属于合法借用行为,也即已有商标在某类注册,而拟评商标在其他类别注册,若是实体产品,得0.0分;若是文化或软件产品,未获得授权,得0.08分;若获授权或原版权已过期,或不存在合法借用,得0.10分	不属于合法借用行为,故此项得0.0分	0.0
得分合计				0.28

资料来源:笔者自行绘制。

表6.24 "依波路"手表的注册商标单义性量化测算

指标	测评二级指标	指标赋值要点	指标事实及其来源	得分
8. 注册商标的单义性 B_8	8.1 以注册商标或拟注册商标为主题词,通过网络检索测试,是否有多种不同含义? 0.30分	若检索只有1个含义,得0.30分;两个以上含义,得0.0分	通过网络检索,发现"依波路"这一名称在中文解释中无多项含义。故得0.30分	0.30
	8.2 与在位者注册商标是否有相似性? 0.20分	若是完全不相似,得0.20分;若是文字不同但发音模仿在位者的注册商标,或者在文字上混淆与在位者的注册商标,得0.0分	与在位者商标完全不相似,故得0.20分	0.20

续表

指标	测评二级指标	指标赋值要点	指标事实及其来源	得分
8. 注册商标的单义性 B_8	8.3 注册商标或拟注册商标本身表情化及其欲望化程度是否大？0.40 分	若商标仅是个标识符号，得0.08 分；若是无故事背景的图案或卡通类，得0.16 分；若是有故事的图案或卡通类，得0.32 分；若成为某种欲望代言的图案或卡通使目标顾客一见钟情，得0.40 分	"依波路"的图案商标是一对跳交际舞的恋人卡通，并且是有故事背景，具备了浪漫欲望，故得0.40 分	0.40
	8.4 注册商标或拟注册商标是否借用了在先的其他厂商未注册类别的注册商标？0.10 分	此类属于合法借用行为，也即已有商标在某类注册，而拟评商标在其他类别注册，若是实体产品，得0.0 分；若是文化或软件产品，未获得授权，得0.08 分；若获授权或原版权已过期，或不存在合法借用，得0.10 分	不属于合法借用行为，故得0.10 分	0.10
得分合计				1.00

资料来源：笔者自行绘制。

6.9　媒体传播公信性的技术标准

6.9.1　媒体传播公信性的质性标准

中国消费者权益保护法的第四十五条规定：消费者因经营者利用虚假广告提供商品或者服务，其合法权益受到损害的，可向经营者要求赔偿。广告的经营者发布虚假广告的，消费者可以请求行政主管部门予以惩处。广告的经营者、发布者不能提供经营者的真实名称、地址和有效联系方式的，应当承担赔偿责任。

在把商标建成品牌的过程中，如何把商标所承诺的单一利益点，转达给目标顾客，就是传播问题。不同的传播方式，千人成本也即传播效率是不同的。当目标顾客接收到该商标所传递来的利益信息时，对此信息是否信任，就构成了传播效果，也即媒体传播的公信性。

1861 年，时年23 岁创立全美第一间百货店的约翰·沃纳梅克有句著名的话："我知道在广告上的投资有一半是无用的，但问题是我不知道是哪一半。"他之所以不知道，是因为那时还没有品牌经济学。按7.1 的品类模型，与自己所属品类（A）的对立品类（-A）的受众，就是无用的那一半。假设只有两种可乐，即可口可乐与百事可乐，两者各占50%的市场份额。同时，假设两者都通过大众媒体进行广告传播。则两家的广告费各浪费一半，因为接受可口可乐单一利益点的顾客，看了百事可乐的广告，也不会选择百事可乐；同样的，接受了百事可乐单一利益点的顾客，即使看了可口可乐的广告，也不会选择可口可乐。

6.9.2 媒体传播公信性的量化标准

将媒体传播的公信性完全信任定义为 1.0 分，将完全不信任定义为 0.0 分。据媒体传播公信性的定义，将其细化出 4 个二级指标，并识别出 17 个测分点。则每个二级指标的均值 u = 1/4 = 0.25。基于该均值，结合每个二级指标相对于该均值的重要程度进行差异判断，据均值—非连续差分法，具体技术量化标准确定如下。

表 6.25 中 9.1 通过网络检索该商标，查看新闻媒体对该商标所承载内容的报道范围及人物比是否大？若是网络作品，则是否是热帖？此项相对于 0.25 非常重要，故加 60%，0.25 × (1 + 60%) = 0.40，故此项赋值 0.40 分。其测分点量化标准是：若搜索结果第 1 页 2 次（含）以上时，或者在前 5 页报道新闻媒体超过 30 家，或者是网络热帖，得 0.40 × 1.0 = 0.40（分）；若第一页有但前 5 页报道总数大于 10 家，得 0.40 × 0.8 = 0.32；若第 1 页无或者前 5 页报道低于 10 家，得 0.40 × 0.6 = 0.24（分）；若前 5 页皆无报道内容或有但人物比超 40%，得 0.40 × 0.0 = 0.00（分）。

此项属于数量标准，而要满足这样的数量指标，最大的可能就是该企业产生或策划了类似山阴县奶牛节的模特到场助阵这样的新闻事件，从而导致新闻媒体免费报道。

所谓网络热帖，是在某个网站内就某个人发表的文章或看法，引发大量的网络读者发表自己的感想或观点。

所谓人物比，是指以拟评商标进行网络检索时，在所得到的前 5 页搜索结果中，该公司负责人的新闻条数占有该公司新闻内容报道总数的比例。该比例越高，意味着该企业的负责人替代商标的程度越大，可信度就越低。

表 6.25 中 9.2 通过网络检索，该商标传播内容是否以实际顾客情感收益为主？此项相对于 0.25 比较重要，故加 20%，0.25 × (1 + 20%) = 0.30，故此项赋值 0.30 分，其测分点量化标准是：若传播内容是据顾客真实收益获得的情感利益故事，得 0.30 × 1.0 = 0.30（分）；若顾客真实收益仅是诸如质量或价格等物质性利益，得 0.30 × 0.6 = 0.18（分）；若传播内容是推销或招聘类，得 0.30 × 0.0 = 0.0（分）。典型案例是 Zippo 打火机，该打火机传播的内容，集中某些真实顾客利用 Zippo 打火机获救这类情感故事，而不是仅仅点火此物质利益。

表 6.25 中 9.3 通过网络检索，该商标的传播是商业广告还是网络热帖为主？此项相对于 0.25 非常不重要，故减 60%，0.25 × (1 − 60%) = 0.10，故此项赋值 0.10 分。其测分点量化标准是：若是赞助类或植入式广告，或网络热帖为主，得 010 × 1.0 = 0.10（分）；若是故事类软文，得 0.10 × 0.8 = 0.08（分）；若是明星类代言广告，得 0.10 × 0.6 = 0.06（分）；若是单纯产品硬广告，得 0.10 × 0.4 = 0.04（分）；若无广告，得 0.10 × 0.0 = 0.00（分）。

表 6.25 中 9.4 通过网络检索，该商标的信息传播的真实性是否高？此项相对于 0.25 比较不重要，故减 20%，0.25 × (1 − 20%) = 0.20，故此项赋值 0.20 分。其测分点量化标

准是：实体产品若无任何负面信息且都是正面或真实信息，或文化产品争论激烈，得
$0.20 \times 1.0 = 0.20$（分）；实体产品若无任何负面信息，或文化产品有负面信息，得 $0.20 \times 0.8 = 0.16$（分）；实体产品若有召回类信息，或文化产品若有终止，得 $0.20 \times 0.6 = 0.12$（分）；若存在虚构的顾客证言或销售数据，得 $0.20 \times 0.0 = 0.0$（分）；实体产品若有负面报道或负面评价，文化产品若无负面或无争议评价，得 $0.20 \times 0.0 = 0.0$（分）。

对实体产品，有负面报道不是好的事情，但若有召回信息，恰恰是负责任的企业。但对文化产品而言，若没批评的声音，就是不正常的。因为不同的受众也即顾客，对同样的文化产品的感受一定是不同的，有人喜欢，有人不喜欢，在网络带来的自媒体时代，各种观点或意见都会存在。而引发争论恰恰是文化产品的价值所在。[1]

6.9.3　媒体传播公信性的测算标准

关于虚假的顾客证言。顾客的虚假证言，是指厂商或其委托的广告公司，为了打动受众而杜撰出来故事证言。这类故事证言的基本形式都是某个或某些顾客，使用了该产品之后，获得了多么好的效果。主要发布在正式报纸或刊物的广告版、厂商自己印制的报纸或宣传单页上。在网络时代，虚假的顾客故事的一个新形势，就是网店信誉度积分的虚假性。美国某著名电商平台，从 2018 年开始，大规模封杀中国卖家。一个重要的原因就是这些卖家在平台三令五申不能刷好评、免差评的情况下，还是花钱引诱买家来做。

根据《中华人民共和国广告法》有关规定："广告不得含有虚假的内容，不得欺骗和误导消费者""广告使用数据、统计资料、调查结果、文摘、引用语等引证内容的，应当真实、准确，并表明出处。引证内容有适用范围和有效期限的，应当明确表示""广告荐证者在广告中对商品、服务进行推荐或者证明，应当依据事实，且符合本法和有关法律、行政法规的规定。广告主依法应当提供证明文件的，广告荐证者应当查验证明文件，核对广告内容。广告荐证者不得为其未使用过的商品或者未接受过的服务进行证明"。

关于商业广告。商业广告即常规的产品或服务广告，厂商委托广告公司，通过报纸、刊物、影视、网络等方式，传播自己的商标产品或服务。主要内容是直接地表述自己产品或服务的特点或好处，即人们熟知"王婆卖瓜，自卖自夸"。故人们对这种王婆式的广告的信任度是不高的。雷柯[2]写道：北京新媒体技师学院的一位学生说："几乎每次看完国产电影，我都有一种又上当了的感觉。"她坦言，自己很大程度上是被广告诱导去看的。"一有大片出来，电视、报纸、公交站牌上全在宣传造势，广告做得绚丽多彩，但电影内容却平淡无奇，漏洞百出。为何制作方不把这些钱用在鼓励有想象力的创作上去呢？"

关于植入式广告。植入式广告是厂商赞助影视拍摄，该厂商的商标产品或服务，以道具、台词或演员用品的形式出现在影视片中。典型的是卡通片"大力水手"中的高频

① 孙曰瑶，曹琳. 文化产品投资评估——基于品牌经济学［M］. 北京：清华大学出版社，2017.
② 雷柯. 中国电影，你会讲故事吗？［N］. 光明日报，2010 – 11 – 08.

台词"我爱吃菠菜",其实正是菠菜罐头厂的赞助广告。植入式广告运用的是受众的无意识记忆,即受众在收看这样的影视片时,意识集中于观看剧情故事情节,只是眼睛的余光在接受植入式广告的内容。故其记忆的牢固程度和信任度,都比单纯的商业广告要高。植入式广告在中国还处于起步阶段,尽管尚显生硬,但方向是正确的,也必将得到不断的改进。

关于"新闻报道"。特指新闻媒体发布的正面的报道,主要包括以下三类。

一是真实的顾客故事。即以顾客在使用商标产品或服务过程中,发生的真实的情感故事。典型的案例可见案例5.5即Zippo打火机是如何成为定情物的。

二是正面新闻事件。新闻事件是指与常识相反的反常行为或现象。对于常识,人们熟视无睹,难以关注。但对于反常现象或行为,就很容易获得高度关注。正面的新闻事件,将得到新闻媒体的正面报道,厂商不仅获得了知名度,而且还能获得销量。

三是正面新闻报道。正面的新闻报道,是指作为正面的典型事例,对厂商进行的新闻报道,尤其是央视和省级卫视的新闻节目,或者中央或省级主要报纸的新闻典型报道。如案例5.6中的谭木匠招聘银行的广告所引起的新闻冲击。

在实际量化测算,以网络检索为主,对检索的内容,按上述要求,进行分类统计。

第一,通过网络检索,查看新闻媒体对该商标所承载内容的报道范围;以受评商标为关键词,在搜索引擎中搜索,尽可能多地找出对该商标进行报道的媒体,以此判断媒体对该商标的报道范围。

第二,缺乏新闻媒体正面免费报道,主要是商业广告形式。考察受评商标的广告形式有以下四种方法:一是查看大型门户网站是否有该商标的广告;二是在SNS、论坛、视频之类的网站是否有该商标的广告;三是在网页中搜索,看是否有该商标的广告;四是在商场、超市、户外媒体、电梯、电视、广播、报纸、杂志等媒体上是否有该商标的广告。

据上述步骤获得的信息,完成媒体传播的公信性量化测算表,并获得具体评级。为了与品牌信用模型中的指标序号保持一致,将表6.25、表6.26和表6.27中的序号仍确定为"9"。

表6.25　　　　　　　　　媒体传播的公信性量化测算

指标	测评二级指标	指标赋值要点	指标事实及其来源	得分
9. 媒体传播的公信性 B_9	9.1 通过网络检索该商标,查看新闻媒体对该商标所承载内容的报道范围及人物比是否大?若是网络产品,则是否是热帖? 0.40分	若搜索结果第1页2次(含)以上时,或者在前5页报道新闻媒体超过30家,或者是网络热帖,得0.40分;若第1页有且前5页报道总数大于10家,得0.32分;若第1页无或者前5页报道低于10家,得0.24分;若前5页皆无报道内容或有但人物比超40%,得0.0分		

续表

指标	测评二级指标	指标赋值要点	指标事实及其来源	得分
9. 媒体传播的公信性 B_9	9.2 通过网络检索，该商标传播内容是否以实际顾客情感收益为主？0.30分	若是据顾客真实收益获得的情感利益故事，得 0.30 分；若顾客真实收益仅是诸如质量或价格等物质性利益，得 0.18 分；若传播内容是推销或招聘类，得 0.0 分		
	9.3 通过网络检索，该商标的传播是商业广告还是网络热帖为主？0.10分	若无广告，得 0.0 分。若是单纯产品硬广告，得 0.04 分；若是明星类代言广告，得 0.06 分；若是故事类软文，得 0.08 分；若是赞助类、植入式广告或网络热帖为主，得 0.10 分		
	9.4 通过网络检索，该商标的信息传播的真实性是否高？0.20分	若存在虚构的顾客证言或销售数据，得 0.0 分；实体产品若有负面报道或负面评价，文化产品若无负面评价，得 0.0 分；实体产品若有召回类信息，或文化产品若有终止，得 0.12 分；实体产品若无任何负面信息，或文化产品有负面信息，得 0.16 分；实体产品若无任何负面信息且都是正面或真实信息，或文化产品争论激烈，得 0.20 分		
得分合计				

资料来源：笔者自行绘制。

6.9.4　媒体传播公信性的测算案例[1]

1. "上海"表的媒体传播公信性量化测算

通过网络检索我们发现，"上海"表作为中国老字号企业，有很多媒体对其进行正面报道，但同样存在很多网友留言，指出"上海"表的不足等，对"上海"表的形象带来很多的负面影响。从网络检索来看，"上海"表很少进行自发的商业广告宣传。

综上所述，"上海"表媒体传播的公信性测试如表 6.26 所示。

---

[1]　孙曰瑶，宋宪华. 品牌工程学 TBCI2.0 [M]. 济南：山东大学出版社，2015.

表 6.26　　　　　　　　　　"上海"表的媒体传播公信性量化测算

指标	测评二级指标	指标赋值要点	指标事实及其来源	得分
9. 媒体传播的公信性 B_9	9.1 通过网络检索该商标，查看新闻媒体对该商标所承载内容的报道范围及人物比是否大？若是网络产品，则是否是热帖？0.40分	若搜索结果第1页2次（含）以上时，或者在前5页报道新闻媒体超过30家，或者是网络热帖，得0.40分；若第1页有且前5页报道总数大于10家，得0.32分；若第1页无或者前5页报道低于10家，得0.24分；若前5页皆无报道内容或有但人物比超40%，得0.0分	以"上海"表为主题搜索，在前5页里无新闻类报道。故得0.0分	0.00
	9.2 通过网络检索，该商标传播内容是否以实际顾客情感收益为主？0.30分	若是据顾客真实收益获得的情感利益故事，得0.30分；若顾客真实收益仅是诸如质量或价格等物质性利益，得0.18分；若传播内容是推销或招聘类，得0.0分	通过网络搜索，出现的"上海"表信息都是推销或招聘类，故得0.0分	0.00
	9.3 通过网络检索，该商标的传播是商业广告还是网络热帖为主？0.10分	若无广告，得0.00分。若是单纯产品硬广告，得0.04分；若是明星类代言广告，得0.06分；若是故事类软文，得0.08分；若是赞助类、植入式广告或网络热帖为主，得0.10分	网络搜索的内容，前5页都是产品广告类，故得0.04分	0.04
	9.4 通过网络检索，该商标的信息传播的真实性是否高？0.20分	若存在虚构的顾客证言或销售数据，得0.0分；实体产品若有负面报道或负面评价，文化产品若无负面评价，得0.0分；实体产品若有召回类信息，或文化产品若有终止，得0.12分；实体产品若无任何负面信息，或文化产品有负面信息，得0.16分；实体产品若无任何负面信息且都是正面或真实信息，或文化产品争论激烈，得0.20分	较多的怀旧信息，基本没有负面报道，故得0.16分	0.16
得分合计				0.20

资料来源：笔者自行绘制。

2. "依波路"表的媒体传播公信性量化测算

我们通过网络检索发现，"依波路"作为一个150多年的瑞士经典情侣表品牌，本身就吸引大量媒体关注。同时，"依波路"还赞助足球队、举办慈善活动等，以此来吸引公众和媒体的主动关注，从而达到宣传效果。另外，"依波路"还进行广告宣传，如在国内聘请赵雅芝、陈慧琳等明星做广告代言，拍摄了一系列广告，并有"浪漫时刻，依波路表"等经典广告词。

经统计，对"依波路"进行正面报道的媒体数量大于30家，并无负面的媒体报道，但是有少量网友的负面评论，包括对产品质量和售后服务等方面，这给"依波路"的品牌形象带来一定负面影响。

综上所述，"依波路"表媒体传播的公信性测试如表6.27所示。

表6.27　　　　　　　　　"依波路"表的媒体传播公信性量化测算

指标	测评二级指标	指标赋值要点	指标事实及其来源	得分
9. 媒体传播的公信性 B9	9.1 通过网络检索该商标，查看新闻媒体对该商标所承载内容的报道范围及人物比是否大？若是网络产品，则是否是热帖？0.40分	若搜索结果第1页2次（含）以上时，或者在前5页报道新闻媒体超过30家，或者是网络热帖，得0.40分；若第1页有且前5页报道总数大于10家，得0.32分；若第1页无或者前5页报道低于10家，得0.24分；若前5页皆无报道内容或有但人物比超40%，得0.0分	以"依波路"表在百度和360搜索，在前5页都缺乏新闻报道，故得0.0分	0.0
	9.2 通过网络检索，该商标传播内容是否以实际顾客情感收益为主？0.30分	若是据顾客真实收益获得的情感利益故事，得0.30分；若顾客真实收益仅是诸如质量或价格等物质性利益，得0.18分；若传播内容是推销或招聘类，得0.0分	在百度和360搜索中获得结果显示，传播内容以推销类为主，故得0.0分	0.0
	9.3 通过网络检索，该商标的传播是商业广告还是网络热帖为主？0.10分	若无广告，得0.0分。若是单纯产品硬广告，得0.04分；若是明星类代言广告，得0.06分；若是故事类软文，得0.08分；若是赞助类、植入式广告或网络热帖为主，得0.10分	以单纯产品硬广告为主，故得0.04分	0.04
	9.4 通过网络检索，该商标的信息传播的真实性是否高？0.20分	若存在虚构的顾客证言或销售数据，得0.0分；实体产品若有负面报道或负面评价，文化产品若无负面评价，得0.0分；实体产品若有召回类信息，或文化产品若有终止，得0.12分；实体产品若无任何负面信息，或文化产品有负面信息，得0.16分；实体产品若无任何负面信息且都是正面或真实信息，或文化产品争论激烈，得0.20分	尚未发现负面信息，且都是正面信息，故得0.20分	0.20
得分合计				0.24

资料来源：笔者自行绘制。

6.10 质量信息透明性的技术标准

6.10.1 质量信息透明性的质性标准

所谓桶底定理，是指产品或服务质量，构成了商标承诺的"桶底"成分：没桶底，桶壁再好再高也盛不住水；但只有桶底，也盛不住水。考虑到产品质量或服务本身属于法律范畴，只对质量信息是否透明进行测算。即在对商标的品牌信用进行评测算和建设时，不对产品或服务本身的质量进行评估。测算所依据的法律据是《中华人民共和国消费者权益保护法》的相关条款，尤其是第八条消费者知情权。

第六条：保护消费者的合法权益是全社会的共同责任。国家鼓励、支持一切组织和个人对损害消费者合法权益的行为进行社会监督。大众传播媒介应当做好维护消费者合法权益的宣传，对损害消费者合法权益的行为进行舆论监督。

第八条：消费者享有知悉其购买、使用的商品或者接受的服务的真实情况的权利。消费者有权据商品或者服务的不同情况，要求经营者提供商品的价格、产地、生产者、用途、性能、规格、等级、主要成分、生产日期、有效期限、检验合格证明、使用方法说明书、售后服务，或者服务的内容、规格、费用等有关情况。

第十九条：经营者应当向消费者提供有关商品或者服务的真实信息，不得作引人误解的虚假宣传。经营者对消费者就其提供的商品或者服务的质量和使用方法等问题提出的询问，应当作为真实、明确的答复。

第二十四条：经营者不得以格式合同、通知、声明、店堂告示等方式作出对消费者不公平、不合理的规定，或者减轻、免除其损害消费者合法权益应当承担的民事责任。格式合同、通知、声明、店堂告示等含有前款所列内容的，其内容无效。

据上述的第六条，人们有权对厂商产品或服务的质量信息透明性进行评级，而第七条则规定了厂商必须进行对产品或服务的安全性进行科学、可靠的测试，第八条则是人们进行质量信息透明性测评的法律依据。

海尔的张瑞敏亲自用铁锤砸毁过不合格的冰箱，而谭木匠的谭传华烧毁过自己不满意的木梳，这都是提升质量信息透明性的典型实例。其实，透明的质量信息背后，是可验证的产品质量，这就要建立在科学、可靠的试验基础上，而不是想当然。即那些未经过科学、可靠试验的质量信息以及质量承诺，本身就是不值得信任的。

质量信息的透明性，是法律保护消费者权益的权利，因为就产品质量而言，消费者处于典型的信息弱势。正如中国俗话所言：从南京到北京，买的不如卖的精。说的就是厂商一方对自己产品质量拥有信息优势，而购买其产品或服务的消费者，则掌握不了这些厂商内部信息。我们在把商标建成品牌的过程中，将质量信息的透明性作为减项指标，即透明的质量信息是厂商按法律必须做到的。

6.10.2　质量信息透明性的量化标准

将质量信息完全透明定义为 1.0 分，将完全不透明定义为 0.0 分。根据质量信息透明性的定义，将其细化出 5 个二级指标，并识别出 14 个测分点。则每个二级指标的均值 u = 1/5 = 0.20。考虑到这 5 个二级指标同等重要，故每个二级指标的权重赋值皆为 -0.20 分，结合每个二级指标相对于该均值的重要程度进行差异判断，据均值—非连续差分法，具体技术量化标准确定如下。

表 6.28 中 10.1 是否有产品说明书或者是包装上是否有产品说明？此项赋值 -0.20 分，其测分点量化标准是：若无此项，得 -0.20×1.0 = -0.20（分）；若有，得 -0.20×0.0 = 0.00（分）。

包括产品或服务的"价格、产地、生产者、用途、性能、规格、等级、主要成分、生产日期、有效期限、检验合格证明、使用方法说明书、售后服务，或者服务的内容、规格、费用等有关情况"。

表 6.28 中 10.2 产品成分及其含量标注是否清楚？若是影视作品，大牌明星戏份是多少？此项赋值 -0.20 分，其测分点量化标准是：若成分或含量违禁或两者标注都不清楚，得 -0.20×1.0 = -0.20（分）；若有成分无含量，得 -0.20×0.8 = -0.16（分）；若是辅料未注明，则得 -0.20×0.4 = -0.08（分）；若成分及其含量标注皆清楚，得 -0.20×0.0 = 0.00（分）。

此项特别说明，若成分或含量违禁，这里的"违禁"，是指国家相关法律或规定禁止使用的成分或含量。若有企业存在此类行为，当然不会自己说出来，在提供具有法律效力的商标的品牌信用评级报告时，评估者必须独立地到市场上购买被评估的商标产品或服务，送到具备检验资格的质量检验机构进行检验。在送检时，产品的生产厂商的标识，必须全部取消，以确保公正性。

表 6.28 中 10.3 产品成分使用是否给出清楚的不良结果或不适用顾客？若是文化产品，是否给出不适合顾客或是否已形成顾客社区？此项赋值 -0.20 分，其测分点量化标准是：若故意隐瞒或未及时公布不良后果或不适顾客，或标注不清楚，得 -0.20×1.0 = -0.20（分）；若标注清楚，得 -0.20×0.0 = 0.00（分）。

此项特别说明：若故意隐瞒或未及时公布不良后果或不适顾客，是指已发生了或存在不良后果，但厂商隐瞒不报，或未及时公布。所谓未及时公布，是指没在第一时间利用公共媒体进行公布，而是在媒体曝光后被动公布。

表 6.28 中 10.4 所作承诺、使用说明或成分名称是否具有误导性？此项赋值 -0.20 分，其测分点量化标准是：若有误导性且一定产生危害，得 -0.20×1.0 = -0.20（分）；若有误导性但不一定会产生危害，得 -0.20×0.6 = -0.12（分）；若有误导性但无危害，得 -0.20×0.2 = -0.04（分）；若无误导性，得 -0.20×0.0 = 0.00（分）。

表 6.28 中 10.5 在产品或服务说明中若有第三方质量征信，此第三方征信机构是否承担失信赔偿的连带责任？此项赋值 -0.20 分，其测分点量化标准是：若不承担连带赔偿责

任，得 $-0.20 \times 1.0 = -0.20$（分）；若无第三方征信或有且承担连带责任，得 $-0.20 \times 0.0 = 0.00$（分）。

6.10.3 质量信息透明性的测算标准

关于"是否有产品说明书或者是包装上是否有产品说明？"主要有三种采集方法：第一，官方网站上"产品展示"一栏，点击打开具体的某件产品后，一般有关于该产品的详细介绍；第二，在网页中搜索某商标产品的说明书；第三，在现实商场中查看该商标所展示的产品或服务承诺。

关于"产品成分及其含量标注是否清楚？"从商标产品外包装或标签上，可清晰地获知产品成分；若是商标载体是某种服务，则从其服务手册中采集服务内容。我们在对商标承载的产品或服务进行质量信息透明性评级时，不是针对质量本身，而是针对质量信息的可验证性。通过七匹狼服装"标识门"事件的新闻报道就可深刻的理解。

资料6.2 七匹狼陷"标识门"，服协发公开信解围（节选）[①]

2010年7月28日，北京市工商局公布了对服装的抽检结果，共有65种服装被曝出不合格，其中真维斯、七匹狼各有一款服装被检出不合格。被抽检的泉州市七匹狼公司生产的产品氨纶成分超标。针对此次事件，7月29日，福建七匹狼公司迅速作出回应。据该公司的初步调查，被抽检的产品由七匹狼授权经营商——泉州市七匹狼公司于2007年7月生产，是严格按当时的相关执行标准执行的合格产品。因新旧标准问题，被检测的产品各项指标除氨纶成分与现行新标准不符外，其余各项指标均合格，而氨纶纤维材料是比较好的纤维材料，不存在有毒有害物质，对人身无任何有害影响。

本书认为，七匹狼公司所作出的解释，非常值得借鉴：一是反应速度非常快，这说明该公司有危机预案快速处理机制；二是承认出现了标识不合格此事实，而不是抵赖；三是明确指出这是新旧标准转换问题，不是明知故犯；四是告知在所有成分中，只有一种成分即氨纶不符合新标准，并进一步说明氨纶是一种比较好的纤维材料，而不是有害物质。其实，在这段资料的最后，可进一步指出，氨纶纤维已被广泛应用于服装面料。

抽查结果曝光后，中国服装协会发表了一封致媒体的公开信，替七匹狼解围，称关于氨纶成分出现不符合的情况，是一个新旧标准区别的问题。若一个服装厂商的服装标签信息错误，本身就是对顾客的欺骗。只要服装厂商提供了服装标签，也即质量信息是透明的，按国家法定标准，就能判断是否存在违规的可能。

关于"在产品或服务说明中若有第三方质量征信，此第三方征信机构是否承担失信赔偿的连带责任"通过厂商官方网站或其宣传材料上，都可清楚地获知是否有第三方质量征信的信息。厂商利用第三方质量征信的信息，来影响顾客的选择，但一旦出现质量问题，这些第三方认证机构又不承担连带赔偿责任，本书认为这类信息对顾客是有误导性的。

---

① 陈莉. 七匹狼陷"标识门"，服协发公开信解围［N］. 信息时报，2010 – 08 – 04.

根据上述步骤获得的信息，完成质量信息的透明性量化测算表，并获得具体评级。为了与品牌信用模型中的指标序号保持一致，将表 6.28、表 6.29 和表 6.30 中的序号仍确定为"10"。

表 6.28　　　　　　　　　　　　　**质量信息的透明性量化测算**

指标	测评二级指标	指标赋值要点	指标事实及其来源	得分
10. 质量信息的透明性 B_{10}	10.1 是否有产品说明书或者是包装上是否有产品说明？ -0.20 分	若无此项，得 -0.20 分；若有，得 0.0 分		
	10.2 产品成分及其含量标注是否清楚？若是影视作品，大牌明星戏份是多少？ -0.20 分	若成分或含量违禁，或两者标注都不清楚，得 -0.20 分；若有成分无含量，得 -0.16 分；若是辅料未注明，得 -0.08 分；若成分及其含量标注皆清楚，得 0.0 分		
	10.3 产品成分使用是否给出清楚的不良结果或不适用顾客，若是文化产品，是否给出不适合顾客或是否已形成顾客社区？ -0.20 分	若故意隐瞒或未及时公布不良后果或不适顾客或标注不清楚，得 -0.20 分；若标注清楚，得 0.0 分		
	10.4 所作承诺、使用说明或成分名称是否具有误导性？ -0.20 分	若有误导性且一定产生危害，得 -0.20 分；若有误导性但不一定产生危害，得 -0.12 分；若有误导性但无危害，得 -0.04 分；若无误导性，得 0.0 分		
	10.5 在产品或服务说明中若有第三方质量征信，此第三方征信机构是否承担失信赔偿的连带责任？ -0.20	若不承担连带赔偿责任，得 -0.20 分；若无第三方征信或有且承担连带责任，得 0.0 分		
得分合计				

资料来源：笔者自行绘制。

6.10.4　质量信息透明性的测算案例[①]

1. "上海"表的质量信息透明性量化测算

手表制造有很强的技能要求，很多工艺属于商业机密，不会对外说明，顾客对此无从

[①]　孙曰瑶，宋宪华. 品牌工程学 TBCI2.0 [M]. 济南：山东大学出版社，2015.

知晓。因此，既需要厂家承诺质量保证，这一行业还存在第三方认证，比如质量认定、"日内瓦印记"和"百达翡丽印记"等。

对"上海"表进行检索后，我们发现，公司具有一整套科学的、与国际先进管理理念一致的质保体系，同时获得包括 28 个国家中 29 个权威认证机构国际认证联盟的认可资格。但是，这些第三方认证并不承担顾客损失的连带责任。

公司有完善的各级质量文件，完整的质量工作记录，严格按照质量管理体系要求实施的内审与评审，使公司质量管理体系正常运行。网站上还公布了各种质量认定证书，以及手表养护常识、售后服务等。

手表的材质和纯度会明确告知顾客，但对于所使用的材质对人体是否有伤害，并没有明确说明。同时，说明书中采用的各种专业术语并不是大众所熟知的，会对顾客造成一定的误导。

综上所述，"上海"表质量信息透明性测试如表 6.29 所示。

表 6.29   "上海"表的质量信息透明性量化测算

指标	测评二级指标	指标赋值要点	指标事实及其来源	得分
10. 质量信息的透明性 B_{10}	10.1 是否有产品说明书或者是包装上是否有产品说明？ -0.20 分	若无此项，得 -0.20 分；若有，得 0.0 分	网站手表养护知识和服务信息，故得 0.0 分	0.0
	10.2 产品成分及其含量标注是否清楚？若是影视作品，大牌明星戏份是多少？ -0.20 分	若成分或含量违禁，或两者标注都不清楚，得 -0.20 分；若有成分无含量，得 -0.16 分；若是辅料未注明，得 -0.08 分；若成分及其含量标注皆清楚，得 0.0 分	不锈钢表壳给出了不锈钢标识，但皮质表带未说明。故得 -0.08 分	-0.08
	10.3 产品成分使用是否给出清楚的不良结果或不适用顾客，若是文化产品，是否给出不适合顾客或是否已形成顾客社区？ -0.20 分	若故意隐瞒或未及时公布不良后果或不适顾客或标注不清楚，得 -0.20 分；若标注清楚，得 0.0 分	在手表养护知识中给出了说明，故得 0.0 分	0.0
	10.4 所作承诺、使用说明或成分名称是否具有误导性？ -0.20 分	若有误导性且一定产生危害，得 -0.20 分；若有误导性但不一定产生危害，得 -0.12 分；若有误导性但无危害，得 -0.04 分；若无误导性，得 0.0 分	无误导性，故得 0.0 分	0.0
	10.5 在产品或服务说明中若有第三方质量征信，此第三方征信机构是否承担失信赔偿的连带责任？ -0.20	若不承担连带赔偿责任，得 -0.20 分；若无第三方征信或有且承担连带责任，得 0.0 分	有第三方质量征信，但不承担连带责任，这种征信对顾客而言是有诱导但不可信的。故得 -0.20 分	-0.20
得分合计				-0.28

资料来源：笔者自行绘制。

2. "依波路"表的质量信息透明性量化测算

我们在"依波路"的官网上获知，品牌创始人从一开始就注重纳沙泰尔天文台对计时器标准的权威认证，并在 1866 年获得该天文台比赛的第一名；在 1876 年美国费城，获得产品优质奖状；1878 年在法国巴黎获得了瑞士钟表行业唯一的一枚珍贵金质奖章；1937 年，"依波路"表在希腊取得 Grand prix（格林披治）荣誉奖；在 1945 年到 1958 年间，瑞士纳沙泰尔天文台颁发了 "Bulletin demarche" 证书给 4174 只"依波路"手表。

另外，"依波路"手表在生产的各个阶段，每种材质和零件均经过严格检测，确保每一部件完美无瑕，每一个机芯都要经过机械和专业技师的严格测试，外壳的装配严密无懈，并有专业水准的抗压测试，每只"依波路"表在投入市场之前均按严格的品质检测程式检验。

腕表的材质和纯度会明确告知顾客。例如，钢材选用的是业界通用的 316L 精钢，玻璃是蓝宝石水晶玻璃或是有机玻璃，机芯有黄铜、钻石等。材质是明确的，这些材质对人体不存在有害影响。同时，原产地证书中采用的各种专业术语并不是大众所熟知的，会对顾客造成一定的误导。

综上所述，"依波路"表质量信息透明性测试如表 6.30 所示。

表 6.30　　　　"依波路"表的质量信息透明性量化测算

指标	测评二级指标	指标赋值要点	指标事实及其来源	得分
10. 质量信息的透明性 B_{10}	10.1 是否有产品说明书或者是包装上是否有产品说明？ -0.20 分	若无此项，得 -0.20 分；若有，得 0.0 分	已有清楚说明，故得 0.0 分	0.0
	10.2 产品成分及其含量标注是否清楚？若是影视作品，大牌明星戏份是多少？ -0.20 分	若成分或含量违禁，或两者标注都不清楚，得 -0.20 分；若有成分无含量，得 -0.16 分；若是辅料未注明，得 -0.08 分；若成分及其含量标注皆清楚，得 0.0 分	基本清楚，但皮质表带未给出清楚成分，故得 -0.08 分	-0.08
	10.3 产品成分使用是否给出清楚的不良结果或不适用顾客，若是文化产品，是否给出不适合顾客或是已形成顾客社区？ -0.20 分	若故意隐瞒或未及时公布不良后果或不适顾客或标注不清楚，得 -0.20 分；若标注清楚，得 0.0 分	不存在过量使用或后果不适问题，故得 0.0 分	0.0
	10.4 所作承诺、使用说明或成分名称是否具有误导性？ -0.20 分	若有误导性且一定产生危害，得 -0.20 分；若有误导性但不一定产生危害，得 -0.12 分；若有误导性但无危害，得 -0.04 分；若无误导性，得 0.0 分	不存在误导性成分名称，故得 0.0 分	0.0

续表

指标	测评二级指标	指标赋值要点	指标事实及其来源	得分
10. 质量信息的透明性 B_{10}	10.5 在产品或服务说明中若有第三方质量征信，此第三方征信机构是否承担失信赔偿的连带责任？ -0.20	若不承担连带赔偿责任，得 -0.20 分；若无第三方征信或有且承担连带责任，得 0.0 分	存在第三方质量征信，但不承担连带责任，故得 -0.20 分	-0.20
		得分合计		-0.28

资料来源：笔者自行绘制。

6.11 品牌信用度测算案例与误差分布

6.11.1 "上海"表的品牌信用度与溢价率测算

根据以上 10 个指标的量化测算，获得"上海"表的品牌信用指数也即 TBCI 见表 6.31。

表 6.31   "上海"表品牌信用指数

商标名称：上海   产品或服务：腕表   企业名称：上海表业有限公司   地址：上海

序号	指标名称	指标分值	序号	指标名称	指标分值
1	目标顾客的精确性 B_1	0.30	6	终端建设的稳定性 B_6	0.64
2	利益承诺的单一性 B_2	0.42	7	品类需求的敏感性 B_7	0.52
3	单一利益的对立性 B_3	0.24	8	注册商标的单义性 B_8	0.28
4	品牌建设的岗位性 B_4	0.50	9	媒体传播的公信性 B_9	0.20
5	单一利益的持久性 B_5	0.62	10	质量信息的透明性 B_{10}	-0.28

$\mathrm{TBCI} = \dfrac{(1 + B_{10}) \sum\limits_{i=1}^{9} B_i}{9}$					0.30

测试等级	1.0	0.8 ~ 0.99	0.6 ~ 0.79	0.4 ~ 0.59	0.2 ~ 0.39	≤0.19
	AAA	AA	A	B	☐C	D

资料来源：笔者自行绘制。

根据表 6.31 的 TBCI 值，绘制商标—品牌测度尺，可以更直观地显示"上海"表从商标到品牌的距离（见图 6.1）。

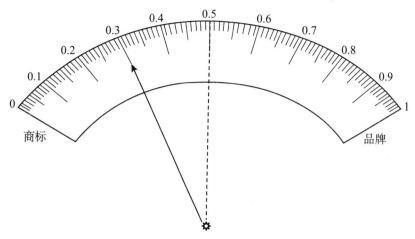

图6.1　"上海"牌手表的商标—品牌测度尺

资料来源：笔者自行绘制。

从商标—品牌测度尺可以形象地看出，"上海"表从商标到品牌的距离是0.30。换言之，商标"上海"距离真正的品牌，还有0.70的距离。

所谓真正的品牌，是指目标顾客一旦产生需求之后，不假思索也即选择成本等于零且持久选择的商标产品或服务。而要成为这样的品牌，其商标的品牌信用指数至少应在0.60以上。

将 B_c = TBCI = 0.30 代入公式

$$P_d = \frac{P_q}{1-h} = \frac{P_q}{1 - e^{\frac{B_c - 1}{B_c}}}$$

可得 P_d（上海）= 1.11P_q（上海）。换言之，如果"上海"表的质量价格 P_q（上海）=1000元，目标顾客的意愿价格是 P_d（上海）=1110元，品牌溢价率是11%。

6.11.2　"依波路"表的品牌信用度与溢价率测算

根据以上10个指标的量化测算，获得"依波路"表的品牌信用指数也即 TBCI 见表6.32。

表6.32　　　　　　　　　　　"依波路"表品牌信用指数

商标名称：依波路　产品或服务：腕表　企业名称：依波路（远东）有限公司　地址：中国香港

序号	指标名称	指标分值	序号	指标名称	指标分值
1	目标顾客的精确性 B_1	0.94	6	终端建设的稳定性 B_6	0.34
2	利益承诺的单一性 B_2	0.92	7	品类需求的敏感性 B_7	1.00
3	单一利益的对立性 B_3	1.00	8	注册商标的单义性 B_8	1.00
4	品牌建设的岗位性 B_4	0.62	9	媒体传播的公信性 B_9	0.24
5	单一利益的持久性 B_5	0.76	10	质量信息的透明性 B_{10}	-0.28

续表

序号	指标名称	指标分值	序号	指标名称	指标分值
	$$TBCI = \frac{(1 + B_{10}) \sum_{i=1}^{9} B_i}{9}$$				0.54
测试等级	1.0	0.8 ~ 0.99	0.6 ~ 0.79	0.4 ~ 0.59	0.2 ~ 0.39	≤0.19
	AAA	AA	A	B	C	D

资料来源：笔者自行绘制。

根据表 6.32 的 TBCI 值，绘制商标—品牌测度尺，可以更直观地显示"依波路"从商标到品牌的距离（见图 6.2）。

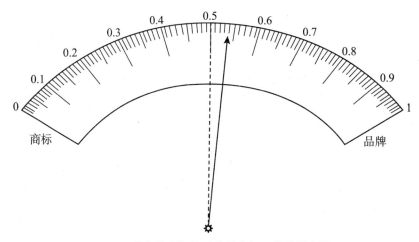

图 6.2 "依波路"牌手表的商标—品牌测度尺
资料来源：笔者自行绘制。

从商标—品牌测度尺可以形象地看出，"依波路"从商标到品牌的距离是 0.54，距离真正的品牌还有 0.46 的距离。

将 $B_c = TBCI = 0.54$ 代入公式

$$P_d = \frac{P_q}{1 - h} = \frac{P_q}{1 - e^{\frac{B_c - 1}{B_c}}}$$

可得 P_d（依波路）= 1.74P_q（依波路），换言之，如果"依波路"的质量价格 P_q（依波路）= 1000 元，目标顾客的意愿价格是 P_d（依波路）= 1740 元，品牌溢价率是 74%。

6.11.3　"上海"表与"依波路"表品牌信用量化测算的 AI 结果

考虑到"上海"表和"依波路"表的案例测试，是在 2010 年完成的，为了揭示近 15 年以来，这两个商标的品牌信用度变化，由王嘉浩将本章所述的十个指标的测试标准，通过 TBCI 模型 AI 精确评估工具进行了二次测试[①]。

TBCI 模型 AI 精确评估工具，是以大量已有企业信息与相应 TBCI 专家评估方案为标注数据，对 GPT、Ernie、Bert 在内的多个大语言模型进行有监督的机器学习训练与微调，进而设计程序，实现从网络爬取企业资料、新闻等文本数据进行事实推理并完成 TBCI 自动精准评估。案例测试结果见表 6.33、表 6.34。

表 6.33　　　　　　　　　　上海牌手表品牌信用度量化测算 AI 结果

序号	指标	分值	序号	指标	分值
1	目标客户精确性 B_1	0.80	6	终端建设稳定性 B_6	0.06
2	利益承诺单一性 B_2	0.74	7	品类需求敏感性 B_7	0.32
3	单一利益对立性 B_3	0.50	8	注册商标单义性 B_8	0.68
4	品牌建设岗位性 B_4	0.50	9	媒体传播公信性 B_9	0.56
5	单一利益持久性 B_5	0.27	10	质量信息透明性 B_{10}	-0.20
	$$TBCI = \frac{(1 + B_{10})\sum\limits_{i=1}^{9} B_i}{9}$$				0.39
测试等级	1.0	0.8~0.99	0.6~0.79	0.4~0.59	0.2~0.39	≤0.19
	AAA	AA	A	B	C	D

资料来源：王嘉浩绘制。

表 6.34　　　　　　　　　　依波路手表品牌信用度量化测算 AI 结果

序号	指标	分值	序号	指标	分值
1	目标客户精确性 B_1	1.00	6	终端建设稳定性 B_6	0.94
2	利益承诺单一性 B_2	1.00	7	品类需求敏感性 B_7	0.40
3	单一利益对立性 B_3	0.64	8	注册商标单义性 B_8	0.92
4	品牌建设岗位性 B_4	1.00	9	媒体传播公信性 B_9	0.88
5	单一利益持久性 B_5	0.55	10	质量信息透明性 B_{10}	-0.20

[①]　对具体过程感兴趣的读者，可通过邮箱联系（wjhsdzrrr@163.com）。

续表

序号	指标	分值	序号	指标	分值
	$$\text{TBCI} = \frac{(1 + B_{10}) \sum\limits_{i=1}^{9} B_i}{9}$$				0.65
测试等级	1.0	0.8 ~ 0.99	0.6 ~ 0.79	0.4 ~ 0.59	0.2 ~ 0.39	≤0.19
	AAA	AA	A	B	C	D

资料来源：王嘉浩绘制。

由表6.33、表6.34可见，经过近15年的时间，"上海"表的品牌信用度从0.30，提高到了0.39，提高了30%。其溢价系数，从1.11，提高到了1.20，提高了8.11%。

而"依波路"表的品牌信用度，从0.54，提高到了0.65，不仅提高了20.4%，而且跨过了两倍溢价所需要的0.60，达到了0.65。其溢价系数也从1.74，提高到了2.40，提高了37.93%。

6.11.4 品牌信用度测算误差分布

根据本章对10个指标测算的标准设计，汇总得表6.35。

表6.35 　　　　　　　　　品牌信用度 B_c 测算的指标体系汇总

指标符号	一级指标	一级指标定义	赋值范围	二级指标个数	赋值测分点数
B_1	目标顾客精确性	为谁设计？为谁生产？是终点顾客吗	[0, 1]	6	18
B_2	利益承诺单一性	所承诺的利益点是单一的还是多种	[0, 1]	4	10
B_3	单一利益对立性	所承诺的利益点与在位者是对立还是跟随	[0, 1]	2	10
B_4	品牌建设岗位性	是否设立职责明确的品牌经理岗位和品牌管理团队	[0, 1]	4	12
B_5	单一利益持久性	所承诺的单一利益点是否具有持久性	[0, 1]	3	6
B_6	终端建设稳定性	销售场所或沟通场所是否可控	[0, 1]	3	13
B_7	品类需求敏感性	所承诺的单一利益点是否是顾客所必需的	[0, 1]	4	11
B_8	注册商标单义性	顾客对商标的理解存在多大的歧义性	[0, 1]	4	12
B_9	媒体传播公信性	顾客对传播渠道的信任程度有多高	[0, 1]	4	17
B_{10}	质量信息透明性	产品质量信息是否全面、真实、清晰	[-1, 0]	5	14
合计 [N = 10，M = 39，m = 123]				39	123

资料来源：笔者自行绘制。

第6章 品牌信用指标的技术标准

每个指标的具体测算，需要按给出的关键词进行网络搜索并进行匹配（期待能设计出 AIGC 版）。二级指标是对一级指标的权重，而每个二级指标的赋值点数，则是基于二级指标为主题词通过网络尤其是注册商标所在企业的官网确定的事实，按事实的属性和数量进行赋值。因为一级指标的赋值范围，前 9 个指标是 $[0, 1]$，第 10 个指标是 $[-1, 0]$，属于外生变量。故每个赋值测分点的赋值都很小，这样即使某些赋值测分点出现一定的偏差，其累积误差平均到 39 个二级指标也很小。若再考虑实际赋值过程中，存在多赋值与少赋值的抵消作用，实际误差会更少。

假设 123 个赋值测分点每次有 x% 个出现错误，每次出现的误差量是 e，式（5-2）中的 N = 10，M = 39，m = 123，则得表 6.36。考虑到满分值是 9 分，每个测分点平均分值 $9 \div 118 = 0.076$（分），故最大赋值错误设定为 0.25 分。

从表 6.36 可见，按 50% 的测分点出现失误，且每个错误是正负 0.25 分，对案例形成的总体最大误差是 $0.044 < 0.05$（$E_{0.05}$）。从数值来看，对总体的影响非常小。在实践中，进行一定的学习和训练，误差会更小。对此，可通过 7.4 节，基于文化产品的实测案例予以检验。之所以采用的是文化产品的实例，是因为这些影视产品的投资成本可独立计算。

表 6.36 测分点赋值错误与失误概率形成总体误差分布

e	x%				
	10	20	30	40	50
0.05	0.002	0.004	0.005	0.007	0.009
0.10	0.004	0.007	0.011	0.014	0.018
0.15	0.005	0.011	0.016	0.021	0.026
0.20	0.007	0.014	0.021	0.028	0.035
0.25	0.009	0.018	0.026	0.035	0.044

资料来源：笔者自行绘制。

考虑到基于 AI 模型抓取文本信息的容量更大，故基于 AI 模型测算出的 TBCI 结果，比单纯手工测算更加准确。

第7章 价值实现的品牌信用机制

2022 年 5 月 27 日，国务院国资委提出"坚持价值创造与价值实现兼顾"。[①] 且指出在"依法有序开展兼并重组，引进先进科技资源，提升科技创新实力"时，"以获取关键技术、核心资源、知名品牌等为重点"。同时，"树立科学市场价值观，合力打造价值实现新局面。鼓励中央企业探索将价值实现因素纳入上市公司绩效评价体系，避免单纯以市值绝对值作为衡量标准，严禁操纵股价。"将价值实现与价值创造给予同等地位。本章从品牌信用角度，基于数理逻辑来分析价值实现的新局面。

2023 年 12 月 25 日至 26 日，在央企负责人会议上提出了央企的五个价值管理，之一是"更加注重提升品牌价值，增强企业可持续发展能力"。将品牌价值与企业可持续发展结合了起来。

国资委明确地提出了价值创造与价值实现，而两者的关系其实在经典理论中已经存在。因为马克思的劳动价值论指出劳动创造价值。同时，从商品到货币是一次惊险的跳跃。如果掉下去，那么摔碎的不仅是商品，而是商品的所有者。

显然，劳动确实创造了价值，但所创造的价值能否通过"惊险的跳跃"得以价值实现，是不确定的。结合价值创造与价值实现，根据短缺还是过剩条件，本书将劳动价值论具体分为两种：一是在短缺经济条件下，厂商不愁销售，专注于扩大生产规模，故为"劳动—规模"价值论，即生产规模大的厂商掌握定价权。遵循的法则是按劳分配，即生产得越多，收入越高。二是在过剩经济条件下，厂商普遍存在产能过剩的情况，因此更愁销售，故为"劳动—品牌"价值论，即品牌信用高的厂商掌握定价权。遵循的法则是按乐分配，即能给目标顾客带来更多快乐的厂商，收入也就越高。

2022 年，公司 A 的营业收入 6423 亿元，纳税 903 亿元，其营业收入纳税率 14.05%。同类公司 B 的营业收入 2800 亿元，纳税 14 亿元，营收纳税率为 0.5%。两者差别为何如此巨大？可给出各种解释，按"劳动—品牌"价值论，两个公司的劳动理论上可同质化，但品牌信用度不同。从品牌经济学的角度，正是 A "遥遥领先"的技术承诺，带给目标顾客跟上时代的欲望（快乐），同时，也为了表达对饱受外国诸多遏制的 A 的支持。

7.1 原始创新的品类对模型

我国作为一个发展中国家，在发展过程中，几乎在每个产品领域都面对发达国家强大

---

① 提高央企控股上市公司质量工作方案，国资委网站，https://www.sasac.gov.cn/index.html.

的在位者。若采取单纯的技术创新或成本竞争，都将与这些强大在位者的各种方式的竞争。本书认为，作为后来者，我国只有采取与在位者所在品类相反或对立的品类创新，才能开辟出属于自己的新市场。为此，本节将论证产品品类的模型，为后来者采取品类创新策略，加快形成新质生产力，提供理论支持。

在市场日益全球化的过程中，每个商品市场，总是存在着在位者与后来者。而且几乎在每个商品领域，如汽车、服装、影视、电子、饮料、快餐、机械、服务等，在位者都已形成了强大的品类代言或象征即品牌优势。在这种情况下，后来者究竟应该采取什么策略，才能取得经济上的发展？对此，存在两种发展逻辑：

一是零和逻辑，即你死我活的竞争。某一方的发展与增长，建立在另一方的衰退甚至消亡的基础上。正如电视剧《潜伏》中台词所言：你断人家财路，人家断你生路。

品类对模型表明，还有第二种发展逻辑，即基于品类对模型的共存逻辑。

7.1.1　从生产效率到选择效率

作为后来者，如何发展起来，至少在我国的主流观点是技术创新。而一提到技术创新，更多的认识是指产品研究和生产技术，是以物质为对象。本书将此类技术称为硬技术。在商品领域的硬技术创新中，很多创新在技术上取得了成功，但在市场上却失败了。例如，科达数码相机，尽管技术、质量、成本都很好，但市场表现一直不佳。到商场更可发现，很多技术上成功的产品，不久就被撤出货架了。央视曾经的诸多"标王"，几乎都重新回归了本地市场，又说明了广告陷阱。

但与此同时，有的商品在硬技术上几乎没有什么创新，却一直牢固地占据着市场。如可口可乐，其配方一直没变，唯一的一次技术创新是 1985 年推出的新配方，经过了 19.1 万人的测试，证明新配方确实比老配方口感更好，即硬技术上确实是成功的。但随后遇到的消费者强烈的反对[①]，证明任何商品，仅有硬技术成功是不够的，还必须取得消费者的认可。本书将消费者的选择行为称为软技术创新或品牌技术。通过案例 3.4 和案例 3.5 的对比可见，与欧美日这些强大的在位者相比，我国在改造物质的硬技术领域尚有部分差距，但差距更大的是认识消费者选择行为的软技术。因为长期的短缺经济，导致我国长期以来的重心，集中于提高生产效率的硬技术，而忽视甚至忽略了消费者的选择效率。

亚当·斯密在《国富论》中强调指出：消费是一切生产的唯一目的，而生产者的利益，只在能促进消费者的利益时，才应当加以注意。但主流经济学研究的重点，一直是如何提高厂商的生产效率，突出地表现为通过对生产函数的研究，寻找提高生产效率的措施。然而，不管什么类型的生产函数，也不管生产效率如何提高，都存在一个前提，就是生产出来的产品按盈利的价格能销售出去。在短缺的市场条件下，此假设是成立的。但伴随短缺的高利润率，不仅诱导已有厂商扩大生产能力，而且吸引更多的新的所谓跨界的投资者，从而使生产能力迅速增长，使市场总有一天进入供大于求的过剩状态。

---

① 里克·莱兹伯斯等. 品牌管理［M］. 北京：机械工业出版社，2004：5.

品牌经济学

在价格机制的作用下，过剩的供求关系一定在新的水平上达到均衡。在此新均衡的实现过程中，厂商将面临一个残酷的淘汰赛，通过淘汰使大量厂商倒闭或者被兼并，并形成高度集中的新均衡。例如，2022 年，国内炭黑产能为 925 万吨/年，实际产量为 502 万吨/年，开工率约为 60%。国内炭黑行业 CR5 为 40%，日本 CR5 为 89%，美国 CR5 为 98%。① 意味着国内炭黑行业的企业之间，今后将是腥风血雨兼并或消亡。问题是：在此集中化的过程中，什么样的厂商能成为最后的胜利者？按主流经济学的观点，从需求曲线来看，价格是唯一因素，其他因素都是通过影响价格来体现的。

可是现实并非如此。例如，我国从 1996 年开始的彩电过剩竞争，10 年过去之后，那些价格最低的彩电厂早就不存在了。在此过程中，几乎所有的彩电企业的技术条件几乎是同步的。本书认为，在过剩市场中，在满足盈利的价格条件下，只有成为基于情感利益品类级品牌的厂商，才能成为最终胜利者的下来。根本原因是，在过剩市场中，外部消费者的选择效率的高低，决定了厂商内部的生产效率。例如，我国江苏某照明电器企业，其模具设计与加工生产能力都是亚洲最大的，理论上讲应该有显著的价格优势。但目前主要是给其他世界著名品牌加工，赚取低微的加工费。对该企业来讲，缺乏的不是内部的生产效率，而是未给外部消费者或用户一个不假思索且溢价选择的理由即品牌信用，从而选择效率很低。本书认为，根据图 4.1，厂商应始终坚持"消费是一切生产的唯一目的"，将消费者的选择效率作为首要因素。

所谓选择效率，是指在满足利润的价格条件下，消费者对某个品牌的购买量与该品牌所在企业生产能力的比率。设购买量为 Q_B，自有生产能力为 Q_s。则选择效率 $E_C = Q_B/Q_s$。当 $E_C \geq 1$ 时，表明该企业开始进入贴牌生产阶段，例如，耐克鞋等。E_C 越大，表明消费者的选择效率越高，品牌信用度越高。当 $E_C < 1$ 时，表明消费者选择效率低，从而导致该企业生产能力过剩。那么，什么因素决定消费者的选择效率了呢？本书认为是品牌。在此，本书再次给出品牌的经济学定义：所谓品牌，是指通过与目标顾客达成长期利益均衡而降低选择成本的排他性品类符号。

所谓品类，是指目标顾客选择商品的某个单一利益点。该单一利益点是由物质和情感以不同比例构成的。在物质利益点无差异或差异极其微弱时，尤其是在过剩条件下，情感利益点就显得极其重要，家电产品就是如此。本书认为，海尔电器与其说是家电品牌，不如说是以"快速服务"为品类的家电服务品牌。若商品具有多个利益点或者是多个功能，将增加消费者的选择成本。

设某商品 F 具有 n 个利益点，则存在利益集合 F：$\{F_1, F_2, \cdots, F_n\}$。消费者在具体选择时，需要对这些利益点或多功能进行判断，以做出哪个利益点或功能是自己最需要的，为此，得出权重集 λ：$\{\lambda_1, \lambda_2, \cdots, \lambda_n\}$，且 $\sum \lambda_i = 1$（其中，i = 1，2，…，n）。则确定权重集 λ 所付出的时间费用就是消费者的选择成本（Choice Cost，简称 C_c）。收集产品功能的诸多信息所付出的科斯的交易费用，而确定权重集所耗费的心神即 1.3 节中 Shu-

---

① CR 指 Concentration Ratio，即集中度。CR5 指行业前五家企业合计的市场份额。其值越大，表明该行业集中度越高。

gan 提出的思虑成本。若商品 F 只有一个单一的利益点，即 n = 1，则权重集不存在。对消费者来讲，若需要该单一利益点，则选择；若不需要则不选择。故当商品具有单一利益点时，目标消费者的选择成本 $C_c = 0$。此时，思虑成本和交易费用，都不存在了，选择效率得以极大提高。例如，去头屑的海飞丝、护发的潘婷、柔顺的飘柔等。

7.1.2　四种增长模式

经济增长的动力何在？斯密的古典观点是分工促进增长，马歇尔的新古典观点，则是人口增长促进经济增长，在出生意愿和出生率持续低下的局势下，促进了某些发达国家的移民政策。索罗、罗默等提出了内生技术增长理论，认为内生化的技术进步是经济增长的真正源泉。故通过科技创新和人力资本积累，可驱动经济长期增长，从而避免了因人口增长缓慢或负增长可能带来的困境。

根据式（3 - 12）、式（3 - 13），本书认为基于品牌溢价的品牌授权，创造品牌红利，更能克服人口约束。为此，从品牌经济学的角度，提出了四种经济增长模式。

第一种是自然资源型增长。即通过出售自然资源来获取财富。以自然资源为财富来源的地区，只能是富了少数资源占有者，因自然资源输出和产成品的输入，直接导致了自然资源输出地区的价值外流，也即失血效应。从而导致自然资源地区的长期发展处于越来越贫穷的状态，且自然环境越来越恶劣。自然资源作为产成品的原料，价格越高，产成品价格更高，价值外流的也就越严重。例如，卖一斤小麦收入 1 元，买一袋方便面需花费 5.0 元。即对种植小麦的农户而言，出售 5 斤小麦，才能购买一袋方便面。

第二种是劳动密集型增长。即通过提供廉价劳动力来获取加工费。改革开放初期所形成的"中国制造"，很大程度上是"中国代工"。随着劳动力成本的提高，劳动优势不断降低。问题是永远存在比我国劳动成本更低的国家。故等到我国市场被培育起来之后，这些追逐低劳动成本的企业将转移到更低劳动成本国家或地区。但这类国家的供应链和劳动力质量，也是个问题，就意味着转移过来的后续成本也大。

广东依靠地缘优势，形成了代工经济，即劳动密集型增长，时至今日，难以为继。随着出生率的降低，也即人口红利的减弱，劳动密集型的产业，将逐渐被机器人密集代替。这也符合经典理论关于资本有机构成（不变资本/可变资本）提高的原理。

第三种是跟随低价型增长。即通过引进技术或自己设计，能独立生产出具有一定功能的合格产品，但这些产品是模仿或跟随发达国家或地区的在位者，为了获得市场，通常采取的都是降低价格也即价格战。结果，不仅存在知识产权问题，而且直接遭受发达国家或地区的各种反倾销调查。正如刘大响院士所言[1]：过去国内所走的路子主要是测绘仿制。在新中国成立初期，我国工业基础薄弱，测绘仿制的思路收到了较好的效果。但长期的测绘仿制，却又阻塞了自主创新的发展之路。此外，对国外先进技术没花大力气去消化吸收，导致众多技术问题"知其然，不知其所以然"，仿制可做到"形似"，却不能"神似"。

---

[1]　温才妃，刘大响. 打好航空发动机"翻身仗"［N］. 中国科学报，2014 - 01 - 21.

第四种是基于品类对立的品牌溢价型增长。在市场上存在着强大的在位者的条件下，采取与强大在位者所属品类对立的策略，从而形成不战而屈人之兵的效果。

在整个 20 世纪，前 50 年日本采取了战争崛起的国策，结果导致战败。但后 50 年，被迫采取的和平崛起，却取得了通过战争想得到而没得到的。战后日本的崛起，采取的不是低价格竞争，而是立足于低价资源和开放的欧美市场。在这样的前提条件下，日本采取的正是基于品类对立发展逻辑，不仅未摧毁欧美同行企业，反而丰富了欧美消费者的选择。例如，在轿车行业，美国生产大排量轿车，日本生产小排量经济型小车；在电视行业，美国生产落地式，日本生产便携式；在 CT 机行业，美国生产多功能，日本生产单功能；在摩托车行业，美国哈雷是休闲运动，日本本田是交通工具；在手表行业，瑞士生产机械表，日本生产石英表。其他行业也多是如此。

日本企业其实并未打败美国或欧洲企业，美国的汽车、摩托车、瑞士的机械表等照样存在，而且发展得还很好。因为日本企业开辟的是欧美现有强大在位者所忽视的对立新品类，这些对立的新品类是欧美厂商内部体系所不兼容的。正如家用轿车与公交大巴行业，西方国家长期占据燃油车优势（品类为 A），而中国的汽车制造企业从新能源技术（品类为 – A）入手，在占据世界 70% 专利的基础上，占据了新能源车的世界市场。即中国新能源汽车的崛起，恰恰验证了基于品类对立的品牌溢价型增长。

从产业演进的角度，笔者将其划分为资源—产品—品牌三个阶段：多数第一次产业（种植业、养殖业、采矿业等）为主的国家或地区在出售资源，而多数工业化即第二次产业为主的国家或地区，则是将资源通过技术生产出各种工业产品并出口；但少数发达国家则是占据品牌高地，将生产过程更多地委托给后发的工业化国家，自己通过品牌优势取得市场定价权，从而实现品牌溢价带来的经济增长。

在中国的税制中，以疫情前的 2018 年为例，增值税已占据税收总额的 45.7%。增值税是以商品（含应税劳务）在流转过程中产生的增值额作为计税依据而征收的一种流转税。从计税原理上说，增值税是对商品生产、流通、劳务服务中多个环节的新增价值或商品的附加值征收的一种流转税。实行价外税，即由消费者负担，有增值才征税没增值不征税。故无论是从国家层面还是从区域层面，要增加增值税的税收，前提是获得增值能力。例如，山东 JN 县具有花生种植的条件，从而花生具备了规模优势资源。在此基础上，该县成立了几家花生油生产企业，花生油成为了工业化产品。但 JN 县的花生油缺乏品牌效应，难以在零售市场上销售，而是将所产优质花生油出售给外地一家具有很强品牌效应的花生油企业 L。而 L 企业直接在全国超市销售，从而获得的增值空间远远大于 JN 县的花生油企业。由此一来，JN 县通过花生油增值来获得的增值税当然就低于 L 企业带给所在县市的增值税。本书认为，每个区域不可能都实现工业化尤其是重化工产业，但每个区域都可通过品牌化来实现增值空间，从而获得更多的增值税，以用于促进区域社会发展。

7.1.3　品类对模型

在市场竞争中，对后来者而言，总是存在在位者的竞争。为此，很多后来者总是希望赶超在位者，问题是如何赶超呢？本书认为，若在位者的品类是 A，且目标消费者对该品类的选择成本 $C_c(A)=0$。即目标消费者对品类 A 已形成了品牌认知，则后来者无论怎样模仿，也无法取代品类 A。故通过模仿来赶超，后来者即使在质量上可能更好，但在目标消费者心里，品类 A 仍然是首选。这种现象我们称其为品牌壁垒（Brand Barrier）。则此时在目标顾客心理建立了品牌壁垒，设品牌壁垒为 B_b，当 $B_b=1$ 时，品牌壁垒强度最强，当 $B_b=0$ 时，品牌壁垒不存在。

面对在位者的品牌壁垒，后来者应该采取什么策略呢？本书认为应采取与在位者相对立的品类创新策略。为此，需要首先证明存在品类 A，一定存在品类 -A。对此可采取反证法来予以证明，即若在位者存在品类 A，只有采取品类 -A 时，才能突破在位者的品牌壁垒，则存在品类 -A。在实践中，如何实现品类 -A，就成为技术问题。

设商品为 G，在位者占据品类 A。设后来者的品类为 B，B 与 A 的相似系数为 α，则 $B=\alpha A$。相似系数 α 可以消费者为对象，通过实验测试来获得，且 $\alpha \in [1, -1]$。

当 $\alpha=1$ 时，表示 $B=\alpha A=A$，即后来者采取与在位者完全一样的品类，属于品类模仿，后来者或许能一点就通且一通百通，但最大可能是通过降低价格来夺取在位者的市场。一点就通的前提是得有人点，由此就始终处于追赶的状态。

当 $\alpha=-1$ 时，表示 $B=\alpha A=-A$，即后来者采取与在位者完全相反的品类，属于品类对立。意味着后来者另辟蹊径。例如，作为在位者的阿迪达斯，所属品类是专业运动员的快跑鞋，作为后来者的耐克则针对普通人推出了慢跑鞋。两者构成了对立共存。

对商品 G 而言，在在位者已有品类 A 的条件下，定义品牌壁垒 $B_b(A)=A$，当后来者品类 B 出现时，因品类 A 已存在，故当后来者推出的品类 B 时，消费者将在两者之间进行比较，则定义品牌壁垒系数 $B_b(B \to A)=B_b(A)+B_b(B)=A+B=\alpha A+A=(1+\alpha)A$。若 $B_b(B \to A)=0$，表示后来者品类 B 突破了在位者品类 A 的品牌壁垒，意味着后来者能开辟出与在位者所在品类 A 不构成直接竞争的新的需求；反之，若 $B_b(B \to A)>0$，则表示后来者品类 B 未突破在位者品类 A 的品牌壁垒，后来者将受到在位者的强大压力。

则当且仅当 $\alpha=-1$ 时，$B_b(B \to A)=(1+\alpha)A=0$。表明当后来者品类 B 与在位者品类 A 完全对立时，后来者才能突破在位者的品牌壁垒。即对商品 G 而言，存在一个品类 A，一定存在一个与此对立的且能突破品类 A 构成的品牌壁垒的品类 -A。故若在位者已通过品类 A 在消费者心里形成了品牌壁垒，则后来者只有采取与品类 A 对立或相反的品类创新 -A，才能绕过品类 A 形成的品牌壁垒。

若当 $-1<\alpha<1$，则 $B_b(B \to A)=(1+\alpha)A>0$。即若后来者采取与在位者不同程度的模仿品类 B，则因在位者品类 A 形成的品牌壁垒的存在，导致品类 B 难以突破品类 A 所形成的品牌壁垒。若 $\alpha=1$，则 $B_b(B \to A)=(1+\alpha)A=2A=2B_b(A)$，即后来者的品类 B 完全与在位者品类 A 相同，则后来者品类 B 的品牌阻力将两倍于在位者品类 A。如此高的品牌壁垒，导致后来者的品类 B 难以发展壮大。

故对商品 G 来讲，突破品牌壁垒的品类总是成对存在的：有品类 A，一定有品类 -A。这种现象，我们称其为品类对（Oppositive Category）：$G(A_i, -A_i)$。i 表示商品 G 具有多个品类对，其中 i=1, 2, …, n。例如，对手表来讲，有机械表（A）和电子表（-A），机械表和电子表又各有高档（A）和低档（-A）。对轿车来讲，有豪华轿车（A）和经济轿车（-A），有城市车（A）和越野车（-A）等。对照相机来讲，有机械相机（A）和电子相机（-A），有感光胶卷相机（A）和数码相机（-A）。

每个品类都代表一个潜在的选择成本 $C_c=0$ 的需求。故对后来者而言，避免直接竞争的最优策略，就是采取与在位者所在品类 A 相反的品类 -A。与此同时，对在位者来讲，为了确保不被后来者蚕食市场，在占据了商品 G 的品类 A 时，一定要通过新商标，占领品类 -A。

假设在位者产品的品类是 A，其品牌信用度是 B_c^a，则后来者的策略有两个，要么是跟随，也提供品类 A 的产品；要么是对立，即提供品类是"-A"的产品。假设后来者提供的产品品类是 b，其品牌信用度是 B_c^a，则选择产品 b 的实际消费者数量 Q_b：

$$Q_b = Q_p f(B_c^a, B_c^b) = Q_p \frac{B_c^b}{B_c^a + B_c^b} = Q_p \frac{B_c^a(1-\alpha)}{B_c^a + B_c^a(1-\alpha)}$$

Q_p 是在价格为 p 时的消费者总数，α 为相似系数，$\alpha \in [1, -1]$

若 $\alpha=1$ 表示后来者的产品品类与在位者产品的品类是一致的，也即跟随。此时，$Q_b=0$，也即若后来者推出的产品与在位者推出的产品品类是一致的，则无人选择产品 b。

若 $\alpha=-1$，则表示后来者的产品品类与在位者产品的品类是完全对立的，则 $Q_b=0.67Q_p$。即若后来者采取与在位者供给的产品品类 A 相反的品类"-A"，则可获得价格在 p 时潜在消费者数量 2/3 的份额。若再加上原来喜欢品类 A 的顾客，也购买品类 -A，则最大顾客数量是品类 A 产品的 1.67 倍。

海飞丝进入中国时，当时的在位者是美加净和蜂花洗发液，但这两个商标均缺乏利益承诺的单一性，而海飞丝作出了单一利益点即去头屑的承诺并做到了此承诺，结果就要高价格赢得了整个洗发液的 40% 份额、去屑类的 80% 份额。

由此得出两个重要的推论：

推论 1：一个行业成熟的标志，是该行业存在"2+xN"个企业。其中，2 代表该行业由（A，-A）两个品类的大型企业分割市场，而由若干个即 x 个企业占据缝隙市场即 Niche。

推论 2：品类不相容性，也可称之为品类冲突性。也即占据品类"A"的厂商，不可能同时占据品类"-A"。否则，将极大地降低品牌信用度，从而极大地增加了目标顾客选择成本。比如，在案例 8.8 中，IBM 主推层状数据库（A）时，不可能再推网状数据库（-A）。

案例 7.1　最差的财富（节选）[①]

太行山上有个村盛产柿子，村里有位穷困的小伙子拿不出更换新品种的钱，只能收获全村最差的柿子。尽管他卖的价格最低，还是无人愿意买他的。他只好到城里一家餐馆打工。餐馆经营麻辣菜为主。每天傍晚老板都会去菜场买回许多商贩们卖剩下的最差的辣椒和花椒，用自己的独家手艺来熬制成麻辣酱。小伙子不解地问："老板，麻辣酱不是市场

---

① 陈亦权. 最差的财富 [J]. 特别关注，2010（9）：80.

上有得卖吗？您为何还要自己去做呢？再说您为何老是买那些最差的辣椒和花椒啊？"

本书认为，此小伙子虽然没学历，但他有学问：善于观察且思考，未来可期！问题是观察什么呢？应当观察反常的事物。因为反常的事物本身，隐含着不同寻常的内在规律。想想看，袁隆平先生从稻田一个特异稻株引发杂交水稻的研制，从被老鼠啃食的品种入手研制成功烟薯 25 号。①

老板笑笑说，"这些看上去辣椒花椒的外形是最难看的，但味道却是一样的，把这些最差的辣椒用最便宜的价格买回来做成最美味的麻辣酱，就能烹调出独一无二的美味菜肴，顾客被吸引了，我的财富也就来了。你说这些辣椒和花椒算不算是一种最差的财富？""最差的财富？"小伙子一听，心中一亮，"我家不正是有一批最差的柿树吗？那会不会也是一种财富呢？"他当下讨教，"老板，水果能做成酱吗？"老板说，"当然可啊，不过水果做成酱的话可能会以甜味为主。"小伙子听后暗暗琢磨怎样把最差的柿子也做成柿子酱。

本书认为，这就是触类旁通！而不会说辣椒是辣椒，柿子是柿子，两码事儿。不同事物之间的联系也即智慧所在。

到了当年的柿子采摘季节，他回到果园。拿了几个柿子洗净后去皮去籽，用小石磨将柿子磨碎，再加进一点天然香料后一闻，果然奇香无比。尝一尝味道也是异常浓郁，口感甜而不腻。当晚，他就用这点酱烧了"柿香红虾""酸甜柿味鸡"等，一尝味道十分独特。他当即把酱带给他的老板，老板试着烧了几道菜，连夸味道好。在老板的帮助下，他买了台中档的水果碾碎机，当第一批柿子酱生产出来以后，他带了一箱样品去了省城，跑了 50 余家超市和酒店，几乎所有的商家都对他的柿子酱产生了浓厚的兴趣，纷纷下了订单，最让他意想不到的是几个调味品批发商对他许下了诺言"只要包装再精美一点，这柿子酱有多少要多少，并且可做长期合作代销业务"。一个月以后，在太行山里的政府部门的帮助下，他的柿子酱走进省城、北京、上海等一些城市。

本书认为，柿子是品类（A），柿子酱就是品类（－A）。尤其值得注意的是几个调味品经销商说的"只要包装再精美一点，这柿子酱有多少要多少，并且可做长期合作代销业务"。据食客的利益 = 物质利益（美味）＋情感利益（快乐），柿子酱满足的是物质利益即美味，而精美的包装满足则是消费者们触景（包装）生情的情即快乐，就属于情感利益。

案例 7.2　大学生办慢递公司　寄件速度越慢收费越贵（节选）②

大学生创业已不再是什么新鲜事，但常州机电职业技术学院电气系的陈江瑶、汤洪波、吉彦军三名同学打起了"感情"牌，在快递"争分夺秒"的当下，反其道行之，瞅准了"寄信给未来"这一商机，创办了"羊羊慢递"，着实是件新鲜事。

---

① 金中心. 烟薯 25 诞生记：被老鼠咬了一口的 0579 十余年后成了"烤薯一哥"［EB/OL］. 北青网，www. YNET. com，2022 － 08 － 26.

② 壮丹丽，郭靖宇. 大学生办慢递公司　寄件速度越慢收费越贵［EB/OL］. 新华报业网 – 扬子晚报，www. xh-by. net，2010 － 10 － 25.

吉彦军同学告诉记者，现在大家在创业时，已不是简单地卖卖电话卡、游戏点卡那么简单，"我们另辟蹊径，成立了羊羊慢递，名字来源就是我们三个人都属羊"。被问及创业初衷，"90后"的陈江瑶发出感慨，"我们的慢递服务也是为了让大家在快节奏的生活中放慢下脚步，将感情、期望、怀想等封存在信件中，给自己的亲人、朋友一个惊喜，这是一个很美好的过程"。羊羊慢递的负责人汤洪波说，"慢递和快递一样，也是从事邮件和物品的投递业务，但'慢递'传递的是一份感情，投递的时间由寄信人自己决定，可是一月后、一年后，甚至更久以后，其间我们会帮顾客保管信件、物品，按顾客要求在未来的一个特定的时间把东西寄到目的地。"不过他告诉记者，快递一般都是越快越贵，而"慢递"的收费却恰恰相反，是越慢越贵，"一年是5块，两年是10块"。

本书认为，在此案例中，形成了两个品类对：一是快递的品类是（A），慢递的品类则是（－A）。二是快递的物品属于物质利益（A），而慢递的是发件者对收件者未来的祝福，属于情感利益（－A）。不管该慢递业务实际发展如何，但从品类对的角度，很有创意。

品类对模型不仅仅适用于品牌建设，也适用于原创性的科技研发。在2001年前后，整个世界的介孔材料几乎都属于无机材料。复旦大学的赵东元教授想发明更软更轻的有机介孔材料。历经多次失败后，2003年其研究生顾栋（现武汉大学教授）通过一种反常的方法进行了实验，取得了预期的效果。赵东元团队原创性地提出并实现了有机材料自组装的新设想，成为介孔材料领域的里程碑式成就。

在此实例中，也出现了两次品类对实践：第一次是赵东元教授在已有的无机介孔材料（A）的基础上，提出了有机介孔材料（－A）。第二次是实验方法，其他研究生采用常规实验方法（A），未取得有效结果，而顾栋采取的是反常（－A）方法，取得了有效结果。

高质量发展已成为了国家战略，在基本完成对西方发达国家跟随创新的条件下，决定中国未来发展空间的只能是原始创新。2023年9月7日下午，习近平总书记在哈尔滨主持召开新时代推动东北全面振兴座谈会时说，"积极培育新能源、新材料、先进制造、电子信息等战略性新兴产业，积极培育未来产业，加快形成新质生产力，增强发展新动能。"何为"新质生产力"？根据品类对模型，采取与在位者所属品类（A）相反的品类（－A）作为原始创新的方向，由此形成的新兴产业与未来产业，就是新质生产力。

7.2 企业增值的无形—品牌资产定理[①]

7.2.1 引言

在2020年5月14日，中共中央政治局常委会会议首次提出了双循环战略，而且特别

---

① 孙曰瑶，邵康. 企业价值、品牌信用与资产结构优化［J］. 经济研究参考，2021（5）：5－35. 本书进行补充。

指出以国内大循环为主体。在此战略背景下，国内企业必然需要进行运营战略的调整。而运营战略的转型，仅仅是手段，其目的依然是持续地增加企业价值。对国有资产而言，则是持续的增值保值。从企业都具备的资产负债表的角度看，运营转型无非有两个角度：一是右栏的资本结构优化，二是左栏的资产结构优化。

只要提到资本结构与企业价值，就绕不过 MM 定理。MM 定理有两个模型，开始的模型是无税模型，也即在无企业所得税的条件下，资本结构与企业价值无关，即 $V_L = V_U$。面对质疑，后来又提出了有税模型，即 $V_L = V_U + DT_C$（V_L 为有杠杆的企业价值，V_U 为无杠杆的企业价值，D 为负债，T_C 代为企业所得税）。其实，在有税模型中，在经济实践中，是存在诸如几免几减或先缴后退之类的税收优惠政策的，类似于 $T_C = 0$。即使有企业所得税，负债 D 的额度也不可能无限增加，因为银行采取的更多的是企业资产抵押贷款，即企业未抵押资产的多少，决定了贷款等负债多少。故增加的因举债而节省税赋利息税盾项是很有限的。

对 MM 定理的诸多关注，基本都忽略了该定理的真正用意。从表面上看，MM 定理是在讨论资本结构与企业价值的无关或关系不大。但在实际上，是由此而得出基于提高企业价值的企业运营的重点，应该是从资产负债表的右栏也即资本栏，转型到左栏，即资产结构的优化。

但究竟该如何优化，才能持续地增加企业价值，尽管有诸多基于样本的计量分析，但至今尚未给出明确的数理逻辑即因果性证明，也即缺乏一般意义的因果性标准。从而也就无法给出判断运营实践活动究竟是否正确的标准。在给定条件下，若缺乏明确的数理逻辑证明，从而获得因果性模型，即使有再多的选定样本的计量研究，得出来的结论也依然属于枚举法逻辑，无法给出一般意义。即实证研究只能证伪理论，但不能证实理论[①]。若"事实说明一切"是成立的，则哥德巴赫猜想最后一步即"1 + 1"，也就不需要证明了。故从数理逻辑得出而非基于经验数据的计量枚举，来证明企业运营究竟该如何通过优化资产结构，来增加企业价值，就成为指导国内企业实施双循环战略的充分必要条件了。

企业运营转型实践，最基本的行为就是投资。而投资主要分为两种形式，即通过金融市场的股权购买投资与直接投资。究竟该如何选择，至今依据的指标主要有两个，一是市净率 PB，二是托宾 Q 值。

市净率 PB 值的计算，是将企业的每股股价除以每股净资产。这两个指标的数据比较容易可靠的获取。每股股价反映的是金融市场对企业的定价，而每股净资产则是财务标准对企业的定价。若 PB > 1，表明企业可通过股市募集更多资金用于发展。若 PB < 1，则表明企业主要需要通过直接投资来发展。

托宾 Q 值的计算，是将企业的金融市场价值除以该企业重置成本，依然是把企业的金融市场价值和财务价值结合起来。通过两者的比值来判断如何进行企业投资战略。当 TQ > 1 时，随着企业金融市场价值的增加，企业在金融市场可募集更多的资金，用于直接

---

① 在 4×10^{18} 范围的数域内，每个偶数都等于两个素数之和，但也不能因此证明哥德巴赫猜想。

投资，从而形成良性的企业运营。当 TQ <1 时，则通过直接投资更有利。在实际进行托宾 Q 值的测算时，考虑到重置成本获取的困难，故可近似地采用总资产来代替重置成本。

显然，这两个指标虽然有差异，但设计的思路是一致的，都是将企业的外部金融市场价值和内部的财务价值进行比对，从而来判断企业该采取股权投资还是直接投资。但无论是基于市净率 PB 计算的企业价值，还是基于托宾 Q 值计算的企业价值，在计算之前，企业如何优化资产结构，需要给出一个更具一般意义的数理逻辑证明。为此，本节将给出在过剩市场条件下，持续增加企业价值的资产结构优化路径的数理逻辑证明。

为了表明在已有研究中，对资产结构优化此问题至今尚未给出明确的数理逻辑证明，我们进行了文献梳理[①]。包括资本结构与企业价值的关系研究、资产结构与企业价值的关系研究，通过对已有参考文献的梳理，得出的基本结论是：现有的基于资产结构优化的企业价值提升研究，基本都是基于财务数据给出的样本研究，都缺乏严格的数理逻辑证明，从而使得出来的研究结论，严格的限定在给定的样本条件下。

具体而言，有以下两个体现。

第一，关于资产结构优化。现有的研究通过理论和实证证明了资产结构和企业绩效、企业价值具有相关关系，在不同的行业这种关系略有不同。对于无形资产对企业价值的研究结论大多数是正向推动作用。但由此所得出的结论，主要是依据所选择样本而进行的计量分析，即属于经验研究，从而使这类研究受限于样本约束，不具备一般意义。因为从眼前飞过的 100 只天鹅是白色的，也无法保证第 101 只天鹅也是白色的。这就是为何需要给定条件下的数理逻辑证明，从而得出给定条件下的一般意义。正是由此得出的一般意义也即因果性的数理证明，才能用来验证实践是否具备合理性。

第二，关于品牌资产研究。目前，尽管诸多研究得出了诸多的品牌价值数据，但所给出的品牌价值数据至今尚未得到正式的认可，因为尚无哪个银行等金融机构会根据这样的品牌价值给予相关企业以抵押或信用贷款。根本原因是，这样得出来的品牌价值估值的基础就是错误的。此错误的基础就是把商标与品牌混为一谈。即使是驰名商标，与品牌也有严格的区分。2021 年 1 月 18 日，某饮料驰名商标所属企业在港交所终止交易，还有更多的曾经的央视标王也即驰名商标，也都纷纷不知所踪。这些众多的实例，导致了金融机构不认可各类机构给出的品牌价值，也就在情理之中了。本书的研究所依据的品牌溢价机制，恰恰建立在将商标与品牌进行严格区别的基础上的。

故基于以上分析，将从企业价值、品牌信用与资产结构的数理逻辑证明，从而得出能持续最大化地增加企业价值的资产结构优化路径一般意义的因果解。

7.2.2　资产结构优化路径的数理逻辑证明

基于双循环战略基础上的企业资产结构优化运营转型，在给定条件下，为何一定要通过数理逻辑证明而得出的一般意义解？这是为了避免企业运营转型实践中可能出现盲目性

---

① 孙曰瑶，邵康. 企业价值、品牌信用与资产结构优化 [J]. 经济研究参考，2021 (5)：5 - 35. 本书进行了补充。

或机会主义行为。所谓不忘初心的"初心"，指的就是这样的一般意义解。常言的万变不离其宗的"宗"，也即初心或一般意义解。只有掌握了此一般意义解，才能以不变（一般意义解）来应万变（各个企业的具体情况）。

在进行数量逻辑证明之前，首先需设定，企业运营所进行的资产结构优化，目的是增加企业价值。而企业价值的测算，可从托宾 Q 值和市净率 PB 两个角度。为此，下面从这两个指标开始，分别独立地推导资产结构优化的理论路径，以展开各自的数理逻辑证明。

为此，首先分析托宾 Q 值与 PB 值的关系。设某企业的总股数是 W，且全部通过股市流通，其股价为 P，总资产为 T_a，总负债为 T_l，根据定义，托宾 Q 值以 TQ 代表，市净率以 PB 代表，按两个指标的定义，给出表达式如下：

$$TQ = \frac{V}{T_a} = \frac{WP}{T_a}, \quad PB = \frac{P}{\frac{T_a - T_l}{W}} = \frac{WP}{T_a - T_l}$$

设资产负债率为 F，则：

$$\frac{TQ}{PB} = \frac{\frac{WP}{T_a}}{\frac{WP}{T_a - T_l}} = \frac{T_a - T_l}{T_a} = 1 - \frac{T_l}{T_a} = 1 - F$$

故得：

$$TQ = (1 - F)PB \tag{7-1}$$

式（7-1）属于确定的。在下文的数理逻辑推导中，将对 TQ 和 PB 分开独立推导。最后，再将 TQ 除以 PB，若得出的结论等于式（7-1），则表明整个推理过程是正确的。

假设某个时点的股价是 P，且 $P = \frac{A}{i}$，A 为每股收益值，i 为投资者满意的收益率。

则该企业的该时点的企业价值 V 是：

$$V = WP = \frac{WA}{i} \tag{7-2}$$

在此，i 并非银行利率，而是投资者满意的收益率，属于一个基本稳定值。比如，某著名投资家将其确定为 15%，然后根据每股收益值 A，来确定股价 P。

设企业税后利润是 R，顾客购买企业产品或服务的意愿价格为 P_d，运营总成本为 C_t，则：

$$R = QP_d - C_t \tag{7-3}$$

则每股收益 A：

$$A = \frac{R}{W} = \frac{QP_d - C_t}{W} \tag{7-4}$$

在此所提到的意愿价格 P_d，是指企业所生产的产品或服务，被目标顾客因快乐情感而接受的溢价价格。该价格由两个部分组成。

第一，质量价格 P_q，是指在满足一定质量标准下企业给出的定价，该定价企业当然要考虑到市场的供求关系。但更主要的是基于法定的产品质量标准，并以此为法律依据，在

品牌经济学

确定成本之后，按一定的毛利润加价即得出 P_q。但在过剩市场条件下，同行企业之间习惯性地展开价格竞争，直至进入行业平均利润率状态，然后进入行业集中度提高的兼并阶段。在此阶段，更多的企业当然不会提高产品质量，因为这意味着成本的增加，利润的减少。

在现实中，质量价格具体表现为三种情况：一是无商标的代工价格，即据委托方的质量要求所生产出来的产品；二是虽有商标但只能按等于或低于行业平均价格销售的产品；三是拟进行品牌建设时的基准期的产品价格。在过剩市场中，同质化的产品很难取得技术红利或新品红利，故实际成交价格即可作为质量价格 P_q。

第二，顾客基于快乐所带来的情感溢价，设通过以商标为载体带给目标顾客的快乐度为 $h(h \in [0, 1])$，则存在一个溢价的情感价格为 $\frac{h}{1-h}P_q$，则目标顾客的意愿价格 P_d：

$$P_d = P_q + \frac{h}{1-h}P_q = \frac{P_q}{1-h} \tag{7-5}$$

显然，若 $h = 0$，则 $P_d = P_q$，厂商将服从所属行业市场的价格竞争。若能换个思路，从情感利益入手，给目标顾客带来足够高的快乐度，即 $h \to 1$，则 $P_d \to \infty P_q$。在这个基础上，企业才有能力不断提高产品质量，不断加大投入进行新产品技术研发，并购买更好的产品质量检测设备。经济史告诉我们，能活下来的企业，并不是那些低价企业，而恰恰是高价企业。其原理就在于，那些消失的大量的低价企业，仅仅关注了产品功能带给目标顾客的物质利益，而发展时间更长的高价企业，恰恰是因为持久满足了目标顾客的情感利益。

在过剩市场条件下，有形资产或产品的物质利益，给顾客带来的需求的满足是边际递减的；而能满足顾客快乐欲望的情感利益，给顾客带来的美好体验却是边际递增的。故从有形资产的运营，转型到基于有形资产的无形资产运营，才更能解决我国新的社会主要矛盾，也即人民日益增长的美好生活需要和不平衡不充分的发展之间的矛盾。

设商标的品牌信用度为 B_c 且 $B_c \in [0, 1]$（在实际测算时，使用商标的品牌信用指数 TBCI，故 TBCI = B_c）。品牌信用度是指厂商通过商标向目标顾客做出并做到某个单一利益点承诺的程度。

品牌经济学的基础是选择成本 C_c，其基本定义是指在目标顾客通过交易费用获取备选集之后，从中择其一所投入的时间费用。当且仅当选择成本 $C_c = 0$ 时，目标顾客的快乐度 $h = 1$，从而产生溢价购买。当且仅当品牌信用度 $B_c = 1$ 时，选择成本 $C_c = 0$。

考虑到 $h \in [0, 1]$，且选择成本 $C_c \in [0, \infty]$，据式（3-3）可得 $h = e^{-C_c}$。

将式（1-3）即 $C_c = \frac{1-B_c}{B_c}$，代入公式 $h = e^{-C_c}$，则：$h = e^{\frac{B_c-1}{B_c}}$。将其代入式（7-5）也即目标顾客意愿价格 P_d 后，则得：

$$P_d = \frac{P_q}{1-h} = \frac{P_q}{1-e^{\frac{B_c-1}{B_c}}} \tag{7-6}$$

将目标顾客的意愿价格 P_d 即式（7-6）代入利润方程即式（7-3），则得：

$$R = QP_d - C_t = \frac{QP_q}{1-e^{\frac{B_c-1}{B_c}}} - C_t \tag{7-7}$$

将式（7-7）代入每股收益公式即式（7-4），则每股收益 A：

$$A = \frac{QP_d - C_t}{W} = \frac{QP_q}{W(1 - e^{\frac{B_c - 1}{B_c}})} - \frac{C_t}{W} \qquad (7-8)$$

则每股股价 P：

$$P = \frac{A}{i} = \frac{QP_q}{iW(1 - e^{\frac{B_c - 1}{B_c}})} - \frac{C_t}{iW} \qquad (7-9)$$

将式（7-8）代入式（7-2），则得企业的金融市场价值 V：

$$V = WP = \frac{W}{i}A = \frac{W}{i}\left[\frac{QP_q}{W(1 - e^{\frac{B_c - 1}{B_c}})} - \frac{C_t}{W}\right] = \frac{QP_q}{i(1 - e^{\frac{B_c - 1}{B_c}})} - \frac{C_t}{i} \qquad (7-10)$$

设产能 Q、产品质量价格 P_q、投资收益率 i、总成本 C_t 给定的条件下，只考虑品牌信用 B_c，则：若 $B_c = 0$，则企业价值 V：

$$V = \frac{QP_q - C_t}{i} \qquad (7-11)$$

在此情况下，企业价值直接取决产品的成本价格 P_q。在过剩市场的条件下，产品同质化很容易形成，在这样的市场中，按古典经济学的观点，顾客选择最低价格的产品或服务，即求 $minP_q$，从而导致进入微利状态。在此情况下，企业价值 V 的增加，就只能是降低成本 C_t 了。问题是成本的降低总是有限的，超过一定的限度，就会导致产品质量出现问题，从而进入恶性循环。若通过品牌建设，使商标的品牌信用度 $B_c \rightarrow 1$，则企业价值 V：

$$V \Rightarrow \infty \frac{QP_q - C_t}{i} \qquad (7-12)$$

假设商标的品牌信用度 B_c 分别是 0.2、0.6、0.8、0.90、0.96、0.99，则企业价值的增加系数分别是：1.02、2.0、4.52、9.5、24.5、99.44 倍。这种增加能力是其他经营要素所难以达到的。即品牌信用度的提升，对企业金融市场价值的增加，是效率最高的。

在此情况下，企业可通过增加质量成本，包括改进工艺、采购优质原料或零部件、购买先进的检测设备，确保产品质量。

在企业的资产结构中，可划分为两类，即有形资产和无形资产。在现有的财务报表中，无形资产项下的主要构成是四项，即土地使用权、专利技术权益、商标权益、软件权益。因为缺乏明确的会计规定，实际的做法是将费用列入。比如，将技术研发费用，列为技术资产；将广告以及部分市场费用，列为商标资产。

国内企业的土地使用权有明确的时限（40~50 年），而专利技术权益及软件权益，存在着显著的边际递减和时效性，原因是竞争的同行很快就能通过模仿，推出同质化产品，从而又陷于价格竞争。在经营实践中，专利技术权益更多的是一次性转让收入或一次性的购买。这三项无形资产都不符合会计准则关于持续性经营的基本假设。只有商标特许经营，是按销售收入的占比来分享的，从而具有持续性的影响。唯一具备法律上的能持续经营的要素是企业自己的注册商标。比如，史努比的商标特许收益是按产品销售收入的 5%来分享，而 Kitty 猫则是按销售收入的 3.5%分享，从而带来持久的权益收益也即无形资产。

故在无形资产中，有必要将以商标为载体的品牌资产单独提出来。在现实中，基于注册商标的 IP 特许授权中，特许收费的基本模式是约定时间，比如，1 年或 3 年等内，收取一个固定的授权费，比如，每三年 100 万元，然后按照实际销售额提取约定的比例。约定时间内的固定授权收费的多少，直接取决于所授权的商标或 IP 的品牌信用度 B_c，其品牌信用度越高，约定时间内的固定特许收费越高。对于企业内部而言，不存在约定时间内的固定授权收费，故在此只考虑按照实际销售额的提取比例。

设注册商标所有者，按销售收入 QP_q 的百分比提取也即比例分成，来作为商标权益，列入无形资产项下，设其百分比为 β，则每年的商标权益收入也即品牌资产价值是 V_b，则：$V_b = \beta QP_q$，由此得出：$QP_q = \dfrac{V_b}{\beta}$，将其代入企业金融市场价值公式即式（7-9），则：

$$V = \frac{QP_q}{i(1 - e^{\frac{B_c - 1}{B_c}})} - \frac{C_t}{i} = \frac{V_b}{i\beta(1 - e^{\frac{B_c - 1}{B_c}})} - \frac{C_t}{i} \qquad (7-13)$$

需要说明的是，之所以按 QP_q 来计算商标授权收益，是因为可将 P_q 作为实际成交价来计算销售收入。强调的是，在现有的企业财务数据中，β 值是未体现的，但可根据企业实际进行折算。折算的基本方式是将企业实际投入的市场费用、促销费用、广告费用等三项费用总额占销售收入的比值，可近似地确定为企业内部品牌权益分成比例 β 值。

在实际确定商标权益 β 值时，还需要考虑同行业其他厂商的竞争性，行业竞争越强，β 值越低。例如，去头屑的海飞丝，其品牌信用度确实很高。其所定零售价尽管比较高，但也只能高出竞品的一定比例，否则，也将减少销量。从商标特许授权的角度看，也是如此。降低 β 值，得到授权的厂商数量或范围可能更大，带来的授权收入总量能更高，从而更能通过范围经济来提高企业价值。这也是后来者的竞争策略。诞生于 1974 年的 Kitty 授权 β 值是 3.5%，而早在 1950 年就推向市场的 Snoopy 授权 β 值是 5%。也正因为 Kitty 的授权收入 β 值低于 Snoopy 的，故得到了更多厂商的使用，从而成为世界衍生品销售额最大的单一 IP 形象。2022 年，Kitty 的衍生品销售额高达 845 亿美元。

事实上，QP_q 类似于无商标条件下的代工销售收入。引入以商标为载体的品牌后，是为了获取高于 QP_q 的收入 QP_d，且 $QP_d > QP_q$。为此而支付或提取 β 作为品牌资产。否则，若按 QP_d 提取或支付 β，则可将该笔支出转化为自己进行商标注册以及品牌建设费用。故按 QP_q 为提取或支付基准是一个均衡解。

在商标特许经营中，商标授权方和被授权方，都会考虑到竞争的存在。对加盟连锁类特许经营而言，被授权方的价格由授权方规定，则经营的重点从价格转到销量。对单纯的卡通类 IP 特许经营而言，被授权方虽有定价权，但在过剩市场中，更重要的经营思路是增加销量。对企业内部而言，可将商标特许收益归于财务部，并按实际销售收入 QP_q 来收取 β 比例的商标权益，且将其列入当期的无形资产项内。

设无形资产为 V_i，基于商标的品牌资产 V_b 占无形资产总额的比值是 λ，则 $V_b = \lambda V_i$，令无形资产 V_i 占总资产 T_a 的比值为 k，即：$k = \dfrac{V_i}{T_a} = \dfrac{V_b}{\lambda T_a}$，则得出：$V_b = k\lambda T_a$，将其代入式（7-13），则得出：

$$V = \frac{V_b}{i\beta(1 - e^{\frac{B_c - 1}{B_c}})} - \frac{C_t}{i} = \frac{k\lambda T_a}{i\beta(1 - e^{\frac{B_c - 1}{B_c}})} - \frac{C_t}{i} \tag{7-14}$$

由式（7-14）可直观地看出，在企业总资产 T_a 一定的条件下，在总成本 C_t、品牌信用度 B_c、满意收益率 i、商标权益收益率 β、品牌资产在无形资产中占比 λ 一定的条件下，增加企业金融市场价值的主要路径，就是提高以商标权益为主的无形资产在企业总资产中的占比 k。

若无形资产占比 k 再一定，则可通过提高商标的品牌信用度 B_c 来增加企业价值。据托宾 Q 值定义，托宾 Q 值的严格计算，是对企业总资产进行重置成本计算，但在实际测试时，重置成本非常困难，故用总资产予以代替。则：

$$TQ = \frac{V}{T_a} = \frac{k\lambda}{i\beta(1 - e^{\frac{B_c - 1}{B_c}})} - \frac{C_t}{iT_a} \tag{7-15}$$

显然，托宾 Q 值与无形资产占比 K、品牌资产占比 λ 成正比。由此可见，那些注重提高无形资产占比 K、在无形资产中品牌资产占比 λ 的企业，将带来更大的金融市场价值。从而可以通过在金融市场持续募集资金，用于企业发展。在企业实际运营中，存在轻资产运营的模式。尤其是类似 Snoopy、Kitty 猫、喜羊羊之类的卡通商标授权类企业，更是把有形资产做到了接近零。而耐克公司、苹果公司，也是以无形资产为主。为此，在式（7-15）的基础上，可进一步进行推导。

因总资产 $T_a = \frac{V_i}{k}$，将其代入托宾 Q 式（7-15）后得：

$$TQ = \frac{V}{T_a} = \frac{\lambda k}{i\beta(1 - e^{\frac{B_c - 1}{B_c}})} - \frac{C_t}{iT_a} = \frac{\lambda k}{i\beta(1 - e^{\frac{B_c - 1}{B_c}})} - \frac{kC_t}{iV_i} = \frac{k}{i}\left[\frac{\lambda}{\beta(1 - e^{\frac{B_c - 1}{B_c}})} - \frac{C_t}{V_i}\right]$$
$$\tag{7-16}$$

由式（7-16）可见，企业总资产中的无形资产 V_i 越大，$\frac{C_t}{iV_i}$ 越小，则 TQ 值越大。因 $dTQ/dV_i > 0$，$d^2TQ/d^2V_i < 0$，故 V_i 与 TQ 之间属于单调递增的凸函数。所以在进行计量回归时，V_i 项应做平方处理。

在此，需进一步分析 β 值。在未得出式（7-16）时，感性认为 β 值越大越好，但从式（7-16）可见，恰恰与感性认识相反，β 值越小，TQ 值越大。原因有三个。

第一，从企业内部而言，随着其商标的品牌信用度的提高，广告费、促销费、市场费用合计对销售收入的占比即 β 值等越低，直接提高了盈利能力，进而 TQ 值即企业价值越能增加。相反，若以三项费用对销售收入的占比即 β 值越大，恰恰可以反推出企业商标的品牌信用度太低。同时，据式（7-16）可见，越大的 β 值，企业 TQ 值即企业价值越低。

第二，若企业的商标或 IP 具备了对外特许授权的能力，在多个 IP 之间存在竞争的条件下，β 值的降低，能扩大申请授权的厂商和品类数量，即通过扩大特许品类空间，实现范围经济，反而能够增加授权收入。从实践来看，Snoopy 的特许授权收入比例即 $\beta = 5\%$，而 Kitty 的授权收入比例为其 70%，即 3.5%。结果是，诞生于 1950 年的 Snoopy，到 2023

年底的累计授权收入为 144 亿美元，而诞生于 1974 年的 Kitty 猫累计授权收入是 283 亿美元，是 Snoopy 的两倍。

第三，通过降低 β 值来扩大授权品类空间从而实现范围经济，意味着能授权的商标或卡通 IP 的品牌信用度必须是足够的高，并且是突出情感利益。可借鉴的实例是英国作为嬉皮士文化象征的品牌维珍即 Virgin；另一个是工程机械卡特彼勒，将其商标 CAT 授权给狐狼公司，该公司为此投入 4000 万美元设计与推广 CAT 鞋，并从鞋类推广到服装等诸多品类。

在此三个原因基础上，尚需进一步论证。IP 的授权费的收取，主要有两种方式，一是买断制，二是比例分成。设企业的 IP 授权收入为 R_{ip}。

第一，买断制的授权费收取方式，属于固定授权费。厂商 x 在进行 IP 授权时，如何确定固定授权费 R_f^x？设作为基准竞争者 m 的 IP 固定授权费收入为 R_f^m，其品牌信用度为 B_c^m。则厂商 x 的 IP 授权固定授权费 R_f^x，与所授权 IP 的品牌信用度 B_c^x、参与授权的竞争者 m 的 B_c^m 及其固定授权费用 R_f^m 有关，即 $R_f^x = R_f^m f(B_c^x, B_c^m)$。则厂商 x 的 IP 的理论固定授权费 R_f^x 的收取，在竞争者厂商 m 的固定授权费用 R_f^m 基础上，就由其品牌信用度 B_c^x 与竞争者 m 的品牌信用度 B_c^m 之比值决定。即：$R_f^x = R_f^m \dfrac{B_c^x}{B_c^m}$。

设厂商 x 在进行 R_f 定价时，所参考的竞争厂商 m 的固定授权费 $R_f^m = 100$ 万元，$B_c^m = 0.80$。若厂商 x 的品牌信用度 $B_c^x = 0.4$，则 $R_f^x = 100 \times 0.4/0.8 = 100 \times 0.5 = 50$ 万元。若厂商 x 的品牌信用度从 0.4 提升到 0.6，即 $B_c^x = 0.60$，代入上式得：$R_f^x = 100 \times 0.6/0.8 = 100 \times 0.75 = 75$ 万元。

因此，对厂商 x 而言，提升自己的 IP 的品牌信用度 B_c^x，从 0.4 到 0.6，尽管只增加了 0.2，但固定授权费用可增加 75 – 50 = 25 万元。若能够对外授权 100 个厂商，可增加 2500 万元的固定授权收入。当固定授权费用 R_f^x 一定的条件下，获得更多的企业申请授权，才能增加授权费用 R_{ip} 的增加，即 $R_{ip} = \sum_{i=1}^{n} R_f^x(i)$。显然，通过降低 R_f^x，可以增加申请授权的企业数量 n。从实际市场运作来看，对厂商 x 而言，提高品牌信用度 B_c^x 的同时，降低 R_f^x，将极大地增加申请数量 n，从而提高总的授权收费 R_{ip}，如图 7.1 所示。

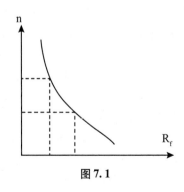

图 7.1

第7章 价值实现的品牌信用机制

从授权覆盖的角度，对厂商 x 而言，若采取买断制获取固定授权费 R_f，申请授权企业数量 n 越多，厂商 x 的 IP 市场覆盖度越广，对自身 IP 的提升越大。

基于固定授权收费的买断制，主要是与某个企业签订的总体合约，该企业内部有多个品类，都可以使用厂商 x 的 IP。从申请授权方而言，类似于规模经济。所以，所授权 IP 的品牌信用度 B_c，直接决定了其固定授权费用 R_f 即规模经济的实现。

第二，比例分成收费方式。基于被授权方销售收入的分成比例为 β。则 $R_{ip} = \sum_{i=1}^{n} \beta Q_i P_q^i$。在实际按照比例分成授权时，更多是按照品类签约。比如，申请厂商 x 的 IP 的厂商 A，其内部可能有 n 个品类，厂商 x 与厂商 A 根据品类数量 n 逐个进行授权并按照销量比例进行比例分成。因此，对厂商 x 而言，通过降低授权提取比例 β 值，来尽可能扩大授权品类空间，可以更大地实现范围经济（见图 7.2）。

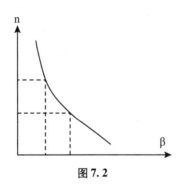

图 7.2

对厂商 x 而言，无论是采取买断制授权固定授权费 R_f^x，还是采取比例分成 β 的收费方式，都要高度关注申请授权的企业数量 n 或授权品类 n。随着申请授权的数量 n 的增加，将出现马太效应：数量 n 越多，产生的授权效应越强，由此实现的范围经济也就越强。

据式（7 – 16），引出定理 1：在过剩市场条件下，企业资产结构中的无形资产占比 k，对增加企业价值具有决定性的作用，从而成为企业优化资产结构的关键所在。可称其为无形资产占比定理。[①]

对完全靠商标特许经营的企业而言，例如，酒店管理公司、连锁品牌经营（如麦当劳等），运营成本可做到近似为零，也即 $C_t \rightarrow 0$，则 $k \rightarrow 1$，$\lambda \rightarrow 1$，得：

$$TQ = \frac{1}{\beta(1 - e^{\frac{B_c - 1}{B_c}})} - \frac{C_t}{V_i} = \frac{1}{i\beta(1 - e^{\frac{B_c - 1}{B_c}})} \tag{7 – 17}$$

则可知商标的品牌信用度 B_c 越高，TQ 值越大。

在商标特许权益比例 β 达成竞争均衡的条件下，也即 β 值确定的条件下，考虑到无论是增加品牌资产在无形资产中的占比 λ，还是增加商标的品牌信用度 B_c，或者两者同时增

---

① 施东辉在 2021 – 01 – 07 澎湃新闻 "超级公司的崛起与美国经济的'迷思'" 中指出 "无形资产投资在美国经济中扮演越来越重要的角色，可能也是推动通胀走低的原因之一"。

加，都能增强企业价值，故定义品牌资产强度 S_b，且 $S_b = \dfrac{\lambda}{\beta(1 - e^{\frac{B_c-1}{B_c}})}$。

由此得出定理 2：在过剩市场条件下，企业优化无形资产结构的关键，是不断提高基于商标的品牌资产占比 λ，尤其是持续提升或保持足够高的所持商标的品牌信用度 B_c。同时，通过降低授权收入分成比例 β 来扩大授权品类以实现范围经济，是强化企业价值持久增值的关键。可称其为品牌资产强度定理。

同时，企业总存在一定的运营成本 C_t，其对企业价值是减项。但除以无形资产 V_i 后，运营成本 C_t 对企业价值的减项程度大大降低，故定义无形资产强度 S_i，且 $S_i = -\dfrac{C_t}{V_i}$。

由此引出定理 3：在过剩市场条件下，应对企业运营成本持续走高对企业价值所带来的负面冲击的最佳策略，是增加无形资产的决绝值。无形资产额度越大，对运营成本项的弱化越大，从而能强化企业价值的增加。可称其为无形资产强度定理。

将这三个定理，合称为无形—品牌资产定理。将品牌资产强度 S_b、无形资产强度 S_i，分别代入式（7 - 16），得：

$$TQ = \frac{V}{T_a} = k\left[\frac{\lambda}{i\beta(1 - e^{\frac{B_c-1}{B_c}})} - \frac{C_t}{iV_i}\right] = \frac{k}{i}(S_b + S_i) \qquad (7-18)$$

若假设有形资产占比为 g，则 k + g = 1，将 k = 1 - g。代入式（7 - 18）后，得式（7 - 19）。可以看出，有形资产占比 g 与 TQ 值存在负相关。

$$TQ = \frac{V}{T_a} = \frac{k}{i}\left[\frac{\lambda}{\beta(1 - e^{\frac{B_c-1}{B_c}})} - \frac{C_t}{V_i}\right] = \frac{1-g}{i}(S_b + S_i) \qquad (7-19)$$

由此得出推理：企业有形资产占比对企业价值呈现负相关的影响。在随后的实证案例研究表 7.1、表 7.2、表 7.3 中可见，有形资产尤其是固定资产占比与企业价值（TQ 或 PB）的回归系数皆为负值。

在谈到美国现代超级公司时，施东辉认为[①]：数字和信息革命在影响美国经济竞争格局方面发挥了重要作用，强化了"赢者通吃"的产业格局。信息产品和服务主要依赖无形资产投入（软件、数据、研究和开发），其生产成本几乎全部是固定成本。故一旦一家公司开发出了一种创新的信息服务或产品，它就可以进入全新的市场，获得新的客户，并以几乎零边际成本主宰市场。这一效应在信息技术产业尤为明显。例如，谷歌获得了美国所有互联网搜索市场份额的 88%，脸书控制了美国社交媒体的 42%，而苹果和谷歌则几乎垄断了所有的移动操作系统。

下面，再对市净率 PB 进行逻辑推导。设市净率为 PB，按其定义表达为：

$$PB = \frac{每股市价\ P}{每股净资产\ a} = \frac{P}{a} \qquad (7-20)$$

设总负债为 T_l，则 $a = \dfrac{T_a - T_l}{W}$，则：

---

① 施东辉. 超级公司的崛起与美国经济的"迷思"［EB/OL］. 澎湃新闻，2021 - 01 - 07。

$$PB = \frac{P}{a} = \frac{PW}{T_a - T_l} \tag{7-21}$$

将每股市价 P 式（7-9）代入式（7-21），则：

$$PB = \frac{PW}{T_a - T_l} = \frac{W}{T_a - T_l} * \left[\frac{QP_q}{iW(1 - e^{\frac{B_c - 1}{B_c}})} - \frac{C_t}{iW} \right]$$

$$= \frac{QP_q}{i(T_a - T_l)(1 - e^{\frac{B_c - 1}{B_c}})} - \frac{C_t}{i(T_a - T_l)} \tag{7-22}$$

由前定义知，$QP_q = \frac{V_b}{\beta}$，$k = \frac{V_i}{T_a}$，$V_i = \frac{V_b}{\lambda}$，则得：$QP_q = \frac{V_b}{\beta} = \frac{k\lambda T_a}{\beta}$，将其代入式（7-22），得：

$$PB = \frac{QP_q}{i(T_a - T_l)(1 - e^{\frac{B_c - 1}{B_c}})} - \frac{C_t}{i(T_a - T_l)}$$

$$= \frac{k\lambda T_a}{i\beta(T_a - T_l)(1 - e^{\frac{B_c - 1}{B_c}})} - \frac{C_t}{i(T_a - T_l)} \tag{7-23}$$

因资产负债率 $F = \frac{T_l}{T_a}$，则 $T_a - T_l = T_a - FT_a = T_a(1 - F)$，将其代入式（7-23）得：

$$PB = \frac{k\lambda T_a}{i\beta(T_a - T_l)(1 - e^{\frac{B_c - 1}{B_c}})} - \frac{C_t}{i(T_a - T_l)} = \frac{k\lambda T_a}{i\beta T_a(1 - F)(1 - e^{\frac{B_c - 1}{B_c}})} - \frac{C_t}{iT_a(1 - F)}$$

$$= \frac{1}{i(1 - F)}\left[\frac{\lambda k}{\beta(1 - e^{\frac{B_c - 1}{B_c}})} - \frac{C_t}{T_a} \right] \tag{7-24}$$

将 $T_a = \frac{V_i}{k}$，代入式（7-24）得：

$$PB = \frac{1}{i(1 - F)}\left[\frac{\lambda k}{\beta(1 - e^{\frac{B_c - 1}{B_c}})} - \frac{C_t}{T_a} \right] = \frac{1}{i(1 - F)}\left[\frac{\lambda k}{\beta(1 - e^{\frac{B_c - 1}{B_c}})} - \frac{C_t}{\frac{V_i}{k}} \right]$$

$$= \frac{k}{i(1 - F)}\left[\frac{\lambda}{\beta(1 - e^{\frac{B_c - 1}{B_c}})} - \frac{C_t}{V_i} \right] \tag{7-25}$$

将品牌资产强度 $S_b = \frac{\lambda}{\beta(1 - e^{\frac{B_c - 1}{B_c}})}$ 和无形资产强度 $S_i = -\frac{C_t}{V_i}$ 代入式（7-25）得：

$$PB = \frac{k}{i(1 - F)}\left[\frac{\lambda}{\beta(1 - e^{\frac{B_c - 1}{B_c}})} - \frac{C_t}{V_i} \right] = \frac{k}{i(1 - F)}(B_b + B_i) \tag{7-26}$$

将式（7-19）除以式（7-26）则得：

$$\frac{TQ}{PB} = \frac{\frac{k}{i}(B_b + B_i)}{\frac{k}{i(1 - F)}(B_b + B_i)} = 1 - F$$

移项整理后得：

$$TQ = (1 - F) PB \tag{7-27}$$

式（7-27）与式（7-1）是完全一致的，由此表明经过独立推导分别得出的 TQ 方程与 PB 方程的过程，是完全可靠的。否则，式（7-27）与式（7-1）一定会出现偏差。

显然，在使用市净率 PB 作为企业价值代替托宾 Q 值测量时，在资产负债率 F、总成本 C_t、满意收益率 i、商标特许授权按销售额的分享比例 β 一定的条件下，无形资产占比 k 越高，市净率 PB 也就越高。即无论是基于 TQ 值，还是基于 PB 值，测算的企业价值，资产结构优化的理论路径是一致的，都是提高无形资产占比，而在无形资产中，则是提高品牌资产占比。在两个占比一定的条件下，能迅速地提升企业价值的变量，就是基于商标的品牌信用度 B_c。故与其进行至今不被银行接受为抵押贷款标的物的品牌价值评估，不如按 TBCI 模型的技术标准与优化流程，提高能带来显著品牌溢价的品牌信用度 B_c。

对纯无形资产运用的企业而言，以市净率 PB 为指标测算的企业价值，得出的结果与托宾 Q 值方程是一样的。尤其是通过卡通或商标授权收益为收入的企业（如 Snoopy、某著名连锁快餐店等），都采取收取加盟费的做法，从而可以做到无负债经营。国内也有某著名家电企业和白酒企业，因其品牌信用度很高，不仅可以预收货款，从而也不存在负债，也即 F = 0。且即使有负债，但自有资金（超过 1000 亿元）远远超过其负债，也可以看作 F = 0。在这种情况下的企业资产全部是品牌资产也即无形资产，即 k = 1，λ = 1。而巨大的无形资产也将运营成本几乎全部消化了。则有：

$$PB = \frac{k}{i(1-F)} \left[\frac{\lambda}{\beta(1 - e^{\frac{B_c - 1}{B_c}})} - \frac{C_t}{V_i} \right] = \frac{1}{i\beta(1 - e^{\frac{B_c - 1}{B_c}})} \tag{7-28}$$

式（7-17）与式（7-28）是相同的，表明在纯无形资产运用的条件下，市净率 PB 计算结果与前面的托宾 Q 值计算结果是完全一致。当然，纯无形资产经营的企业属于特殊情况。但恰恰是这种特殊情况，却具有一般意义。在资产总额、负债总额、运营费用总额都一定的条件下，通过提高资产结构中的无形资产占比、在无形资产中则提高品牌资产的占比，无论是基于市净率 PB，还是基于托宾 Q 值，都是提高企业价值最佳的资产结构优化路径。

在过剩市场条件下，很容易进入技术与质量同质化的状态，不同企业的产品或服务之间的唯一差别，就是注册商标的不同。故将企业的注册商标此法律符号，建设成为目标顾客溢价选择的品牌，就成为影响企业金融市场价值的关键因素。

正如里克·莱兹伯斯所言[①]：1980 年以后，有关品牌的一个最重要的发展即为，管理者开始意识到，品牌一旦形成，就可代表企业的一部分价值。起初，这种观念只在金融分析家中流传；他们认为良好的品牌是企业未来收入的保证。

---

① 里克·莱兹伯斯，等. 品牌管理 [M]. 北京：机械工业出版社，2004.

他所说的仅是一种经验观察，而不是基于因果性的逻辑证明。本书的基本观点是，作为一个法律符号，商标本身不具备价值，从而不构成能在未来带来利润的资产属性。只有当商标所背书的产品或服务，使目标顾客乐于溢价选择，商标才能成为品牌。故具备了溢价效应的商标，才具备了资产属性。由此可见，对于企业而言，若要提高企业价值，在技术一定的条件下，最持久有效的策略是提高商标的品牌信用度，从而促进金融市场上企业价值的增加。故资产结构的优化方向，不是继续增加土地使用权，而是在技术研发的同时，不断地提高品牌信用度，从而持久地获取品牌溢价，以此促进企业价值的倍数增加。

7.2.3　资产结构与企业价值实证研究案例

1. 中国家电行业资产结构与企业价值的实证分析

从 20 世纪 90 年代以来，中国家电市场的一个巨大转变，就是国产家电基本取代了曾经占据中国市场的国外家电。这种转变是一种行业性的行为，通过揭示这种整体行为，来为中国实施双循环战略中的其他行业企业，进行资产结构优化，提供可靠的实践支持。邵康[1]给出了我国家电行业上市公司资产结构与企业价值的回归结果如表 7.1 所示。从中可见，无形资产占比与企业价值（TQ 值）呈正相关，且边际递增很大，与式（7 - 28）一致。而在有形资产中，固定资产、应收账款与企业价值皆呈负相关，与式（7 - 19）一致。但其他三项呈正相关，这与家电的强季节性的特性有关。

表 7.1　　　　　中国家电行业市净率固定效应回归结果（节选）

项目	（1）市净率	（2）市净率	（3）市净率	（4）市净率
货币资金占比	2.853 *** (1.102)	2.604 ** (1.130)	2.873 *** (0.745)	2.657 *** (0.766)
应收账款占比	- 2.431 (2.103)	- 1.381 (2.234)	- 4.601 *** (1.319)	- 2.824 ** (1.351)
存货占比	5.254 *** (1.922)	6.968 *** (1.854)	2.076 (1.618)	3.713 ** (1.651)
固定资产占比	- 6.912 *** (1.975)	- 5.396 *** (2.033)	- 5.394 *** (1.460)	- 1.753 (1.373)
无形资产占比	21.220 *** (3.032)	22.125 *** (3.050)	17.701 *** (3.167)	20.968 *** (3.222)

---

① 邵康. 企业价值、资产结构与品牌信用建设［D］. 济南：山东大学，2021.

续表

项目	(1) 市净率	(2) 市净率	(3) 市净率	(4) 市净率
流动资产占比	3.715*** (1.080)	3.687*** (1.058)	4.237*** (0.798)	5.235*** (0.806)
_cons	13.768* (7.955)	-2.790*** (0.926)	26.312*** (4.142)	-1.000 (0.704)
N	1174	1174	1174	1174

注：***P<0.01，**P<0.05，*P<0.1。表中（1）列为固定效应回归结果，（2）列为删除控制变量后固定效应回归结果，（3）列为随机效应结果，（4）列为删除控制变量后随机效应的回归结果，（5）列控制变量未展示。

资料来源：笔者自行绘制。

2. 中国文化行业资产结构与企业价值的实证分析

王百媚[1]对中国文化产业上市公司的资产结构与企业价值进行了实证研究，得表7.2。从表可见，无论是第（1）列至（5）列的单独回归，还是第（6）列的多项回归，无形资产占比与企业价值（TQ值）呈正相关，而其他四个有形资产与企业价值皆呈现负相关。此结果与式（7-16）、式（7-19）一致。

表7.2　中国文化产业上市公司资产结构与企业价值双向固定效应回归结果（节选）

项目	(1)	(2)	(3)	(4)	(5)	(6)
现金资产占比	-1.0159** (0.5123)					-1.2073** (0.5495)
存货资产占比		-1.4519** (0.6124)				-1.6265** (0.6554)
应收账款占比			-1.0730* (0.6058)			-1.2684** (0.6031)
固定资产占比				-1.0017 (0.8432)		-2.1005** (0.9075)
无形资产占比					4.3048*** (1.5876)	4.0750** (1.6538)

注：上表仅对实证结果中解释变量的系数进行了汇报，控制变量和常数项的估计结果省略，括号内为标准误，*、**、***分别表示10%、5%和1%的显著性水平。对原始数据进行了2%的缩尾处理。

资料来源：笔者自行绘制。

---

① 王百媚.基于资产结构优化视角的中国文化企业价值提升路径研究［D］.济南：山东大学，2023.

3. 中国饮料行业资产结构与企业价值的实证分析

曹娜[①]对中国饮料行业上市公司的资产结构与企业价值的相关性进行了实证分析，回归结果见表 7.3。作为有形资产的核心即固定资产占比回归系数是负相关，与式（7-19）一致。无形资产占比回归系数很大且为正相关，与式（7-16）一致。

表 7.3　中国饮料行业上市公司的资产结构与企业价值向固定效应回归模型结果（节选）

项目	(1)	(2)	(3)	(4)	(5)	(6)
变量	Y_1 (tb)	Y_1 (tb)	Y_1 (tb)	Y_1 (tb)	Y_1 (tb)	Y_1 (tb)
现金资产占比	1.755*** (0.454)	0.454 (0.428)	1.260*** (0.366)	0.634 (0.425)	2.159*** (0.396)	2.162*** (0.378)
营收资产占比		-6.948*** (1.629)	-7.614*** (1.764)	-7.874*** (1.742)	-7.138*** (1.707)	-7.942*** (1.677)
存货资产占比			-1.961* (1.094)	-2.018* (1.075)	-0.723 (1.008)	-0.140 (0.965)
固定资产占比				-1.907*** (0.494)	-2.728*** (0.488)	-2.179*** (0.458)
无形资产占比					20.986*** (2.402)	16.159*** (2.199)
Constant	3.936*** (0.320)	4.938*** (0.307)	5.474*** (0.412)	5.985*** (0.428)	4.532*** (0.402)	3.079*** (0.542)

注：为节省篇幅，控制变量未引入。***、*分别表示 1%、10% 的显著性水平。
资料来源：笔者自行绘制。

7.2.4　GL 电器和 CL 股份的品牌信用度与品牌溢价评估对比分析

20 世纪 90 年代末期，CL 股份于 1994 年在 A 股上市，当年 CL 营业收入达 53 亿元，净利润 6 亿元，空调年产量 150 万台，是国内最大的空调制造商。而当年 GL 的销售额只有 6 亿元。90 年代，CL 空调累计销量超过 1000 万台，连续 8 年稳居国内空调销量头名。然而 20 余年后的今天，CL 空调早已消失在大众视野中，GL 电器后来居上，成为空调行业名副其实的"领头羊"。2019 年 GL 电器的营业收入是 2005 亿元，是 CL 股份的 1000倍。2014 年到 2019 年 GL 电器的平均市净率是 CL 股份的 1.9 倍。

---

① 曹娜. 中国饮料制造企业转型的资产优化战略研究［D］. 济南：山东大学，2023.

1. 指标测试对比分析

通过对 GL 电器和 CL 股份进行指标分析和相应的评级，将 GL 电器和 CL 股份的 10 个指标得分结果对比，如表 7.4 所示。

表 7.4　　　　　　　　　　GL 电器和 CL 股份的品牌信用指标得分

序号	指标名称	GL 电器	CL 股份	二者之差
1	目标顾客精确性 B_1	1.00	0.57	0.43
2	利益承诺单一性 B_2	0.90	0.32	0.58
3	单一利益对立性 B_3	0.52	0.52	0.00
4	品牌建设岗位性 B_4	0.91	0.18	0.73
5	单一利益持久性 B_5	0.86	0.65	0.21
6	终端建设稳定性 B_6	0.94	0.84	0.10
7	品类需求敏感性 B_7	1.00	0.80	0.20
8	注册商标单义性 B_8	1.00	0.46	0.64
9	媒体传播公信性 B_9	0.84	0.36	0.48
10	质量信息透明性 B_{10}	-0.20	-0.40	0.20
11	$TBCI = \dfrac{(1 + B_{10}) \sum\limits_{i=1}^{9} B_i}{9}$	0.71	0.31	0.40
12	信用等级	A 级	C 级	

从 GL 电器和 CL 股份的信用评级结果，可以看出，GL 电器的品牌信用度高出 CL 股份品牌信用度 0.40 分，此差距是巨大的。

2. GL 电器和 CL 股份的品牌溢价率对比

将 GL 电器和 CL 股份的 $TBCI = B_c$ 值代入式（3-4）和商标品牌化指数公式 $TBI = TBCI - 1$，得到如下结果：

第一，将 GL 的品牌信用度 $B_c(GL) = TBCI(GL) = 0.71$ 代入公式 $TBI = TBCI - 1$，可得 $TBI(GL) = 0.71 - 1 = -0.29$，表明 GL 电器的品牌距离选择成本为零的真正品牌仍有 0.29 的距离；将品牌信用度 $B_c(GL) = TBCI(GL) = 0.71$ 代入式（3-4）可得 $P_d(GL) = 2.964 P_q(GL)$，即目标顾客对 GL 电器的意愿价格 $P_d(GL)$ 为其质量价格 $P_q(GL)$ 的 2.964 倍。若将 GL 产品的质量价格 $P_q(GL)$ 假设为 1000 元，则其品牌溢价率 =（2964 - 1000）/1000 × 100% = 196.4%；目标顾客的意愿价格为 $P_d(GL) = 2.964 × 1000 = 2964$ 元，即 GL 电器商标的品牌溢价是 1964 元，可承受的费用空间很大。

第二，将 CL 品牌信用度 $B_c(CL) = TBCI(CL) = 0.31$ 代入公式 $TBI = TBCI - 1$，可得

TBI(CL) = 0.31 - 1 = -0.69，表明 CL 股份的品牌距离选择成本为零的真正品牌仍有 0.69 的距离；将品牌信用度 B_c(CL) = TBCI(CL) = 0.3133 代入式（3-4）可得 P_d(CL) = 1.126P_q(CL)，即 CL 股份的产品的意愿价格 P_d(CL) 为其质量价格 P_q(CL) 的 1.126 倍。若将该品牌产品的质量价格 P_q(CL) 假设为 1000 元，则其品牌溢价率 =（1126 - 1000）/ 1000 × 100% = 12.6%；目标顾客的意愿价格为 P_d(CL) = 1.126 × 1000 = 1126 元，即 CL 股份商标的品牌溢价是 126 元，可承受的费用空间是很低的。

在相同质量、服务、功能、价格的前提下，因品牌信用度的不同，若将 CL 的商标换成 GL 的商标，CL 空调可获得（1964 ÷ 126）= 15.59 倍的溢价。正是因为 CL 的品牌溢价比 GL 的低，所以市场销量不如 GL。故企业在品牌建设时，应该注重改善低分值的指标，从而提升品牌信用度，获得企业价值增值。2021 年，CL 空调通过委托生产及销售仅 1.58 亿元，而 GL 空调高达 1317 亿元。可计算两者的弹性系数为 645.22，即品牌信用度每增加 1 个百分点，能带来 645.22 个百分点的销售收入。

CL 曾经以"依靠技术创新，掌握核心技术"为发展的指导思想，从 20 世纪 90 年代起，CL 坚持发展自己的核心技术，完全自主研发的产品多达上百项，有数十个项目在世界上也处于领先水平。GL 电器也将"掌握核心科技"作为企业发展的目标，提出研发经费"按需投入、不设上限"。两家企业都如此重视技术研发，为何今天会产生如此大的差距。通过测算 GL 电器和 CL 股份的品牌信用度的差异，构成了 GL 电器和 CL 股份市场地位互换之因。本书认为，正是 GL 电器重视品牌建设，具有很高的品牌溢价能力，能够持续吸引消费者选择自己的产品，从而实现了在家电行业对 CL 的反超。

7.3 市场拓展的"腹地—品牌"模型

任何企业，若要拓展外地区域市场，都不是一件容易的事情，即使投入各种资源也未必成。即拓展外地市场本身，是一个高风险的投资行为。这就需要从因果性的角度，厘清拓展外地区域市场需要首先解决什么问题。为避免仁者见仁智者见智，在此给出数量逻辑证明。

7.3.1 建立模型的两个假设

为了模型的成立，做出两个假设，虽是假设，实为现实性：

假设 1：某个具体区域的产品，不仅是为了满足本区域内的市场需要，更是为了通过扩大区域外部市场的销量，来促进本区域的经济增长。

在市场经济条件下，市场总是存在区域套利行为，某种产品只要存在区域之间的价差，就会被厂商从低价格区域运输到高价格区域以此获利。直到因运费增加导致的区域之间价差收入消散。故该假设是不失一般性的。

假设 2：区域内部的产品拓展区域外部市场，需要支付运费。运费随着运输距离的增加而增加。由此，相邻的两个区域之间，总会存在一个界限，超过此界限，运费将超过所运输货物的利润甚至货值，从而导致运输终止。

该假设对于水泥、化肥等重量类货物的影响，尤其明显，其公路运输半径基本在 200 ~ 300 千米。为此，就需要按运距限制，进行设厂生产。

7.3.2 腹地范围及其有限性

所谓腹地，是指某城市或区域，与周围城市或区域货物运距的经济分界线所围成的范围。设存在连续的 N 个区域。其中，存在某个区域 k，其他 N－1 个区域到该区域的距离为 L_{ik}，则求 $minL_{ik}$。由此得出的区域 k，就是其他 N－1 个区域到区域 k 的综合距离最短区域，则区域 k 就是 N 个区域内的经济核心，其他的 N－1 个区域就是区域 k 的腹地范围。

人类经济行为产生的区域积聚形成过程，是一个典型的位移成本也即运费最小化的经济理性。为此，设想一个无人区域，搬来一对夫妻。选择一个背山、向阳、近水、防洪的地块上即风水宝地建造房屋定居。以房屋为活动中心，开垦土地，假定单位土地产量为 a，每年人均需要生活量为 w，土地面积为 s 时，可承载的人口 N：$N = asw^{-1}$。

随着人口的增加，在技术水平不变的情况下，唯一的措施就是向外开垦土地。但在步行交通时代，早出晚归又限定了劳动距离。设最大劳动半径为 r，则土地面积为 $S = \pi r^2$。在此半径内，可承载的最大人口数量为 N。

若人口数量超过 N，在技术不变时，就要向外迁移。理论上是以现有定居点为核心向外的 2r。先向某个等高线水平方向迁移。随着人口的不断增加，原来定居点四周将出现新的定居点。以每个定居点为核心，均以 r 为最大半径，以占据最大土地面积。如此一来，若每个定居点的土地空间是圆形，则在三个或四个定居点之间将出现空隙，空隙部分意味着产权不明晰，随着人口增加带来的压力，就容易产生争夺空隙土地的行为。竞争的结果是在空隙部分形成分界线，最终出现符合克里斯塔勒中心地模式的六边形的村落结构。六边形的村落结构，既符合土地面积即利益最大化，又确保产权明晰。若以村落拥有的土地范围为区域，则村落就是该区域的核心。

所谓区域核心也即中心地，是指区域内存在区位 k，其他各个区位点到区位 k 的综合距离最短。此综合距离可是地理距离，也可是时间距离。

设区域内有 m 个村落点 $Ri(i = 1，2，\cdots，m)$。总存在一个村落点 k，第 i 个村落点到村落 k 的距离为 L_{ik}。求得 $min\sum L_{ik}$，则村落 k 就是区域核心，其他各村落到村落 k 的综合距离最短。在更大的区域范围内，当村落体系形成之后，土地差异出现，因而导致作物结构的差异。即劳动与劳动产品出现了自然的分工，随后就出现了贸易。故正是区域土地自然分工不同，导致了贸易的产生，也即市场交换。从最早的以物易物，到后来的货币出现。

在一定区域范围内，贸易地点的产生，同样符合综合距离最短定理。在一定区域范围内，存在一个村落 e，其他各个村落到该村落 e 的综合距离最短，则村落 e 成为该区域的贸易中心。贸易中心照样符合六边形，以村落为单位的贸易中心，就形成了今天的集镇。

在县域范围内，以集镇为单位，县城就成为了贸易中心。故随着区域范围的扩大，必然形成该区域的核心，该核心首先是为了贸易的需要，其次才被用来作为行政与军事、宗教需要，从而形成人类的城镇体系。

即每个城镇都是一定区域范围内的综合距离最短点。故区域范围的大小决定了城镇规模的大小。设区域半径为 Ri，i = 1，2，…，m，R1 < R2 < … < Rm。则区域核心的规模为 Gi（i = 1，2，…，m），则存在 G1 < G2 < … < Gm。此数列即为城镇序列等级产生的原因。即城镇规模之所以有大小之别，以及区域差异产生的首要原因，是区域中心等级的差异，即地利。故从此角度来看，孟子说的天时不如地利，地利不如人和。表达为天时不如人和，人和不如地利，或许更符合实际。

所谓地利，是指某个区位是多大空间范围的中心。天时不如地利，是因为在一定范围内，天时是一样的，但在该范围内的很多区域，每个区域的区位却是唯一的。空间范围越大的综合距离最短的区位即区域中心，其人口与贸易的积聚引力越大，产生的利益也就越大。当然，区域中心取决于人类沟通技术进步（通信与交通）：步行时代的区域中心是村落和乡镇，而轮船铁路电报时代的区域中心是港口城市。

从直观上看，区域中心都是几条交通干线的汇集点，而交通干线的距离越远即腹地范围越大，其交会产生的区域中心潜在规模也就远大。例如，周村之所以成为山东开埠最早（1894 年）的地方，是因为周村在明朝时期就成为山东主要的贸易地。之所以如此，是因为周村是明朝时期山东境内的南北大道和东西大道的交叉点。从而奠定了周村的商埠地位，而电影《大染坊》产生的区域背景即是如此。与此同时，携带轻便且不易变坏从而可远距离存储食用的周村烧饼，也就出现了。

区域差异产生的首要原因，是区域中心等级的差异，即地利。等级越高的区域中心，必然越发达，即使本地缺乏丰富的自然资源，其中心的区位条件，也能汇集外部资源的到来，此即地利的本质。珠江三角洲的加工基地就是如此形成的。再如同样是特区，政策是一样的，深圳特区发展得最好，根源也在于地利最优。而东莞作为加工企业集聚地，则是因为地处广州与深圳之间的成本洼地。

每个区域都有自己的经济中心，每个经济中心都以城镇形态存在。等级越高的区域，其区域名称与中心名称的分离程度越大。例如，山东省是个行政区域，该区域的行政中心是省会城市济南。青岛不是山东的中心，而是华北地区与国际贸易的综合距离最短区位，从而是华北的门户港。故尽管济南有 4000 年历史，而青岛只有 100 多年，但在海洋时代，青岛的发展不仅速度超过济南，而且规模及其影响力也超过济南。

显然，对于某个区域或城市而言，腹地范围越大，其产品辐射空间范围越大，市场空间也就越大，则其产业发展空间也就越大。究其根本，是因为符合综合运距最短，也即综合运费最低点此地理条件。也正是基于此地理条件，才进一步出现了公路、高速公路、铁路、高铁、航空、江河水运等运输线路。但不管有多大的腹地范围，其范围总是有限的。此有限性的根本，就是运输距离的约束，从而形成了诸多的核心区域或城市。也正是因为诸多核心城市或区域的存在，导致了生产要素在其之间出现了竞争性。

例如，位于东北沈阳的沈阳机床，在 2020 年 6 月底，当年其产品销售的空间比例是：东北地区占 42.09%，华东地区占 25.21%，华北地区占 8.11%，华南地区占 8.8%，东南地区占 4.96%，西南地区占 4.4%。数据显示出离东北地区越远，其销量占比越低，即地理学中关于人类行为的距离衰减律，此规律与腹地有限论是等义的术语。

根据综合距离最短所形成的腹地范围不同，中国的城市或区域，就出现了规模差异。在以国际循环为主的海洋时代，港口城市的腹地范围优势更大。但随着双循环战略的实施，某些腹地范围很大的内陆城市的潜力，将得以释放。根据腹地范围，可以将中国城市及其区域划分为 8 个等级（见表 7.5）。

表 7.5　　　　　　　　　我国城市及其区域腹地范围等级

腹地等级	城市区域名称	腹地范围
Ⅰ级	上海、北京、郑州	基于全国的国际范围
Ⅱ级	大连、青岛、广州、香港、重庆、天津	基于国内大区域的国际港口城市
Ⅲ级	喀什、霍尔果斯、阿拉山口、武汉、成都、西安、济南、沈阳	基于大区范围的国际陆地城市
Ⅳ级	其余的省会及其区域、自治区首府及其区域、直辖市及其区域	基于省域范围的地区中心城市
Ⅴ级	五台山、峨眉山、泰山、张家界等著名旅游景点所在区域	基于全国范围的国际性旅游景区
Ⅵ级	地级城市及其区域	基于地区范围的中心城市
Ⅶ级	县城及其区域	基于地方范围的中心城镇
Ⅷ级	乡镇及其区域	基于乡间范围的集市

资料来源：笔者自行绘制。

目前，在以国际循环为主的海洋时代，处于我国国际腹地范围的一线城市和二线城市及其区域，基本都已经成为我国经济的第一阵列。郑州的国际腹地范围效应，正在日益显现出来。这是由郑州的交通地理位置决定的。在海洋时代，郑州的国际腹地效应，难以显现出来。但随着双循环战略的实施，郑州将成为我国国际班列最佳集中地。

在三级中的喀什、霍尔果斯、阿拉山口，尚处于口岸阶段。但随着双循环战略的实施，这三个城市及其区域的发展潜力，将得以释放。2010 年 5 月，中央新疆工作座谈会将喀什、霍尔果斯两座西北边陲小城定为经济特区之后，2011 年 5 月经国务院批准设立阿拉山口口岸综合保税区，是新疆第一个、全国第十六个综合保税区。随着双循环战略发展的需要，阿拉山口市也有望成为内陆特区。这三个口岸城市及其区域，将在过境物流基础上，形成后向一体化，形成进出口加工中心。

武汉具有九省通衢的腹地范围，成都则以西南为腹地范围，西安以西北为腹地范围，济南则以华北为腹地范围，沈阳以东北为腹地范围。这些城市就构成了各自所在大区域的陆地综合距离最短的国际区位。

在四级也即国内范围内所处大区域的核心城市及其区域。五级则是著名旅游景点所在的城市或区域，这些城市或区域的商品腹地范围并不大，但游客的腹地范围却很大。

腹地范围越大的城市及其区域，其区域内产出的区外市场越大，从而带动该城市及其区域的发展规模也更大。但再大的腹地范围，总是有限的。也就意味着，依托腹地范围作为外部市场空间，以此来带动区域内部的发展潜力，总是有限度的。这就意味着每个区域或城市，必须具有能突破所在腹地范围限制的要素，并将该要素作为获取更大空间范围市场的重要对象，作为产业政策的着力点。在此，尤其值得引起高度关注的，是扶贫产业的可持续性问题。

这些年来，通过转移支付形成的规模化种植业、养殖业，在脱贫攻坚战中起到了显著的作用。但我们也应该预见到，随着种植业、养殖业的规模化，所产出的产品量将超过本地区的市场需求，就需要拓展外地市场。但由此以来，不仅运距加大，导致成本增加，而且因外地市场同类或替代类产品，发生了直接的竞争。规模化种植业的投入，都属于沉没成本。一旦不能形成足够的收益，则损失是比较大的。故我国的产业扶贫，在完成了投资扶贫之后，就需要进入市场扶贫。而最佳的市场扶贫，就是基于商标的品牌扶贫。

7.3.3 品牌信用及其无限性

由于任何给定区域的腹地范围总是有限的，故区域经济学研究的一个核心问题，其实是如何突破给定区域的空间约束。而能突破腹地范围有限性的因素，就是品牌信用。

从图 7.3 看，按运费成本递增规律，深圳的康佳彩电不可能卖到青岛；同样，青岛的海信彩电也卖不到深圳。可实际上都卖到对方所在的区域。假设两个彩电属于同质化的产品，而唯一不同的就是注册商标的差异。问题是"海信"牌商标和"康佳"牌商标，在法律的角度是相同的，则必定存在某个神秘因素消除了空间距离形成的市场界限。

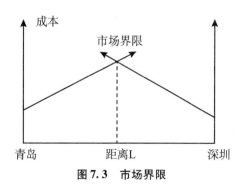

图 7.3 市场界限

资料来源：笔者自行绘制。

按式（2-2）、式（3-4）、式（3-13），此神秘因素就是基于商标此法律载体的品牌信用度。从顾客的角度来看，购买一个产品所带来的满足，可细分出两个，即物质利益与情感利益。

所谓物质利益，是指产品或服务的使用价值的具体体现形式，包括材料、规格、质量、价格、格式等各种可见的物质化形式。顾客对产品的物质利益的判断标准是"值不值得"。若缺乏情感利益，在产品同质化条件下，顾客将选择低价格，也即砍价。

产品质量属于物质利益，是企业应该做到的产品质量法所给出的法律规定。比如，某顾客在选购水杯时，某厂商的导购员推荐说请买我的杯子吧，因为我的杯子不漏水。此质量自嗨的王婆卖瓜行为，对顾客并没说服力，因为产品质量法规定的杯子本来就不该漏水，与此同时，其他厂商的杯子也不漏水。

所谓情感利益：目标顾客通过所选择的商标所获得的快乐。包括卡通形象、入胜故事、身份符号、美好联想、渴望期待等。顾客对情感利益的判断标准是"乐不乐意"，故有千金难买我乐意，其逆定理则是我乐意就愿意花千金买。

俗话说天有不测风云，人有朝夕祸福，由此人生八九不如意、家家都有本难念的经，由此带给人们的就是焦虑。也正是焦虑，决定了人们生活中最缺乏的是快乐。

若厂商的产品商标在视觉或其承载的故事，能给目标顾客带来快乐，使其乐而忘忧，目标顾客就会乐在其中，从而乐此不疲地选择该厂商。此处的"中"就是厂商的品牌载体即商标。用函数表示，顾客利益 C_b：$C_b = f(M_b, E_b) = M_b + E_b$。式中 M_b 和 E_b 分别代表物质利益和情感利益，且 $E_b \in [0, \infty]$。之所以是加法关系，是因为两者是独立变量，大量的白牌产品对购买者而言仅有物质利益即 M_b。而诸多卡通 IP 也仅仅有情感利益 E_b。两者的关系类似于肯德基盲盒代吃：喜欢盲盒（E_b）的顾客出钱，请朋友代吃快餐（M_b）。

在物质利益 M_b 一定的条件下，情感利益 E_b 越大，带给目标顾客的利益 C_b 就越大。设 F 为产品功能，P_q 为物质利益价格，q 为质量系数且 $q \in [0, 1]$，情感利益具体化为目标顾客的快乐度，将顾客因品牌所产生欲望即情感利益而带来的快乐度定义为 h，且 $h \in [0, 1]$。

则根据价值工程，价值 $V = \dfrac{F}{P_q}$，此即性价比公式，则 $M_b = qV = \dfrac{qF}{P_q}$。

情感利益不可能单独存在，需要以物质利益为载体，故 $E_b = \dfrac{qF}{P_q} \dfrac{h}{1-h}$。

则：

$$C_b = M_b + E_b = \frac{qF}{P_q} + \frac{qF}{P_q}\left(\frac{h}{1-h}\right) = \frac{qF}{P_q(1-h)} \tag{7-29}$$

引入实体体验效果系数 S_e，$S_e \in [0, 1]$，则式（7-29）调整为式（7-30）：

则：

$$C_b = M_b f(E_b) = \frac{qF}{P_q(1-h)} \frac{S_e}{1-S_e} \tag{7-30}$$

当产品功能、质量及实体体验同质化，也即 q、F、S_e 一样时，若 h = 0，则 $minP_q$，即追求最低价就是顾客利益最大化，即顾客选择最低价格的商标产品。若 h = 1，则顾客利益得以无限扩大。实体体验效果系数 S_e，包括两个场景：一是在终端场所，目标顾客与厂商导购人员的沟通效果 S_e^1。在终端沟通过程中，目标顾客的典型行为是：让我开心的，我不一定购买；但让我不开心的，我肯定不会购买。二是顾客在产品使用过程中所需服务的快速效果 S_e^2。厂商提供服务的速度越快，体验效果越好。这恰恰是海尔电器的优势所在。

在 q、F、h 一定条件下，若 $S_e = 0$，也即顾客的实体体验效果系数 = 0，则 $C_b = 0$。

若 S_e 越大，则顾客利益越大。由此可证，具有线上订购、线下体验的 O2O，顾客利益大于单一的线上。

设有 A、B 两个厂商的产品，厂商 A 采取单纯的线上销售，而厂商 B 采取线上与线下双重销售模式。假设两个厂商的其他条件都一样，则：

$$C_b^A = \frac{qF}{P_q(1-h)} \times \frac{S_e^2}{1-S_e^2}$$

$$C_b^B = \frac{qF}{P_q(1-h)} \times \left[\frac{S_e^1}{1-S_e^1} + \frac{S_e^2}{1-S_e^2} \right]$$

则可推算：

$$C_b^B - C_b^A = \frac{qF}{P_q(1-h)} \times \left[\frac{S_e^1}{1-S_e^1} + \frac{S_e^2}{1-S_e^2} \right] - \frac{qF}{P_q(1-h)} \times \frac{S_e^2}{1-S_e^2}$$

$$= \frac{qF}{P_q(1-h)} \left[\frac{S_e^1}{1-S_e^1} + \frac{S_e^2}{1-S_e^2} - \frac{S_e^2}{1-S_e^2} \right]$$

$$= \frac{qF}{P_q(1-h)} \times \left[\frac{S_e^1}{1-S_e^1} \right] > 0$$

即 $C_b^B > C_b^A$，意味着厂商 B 也即采取线上与线下相结合的 O2O 模式，顾客利益大于单纯的线上销售模式的厂商 A。

在产品同质化的条件下，唯一不同的是产品的注册商标。若厂商把商标建成了外地目标顾客快乐的载体，就将产生溢价购买行为，从而克服地理距离的约束。故正是品牌带来的情感差异，克服了地理距离所产生的运输成本劣势，成为拓展更大空间范围市场的条件下。这恰恰契合了有缘千里来相会的俗语。

即正是品牌信用带来的品牌溢价，克服了有限的腹地范围。从此角度看，一切区域经济增长的持续性，都必须克服所在腹地范围的有限性。

设区域 k 内有某产品的生产企业，该企业将产品从所在区域 k，销售到外部的区域 i，在生产成本 C_T 的基础上，外加运输成本 C_t，设销量是 Q_{ki}，区域 i 的目标顾客对该商标产品的意愿价格为 P_d，则区域 k 的该厂商在区域 i 的销售利润 R_{ki} 是：

$$R_{ki} = Q_{ki}P_d - C_T - C_t \tag{7-31}$$

所谓意愿价格 P_d，是指企业所生产的产品或服务，被目标顾客因快乐情感而接受的溢价价格。该价格由两个部分组成。①

一是质量价格 P_q，是指在满足一定质量标准下企业给出的定价，该定价企业当然要考虑到市场的供求关系。但更主要的是基于法定的产品质量标准，并以此为法律依据，在确定成本之后，按一定的毛利润加价即得出 P_d。问题是在过剩市场条件下，同行企业之间习惯性地展开价格竞争，直至进入行业平均利润率状态，然后进入行业集中度提高的兼并阶段。在此阶段，更多的企业当然不会提高产品质量，因为这意味着成本的增加，利润的减少。

二是顾客基于快乐所带来的溢价，设通过以商标为载体带给目标顾客的快乐度为 h（$h \in [0，1]$），则存在一个溢价价格为 $\frac{h}{1-h}P_q$，则目标顾客的意愿价格 P_d：

$$P_d = P_q + \frac{h}{1-h}P_q = \frac{P_q}{1-h} \qquad (7-32)$$

显然，若 $h=0$，则 $P_d = P_q$，厂商将服从所属行业市场的价格竞争。若能换个思路，从情感利益入手，给目标顾客带来足够高的快乐度，即 $h \to 1$，则 $P_d \to \infty P_q$。在这基础上，企业才有能力不断提高产品质量，不断加大投入进行新产品技术研发，并购买更好的产品质量检测设备。经济史告诉我们，能活下来的企业，并不是那些低价企业，而恰恰是高价企业。其原理就在于，那些消失的大量的低价企业，仅仅关注了产品功能带给目标顾客的物质利益，而发展时间更长的高价企业，恰恰是因为持久地满足了目标顾客的情感利益。

在过剩市场条件下，产品的物质利益给顾客带来的需求的满足是边际递减的；而能满足顾客快乐欲望的情感利益，给顾客带来的美好体验也即欲望却是边际递增的。正所谓人的需求是有限的，而人的欲望是无穷的。故在产品物质功能也即需求一定的条件下，将经营的重点聚焦到持久提高目标顾客的情感利益也即欲望的角度，才能更好地解决社会主要矛盾，也即：人民日益增长的美好生活需要和不平衡不充分的发展之间的矛盾。

来自区域 k 的厂商产品，只有基于商标，提高区域 i 的目标顾客的情感利益也即 h，才能形成溢价选购行为。在实际企业运营过程中，企业总是以商标为载体，向客户或顾客做出若干承诺。在品牌经济学中，将此行为称之为商标的品牌信用度，简称为品牌信用度。

所谓品牌信用度，是指厂商通过商标向目标顾客做出并做到某个单一利益点承诺的程度。之所以强调单一利益点，是因为企业承诺的越多，目标顾客的备选集就越大，择其一的选择成本也就越高，从而降低了目标顾客的选择效率。与此同时，企业承诺得越多，可验证性越弱，其信用程度也就越低。

在品牌经济学中，设商标的品牌信用度为 B_c（$B_c \in [0，1]$），在实际测算时，使用商标的品牌信用指数即 Tademark's Brand Credict Index，简称为 TBCI，故 $TBCI = B_c$。

品牌经济学的核心概念是选择成本 C_c，其基本定义是指在目标顾客通过交易费用获取备选集之后，从中择其一所投入的时间费用。例如，当工厂计划购置机床时，需要花费一

---

① 以下至式（7-33）之间的内容，在第 3 章已有论述，为保持本节内容的完整性与连续性，在此依然保留。

定的时间和人力，对市场上可供选择的机床厂商的产品资料进行收集，同时，进行询价。获取这些信息的费用，科斯称其为交易费用。当交易费用完成之后，工厂就确定了一个拟选择机床的备选集。然后，进入择优选择其中一个的过程，此过程所投入的时间和人力，品牌经济学称其为选择成本。显然，备选集里的拟选标的越大，所需要的交易费用越大，从中择其一的选择成本也就越高，导致选择效率下降。

即使最终选择了一个机床产品，也存在一个购后不适症，也即担心或怀疑自己的选择结果是否正确，从而产生焦虑。故本书认为，产品供应的厂商，其核心任务是降低目标顾客的选择成本，从而降低其购后不适症导致的焦虑。故认为当且仅当选择成本 $C_c = 0$ 时，目标顾客的快乐度 $h = 1$，从而产生溢价购买。

根据式（3-3）即 $h = e^{-C_c}$，将式（1-3）即 $C_c = \dfrac{1 - B_c}{B_c}$，代入公式 $h = e^{-C_c}$，则：$h = e^{\frac{B_c - 1}{B_c}}$。将其代入式（7-32）即目标顾客意愿价格 P_d 后，则得商标的品牌溢价公式：

$$P_d = \frac{P_q}{1 - h} = \frac{P_q}{1 - e^{\frac{B_c - 1}{B_c}}} \tag{7-33}$$

将目标顾客的意愿价格 P_d 代入利润方程式（7-31）后，得出区域 k 的产品运到区域 i 的利润方程是：

$$R_{ki} = Q_{ki}P_d - C_T - C_t = \frac{Q_{ki}P_q}{1 - e^{\frac{B_c - 1}{B_c}}} - C_T - C_t \tag{7-34}$$

根据式（7-33），设单位变动成本为 u，固定费用为 C_f，单位运价为 m，从区域 k 到区域 i 的运输距离为 L。则式（7-34）可细化为式（7-35）：

$$R_{ki} = \frac{Q_{ki}P_q}{1 - e^{\frac{B_c - 1}{B_c}}} - C_T - C_t = \frac{Q_{ki}P_q}{1 - e^{\frac{B_c - 1}{B_c}}} - uQ_{ki} - C_f - mQ_{ki}L \tag{7-35}$$

根据式（7-35），可进行四个维度的深入分析。

维度 1：基于给定产能效率的距离 L 与品牌信用 B_c 的关系

将式（7-35）进行移项后得：

$\dfrac{R_{ki} + C_f}{Q_{ki}} = \dfrac{P_q}{1 - e^{\frac{B_c - 1}{B_c}}} - u - mL$，给定 R_{ki}、C_f、Q_{ki}，则定义 $\dfrac{R_{ki} + C_f}{Q_{ki}} = g$ 为产能效率，则该式整理后得式（7-36）：

$$L = \frac{p_q}{m(1 - e^{\frac{B_c - 1}{B_c}})} - \frac{u + g}{m} \tag{7-36}$$

根据式（7-36）可见：

若 $B_c = 0$，则 $L_0 = \dfrac{p_q - u - g}{m}$，在充分竞争的过剩市场中，行业质量成本 P_q 是很透明

的，从而使 P_q 值保持较低的程度。进而导致 L_0 也很小，基本限于本地市场。

若 $B_c = 1$，则 $L_1 = \infty \dfrac{P_q}{m} - \dfrac{u + g}{m} \Rightarrow \infty$。其经济含义就是若区域 k 的厂商产品商标的品牌信用度 $B_c = 1$，则其可拓展的外地区域 i 市场的运距 L 可能是无限大，也即克服了所在区域 k 的腹地范围形成的空间约束，也即当区域 k 的产品商标的品牌信用度 B_c 越接近 1 的时候，其拓展外地市场的运距也就越无限地增远。这是西门子、可口可乐等能成为全球产品的根本所在，也是地处孤岛效应困扰的东北地区厂商必须解决的核心问题。通过案例 7.2 可见，同样是地处真正孤岛的新西兰，通过建立"佳沛"品牌，实现了其承载的奇异果全球溢价销售，从而给 2600 多果农带来美好生活。佳沛案例可充分地理解"腹地—品牌"模型的价值。

在经济现实中，的确存在这样的区域 k。在我国最为典型的是义乌市，该市的地理区位并无优势，但当地形成了义乌国际商贸城在国际范围内形成了极高的品牌信用度，促使义乌市突破了原有的狭小的腹地范围，成了国际小商品集散地。类似的山东寿光蔬菜批发市场、河北白沟箱包批发市场、云南斗南镇鲜花批发市场，都是因为专业市场的品牌信用度的提高，完全克服了本地狭小的腹地范围，成了全国性的专业产品集散地。

维度 2：基于拓展外地市场盈亏平衡销量的品牌信用 B_c 与距离 L 关系

区域 k 的厂商在拓展外地市场时，总会存在一个盈亏平衡的销量 Q_{ki}^*，若 Q_{ki}^* 过高则意味着拓展外地区域 i 的市场，在经济上是亏损的。

基于式（7 - 35），令 $R_{ki} = 0$，得：

$$R_{ki} = \frac{Q_{ki} P_q}{1 - e^{\frac{B_c - 1}{B_c}}} - u Q_{ki} - C_f - m Q_{ki} L = Q_{ki} \left[\frac{P_q}{1 - e^{\frac{B_c - 1}{B_c}}} - u - mL \right] - C_f = 0$$

整理后得盈亏平衡销量 Q_{ki}^*：

$$Q_{ki}^* = \frac{C_f}{\dfrac{P_q}{1 - e^{\frac{B_c - 1}{B_c}}} - u - mL} \tag{7 - 37}$$

从式（7 - 37）可见，区域 i 距离区域 k 的距离 L 越远，盈亏平衡销量 Q_{ki}^* 也就需要越大，这对区域 k 的企业来说，拓展区域 i 的市场是很不利。为了克服运距 L 的增加，唯一的策略就是增加商标的品牌信用度 B_c。

若 $B_c = 0$，则：

$$Q_{ki}^* = \frac{C_f}{\dfrac{P_q}{1 - e^{\frac{B_c - 1}{B_c}}} - u - mL} = \frac{C_f}{P_q - u - mL} \tag{7 - 38}$$

显然，在 p_q、u、m 一定的条件下，随着运距 L 的增加，拓展区域 i 所需要的盈亏平衡销量 Q_{ki}^* 就越高。

若 $B_c = 1$，则：

$$Q_{ki}^* = \frac{C_f}{\dfrac{P_q}{1 - e^{\frac{B_c-1}{B_c}}} - u - mL} = \frac{C_f}{\infty \, P_q - u - mL} \Rightarrow 0 \qquad (7-39)$$

也即若能把区域 k 的厂商的商标品牌信用度提高到 $B_c = 1$，则拓展区域 i 所需要的盈亏平衡销量 Q_{ki}^* 也可低到零了。

式（7-35）、式（7-36）、式（7-37）、式（7-39）表达的是品牌信用克服区域空间约束的基本结论。

维度 3：基于拓展外地市场所需品牌信用度的临界值

区域 k 的厂商产品，在拓展外地区域 i 市场时，需要测算其商标的品牌信用度 B_c，需要达到多大的临界值，才能采取拓展外地区域 i 市场的措施。基于式（7-37），可发现若式（7-37）的分母项越大，所需要的盈亏平衡销量 Q_{ki}^* 越小，对区域 k 的厂商拓展区域 i 的市场越有利。反之，若分母项越小，所需要的盈亏平衡销量 Q_{ki}^* 越大，对区域 k 的厂商拓展区域 i 的市场越不利。为此，若令：

$$\frac{P_q}{1 - e^{\frac{B_c-1}{B_c}}} - u - mL = \frac{P_q}{1 - e^{\frac{B_c-1}{B_c}}} - (u + mL) = 0$$

则意味着 Q_{ki}^* 将无限大，其经济含义就是区域 k 的产品不可能在区域 i 盈利，也就意味着不可能拓展区域 i 的市场。移项整理后得：

$$\frac{P_q}{1 - e^{\frac{B_c-1}{B_c}}} = u + mL \Rightarrow 1 - e^{\frac{B_c-1}{B_c}} = \frac{P_q}{u + mL} \Rightarrow 1 - \frac{P_q}{u + mL} = e^{\frac{B_c-1}{B_c}}$$

对该式两边取对数整理后得：

$$B_c^* = \frac{1}{1 - \ln\left(1 - \dfrac{P_q}{u + mL}\right)} \qquad (7-40)$$

即当 $B_c = B_c^*$ 时，区域 k 的产品将无法拓展区域 i 的市场。只有当 $B_c > B_c^*$ 时，才有拓展的可能。故区域 k 的厂商若要拓展区域 i 的市场，在其他条件一定的情况下，最佳选择是提高自己的注册商标在区域 i 的目标顾客，也即市场中的品牌信用。

由此可见，商标即使是驰名商标，也不等于品牌。商标或驰名商标仅是个法律概念，保护的是顾客的可追溯权。而品牌则是目标顾客对以商标为载体的产品或服务所作出的情感愉快的判断。故品牌建设过程中，最大的失误是把品牌建设当作驰名商标的建设。而忽视了一个基本事实，即诸多驰名商标已退出市场。

式（7-40）可通过图示，得以直观理解，从图 7.4 可见，区域 k 的产品要拓展外地区域 i 的市场，随着距离 L 的增加，B_c^* 必须随之相应增加。

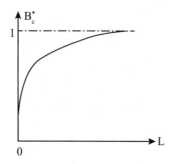

图 7.4 距离与品牌信用的关系

资料来源：笔者自行绘制。

由此引出一个极为重要的推论，就是区域 k 的厂商产品，在拓展区域 i 市场时，粮草未动，品牌建设必须先行。若 B_c 不足以在区域 i 销售，而厂商还试图在区域 i 销售，则只能采取打折甚至赊销的方式，而由此带来的就是应收账款的增加。随着应收账款的增加，势必需要增加贷款等负债来解决流动资金不足的问题。但在采取资产抵押贷款的条件下，若资产一定，可能的最大负债额度也就被限定了。

随着负债额度增加，利息支出也就越多，导致企业现金流出现问题。一旦到期债务不能按期偿还，债主就可通过法律途径，则从法律的角度，该企业就进入破产还债的程序。

维度 4：基于拓展外地区域市场的同行竞争销量比

区域 k 的厂商要拓展外地区域 i 的市场，总会存在同行竞争。设区域 i 内或有生产同类或替代类产品的厂商，或是区域 i 以外其他区域厂商，已在区域 i 内销售同类或替代类产品，设其质量价格是 P_q^i。

若来自区域 k 的同类产品，在区域 i 内的目标顾客对该产品的商标缺乏情感利益，也即 $h = 0$，则只存在 P_q^k，即使 $P_q^k = P_q^i$，地处区域 k 的厂商，也将是亏损的，因为存在运输成本 C_t。若来自区域 k 的产品竞争力下降，试图获得 Q_{ki} 的销量，将无法实现。则地处区域 k 的该厂商，通过在区域 i 来增加销量以促进本企业增长的策略，就难以实现。

设区域 i 本地的同类产品的商标是 a，来自区域 k 的产品商标是 b，则在区域 i 而言，两个商标产品的销售收入分别是：

$$W_{ai} = Q_{ai}P_d^{ai} = Q_{ai}\frac{P_q^{ai}}{1-e^{\frac{B_c^{ai}-1}{B_c^{ai}}}}, \quad W_{bi} = Q_{bi}P_d^{bi} = Q_{bi}\frac{P_q^{bi}}{1-e^{\frac{B_c^{bi}-1}{B_c^{bi}}}}$$

设 $P_q^{ai} = P_q^{bi}$，则：

$$\frac{W_{bi}}{W_{ai}} = \frac{Q_{bi}}{Q_{ai}} \times \frac{1-e^{\frac{B_c^{ai}-1}{B_c^{ai}}}}{1-e^{\frac{B_c^{bi}-1}{B_c^{bi}}}} \tag{7-41}$$

若 $B_c^{bi} = 0.8$，$B_c^{ai} = 0.2$，则：

$$\frac{W_{bi}}{W_{ai}} = \frac{Q_{bi}}{Q_{ai}} \times \frac{0.9817}{0.2213} = 4.44\frac{Q_{bi}}{Q_{ai}}$$

则来自区域 k 的商标 b 产品，其销量 Q_{bi} 只需要大于区域 i 本地商标 a 的销量 Q_{ai} 的 25% 也即 1/4 即可获得大于商标 a 的产品销售收入。

若反过来，即若 $B_c^{bi} = 0.2$，$B_c^{ai} = 0.8$，则：

$$\frac{W_{bi}}{W_{ai}} = \frac{Q_{bi}}{Q_{ai}} \times \frac{0.2213}{0.9817} = 0.23 \frac{Q_{bi}}{Q_{ai}}$$

意味着来自区域 k 的商标 b 产品，其销量 Q_{bi} 需要至少等于区域 i 本地商标 a 的销量 Q_{ai} 的 5 倍，才能可获得与商标 a 产品一样的销售收入。

由此可见，随着品牌信用度 B_c^{bi} 的提高，地处区域 k 的厂商的商标产品，才能克服两地之间的运输约束，在区域 i 的销量才能不断提高。

7.3.4　结论

综合以上四种情况的数量逻辑证明，均得出相同的结论，即区域 k 的厂商，随着产能的扩大，必然超过所在区域 k 原有腹地范围的市场需求量。若要拓展外地区域 i 的市场，必须要突破所在区域 k 原有的腹地范围。

而要突破产地区域 k 原有的腹地范围的空间约束，最有效的策略就是提前提高外地市场区域 i 的目标顾客对产地 k 的产品商标的品牌信用度。尤其是在产品同质化和过剩市场条件下，厂商产品的商标品牌信用度越高，其拓展外地市场的距离范围越远，所获得的市场收益也越高。否则，不仅拓展外地市场非常困难，而且即使拓展，所需投入也很大，甚至其收益是亏损的。在中国的经济实践中，已经形成了若干城市区域，其腹地范围本来比较狭小，多数仅是县级城市及县域腹地范围，但却通过产品品牌建设，极大地克服了狭小腹地范围的空间约束，其产业与经济规模得以持续增加。比较典型的是佛山市、中山市、晋江市、温州市、玉环市、诸暨市等。以佛山为例，销遍全国甚至世界的产品品牌有美的电器、海天酱油、东鹏陶瓷等众多已国际化的品牌。

因存在最佳区位约束，导致不是每个区域都能实现工业化。同样，对于多数已实现了工业化的中心城市而言，因城市规模限制，其产业结构也不可能变成第三次产业成为主体。毕竟所谓的三次产业演进，仅仅是个经验观察，缺乏可靠的因果性研究。但本书认为，无论是第一次产业的农产品，还是第二次产业的工业品，都能也必须进行基于各自注册商标为载体的品牌信用提升，从而实现从增产到增值的高质量发展。

7.3.5　基于沈阳机床品牌信用的东北振兴之微观案例[①]

基于本章前述的"腹地—品牌"模型，再来分析作为整体的东北地区振兴发展，就可发现，无论是市场机制还是产业政策的完善，都是必要的。但仅靠宏观政策，很难改变东北地区整体所处的有限的腹地范围约束。为了解释此观点，同时与诸多宏观研究区别，我

---

① 孙曰瑶，崔蜜. 基于"腹地—品牌"模型的东北振兴之微观研究 [J]. 经济研究参考，2021 (11)：37 – 64.

们选择了微观角度，也即从企业案例的角度，来分析东北振兴新路。

2021年2月19日，国家发改委颁布了东北振兴国家发展改革委关于建立东北振兴省部联席落实推进工作机制的通知。2012年3月4日，国务院批复了关于东北振兴"十二五"规划。2003年12月2日，国务院颁布了关于成立国务院振兴东北地区等老工业基地领导小组的决定。

从2003年底至2021年，过去了整整18年，东北振兴取得的成绩也是有目共睹的。但时至今日，依然为东北振兴成立专门的省部联席落实推进工作机制，也表明了东北振兴问题依然存在。问题是东北振兴问题究竟是如何产生的呢？从时间点来看，是在2003年提出并成立组织，而此时离1992年提出的社会主义市场经济，恰恰过去了10年。故至少从时间点的角度来看，东北振兴是随着我国社会主义市场经济的发展而伴随产生的。其中的主要原因，是作为共和国长子的东北工业基地，是基于统购统销的计划经济体制上形成的。而伴随着市场经济体制的发展，各种生产要素进入了市场配置，这与计划经济体制中的政府配置资源，形成了冲突。即东北振兴问题的提出，是转轨过程也即发展过程中的阵痛。在此基础上，自然形成了通过加强市场化程度来实现东北振兴的观点，也就出现了吉林省应该通过产业政策，促进轻工业发展的观点。

问题是，不论是市场化观点，还是产业政策观点，都需要解决一个问题，即在市场经济条件下，东北振兴的关键究竟是什么？若是因市场化不足，那市场化充分的欧美国家，其国内依然存在显著的区域差异。若是因产业政策不对，2003~2020年所实行的产业政策不可能都是错的。学界对东北振兴问题的研究已形成了五种观点，但通过梳理已有研究，发现真正认识到东北地区区位问题的研究文献并不多见。尽管有的研究中提出了东北振兴的根本方向是重新打造区域优势。但东北地区的地理位置此基本因素也难以改变的。故笔者认为，在新时期解决东北振兴问题，需要换个新的思路。而此新的思路，即前面的"腹地—品牌"模型（Hinterland – Brand Model）。

基于此模型，本书从微观角度，将沈阳机床作为案例研究，通过微观案例，来解释与揭示东北振兴之道。之所以选择沈阳机床，是因为沈阳机床不仅重视技术研发，而且早在2011年就成为世界销售额最大的机床企业。但到了2019年，却被破产重组了。一个既有技术又有规模，且得到国家支持的国有企业，为何会出现这样的戏剧性的变化，或许是东北振兴的一个缩影。通过探讨沈阳机床此案例，将为东北振兴提供一个新的逻辑。

1. 东北地区的孤岛效应

东北地区包括内蒙古东部和黑龙江、吉林、辽宁。若将四个省区作为一个独立的地理单元即东北地区，以东北地区为一个整体，就可分析其所处的四周腹地范围，从中就可看出东北地区的四周腹地范围所存在问题的严重性了：

在其北部地区，是俄罗斯的远东地区，不仅一年之中至少半年以上处于冬季，而且人口只有800万。在其东部地区，与俄罗斯远东、日本海、朝鲜接壤，不仅人口更少，且被日本海隔离。朝鲜市场尚未开放，即使开放其市场规模也不大。在其西部地区，则是地广人稀的蒙古国，因收入水平的限制导致其内部市场规模更是狭小。在其南部地区，则是渤海湾，与胶东半岛隔海相望。

如此看来，东部地区作为整体，就形成了孤岛效应。其所生产出来的产品，要拓展中国关内的华东、华中、华南、西南、西北等庞大的市场，就存在着很高的运输成本，从而导致产品竞争力下降。在短缺经济条件下，远离东北地区的市场区域，为了获得产品，可忽略运输成本，因为有毕竟比没有要好。但一旦进入过剩经济且产品同质化，远离东北地区的其他区域市场中，出现了同类或替代类的竞争产品，若产于东北产品的品牌信用没有足够高，就很难得到这些区域市场顾客的选择，或许这才是产业衰落的根本所在。

例如，东北地区的机床产业厂商，要拓展关内诸多地区市场，不仅要面临每个地区当地的机床厂商的竞争，更要克服遥远距离产生的距离成本。这就是东北地区孤岛效应的直观体现。故据"腹地—品牌"模型，可得出结论：东北振兴持续且稳定的解决新路，是在东北区域以外的其他市场区域中，不断提高东北地区产品商标的品牌信用度，以此克服运输成本带来的空间约束。为此，以地处孤岛效应的沈阳机床为案例企业，进行微观分析。

2. 沈阳机床发展的四个阶段

关于沈阳机床的资料，通过网络搜索可获得很多。通过梳理沈阳机床的发展历程，可将其划分为四个阶段：

1953～1993 年的无忧四十年。沈阳第一机床从 1933 年诞生，到 1953 年国家"156 项目"的重点支持，在国家计划经济的包销体制下，沈阳机床经过了四十年无忧无虑的年代。发展到 20 世纪 80 年代，成为中国机床行业的十八罗汉之首。在短缺经济的计划体制下，地处东北地区的沈阳机床，即使远离关内庞大的市场，因计划调拨而不愁市场销售，也就不受孤岛效应的约束。

1993～2002 年的黑暗十年。基本原因有四个，一是 1992 年我国开始实行社会主义市场经济，使企业拥有了自主经营权，国家不再包销其产品。二是在 1994 年，为了加快"复关"谈判，我国率先将机床产品的进口关税提前降至 9.7%，数控系统的关税更是降至 5%，两者均远低于 WTO 允许的水平。由此进口的机床迫使国内机床企业面临更加激烈的竞争。三是在 1993 年，由沈阳第一、第三机床厂，中捷友谊厂，辽宁精密仪器厂四家合并后的沈阳机床，组建了独立的销售公司。销售公司每销售一台机床都按比例提取，从而沈阳机床要比产销一体的其他机床企业付一定的成本。四是在金融体制方面则是拨改贷，沈阳机床每年支付的利息高达上亿元。由此导致银行贷款意愿下降，直接表现为资金短缺。故在这十年间，沈阳机床职工从 2.7 万人一度缩减至 1.1 万人。

2002～2012 年的黄金十年。这期间的销量得以迅速增加，原因有四个：一是在外部环境上，2001 年中国加入 WTO，带动了国内加工业的迅速发展，对机床的需求也进入了快车道。二是国家在 2003 年从组织上开始重视振兴东北老工业基地。三是在企业内部，从固定工资改革为计件工资，使得工人生产积极性也即生产效率得以极大提高，从而使沈阳机床从以前的 100 多台月产量，飙升至数千台，一线工人的工资也曾经高达上万。四是在销售策略上，在进口机床提价的同时，沈阳机床推出了降价策略，从而使沈阳机床在 2011 年，销售 11.5 万台，销售额高达 180 亿，折合 27.83 亿美元，位居世界第一。

2012～2022 年的冰火十年。2008 年暴发的金融危机，自然传递到了国内市场，也波及了沈阳机床。但在这十年中，沈阳机床可概括为冰火两重天。

所谓冰者，近十年的沈阳机床财务数据，可谓惨不忍睹。仅其销售额，从 2017 年的 70 亿元、2018 年的 50 亿元，到 2019 年断崖式地降到了 10 亿元。与此同时，其利润也是一路负值。终于 2019 年 12 月 9 日，因资不抵债进入重整。

所谓火者，在这期间，沈阳机床进行了两大创新，一是技术创新，从 2007 年开始，通过耗资 11.5 亿元，研发出来了 i5 数控系统，并由此推出了一系列数控机床。通过 i5 数控系统的研发，从物质利益的速度、精度和寿命，转到了数据传输和互联的及时性的信息技术。二是销售模式创新，沈阳机床从传统的加价销售机床产品的销售模式，转到了租赁加分享模式，也即"零首付"租赁给客户，按小时或者按加工量收费，结算的依据就是机床运转所传输回来的数据。在已有的 i5 系统订单中，70% 的客户选择了租赁＋分享模式。

近十多年来，沈阳机床一直在解决式（2－1）中的功能 F、质量系数 q 也即物质利益，且将物质利益从产品的速度、精度和寿命，提高到了信息技术层次。据"腹地—品牌"模型，笔者非常有理由相信，沈阳机床在今后的发展过程中，只有将式（2－2）、式（3－4）中的目标顾客的情感利益，也即商标的品牌信用度 B_c 切实提高，其前途还是很光明的。

纵观沈阳机床的发展历程，可谓占尽了优势：诞生于 1933 年的历史优势、1953 年的"156 项目"重点优势、东北振兴的国企优势、政府的扶持优势、关锡友的技术理念优势、其 i5 技术理念优势。诸多优势集于一身的沈阳机床，仅仅因为 400 多万元的到期债务无法偿还，而进入破产重组。在资料检索梳理过程中，我们深刻地感受到，沈阳机床恰恰是在远距离关内市场的基础上，在关内市场缺乏所需销量的商标品牌信用度的支撑，从而在竞争日益激烈的市场中，出现了财务困境。为验证此观点，运用 TBCI 模型，通过网络检索，测算沈阳机床的品牌信用度。与此同时，本书将来自德国的西门子、日本的发那科，作为对标企业，也进行比较研究。

3. 沈阳机床商标的品牌信用度测试

据第 6 章的品牌信用指数量化测算标准，利用指标的量化标准予以赋值，来测算十个指标的具体数值，每个指标的具体测算过程在此省略①，在此仅列出加总得出的沈阳机床商标的品牌信用指数（见表 7.6）。

表 7.6　　　　　　　　　　沈阳机床品牌信用量化测算表

序号	指标名称	指标分值	序号	指标名称	指标分值
1	目标顾客精确性 B_1	0.45	3	单一利益对立性 B_3	0.88
2	利益承诺单一性 B_2	0.12	4	品牌建设岗位性 B_4	0.33

---

① 孙曰瑶，崔蜜. 基于"腹地—品牌"模型的东北振兴之微观研究 [J]. 经济研究参考, 2021 (11): 37 - 64.

序号	指标名称	指标分值	序号	指标名称	指标分值
5	单一利益持久性 B_5	0.47	8	注册商标单义性 B_8	0.76
6	终端建设稳定性 B_6	1.00	9	媒体传播公信性 B_9	0.58
7	品类需求敏感性 B_7	0.12	10	质量信息透明性 B_{10}	0.00
$\text{TBCI} = \left[(1 + B_{10}) \sum B_i \right] \div 9, \; i = 1 - 9$					0.52
信用等级	1.0	0.8~0.99	0.6~0.79	0.4~0.59	0.2~0.39	≤0.19
	AAA	AA	A	B	C	D

从表 7.6 可见，沈阳机床的 TBCI 值达到 0.52，对应 B 级的品牌信用度，将沈阳机床的 TBCI 值代入式（3-4），得 $P_d = 1.66 P_q$，表明顾客对沈阳机床产品的意愿价格为其质量价格的 1.66 倍。若其质量价格 P_q 假设为 100 元，则其品牌溢价率 = $(166 - 100)/100 \times 100\%$ = 66%；目标顾客的意愿价格 $P_d = 1.66 \times 100 = 166$ 元，即该企业商标的品牌溢价是 66 元。

将沈阳机床的 TBCI 值代入商标品牌化指数公式 TBI = TBCI - 1，得到 TBI = -0.48，说明沈阳机床距离选择成本为零的真正品牌 TBCI = 1 还有 0.48 的距离。

4. 竞争品牌溢价比较分析

用同样的测算方法和方式，获得西门子、发那科的 TBCI 的各项指标得分，见表 7.7。

表 7.7　　　　沈阳机床、西门子及发那科品牌信用度对比分析

序号	指标名称	指标分值		
		沈阳机床	西门子	发那科
1	目标顾客的精确性 B_1	0.45	0.70	0.70
2	利益承诺的单一性 B_2	0.12	0.90	0.90
3	单一利益的对立性 B_3	0.88	1.00	1.00
4	品牌建设的岗位性 B_4	0.33	1.00	0.77
5	单一利益的持久性 B_5	0.47	0.65	0.65
6	终端建设的稳定性 B_6	1.00	0.58	0.84
7	品类需求的敏感性 B_7	0.12	0.80	0.92
8	注册商标的单义性 B_8	0.76	1.00	0.68
9	媒体传播的公信性 B_9	0.58	0.66	0.54
10	质量信息的透明性 B_{10}	0.00	0.00	0.00
	TBCI	0.52	0.81	0.78
	信用等级	B	AA	A

沈阳机床、西门子、发那科的 TBCI 值分别为 0.52、0.81、0.78，分别对应 B 级、AA 级和 A 级的品牌信用度，将三家公司的 TBCI = B_c 值分别代入式（3－4），得到沈阳机床 $P_d = 1.66\ P_q$、西门子 $P_d = 4.78\ P_q$、发那科 $P_d = 4.07 P_q$。

表明顾客对沈阳机床、西门子、发那科产品的意愿价格分别为各自质量价格的 1.66 倍、4.78 倍、4.07 倍。若将质量价格 P_q 设为 100 元，则目标顾客对沈阳机床的意愿价格是 $P_d = 1.66 \times 100 = 166$ 元，而对西门子的意愿价格是 478 元、对发那科的意愿价格是 407 元。

沈阳机床、西门子、发那科三个商标的品牌溢价分别是 $166 - 100 = 66$ 元、$478 - 100 = 378$ 元、$407 - 100 = 307$ 元。商标的品牌溢价率分别为 66%、378%、307%。

从三个商标的 TBCI 值可见，依据图 3.1 所示，沈阳机床的 0.52，越过了 0.2 的起步阶段，但尚未达到 0.6 的溢价倍增阶段。而西门子的 0.81、发那科的 0.78，都越过了 0.6 此溢价倍增的关键点。故本书认为这才是沈阳机床加快形成新质生产力的战略聚焦点。

三家公司均拥有较高的技术工艺，西门子、发那科的数控系统分别占据 50% 和 25% 的世界市场份额，而沈阳机床却走向破产重整。这说明在技术同质条件下，仅仅从商标的品牌溢价角度，就能解释三家公司不同的市场竞争力。为保证销量，品牌信用度相对较低的沈阳机床，只能采取低价甚至赊购的方法来吸引顾客，以致出现资金流断裂的情形，无法偿还债务，进而进入重整程序。若沈阳机床的商标品牌信用度，能从 0.52 提高到 0.81，则其溢价空间从 66 元增加到 416 元，既可拓展更远的外地市场，又能掌握定价权，从而降低财务风险。故在持续不断地提升产品技术功能的条件下，沈阳机床更需要更大幅度地提升自己的商标品牌信用度。否则，即使达到了和西门子、发那科一样的技术水平，也无法获取与他们一样的市场空间和收益。

通过上述对沈阳机床商标的品牌信用度的分析，可看出，对沈阳机床而言，品牌建设与技术提升是同等重要的。此结论不仅仅对沈阳机床有效，对东北地区的其他厂商也是有效的。否则，被孤岛效应约束的东北振兴将是非常困难的。按照"腹地—品牌"模型的数理逻辑分析可见，东北地区出现的经济问题，表面看是长期计划经济体制的后遗，以及加入 WTO 后的关税政策调整等若干外部因素形成的。而深层原因是作为一个整体的东北地区，所处的孤岛效应而形成的空间约束。据此基本结论，在提供各种政策以及资金支持的同时，东北振兴的新策略有两个：

一是东北地区本地的厂商，面向更大但更远的关内地区市场，持续地提升各自商标的品牌信用水平。通过各自商标的品牌信用度的提升，来克服东北地区孤岛效应所形成的空间约束，使东北地区的产品得以持续的拓展更多更远的区外市场，并获得较高的品牌溢价，以此促进东北地区经济良性循环。其实，相对关内广大市场而言，比沈阳机床距离远的长春一汽集团，其一汽奥迪、一汽大众，通过品牌建设中的借牌策略形成的品牌优势，克服了东北地区的孤岛效应，成为销往全国的品牌产品。从实例的角度，验证了"腹地—品牌"模型对东北振兴的有效性。

二是对外实现品牌招商，也即将外部具有很高品牌信用度的厂商，作为招商的重点。东北地区本地厂商品牌信用度的提升，需要一个过程。为此，可通过引入外部具有很高品牌信用度的厂商进入东北地区，落地生产或者并购，带动东北地区的产品获得更大的外部市场空间，从而带动东北地区的持久发展。奥迪、大众、丰田都是一汽集团采取的借牌策略，沈阳的华晨宝马也属于借牌策略，也都突破了东北所处的孤岛效应。

在区域招商活动中，式（2-2）所表达的情感利益同样重要。为此，可见案例 7.3。

案例 7.3　睢宁的招商引资会[①]

2009 年 6 月，睢宁在台州招商引资会，名叫"共创事业行动会"。第一个讲话的是睢宁人朱雪琴，三个农民工全国人大代表之一。她的出现让大家眼前一亮，因为一般先讲话的都是县长。朱雪琴讲了不到 5 分钟，讲自己的经历，讲家乡如何好。想说明的是睢宁劳动力资源丰富、劳动力素质高。接下来是看一个小学生的录像片，叫"有个大项目才有完整的家"，催人泪下。大意是，爸爸外出打工，他是留守儿童，他希望建成一批大项目，爸爸就不用外出打工了。唐健说："先让他们心动，再让他们感动，然后才是县长出场。"接下来，主办方又放了一段严管干部的资料片。大家一看当地政风这么好，软环境这么好，都很有信心。最后出场的是县委书记王天琦，只说了 5 分钟，题目很简单，"用心，用力"。意思也很简单，"用心为你着想，用力为你服务"。

本书认为，"先让他们心动，再让他们感动"，心动的是物质利益，因为劳动力资源丰富，劳动力素质高。感动的是情感利益。而县长所做的 5 分钟讲话，则是政风承诺。

因工业选址存在区位约束，故每个区域都实现工业化尤其是重化工化是不可能的，但每个区域都可通过现有产品的品牌化，实现持久发展。尤其在以增值税为主体税的中国大陆而言，区域内产业若增值空间不够，其增值税就低。通过品牌化建设，提供溢价空间，为增加增值税提供保证。为此，通过新西兰"佳沛"奇异果的案例，可深刻地理解通过品牌化建设，扩大区域市场空间的实践。

20 世纪 70 年代，新西兰的猕猴桃的总产量中，60% 以上用于出口。1970 年，成立了由果农和出口商组成的奇异果出口促进委员会，有效地避免了出口商之间的恶性竞争。1977 年，果农们和出口商成立了国家奇异果管理局，政府监管角色的引入，让组织架构更为合理。在此基础上，进行包装标准化，统一定价，为每个出口商规定了最低份额配比，出口商之间的恶性竞争得以有效控制。

1988 年，基于奇异果的国际市场供大于求的过剩危机，新西兰政府和果农们共同成立新西兰奇异果营销局，从此该营销局成为国家唯一认可的奇异果出口商。也即整个新西兰的奇异果出口权只归佳沛公司所有，新西兰政府规定任何果农以个人的名义出口销售奇异果均为违法。此行为当然会触动原有经销商的利益，新西兰水果公司 Enza 因此失去了出口奇异果的机会。Enza 每年都为了获得出口权跟新西兰政府打官司，至今尚未获得。

对于果农，除了法律的约束，更是因为有利可图。公司会先付给果农 30% 的费用，以保证果园的正常运转，剩余 70% 按销售状况决定兑现的比例。若果农能提供上市早、质量好、甜度高的产品，还可获得公司的额外奖励。

---

① 王国强. 正确的废话，打住！江苏睢宁向"官话、套话"挑战［EB/OL］. 中青在线 - 中国青年报，2009 - 10 - 26.

品牌经济学

1992 年美国加州对新西兰奇异果进行反倾销诉讼,罚款数百万美元。同年新西兰启动绿色奇异果计划,通过减少农药化学残留,从增产量的"量",转到提质量的"质"。1997 年,新西兰政府实施了品牌驱动战略,全力打造一个品牌,增强国际竞争力。为此,营销局被拆分成两个相互独立的部分,一是 Kiwifruit New Zealand,简称 KNZ,后于 2000 年调整为 Zespri 国际有限公司,负责品种选育、果园管理、采后冷藏、商品包装、运输和销售等环节的协作。二是 Zespri 佳沛公司,负责新西兰奇异果的全球营销。佳沛公司完全由果农投资和负责经营,为国家唯一的出口商,集中精力经营 Zespri 品牌。2005 年在北京举行的 ZESPRI 新西兰奇异果的中文标识媒体发布会上推出了全新的中文品牌名称"佳沛",取自"佳境天成,活力充沛"之意。

据佳沛 2020/2021 财报显示,其全球销售总收入达到 35.8 亿新西兰元(约合人民币153.78 亿元),比 2019/2020 财年增长 14%。佳沛全球销量比上年增长 10%,至 1.815 亿箱,遍及 59 个国家和地区,在全球奇异果市场超 30% 的市场份额。1998 年佳沛公司在中国注册了商标"佳沛",2001 年佳沛进入中国市场就定位于高端市场上,论个卖的新奇销售形式,以及单个在十元以上的高价,很快吸引了第一拨消费者的注意。为了既打开销路,但又不降低自己的高端定位,佳沛公司在中国,将 30% 到 40% 的市场预算用来给人们店内试吃。

案例 7.4 新西兰奇异果是如何通过品牌信用走向世界的?(节选)[①]

20 世纪 80 年代形成的 2000 多个果农种植的局面、自身的无序竞争、国际市场推广的巨大支出、美国的反倾销,几乎让新西兰奇异果果业全军覆没。

本书认为,新西兰 2000 多个果农遇到的问题,在我国现实中更是普遍存在,2000 多个果农种植相同的水果,意味着完全竞争市场。有趣的是,中国反垄断法第六十九条明确规定"农业生产者及农村经济组织在农产品生产、加工、销售、运输、储存等经营活动中实施的联合或者协同行为,不适用本法"。遗憾的是,国内至今缺乏运用此条法律成功的案例。

1988 年,奇异果产业再次遇到面临死亡的境况。当年的奇异果产量奇高,果农们正希望有个好的收成时,来自当时最大的国外市场美国,对奇异果实行反倾销。这些拥有 2 到5 公顷种植面积的果农,根本没力量去组建强大的海外销售团队,以及聘请律师队伍去进行反倾销诉讼。但对于新西兰国内本身只有 400 万人口的销售市场,根本消费不了这些堆积如山的果子,唯一的做法是把这些果子拿去喂猪。

本书认为,1988 年,新西兰奇异果进入了供大于求的过剩阶段。在此之前,出口基本能消化产量,小农经济的问题还暴露不出来。但一旦进入过剩之后,市场问题以及品牌问题就显得异常突出。但为何没未雨绸缪呢?经过前几年的产业扶贫,原来的诸多贫困地区,建成了初具规模的种植业、养殖业,随着生产规模的增加,销售问题必定越来越显著!

---

① 刘永.新西兰奇异果:经理人团队打造统一品牌 [N].第一财经日报,2005 - 06 - 20.

第 7 章　价值实现的品牌信用机制

在 1988 年奇异果收成季节一败涂地之后，为整合原有各自出口的产业组织、分散的商标力量以及海外市场渠道，在数百个果农的发起下，一个单一出口整合的局势开始显现。对于这种自发自救行为，新西兰政府也出面支持，最终成立了"新西兰奇异果营销局"，2000 多个果农悉数加入。这相当于 2000 多个股东聘请了一个职业经理人团队。团队的任务在于制订种植计划、品牌推广、渠道建设，最终完成每年 7000 万箱奇异果在全球的销售。此举措加强了从选育品种、果园生产、包装、冷藏、运输、配售及广告促销等环节的配合，集中了原来每个果农单一的力量，以一个统一的商标和单一的窗口，统一在全球营销。

1997 年，为延续消费者对新西兰奇异果的印象，营销局决定将"ZESPRI"作为唯一的商标，负责新西兰奇异果全球的营销。作为政府的支持，新西兰通过相关法令规定，任何果农以自己的商标出口销售将被视为违法；但在澳大利亚和新西兰的一些地方，还有为数很少的允许存在的自有商标在销售，但这对国际市场构不成任何威胁。

本书认为，作为唯一的商标，"ZESPRI"构成了新西兰奇异果的代言符号。国外顾客要么选择新西兰的奇异果，要么不选择。而只要选择新西兰的奇异果，就只有"ZE-SPRI"，这就降低了目标顾客的选择成本。新西兰保护"ZESPRI"作为新西兰奇异果唯一出口商标的此法令，说明新西兰政府已掌握了品牌经济的宏观管理规律，也即通过运用商标管理来调控资源的配置，而不是传统的通过干预价格来影响资源配置。

在渠道和品牌方面，主要依靠 ZESPRI 派遣的区域经理在全球不同的市场寻找总代理商，依靠他们的渠道，把产品推到大卖场以及传统商店。在中国大陆的品牌计划，主要是通过电视广告、公关合作以及卖场试吃进行。做好一个区域市场，实际上只需要控制好经过挑选和培养的大渠道商，其好处在于，可随时知道销售的情况、货物充足率。

对品牌传播，整个新西兰奇异果统一用 ZESPRI 品牌对外出口销售，推广资金同其他水果相比，就显得充足。电视广告目的在于诉诸消费者有"佳沛"水果品牌进入市场；公关活动则同当地的公关公司合作，吸引目标消费者；卖场试吃则是直接面对终端消费者，在超市水果区域的促销。现在，那些曾经濒临破产的新西兰的果农们，雇用工人来种植，每年从营销局的盈利中提取分红。他们中的多数已经拥有了自己的庄园，甚至游艇，过着舒适的生活。

本书认为，通过上面这几段的介绍，就可看出，奇异果国际营销公司负责的就是市场与品牌推广，而区域代理商则负责渠道建设和物流。国内为了鼓励农民成立专业合作社，各省在早期出台了一个政策，也即每成立一个合作社，给予 2 万元的支持。结果，很多合作社成立的初心（目的），就是为了获得这 2 万元。据 2023 版 CCAD 新型农业经营主体农民专业合作社数据库，截至 2022 年底，全国登记在册的农民专业合作社数量接近 300 万家，其中在营合作社约 224 万家。至少 600 亿的投入，并未形成类似佳沛或新奇士橙的规模与品牌效应。新西兰果农的美好生活，恰恰来自基于"佳沛"的品牌信用建设。

7.4 文化产品的"焦虑—品牌"模型

7.4.1 引言

数字技术的发展，对文化产业的影响也是深刻的。主要体现为两个方面：一是对原有文化产品的数字化赋能转型，比如，传统的电视台从无线、有线，借助智能设备，转到了数字转播，其场景也从家中的电视转到了随时能收看的平板和手机。二是出现了新业态的文化产品，尤其是门户网站、网络游戏、短视频、网红直播等。这些基于互联网和智能技术的新业态，将文化产业推到了一个新时代。随着头条、抖音、Tiktok、MCN 的迅速发展，KOL 与 KOC 的作用也越来越明显。从而在此文化新时代，消费者的力量越来越大，整体上呈现出去精英化的趋势。

与此同时，数字文化产业高质量发展，也已经成为国家战略。国家"十四五"规划和 2035 年远景目标纲要中都明确提出，要实施文化产业数字化战略，加快发展新型文化企业、文化业态、文化消费模式，壮大数字创意、网络视听、数字出版、数字娱乐、线上演播等产业。这两项国家战略突出的都是一个"新"字。在国家印发的《数字中国建设整体布局规划》中，强调从国民经济全局谋划层面和长期规划维度，确定了发展文化新业态的战略意图。作为两项国家战略的实施规划，突出的依然是个"新"字。

基于国家上述三项规划，文化和旅游部发布了《关于推动数字文化产业高质量发展的意见》，从细化的角度提出通过试点示范、重大工程等，加快补齐短板、解决共性问题，引导文化新业态健康发展。作为落地执行的意见突出的还是一个"新"字。

之所以突出文化产业的新型、新业态，是因为数字化赋能。正如 2023 年 12 月 11 日央视的新闻联播所指出的：近年来，随着人工智能、虚拟现实等数字技术的迅速发展，我国一批文化新业态、新场景应运而生，依托数字赋能和艺术设计，给人们带来文化消费新体验，推动文化产业高质量发展。2023 年 10 月 30 日，新华社发布国家统计局的信息指出：文化新业态同比增长 15.2%，快于全部规模以上文化企业 7.5% 个百分点。

其实，数字赋能与艺术设计，都属于文化消费的产品思维。从逻辑的角度，很自然地就提出一个思考：消费者为何更乐于选择新业态的文化产品？新业态的文化产品究竟满足了消费者的什么需要？新业态的文化产品，为何就能带给消费者们新体验？所谓新体验究竟是什么体验？

本书认为，文化产品新业态之所以能给消费者带来新体验，是与新时代的社会发展主要矛盾相适应的。党的十九大报告中明确提出"中国特色社会主义进入新时代，我国社会主要矛盾已转化为人民日益增长的美好生活需要和不平衡不充分的发展之间的矛盾"。根据新时代社会主要矛盾的描述，在物质生活需要进入过剩的阶段后，美好生活成为更主要的需要，而满足美好生活的供给是不平衡不充分的，这恰恰指出了今后的努力方向。

从品牌经济学的角度，本书认为能有效降低或消除受众广泛存在的不同程度的焦虑的文化产品，才能满足"人民日益增长的美好生活需要"，从而实现高质量发展。而借助数字化技术赋能和艺术设计涌现出来的新业态、新场景文化产品，恰恰从全新的角度，带给消费者们更多更大的快乐，从而有效地降低或消除消费者们不同程度的各种焦虑。

本节试图从"焦虑—品牌"的角度，构建了数理模型—指标体系—案例测试—案例对策的案例经济学逻辑，来揭示新业态文化企业该如何实现数字文化产品的高质量发展，从而更好地满足消费者日益增长的美好生活的需要。

通过对已有文献的综述分析，本书认为，数字文化产业的研究，应从宏大选题或泛泛意义之谈的层面，转到企业的微观层面。根据图 4.1 即目标顾客链模型，从侧重于企业的层面，转到目标受众的层面，毕竟所有的数字文化产品最终都要经受受众市场的检验，尤其在去精英化的社交网络时代，数字文化企业更是受众导向。随着去精英化的数字文化时代，从公域流量转入私域流量新阶段，需要数字文化企业的经营者们，能深度理解目标受众情感共鸣的文化产品。同样的问题是，满足什么条件的数字文化产品，才能在私域时代实现有效流量？这就是本书需要回答的问题。

7.4.2　"焦虑—品牌"模型及其经济意义

数字文化产品的市场消费主力是唾手可得智能手机的年轻人，根本原因是面对学习、生活、就业及工作中各种内卷，导致年轻群体焦虑程度更高。调查显示[①]，近 50% 的 Z 世代长期受焦虑和压力困扰，39% 的千禧一代也有类似的问题。英国健康与安全管理局的统计数据显示，年轻人被焦虑包围，特别是在职场中。与 2020 年相比，青年在职场中的压力、焦虑和抑郁增加了 14%。2023 年，美国焦虑和抑郁协会针对职场人士的一项调查发现，56% 的员工表示，焦虑会影响他们的工作表现；50% 的受访者称，焦虑对他们与同事的关系造成了负面影响，43% 的受访者认为，这甚至影响了他们与上级的关系。

笔者认为[②]，消费者消费文化产品的根本目的，恰恰就在于降低或消除自己的焦虑。故文化产品尤其是通过满足消费者需要的市场型文化产品，其目的是降低直至消除消费者的焦虑。即当消费者出现焦虑时，总是通过选择并消费某种文化产品所获得的快乐，来降低或消除其焦虑。

所谓焦虑，是指人们想得（正欲望）却未必得到、不想得（负欲望）却可能得到的急迫性情绪。故焦虑的产生，恰恰是因欲望的存在，而欲望是现实中永远无法满足的，于是焦虑就产生了。即正是边际递增也即无限的欲望，导致了人们现实生活中普遍存在着焦虑。正如俗谚天有不测风云，人有旦夕祸福，由此导致人生八九不如意、家家都有本难念的经，即焦虑，决定了人们生活中最缺乏的是快乐。

---

① 赵婷婷."不确定性"让这些年轻人陷入焦虑 [N]. 中国青年报，2023 - 12 - 22.
② 孙曰瑶，曹琳. 文化产品投资评估——基于品牌经济学 [M]. 北京：清华大学出版社，2017.

为此，本书设定指标焦虑度（AnxietyDegree，简写为 D_a）$D_a \in [0, 1]$，0 代表无焦虑，1 代表严重焦虑，甚至成为抑郁代名词。同时，给出指标快乐度 h，且 $h \in [0, 1]$，0 代表无快乐，1 代表非常快乐。假定消费者通过消费文化产品带给自己的快乐，来降低或消除焦虑，则有式（7-42）：

$$D_a = 1 - h \qquad (7-42)$$

显然，当快乐度 h = 0 时，$D_a = 1$，即消费者在消费所选择的某个文化产品过程中，带给自己的快乐度 h = 0 时，对消费者原有的焦虑度的降低或消除是无效果的。

当快乐度 h = 1 时，$D_a = 0$，即意味着消费者在消费所选择的某个文化产品过程中，带给自己的快乐度 h = 1 时，对消费者原有焦虑度的降低或消除效果极好。

同样的问题是，当焦虑的消费者面对众多的文化产品时，如何能不假思索也即选择成本 $C_c = 0$ 的高效率选择，就成为关键。事实上，当焦虑的消费者面对一个巨大的文化产品集中，从中择其一的选择成本非常高。按本书 1.3 节的靓女择夫所揭示的两两比较的方式，每次时间费用为 t_c，则总的选择成本是 $C_c = \frac{n(n-1)}{2} t_c$。随着消费者可选择的文化产品数量与种类即 n 值的增加，其择其一的选择成本 C_c 就将迅速增加，给消费者带来新的焦虑。

假定消费者面对 200 个数字文化产品，在给定的时间内，只能从中择其一进行实际消费。按两两比较的方式，需要进行 19900 次比较，假设每次投入 10 分钟。按选择成本公式，需要 199000 分钟，折合为 3316 小时或 55 天的时间。假设每天平均收入为 200 元，则总的选择成本 $C_c = 11000$ 元。尽管这仅是模拟，但所揭示的选择成本居高不下是客观存在。实际上，正是因为过高的选择成本才导致目标顾客放弃选择。

故某种文化产品的品牌信用度在降低消费者选择成本过程中，就起到了巨大的作用。若企业的注册商标在视觉或其承载的故事，能给目标顾客带来情感利益，也即因其满足顾客欲望而产生快乐，使其乐而忘忧，目标顾客就会乐在其中，从而乐此不疲地选择。此处的"中"就是厂商的品牌载体即商标。

根据式（3-1）可推算出快乐度 h，得：

$$h = 1 - \frac{P_q}{P_d} \qquad (7-43)$$

例如，2023 年 8 月 6 日在西安举行的 TFboys 演唱会，第一排座位的票价是 2013 元（P_q），但被黄牛抬高到 20 万元（P_d）。根据式（7-43）可以算出，对那些乐意出 20 万元的粉丝而言，在第一排看演唱会带给自己的快乐度 h = 1 - (2013/200000) = 0.90。通过消费快乐度为 0.90 的演唱会，得出焦虑度 $D_a = 1 - 0.9 = 0.1$。假设该消费者极其渴望到演唱会现场，不到现场的焦虑度 $D_a = 1$，则通过花费 20 万元进入第一排，可使其焦虑度从 1.0 降低到 0.1，消去了 90% 的焦虑，这就是该消费者此次高溢价消费的受益。而最贵的一张票被炒到 200 万元（P_d），对买到这张票的粉丝而言，该座位带给自己的快乐度 h = 1 - (2013/2000000) = 0.999。通过消费快乐度为 0.999 的演唱会，得出焦虑度 $D_a = 1 - 0.999 = 0.001$，假设该消费者极其渴望到演唱会现场，不到现场的焦虑度 $D_a = 1$，则通过花费 200 万元进入第一排。可使其焦虑度从 1.0 降低到 0.001，近似为 0。也即消去了

99.9% 的焦虑。该事例表明千金难买我乐意的逆定理，即我乐意就愿意花千金确实是成立的。

需要强调的是，意愿价格 P_d 不等于市场实际成交价格。在竞争市场中，实际成交价格取决于两个要素，一是目标顾客的预算也即支付能力，二是同质化产品的比价行为。故在实践中，质量价格 P_q 事实上可作为实际成交价格。尽管 $P_q < P_d$，但会带给目标顾客很大的消费者剩余（$P_d - P_q$），从而带给目标顾客极大的情感利益，也即快乐度提高。

将式（3-3）即 $h = e^{\frac{B_c-1}{B_c}}$ 代入式（7-42），得：

$$D_a = 1 - h = 1 - e^{\frac{B_c-1}{B_c}} \qquad (7-44)$$

当引入品牌信用度 B_c 之后，消费者降低甚至消除焦虑度的效率将得到极大的降低。

当消费者对某个文化产品的品牌信用度即 $B_c = 0$ 时，其焦虑度 $D_a = 1$。意味着消费者不会选择该文化产品，因为该文化产品对其消除原有焦虑没任何效果。

当消费者对某个文化产品的品牌信用度即 $B_c = 1$ 时，其焦虑度 $D_a = 0$。意味着消费者会不假思索也即选择成本 $C_c = 0$ 的选择该文化产品，并因此而消除或降低自己的焦虑感。

将式（7-44）与式（3-4）结合换算，得：

$$P_d = \frac{P_q}{1-h} = \frac{P_q}{1-e^{\frac{B_c-1}{B_c}}} = \frac{P_q}{D_a} \qquad (7-45)$$

式（7-45）表明，对于具体的企业而言，其注册商标的品牌信用度 B_c，及其所影响的焦虑度 D_a 的大小，直接决定了企业的目标顾客的意愿价格，从而决定了其溢价能力。

7.4.3 文化产品的品牌信用度测算案例

基于"焦虑—品牌"模型，从技术的角度，数字文化产品高质量发展问题，就转到了如何测算和提升其品牌信用度。将上述的"焦虑—品牌"模型，用于具体的数字文化产品和数字文化企业的高质量发展测量，需要建立相应的指标体系（详见表 6.35）。该指标体系的定义与标准详见本书第 5 章、第 6 章。

据万乾[1]测算源于网络文章改编的 S 剧本的品牌信用度时，得表 7.8。

表 7.8　　　　　　　　　　　电影剧本 S 的品牌信用度测算

序号	指标名称	指标分值	序号	指标名称	指标分值
1	目标顾客精确性 B_1	0.95	6	终端建设稳定性 B_6	0.94
2	利益承诺单一性 B_2	1.00	7	品类需求敏感性 B_7	1.00
3	单一利益对立性 B_3	1.00	8	注册商标单义性 B_8	1.00
4	品牌建设岗位性 B_4	1.00	9	媒体传播公信性 B_9	0.96
5	单一利益持久性 B_5	1.00	10	质量信息透明性 B_{10}	-0.02

---

[1]　万乾. 基于 TBCI 的电影剧本投资价值评估——以剧本《失恋 33 天》为例［D］. 济南：山东大学，2014.

序号	指标名称	指标分值	序号	指标名称	指标分值
$B_c = TBCI = \left[(1 + B_{10}) \sum_1^9 B_i \right] \div 9$					0.96
信用等级	1.0	0.8~0.99	0.6~0.79	0.4~0.59	0.2~0.39	≤0.19
	AAA	AA	A	B	C	D

资料来源：笔者自行绘制。

　　将 $B_c = 0.96$ 代入式（3-4），得 $P_d(S) = 24.5 P_d(S)$。即若 S 的质量价格也即投资成本 $P_q(S) = 100$ 元，目标顾客的意愿价格是 $P_d(S) = 2450$ 元，品牌溢价率 24.5 倍。

　　按 1500 万元总投入（900 万元制作投资和 600 万元推广费用）计算，测算票房额应是 0.15 亿 × 24.5 = 3.675 亿元，实际票房收入是 3.5 亿元，两者几乎一致。按 45% 的比例分账，投资方可得 1.575 亿元，是其实际投资额的 10 倍。故作为小成本作品，S 之所以能取得优异的市场收益，最根本的原因是其极大地降低了目标受众的焦虑度。将 0.96 代入式（7-44），得 $D_a = 0.039$。假设目标受众原有的焦虑度 $D_a^0 = 1$，也即通过观看消费 S，可将其焦虑度降低到 $D_a^1 = 0.039$，也即降低了 96.1% 的焦虑。

　　同样测算，电影 T 的品牌信用度对目标受众的焦虑度的下降影响，得表 7.9。

表 7.9　　　　　　　　　　　　　电影 T 的品牌信用度测算

序号	指标名称	指标分值	序号	指标名称	指标分值
1	目标顾客精确性 B_1	1.00	6	终端建设稳定性 B_6	0.80
2	利益承诺单一性 B_2	1.00	7	品类需求敏感性 B_7	1.00
3	单一利益对立性 B_3	1.00	8	注册商标单义性 B_8	1.00
4	品牌建设岗位性 B_4	1.00	9	媒体传播公信性 B_9	1.00
5	单一利益持久性 B_5	1.00	10	质量信息透明性 B_{10}	0.00
$B_c = TBCI = \left[(1 + B_{10}) \sum_1^9 B_i \right] \div 9$					0.98
信用等级	1.0	0.8~0.99	0.6~0.79	0.4~0.59	0.2~0.39	≤0.19
	AAA	AA	A	B	C	D

资料来源：笔者自行绘制。

　　将 $B_c = 0.98$ 代入式（3-4），得 $P_d(T) = 49.5 P_q(T)$。即 T 的质量价格即投资成本 $P_q(T) = 100$ 元，目标顾客的意愿价格是 $P_d(T) = 4950$ 元，品牌溢价率 48.5 倍。按投资 0.3 亿元（制作投资和推广费用），其测算票房额应是 0.3 亿元 × 49.5 = 14.85（亿元），其实际票房是 13.35 亿元。若按 45% 分账，投资方获得 14.85 × 0.45 = 6.6825（亿元）的收益，是其实际投资额的 22 倍。故作为中等成本作品，T 之所以取得优异的市场收益，最根本的原因是其极大地降低了目标受众的焦虑度，将 0.98 代入式（7-44），得 D_a = 0.020。假设目标受众原有的焦虑度 $D_a^0 = 1$，也即通过观看消费 T，其焦虑度降低到 D_a^1 = 0.020，降低了 98%。同样测算可得动画电影 Y 的品牌信用度测算，见表 7.10。

表 7.10　　　　　　　　　　　　动画电影 Y 的品牌信用度测算

序号	指标名称	指标分值	序号	指标名称	指标分值
1	目标顾客精确性 B_1	1.00	6	终端建设稳定性 B_6	0.60
2	利益承诺单一性 B_2	1.00	7	品类需求敏感性 B_7	0.92
3	单一利益对立性 B_3	0.88	8	注册商标单义性 B_8	1.00
4	品牌建设岗位性 B_4	1.00	9	媒体传播公信性 B_9	0.96
5	单一利益持久性 B_5	1.00	10	质量信息透明性 B_{10}	-0.02
	$B_c = TBCI = \left[(1 + B_{10}) \sum_1^9 B_i \right] \div 9$				0.92
信用等级	1.0	0.8~0.99	0.6~0.79	0.4~0.59	0.2~0.39	≤0.19
	AAA	AA	A	B	C	D

资料来源：笔者自行绘制。

将 B_c = 0.92 代入式（3-4），得 $P_d(Y) = 11.27 P_q(Y)$。即 Y 的质量价格也即投资额为 100 元，观众愿意为其付出 1127 元，品牌溢价达到 10.27 倍。

以 Y 为例，投资成本为 1200 万元，测算票房应是 $0.12 \times 11.27 = 1.35$（亿元），与实际票房 1.24 亿元相比，高出 8.15%，预测准确率超过 90%。按 43% 比例分账，投资方可获得 $0.43 \times 1.35 = 0.5805$（亿元），是其实际投资额的 4.8 倍。故作为低成本作品，Y 之所以取得优异的市场收益，最根本的原因是其极大地降低了目标受众的焦虑度，将 0.98 代入式（7-44），得 $D_a = 0.020$。假设目标受众原有的焦虑度 $D_a^0 = 1$，通过观看消费 Y 使其焦虑度降低到 $D_a^1 = 0.020$，也即降低了 98% 的焦虑。

王宇[①]测算电影 X 的品牌信用度时，得表 7.11。

表 7.11　　　　　　　　　　　　电影 X 的品牌信用度测评

序号	指标名称	指标分值	序号	指标名称	指标分值
1	目标顾客精确性 B_1	0.95	4	品牌建设岗位性 B_4	1.00
2	利益承诺单一性 B_2	1.00	5	单一利益持久性 B_5	1.00
3	单一利益对立性 B_3	1.00	6	终端建设稳定性 B_6	0.94

① 王宇. 影视项目资产证券化的路径与方法探究［D］. 北京：北京电影学院，2017.

续表

序号	指标名称	指标分值	序号	指标名称	指标分值
7	品类需求敏感性 B_7	1.00	9	媒体传播公信性 B_9	0.96
8	注册商标单义性 B_8	0.98	10	质量信息透明性 B_{10}	0.00
$B_c = TBCI = \left[(1 + B_{10}) \sum_1^9 B_i \right] \div 9$					0.98

信用等级	1.0	0.8~0.99	0.6~0.79	0.4~0.59	0.2~0.39	≤0.19
	AAA	AA	A	B	C	D

资料来源：笔者自行绘制。

将 $B_c = 0.98$ 代入式（3－4），得 $P_d(X) = 50 P_q(X)$，即 X 的质量价格也即投资成本 $P_q = 100$ 元，则目标观众的意愿价格是 $P_d(X) = 5000$ 元，品牌溢价率为 50 倍。

假设电影 X 的投资有 0.21 亿元、0.3 亿元、0.5 亿元三个说法，取中 0.3 亿元，则测算票房值是 $0.3 \times 50 = 15$（亿元）。而其实际票房为 14.4 亿元。按测算票房收入，以 38.77% 比例分账，投资方可获得 $0.3877 \times 15 = 5.8155$（亿元），是其实际投资额的 19.4 倍。故作为中等成本作品，X 之所以取得优异的市场收益，最根本的原因是其极大地降低了目标受众的焦虑度，将 0.98 代入式（7－44），得出 $D_a = 0.020$。假设目标受众原有的焦虑度 $D_a^0 = 1$，通过观看 X 可使其焦虑度降低到 $D_a^1 = 0.020$，也即消除了 98% 的焦虑。

上述四个案例的测算票房与实际票房的误差与精度检验见表 7.12。

表 7.12　　　　　　　　　　　测算票房与实际票房的精度检验

产品名称	测算票房 （亿元）T	实际票房 （亿元）A	绝对误差 |T－A|	误差率 Δ (T－A)/A	精度 1－Δ
S	3.675	3.50	0.175	0.0500	0.9500
T	14.85	13.35	1.50	0.1124	0.8880
Y	1.35	1.24	0.11	0.0857	0.9111
X	15.0	14.4	0.60	0.0417	0.9583
平均				0.0725	0.9275

资料来源：笔者自行绘制。

由表 7.12 可见，尽管只有四个实测案例，但精度高达 92.75%。从预测的角度，已超过 90% 的准确性。将表 5.1 中的 S_{1g} 改为 B_{cg}，将上述四部电影的品牌信用度按高低顺序列入表 5.1，则得表 7.13。

表 7.13　　　　　　　　　　　　品牌信用度—投资配置模拟示意

B_{ci}	$B_{c1(T)}$	$B_{c2(X)}$	$B_{c3(S)}$	$B_{c4(Y)}$
V_i（亿元）	0.30	0.30	0.15	0.12
V（0.8 亿元）	$V = \sum\limits_{i}^{3} V_i = 0.30 + 0.30 + 0.15 = 0.75$			

资料来源：笔者自行绘制。

　　假设这四部电影都是由一个公司投资，且年度总的预算只有 0.8 亿元，则根据四部电影剧本进行各自品牌信用度进行测算，然后按表 7.12 进行匹配，不仅能确保投资收益最大化，且能最大程度地满足目标顾客选择消费自己喜爱的文化产品，从而促进美好生活。

　　在此论述的是产品品牌信用度的测算，还需要进一步测算企业的品牌信用度。原因是面对某个具体的文化产品时，消费者将据产品的生产企业的品牌信用的判断，来影响是否选择该企业推出的文化产品。为此，本书选择 CW 传媒作为研究案例。

7.4.4　CW 传媒高质量发展的企业品牌路径

　　成立于 1998 年的 CW 传媒，是新中国首批被授予电视剧（甲种）制作许可证的民营公司。自 2008 年以来，该企业前后 3 次被国家确定为"国家文化出口重点企业"，是涵盖影视、游戏和经纪业务的大型泛娱乐传媒集团。2010 年 1 月登陆中小板，2015 年 7 月，借壳登陆 A 股市场，借力互联网转型升级为以精品 IP 为核心的泛娱乐产业运营商，致力于在新时代持续生动传播中国好故事，弘扬时代精神与主流价值观。

　　具体的影视产品属于商标"CW 传媒"旗下的具体产品。问题是作为企业注册商标的"CW 传媒"的品牌信用度有多高呢？CW 传媒直到公司成立整整 20 年后的 2018 年 6 月 1 日，才正式提交"CW 传媒"的商标注册申请，2019 年 8 月 14 日正式注册。由此可见，CW 传媒对具体影视产品的重视程度，远高于对企业商标注册及其品牌化的重视。尽管 CW 传媒具备基于 IP 的泛文娱产业链运营能力，而且坚定推进以 IP 为核心的泛文娱产业布局战略。但若企业商标"CW 传媒"作为公司最大的 IP，都得不到足够重视，则其 IP 战略实施效果就值得深思了。

　　就数字文化产品业绩而言，CW 传媒表现非常优异。2015 年 6 月，仙侠题材电视剧 H 创下 3.89 收视率、网络点击破 200 亿次的纪录，衍生的 H 手游首月流水达 2.5 亿元。通过出售 H 播放权，CW 传媒从湖南卫视和爱奇艺总计获 2 亿多元收入。2016 年 7 月，CW 传媒联手爱奇艺推出网剧 L，率先开启"版权收入＋点击分成"新模式。但从企业整体层面财务业绩来看，尚有差距，见表 7.14。

表 7.14　　　　　　　　　CW 传媒的经营业绩（前三项单位亿元）

项目	总市值	净资产	净利润	市盈率（动）	市净率	毛利率	净利率
CW 传媒	35.15 亿元	9.958 亿元	0.24 亿元	109.65	3.65	5.14%	5.79%
行业平均	103.9 亿元	48.34 亿元	2.22 亿元	123.2	4.47	27.44%	0.66%
行业排名	94/105	86/105	73/105	64/105	72/105	101/105	57/105

资料来源：笔者自行绘制。

从表 7.14 可见，其整体经营业绩明显不如其推出的部分影视产品。作为数字文化企业的 CW 传媒，整体表现为何不如其推出的若干数字文化产品？基于"焦虑—品牌"模型，可认为，CW 传媒重视数字文化产品的创意、生产与市场推广，但对企业品牌认识与建设层次，尚有很大的改进余地。为了深刻剖析 CW 传媒，王百媚（2023）对商标"CW 传媒"的品牌信用度 B_c 进行了系统测算，并据此测算作为公司品牌载体的注册商标"CW 传媒"，能在多大程度上降低目标受众的焦虑度，并为 CW 传媒数字化战略，从产品思维，转到品牌思维，即数字文化高质量发展路径，提供可靠的依据。根据王百媚实际测算[①]得表 7.15。

表 7.15　　　　　　　　　CW 传媒品牌信用度测评

序号	指标名称	指标分值	序号	指标名称	指标分值
1	目标顾客精确性 B_1	0.80	6	终端建设稳定性 B_6	0.76
2	利益承诺单一性 B_2	0.82	7	品类需求敏感性 B_7	0.68
3	单一利益对立性 B_3	0.32	8	注册商标单义性 B_8	0.46
4	品牌建设岗位性 B_4	0.85	9	媒体传播公信性 B_9	0.84
5	单一利益持久性 B_5	0.35	10	质量信息透明性 B_{10}	−0.22
$B_c = TBCI = \left[(1 + B_{10}) \sum_1^9 B_i \right] \div 9$					0.51
信用等级	1.0	0.8 ~ 0.99	0.6 ~ 0.79	0.4 ~ 0.59	0.2 ~ 0.39	≤0.19
	AAA	AA	A	B	C	D

资料来源：笔者自行绘制。

CW 传媒的 TBCI 值也即 $B_c = 0.51$，与图 3.1 比较可见，CW 传媒的品牌信用度离 0.60 尚有一定的距离。根据式（3 - 4），计算顾客对 CW 传媒的意愿价格 P_d（CW 传媒）= 1.6487P_q（CW 传媒），即顾客对 CW 传媒文化产品的意愿价格是其质量价格（投资额）的 1.6487 倍，则 CW 传媒的品牌溢价率 =（1.6487 − 1）/1 × 100% = 64.87%。

将 $B_c = 0.51$ 代入式（7 - 44），计算得 D_a（CW 传媒）= 0.61，即目标受众在消费以 "CW 传媒"为标识的影视产品时，产生的焦虑度是 0.61。从"焦虑—品牌"模型可见，

---

① 王百媚. 基于资产结构优化视角的中国文化企业价值提升路径研究 [D]. 济南：山东大学，2023.

第7章 价值实现的品牌信用机制

作为数字文化企业的 CW 传媒，其高质量发展的路径，是进一步提升作为其商标的"CW 传媒"在目标受众中的品牌信用度，以此进一步降低目标受众的焦虑度。当目标受众看到某个影视产品是出自"CW 传媒"时，若"CW 传媒"的品牌信用度 B_c（CW 传媒）能从 0.51 提升到 0.80 时，P_d（CW 传媒）$= 4.52 P_q$（CW 传媒），则目标受众的焦虑度是 0.22，也即从 0.61 降低到了 0.22，其焦虑度降低了 63.4%。这对目标受众而言，是极大的福利改进，也是对美好生活的实际促进，即高质量发展得以实现。

故从影视剧产品品牌建设，转到对"CW 传媒"的企业品牌建设，使目标受众因某数字文化产品是产自"CW 传媒"而快乐的、不假思索的选择，从而降低自己的选择焦虑，就构成了 CW 传媒数字文化高质量发展的路径方向。

具体而言，就是据表 7.15 中的十个指标，将分值低于 0.8 的指标，通过改进措施，提升到 0.80 以上，具体改进流程可详见本书第 8 章。在此，根据本书的"老鼠—米老鼠"转换模型，认为 CW 传媒应在注册商标"CW 传媒"的基础上，设计、注册并推广一个或若干个卡通形象，作为主攻的 IP 战略，最终的目的是通过对影视业外的厂商授权，来获取稳定且增长的收益。

第8章 品牌信用指标的设计流程

前7章从因果性的数理逻辑角度，揭示与证明了品牌溢价、价值实现的品牌信用机制，并建立了品牌信用度量化测算标准体系。在此基础上，就需要依据顾客利益模型和品牌信用指标的定义与技术标准，给出每个指标的设计流程。本章针对10个指标，共设计了55个步骤。

8.1 目标顾客精确性的设计流程

在品牌建设时，具体操作人员是不同的，不同人员的知识和个性可是不同的，但操作过程应该是一致的，因为技术标准是一致的。为此，就需要规范的技术流程。

表8.1 目标顾客精确性的设计流程

指标	步骤	核心内容	编号
B₁ 目标顾客精确性	第一步	基于情感利益，确定形象价格，预设减配空间	B_{1-1}
	第二步	绘制客户链，识别终点顾客	B_{1-2}
	第三步	通过类型化，测评其成长性和稳定性	B_{1-3}
	第四步	据成长性和稳定性，锁定目标顾客	B_{1-4}
	第五步	深入在位者顾客，测试个性化顾客的需求和欲望	B_{1-5}
	第六步	建立顾客数据库，进行深度挖掘	B_{1-6}

资料来源：笔者自行绘制。

第一步：基于情感利益，确定形象价格，预设减配空间（B_{1-1}）

品牌经济学的出发点，是在价格既定也即掌握定价权的条件下，通过降低目标顾客的选择成本来赢得顾客的溢价选择。故在进行品牌建设时，首先要确定具体的形象价格，并在此基础上，预设出减配空间。

所谓形象价格，是指能给顾客带来心理满足即欲望并成为其衡量产品或服务质量的直观直接标准。之所以称其为形象价格，是指产品或服务以可直观衡量的价格高低，带给顾客的心理感应即欲望。

第8章 品牌信用指标的设计流程

根据图1.5和式（2-2），形象价格的核心，不在于价格本身所属的物质利益，而在于形象即情感利益。故在解释高价格的理由时，绝对不能通过所谓的原料等物质利益予以背书。例如，奔驰S600的价格确实高，但为其高价背书的是"世界元首使用最多的车"所内含的权贵象征。一旦高价格的背书是物质利益，则迅速递减的边际利益，将很快使高价格的形象受损，若再加上原料等存在虚假问题，必定雪上加霜。[①]

基于功能、性能等物质利益为高价背书，还存在一个危险，即同行其他企业推出功能、性能更好的产品出来。例如，某空调厂商说自己的空调在-5℃能启动，接着其竞争同行就说自家空调-10℃也能启动。由此一来，原来的高价格形象很快就被降低了。因此，高价格树形象，一定是"高价格"+"高快乐"。海尔的"服务到永远"，彻底化解了使用家电的后顾之忧，这就是高快乐，也就能心情愉快地接受海尔电器比同行高15%~20%的高价格。

通过形象价格的确定，一是选定目标顾客的前提，因为任何顾客对某个商品或服务的选择，首先是立足于自己的经济实力，用经济学的术语，就是顾客的预算是既定的。二是确立品牌形象的测量标准。其实，绝大多数顾客并不是自己所购产品或服务的专家，对产品或服务的物质技术属性，并不了解。但"好货不便宜，便宜没好货"的教育是固化到基因的。故品牌形象不是依靠诸如功能、性能等技术指标这类物质属性，而是依靠价格高低来树立的。但为高价格背书的理由，按式（2-2）所示，一定是基于快乐度的情感利益。

在顾客的大脑中，判断产品好坏的最直观的标准，就是数量指标。例如，轿车发动机的油缸数量、车体长度、价格高低、车身重量、车体颜色等，其中选择成本最低的标准就是价格高低。

而配置空间则是增加或减少的技术可行性和类型的数量。例如，奔驰轿车的顶级配置是S600，该款轿车定价很高，锁定的是对价格不敏感的权贵和巨富，而他们的需求是非常个性化的，故奔驰公司只接受预订。但通过减配，奔驰公司也推出了S560、S320等批量的轿车，价格也随之下降。更有价格更低的E系列、C系列、B系列等奔驰轿车。

作为饰物的钻石如何减配呢？就是通过钻石的重量、色泽、纯度、切割等进行的划分，从而也形成了价格由高到低的档次，以满足不同购买力的结婚新人的需求。最为典型的是联合利华，通过采取缩小包装的策略，实施减配空间以增加销量。

联合利华是拥有多芬、立顿和凡士林等品牌的英荷生产商，在世界上最贫困的消费者当中创建了忠实的用户群。该公司通过缩小包装，设定一个就连每天生活费只有2美元的消费者也能负担得起的价格。它帮助人们赚钱购买自己的产品。"这并不是在做善事"，而是开发新市场，首席执行官夏思可说。

"联合利华是最先证明你在金字塔的底部同样能构建品牌的公司之一"，新加坡品牌顾问公司马丁·罗尔说。从诺基亚到皇家飞利浦电子公司，诸多企业纷纷效法联合利华的做法。这项战略诞生于1984年，当时印度子公司发现，数以百万计的印度人未购买它的产

---

① 孙红丽. 中消协点名"钟薛高"："高端冷食品"面临品质质疑［EB/OL］. 人民网，www. people. cn，2021-06-29.

品。于是想出了一个战略，在保证盈利的前提下降低价格：让从洗发水到洗衣粉的所有商品全部使用一次性包装，且每包只卖几分钱，让人们享受到了大品牌。

采取一次性的小包装，零售价格自然下降到几分钱，为何说不便宜呢？这是因为对厂家而言，即使是几分钱，但毛利率可能却是比较高的。山东中科凤祥出口到尼日尔的mimido牌鸡汤块，类似白糖块，很多低收入家庭没钱买一大盒，却可每顿饭买几块来作为汤饭的调味品。这也是成功的减配策略。

联合利华继续取悦经济拮据的顾客。在印度，它培训农村妇女向自己的邻居推销产品。联合利华的过人之处就在于，它深入那些社区，了解人们的需求，且据实际情况调整自己的商业模式。为此，这家公司在圣保罗最大的贫民窟修建了免费的社区洗衣店。这家洗衣店以联合利华的洗衣粉奥妙（Omo）来命名，且声名远扬，从中看出尽管联合利华的产品价格比宝洁的碧浪贵了20%以上，但仍能占领巴西70%的洗衣粉市场的个中缘由。

通过减配策略，尽管联合利华的产品价格比宝洁的碧浪贵了20%，但仍能占领巴西70%的洗衣粉市场。因此，高价格产品只能是高收入者专用的判断，是不可靠的。奔驰、联合利华等，通过减配获得了成功。那么，在低价格条件下，通过增配路线，是否能成功呢？本书给出的答案就是：技术上能成功，但情感上不成功，从而导致其销量难尽如人意。

第二步：绘制客户链，识别终点顾客（B_{1-2}）

通过高价格，将树立起"好货"形象，通过情感利益背书，实现通过减配空间来扩大销量的目标，这是提高目标顾客精确性的第一步。这一步确定之后，就能很清楚地圈出谁能接受得起此价格。用得着但买不起的顾客不是目标顾客。

但那些购买你的产品不是为了自己使用，而只是为了再次出手的客户，也不是你的目标顾客。即你的商业伙伴，看重的只是产品买进和卖出的差价，而不是产品本身。根据图4.1，所有的产品或服务，一定有其最终的顾客，也即终点顾客。只有终点顾客对某个商标的选择成本等于零，厂商才能掌握定价权。

例如，笔者曾用过的索尼牌笔记本电脑，在其电脑键盘上，醒目地写着"Intel""Windows"。其实，多数人都没见过"Intel"处理器或"Windows"软件是啥样子的，但在购买索尼电脑时，很清楚地提出是否是"Intel"处理器，是否安装了"Windows"操作系统。多数个人电脑用户，向电脑生产商反复地强调，才使"Intel"和"Windows"这样的中间产品，获得顾客链的定价权。

这就是基于图4.1即目标顾客链模型的终点目标顾客的品牌力量！通过案例8.1，更能看到基于终点顾客所形成的品牌拉力的巨大价值。

案例8.1 达拉姆的储蓄①

从印度尼西亚归来的舅舅讲了一个关于他的朋友的故事。此朋友名叫达拉姆，此人三

---

① 程刚. 达拉姆的储蓄 [J]. 格言, 2010（2）：5-8.

第8章 品牌信用指标的设计流程

十多岁就担任了一家大银行的行长，比起那些六七十岁的资深金融家，银行家，他是地道的小字辈。他掌管的这家银行尽管在本市大名鼎鼎，但他肤浅的履历还是受到金融界巨头、银行翘楚们的嘲笑，认为由他掌舵银行业的旗舰，简直是开国际玩笑。

本书认为，没经验的达拉姆，却开辟了全新的道路。既要创新，又要有经验，这是不可能的。穿新鞋走老路，无论如何不可能有创新，尤其是原始创新。

果然，达拉姆上任伊始就作出了一个贻笑大方的决定，他要求手下把距本行20公里范围内的所有新生儿全部列在一张名单上。员工们对他的举措感到莫名其妙，但还是照办了。

本书认为，员工们为何对达拉姆的举措感到莫名其妙？是否是员工们认为新生儿不可能是本银行的目标顾客？达拉姆三十多岁，显然其经验远远不如那些六七十岁的资深金融家多，可为何达拉姆却做出了突出的业绩？笔者一直认为，经验类似汽车的后视镜，只能看到后边，无法看到前边。而要到达一个未知的地点，人们需要的不是后视镜，而是导航仪。即不听老人言，吃亏在眼前，这句话的成立得有一个前提条件，即老人的经验是有效的。在一定区域内从事农业生产，老人们的种植经验确实是有效的。

但在变化迅速且多元化的社会，老人们的经验的有效性，是值得怀疑的。英国著名科幻作家克拉克积累有关科学文化方面的经验提出三个定律。克拉克第一定律：当一位杰出但年老的科学家说某件事是可能的，他几乎肯定是对的。当他说某件事不可能时，他很可能错了。克拉克第二定律：发现可能的极限的唯一方法是冒险越过极限，进入不可能的领域。克拉克第三定律：任何足够先进的技术都与魔法无异。

三天后，名单上所有的新生儿都收到了银行的一封信，恭喜他们在如此幸运的时刻来到此美妙的世界，来到此漂亮的新区。从那时起，每年的适当时候，这些孩子都会收到达拉姆银行的信，提醒他们生日即将来临。

本书认为，这些新生儿读得懂达拉姆给的信吗？当然读不懂，那这封信是给谁的？当笔者问到此问题时，几乎所有的人都会不假思索地说是给孩子的父母的。其实，我们无法确定这些新生儿的父亲一定在家里，但可确定的是这些新生儿的母亲一定在家里。故简单地说信是给孩子的父母的，心中的目标顾客是模糊的，达拉姆的信的目标顾客是孩子的母亲，则是精确的。

当他们长到可阅读故事的年龄，达拉姆的银行就会寄给他们一本故事书，以讲故事的方式说出储蓄的好处。若是小女孩，她会收到一个芭比娃娃作为生日礼物，后面印着达拉姆银行的全名。若是小男孩，他会收到一支棒球棒，上面也贴着银行的名字。几年来，仅这笔开支就着实不小，但收益并不明显。

本书认为，儿童爱看故事书，达拉姆就编故事书给孩子们，并将储蓄的好处隐含在故事书里。通过阅读这样的故事书，潜移默化地影响着孩子们。给女孩们所喜欢的芭比娃娃，给男孩们所喜欢的棒球棒，将达拉姆银行的全名也隐含在内，同样是以无意识的形式传播着银行的信息。从心理学的角度看，人们的记忆系统有两个部分，意识与无意识。达拉姆在故事书里讲述储蓄的好处，将企业名称包含在孩子们喜欢的礼物中，采取的都是无意识记忆，而这种记忆的效果是很牢固的。故尽管这笔开支不小，但比起来直接的普通的广告,效果是很好的。假设将这笔钱用于广告,分摊到这些孩子的母亲和孩子身上,并达到同样的效果,将需要更高的广告投资。

达拉姆还把银行办公大楼最重要的一层装修成孩子们的游乐室。里面有旋转木马、溜滑梯、跷跷板、碰碰车、沙堆,还有一名能干的管理员,指导孩子们玩得尽兴。达拉姆把银行办成了最受孩子们欢迎的地方,很多年轻的妈妈舍近求远来达拉姆的银行存储,有的母亲甚至办完业务也把孩子留在这里,然后安心地去购物或访友。达拉姆的做法开始显现一些效益,但比起前期的投资来,收益并不大。有人开始质疑达拉姆的能力,觉得一个只会吸引家庭主妇的行长不会有大的作为。

本书认为,银行的负债业务包括单位存款和家庭存款。而家庭存款基本掌握在主妇手里。那主妇们最关心什么呢?当然是自己的孩子!所有的厂商都说自己关心顾客,可顾客最关心什么呢?只有满足顾客最敏感最快乐的利益,顾客才能成为厂商的目标顾客。这就是用顾客的顾客,来吸引顾客。对达拉姆的银行来讲,直接顾客就是家庭主妇,而家庭主妇的"顾客"是她的孩子,达拉姆就用主妇们的孩子来吸引住了家庭主妇。其作用机制可见图8.1。达拉姆迂回到最右端,给孩子们带来了快乐,孩子们的妈妈自然开心。

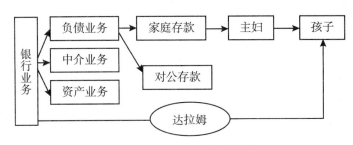

图8.1 达拉姆的目标顾客链

资料来源:笔者自行绘制。

可是在印度尼西亚经济困难时期,大量工商企业破产,银行的经营步履维艰,有些大银行宣布破产。达拉姆的银行却靠吸收大量家庭存款而坚强地支撑过来,这时人们才发现个人储蓄原来是一个巨大的金矿!经济困难期过后,达拉姆的银行良好的信誉给顾客带来巨大的回报,达拉姆一度声名鹊起。

本书认为,家庭储蓄为何是巨大金矿?是因为家庭储蓄的目的,就是将来备用。在经济危机时,工商企业破产,从商业银行贷的款无法归还,银行就破产了。但为了应付更坏的可能,越是经济困难期间,家庭存款越不敢动。这就是家庭储蓄为何是一个巨大的金矿的原理,此原理至今有效。

三十年后,一场席卷全亚洲的金融风暴再一次把银行业推到悬崖上。已六十多岁的达拉姆又一次得到上天的青睐,当年那些在他的银行里玩耍的孩子,很多已成为著名的企业家、社会精英,而且一直与达拉姆保持着良好的合作。他们纷纷注资达拉姆的银行,使它又一次化险为夷。他们说是在挽救童年的梦想,达拉姆的银行存着他们童年金色的梦,他们是从达拉姆的故事书里开始懂得理财的。达拉姆当年的储蓄终于得到了丰厚的回报。

第 8 章 品牌信用指标的设计流程

本书认为，为何达拉姆"又一次得到上天的青睐"，上天为何不青睐别人呢？毛泽东说，没有无缘无故的爱，也没有无缘无故的恨。在 1997 年的东南亚金融危机中，达拉姆及其银行之所以能化险为夷，就是因为达拉姆从上任伊始，就精确地确定了自己的负债业务也即存款的目标顾客是家庭主妇。那些在他银行玩耍的孩子们，在成为企业家、社会精英时，为何一直与达拉姆保持良好的合作？为何在危机时纷纷注资呢？是因为他们是从达拉姆的故事书里，懂得理财，因为他们在挽救自己的童年梦想，而他们的童年的梦存在于达拉姆的银行。想想看，你的目标顾客的童年梦想是什么？他们当年渴望却得不到的是什么？将他们的童年梦想作为你的产品或服务的单一利益点，会怎么样呢？

在目标顾客链中，离终点顾客越远的厂商，越需要终点顾客的指牌购买拉力，否则，不可能掌握定价权！问题是如何获得谁是终点顾客呢？方法就是绘制目标顾客链。而目标顾客链的绘制，可划分为两类，一类是产品，一类是服务。

1. 产品类的目标顾客链

产品类的目标顾客链，可从原料开始，其基本结构如图 4.1 所示。其中，站在生产厂商的角度，从生产到零售终端是渠道建设，也即销售业务，从零售终端到终点顾客是终端建设，也即市场业务，而生产厂商如何让终点顾客认牌选择自己，则是品牌建设，也即品牌业务。

啤酒的顾客链是：酒料→酒厂→区域啤酒代理商→分销商→终端（酒店＋商店）→喝酒或送礼。在此目标顾客链中，站在酒厂的角度，将酒料变成酒属于技术功能；从酒厂到终端，属于销售经理负责的渠道建设；从终端到喝酒或送礼顾客选择，则是市场经理负责的终端建设；而如何让喝酒或送礼的顾客认牌选择该酒厂的商标，就是品牌经理负责的品牌建设。一旦喝酒或送礼的目标顾客形成了指牌购买，就会形成品牌拉力。

氨纶的顾客链是：石油→中间原料→氨纶生产→纺织厂→成衣厂→区域代理→商场柜台→不同年龄女性。在此顾客链中，站在氨纶生产厂商的角度，利用中间原料生产出氨纶，属于技术功能；从氨纶生产到商场柜台，属于销售经理负责的渠道建设；从柜台到不同年龄的女性顾客，属于市场经理负责的终端建设；而如何让不同年龄的女性顾客认牌选择某个商标的氨纶，则是品牌经理负责品牌建设。同样是氨纶的杜邦"莱卡"牌氨纶，价格比同行都高，但市场份额却很高，就是因为杜邦莱卡通过举办模特美腿大奖赛，在女性心目中，将杜邦"莱卡"从一种化纤原料的氨纶转换成了"美丽时尚"，从而赢得了女性们的选择，杜邦莱卡也就掌握了定价权。

钾肥的顾客链：钾矿→钾肥生产→代理商→复合肥厂→区域代理→农资门店→不同规模种植者。站在钾肥生产厂商角度，从钾肥生产到农资门店，属于销售经理负责的渠道建设，从农资门店到不同规模种植者属于市场经理负责的终端建设，而如何让选定的某类种植者认牌选择该钾肥生产厂商的商标，则是品牌经理负责的品牌建设。

上述的目标顾客链属于传统思维。按终点顾客的思维，还应该向后延伸：钾矿→钾肥生产→代理商→复合肥厂→区域代理→农资门店→不同规模种植者→农产品收购商→食品加工企业→食品代理商→超市柜台→目标消费者。

按目标顾客链模型，对钾肥生产商而言，最优选择是把自己的注册商标建成消费食品的目标顾客的品牌，使其形成指牌购买。然后，钾肥生产商就可通过品牌授权，谁用我的钾肥，谁就可获权使用我的注册商标。这就是品牌拉力。很遗憾，这种终点顾客思维很难被化肥等企业接受，从而只能被动地接受市场价格波动。

服装的顾客链：面料→服装厂→代理商→分销商→商场柜台→直接购买者→服装穿着者。站在服装厂的角度，从服装厂到商场柜台，属于销售经理负责的渠道建设，从商场柜台到服装穿着者，属于市场经理负责的终端建设，而让选定的服装穿着者也即目标顾客认牌购买，就属于品牌经理负责的品牌建设。

微处理器的顾客链：原料→芯片厂商→微处理器→部件厂→整机厂→代理商→柜台→电脑购买者。站在芯片厂商角度，从芯片厂商到电脑柜台，属于销售经理负责的渠道建设，从柜台到电脑购买者属于市场经理负责的终端建设，而让选定的电脑购买者认牌选择，就是属于品牌经理负责的品牌建设。

2. 服务类的顾客链

服务的本质是让顾客快乐，可问题是直接顾客的快乐，更多的不是服务所提供的基本业务。例如，我请朋友到酒店吃饭，不是为了我吃得好，而是为了让朋友开心。再如，案例5.7即"尺码哄你开心"，顾客买衣服买得不是"合体"，而是"合心"所带来的快乐。

毕业的某研究生请其导师在济南净雅大酒店吃饭，那天正好是教师节。吃饭时学生对导师表示教师节快乐，这本是应景之事。但不久，净雅大酒店的漂亮的女士们就送来鲜花，并在吃饭房间唱起了祝福歌。这是该教师最开心的一次吃饭经历，也成为他推荐净雅大酒店的最直接的理由。故服务类的顾客链，可从既定的基本业务开始，推出让目标顾客开心的派生业务。为此，可采取孙子兵法所言的以迂为直的策略，其基本模式是：

基本业务→直接顾客 A→A 关心的人 B→取悦 B 的派生业务

例如，在图8.1即达拉姆的储蓄案例中，达拉姆的基本负债业务是家庭存款，直接顾客是掌握家庭财务的主妇，而主妇最关心的自己孩子尤其是新生儿，儿童开心的就是玩具、故事书、游戏。达拉姆就从玩具、故事书、游戏开始，取得了成功。

商业银行的顾客链：负债业务→家庭存款→家庭主妇→孩子；负债业务→对公存款→单位财务主管→单位负责人→直接上级。

星级宾馆的顾客链：食宿业务→旅行社→旅行团→观光购物；食宿业务→商务散客；食宿业务→会议。

第三步：通过类型化，测评其成长性和稳定性（B_{1-3}）

根据目标顾客链，可确定终点顾客的类型，并据终点顾客的不同类型，来测评其成长性。终点顾客的类型，将其划分为三类，即专业级、业余级、爱好级。

所谓专业级的终点顾客，即以此为生或非此不可的终点顾客，也称其为"重度顾客"。每种产品都存在少数专业顾客。因属于必需品，故专业级的终点顾客对价格是不敏感的。

第8章　品牌信用指标的设计流程

例一，越野车是军队或野外地质勘查工作者所必需的。例二，减震鞋底的运动鞋，是篮球投篮手专业需求。例三，登山运动员所需要的户外装备，属于其必需的。例四，对从事专业工业设计的人员而言，使用微软的 Photoshop 软件也能进行图形设计，但一旦他们有了钱，首先就要购置苹果电脑，因为苹果电脑是专业进行图形设计的，从而成其专业的代言或象征，也即品牌。

所谓业余级的终点顾客，即有时间就使用，没时间就不用的，类似于机会主义者。例一，大学或单位的篮球队员，属于业余球队，他们不是以篮球比赛为生的，多数时间不是篮球比赛或训练，故对球鞋的需求就不是非得怎样。例二，对大量中小企业的销售人员，更多的时间是去拜访客户，而不是客户来酒店拜访他们。故不需要住在豪华功能的宾馆，晚上需要的只是卫生良好的、安全的睡觉休息的酒店，商务酒店应运而生。

所谓爱好级的终点顾客，是指喜欢但不参与具体活动的顾客。他们通过拥有某种专业产品而获得满足感。各个品牌的粉丝团，就属于爱好级的终点顾客。多数青少年购买减震鞋底运动鞋，其实他们几乎都不真正到篮球场打篮球，只是因为减震鞋底运动鞋代表专业。而这些青少年缺乏专业，但向往专业，通过购买穿着减震鞋底的运动鞋，向别人表明自己也很专业。笔记本电脑本来是便携的办公工具，但绝大多数笔记本电脑的拥有者，其实是将其作为一个影视播放器或娱乐工具。但至少看起来使人感觉自己也是个繁忙的人。

一个产品或服务的终点顾客的成长性，直接取决于两个要素：一是爱好级终点顾客的数量，二是爱好级终点顾客收入增长性。爱好级终点顾客的数量越多，或者其数量稳定但其收入增长性较高，其需求量的成长性也就很大，潜在的市场就很大，也就值得作为目标市场。在测定成长性的同时，测定各类顾客选择行为的稳定性，尤其是测定是否存在以及存在哪些逆转因素。所谓逆转因素，是指一旦这样的因素出现，就会导致该类顾客放弃原来稳定的选择。例如，某酒店的目标顾客一直是政务宴请，随着国家严格控制公款吃喝，原来稳定的选择行为就出现了逆转。再如，有心的自媒体人发现，新闻联播中的政府会议的桌子上，原来是摆满瓶装矿泉水，现在都换成了保温壶。由此不仅能减少塑料瓶使用，更能降低会议开支。此事一经传播示范，瓶装水的会议市场，就会出现逆转行为。

第四步：据成长性和稳定性，锁定目标顾客（B_{1-4}）

根据不同类型重点顾客的成长性和稳定性，确定企业自己的目标顾客。有四类目标顾客：

一是"高成长 + 低稳定"类目标顾客，该类顾客数量和收入处于高的成长空间，但其选择行为极易改变。例如，李宁运动服，针对的是大量的中低收入运动爱好者，其成长性是足够的，但他们心里渴望的是耐克、阿迪达斯等。故一旦收入增加了，他们就会放弃李宁牌。再如，遇到国家控制公款吃喝，高消费的海参等原来的顾客消费行为就出现逆转。

二是"高成长 + 高稳定"类目标顾客，该类顾客的数量和收入处于较高的成长空间，且其选择行为极其稳定，不受外部因素的影响。例如，白领阶层的数量和收入都处于高成长性，而且其选择行为也是比较稳定的。同时，具有较高退休金的老年市场，其数量成长性很大，且其消费行为也比较稳定。

三是"低成长＋高稳定"类目标顾客，该类顾客的数量和收入处于较低的成长空间，但其选择行为则是稳定的。例如，农村人口在持续地减少，留守农村的人口以 60 岁以上的老人为主，其选择行为也基本稳定。

四是"低成长＋低稳定"类目标顾客，此类顾客的数量和收入处于较低的成长空间，其选择行为也很容易改变。例如，以幼婴儿和学生为主体的年轻市场，受制于出生率的降低，其数量将持续减少，且其选择行为极易改变。再如，作为小资情调的床头刊物《读者》及《读者文摘》，在智能手机的冲击下，难以生存。

对企业而言，"高成长＋高稳定"类目标顾客是最好的选择。例如，具有退休金的老年市场，就属于此类目标顾客，足力健老人鞋是其鞋类代表。有意思的是，根据京东数据分析，26～40 岁的青年人群，是足力健老人鞋购买的"主力军"。事实上，26～40 岁的购买者很明显并非足力健的目标顾客，他们购买的目的是作为送给老年人的礼物，也即"礼赠场景"的主要购买者。

再如，在《小时代》话题铺天盖地的时候，乐嘉发了一篇长微博，大意是他采访郭敬明的经过，乐嘉说：给我推荐你写的书，你会推荐哪本？而郭敬明直截了当地回答："你不是我的目标读者，我的书你不用读。"高中生群体，就属于"高成长＋高稳定"类顾客，每年都有数百万高中生产生，故从市场的角度，郭敬明是成功的。

第五步：深入在位者顾客，测试个性化顾客的需求和欲望（B_{1-5}）

所谓个性化顾客的需求和欲望测试，是指对某个具体顾客行为所进行的客观描述，而不是"只见树林不见树木"的一定样本数量的数据分析。在案例 6.1 即戴比尔斯的钻石案例中，哈里刚到美国时，也进行过"一番调查"，得出的结论就是"只有富人们买得起，普通人对其兴趣不大"。但为何失败了呢？就是因为不注重个性化顾客的需求和欲望测试。

对顾客个性化的分析，需要回答以下 6 个问题：

第一，是谁？这位顾客的情况有何特点？其年龄、收入、性别、婚姻状况、受教育程度、子女数量等。

第二，现在住在哪儿？也即所居住城市是大都市、中心城市，还是县城或者乡镇？其节假日最想去的是哪儿？现在住的地方是其需求，但节假日最想去的则是其欲望。

第三，从事的职业是什么？下班后的业余时间，该顾客最喜欢做的事是什么？现在从事的职业是其需求，而其业余时间最喜欢做的，恰恰是其欲望。

第四，对拟测产品或服务的色彩、形状、质感、商标、图案等界面表情的快乐程度是多大？可将拟测样品与其他同类产品混合在一起，让测试对象找出一眼看中或一见钟情的那个。

第五，睡前高频浏览的短视频、网站、杂志、图书、电视节目等媒体是什么？通过分析睡前长期看的媒介及其内容，就能分析出此人的欲望所在。例如，电视连续剧《激情燃烧的岁月》里的褚琴，婚后其床头一直放着一本《红楼梦》。

第六，常去哪个购物场所购买生活用品？价格较高的衣服又是到哪儿购买？购买生活用品的场所代表的是需求，而购买价格高的衣服的场所所代表的则是欲望。

若将这6个问题，通过与个性化顾客全部测试清楚了，而不是简单的问卷调查，就可以精确地判断该顾客是否是目标顾客。问题是到哪儿去找此个性化的顾客呢？答案就是到拟测产品或服务的在位者产品或服务的顾客那里。

例如，在戴比尔斯的钻石案例中，既然哈里已找到了普奈尔公司，也即黄金首饰的厂商那里，前来购买黄金首饰的也一定以购买结婚信物为主的新人们。可通过与他们的个体交流，来获得其敏感的单一利益点。通过高价格，定位于某个缝隙市场的专业级终点顾客。再如，作为挖掘机品牌的卡特彼勒工装，专门提供给操作卡特彼勒挖掘机的驾驶人员，使他们感觉自己更加专业。挖掘机的性能是物质利益也即需求，而让自己看起来更专业从而获得尊重，则是挖掘机驾驶员的情感利益也即欲望。

Shein是深受欧美Z世代（1995~2010年出生）欢迎的快时尚电商平台。其用户群体中，美国占50%以上，加拿大占4.25%，意大利占10%，法国占10%，西班牙占5%。女性用户占比70%以上。年龄中18~24岁的占27.6%，25~34岁的占29.2%。二者合计56.8%。以收入中低的白领为主，所渴望的是买到性价比高又有点小设计，价格实惠的产品。喜欢有特色、个性的时尚单品。喜欢脸书（Facebook）等主流社交平台，受网红经济的影响较大。注重生活休闲，会进行短途旅行、聚会、节庆派对等。故Shein最常使用KOL营销策略，KOL推荐占Shein.com流量的10%，而有机搜索贡献了45%。在Instagram上，有近1.1万名KOL提及过Shein。其中，移动端占七成，PC端占三成。Shein是如何做到的？

起步端：一是Shein从婚纱起步，抓住了美国婚纱价格高的痛点，直接将美元的价格换成人民币，在女方承担婚纱的美国市场，迅速获得年轻女性的拥趸，同时，确立了极高的目标顾客精确性，即年轻女性白领，其消费心理是"能省就省"但能彰显个性与特色。故Shein突出了"搜、新、小、快、多、低"，即广深搜（全网广泛而深入的搜索新款与潮款）、款式新（每天4000左右新款）、小批次（100份）、生产快（7天）、品类多（内、外、上、下装）、价格低（5~20美元）。二是创业老板从事搜索引擎优化及SEO。懂得通过引擎优化来获得流量。

消费端Shein，利用爬虫、Goggle trend finder（谷歌爆款发现器）获得时尚产品信息，利用国家热门时尚网站、Facebook等发现单品的销量、定价、颜色、款式、面料等，获取时尚元素。隐藏在海量社交媒体图片中的潮流趋势，或者消费者在网站的驻留时长背后的需求动因，均可被及时发现乃至预测，再基于此进行产品设计、风格定位或优化。从中快速发现爆款和时尚。全网搜索既深又广，发现"新"款与潮款。

设计端：Shein最初没自己设计服饰，公司主要的服装货源取自广州的服装批发市场。公司拥有超过800人的设计团队，可设计60%以上的订单，其余的订单可委托有设计能力的供应商承担，一旦设计，即可迅速出版。

法律端：Shein利用美国法律规避了部分出入口税金（美国2015年法令规定每人的进口物品免税上限为800美金），由此即容许Shein可合法免税向美国出口货品，使Shein相较于美国本地公司更有价格优势。

第六步：建立顾客数据库，进行深度挖掘（B_{1-6}）

据顾客的个性化描述，设计并建立顾客数据库。据顾客数据库的统计分析，来识别稳定的顾客、流失的顾客、新增的顾客。尤其是哪些顾客是促销吸引来的，哪些是新产品购买者？只有建立起来的足够数量的终点顾客数据库，对顾客需求的分析和完善，才是真正落到了实处，为顾客负责的承诺才是值得信任的。为此，看看花旗银行是如何做的。

花旗银行借助其智能的 CRM 系统，使其与客户的关系更加密切。首先是一个庞大的顾客数据库构成了花旗银行的百宝囊：客户的基本信息，如姓名、性别、职业、职位、偏好、交易行为、什么时候使用了他们的产品、交易时间有多久等。从你在花旗存第一笔款或者更早的时候，你就是 CRM 系统中的一名客户了：你刷卡了、刷了多少次，取钱了、取了多少钱，贷款了、贷款做什么用了，甚至你三个月后想买什么，CRM 都一清二楚。

若看到某个客户在分期付款购买汽车时很快就要付最后一笔款时，就可据客户的消费模式预测出这位客户很可能在六个月之内再购买一辆汽车。于是，便可以及时准确且抢先让这位客户知道，花旗银行会有特别优惠的汽车贷款利率给他，马上便会寄去购买汽车分期付款的宣传品。花旗总是在你想到时或在你想到之前，为你想到一些事情。故你在花旗的监控之下，但你却有一种被监控的幸福感。

顾客数据库的建设是一项专业工作，需要专业人员或专业公司来完成，但通过河南内黄县农资经营者宰运立的果农档案建设，可直观深刻地理解顾客数据库及其挖掘的价值。

案例 8.2　宰运立的果农档案①

编纂档案，听起来是档案馆做的事情，而在河南省内黄县，却有一名农资经销商主动做起了这份差事，他就是宰运立。2003 年，经营农资的宰运立突然想编辑一本果农档案。谈到当时的想法，他说：前几年有外地的农技师来讲课，讲了个笑话，说内黄的果农不是种果树的，是栽树的，果农栽的树又高又大，就是不结果，不仅如此，很多果农还买市场上的水果吃。为何这样？就是技术不到位，我当时就想改变这种局面。

本书认为，编纂档案本不是他的本业，功夫在"诗外"！瓮福实业主管营销的张副总曾说，始于服务，终于服务。但究竟什么是服务呢？在 20 世纪 90 年代中期，笔者研究的结论是，所谓服务，就是让顾客因你而开心。因为在市场过剩阶段，让顾客开心的不一定购买，但让其不开心的肯定不买。而要让顾客开心，就要知道顾客为何不开心，或者正在为何焦虑！宰运立的直接顾客是内黄县的果农们，果农们正在为何焦虑呢？正在为自己的果树不结果而焦虑。而宰运立就想帮助果农们解决此焦虑，这就是服务。

宰运立指出，他搞此档案，一是让农民有什么技术困难可方便地接受指导，包括科学用肥、科学管理；第二就是给农民一个看得见的承诺。

本书认为，何为看得见的承诺？宰运立所说的档案，即顾客数据库营销，是精确营销

---

① 高璐. 宰运立的果农档案［N］. 中华合作时报《农资专刊》，2009 - 01 - 16.

的技术支持。作为农资经营商，你把化肥卖给了谁？去年有多少顾客来买？今年有多少流失了？为何流失了？若你只是卖给了另一个商家，只是买卖交易而已，离市场还很远！

果农档案包含果农的姓名，果园的数量、亩数、品种，化肥的选择与施用记录，病虫害的监控以及防治方案的制定、实行和效果，还有果农的产量。

本书认为，这就是顾客数据库的基本构成，将纸面的果农档案，编制成计算机语言，就成了顾客数据库。通过计算机建立的顾客数据库，如前述花旗银行的CRM，可进行便捷的深度信息分析，从中获得更有价值的顾客信息。我们建议宰运立经理，可进一步丰富果农档案，尤其是可按每棵树进行档案编制。对此，真不是凭空想象出来的，美国Sunkist橙，对其管理的6700多个农场的橙树，已经建立了电子标签，对其树龄以及生产特性全部数据管理，目的是避免同时成熟，延长整个采摘时间，确保价值最大化。

"只要是宰运立推荐的化肥农药，农民只管放心使用，因为整个用药过程，哪一天用的，为何用的，用的什么品种，用了多少，都记录得很清楚，等于给果农上了保险，开始办档案时十分艰辛，那时是一家一家地上门走访，为此宰运立派出六个人，进行专项工作。"

本书认为，这就是看得见的承诺！这些承诺本身是可验证的！即凡是不能验证的承诺，就永远不要相信的！所谓可验证性，就是要么能证实，要么能证伪。若既不能证实，也不能证伪，就是不可验证。这六个人花费的时间和费用，就是品牌投资，品牌信用的建设，也是需要投资的，但却是一劳永逸的！对厂商来讲，土地有租期，房屋和设备有折旧期，只有自己的注册商标，只要到期继续缴费，此注册商标就永远属于你的。故一个不把自己的注册商标变成终点顾客品牌的厂商，必定是没前途的。

"2003年年底基本编好后，第二年宰运立就举办了果农大会，一年一届，一直延续到现在，每届都有1000多人。果农大会是免费让果农参加的，包括没纳入档案的果农，费用嘛，一部分由宰运立出，一部分由公司赞助。每年都请各地的专家讲课，有山西运城的，有河南灵宝的，今年宰运立准备请烟台专家来。再有，我每年还派技术员到比较集中的片区搞技术示范，组织农民观摩学习果树栽培技术。通过这几年的管理，果农的水平确实有了很大提高，原来落叶都控制不住，更不用说烂果了，而现在，高质无公害产品的种植已扩展开来。"

本书认为，果农大会办得好！若能再举办苹果擂台赛、苹果采摘游、苹果运动会等，增值空间更大！为此，可以更好地学习美国新奇士橙和新西兰的佳沛奇异果公司的成功策略。[1]一家一户请不起，也请不来，但通过专业合作社就可。实地技术示范这就是看得见的承诺！这种可验证的承诺就是企业信用，从而是提升品牌信用！果农大会可以进一步提升。

2000年3月18日，在孟雪松的母校即大连海洋大学，首届"中日韩河豚鱼研讨会"拉开了序幕[2]。来自中国、日本和韩国的河豚鱼行业人士，共300多人参加了这次活动。令大家没有想到的是，有20多家中日韩三国的媒体记者，也参加了研讨会，对这次活动

① 陈冬生. 美国"新奇士"柑橘和新西兰"佳沛"奇异果品牌营销经验与启示 [J]. 世界农业, 2017 (8).
② 王爱军. 日本河豚鱼经销商: 叫行开始 [J]. 思维与智慧, 2010 (22).

都进行了报道，越来越多的日本和韩国消费者了解并认可了中国养殖的河豚鱼。

他为什么举办研讨会呢？孟雪松认为中国河豚鱼质量非常好，但当时在日本市场只能卖到半价，我们很痛心。日本本国产的能卖到 3000 日元一千克，中国的只能卖到 1500 日元一千克。我们的鱼为什么卖得这么便宜？日本的鱼为什么卖那么贵？因为日本消费者，大部分不了解中国养殖的河豚鱼，有些人有抵触心理。整个日本市场，一年要消耗 1 万多吨河豚鱼。孟雪松想占领更大的日本市场，首先要消除消费者的抵触情绪。

举办"中日韩河豚鱼研讨会"，让日本和韩国河豚鱼行业的各界人士，来中国了解河豚鱼的养殖情况，更重要的是，引起了日本和韩国媒体的关注，通过媒体报道，让消费者认可中国的河豚鱼，只有中国河豚鱼的产业做大了，孟雪松才能增大出口量。从 2000 年开始，孟雪松每年都承办一次"中日韩河豚鱼研讨会"，在中国、日本和韩国都召开过。研讨会过后，孟雪松出口日本河豚鱼的份额占中国总出口量的 65% 左右。虽然出口份额从 90% 多降到了 65% 左右，但是，他的出口总量却逐年增大。2001 年，孟雪松出口河豚鱼 500 多吨；2002 年，孟雪松出口河豚鱼 1000 多吨；2003 年，孟雪松出口河豚鱼 1500 多吨。近些年来，每年出口量稳定在 1000 吨左右，但每千克价格从 70 元提高到近 170 元。

"内黄县种植有十几万亩果树，是个果树大县，而有果农档案的就我一家。如今，我们的果农档案已有 1500 多名果农在册，占内黄县果农的 70%，档案已记录了 8 大本的数据。通过果树，我们还发展到其他作物。蔬菜等大田作物种植随机性强，我们就实行会员制，我也给他们建立了会员档案，针对会员的不同作物进行不同指导，制定系统的解决方案。比如说辣椒，整个生长期，前期应该怎么用药，防什么病，应该注意的事项，如何用肥、除草、用药，做一个整体方案，不管什么时候，只要打个电话，我的专家第一时间就能赶到，进到大棚，为会员服务。"

本书认为，这就是通过顾客数据库进行的挖掘业务，很多厂商推出新业务或新产品，之所以成功率不高，就是因为缺乏顾客数据库的支持。而宰运立的新业务拓展，就很成功。原因就是建立了一个简单易行的顾客数据库。作物生长期就是满足顾客终身价值，将顾客终身价值作为实现企业自己利润的真正持久的源泉！唯一靠得住的，就是顾客终身价值！顾客终身价值的关键，是清楚目标顾客的消费周期行为。例如，哈雷摩托的用户，其头盔、护膝等诸多行头即延伸品，年度款、限量版等层出不穷，就是终身价值的体现。

"我上学学的是农学，在供销社做农资科技服务，现在自己开植物医院，干了这么多年农资，我觉得农资公司要切切实实为农民提供有价值的服务。这是以后农资营销的发展方向，若不确立此方向，农资经营是很困难的，是走不远的；再者，要把农民吸引到自己的身边来，按你提供的思路和方法进行管理，农民增收了，企业也发展了。"

本书认为，农户利润 = 收入 − 成本。农资商所卖的化肥等，对农户来讲，就是他们的成本，当然就要和你砍价格。但宰云立的做法，则是增加种植户的收入项也即农户的欲望，他们收入增加了，当然对成本，也即对农资商的收入不敏感了。此案例宰运立所做的，与后面案例 8.18 中的霍普金斯是一样的。

案例 8.3　Target 商场的数据挖掘[①]

一个中年男子怒气冲冲地走进塔吉特百货（Target），要求见经理。他手里拿着这家商场寄给他女儿的优惠券。"我女儿收到了这些！"他对着商店经理咆哮。经理一头雾水。他看了看邮件，里面确实有寄给此女孩的孕妇服和婴儿床的广告单。经理不得不反复向他道歉，事情才得以平息。过了几天，塔吉特百货的经理又打电话给这位父亲，想表示歉意。但在电话里，女孩的父亲说话吞吞吐吐，显得很尴尬："我和女儿长谈了一次，我没察觉到家里的一些事，她确实怀孕了，我要向你们道歉。"百货公司如何早于父亲知道一个女孩未婚先孕的？怀孕的高中女孩收到婴儿用品的广告单，并非只是商家的随机发送，这背后有一套精密复杂的数据分析系统。百货公司正窥探着消费者的生活变化和消费习惯。

本书认为，数据收集和分析，是数字经济的核心，也是提高经营管理精确性的前提。我国多数厂商还处于跟着感觉走的阶段。在朝鲜战争期间，时任联军司令通过分析我军每次攻势的数据，发现我军每次攻势都在一周也即七天。并进一步分析，发现这是因我军后勤保障的最大能力所导致的。于是，面对我军新的攻势，美军为主的联军主动撤退，同时准备反击。等到我军攻击到第八天时，美军即可按计划立即反击。这就是数据统计的力量。在缺乏因果性的条件下，通过经验性的数据之间的相关性分析，以此推断隐藏在数据中的确定性。

如何知道女顾客怀孕了？2002 年，"数学狂人"安德鲁·波尔开始为塔吉特百货担任数据统计员。波尔拥有统计学和经济学双硕士学位，平日着迷于研究数据与人类行为的关系。

本书认为，想想看，我国公司尤其是民企，哪个设立了专业的数据分析职位？一些人总是认为数学没用。老板们总是相信自己的经验，而忘记了经验是汽车的后视镜，只能看到后边，却无法看到前边。

但塔吉特是一家无所不包的百货公司，其重要目标便是说服消费者，买东西来塔吉特足矣。不过，此信息很难传递到消费者心中，因为人们的购物习惯根深蒂固，难以改变。但人的一生中有一些简短的时间段是旧的程式被打破、新的购物喜好举棋不定，其中最重要的便是孩子出生前后，父母忙得团团转，消费模式和品牌忠诚度都会因此发生重大转变，准父母是商家纷纷争夺的目标群体。

本书认为，意外或特殊的干扰或刺激，稳定的习惯会发生改变甚至突变，即商机。请思考：目前那些购买你对手产品或服务的顾客，改变自己习惯的时机有哪些？你了解到什么程度？采取了哪些措施？

私人生活的数据库。商业公司收集顾客个人信息早已不是新鲜事。几十年来，若没有专人去分析和整理这些杂乱的信息，它们就是无意义的。而这正是波尔和几十位数据分析员在顾客营销分析部的工作。几乎所有的大型零售企业都设有这种分析部门，从而洞察顾

---

① 李洪声. 大数据高手塔吉特：我知道你怀孕了！［J］. 世界博览，2012（10）. 原始来源：Charles Duhigg. How Companies Learn Your Secrets ［J］. New York Times，2012 – 02 – 16.

客的消费习惯，更有指向性地推销商品。对商业公司来说，详尽地收集顾客有意识或无意识的行为方式，将其变成数据库和计算模型。塔吉特百货利用信用卡和会员卡储存了大量的会员数据，以密切关注他们的购买喜好。

本书认为，沃尔玛的数据库由 P&G 公司提供的，在全美有 8300 万户家庭时，P&G 拥有其中 4000 万户家庭的购物数据。如此一来，宝洁公司就可以非常精确地掌握这些家庭的购物数据以及购物的品类组合，为推出新产品和货架布局，提供确定性的支持。数据库建立之后，如何从中获得有效信息，就是数据挖掘业务。随着电商技术的成熟，数据收集、存储、计算与分析的能力也随之成熟。为产品推力型增长，转向品牌拉力型增长，提供了技术保证。

安德鲁·波尔的任务就是研究并试图改变消费者固有的购物习惯。数据分析部门的多数工作简单而明确：找到家里有小孩的顾客，在圣诞节前寄给他们以玩具为主的广告单；看看哪些顾客在 4 月买了泳衣，然后在 7 月寄出防晒霜的优惠券。但波尔的最主要的工作是洞察他们生活中的特殊时刻，用合适的广告或优惠券使他们尝试新的消费方式，即在那些时间段，"顾客极易被打动"。

本书认为，特殊时刻，也即敏感性最大的时机，不仅顾客行为容易改变，而且此时对价格也不敏感。安德鲁·波尔所做的就是式（3 – 13）中所强调指出的软科技 T_s。从图 4.9 即 YQSL 目标顾客链可见，YQSL 尚处于新品试错 + 经销商渠道的阶段，从 2022 年开始涉及终端市场。对饮料的最终消费者的行为研究，基本还是空白。笔者认为，这是约束 YQSL 公司持久发展的最大因素。

若塔吉特能准确找到准妈妈们，毫无疑问可大赚一笔，但这项工作难度很大。塔吉特设有宝宝派对登记处（孩子出生前举办的特殊派对），波尔以此为起点，观察孕妇在预产期内的购物习惯如何转变。他反复测试和分析数据，很快一些有用的计算公式开始出现。

本书认为，这是塔吉特的会议营销，会议营销不在于现场成交量，而是信息收集！所谓信息，是能降低决策不确定性的数据或事实。故通过数据库来存储、分析顾客信息，本身是为了通过提升确定性来提高经营业绩。

波尔通过累积的数据，推算出当 25 种商品部分或集中出现时，就可为一位顾客贴上"可能怀孕"的标签，更重要的是，完全能推断她的预产期，这意味着塔吉特可在孕期的不同阶段送出特别设计的广告单。波尔在塔吉特百货的全美国会员数据库中找到上万名有可能怀孕的女顾客。得到这份名单后，销售部门疯狂庆祝。

本书认为，从专业的角度，此即品类组合研究，也称为购物篮研究。据顾客所购买商品的品类进行相关性分析，从而得出购买 A 类商品的顾客，大概率会购买哪些其他品类商品。为后续的直邮广告提供精确的信息，且极其有利于商品采购。

新的问题随之出现：若顾客知道塔吉特在窥视他们的私生活，将会做何反应？"若我们寄出写着'恭喜您第一个孩子出世'的商品目录，会让人非常不快"，波尔说，"而公司对遵守隐私法律也很谨慎"。如何洞察并改变一个人的购物习惯，而不让他们知道你在窥视他们的生活？塔吉特百货决定把步伐放缓。销售部门通过随机抽取名单上的一小部分女顾客，向她们邮寄混搭的广告，看看她们的反应。

本书认为，"销售部门通过随机抽取名单上的一小部分女顾客，向她们邮寄混搭的广告，看看她们的反应"。这句话揭示的销售具备了科学属性，即通过试验或实验来获得可重复的结果。在营销领域，认为销售属于艺术的大有人在。若真的属于艺术，就不可能有重复性，也就无法、也无必要进行销售培训。与其祈求灵光乍现，不如通过实验来获取新发现。由式（3-13）可见，塔吉特在资本、场地、劳动力、经营时间等诸多硬技术资源不变的条件下，仅仅通过提高软技术即品牌信用度 B_c，即提升经营业绩。这就是图4.1即目标顾客链模型所强调的，企业应从左侧产品端，转向右侧的终点顾客端的目的。

8.2　利益承诺单一性的设计流程

在一利益点承诺的测试过程中，存在三类错误，即利益的功能陷阱、盲测的条件陷阱、厂商的臆断陷阱。所谓利益的功能陷阱，就是以为性能上的优质产品一定会有好的市场。前边的"YJL"地板专利就表明，好的技术功能，不一定有好的市场。

所谓盲测的条件陷阱，就是在产品测试时，忽视了目标顾客的选择条件。最典型的案例是可口可乐，其在1985年推出新配方时，也经过了味道测试，耗费巨资在13个城市对19.1万人进行了盲测，其中55%的人更喜欢新可乐。但投放市场之后，却受到了顾客们的强烈抵制，前后收到了4万封反对的信。在1985年5月30日前，可口可乐公司的调查表明，53%的消费者称他们喜欢新可乐。但在6月，至少有一半的被调查者说他们不喜欢新可乐，到7月，只有30%的每周被调查的人说他们喜欢新可乐。最终只好在7月11日决定取消新可乐，重新生产老可乐即经典可乐。

其实，在实际的厂商经营中，也常存在这样的事实：邀请顾客对产品功能进行盲测时，顾客也给出了很好的评价。但一旦批量生产投放市场之后，却并未获得足够的顾客选择，从而退出了市场。为何成功的盲测，却会导致实际的巨大错误？因为盲测时所给定的测试条件，不等于实际购买时的实景条件。在盲测时，受试者的选择是给定的，其基本命题是：在给定备选集的条件下，进行选择。但在实际选择时，实际备选集与盲测备选集是不等价的，这就是盲测的条件陷阱。为此，本书设计了一个盲测实验：在实验室里，给出两个一样的杯子，标号分别是A和B。在A杯子里装入普通的糖水，在B杯子中装入白酒。受测者无酗酒倾向也非糖尿病患者。让受测者先后喝完A和B，然后填写哪个好喝。

结论是：100%的认为A也即糖水好喝。若由此得出结论，则酒店就应该供应糖水而非酒水。但事实上正好相反，中国实际的饭局，更多的选择是酒水而非盲测中受欢迎的糖水。问题出在哪儿呢？就出在盲测的条件：没说出来在哪儿喝。

若把测试条件改为：在请朋友聚会时，该喝糖水还是该喝白酒时，又是100%的选择喝白酒，尽管在实验室里同样的人100%的选择糖水好喝。故在进行利益点测试时，按目标顾客的实际购买条件进行测试，是成功的前提保证。

所谓厂商的臆断陷阱，是指厂商自以为是得出的顾客需要。典型的案例是索尼公司。

品牌经济学

2008~2014 年期间，除了 2012 年有盈利外，索尼公司其他六年都处于亏损状态，亏损总额高达 1.15 万亿日元。对此，索尼公司的外籍掌门人斯金格说，"我们不能再固执己见，总认为我们的意见正确，而觉得消费者的观念有误。我们不能只推出自己愿意看到的产品和服务"。成立于 1946 年 5 月的索尼，一直以来都认为，自己是新技术和产品的提倡者，而不是顾客意见的追随者。这一点让索尼吃了不少的苦头。曾经是日本，乃至堪称全球电子制造业翘楚的索尼如今已深陷亏损的泥潭，在充满创造力与日新变化的 IT 行业里，在微软、IBM，甚至韩国三星的光环映照下，索尼有些黯然失色。

2010 年初，索尼曾表示不喜欢任何与互联网有关的事物，声称这种开放的模式会打乱市场秩序，仅 4 个月后，索尼就在行动上表现出了截然相反的论调。

本书认为，索尼历史上所获得成功，是建立在四个条件基础上的：一是娱乐化，索尼集中在电视、录像、录音、摄像等娱乐类，即消费类电子，满足了人们追求快乐的需求；二是便携性，通过微电子应用，索尼将消费类电子产品小型化，即轻薄化，从而便于携带，满足了顾客随时享受的要求；三是短缺条件下的占先性，也即在 20 世纪 60~80 年代，消费类电子产品处于短缺阶段，厂商开发出来，生产出来，就能被顾客买走；四是专卖店，索尼曾在日本建立了 1.7 万个专卖店，确保了顾客在哪儿能买到的终端稳定性。

当电子消费进入互联网时代，进入过剩市场时，索尼必定落伍，而满足新条件的手机后起之秀苹果公司则获得了领袖地位。

再如，英国壳牌加油站获得司机的青睐，壳牌公司自己认为是因为位置好、油质好，而司机们给出的理由却是壳牌加油站的厕所好。而沃尔沃轿车最早投放美国市场时，厂家自己强调的是坚实耐用，但邀请的记者们考察之后，给出的报道却是最注重安全，并得到了沃尔沃的认可，此后沃尔沃才将安全作为自己的单一利益点坚持不懈地承诺并实现之。

为何会出现厂商的主观臆断这样的错误呢？本书认为主要原因是短缺市场形成的路径依赖。在短缺条件下，顾客没选择权，只有要或不要的选择。厂商埋头于增加产量即可，即"推出自己愿意看到的产品和服务"。但等到了供大于求的过剩阶段，突然发现好东西为何没人要了呢？事实是，不是产品或服务本身出现了质量问题，而是目标顾客的备选集里增加了很多厂商，从而从中选择一个的选择成本增加了。到了这时候，只有降低目标顾客的选择成本的措施，才能提高目标顾客的选择效率。

那么，厂商如何才能获得可靠的单一利益点呢？本书认为，正确的路线还是毛泽东的"从群众中来，到群众中去"的群众路线，只不过将群众改为终点目标顾客即可。在我国，一个极为成功的实例，是史玉柱的脑白金。尽管其卡通人物广告"今年咱家不收礼，收礼只收脑白金"曾被评为十大恶俗广告，却换来了极好的市场销量。而那些十佳广告们却只赢得了掌声，失去了货架（这也是因为这些十佳广告同时陷入了盲测的条件陷阱和厂商的臆断陷阱）。史玉柱在接受采访时，明确说明，他在亲自与坐在门口晒太阳的老太太交谈时，老人说需要但没钱买，怎样才能得到所需要的保健品呢？老人的回答是就看儿女是否有孝心了。

为了获得的可靠单一利益点，本书确定了以下五步设计流程（见表 8.2）。

表 8.2　　　　　　　　　　　　承诺利益单一性设计流程

指标	步骤	核心内容	编号
B₂ 承诺利益单一性	第一步	邀请目标顾客，拟定交谈的要点	B_{2-1}
	第二步	观察个体行为，采集顾客的乐点	B_{2-2}
	第三步	通过情感主题重复活动，将欲望乐点转换为单一利益点	B_{2-3}
	第四步	锁定单一利益，测定品型空间	B_{2-4}
	第五步	跟踪顾客乐点，及时更新表达	B_{2-5}

资料来源：笔者自行绘制。

第一步：邀请目标顾客，拟定交谈的要点（B_{2-1}）

通过目标顾客的精确性研究，可确定自己的目标顾客。在此基础上，拟定邀请目标顾客的名单，并进行独立访谈。

所谓独立访谈，是指在无干扰的情景下，与这些受邀的目标顾客进行交流。为此，就要预先准备好交谈的要点。这些要点的设置，包括三类：一是需要验证的问题，也即在访谈前，自己头脑中有一些想法，但不知道是否符合目标顾客的需要，通过交谈来获得验证。二是需要新增类的问题，也即在交流的过程中，发现一些原来没想到的问题，若通过交流，没新增问题，则表明有可能陷入臆断陷阱。三是重复类的问题，即通过足够数量的顾客个体交谈，从中发现具有共性的需求，按大数定理，此足够数量是指 30 人以上。根据笔者亲自做的≥30 次的访谈实践来看，逐个交谈 10 人左右，重复性问题就出现了。

案例 8.4　奥琪是如何风靡全国的[①]

北京日化三厂在 1983 年下半年，推出了"奥琪"抗皱美容霜，在整个 20 世纪 80 年代中后期和 90 年代初，奥琪取得了很好的市场销量，建立了抗皱美容的品牌。在进行个别访问中，一次在北京的东风市场做调查时，一位已过中年的女营业员认真地问："你们是化妆品厂的，看看我这脸上的褶子，您有什么办法把它去掉？"通过调查，类似希望防止容颜早衰的需求是大量的。通过大量的调查分析，在化妆品市场中，中青年和中年以上妇女需求抗衰老、延缓皱纹增生的雪花膏类护肤品。

其实，正是此个别访问，即个性化顾客测试，才得出了可靠的单一利益点。对此个别需求，很多人怀疑其普遍性，而忘了从初中就开始背的认识论的基本原理，是普遍性存在于特殊性中。毛泽东提出的解剖麻雀的工作方法，也是基于此原理。

第二步：观察个体行为，采集顾客的乐点（B_{2-2}）

观察个体行为，就是在不干扰个体顾客的情况下，看看一个一个的个体顾客的实际选择行为。问题是到哪儿观察呢？到顾客实际选购或者实际操作的现场去观察顾客的实际体验，而不是简单的盲测。为此，通过以下实例，可深刻直观地理解。

---

① 张学恩. 奥琪是如何风靡全国的？［J］. 企业管理，1988（1）.

案例 8.5　东芝通过调查赢市场[①]

东芝公司拟推出医用 CT 机，他们派人到医院，采访医生对现用的 CT 机的看法，尤其是有什么不满意的问题。发现医生们不喜欢现用 CT 机设置的多辅助功能，因为这些辅助功能医院还有专用设备。于是，东芝公司在设计自己的 CT 机时，将这些辅助功能取消，同时，还降低了价格，从而以后来者身份，赢得了市场。

那么，人们都喜欢哪些情感利益呢？请读《最美好的时刻》。在品牌建设过程中，识别出目标顾客的"最美好的时刻"，将其作为预期乐点，将取得极好的效果。

资料 8.1　最美好的时刻（节选）[②]

"我扛着摄像机在人来人往的大街上采访过往的行人。题目只有一个，你经历过的最美好的时刻是什么？（过程省略）。这些被采访者的回答，无一例外地认为，最美好的时刻是在童年或少年时期，且与物质生活的丰盛没多大关系。我不由得陷入沉思：过着今天相对富裕的生活，为何没感觉到当下的生活是美好的呢？是不是我们的生活中缺失了一些关乎心灵的东西？"

注意！"这些被采访者的回答，无一例外地认为，最美好的时刻是在童年或少年时期，且与物质生活的丰盛没多大关系。"既然如此，各位厂商们，为何不去挖掘自己的目标顾客的童年或少年的"最美好的时刻"，并将此"最美好的时刻"作为注册商标的单一利益点，而产品或服务及其商标或 IP，只是体现此"最美好的时刻"的载体而已。找到目标顾客"最美好的时刻"并将其转化为商标的单一利益点，就是品牌工程任务之一。

第三步：通过情感主题重复活动，将欲望乐点转换为单一利益点（B_{2-3}）

产品总是以物质属性存在，尽管服务的本质是让顾客愉快，但服务也总是依托物质载体（如酒店、电信等）的。只有通过重复的情感主题活动，所形成的反复刺激，才能在目标顾客的心智中形成情感物质型的单一利益点（乐点）。为此，本书设计了单一利益点生成表（见表 8.3）。

表 8.3　　　　　　　　　　　　　　单一利益点生成表

商标—产品名称	物质属性	情感主题重复活动	单一利益点

资料来源：笔者自行绘制。

---

① ［美］菲力沛·柯特勒. 新竞争［M］. 北京：中国商业出版社，1988：120.
② 刘英. 最美好的时刻［N］. 扬子晚报，2010 – 12 – 13.

在商标—产品名称栏目中，一是列出注册商标名称，包括文字名称和图案形式；二是产品名称，如卡通、轿车、服装、微处理器、三星酒店、商务酒店等。

在物质属性栏目中，列出产品或服务的物质属性，也即承诺的物质利益。若是卡通，则是对卡通形象的描述，例如，米老鼠的物质属性是：乖巧、夸张、矜持等。对产品或服务而言，不同商标所代表的产品或服务，其物质属性完全可能是同质化的。例如，星级酒店的设施与卫生标准，都是世界旅游组织规定的标准。再如，Zippo 打火机的物质属性是坚硬的金属外壳、持续火焰、防风、抗低温等。

在情感主题重复活动栏目中，突出的是"主题"，强调的是"重复"。"主题"类似聚焦的透镜，将物质属性的多个利益点，通过单一的"主题"聚集，形成该商标所代言的单一利益点，但只有"重复"也即日久生情，才能将顾客的大脑皮层信息转入海马体的潜意识信息，形成一旦产生购买动机，就不假思索地选择该商标。

例如，在卡通片米老鼠中，情感主题重复活动就是一系列表达快乐的短片。以儿童为主的顾客们，反复收看米老鼠为主角的快乐短片。也就形成了米老鼠是"快乐"的单一利益点（见表 8.4）。日本有关研究表明，低于 107 集的商业动画片很难进入市场。就算进了市场，也极难产生商业效应。再如，Zippo 打火机，通过重复的一系列的质量和救人的主题故事，将 Zippo 打火机转换成了"救命恩人的英雄角色"，从而成为少女送给自己恋人的定情物（见表 8.5）。奔驰轿车，重复地强调"世界元首使用最多的车"，形成了"权贵"的单一利益点。在单一利益点栏目中，确定引起目标顾客快乐的乐点，也即单一利益点。

表 8.4　　　　　　　　　　　米老鼠的单一利益点生成表

商标—产品名称	物质属性	情感主题重复活动	单一利益点
商标：米老鼠 产品：卡通图像	夸张的造型 乖巧的表情 活泼的动作 矜持的表达 意外的变形 简短的情节	快乐卡通	快乐

资料来源：笔者自行绘制。

表 8.5　　　　　　　　　　Zippo 打火机的单一利益点生成表

商标—产品名称	物质属性	情感主题重复活动	单一利益点
商标：Zippo 产品：打火机	坚硬的金属外壳 持续的火焰燃烧 防风的点燃 抗低温的火焰 可充的液体燃料	救人的故事	定情物

资料来源：笔者自行绘制。

品牌经济学

某职业女性在洗发液货架上，选取了6种不同商标的洗发液，最终选择了最贵的海飞丝。原因是她认为海飞丝坚持的专业去头屑的专业性。而她本人恰恰就是一个依靠专业生存与发展的职业女性！去头屑的洗发液很多，但海飞丝一直坚持不懈地专注于去头屑的"专业"，才是海飞丝以高价格赢得该职业女性的选择。因为她不是以相貌来赢得认可，而是更乐于同事们对自己专业的认可。

此段文字值得所有企业深思，并触类旁通、举一反三。"专业"是她的乐点，而海飞丝就将"专业"去头屑作为自己的单一利益点。该职业女性买的究竟是洗发液，还是专业性？根据式（2-2）可知，该职业女性购买洗发液的利益 = 洗头发（物质利益）+ 衬托专业性（情感利益）。显然，尽管去头屑的洗发液很多，但正是海飞丝一直坚持不懈地专注于去头屑的"专业"，与依靠专业生存与发展的职业女性形成了情感共鸣及乐点，并使她从6种不同商标的洗发液，最终选择了最贵的海飞丝。其实，超市里货架的洗发液商标数量超过6种，从中选取6种即备选集，所耗费时间是典型的交易费用。当6种不同商标的备选集确定之后，从中择其一所耗费的时间费用就是品牌经济学的核心概念即选择成本。而她之所以选择了最贵的海飞丝，恰恰是与自己形成情感共鸣的专业性。

其实，海飞丝是一种去除头屑的特殊的洗发水，临床上已证实了它的效果。在刚推出的年代，消费者对头皮屑并不非常在意。在这种情况下，无论怎样宣传去屑效果多么多么好，也难以有销量。那么该如何去激发顾客对去除头屑洗发液的需求呢？如何使消费者像消灭虱子或跳蚤那样坚决地去消灭头屑呢？采取的转换原理是：假如消费者不能（很快地）解决他的问题，那你就把他所面对的重要的社会后果戏剧化。

于是，海飞丝打出了"你不会有第二次机会给人留下第一印象"的广告语。此话听来悦耳，实际上暗藏杀机：谁要是不去消灭他的头屑，可能葬送一生的事业。在日本播放的电视广告上，一位豆蔻年华的戏剧专业女生在决定性的入学考试前夕遭到头屑的侵袭。"我的前途完了"，女生认命地说。这时候，海飞丝从天而降，拯救了她的职业生涯。即海飞丝不仅可消灭头屑，而且还可为人生指点迷津。故谁若不去消灭头屑，那么社会上等着他的倒霉事情还多着呢。结果海飞丝不仅在日本销量大增，而且畅销全球市场，成为人们维护和拯救个人形象的救星。

既然消费者对头屑不以为意，也就意味着对去屑的需求敏感度不高。其实，海飞丝运用的逻辑是：某人有头皮屑，意味着不常洗澡；为何不常洗澡？意味着家里没洗澡设施；家里为啥没洗澡设施？因为穷。这就是品牌工程，也是式（3-13）中所提到的软科技 T_s。因此，一个企业，必须建立两个团队，一是负责产品技术的技术团队，解决"能不能用"的硬技术问题，属于价值创造的范畴。二是负责降低目标顾客选择成本的品牌团队，解决"爱不爱用"的软技术问题，属于价值实现的范畴。纵观企业成败史，可以发现，失败的企业，更多的是死于价值实现未能实现。也即未能完成马克思所言的商品交换，也即价值实现的"惊险的跳跃"。本书认为，史玉柱脑白金的成功，也在于通过"送礼只送脑白金"来获得价值实现。

史玉柱在推广脑白金时[①]，最大的成功，既不是技术创新，也不是渠道创新，而是将

---

① 何学林. 巨人史玉柱怎样站起来：脑白金的战略与筹略［M］. 北京：光明日报出版社，2002：67.

一种保健品转化为表达孝心的礼品。想想看，当你要回家看望父母，探望老领导时，是否为带什么礼物而发愁？这时，"收礼只收脑白金"就将你从选择的困境中解脱出来了。这就是脑白金通过将老人获得保健品这个产品，转化为"礼品"此乐点，而未说脑白金的功效，如此转换，直接降低了送礼者的选择成本。

为何要通过"测定"来确定"单一的利益"呢？是因为满足顾客乐点的具体方式或具体载体，是多种多样的。需要设计多个样本，并通过目标顾客的实际测试，才能确保可靠性，而不能靠哪个人的灵机一动！上述的案例，是对已建成的品牌进行的理性重建，他们是如何生成自己的单一利益点呢？本书认为这是一个不断测试的过程。《喜羊羊与灰太狼》的卡通图案，之所以能得到小朋友的喜爱，就是因为现场实景测试的结果。

案例8.6　肯德基首次"牵手"中国动漫（节选）①

《喜羊羊与灰太狼》的有关人员在接受采访时说："我们成立了一个近20人的编剧团队。与其他影视、动漫公司进行松散型合作不同的是，我们一直注重培养专职编剧，所以我们会有很好的、具有可持续的创意。我们还有100多个专业动漫画师，可保证高质量、高产量的动漫创作。这些动画师会分成几组画不同的'喜羊羊'，画完后挑出几组作品到幼儿园让孩子们挑最喜欢的，最终结果会以孩子们的选择作为标准。这就是我们遵循的以市场为导向，遵循市场规律。"

故本书认为，在具体设计时，需要对若干个单一利益点进行测试，以找到目标顾客最敏感的单一利益点，并以此来进行反向设计，获得情感主题重复活动。关于单一利益点的敏感性，详见指标9即品类需求的敏感性。

第四步：锁定单一利益，测定品型空间（B$_{2-4}$）

在商标的品牌信用建设过程中，就是坚持测定的单一利益点，万变不离其宗。即承诺的单一利益点不变，但实现该单一利益点的具体载体必须是"万变"的，原因是目标顾客对单一利益点的需求是一致的，但他们之间存在着具体需求的个体差异。

单一利益点也即品类的具体产品或服务形态，本书称其为品型，将品型的数量定义为品型空间。品型空间大小直接决定了市场规模：品型空间越大，其潜在的市场规模越大，详见其案例研究。② 品型空间表及云南白药品型空间示例见表8.6、表8.7。

第五步：跟踪顾客乐点，及时更新表达

顾客的乐点可保持不变，但获得乐点的具体方式却可是变化的。为此，厂商必须密切跟踪目标顾客的变化，从而及时更新乐点的表达方式。例如，在电视机娱乐时代，电视机成为广告主要媒介。随着智能手机的普及，抖音等成为主要广告媒介。

---

① 黄淇，等. 从《喜羊羊与灰太狼》的成功案例探索中国动漫的发展战略［J］. 东方企业文化，2012（7），232.

② 韦翔. 品牌空间与企业持续成长机制研究——以云南白药为例［D］. 济南：山东大学，2010.

表 8.6   **品型空间表**

单一利益点	品型空间：产品或服务的具体表达			
	规格	款式	版本	价格

资料来源：笔者自行绘制。

表 8.7   **云南白药品型空间①**

单一利益点	云南白药的品型空间			
	剂型	容量	含量	价格
清热止血	散剂【1902 年】			
	胶囊【1974 年】			
	创可贴【1995 年】			
	气雾剂【1999 年】			
	牙膏【2004 年】			

资料来源：笔者自行绘制。

案例 8.7   迪士尼麦当劳十年"婚姻"可能终结（节选）②

自 1996 年以来，麦当劳只在迪士尼的电影、电视机以及主题公园中进行推广。迪士尼授权麦当劳，在促销中陆续推出了很多有名的卡通形象，如"米奇""101 斑点狗""尼墨""神探加吉特"等。而迪士尼公司通过麦当劳分布全球的约 3 万家连锁店，将公司形象进行推广，如每次迪士尼发行新片，麦当劳店中的电影大海报。

但随着迪士尼的主导优势减弱，双方的营销合作成了鸡肋，麦当劳发现自己陷入了《星银岛》等影片失败的推广活动中。麦当劳的加盟商将开心乐园套餐的销售下降部分归因于这类失败的推广活动，使麦当劳主要针对儿童的麦当劳欢乐餐销售直线下降。迪士尼的表现，让麦当劳公司不得不考虑自己的销售策略。

2005 年，麦当劳宣布和梦工厂动画公司进行为期两年的合作，将在以后推出受欢迎的梦工厂卡通形象，包括怪物史瑞克。这项合作虽不限制麦当劳公司与其他影片公司进行合作，但在未来两年，麦当劳将会给予梦工厂 4 部酬拍动画片以优先赞助。这意味着麦当劳与迪士尼即将结束 10 年合作关系。世界的小朋友在进入麦当劳进餐时，又多了一个选择，他们也许会和史瑞克一同进餐。

本书认为，麦当劳为何要放弃与迪士尼的合作，而转向与梦工厂合作呢？是因为"近

---

① 韦翔. 品牌空间与企业持续成长机制研究——以云南白药为例［D］. 济南：山东大学，2010.
② 琼斯. 迪士尼麦当劳十年"婚姻"可能终结［N］. 南方日报，2005 – 06 – 08.

年来，迪士尼的动画影片在激烈的竞争之下，表现得不尽如人意。特别是《星银岛》一片的失利，使麦当劳主要针对儿童的麦当劳欢乐餐销售直线下降。"而麦当劳的目标顾客即受孩子们欢迎的是梦工厂的卡通故事片，尤其是怪物史瑞克。故目标顾客的乐点也不是一成不变的，这就要跟踪目标顾客的乐点演变，及时更新表达方式。

8.3　单一利益对立性的设计流程

从我们团队的实际操作来看，选定在位者及其所属单一利益点的确定，也不是一件显而易见工作。这从反面证明，若某个厂商以自己的注册商标推出了相应的产品或服务，但没清晰地选定在位者并采取与其所在单一利益点相对立的单一利益点，也即在位者的单一利益点是"A"，若没找出单一利益点"－A"，即使产品或服务质量都很好，也难以降低目标顾客的选择成本，从而难以获得市场的成功。

以去头屑洗发液为例，从 1988 年"海飞丝"洗发水提出的"去头屑"的定位并牢牢掌控着去屑市场开始，中国越来越多的企业纷纷推出了去屑商标：1997 年，"采乐"的承诺是"药物去屑"；2000 年，"风影"的承诺是"去屑不伤发"；2003 年，"雨洁"的广告词是"去头屑，用雨洁"；2004 年，"蒂花之秀"宣传自己是"去屑升级，无屑可击"；2005 年，"百年润发"宣扬的是"健康去屑"理念；2009 年，"追风"的承诺是"中药去屑，就是追风"，并沿用"霸王"的名人策略，以 2000 万元价格请王菲做代言，高调推出"追风"去屑洗发水。

《孙子兵法》主张不战而屈人之兵，并提出了"以迂为直"的具体策略。在商标品牌化的过程中，在市场在位者存在的条件下，只有采取与在位者所在品类对立的单一利益点，才能创造出属于自己的市场，从而实现不战而屈人之兵。为此，就需要可靠的设计流程。

单一利益对立性设计流程如表 8.8 所示。

表 8.8　　　　　　　　　　　　单一利益对立性的设计流程

指标	步骤	核心内容	编号
B₃ 单一利益对立性	第一步	根据产品功能，确定目标在位者	B_{3-1}
	第二步	通过目标顾客现场，测定对在位者的欲望	B_{3-2}
	第三步	通过顾客欲望测试，将在位者顾客最大的抱怨转化为快乐性欲望	B_{3-3}
	第四步	将获得的快乐性欲望，贯彻到具体产品或服务	B_{3-4}

资料来源：笔者自行绘制。

第一步：据产品功能，确定目标在位者（B_{3-1}）

确定自己的产品功能或服务载体，深入目标顾客的生活，观察他们正在使用谁的与自

品牌经济学

己同类或替代类产品或服务，将频率最高的厂商作为自己产品或服务的在位者。

首先，清楚自己提供的是什么产品或服务，其次，到正在使用此类产品或服务的目标顾客的生活现场，观察他们正在使用谁的产品或服务。这样，就可填制在位者识别表8.9。

表8.9　　　　　　　　　　　　目标在位者识别

你的产品或服务	顾客1正用产品或服务	顾客2正用产品或服务	顾客3正用产品或服务	顾客m正用产品或服务	顾客n正用产品或服务

资料来源：笔者自行绘制。

例如，东芝在进入医用CT时，深入医院发现正用的产品是通用电气公司的CT机。而在拉里恩的Bratz玩具娃娃的案例6.2中，拉里恩实在没必要闭门造车，而应该看看现在的女孩们都喜欢买什么玩具娃娃，则拉里恩的在位者识别就可填之如表8.10。

表8.10　　　　　　　　拉里恩女孩玩具娃娃的目标在位者识别

你的产品或服务	女孩1正用产品或服务	女孩2正用产品或服务	女孩3正用产品或服务	女孩m正用产品或服务	女孩n正用产品或服务
玩具娃娃	芭比娃娃	芭比娃娃	芭比娃娃	芭比娃娃	芭比娃娃

资料来源：笔者自行绘制。

第二步：通过目标顾客场景，测定对在位者的欲望（B_{3-2}）

为有效规避盲测的条件陷阱和厂商的臆断陷阱，避免闭门造车或自以为是，而必须深入目标顾客的生活或使用场景，亲自体验测定目标顾客对在位者产品或服务的抱怨或期待，并填制在位者顾客欲望表（见表8.11），包括抱怨、期待、欲望。

对此，确实值得向史玉柱学习。因为史玉柱亲自带领团队下农村调查，在和坐门口晒太阳的老太太的闲聊中找到了老人希望健康，但不好意思跟孩子们要保健品，咋能得到呢？那就"看孩子的孝心"的欲望，由此创意出了著名的"收礼只收脑白金"的广告语。

表8.11　　　　　　　　　　　在位者的顾客欲望测试

产品要素	功能	规格	可靠性	价格	款式	维修
抱怨内容						
期待内容						
欲望内容						

资料来源：笔者自行绘制。

第8章 品牌信用指标的设计流程

东芝深入使用在位者通用电气 CT 机的顾客也即医院，获得了顾客们的抱怨与欲望（见表 8.12）。

表 8.12 通用电气 CT 机的顾客欲望测试表

产品要素	功能	可靠性	价格	款式	维修
抱怨内容	尽管附加了很多的辅助功能，但这些功能基本没用，因为医院还有专用设备	辅助设备的可靠性不如专用设备	CT 机整机价格过高		
期待内容	价格降低但效果更好的 CT 机，从而获得更准确的诊断结果，治好病人的疾病				
欲望内容	通过赢得病人的尊重，获得成就感的快乐				

资料来源：笔者自行绘制。

第三步：通过顾客欲望测试，将在位者顾客最大的抱怨转化为快乐性欲望（B_{3-3}）

在位者的产品或服务的优势，不是后来者的机会，而顾客对在位者产品或服务的抱怨，恰恰才是后来者的最大机会。[①] 之所以这样，是因为同一产品存在着品类不兼容性。即生产"矛"的企业，就不能再生产"盾"。试想，通用电气已生产出来是多功能的医用 CT 机，就必定向顾客宣传多功能诸多好处。若再生产出单功能的医用 CT 机，也要说单功能的好处。这样一来，让顾客信哪个呢？这就是 7.1 节中得出的推论 2 即品类不兼容性。

案例 8.8 埃里森和 Oracle 公司的传奇始于 IBM 对一份论文的漫不经心[②]

1970 年 6 月，IBM 的研究员埃德加·考特发表了《大型共享数据库数据的关系模型》的论文。这是数据库发展史上的一个转折点，在层次模型和网状模型数据库产品大行其道的时候，他拉开了关系型数据库软件的序幕。虽然 IBM 早就掌握了这一理论，但并未及时推出产品，原因一是它不愿放弃层次型数据库，二是 IBM 庞大复杂的机构体系也使它在决策上非常缓慢。正是 IBM 的傲慢成就了埃里森和 Oracle。1977 年 6 月，32 岁的拉里·埃里森等在硅谷创办了一家计算机公司，即软件开发实验室。

埃里森非常仔细地阅读了考特的论文，并为之深深震动，他敏锐地意识到了隐藏在此研究成果之下的巨大商机。很快，埃里森和同伴们就将目标定位在了商用关系型数据库管理系统上，并开发出了一个不太像样的产品，并将其命名为 Oracle。Oracle 有"神谕、预言"的意思。1983 年，为突出公司的核心产品，公司正式更名为 Oracle。

直到 1985 年发布 5.0 版之前，Oracle 产品的稳定性一直不尽如人意，但 Oracle 的销售人员却总是有能力把软件卖出去，还卖得相当好。有趣的是，Oracle 早期的用户并不特别在意损失金钱和数据，即使是一些大客户也是如此，他们需要的是技术的发展，而不仅仅

---

① ［日］菊原智明. 顾客抱怨成就销售冠军［M］. 北京：企业管理出版社，2010.
② 高广宁. 埃里森和 Oracle 公司的传奇始于 IBM 对一份论文的漫不经心［J］. 人物，2006（5）.

是一个产品。

本书认为，通过此文可极好地理解品类的不兼容性。埃德加·考特发现的《大型共享数据库数据的关系模型》后，IBM 之所以没及时推出产品，既不是因为它不愿放弃层次型数据库，也不是因为 IBM 庞大复杂的机构体系，更不是因为它的傲慢，而是品类的不兼容性：想想看，层次模型和网状模型数据库产品之所以能大行其道，正是因为 IBM 的推广做得好，而且 IBM 越是推广层次模型和网状模型数据库，顾客越认为 IBM 就是做层次模型和网状模型数据库的。若 IBM 突然说"关系型数据库"更好，怎么让顾客相信呢？

品类"A"与品类"－A"的不兼容性，恰恰为后来者提供了不战而屈人之兵的理论机会。关键在于后来者是否采取与在位者所属品类对立的策略和方法。

案例 8.9　丰田公司是如何进入美国小型车市场的①

丰田公司深知它将打入的是美国的小型汽车市场，并非大型汽车市场，而小型汽车市场是由大众汽车市场统治。丰田知道它的成功与否取决于对付大众的挑战并取而代之。尽管日本的生产商很少直接进攻最成功的竞争对手，但为和大众较量，丰田委托一家美国市场营销调查公司去访问大众汽车的拥有者，了解这些消费者对大众汽车的毁誉所在。

使用大众汽车的人普遍希望他们的车在冬天要更容易启动，后座的空间要大一些，同时还要有更具吸引力的内部装饰。然后，日本人设计出一种与大众车相比近乎是完美无缺的丰田车。为打开销路，丰田给它的车定了较低的价格，且不惜工本地大做广告，给经销商以较大众公司更多的利益。所以毫不奇怪，丰田因击中要害，逐渐排挤了大众，从而位居小型汽车市场销售之冠。

本书认为，丰田公司小型轿车的在位者是谁呢？是德国大众的甲壳虫轿车。丰田采取的策略，不是跟随，而是"委托一家美国市场营销调查公司去访问大众汽车的拥有者，了解这些消费者对大众汽车的毁誉所在"，也即深入正在使用大众小型车的顾客那里，观察这些顾客在使用大众小型车过程中的抱怨和期待，从而发现了目标顾客的三个期待，即冬天易启动、后座空间大、内部装饰好。

竞争的前提是有明确的对手或在位者，而竞争的最高策略却是不战而屈人之兵。问题是如何做到呢？就是像丰田公司一样，深入对手的顾客那里，观察到顾客在使用对手产品或服务过程中的抱怨与期待，从中概括出与对手所承诺的单一利益点"A"相对立的，且让顾客不假思索地选择排他性的单一利益点"－A"，就一定使对手无从下手。

案例 8.10　雅诗兰黛的青年露浴液②

20 世纪 50 年代早期，Estee Lauder 开始着手香水的研发工作，且亲自调配一款香水，它比当时市场上的高端产品，如香奈儿的 No.5 拥有更为持久的作用时间。

但在 20 世纪 50 年代中期，香水在整个美容行业中充当的仅仅是一个不起眼的弱势群

---

①　柯特勒. 新竞争 [M]. 北京：中国商业出版社，1988：85.
②　南希. F. 凯恩. 品牌的故事 [M]. 北京：机械工业出版社，2003：157.

体，大多数女性消费者将香水与奢侈品等同起来，除了特殊场合之外，它们往往被束之高阁，为自己购买香水的女性更是寥若晨星。通过观察，雅诗兰黛发现，女性化妆台上的香水通常都是自己的丈夫或男友所送，而品牌和香型的选择，也大都出自这些男士的偏好。若一位妇女亲自购买香水的话，她必须有足够的心理承受力来面对"放纵、自恋甚至颓废"的批评。面对如此保守的消费态势，雅诗兰黛认为，成功地创造出一个被大家广泛认同的香水品牌需要两个必不可少的条件：鼓励女性大胆地购买自己中意的香水；使他们相信香水只是生活中的必备品之一，同奢侈放纵没任何联系。

雅诗兰黛巧妙地设计了一个一箭双雕的策略，她决定避重就轻，将自己的香水以浴液的形式推向了市场，这样的称谓必将使广大女性所接受。雅诗兰黛认为"浴液代表了女性一种柔美的形象，这是任何人都无法回避的"。所有女性都可以在下班回家的路上购买一瓶浴液，就如同选购一支唇膏一样自然，"而不必承受负罪感的折磨，不必翘首企盼自己的生日、结婚周年纪念日、毕业典礼，不必再为了一瓶香水费尽心思地暗示自己的丈夫"。1953 年，雅诗兰黛开发了一种深色的"香水"，可以倒入洗澡水也可以直接喷洒到皮肤上，她为此产品起了个"Youth Dew"即"青年露"的名字。"青年露"的价格为每瓶 5 美元，远远低于 65 美元一盎司的名贵香水。与大多数同类香水的包装方式不同的是，青年露并没密封，用户可随意打开瓶塞，把它涂抹在自己的身上。

青年露造就了"雅诗兰黛"创业史上第一个巨大的成功。一名工业观察家回忆当时的情景称"众多的美国人发疯般地"追逐"青年露"。女性消费者宁肯挤破柜台也要亲自领略一番雅诗兰黛香水的风采。

按化妆品专家的观点，"青年露"强烈持久的香气是它得以迅速风靡美国市场的关键；作为浴液香水的多功能用途也令众多女性对其情有独钟。

根据这段凯恩的这段论述，可进行深度分析：雅诗兰黛在推出香水时，是如何找到或确定的在位者是谁呢？表面上看，似乎是类似"香奈儿"的 No.5 等香水。其实，本书认为是浴液。香奈儿香水不是女性自己购买的，而浴液则是女性顾客自己购买的。若雅诗兰黛将自己的香水在位者选定为"香奈儿"等，而且是因为"'青年露'强烈持久的香气"，女性们还是无法摆脱"奢侈、放纵"的世俗约束，因为香气再怎么强烈的香水，还是香水，还是会让女性面对"放纵、自恋甚至颓废"的批评，且香气越强烈持久，面临的批评可能越强烈。

但雅诗兰黛将自己的在位者选择为女性顾客可正常购买、正常使用的浴液，则对使用女性使用香水的世俗约束的问题也就解决了，女性和人们都会认为：这不是香水，而是浴液。在位者是浴液，女性们在购买使用浴液时，不会受到类似香水那样的批评。只不过当时女性们使用的浴液没有强烈持久的香气（A），而"青年露"只是有强烈持久的香气的浴液（-A）而已。但香气再怎么强烈持久的浴液，也不是香水。作为浴液，给女性们一个大大方方购买和使用的理由，但与香水一样的香味却留在身上了。

第四步：将获得的快乐性欲望，贯彻到具体产品或服务（B$_{3-4}$）

通过对在位者品类的测试，获得了在位者顾客所存在的最大抱怨，也就获得了与在位者所在品类对立的单一利益点，尤其是获得快乐性欲望。但这还仅仅是一个创意或研发方向，需要具体的产品或服务载体来具体体现该单一利益点。

案例 8.11　麦当劳反其道而行（节选）①

麦当劳进入法国时，公司在街头抽取了近 200 名不同年龄的路人，请他们来参与广告宣传片的问卷调查。麦当劳的宣传片重在介绍快餐是如何卫生、营养。为了让被调查者深信广告片的真实性，公司还邀请他们去原料产地和快餐制作现场实地见证。

而最终这 200 位消费者所填的问卷结果，却让公司难以接受。在"您打算每周光顾几次麦当劳"这项调查中，有 76% 的人表示一次，12% 的人选择两次，9% 的人选择三次及以上，剩下 3% 的人则表示一次也不会。在接下来的广告宣传讨论会上，一片死气沉沉，大家一时拿不出更能打动和吸引顾客的广告创意。就在大家手足无措之际，有个人突然站起来说："其实，通过这次问卷调查，被调查者们，即我们未来的顾客，已为我们设计好了一条广告宣传语。""已为我们设计好了宣传语？"其他人纷纷向他投去疑惑的目光。"是的，此宣传语就是：'麦当劳虽然好吃，但为了您的健康，我们建议您每周来这里最好不要超过一次！'"

这条自我否定的广告语，震惊了在场的许多人，最终却被法国公司采用了。就连麦当劳总部看到它时，也大为震惊，认为法国公司违背了麦当劳一贯优化快餐的宣传策略，这条灾难性的广告语注定会失败。出人意料的是，这条广告语一经推出，竟反响强烈，一举让麦当劳深入法国消费者心中。目前，麦当劳在法国的连锁店已有 1500 多家，且每年以新开 30 家的速度递增，家家连锁店都生意兴隆。

本书认为，1993 年，劲酒公司推出姜昆版"劲酒虽好，可不要贪杯哟"的广告，从创意的角度，不管创意者是否借鉴了麦当劳的法国广告，但从拓扑学的角度看，两者是一致的。与麦当劳法国广告策略相同的，是劲酒的销量也得以迅速增长。

8.4　品牌建设岗位性的设计流程

就像宇宙是长出来的一样，企业的组织结构也是随着企业的增长而不断更新出来的，企业的成长应考虑孟子所言的"虽有智慧，不如乘势"。此"势"就是目标顾客最渴望的单一利益点即式（3-2）中的欲望，从而持续选择且对价格不敏感。

中国市场长期的短缺导致了短缺后遗症，总是以为生产出来的产品，不愁销售，从而导致厂商专注于生产。随着国际市场的订单转移到中国，中国的生产厂商们又专注于订单生产，也不关心终点顾客的利益需求问题。这就是为何中国国内诸多企业少见有专职的品牌经理的岗位设置，从而使终点顾客以及商标的品牌建设处于无人负责。

笔者在和国内某大型饲料企业董事长交流时，问他是否希望有个强势品牌，他回答说

---

① 徐立新. 麦当劳反其道而行［N］. 生命时报，2013-08-20.

非常希望。再问您公司有财务经理吗？答曰"有"；问您公司有生产经理吗？答曰"有"；问您公司有销售经理吗？答曰"有"。当问到您公司有品牌经理吗？答曰"没"。

既然没有专职的品牌经理，谁对终点目标顾客负责呢？没人对终点目标顾客负责，又怎能把商标建成品牌呢？当然也就无法获得定价权！

而在和某企业交流时，他倒是接受了我们设置品牌经理的建议，并设置了品牌经理。但问题是并无合格的品牌经理人选，虽然职位名称是品牌经理，可实际上还是销售经理，仍然在从事经销商的工作，仍然没将工作重点转到终点目标顾客。

品牌建设岗位性设计流程如表8.13所示。

表 8.13　　　　　　　　　　品牌建设岗位性设计流程

指标	步骤	核心内容	编号
B₄ 品牌建设岗位性	第一步	绘制品类结构，根据品类重叠程度，判断品类冲突性	B_{4-1}
	第二步	通过品类规划，消除品类重叠性，克服品类冲突	B_{4-2}
	第三步	为每个品类注册商标，并配置独立运营的品牌经理	B_{4-3}
	第四步	区分三类事务，品牌经理团队制定运营规划，尤其是逆转类事务的预案	B_{4-4}
	第五步	根据发展规划，品牌经理及其团队制订年度计划，预案逆转因素	B_{4-5}
	第六步	总结品牌实践，制定品牌宪法，确保品牌建设的连续性	B_{4-6}

资料来源：笔者自行绘制。

第一步：绘制品类结构，根据品类重叠程度，判断品类冲突性（B_{4-1}）

所谓品类结构，就是按单一利益点进行品类分类，有多少个单一利益点，就有多少个品类。在划分品类时，不同产品或服务，品类的划分标准也是不同的，通常有以下5个。一是按价格高低划分的品类。例如，瑞士机械表的价格，从千元、万元到十几万元、几十万元的都有。同样是压力锅，德国"双立人"的价格就很高。二是按容量划分的品类。例如，按油缸容积，可将摩托车划分为2500cc、2000cc、1500cc、1000cc、750cc、250cc等。按瓶子容量，洗发液可划分为50ml、100ml、150ml、200ml、750ml等。三是按年龄划分的品类。例如，可把食品划分为有婴儿食品、儿童食品、青少年休闲食品、老年保健食品等。也可把服装划分为婴儿服装、儿童服装、青少年时装、中老年服装等。四是按性别划分的品类。例如，可把服装划分出女性服装、男性服装。五是按使用时段划分的品类。例如，按每天的时段，可把女性卫生巾划分为夜用型和日用型。也可以像感冒药"白加黑"一样，白天吃白片，晚上吃黑片。

斯隆在就任美国通用汽车总裁时，发现通用汽车的品类结构如表8.14所示。

表 8.14 通用汽车早期品类结构

序号	商标车型（品类）	价格（美元）
1	雪佛兰 490（四缸）	795～1375
2	雪佛兰 FB（四缸）	1320～2075
3	奥克兰德（六缸）	1395～2065
4	奥尔兹（四缸 FB）	1455～2145
5	奥尔兹（六缸）	1450～2145
6	奥尔兹（八缸）	2100～3300
7	斯克里普斯. 布斯（六缸）	1545～2295
8	谢里丹（四缸 FB）	1685
9	别克（六缸）	1795～3295
10	凯迪拉克（1K 缸）	3790～5690

资料来源：我在通用汽车的日子（斯隆自传）[M]. 刘昕，译. 北京：华夏出版社，2005：55.

从表 8.14 可见，当时的通用汽车有 7 个商标 10 个品类，问题在于价格出现了严重的品类重叠性。不同商标车型之间的价格重叠性，导致顾客在选车时反复比较，即增加了顾客的选择成本，降低了其选择效率。故可判断当时通用汽车的品类结构存在较严重的内部价格冲突。例如，某位顾客要买价格 1500 美元的轿车，他将面临四个选择。

2011 年，国内某车企完成了 65 万辆销量（其中海外出口超过 17 万辆），不仅与年初既定的"保 70 万争 80 万"目标相去甚远，甚至还不及 2010 年 68.2 万辆的销量。"产品太多，价格又没太大差异，消费者到店里不知道选哪个，最后干脆不买了"，一名该车企经销商如此评价。"该车企近几年的产品研发总想覆盖全系，且很多产品做得不够精细。所以市场一收缩，你会发现它打群架的策略就会失灵"，一位业内人士评价道。

既然有通用汽车前车之辙，为何还要重复相同的错误？近几年，长城汽车似乎也出现了品类冲突现象。否则，不会在 2023 年启动品牌聚焦行动。

第二步：通过品类规划，消除品类重叠性，克服品类冲突（B_{4-2}）

若多个品类之间，存在重叠性，将导致顾客选择的困难，也即增加了目标顾客的选择成本，从而降低顾客的选择效率，进而降低企业内部的生产效率。

针对通用汽车的品类结构，斯隆认为在价格上存在重叠，且商标过多。为此，他主持批准了新的品类规划，形成了以下品类结构，如表 8.15 所示。

由此一来，欲要买 1500 美元轿车的顾客，将只有一个选择。通用汽车就要认真地研究给只买 1500 美元轿车的目标顾客一个不假思索且溢价选择的排他性乐点即可。

表 8.15　　　　　　　　　　　　通用汽车规划后的品类结构

序号	车型	价格（美元）
1	雪佛兰	450 ~ 600
2	奥克兰德	600 ~ 900
3	别克 4 型	900 ~ 1200
4	别克 6 型	1200 ~ 1700
5	奥尔兹	1700 ~ 2500
6	凯迪拉克（1K 缸）	2500 ~ 3500

资料来源：我在通用汽车的日子（斯隆自传）［M］. 刘昕，译. 北京：华夏出版社，2005：55.

第三步：为每个品类注册商标，并配置独立运营的品牌经理（B$_{4-3}$）

理顺了内部品类结构后，就要为每个品类注册一个法律商标，关于注册商标的测试标准、量化测算和设计流程，详见 8.8 节即注册商标的单义性。

尽管现在招聘品牌经理的企业已经很多[①]，但因中国高校专业设计的滞后性，目前尚无独立的专业培养品牌经理。涉的品牌建设的知识，主要集中在广告设计或传播专业。即仅仅是将品牌理解为广告传播。在现有的管理专业中，所进行的品牌研究，更多的是将商标与品牌混淆，说研究的是品牌，其实是商标。

我们对品牌经理的职责，进行了科学的界定。此界定的依据，就是通过图 4.1 即目标顾客链模型，界定销售、市场与品牌的区别。从厂商经过代理商、分销商，最终将产品放到各种终端商的柜台上（超市、专卖店、专业市场、展览会、便利店、网店等），也即渠道建设，这是销售，也即销售经理的责任。故销售经理完成的是商业渠道的开发、产品的配送和货款的回收。

当产品陈列到终端柜台之后，不同商标的同类产品陈列在一起，等待顾客的选择。终端柜台就是厂商与顾客完成交易的场所，也即市场。在柜台前，前来选择的顾客，选择了哪个商标，该商标所属厂商就完成了价值转换。如何让光临的顾客选择呢？这就是市场经理的责任。即产品能否提供代理渠道摆进终端柜台，是销售经理的责任，一旦产品进入终端柜台，能否得到顾客的选择，就是市场经理的责任，导购员就是隶属于市场经理的柜台责任人。但市场经理及其所属的柜台导购员，只能争取自己光临的顾客，如何让更多的顾客主动到自己商标产品柜台前即进店率指标，就是品牌拉力，也即品牌经理的责任。

根据图 4.1 目标顾客链模型，一个完整的营销系统，除了财务、后勤、物流等岗位外，必须有销售部、市场部、品牌部。其中，销售部及其分区销售经理，负责渠道拓展与货款回收；市场部及其市场经理和柜台导购员，负责所进入终端的占有率（= 自己的商标

---

① 笔者在 2011 年 1 月 26 日用谷歌搜索引擎，在 0.12 秒时间内获得 34.6 万条招聘信息；2014 年 9 月 30 日，在用百度搜索"品牌经理招聘"，瞬间搜到 3390 万个信息，2023 年 4 月 11 日，在百度搜索"品牌经理招聘"，依然给出了高达 1870 万个信息。

产品占所在终端同类产品每周销量的比例）、成交率（＝实际购买的顾客数占前来自己柜台考察的顾客总数）；而品牌部及其品牌经理，则是负责目标顾客的界定、降低目标顾客选择成本的单一利益点承诺、产品结构、市场专题系列活动等。

故品牌经理有两个类型：一是独立运营制，即由品牌经理负责某个商标产品的具体运营，包括销量、销售额、利润、价格、目标顾客、产品、区域、促销、广告等。这是宝洁公司的运营模式。二是职能分工制，即专注于终点目标顾客的选定、目标顾客的行为研究、促销方案测试、广告样本测试。本书认为，采取单商标制度的企业，可采取职能分工制的品牌经理；而采取多商标制度的企业，则最佳选择就是独立运营制。通过神探威威猫的品牌经理专访，尽管是动漫企业，但所展现的品牌经理的职责，确实有普适性。

资料 8.2　《神探威威猫》品牌经理专访（节选）①

"开心生活比什么都重要，为动漫画事业呕心沥血、痴迷不悟"，这是张新雄的个人宣言。作为公司品牌经理，他每天的生活都和动画结合在一起。随着他所管理的动画品牌《神探威威猫》屡获大奖，他现在不但要为播出难的问题奔波，还要为加盟商的选择而费尽思量，市场上的盗版让他头痛，产品生产和销售的管理环节更是重中之重。张新雄虽然很忙，但仍然很快乐，他说自己是个快乐的人，正如自己的宣言一样，开心生活比什么都重要，而工作对他来说也是一种快乐，只因喜欢。

采访中张新雄说，动画产业，品牌是关键，因为国内动画产业在制作和传播过程中是亏损的，赢利只能靠衍生产品的开发，若你制作的动画没形成品牌影响力，那就注定你将是血本无归。所以无论是前期的制作，还是中期的传播，还是后期的衍生产品的开发，每个环节都非常重要，这是一条完整的产业链，环环相扣，不可或缺，只要有一个环节出现问题，那都会是严重的后果，所以作为品牌经理感觉责任重大。

本书认为，基本业务是动画制作和传播，但派生业务是依托卡通所形成的衍生产品。问题是在这段论述中，实在看不出是如何将这些业务环节聚焦于目标顾客的欲望。这才是动画品牌建设的关键所在。"为加盟商的选择而费尽思量，市场上的盗版让他头痛"，此即1.3 节中学者苏甘所提出的思虑成本。

《中国品牌》：我想，无论做什么投资，前期都会有很多准备工作，尤其动画产业的投资，风险更大，那么在前期制作过程中，也即产业链的上游，都需要做哪些准备工作？

张新雄：在国外，一部片子推出前会请专业市场调查公司进行调研，然后选择不同的模式进行操作，比如，他们也许会先规划一个大故事，先做一二集的样片，然后再去找投资商，这样投资的风险就会降到最低，片子还没做完，宣传已铺天盖地。而且他们已将后期的规划做好了，比如，要开发什么样的产品，用什么样道具，道具能否开发成产品；等等。比如现在我们吃饭的刀叉，若他们打算出这样的产品，他们会在动画片中，以动画的主角反复使用，以突出此产品，为以后推出这种产品打下伏笔。当然他们也有很多其他的模式，总之，他们在投资非常谨慎，懂得规避风险，国内投资者不是不明白风险的存在，

---

① 江传云.《神探威威猫》品牌经理专访［EB/OL］. 新浪动漫　中国品牌，2005 - 03 - 23.

他们只是还不懂得如何去规避，这就造成行动上的盲目。

本书认为，根据专业市场调查公司，先规划一个大故事，就是品牌工程。之后的"先做一二集的样片"，就是研制工程。通过投资商获得投资，制作的完整动画产品，就是工艺工程。"片子还没做完，宣传已铺天盖地"，就属于导入期的新闻策略，目的是建立起目标顾客的心理预期。"比如，现在我们吃饭的刀叉，若他们打算出这样的产品，他们会在动画片中，以动画的主角反复使用，以突出此产品，为以后推出这种产品打下伏笔"，此刀叉是自己的，还是由现有刀叉企业植入？这就是盈利模式分析。

《中国品牌》：你觉得作为一个品牌经理应该具备哪些素质？

张新雄：品牌经理其实就是一个职业经理人。作为一个品牌经理，要具备综合能力。你要懂策划，懂广告，懂传播，懂经营，懂管理，懂服务甚至世故人情。当然你不一定凡事都要亲自去做，但前提是你必须要懂，然后才能让别人去做。

本书认为，所谓的综合能力，就是将策划、广告、经营、管理、服务、人情世故等要素，聚焦于目标顾客的欲望。而"凡事都要亲自去做"，则是品牌经理所带领的一个团队所必需的。

第四步：品牌经理团队制定运营规划，预案逆转类事务的（B_{4-4}）

军队作战之前，必定进行图上作业，即在作战地图上，进行军事部署，此即纸上谈兵。通过纸上谈兵也即书面模拟，将未来可能发生的事情，进行模拟。模拟中区分三类事务。

第一类是团队内部完全可决定的事务，也即可控类事务，此类事务事在人为，必须百分之百地做好，也即做到最高标准。需要清楚地界定哪些具体的事务是可控类的，最好的标准是什么，由哪个岗位负责，现在谁是该岗位的责任人，其任职资历和业绩如何，等等。

第二类是团队可争取但无法决定的事务，也即争取类事务，此类事务只能是"谋事在人，成事在天"，也即不争取肯定不成，但即使争取了也未必能成。对争取类事务，团队必须要百分之百地去做到。为此，就需要清楚地界定哪些具体的事务是争取类的，做到的标准是什么，由哪个岗位负责，现在谁是该岗位的责任人，其任职资历和业绩如何，等等。

第三类是团队完全难以预料的事务，但此类事务一旦发生，又将导致严重的损失，也即逆转类事务。对此类事务，根本不能去思考如何避免，只能思考"一旦发生，该如何应对"，即"预则立，不预则废"。团队对意外风险即逆转类事务，必须给出详尽的应对方案。同样，就需要清楚地界定哪些具体的事务是逆转类的，可能危害是什么，由哪个岗位负责？现在谁是该岗位的责任人？其任职资历和业绩如何？

资料 8.2 中的品牌经理张新雄在接受采访时，还指出："因为动画品牌是个传播品牌，所以在此过程中还要注意品牌的持续传播问题，另外，盗版很严重。这是中国普遍存在的现象，没办法，防不胜防，还有很多琐碎的问题需要解决。"这都属于逆转类风险。既然知道了盗版在中国普遍存在，那么，在启动一个动画项目时，在策划、设计、制作、推广等每个环节，都要思考一个问题，即如何防止被盗版？一旦被盗版了，该如何应对？才能转危为安？根据7.1节的品类对模型，企业有必要成立品牌运营的影子团队，类似乒乓球、摔跤、拳击等体育训练中的陪练。其任务是以旁观者的身份，模拟对手，设置逆转因素，促使品牌经营团队制定更有针对性的方案或预案。

资料8.3　《神探威威猫》品牌经理专访（节选）①

《中国品牌》：作为动画品牌的品牌经理，你所要做的是什么样具体的工作？

张新雄：作为品牌经理，我的工作是比较琐碎的。要做战略规划，制定短期和长期工作目标；要负责制定各项规章及工作流程，完善品牌中心的制度体系；要据年度工作目标，制订年度人力资源计划，根据公司人力资源政策，配合做好人员的选拔、录用、考核、培训、晋升、职业规划等工作；要做市场调研及信息分析；品牌规划及品牌形象的推广、广告策划、文案、创意、制作、跟踪、评估，媒介的选择、评估、购买、投放、监测，全国性、区域性促销活动的策划、执行、培训与监督实施，新闻发布、软性文章发表等公关活动，品牌/广告等供应商的选择、配合、评估，定期分析拟开发的客户需求，协同业务员走访客户，定期完成对客户的评估分析报告；另外，还有质量管理、加盟流程、加盟政策、加盟条件、产品设计与开发及后期的管理与监测等，非常烦琐。

本书认为，在资料8.2中，张新雄指出，"在国外，一部片子推出前会请专业市场调查公司进行调研"。而在资料8.3中又提到，"作为品牌经理，我的工作是比较琐碎的，要做战略规划"。这两者需要仔细分析：战略规划的任务是对企业的外部环境进行判断，并据未来的环境变化，预定企业内部资源配置的调整。故本着旁观者清的原理，请外部的专业调查公司进行调研是正确的。即战略规划在很大程度上，需要由外部专业机构承担。这也是西方国家董事会中外部董事占比较高的原因。作为品牌经理，工作比较琐碎，这些琐碎的工作更多的是日常事务，因为战略规划需要保持较高的独立性判断。本书认为，品牌经理的主要工作，是目标顾客的精确识别及其溢价选择的排他性乐点的塑造。

对于动画产业来说，品牌是个中心，是个非常重要的部门，需要各个部门来配合，策划部、产品开发、发行部，市场部等，应呈一种放射状，因为你所做的一切都是为此品牌服务的。特别是动画品牌尤其重要，因为动画若没有品牌就没有一切。

《中国品牌》：在工作过程中，作为动画品牌的品牌经理，你觉得最大的困难是什么？

张新雄：游戏规则。不光是前期制作和中期的传播，就后期的产品的开发与管理来说，动画品牌衍生的产品跨很多行业，而不同的行业都有自己的游戏规则，只有当你懂得此行业的游戏规则的时候，才有可能更好地去管理他们，管理就是要懂得游戏规则。

本书认为，与其说"品牌是个中心"，不如说"品牌是个纲"，因为纲举目张。这不仅仅是对动画产业而言，适用于所有面向市场的企业。这就是品牌经济学一再强调的，即企业尤其是民营企业创业老板，唯一的工作就是将自己的注册商标，建成目标顾客乐意溢价选择的品牌，从而克服富不过三的魔咒。宗庆后先生虽已谢世，但他所创立的"娃哈

---

① 江传云.《神探威威猫》品牌经理专访［EB/OL］. 新浪动漫　中国品牌，2005－03－23.

哈"，却可以交付后代。作为品牌经理最大的困难，张新雄认为是"游戏规则"，其实是指品牌经理的智慧场景。智慧是指不同事物之间的联系，这种联系更多地需要沟通、协调、妥协与平衡。

第五步：根据发展规划，制订并模拟年度计划（B_{4-5}）

年度经营计划包括结果预定和过程模拟。结果预定包括年度销量及其岗位分解、销售额、利润、费用预算及其岗位分解、人员配置、激励政策、区域政策（大本营、据地、运动区、游击区）等。

过程模拟则是每个岗位年度责任制定与答辩。针对下达的任务，每个岗位都要形成书面的年度任务书，回答三个基本问题：为了完成给定的任务，我已具备了什么条件？我还可以创造什么条件？希望公司支持什么条件？每个条件都要包括是什么？为何？如何证明是可靠的？在制订年度经营计划时，尤其需要切实评估目标顾客存在的那些逆转因素，并切实制定模拟演练逆转因素的预案，做到有备无患。

资料8.4 《神探威威猫》品牌经理专访（节选）[①]

《中国品牌》：产品开发出来之后，要如何去经营和管理呢？我想这也是最关键的。

张新雄：是的，此环节也是国内动画行业最薄弱的环节。人才、技术、故事通过努力，相对容易改善，而经营和管理却是个永恒的问题，特别对刚起步不久的国产动画产业来说，就更是个问题。比如，蓝猫动画品牌，就是后来管理混乱造成现在的失控状态。这里最重要的就是如何去监控你所授权的加盟企业。

有三类客户，第一类是有生产能力，第二类既有生产能力也有销售能力，第三类只有销售能力。这样，你就要确定如何选择他们，你的加盟条件如何制定，选择之后要如何管理且监控他们等。比如，迪士尼，他们是产销分离的，而且遵从严格的质量标准，这样，除了迪士尼公司可监控，产销企业之间也可互相监督，你生产的产品不合格，作为销售企业可以拒绝。另外，销售终端的选择问题，你是选择大卖场、高级商场，还是专卖店，这里就有一个价格策略问题，根据不同销售终端可以定制不同的价格策略，选择不同的产品包装，以形成区隔而又不至于市场混乱。

本书认为，资料8.4中提到的蓝猫动画，是20世纪90年代的动画片《蓝猫淘气三千问》，鼎盛时期全国超过1000家电视台播放，同时，全国蓝猫专卖店也超过了2000多家。2003年，"蓝猫"系列成功申请吉尼斯世界纪录，成为世界上单个系列制作动画集数最多的动画片。如此兴盛的动画片，却在2004年之后的三年内几乎销声匿迹。蓝猫的兴起，得益于所处时代动画片供不应求的风口效应，也即短缺市场的拉力。网络评论认为蓝猫衰落的第一个原因是其产品粗制滥造，问题是在其兴盛的那些年，其产品也一直如此，却能取得市场兴盛。其实，这就是短缺市场的力量：有总胜于无。即在短缺市场中，消费者饥不择食。随着电视机普及率提高，各级电视台的增设，对动画片的需求急剧增加。这才是

---

① 江传云. 《神探威威猫》品牌经理专访［EB/OL］. 新浪动漫 中国品牌，2005-03-23.

蓝猫动画片成功的风口效应。但随着入世后，美国、日本等国动画片的进入，市场进入了供大于求的过剩阶段，风口消散，突然减速的背风效应产生了，这才是蓝猫衰落的市场背景。

为何2000多家蓝猫专卖店也消失了呢？网络评论认为是授权管理混乱，当然这只是一个原因。同样的问题是，这2000多家专卖店也是在管理混乱状态下出现的。本书认为，这就是驰名商标与溢价品牌的区别：借助1000多家电视台的播放，"蓝猫"成为了驰名商标（2018年3月注册申请，2019年4月初审公告，2019年7月正式注册），但并未成为目标顾客们的溢价品牌，否则，其形成的品牌拉力，不可能使2000多家专卖店几乎消失。

第六步：总结品牌实践，制定品牌宪法，确保品牌建设的连续性（B_{4-6}）

在设置了品牌经理的岗位责任制之后，并非就能保证品牌建设一定成功。而是保证了即使出现了失误，能可靠地总结失误。故在设置了品牌经理独立运营制之后，需要根据运营实践，不断进行总结，在此基础上，针对某个具体商标来制定"品牌宪法"，以公司内部法的形式，确保品牌建设的连续性，避免因人而异。

品牌宪法的基本构成包括六个方面的内容：一是商标名称；二是规定该商标所承载的产品或服务，尤其重要的是清楚地界定其延伸的范围和条件；三是终点目标顾客的精确性界定，也即为谁服务；四是通过绘制终点目标顾客利益衍生链，并采取与在位者所承诺单一利益点相对立，来确定自己的单一利益点；五是经营指标体系，包括结果指标和过程指标；六是营销策略，包括渠道策略、促销策略、传播策略、延伸策略、资本策略、危机策略。这些策略的具体内容详见经济科学出版社2009年出版的《BCSOK：品牌建设体系》。

8.5 单一利益持久性的设计流程

在对单一利益进行持久性设计时，核心有两个：第一，如何让某个顾客持久的选择；第二，如何保证让未来的顾客仍然选择，这就是顾客终身价值研究。

为此，就要在绘制或设计顾客利益衍生链的基础上，以目标顾客某种持久快乐为目标，将商标承诺的单一利益点进行相应转换。顾客利益衍生链的初始利益，是产品或服务本身，也即顾客通过支付货币获得产品或服务的产权。但目标顾客链模型证明，绝大多数产品或服务，之所以寿命很有限，不是因为产品质量不好，而是因为不符合终点顾客的终极利益也即某种快乐。例如，《米老鼠和唐老鸭》从1933年开始，至今已逾90年了，这类卡通角色不存在寿命约束。而赵本山出演小品的寿命则取决于赵本山本人的自然寿命了。因此，任何明星的职业生命和自然寿命都是有限的，若将明星作为品牌形象代言，从理论上就是夜空的流星，闪亮而短暂。

本书提出了单一利益持久性设计的基本流程，包括三个基本步骤，如表8-16所示。

表 8.16　　　　　　　　　　　　单一利益持久性设计流程

指标	步骤	核心内容	编号
B_5 单一利益持久性	第一步	观察目标顾客，测定他们的欲望乐点	B_{5-1}
	第二步	将欲望乐点作为终极利益，倒向设计顾客利益衍生链	B_{5-2}
	第三步	对获得的欲望乐点，进行终身价值设计	B_{5-3}

资料来源：笔者自行绘制。

第一步：观察目标顾客，测定他们的欲望乐点（B_{5-1}）

选定了目标顾客之后，测定他们对将产品或服务的欲望乐点的最好办法，既不是闭门造车，也不是召开所谓的诸葛亮会，而是赠送产品或服务，让目标顾客在实际环境中体验。然后，再通过拜访交流和观察，获得他们对该产品或服务的欲望乐点也即终极利益态。

案例 8.12　顾客为何用香皂[①]

"象牙皂"一问世，就以"经济实惠"的广告宣传打开了销路，市场占有率相当高。可是好景不长，没多久，肥皂便渐渐堆积在货架上了。厂家多方面寻查原因，仍不知所以（也即不持久）。他们便求教于一位心理学家，后者并不闭门苦思，而是派出一批调查员走访顾客，征询他们在使用香皂时所抱有的心情。归纳起来，主要有两条：一是下班以后，用香皂洗澡能使身心俱爽，焕然一新；二是在约会或参加社交活动之前，用香皂洗澡，能使自己容光焕发，更富魅力。

相对于价格较高的肥皂，经济实惠的"象牙皂"打开了销路。但这属于典型的边际递减的物质利益即需求。"经济实惠"还可能带来的是心理上的情感伤害：意味着没钱。面对产品积压，该企业能找到心理学家，进行专业研究，而不是亲力亲为，实在是智慧所在。与求人不如求己的小农意识，形成了鲜明的对比。"更富魅力"带来的尊重快乐，则是边际递增的情感欲望。即大多数消费者对香皂的期待，并不是"经济实惠"，而是希望香皂给自己增添"魅力"或使自己"干干净净"。该公司立即把以前的广告改写成"芳香、典雅的象牙皂能使你更具魅力"。"象牙皂"的销售量果真又节节上升，一直保持着良好的势头。此即基于欲望的经济增长之微观例证。

找出顾客内心深处共同的欲望，并设法去满足这种欲望，是品牌建设的关键。要确切了解和掌握这种欲望，必须完全立足于目标顾客的立场才能办到。其实，香皂是初始利益，洗干净灰尘是第一次衍生利益态，由此获得的焕然一新是第二次衍生利益态，富有魅力是第三次衍生利益态，由此获得尊重的快乐，则是终极利益态，也是其欲望快乐。通过调查后写成的广告词，也即"芳香、典雅的象牙皂能使你更具魅力"，满足的正好是第四个利益态，而开始的"经济实惠"，满足的则是初始利益态。从消费行为角度解释，"经济实惠"的潜台词意味着购买此香皂的顾客"没钱"。通过转换"象牙皂"的利益态，换

---

① 闵文军．"象牙皂"缘何能够永葆生机［J］．中外管理，2004（05）．

来的则是销量的增加，也即解决了持久性问题。

第二步：将欲望乐点作为终极利益，倒向设计顾客利益衍生链（B_{5-2}）

将观察到的目标顾客的欲望乐点，作为目标顾客的终极利益，就可倒着绘制顾客利益衍生链。为此，本书设计了顾客利益衍生链倒向设计表（见表 8.17）。

表 8.17　　　　　　　　　　顾客利益衍生链倒向设计表

利益态	初始利益	衍生利益 1	衍生利益 2	衍生利益 3	衍生利益 4	终极利益
序号	N	N－1	3	2	1	0
利益名称	产品或服务					某种快乐

资料来源：笔者自行绘制。

例如，将第一步中提到的"象牙皂"的顾客利益衍生链倒向设计表绘制如表 8.18 所示。

表 8.18　　　　　　　　　　"象牙皂"顾客利益衍生链倒向设计表

利益态	初始利益	衍生利益 1	衍生利益 3	衍生利益 4	终极利益
序号	4	3	2	1	0
利益名称	香皂	洗净灰尘	焕然一新	富有魅力	尊重的快乐

资料来源：笔者自行绘制。

再如，二维卡通片 Y 的终点顾客是幼儿园和低年级小学生，二维卡通片并无多高的技术含量，可这些儿童们为何乐此不疲地收看呢？与此同时，为何他们的老师却要求孩子们的家长尽量别让孩子们看呢？因为孩子们跟着学恶作剧。为此，本书可绘制出其利益衍生链（见表 8.19）。

表 8.19　　　　　　　　　　卡通片 Y 的顾客利益衍生链倒向设计表

利益态	初始利益	衍生利益 1	衍生利益 2	衍生利益 3	衍生利益 4	终极利益
序号	5	4	3	2	1	0
利益名称	卡通故事片	不用写作业	喜欢恶作剧	模仿恶作剧	比赛恶作剧	获胜的快乐

资料来源：笔者自行绘制。

第三步：对获得的欲望乐点，进行终身价值设计（B_{5-3}）

随着时间的推移，目标顾客是否会放弃系现在的预期乐点呢？此问题直接决定了顾客生命周期内选择的持久性。为此，就要将预期乐点与顾客终身价值结合起来。关于顾客终身价值，是将顾客的初次购买作为基本业务，然后，进行顾客派生业务分析。我们将顾客的派生业分为四类。

第一类是重复类，也即初次购买产品或服务的后续重复购买，这就需要掌握顾客的购买周期。例如，台塑王永庆先生早年开办的是米店，每当顾客来买米，他都亲自送米到家，借此了解顾客的家庭人口结构，由此推算出这次所购买的大米够吃多少天。到了这一天，王先生就把米送到家。

第二类是衍生类，如购买打印机之后，墨盒就成为衍生类业务。为此，就要测算顾客此类衍生需求的购买周期。再如购买汽车之后的定期保养维护，也是衍生类。

第三类是关联类，[①] 也即据顾客初次购买的产品或服务，推测与此有关联的产品或服务有哪些，例如，购买轿车之后，车内饰品就是关联类业务。麦当劳初期是建在加油站里，卡车司机们一边给卡车加油，一边吃个汉堡包，汉堡包吃好了，油也加满了。吃汉堡包就是卡车加油的关联类业务。

第四类是类比类，即与顾客初次购买的产品或服务无直接关联的类似选择，尤其是同价位产品或服务。例如，在商场里，某顾客购买了德国"双立人"的厨具之后，就表明该顾客具有较高的购买能力。那么，就应该为该顾客建立与"双立人"相同档次的其他产品，及时将此类产品信息发送给该顾客。

故本书认为，顾客的初次购买，是厂商与顾客进行持续沟通的媒介，而不是一次简单的交易。按此原理，厂商就改为每个顾客建立预期乐点与终身需求转换表。该转换表的基本格式如表8.20所示。

表8.20　　　　　　　　　　　顾客预期乐点与终身需求转换

顾客欲望乐点描述							
乐点表现		乐点表现		乐点表现		乐点表现	
初次购买		衍生类		关联类		类似类	
名称	周期	名称	周期	名称	周期	名称	周期

资料来源：笔者自行绘制。

在表8.20中，将顾客预期乐点与初次购买、衍生需求、关联需求、无关联需求进行转换，以乐点表现为具体内容。为直观而深刻地理解顾客预期乐点与顾客终身价值，看案例8.13：

案例8.13　如何把梳子卖给和尚？[②]

某企业招聘推销员，给出的考题是如何把梳子卖给和尚。看到此考题，多数应聘者都

---

① 高勇. 啤酒与神奇的购物篮分析［M］. 北京：清华大学出版社，2008.
② 海洋. 如何把梳子卖给和尚？［J］. 沿海企业与科技，2004（5）.

放弃了，但有三个人愿意试试。第一个销售员拿着梳子到几家寺院简单推销，却一把也没卖出去，只是在下山时见到一个和尚一边晒太阳一边挠着又脏又硬的头皮，他见状忙递上一把梳子。小和尚用后很高兴，当即买下一把。

本书认为，他在卖什么？梳子除了梳头发，还能挠痒痒。挠痒痒是物质利益还是情感利益？当然是物质利益。因此，在只卖梳子的物质利益时，销量只有1把。

第二个推销员去了一座较大的山庙卖了10把。是因为他见这座庙山高风大，前来烧香叩头的香客头发被风吹得乱七八糟。因此他灵机一动找到方丈说："你看进香朝拜者蓬头散发，这是对佛的不敬。寺院应该在香案上摆着梳子，供虔诚的人梳头。"方丈一听觉得在理，于是为10个庙门的香案买了10把梳子。

本书认为，他在卖什么？是卖梳头发，还是敬佛？敬佛是情感利益，而梳头发则是物质利益，故物质利益和情感利益各占50%，此时销量是10把。10把是因为此庙正巧有10个门，但也是单纯卖物质利益的10倍。

第三个推销员他找到一座遐迩闻名香火很旺盛的宝刹对方丈说："这么多心诚的朝拜者，购票、买香还买纪念品，是寺院的财神。若方丈对这些善男信女有所馈赠，定能温暖人心，招来更多的回头客。再说方丈的书法超群，可在梳子上题写'积善梳'三个字，让人们带着题字梳将佛教的真善美广传天下。"

本书认为，该销售人员为啥能找到此香火很旺的寺院？是命好还是选择的结果？他怎么知道该方丈书法超群？真的是超群吗？其实超群是个中性词，但给人的感觉却是赞美。通过中性词带给对方快乐的心情，就是科学的赞美。于是第一次就卖出去了1000把。是单纯卖物质利益的1000倍。这恰恰验证了式（3-13）即基于品牌信用度的新增长。

方丈听后大喜，当即买梳1000把，并同该推销员一起向香客赠梳。宝刹向香客赠梳施善之事不胫而走，吸引着朝圣者纷至沓来，宝刹香火越来越旺，方丈乐开了怀，又找到该推销员续签合同，并保证今后让他源源不断地供梳。

本书认为，你认为方丈究竟为何大喜？笔者认为是因为此销售员说方丈的"书法超群"。方丈究竟为何乐开了怀呢？是因为香客越来越多，知道他"超群"书法的人数也越来越多。这是典型的边际递增的欲望类的情感利益，销量也就实现了源源不断也即持久增值，也是基于欲望的经济增长之实例。

第三个推销员为何会让方丈源源不断地即持久地购买梳子？是因为他给顾客即方丈带了持久的乐点。此乐点就是既满足了香客期盼保佑的欲望，而方丈书法又得以弘扬的"积善梳"。这恰恰是品牌经济学所坚持的按乐分配法则的体现。故一切基于物质利益的快乐，都因其边际递减而难以持久下去。想想看，再好的美景，你能连续去看几次？再好的美食，你又能连续吃几顿？只有美好的欲望，才能因为边际递增而持久。

英国维珍（Virgin）品牌的创始人理查德·布兰森，是全世界最引人注目的"嬉皮士资本家"：虽置身于名流社会，却一头披肩长发，终日休闲打扮，玩世不恭。这一切使他更像摇滚明星，而不是一个商业世界"穿着西装的绅士"。这样一位"嬉皮士资本家"，一手创建了"维珍"品牌，并让此品牌在英国深入人心，其认知度达到了"骇人听闻"的96%。该品牌质高价廉且时刻引领时尚潮流，始终受到年轻一代的狂热追随。从1970

年以来，维珍集团成为英国最大的私有企业，旗下拥有 200 多家大小公司，涉及航空、金融、铁路、唱片、婚纱直至避孕套，俨然半个国民生产部门，这属于典型的基于品牌授权而实现的范围经济。

布兰森说：若有谁愿意的话，他可这样度过一生：喝着"维珍可乐"长大，到"维珍唱片大卖场"买"维珍电台"上放过的唱片，去"维珍院线"看电影，通过 virgin. net 交上一个女朋友，和她坐"维珍航空公司"的班机去度假，享受"维珍假日"无微不至的服务，然后由"维珍新娘"安排一场盛大的婚礼，幸福地消费大量"维珍避孕套"，直到最后拿着"维珍养老保险"进坟墓。当然，若还不够幸福的话，维珍还提供了大量的伏特加以供选择。为何 Virgin 能获得目标顾客的终身价值呢？是因为布兰森将嬉皮士文化，贯穿于所有产品或服务中。

8.6　终端建设稳定性的设计流程

在具体设计终端建设的稳定性时，关键点是从终点目标顾客的购买地点的测定开始。包括以下 6 个步骤，如表 8.21 所示。

表 8.21　　　　　　　　　　　　终端建设稳定性设计流程

指标	步骤	核心内容	编号
B_6 终端建设稳定性	第一步	测定终点目标顾客常在何处选购	B_{6-1}
	第二步	测定各种终端形态的稳定性	B_{6-2}
	第三步	制定自控终端建设规划	B_{6-3}
	第四步	自控终端建设终点顾客数据库	B_{6-4}
	第五步	与顾客的顾客进行快乐沟通	B_{6-5}
	第六步	建设品牌型二维码	B_{6-6}

资料来源：笔者自行绘制。

第一步：测定终点目标顾客常在何处选购（B_{6-1}）

目标顾客一旦产生对某产品或服务的购买动机后，接着思考的就是到哪儿购买，也即终端形态及其哪个终端，基本包括实体店和网络店。例如，若是要购买家具类产品，目标顾客不会选择到超市，而会选择到所居住城市的家具市场。若是购买轿车，选定了拟购轿车商标后，则会先上网查在该车在本市的 4S 店。若是购买日用品，则会到所在小区附近的连锁超市。作为配套类产品，如何进行终端建设？为此，看一个鞋带企业的实例。

案例 8.14 鞋带企业为何开专柜 (节选)①

"欢迎体验我们的产品。"作为安全鞋带生产企业,速乐客运动用品公司可谓是鞋市场中的"隐形"企业。它的首家形象店于晋江万达广场开业,开业首日,新颖的鞋带产品就吸引了大量顾客驻足购买。"在鞋带生产领域,我们是全国首家进驻商场的企业",速乐客公司董事长许金井说,速乐客进驻商场渠道这一举动,在鞋带生产企业中开了先河。

在速乐客首家形象店中,"防松安全鞋带"成为该店当中唯一的产品。另外,商超渠道费对于进驻企业的利润压迫非常高,支撑速乐客进驻商超渠道的却也正是鞋带产品的高价:每双"防松安全鞋带"售价23元。运动伤害随处可见。据统计,在每4个运动伤害者中就有1个是因为鞋带松脱。速乐客鞋带安全性明显提高,而安全鞋带的防松功能可有效避免运动摔伤,具有防松、防摔、防死结三大功能。

本书认为,这还是物质利益,缺乏情感利益,故依然无法获得品牌溢价。我们建议从儿童入手,举办儿童系鞋带比赛,面向父母图示儿童因鞋带松摔倒的危害。

第二步:测定各种终端形态的稳定性 (B_{6-2})

据行业属性,获得该行业的终端形态类型,对各种类型的终端稳定性进行分析。购物中心、连锁超市、专业市场、网络旗舰店的稳定性都是比较高的,而个体店、加盟店、网店、宾馆等的稳定性就很差。

资料 8.5 网店"信誉度积分"有猫腻勿轻信 (节选)②

随着网络购物日益受到青睐,省城济南不少商家也在网上开了店。开网店信誉很重要,不过,一些网店的信誉额度却并不完全货真价实。近日,数条帮助网店提高信誉的广告就出现在多个国内大型网站的论坛上。据了解,在淘宝、拍拍等国内知名购物网站上,商家每顺利完成一笔交易,其信誉额度就会获得一个积分。交易越多信誉得分就越高,消费者也就越信任它。相反,若商家交易少,信誉额度得分低,就很难引起消费者的关注。

本书认为,即使你拿到商品后,发现上当了,这笔交易也会给该网店增加信誉!即这种制度设计的本身就有问题。

取得高额度的信誉本需商家坚持不懈地诚信经营。可从一些网站发布的广告中发现,这一过程已变得异常简单。"只要商家肯花钱,就可把网店的信誉额度无限提高。"

本书认为,这种以交易次数论信誉本身就没信誉。通过虚假交易次数,就能增加信誉,就是这种信誉制度导致的。这些提供"刷信誉"的人员,不过是应运而生。本书认为,提供网店经营业务的平台网站,应该建立顾客投诉机制。顾客受到网店欺骗后,应该直接投诉到该网店所在的平台网站。由该平台网站据顾客对每个网店的投诉,进行信用评级。对没达到信用评级的网店,应该采取类似超市下架的措施,立即关闭该网店。

---

① 张云后. 鞋带企业进商场 [N]. 东南网—晋江经济报, 2012 – 10 – 30.
② 吴晓晨. 网店"信誉度积分"有猫腻勿轻信 [N]. 山东法制报, 2009 – 02 – 11.

第 8 章 品牌信用指标的设计流程

"为了增强可信度，我们可用几十个账号假冒多名消费者与商家交易。"广告发布者将这种做法称为"刷信誉"。"刷"不同额度的信誉，需要的费用也不等。记者在广告发布者处获取的"刷信誉"价目表上看到，代刷网店信誉分为多种套餐，收费标准据信用等级的变化，冲一个点的信用一般价格在 0.5 ~ 1 元左右。比如，虚拟冲"一钻"（250 点以上信用，即正常情况下需完成 250 宗以上的交易才能获得）需 120 元；虚拟冲"五钻"（5000 点信用）需要 2000 元；要冲到更贵的皇冠信用（1 万点），则需要付出 3900 元。

本书认为，这就隐含着这样一种可能，即可信度降低了，网店关闭了，网店所有者可重新再开一家网店。尽管这些"信誉"是刷出来的，但却从反面表明信誉的重要性。在全国有 600 家分店且只做水饺的喜德家，制作水饺的操作间是透明的，这与案例 2.2 中的亨氏酱菜采取的透明策略是一样的。

关于辨别信誉额度真伪的办法，"刷信誉"伪造的交易一般频率比较密集，一个小时就能做好几次交易，这在现实中几乎不可能。网店购物，还是小心为妙。

2021 年 9 月，针对此前的封号行动，亚马逊全球副总裁、亚马逊全球开店亚太区执行总裁戴竫斐透露，据亚马逊的统计，此次封号行动中，总共关闭约 600 个中国品牌、3000 个账号，其中包括了一些大型卖家。这些卖家多次反复滥用评论功能，而亚马逊也曾对这些卖家多次警告，最终决定终止与这些卖家的合作。

第三步：制订自控终端建设规划（B_{6-3}）

厂家追求的是市场占有率，而代理商追求的是进出差价也即销售毛利率。但随着销量的增加，代理毛利率比将下降。当下降到一定程度时，代理的价值也就降低了，从而出现代理商重新选择代理其他厂家的选择。为直观理解，可做以下模拟：实行区域总代理制，假设资金周转率是 10 次。

第一年的销售额是 100 万，毛利 40 万元，毛利率是 40%，占用资金 10 万元；第二年的销售额是 500 万元，毛利 150 万元，毛利率是 30%，占用资金 50 万元；第三年的销售额是 1000 万元，毛利 200 万元，毛利率是 20%，占用资金 100 万元；第四年的销售额是 5000 万元，毛利 500 万元，毛利率是 10%，占用资金 500 万元。

厂家的销售额在增加，市场占有率也在提高，区域总代理的毛利总额也在增加。但毛利率却在下降，而所投入的资金也在成倍地增加。到了第四年，该区域总代理可有一个替代选择：用所投入的 500 万元，可代理 50 个其他的新厂家，每个占用资金 10 万元，周转 10 次，每个销售额 100 万元，毛利 40 万元，总毛利就是 $50 \times 40 = 2000$ 万元。

这就是为何在实行区域代理制的企业中，会发现各地的区域总代理那里，总是有很多其他厂家的产品，同时，代理商仍在不停地更换所代理的厂家。因为代理商的选择标准是进出差价也即毛利率。故进行自控终端建设的厂商，必定要对终点目标顾客进行详尽地研究，以满足其渴望的需求，从而作出降低目标顾客选择成本的利益承诺。

柯特勒认为[1]，日本企业在拓展外国市场时，因缺乏国外市场分销的实践经验，所以

---

[1] 菲利普. 柯特勒，等. 新竞争 [M]. 北京：中国商业出版社，1988.

会在很大程度上依靠外国中间商分销他们的产品。许多日本公司先是单纯向外国中间商出售产品，并不涉及国外市场的经营事务。但日本人很快发现了这一做法的缺陷：完全依赖外国中间商使他们没能力控制和经营自己的销售业务；而一旦市场份额增加到一定程度，这一业务的重要性就变得十分突出了。若一家公司在国外市场上没自己的营销组织和分销网，它的长期战略和政策也就难以得到完整的实施，从而也达不到它们最终的市场目标。故日本人在进入外国市场后很快就开始着手建立自己的海外销售子公司。通过直接控制当地的市场那个营销业务，他们取得了管理经验，亦加强了他们在国际市场的营销能力。

在国内更是如此。松下公司曾在日本建立了2.2万家松下电器专卖店，索尼则建立了1.7万家专卖店，而丰田公司则是建成了覆盖日本城市的街区汽车销售事务所。

根据企业资源实力，可将企业市场分为大本营、据地、运动区、游击区。大本营是市场占有率必须达到60%的区域；据地则是市场占有率在40%～50%的区域；运动区则是市场占有率在20%～40%的区域；游击区则是不做力量投入，有商家合作就做，无商家合作也不主动开发。这四类区域是年度递增的。这样拓展几年，就可逐步稳妥地将区域市场发展起来。

案例8.15 一个区域代理商的平衡术[①]

庞树信是唐山市农友农资连锁总店总经理。在他眼里，县市级代理商与厂家的合作中，实力悬殊，不能抗衡，但可平衡，在这方面他有一套。

数量的平衡。"现在最困难的就是县级代理商。厂家向我们要现款，不打款不发货；而终端网点的零售商要求不但赊账，还得送货上门。"庞树信谈起县级代理商的处境，一语中的。不过针对一线复合肥厂家的日渐强势，庞树信有自己的对策。一个知名复合肥厂家与他的较量，让他悟出了平衡的策略。第一年代理时，庞树信承诺卖500吨，最后卖了660吨；第二年定了800吨的任务，他还能接受，毕竟厂家的增长幅度也是30%，结果第二年卖了900多吨；第三年的任务厂家直接定到了1500吨。

本书认为，厂家追求的是市场占有率，而商家追求的却是毛利率。两者存在相反的关系，从而为厂商双方的合作埋下了隐患。

当时厂家业务员拿着促销的挂历说："合同不签，挂历都不会给你。"庞树信很受伤，感觉必须控制单一品牌的销量，多品牌平衡，才不会被单一厂家控制。

本书认为，这就是赤裸裸交易的结果。据顾客利益＝物质利益＋情感利益，厂家业务员与商家关系属于典型的物质利益。

控制单一品牌的销量，成为庞树信经营的原则。"我手头上的一线复合肥品牌就有三四个，他们每个厂家都想让我多卖一些货，我就是不多卖。每年一个品牌五六百吨，舍弃我吧，他们舍不得；不舍弃吧，又不上量。"他谈起自己的平衡术就是一脸的笑。他直截了当地说出了厂家求销量的心理："厂家的业务经理和大区经理身上都背着销量任务，你今年卖1万吨，他明年要你卖1.5万吨，后年让你卖2万吨。代理商的担子一年比一年

---

① 王旭波. 一个区域代理商的平衡术［J］. 中国农资，2012（2）：8.

重，而区域竞争这么激烈，每个县里都有一批县级代理商，这么大的市场你能独吞得了？还是能垄断得了？"同时，他的平衡术有自己的苦衷。"对于我们县市级代理商而言，真是有苦难言啊。你做起来一个高端品牌需要几年时间，推广会、观摩会搞了无数，但一旦厂家把代理权拿走，你几年的辛苦就白费了。"庞树信的担心，是每一个代理商心中的担忧，毕竟品牌不是自己的，无法传承。

本书认为，正是厂商双方重复博弈，教会了庞树信采取相应的对策。"你做起来一个高端品牌需要几年时间"，其实这是厂商的错位。从图 4.1 即目标顾客链模型来看，厂家应负责品牌建设，商家应负责渠道建设。凡是替厂家进行品牌建设的代理商，最后必定都是为他人作嫁衣。就像加多宝一样：开始租赁的是法律属性的商标王老吉，租赁期结束还回去的是资本属性的品牌王老吉。根据我们测算[①]，租赁初期的 B_c（王老吉）= 0.30，而租赁期结束时的 B_c（王老吉）= 0.70。根据此测算，租赁开始时王老吉的品牌资产价值为 2000 多万元，而在租赁期结束时高达 840 多亿元。

心理的平衡。庞树信虽有平衡术，但还是有很多困惑，比如，法律纠纷问题。一线品牌总是在合同上标明，如遇纠纷，需到厂方所在地相关部门解决。虽然是长期的合作，双方已非常熟悉了，但每次看到这行字心里就不舒服。庞树信就是不服气，凭什么有了问题去厂方所在地解决？可是想到一线品牌质量稳定，产品放心，心理也就平衡了。

本书认为，这种不平等反映的是品牌的力量。平等的本质，是实力的反映。庞树信要是有个面积足够大的种植合作社，他就有能力改变这种情况。

另外就是厂方突然的人事调整或者更替问题。本来随着与厂家合作的深入，和业务经理的友谊也越来越深厚，而厂家的人事调整往往会给合作带来麻烦。本来业务经理干得好好的，非得调整到另外一个区域，结果来了一个以前不认识的人，沟通起来不舒服，合作就很不愉快。庞树信没其他办法，感情好就多卖几车，感情一般就少卖几车。

本书认为，厂家为何要进行区域经理的轮换制度？就是怕和代理商熟了，不忍下手！也即惰性产生。"感情好就多卖几车，感情一般就少卖几车。"这句话强调的是情感利益。

第四步：自控终端建设终点顾客数据库（B_{6-4}）

若以中间商代理为主要销售方式，厂家对终端是没控制力度的。自己的产品或服务被谁买去了，何时买去的，为何买去的，去年有哪些顾客购买的，今年有多少老顾客流失了，为何流失了，又增加了哪些新顾客，为何增加了，诸多信息，厂家一概不知。若厂家不掌握这些信息，还在那里说自己多么为顾客着想，都是虚假的。

重点顾客数据库的具体结构的设计和运用，需要聘请专门的信息技术公司或内部专职技术人员专门设计，并无统一的格式。到 2019 年 6 月末，谭木匠的特许经营加盟店达 1223 家，沈阳机床也已建立了 37 家 4S 店。若能以每个专卖店或 4S 店为单元建设终点顾

[①] 孙曰瑶，赵冬. 商标租赁期权合约的广义虚拟价值测算研究——以王老吉为例 [J]. 广义虚拟经济，2018（1）：44 - 52.

客数据库，并通过顾客数据库进行挖掘，必将会发现这是一个巨大的金矿。

哈雷摩托是如何建设顾客数据库的呢？当你购买了一辆哈雷摩托时，哈雷专卖店的销售顾问会交给你两样东西：一样是车钥匙，另一样是哈雷车主会的会员卡。此会员卡不仅是身份的象征，更是沟通的工具。

现实中的各种会员卡成了打折卡，若不把会员卡变成企业终点顾客数据库的建设工具，并成为企业为这些终点顾客提供个性化服务与沟通的桥梁，一切承诺都是不可验证的。

曼谷的东方饭店，可直观深刻地理解顾客数据库及其挖掘价值。东方饭店之所以成为世界最好的酒店，是因为其品牌定位是：只接待商务散客，不接待旅游团队。因为旅游团队没重复入住的可能。泰国曼谷作为旅游目的地，每年有大量的国外游客，这些组团游客极少会重复来旅游。东方饭店的那些记住顾客行为的所有细节，都建立在一个前提下，就是顾客必须是重复入住，且接受得起房间定价。这样一来，整个问题就转为：在房价一定的条件下，如何提高重复入住率了。对此，东方饭店的策略就是锁定目标顾客，不接待组团游客，只接待商务散客。

能在曼谷开设分支机构或开展商务活动的公司，也一定注重住宿的档次，从而能接受得起东方饭店的定价。而商务散客最大特点是具有重复入住，因为要经常来处理商务活动。同时，商务散客对获得尊重尤其敏感。正是基于对商务散客的精确定位，才使东方饭店摆脱了价格战，采取了记住顾客、记录顾客、生日贺卡等一系列个性化服务。而这一切，都是基于顾客数据库的建设。

泰国曼谷的东方饭店连续被世界旅游组织评为世界最佳饭店。该饭店重复入住率是70%以上，需要提前一个月预订。其房价高于曼谷其他五星级酒店。东方饭店之所以成功，前提是该饭店的目标顾客定位极为精确，只接待商务散客，绝对不接待旅游团队。

第五步：与顾客的顾客进行快乐沟通（B_{6-5}）

所谓顾客的顾客，就是直接购买的顾客，他们更关心自己的顾客。故就需要通过与他们的顾客的快乐沟通，来赢得直接顾客的选择。

汽车销售吉尼斯纪录保持者是美国的杰拉德，在他打破纪录时，他已销售出去了13001辆汽车。每个月，杰拉德都会给从他这买了车的顾客邮寄一张贺卡，依据当月的节日进行问候，并总是写明"I LIKE YOU"。对杰拉德而言，直接顾客是那些预买车的潜在顾客，而这些潜在顾客在准备选购轿车时，首先要向自己身边已买过车的亲朋好友打听，到哪儿买比较好，这些亲朋好友就构成了顾客的顾客。杰拉德的每个老顾客每年都会得到杰拉德的12张贺卡。某个顾客的亲朋好友向其询问到何处买车时，该顾客不推荐到杰拉德这里，还能推荐到哪儿呢？

第六步：建设品牌型二维码（B_{6-6}）

二维码是智能手机时代，顾客与企业联系和交流的"终端"。越来越多人们通过手机扫二维码来了解想要知道的信息。中小企业进驻传统的零售终端的成本很高，现在，通过"二维码＋网店＋快递公司"，自己就可成为终端，从而降低中间成本。中小企业规模小，

第8章 品牌信用指标的设计流程

资金不足，人才不足，如何进行品牌建设呢？

困难一：终端难进，自建网站，可效果呢？很多企业为了克服超市、门店的高费用，都建立了自己的网站，试图通过自己的网站，进行宣传和销售。但实际效果却很差，不仅成交率低得可怜，而且来登录的人也很少。可为何会这样？本书认为是企业把商务电子和电子商务搞混了。商务电子把线下交易搬到线上完成，满足的是需求。而电子商务则是基于数据算法来进行品类组合数据分析，想顾客所没想到的，并把顾客没想到但可能需要的商品信息推送给顾客，从而化解顾客焦虑，此关联商品的推送，满足的是顾客欲望。由此可见，顾客通过网络搜索，有两种可能：一是直接搜索商标名，二是搜索产品名。若是直接搜索商品名称，会出来很多同类，从中进行多次搜索，才有可能找到自己想要的东西，科斯称之的"交易费用"很高。若直接输入商标名称，搜索就简单多了。故在网络时代，不是品牌不重要了，而是更重要了。直接提高了搜索与选择的效率。

困难二：缺乏亮度，自然销售，可价格呢？广告确实能提高商标知名度，但对中小企业而言，广告投入是难以承担的。在这种情况下，多数企业产品每年也都能卖出去，也即自然销售，问题是价格随行就市。原因是缺乏品牌支撑。

困难三：缺乏人才，作坊思维，可专业呢？中小企业最大的约束，是不可能组建所需要人才的团队，从而形成了凡事自己做的作坊思维。问题是要提高效率，前提就是专业化。

面对这三个困难，如何办？在移动互联网时代，按品牌经济学的观点，可采取的策略是"产品＋二维码"策略，也即在产品上贴上二维码。面粉等包装类产品可在外包装袋上，苹果等水果可直接在水果表面贴上二维码。

问题是随着二维码的普及，面临着众多的二维码，消费者为何要用手机扫你的二维码？即请给我一个扫你家二维码的理由！

这就是品牌型二维码要解决的问题，就是给目标顾客一个不假思索扫码的乐点。按现行电子商务策略，在通过网站进行市场推广时，要解决四个问题：一是把商务电子与电子商务区分开，通过商务电子来获得登录顾客的信息，从而扩展电子商务。二是为此就要吸引尽可能多的人来登录，提高本网站知名度，这又进入广告模式。三是通过网站优化，来获得搜索引擎抓取。四是向搜索引擎公司缴费，尽可能地向前排名。

故实体电商化过程中，企业需要始终围绕终点顾客，思考一个核心问题，就是如何确保网站被搜索引擎高频抓住，否则，自己的网站就成了孤岛。

互联网的本质是交流，最可怕的问题就是无人登录，也即孤岛化。那么，如何确保搜索引擎高频访问企业的网站呢？这就需要品牌经理掌握网站优化的专业技术。

资料8.6 辽宁沈阳农产品年底前不贴二维码将禁止出售（节选）①

辽宁沈阳建农产品监管平台，市民将吃得放心、吃得明白。你知道在市场上购买的蔬菜等农产品来自哪里吗？生产者是谁？施用了哪些农药化肥？是否经过检测合格？这些内

---

① 谢扬. 辽宁沈阳农产品年底前不贴二维码将禁止出售 [EB/OL]. 东北新闻网，2013 – 05 – 14.

容，都可在沈阳 2013 年将建成的农产品监管网络平台上查询到，并可进行投诉举报。2013 年底，沈阳所有农产品都将贴上二维码。二维码上面将显示上述信息，没二维码的农产品不得销售。目前试点单位是绿色食品企业、大型超市、批发市场。

本书认为，由上可见，目前在我国二维码应用，还主要处于质量管理阶段，尚未进入品牌阶段。因为质量管理，是政府的职责。而品牌建设，则是企业的职责。按传统的品牌建设，尤其是电子商务领域，要完成以上工作，可能是很多中小企业自己无法完成的。因为这些都涉及更专业的知识了，而且需要动态完善。是否有直指人心的方法呢？为此，我们看案例 8.16。该案例的图片，读者可通过网络搜索观看，在此仅显示其文字内容。

案例 8.16 "维多利亚"内衣"诱惑"二维码[①]

著名内衣品牌"维多利亚"做了一个很有范儿的户外广告，在模特前胸盖上二维码，广告文案更是赤裸裸地充满诱惑"Reveal Lily's secret"（Lily 的真实秘密），让你急不可待地拿起手机拍摄二维码，原来二维码的后面是维多利亚的秘密内衣，真的如广告语所说的那样，"比肌肤更性感"。

本书认为，企业进行品牌型二维码建设的核心，是如何通过提高扫码率，来提高成交率。所谓扫码率，就是 100 个看到您的二维码的人，有多少人能用手机扫描？所谓成交率，就是 100 个扫码进入的顾客，有多少人实际购买了产品。

扫码率是条件，成交率是目的。为此，本书提出来了品牌型二维码建设的 4 个指标。

指标一：接触度，如何让更多的目标顾客看到。可采取四个策略：一是随着产品走，在产品的包装、产品本身印制或贴二维码，让自然购买的顾客及其亲朋随时可见。二是随着名片走，公司个人名片上印制二维码。三是随着材料走，公司的各种宣传材料上印制二维码。四是随着微信走，本公司个人发送微信时，设计带有二维码的模板。

指标二：快乐度，如何使潜在顾客看到二维码时，能产生快乐的心情。可采取三个策略：一是背板的萌态表情，可爱＋可怜＝萌。二维码可放置在具有表情化的背板上，在人情越来越冷淡的时代，萌的表情可给人带来点童年的回忆，触景生情地产生快乐。二是获奖的促销设计，即扫码大奖的文字提示，类似 2 元可得 500 万元的中奖效应。三是性感的魅力设计，性感不是色情产生的诱惑。

指标三：信任度，如何降低顾客担心病毒或陷阱的考虑。看到并产生兴趣的潜在顾客，如何克服最后一道防线，即二维码陷阱？策略是引入第三方认证。目前，提供二维码服务的公司很多，良莠不齐，其中就有进行恶意行为，目的不是给企业提供市场服务，而是通过内置软件，获取扫码人的信息，甚至传播病毒。

只有提供二维码展示平台的公司，才不会内置陷阱。当某些提供二维码服务的企业，提出免费或低价格给你服务时，你要小心了！因为不排除他们以出售你的信息为收益来源！

---

① 刘东明．"维多利亚"内衣"诱惑"二维码［EB/OL］. 艾瑞网，www. iresearch. cn, 2012 – 07 – 23.

指标四：重复率，如何吸引一个顾客乐此不疲的多次扫码？可采取三个策略：一是保持二维码背板表情的稳定性，增强熟悉感觉。二是不断增加价外奖励的新颖性。除了逢年过节，不建议采取直接的价格促销，因为便宜没好货，可采取赠品或者买一送几策略。三是主动问候和产品用法的温暖性。即通过短信或微信，或是建立微信群，问候老顾客，经常介绍产品新用法。

8.7　品类需求敏感性的设计流程

那么，如何获得目标顾客敏感性高的单一利益点呢？这就需要有正确的设计流程（见表 8.22），也即过程决定结果。

表 8.22　品类需求敏感性设计流程

指标	步骤	核心内容	编号
B_7 品类需求敏感性	第一步	绘制拟设计产品或服务的物质利益	B_{7-1}
	第二步	设计顾客界面与衍生空间，测试如何让顾客一见钟情	B_{7-2}
	第三步	选定地区目标顾客界面和衍生利益敏感测试	B_{7-3}
	第四步	新地区目标顾客的品类需求敏感度测试	B_{7-4}
	第五步	促销主题与广告主语的测定	B_{7-5}

资料来源：笔者自行绘制。

第一步：绘制拟设计产品或服务的物质利益（B_{7-1}）

将拟设计产品或服务的功能性物质利益进行判定。例如，服装的物质利益就是遮体和保暖，食品的物质利益就是吃饱和营养，轿车的物质利益是驾驶，卡车的物质利益是运输，微处理器的物质利益就是存储与计算。

同类产品或服务，其物质利益都是同质的，尤其是在技术原理一样的条件下，充分竞争的结果必定是导致产品或服务物质利益达到同质性。对此，尹同跃早在 2012 年就说[①]：上次去日本，他们开了个尼桑的"世纪"，好像觉得很牛。他们给我讲车子，说此车子很贵的，是 100 多万元，雨刮是自动的，大雨就快刮，小雨就慢刮，灯怎么样自动就亮了、自动就关了。然后他问，国内没吧？我说国内 5 万块钱的都有，我说这些现在都可做的，过去觉得此电子的东西很复杂，很神秘，现在这些根本不神秘。

你现在看到的豪华车，用的技术反而还很落后，包括我们看到的法拉利、玛莎拉蒂，这些车子，用的还是 AMG 那种结构，它们用不起这些大量新的技术。若过去好多传感器，若 ABS、ESP，豪华车过去发明一个功能要经过好多年。现在一个 ESP 把过去所有功能全

[①]　贾可，刘宝华．尹同跃谈奇瑞品牌［J］．汽车商业评论，2010（7）．

部接纳进去，而且这些功能马上所有的车都可用。现在的技术发展在加速，过去的安全气囊，早期如沃尔沃第一个用了安全带，所以 Logo 就加了一个安全带。现在哪一个车子不装安全带？都已成了法规了。如安全气囊。现在我们 G6 有 10 个安全气囊，过去说帘式的安全气囊是不是挺高档的？现在哪一个车子不是帘式的呢？

现在技术已分不出高端和低端产品，分不出大车和小车的差距。因为现在所有供应商都打破脑袋找主机厂。我去德国供应商那里，他绝对不会让我看现在的东西，因为现在的东西对我们来说毫无意义，都是给我看 5 年后、10 年后的东西。我看完以后说，你们这么干有前途吗？花了很多钱，干一个很低端的东西。现在随着网络技术的扩散，人员在全球之间流动，技术在全球之间流动，市场在全球之间流动，做汽车已很容易了。

而作为最大的电商代运营商的宝尊创始人，仇文彬在 2023 年 7 月 14 日，在接受采访时说：这 10 年我可很自豪地讲，没有一个系统可超过宝尊。但从今天来看，大部分都有此系统，原来的人无我有的状态结束了。从尹同跃认为汽车技术的同质化，到仇文彬指出电商技术的同质化，表达的是同一个规律：随着竞争的展开，技术红利必将迅速消散。即使曾经的日本诸多家电巨头们，也纷纷从中国市场退出了，原因也是其技术红利消散了，而唯一不变的是企业的注册商标。

因此，通过图 1.5 的品牌物质—情感矩阵，发现单一利益点是由物质利益和情感利益两个面以不同的比例组成的。但随着技术红利的消散，行业进入供大于求的过剩阶段，能获得目标顾客选择的是其高度敏感的情感利益也即边际递增的欲望。

第二步：设计顾客界面与衍生空间，测试如何让顾客一见钟情（B_{7-2}）

所谓顾客界面，是指目标顾客与产品或服务的感官体验。任何产品或服务，顾客开始接触时都是从界面认知开始的，故界面设计的最优标准就是让顾客一见钟情，从而乐在其中，并由此降低对价格的敏感性，进而使厂商获得定价权。对此，尤其值得关注的是"kidult"（长不大的成年人）现象。

所谓衍生空间，是指实体产品的配置增减、更新，或文化产品的改编、授权等。

资料 8.7 "超乎预期"[①]

20 世纪 90 年代初，两位日本研究者做过一个实验：他们研究了形形色色的自动提款机控制面板的外观布局设计，自动提款机能提供 24 小时的便捷银行服务。所有的自动提款机都有类似的功能，同时还有相同数量的按键，以及同样的操作程序。但其中一些的键盘和屏幕设计很吸引人，另外一些则不然。让人惊奇的是，那些拥有迷人外表的自动提款机使用起来更加顺手。后来，有位以色列科学家在以色列更严格地重复了该实验，结果是"超乎预期"验证了两个日本人的实验。

本书认为，顾客利益模型同样适用于取款机，即顾客取款的利益＝顺利取款（物质利益）＋开心（迷人外表）。但迷人的外部存在审美疲劳，故需要不断更新。对此，招商银

---

① 唐纳德·A. 诺曼. 情感设计［M］. 北京：中信出版社，2012：4.

行借记卡种类可谓丰富多样，各式卡面缤纷炫酷。最早可追溯到 1995 年 7 月，招商银行划时代地推出借记卡"一卡通"，方便、灵活，实现了从存折到卡片的跨越。2003 年 6 月，招商银行紧跟年轻人独立个性、紧跟潮流的特征，特别研发了集"4 大功能 +3 大免费 +3 剑客"于一体的 M + 卡，开启卡面新玩法。截至 2021 年 8 月，全国已有超过 1 亿人持有招商银行借记卡，以"宝可梦卡"为代表的 IP 联名卡，以"江南百景图卡"为代表的游戏联名卡和以"哔哩哔哩花嫁联名卡"为代表的互联网头部企业联名卡，已成为年轻人申请借记卡的首选款。

资料 8.8　流行文化之"kidult"风潮（节选）[①]

"kidult"，长不大的成年人。"追看动画片《灌篮高手》时，我 24 岁，在读研究生，我的很多朋友都已工作，但他们跟我一样疯狂地迷恋此片子，有的跟着电视播放看了两三遍，还有的买了碟片收藏。当时这样的行为还遭到某些人的嘲笑，后来随着《蜡笔小新》《樱桃小丸子》等动漫的风靡，成人动画的概念越来越流行，成年人喜欢动漫也就不足为奇了"，小 B 说。她认为 20 世纪 70 年代出生的人在青年期经历了动漫转型的洗礼，使得他们或多或少地带着"孩童化"倾向，而 80 年代出生的一代，几乎从小就受到动漫深刻的影响，是真正的"卡通一代"。

本书认为，为何"kidult"经久不衰？是因为在潜意识里，留下了美好童年的印记。童年为何是美好的？因为不愁吃不愁穿，得到了亲人的照顾。故"kidult"构成了边际递增的情感欲望。

"卡通一代"：自小以卡通片为主要精神食粮而长大的一代人。现今，他们大都已成为 21 世纪的一代青年，但在心理和行为上依然带有幼稚化的特质，多少也与他们成长期的卡通背景有关。事实上这批人即使成家立业后仍然是卡通文化的消费者，因此也可称为永远的"卡通一代"。

广义的"卡通一代"基本上与国外流行的"kidult"概念相仿，很多正是 NO 一代。他们过着"三不"（不婚、不生、不立）生活，服饰举止都带着"卡通"倾向。现在喜爱动漫的人群平均年龄正在增大，根据上海炫动卡通频道的收视调查，原先 7 ~ 14 岁是卡通的主要收视群体，如今 15 ~ 34 岁的群体正在成为主导，其中 25 岁以上的观众也占有不小的比例。"卡通一代"是动漫产品消费的主力军，资深一点的动漫迷平均每月花费在动漫上的钱不下百元，若算上衍生产品，那就更加惊人。

"我儿子 27 岁了，每天下班回来吃完饭，就蜷缩在电脑前打游戏。刚开始，我想他工作也蛮辛苦的，回来玩玩就玩玩吧。可是后来，我看他除了游戏，什么事都懒得干，且玩到深更半夜，要影响身体健康的呀。我就让他少打打游戏，他不听我的，关起门来自顾自打。现在他有女朋友了，我想这下好了，他有其他事情可做了。谁知道，那个女的也喜欢打游戏，双休日两个人也不出门，就窝在家里打电脑游戏。人么，还是像小孩一样，婚么，也不想结，这可怎么办啊！"赵妈妈说起儿子，满心焦急。她实在弄不懂那些电脑里

[①]　钱亦蕉. 流行文化之"kidult"风潮［EB/OL］. 新华网湖北频道，2005 – 08 – 12.

的假的东西，有什么吸引力，就让儿子无法抗拒、深陷其中呢？

本书认为，赵妈妈"实在弄不懂那些电脑里的假的东西，有什么吸引力，就让儿子无法抗拒、深陷其中呢"？赵妈妈的儿子之所以深陷虚拟世界，是因为她儿子的情感利益在现实世界里得不到满足。根据顾客利益＝物质利益＋情感利益，虚拟世界里的物质利益不是主要的，还能深陷其中，唯一的解释就是情感利益。为此，可进行理性分析：

$$顾客利益（现实世界）＝现实世界的物质利益＋现实世界的情感利益$$
$$顾客利益（虚拟世界）＝虚拟世界的物质利益＋虚拟世界的情感利益$$
$$顾客利益差值＝（现实世界物质利益－虚拟世界物质利益）＋$$
$$（现实世界情感利益－虚拟世界情感利益）$$

虚拟世界尤其是网络游戏，本身存在着经济收益，也即物质利益。若一个玩家在现实世界里的工作收入，低于其网络游戏的收益，现实世界物质利益－虚拟世界物质利益＜0；而相比网络游戏的娱乐性，现实世界的工作等显然不具备吸引力，也即现实世界情感利益－虚拟世界情感利益＜0。于是顾客利益差值＜0，赵妈妈儿子当然选择深陷虚拟世界了。

第三步：选定地区目标顾客界面和衍生利益敏感测试（B_{7-3}）

在基本利益基础上，拟定多个衍生利益也即品类，以选定地区的目标顾客为对象，通过实景体验，测试每个品类的敏感度。目标顾客对不同单一利益点的敏感度是不同的，就需要通过是实景体验测试，来测定最敏感的品类需求，品类需求敏感性体验式测试如表8.23所示。

表8.23　　　　　　　　　　品类需求敏感性体验式测试

序号	项目	1	2	3	4	5
品类承诺	界面乐点					
	物质利益					
	衍生利益					
实景体验	实景描述					
	体验方案					
	敏感测度					

资料来源：笔者自行绘制。

其中，品类描述，就是单一利益点的具体描述，需要特别强调的是，厂商通过商标对目标顾客作出的品类承诺，不是对产品或服务的基本利益承诺，而是在产品或服务基本利益基础上的衍生利益承诺。例如，假定甲、乙是相同的车型（发动机容积、车体尺寸等），我们可进一步揭示其承诺的区别。

$$甲车的单一利益点＝甲车的物质利益（车型）＋情感利益（权贵）$$

第8章 品牌信用指标的设计流程

乙车的单一利益点 = 乙车的物质利益（车型）+ 情感利益（成功）

技术上甲乙两车是能同质化的，即甲车物质利益（车型）= 乙车物质利益（车型）

则甲、乙两个商标的轿车的单一利益点的差别就是情感利益，也即甲车的单一利益点是"权贵"，乙车的单一利益点是"成功"。"权贵"是甲车对目标顾客作出的衍生利益承诺，也是甲车目标顾客最敏感的需求；"成功"则是乙车对目标顾客作出的衍生利益承诺，却未必是乙车最敏感的需求，因"成功"是一个模糊的概念，不同的人对成功的理解是不同的。

在现实中，甲车就是奔驰，乙车就是雷克萨斯。从物质属性来看，12缸的奔驰和12缸的雷卡萨斯，并无显著的区别。只是奔驰S600说自己是"世界元首用得最多的车"（早期广告语）、"领导时代，驾驭未来"（现在广告语），也即"权贵"。而雷克萨斯则一直不确定，只是在自己的车型结构上，将花冠定位于大学毕业也即人生第一辆车，将凯美瑞定位于核心家庭的成家用车，将皇冠定位于事业有成用车，将雷克萨斯定位于事业很成功的象征。但这只是其内部的自我承诺，却不是目标顾客最敏感的需求。因为取得了事业成功的人士，不仅具有强烈的统治欲，且更加关注未来，奔驰的"领导时代，驾驭未来"也就更符合这类目标顾客的需求。

所谓实景体验设计，就是让目标顾客通过实际情景的具体使用，而不是室内测试，以免陷入可口可乐1985年出现的盲测的条件陷阱。为此，需要详尽地描述目标顾客对拟测商标载体的产品或服务的实际使用场所或时间，并在此环境下进行实际测试。

所谓敏感测试，就是所提出的单一利益点或品类，能否成为目标顾客的生活、工作或情感所必需的程度。例如，欣和公司生产的甜面酱，其名称是"葱伴侣"，极好地结合了山东人大葱蘸酱的习惯，从而获得了山东人的选择。这很好地理解顾客对什么利益更敏感。通过以下实例，就可很好地理解什么是顾客衍生利益：购买保险获得意外赔付，是保户的基本利益。但保险公司催着保户检查身体，预防保户生病，则是保户更敏感的欲望！

案例8.17 奇怪的日本保险——保险公司催人体检（节选）[①]

日本的医疗保险机构与我们有所不同，不是你生病了自己去看，看了之后报销多少。他们是保险公司催着你检查身体，确诊生病之后会赶着你去看——这是以预防你生病为主的保险思路，预防付出高额的保费。

"去年，姐夫的父亲生病了，非常严重的心脏病，为此他赶回了东京。不到两周，姐夫就回到了工作岗位。姐夫告诉我，他的父亲有完全医疗保障，不仅是全额医疗，还包括病后护理和康复。原来，姐夫的父亲工作了三十七年，公司一直给上着保险。而日本的医疗保险机构与我们有所不同。他们是保险公司催着你检查身体，确诊生病之后会赶着你去看——这是以预防你生病为主的保险思路，预防付出高额的保费。我对姐夫开玩笑：'赶明儿我也上个你们国家的保险，等我老了女儿会比较省心。'姐姐嘿嘿笑着说：

---

① 张晓彤. 奇怪的日本保险——保险公司催人体检［N］. 北京青年报，2013 – 10 – 23.

'那边保险可贵哟，一点价也讲不得的。'"

本书认为，"那边保险可贵哟，一点价也讲不得的。"这句话表明日本保户在购买保险时，也知道保险价格贵，那为何还要购买？据保户利益＝物质利益＋情感利益，保险价格贵，意味着物质利益小，但还是选择了，就证明是因为情感利益。也即"等我老了女儿会比较省心"。

第四步：新地区目标顾客的品类需求敏感度测试（B_{7-4}）

在选定地区测定出来目标顾客最大敏感度的品类需求后，还需要在拟拓展的新地区进行验证，以测定所得最大敏感品类，在这些拟拓展地区的目标顾客中，敏感度是衰减还是增强，新地区品类需求敏感度测试如表 8.24 所示。例如，欣和公司"葱伴侣"，在山东地区就是敏感度很高的品类需求，但到了南方地区，此品类需求就衰减了。

表 8.24　　　　　　　　　新地区品类需求敏感度测试

拟测品类承诺		葱伴侣			
拟测新地区名称		江苏	浙江	湖南	广东
实景体验	实景描述				
	体验方式				
敏感度测试					

资料来源：笔者自行绘制。

以"葱伴侣"为例，"葱伴侣"在山东地区的需求敏感度是很高的，因为山东人历来就有大葱蘸酱的习惯。但南方地区并没有此习惯，对"葱伴侣"此品类的需求是否敏感呢？可选择江苏、浙江、湖南、广东进行测试（见表 8.25）。

表 8.25　　　　　　　　"葱伴侣"新地区需求敏感度测试

拟测品类承诺		葱伴侣			
拟测新地区名称		江苏	浙江	湖南	广东
实景体验	实景描述	A. 中档餐馆，B. 高校周边餐馆，C. 机关食堂，D. 家庭餐桌			
	体验方式	1. 列入餐馆菜谱，有多少顾客主动选择；2. 赠送家庭餐桌，一周后回访			
敏感度测试					

资料来源：笔者自行绘制。

在餐馆测试中，可将"葱伴侣"制成单页，夹在菜谱中，在不提示或不推荐条件下，统计一周，看看有多少顾客主动选择。在选定的家庭中，将"葱伴侣"赠送品放在家庭餐桌上，一周后回访，记录剩余量以及如何吃法。

现代广告创始人霍普金斯曾详细分享了他的一次亲身经历，可很好地理解新地区的顾客的品类需求敏感性分析。在该案例中，再一次验证了产品高度同质化条件下，通过提供额外的情感利益，给用户带来极具乐点的体验，同样能以高价格获得足够多的销量，极度符合品牌经济学所主张的按乐分配法则。

案例 8.18　霍普金斯如何卖高价的（节选）[①]

斯威夫特公司生产"苏特"牌代用猪油，其竞争对手的同类产品是"莱尼"牌。"苏特"的最大的市场之一是面点烘烤师。这些面点烘烤师知道"莱尼"与"苏特"是完全一样的产品，故他们可不想花更多钱。

本书认为，两者产品是完全一样的，也即在物质利益上是同质化的，唯一不同的是各自的注册商标不同。面点烘烤师也即面包房的利润＝收入－成本，代用猪油是面包房的成本项，在产品同质化的条件下，面包烘烤师当然选择低价格的代用猪油，以降低自己的成本。在此条件下，霍普金斯是如何以高出竞品的价格来获得面包烘烤师的选择呢？

斯威夫特公司的生意是在竞争中建立和发展起来的。我曾设定了一个价位，每磅比"莱尼"贵一分半，那是获得利润的最低限度。我可让普通消费者接受此价格，可是面点房也重要。我们在波士顿有一个办事处，每月的支出约为 2000 美元。那儿有 6 个推销员。阿尔德里奇先生负责那里的工作。因我们在那里创造出了需求，因而他们在向杂货店进行销售时，倒不怎么费劲。但当他们以较高价格向面点烘烤师推销时，成绩几乎是零。

本书认为，在产品同质化的条件下，霍普金斯把自己的产品价格定得比对手贵，如何卖出去？家庭消费者是终点顾客，他们的购买地点是杂货店。为何比竞品贵一分半的同质化产品，在杂货店就能被家庭用户接受？是因为"在那里创造出了需求"，但如何创造出来的？全文未给出。可进行推测出两个原因：一是对直接消费者而言，坚信好货不便宜、便宜没好货的逻辑，贵一分半的"苏特"，以高价格树立起了优质的形象。二是杂货店的代销"苏特"牌的毛利，高于代销"莱尼"牌，故杂货店老板更乐于在更好的陈列位置摆放"苏特"，且乐于向顾客们推荐"苏特"。而面包房是中间用户，要求产品质量好是基本需求，但代用猪油是面包房的原料，即是其成本。故面包房对代用猪油的价格更敏感。这样一来，直接卖"苏特"牌代用猪油的推销员"以较高价格向面点烘烤师推销时，成绩几乎是零"就成为必然。这种现象在国内外的现实中，比比皆是。

有天老板对我说"这是从波士顿来的一封信，我非常同意他们的意见。他们卖不动产品，你为我们产品定的价格，让他们没办法推销出去"。"他们说得不对，"我说，"真正的推销员才不在乎价格呢。我就是定价高一点也能把它们卖给消费者。为何他们就不能卖给面包房呢？"于是，老板要求我立刻去波士顿。我带着公共汽车的乘车卡就出发了。那张卡是刚刚买来的，上面画着一张饼。我到后见到了阿尔德里奇先生，他说我的经商是纸上谈兵。没人指望在"苏特"比"莱尼"贵的情况下还能把它卖出去。我说："你对谁推

---

①　霍普金斯. 科学的广告与我的广告生涯［M］. 北京：中国人民大学出版社，2008：48.

销不出去，给我几个名字。"阿尔德里奇先生说："身边的都是，对谁我们也卖不出去。""告诉我一家"，我说。

本书认为，将霍普金斯这种岗位的工作，归为纸上谈兵，是很多实操人员的观点。他们应该知道，在盖大楼之前，都要先绘制图纸，也即纸上谈兵，也即制订方案。从以下霍普金斯的实际推销来看，每到一个面包房用户那里之前，霍普金斯都制订了方案。

"好吧，切尔西的福克斯糕饼公司。是我们周围最大的一家。""马上带我去找他们"，我说。到达的时候，看见福克斯先生正挽起袖子在烤制东西。我们等了他一会儿，当他过来和我们打招呼的时候，我发现他带着一种好斗的情绪。他正忙着，而且他知道我们手里没什么他想要的东西。我看得出，他打算用很短的时间把我们打发掉。

本书认为，前面的案例5.4中，面对电力公司推销员韦普的登门，布德拉老太太给了他闭门羹。当霍普金斯来到福克斯面包房时，"他正忙着，而且他知道我们手里没什么他想要的东西。我看得出，他打算用很短的时间把我们打发掉"，就再正常不过了。因为对福克斯而言，霍普金斯的到来，代表了成本项，因为苏特牌产品价格贵。

但我像个老熟人一样和他打招呼。我说："我是公司的广告经理，我从芝加哥来，是想向您咨询一张卡的事。"我把那张乘车卡放在十几米远之外，然后走回来请他看一看那张卡。我说："这张卡，是用来表现最理想的糕饼的，花了我们一大笔钱呢。作画的人要了我们250美元。然后我们把这幅画刻在石头上，您看到的颜色是在石头上分别进行了12次涂染以后形成的。"我把我知道的程序尽可能地解释出来。因为这和焙烤糕饼的工作完全不同，他非常感兴趣。我对他说，在印刷这些卡之前我希望能得到他的认同。于是我得到了。他是一个糕饼专家，我希望了解他对印在上面的那个饼的意见。

本书认为，霍普金斯没和福克斯谈产品、谈价格，而是请教如何制作能体现最理想糕饼的画。关键是"这和焙烤糕饼的工作完全不同"，故福克斯才会"非常感兴趣"。重要的是霍普金斯是来请教福克斯，而且"在印刷这些卡之前我希望能得到他的认同"。通过此话可见，霍普金斯拜访的核心目的是让福克斯开心。而开心的策略就是暗示福克斯的专业水平很高。注意，是暗示，不是直言夸赞。在此霍普金斯实际上将沟通进行了转换：从卖苏特的物质利益，转到赞美福克斯的专业能力，赢得了福克斯开心此情感利益。

最后，他坚持说这张糕饼宣传卡已把糕饼表现得够好了，不可能更好了。要是他能做出那样的糕饼，肯定可招徕波士顿所有的生意。于是我就劝他留下这张宣传卡。我说："波士顿有多少商店在卖福克斯糕饼？""大约有1000家。"我说："我可帮你把这张卡搞得再漂亮一点，让它们进入每一家商店。你对我太好了，我要做一点事来回报你，但我必须在那些卡上宣传'苏特'。这样吧，我们在每张卡上都说，福克斯糕饼只用'苏特'使糕点酥松。若你现在订货，你每买一车'苏特'，我可给你提供250张这种卡。"他同意交易。他订购了4车"苏特"，拿到了1000张糕饼宣传卡。

本书认为，面包房的利润＝收入－成本＝销量×价格－成本，福克斯先生明明知道霍普金斯的代用猪油价格比对手贵，为何还是选择了贵的产品？是因为霍普金斯为他制订了一个增加销量的方案，从而能增加福克斯先生的收入。而推销员阿尔德里奇带给福克斯的是成本增加，福克斯要选择降低成本。福克斯的利益＝物质利益＋情感利益，霍普金斯通过请教福克斯，使福克斯赢得了尊重的快乐，这就是福克斯的情感利益。然后，通过为其提供广告来增加福克斯销量的预期，也就增加了福克斯的物质利益。霍普金斯的两个方案，都增加了福克斯的利益，福克斯当然很高兴与霍普金斯合作。

接着我又去了其他几个地区，回到波士顿时，带回了一大批"苏特"的订单，比那 6 个人在 6 个星期里卖出去的总和还多。但阿尔德里奇对此表现出不屑的神情。他说："我们最大的一个客户是马萨诸塞州的泰迪公司。在那儿你已给出了专有的糕饼卡。现在我想知道你用一般的推销技巧能做什么。"

我立刻动身去了泰迪公司，找到了正在挽着袖子干活的泰迪，我一直等到他干完活。然后我对他说："泰迪，我今晚有一个商务会馆晚宴的邀请。我是孤身一个人，我不想一个人去。他们允许我再邀请一个客人，我想邀请你和我一起去。"泰迪拒绝了，他说他从来没去参加过晚宴，没合适的衣服。我告诉他我会穿着见他的时的那身衣服去赴宴。所以最终他还是同意了。那天晚上对泰迪来说是难忘的一夜。他第一次有机会和城里的大人物们见面。他过得很开心。我们分手的时候，他对我非常友好。

在旅馆门口分手时我对他说："我星期一上午去找你，我有一些东西给你看，你会很感兴趣的。""最好别来"，他说，"今天晚上你对我太好了，我没法拒绝你任何要求。但我已积压了'苏特'。在我的储藏室里有 40 包，可你也知道我用不起它们。我很高兴再见到你，可是别让我买'苏特'"。星期一上午我找到泰迪，像平常一样，他正在挽着袖子干活。我说："泰迪，我不想和你谈'苏特'，但我有一个建议。我是广告经理。我可办到一些别人办不到的事。你在斯普林菲尔德地区很有名，但外面没人知道你。我向你提一个建议，让斯曼费尔德糕饼的广告从这儿一直做到芝加哥。"

然后我就和盘托出了我的计划。他若订购两车"苏特"，我会在运货车的两侧都涂上标记和文字，向世人宣告马萨诸塞州的泰迪公司，将用"苏特"焙烤所有的糕饼。有人说这点子太傻了。但与提出"让每个人都知道你的名字"这样的主意相比，这并不算傻。泰迪是那个时代很典型的一个广告主，他的愿望就是要传播他的名声。他接受了我的条件。一个星期内货车就到了。

本书认为，泰迪的选择行为和福克斯是一样的，而霍普金斯采取的同样是增加泰迪的情感利益（邀请他参加晚宴而带来的快乐），但泰迪是个商人，在商言商，故仍然不客气地说"我很高兴再见到你，可是别让我买'苏特'"。但霍普金斯为啥还能把贵的"苏特"卖给泰迪？是因为霍普金斯明确说："泰迪，我不想和你谈'苏特'，但我有一个建议"，而此建议就是泰迪的欲望，即让每个人都知道他的名字，传播他的名声。参加晚宴带来的快乐以及传播他的名声，都属于情感利益，也即永无止境的欲望。霍普金斯正是将目标顾客从价格也即物质利益，转到了快乐此情感利益，才使顾客们溢价选择了同质化的产品。

我在一个星期卖出去的"苏特"比 6 个人在 6 个星期里卖出去的还要多。没一个买主抱怨价格。老板打电话给我，让我把波士顿所有的职员都炒掉。但我请他等我回去向他解释了我的方法之后再说。见到老板后我说："我不是在卖'苏特'，我们并没谈'苏特'。我卖的是糕饼卡和运输里程。'苏特'和他们是一体的。""那么我希望你能教会我们的其他人这么做。""这种东西没法教"，我回答说。

本书认为，"这种东西没法教"。霍普金斯的这句话，其实说出了人力资源管理中的一个非常重要的观点，即基于禀赋的特质论。其实，不同的人有不同的禀赋，从而形成了不同的特质。故以赛马方式而非伯乐相马方式，将合适的人识别出来从事合适的工作，是提升效率的前提条件，否则，就会出现乱点鸳鸯谱或赶鸭子上架的出现。

我是在卖服务。我谈话的全部基础就是帮面点房获得更多的生意。他们一高兴，对我得到的好处也就看不见了。我总是把这套方法应用于广告中。人们总是希望别人能为自己做点什么，这套方法恰好促使那些人关注我们的产品，直到积极地行动起来。没任何自私自利的做法可做到这一点。我总是给别人提供好处。我只是讲服务、利润、愉快、礼物，而不讲我个人的利益。

本书认为，霍普金斯的服务就是"帮面点房获得更多的生意"，即增加面包房的收入项。"他们一高兴，对我得到的好处也就看不见了。"他们为啥高兴？是因为能获得更多的生意，这才是根本。这段话可说是基于图 4.1 即目标顾客链模型的根本：用客户的客户，来拓展客户。同时，也艺术性地体现了品牌经济学所主张的按乐分配法则。

第五步：促销主题与广告主语的测定（B_{7-5}）

在完成了上述品类需求敏感度测试之后，才能制定出可靠的促销主题和广告主语。促销主题是在售点的购买诱导。但多数厂商采取的都是赠品或优惠价格活动，尽管得到了销量，失去的却是利润和形象，而且停止促销活动后，销量也跟着停止。为此，又要采取新的赠品或优惠活动。产生这种情况的根本原因，就是没对承诺的品类或单一利益点进行需求敏感性测试。若通过测试，获得了潜在目标顾客高度敏感的品类需求，并进而将此单一利益点或品类变成促销主题活动，在售点举办，不仅获得销量，而且还获得了目标顾客的持续选择。通过如下案例，可理解促销的本质是让顾客感觉自己受益。

案例 8.19　促销的"漏洞"（节选）①

福州有家比萨餐厅在网上贴出了促销活动公告：全场 9 寸比萨，一律仅售 8 元，每桌限点一份。这有明显的漏洞：商家的活动策划中并未要求每桌消费者必须不低于多少人，即使一个人也可算作单独一桌。这样，若 3 个人通往该店，只要装作互不认识各坐一桌，就能享受 24 元买 3 份 9 寸比萨的优惠。故许多人很兴奋地把此链接发给好友，相约一同前去"占便宜"。更有趣的是，他们在等待上菜的过程中与服务员搭讪，问若还想邀请两位朋友来消费，是否也可享受 8 元的优惠活动。本以为服务员会严词拒绝，不想他们却被小声告知："若你们坐一桌是不能享受的，一桌只能点一份。但若你真的想叫的话，可先分桌坐，最后分单结账，这样就没问题了。"上菜后，他们纷纷端起盘子聚到了同一桌上，假装"无意中"碰到了好友，只留下装了 1/6 块比萨的盘子在原来的位置上。

同样地，广告主语的创意，也不是一个灵机一动的智慧闪光，而是符合选择成本降低的逻辑推理。本书认为，广告主语是厂商通过注册商标进行单一利益点也即品类承诺的途

---

① 星艺. 促销的"漏洞"[J]. 名人传记, 2010 (18).

径。故若广告主语脱离了降低目标顾客选择成本此理性不动点，创意出来的广告主语，必定成为断线的风筝，可飞得很高，飞得很远，但却是失控的。对此类广告主语，通过投放资金给受众以高频率的视觉冲击的可能结果，就是赢得了掌声，赢得了流行语，却没收获目标顾客的持续购买。问问自己，你熟知哪个商标的广告主语？此广告主语对你的实际购买有多大的影响？

8.8　注册商标单义性的设计流程

根据降低选择成本的品牌经济学原理，在提高或消除注册商标的单义性过程中，需要遵循以下 8 步流程，如表 8.26 所示。

表 8.26　　　　　　　　　　注册商标单义性设计流程

指标	步骤	核心内容	编号
B₈ 注册商标单义性	第一步	根据目标顾客的精确性，选定商标的测试对象	B_{8-1}
	第二步	通过网络搜索测试，删除歧义性明显或可能成为产品通用名的拟定符号	B_{8-2}
	第三步	邀请目标顾客，对备选商标符号的含义进行自定义	B_{8-3}
	第四步	根据离散度，优化商标符号	B_{8-4}
	第五步	将目标顾客的欲望，进行商标表情化、表情欲望化设计	B_{8-5}
	第六步	按工艺简便性，进行商标视觉设计	B_{8-6}
	第七步	采取"商标＋单一利益点"，避免"商标＋产品名"	B_{8-7}
	第八步	测定隐形损害，进行保护性注册	B_{8-8}

资料来源：笔者自行绘制。

第一步：根据目标顾客的精确性，选定商标的测试对象（B_{8-1}）

每个商标及其承载的产品或服务，并不是为了满足所有人的要求，而是为了满足目标顾客的要求（这再次表明了目标顾客精确性的重要意义）。故在对商标进行意义测试时，不是走在大街上的随机测试，而是有针对性的精确靶向测试。

案例 8.20　"娃哈哈"是如何产生的①

"娃哈哈"是如何产生的？最初，娃哈哈集团与有关院校合作开发儿童营养液这一冷门产品时，就取名之事通过新闻媒介，向社会广泛征集产品名称，组织专家对数百个应征

---

① "娃哈哈"的由来已在网络上广为传播，但由宗庆后先生亲自讲出来，则是在 2019 年 1 月 15 日北京电视台财经访谈节目中。

名称进行了市场学、心理学、传播学、社会学、语文学等多方面的研究论证。

受传统营养液起名习惯的影响，人们的思维多在素啊、精啊、宝啊之类的名称上兜圈子，谁也没留意源自一首新疆民歌的"娃哈哈"三字。宗庆后却看中了这三个字的理由有三：一是"娃哈哈"三字中的元音 a，是孩子最早最易发的音，极易模仿，且发音响亮，音韵和谐，容易记忆，容易接受。二是从字面上看，"哈哈"是各种肤色的人表达欢笑喜悦之欢的发音。三是同名儿歌以其特有的欢乐明快的音调和浓烈的民族色彩，唱遍了天山内外和大江南北，把这样一首广为流传的民族歌曲与产品商标联系起来，便于人们熟悉它、想起它、记住它，从而提高它的知名度。取这样一个别致的商标名称，可大大缩短消费者与商品之间的距离。宗厂长的见解得到了众多专家的赞同。商标定名后，厂里又精心设计了两个活泼可爱的娃娃形象作为商标图形，以达到商标名称和商标形象的有机融合。

"娃哈哈"此注册商标在设计时，虽然没选择儿童来进行靶向精确测试，但却是以儿童的标准作为选定标准的。也即宗庆后自己站在目标顾客，即儿童角度进行测试，所以也进行了正确的选择（见表8.27）。

表 8.27 商标产品利益顾客测试

产品利益	产品类别	基本利益	衍生利益	终极利益
利益内容				
目标顾客				

资料来源：笔者自行绘制。

例如，"娃哈哈"公司对注册商标"娃哈哈"及其产品儿童营养液的利益顾客的测试如 8.28 所示。

表 8.28 "娃哈哈"儿童营养液的利益顾客测试

产品利益	产品类别	基本利益	衍生利益	终极利益
利益内容	保健品	从蜂蜜、山楂、红枣、葡萄糖酸钙、水解蛋白、葡萄糖酸锌、桂圆、莲子、枸杞、核桃仁、硫酸亚铁、薏苡仁等12种食品提炼而成儿童营养液，具有滋养儿童五脏、健胃、益智之功效，而且无任何副作用	吃饭香成长好	家长快乐
目标顾客	离开哺乳期之后，不好好吃饭的儿童			

资料来源：笔者自行绘制。

第二步：网络搜索测试，删除歧义性明显或可能成为产品通用名的拟定符号（B_{8-2}）

所谓歧义性明显，就是该符号（文字、图案或声音）在人们心里已形成了不良联想的含义，尤其是与有关宗教或种族歧视相关联的符号。

第8章 品牌信用指标的设计流程

一个商标名称的设计，涉及社会、文化、心理、法律、术语、语言等多个学科，绝不是某个人的灵机一动。在注册商标很少的19世纪和20世纪，给商标找个名称的重复率还是很低的，而在今天，厂商提供商标注册获得法律保护的意识越来越强，而商标法也越来越完善。故新商标法在修正时，将第52条原来的"明知"取消了。即原来的商标侵权认定的前提条件是"明知"故犯才承担法律责任，不知道而侵权则可不追究。新商标法在修订时，直接取消了"明知"二字，意味着即使不知道但只要做出了侵权事实，即追究法律责任。本书认为，在互联网如此发达的今天，想以"不知道"为逃避侵权责任是难以置信的，因为将商标名称输入百度或谷歌，就能获知自己的行为是否侵权。故在进行商标设计时，拟定商标名称时，每提出一个拟定名称，就有必要进行网络搜索，以测定该商标名称是否已注册。经过这样的网络检索筛选，建立进一步测试的备选商标名称。

所谓可能成为产品通用名的拟定名称，是因为中国《中华人民共和国商标法》第十一条："下列标志不得作为商标注册：（一）仅有本商品的通用名称、图形、型号的……"。

资料8.9 "金骏眉"商标纠纷案宣判：被视为通用名称不予注册（节选）[①]

北京高级法院对武夷山市桐木茶叶有限公司诉商标评审委员会及第三人福建武夷山国家级自然保护区正山茶叶有限公司"金骏眉"商标异议复审行政案进行宣判，认定"金骏眉"是一种红茶约定俗成的通用名称，不应作为商标注册。

第三步：邀请目标顾客，对备选商标符号的含义进行自定义（B_{8-3}）

即邀请或拜访一定数量（大于等于30人）的目标顾客，请其对备选商标符号的含义，说出自己的理解。商标符号目标顾客自定义测试如表8.29所示。

表8.29 商标符号目标顾客自定义测试

备选序号	1	2	3	4	5
备选商标名称、图案					
看到此名称、图案，您认为适用于什么产品					
看到此名称、图案，您认为是什么意思					
看到此名称、图案，您联想到了什么					

资料来源：笔者自行绘制。

之所以要受测者给出自己的定义，是因为人们每当看到一个文字名称或图像符号，总是用自己的已有经验进行对比，并根据自己的经验给出自己的理解。设计者给出的定义，若与受众的经验定义不符合，就要通过说服来改变受众的经验，由此带来的就是广告成本。

---

① 孙莹."金骏眉"商标纠纷案宣判：被视为通用名称不予注册［EB/OL］. 央广网，2013 – 12 – 12.

品牌经济学

在实践中，某企业给自己的唇膏起的商标名称是"芳芳"牌，出口到国外时，商标用的是汉语拼音"FANG FANG"，结果无人问津，原来在英文中是"狗牙"牌唇膏。一种牙膏的商标英文翻译为"BLUE SKY"实际上是"价值极低的股票"牌牙膏。福特二世为了纪念自己的父亲，用父亲的名字"Edsel"做新车的商标，但与一种咳嗽药名发音相近，引起消费者的反感，为此损失 3.5 亿美元。丰田公司在美国推销"TOYOLET"牌轿车，没想到与英语 Toilet（厕所、小便池）近似，销量可想而知。

在商标名称设计过程中，这些著名企业为何也会犯这样的"低级"错误？就是没遵循目标顾客自定义测试此流程。

根据目标顾客的自定义测试表，进行离散度统计测量，以判断每个备选商标名称的单义性（见表 8.30）。离散度的计算，就是每个测试项目，受众提出的自定义归类后的定义个数与受众数量之比，离散度的值是 1% ~ 100%，离散度 = 1%，表示高度集中，此商标名称存在单义性；比例越大，表明离散度越高，商标名称的歧义性越强。

表 8.30　　　　　　　　　　　　　备选名称的统计分析

测试项目	看到此名称、图案，您认为适用于什么产品	看到此名称、图案，您认为是什么意思	看到此名称、图案，您联想到了什么
归类个数			
离散度（%）			

资料来源：笔者自行绘制。

例如，受众人数是 100 人，关于"看到此名称，您认为适用于什么产品？"，每个人都提出了自己的适应产品名称，归类后得出了 80 个不同的产品类型定义，则离散 = 80/100 = 80%；若归类后只给出了 1 个产品类型定义，则离散度 = 1/100 = 1%，也即表示该商标名称在产品类别上没有歧义性。

从品牌经济学关于降低目标顾客选择成本的理论上讲，目标受众无经验意义的商标名称，是最优名称，也就意味着不会出现理解上的歧义性。而要达到此标准，是需要专业和成本的。也只有那些追求百年品牌厂商，才有此种战略意志。

其中最为经典的，就是美孚石油公司"EXXON"的商标设计。为了找到一个无任何经验意义的商标名称，该公司付出了巨大的努力，调查了世界上 55 个国家的语言，使用了电子计算机编写了 1 万多个字母或数字组成的备选商标名称，动员了心理学、语言学、社会学、统计学、法学等方面的专家，对一般群众的心理、感情等进行了调查研究，最后决定采用"EXXON"这一商标，共花费了 6 年时间与 300 亿日元的费用。从专业上分类，此商标名称是典型的臆造商标，智力投入多，单义性强，市场效果好，商业价值大。

曾宪梓先生以制造领带起家，最初的商标名称是"金狮"（Gold Lion），怎么也打不开销路，曾先生很是纳闷：我的领带质地、款式都不比那些世界级知名品牌差、价格也不高，可为何就是卖不出去呢？一日，亲友点拨：金狮，金狮，多不吉利，又"尸"又"失"的。这种领带谁还敢带？广东话里"狮"与"尸"谐音；普通话里"狮"与"失"谐音。后来曾先生保留了"金"字，又把英文 Lion 改为音译"利来"，且突出了男性，以"金利来，男人的世界"为广告主语，遂销量猛增，销路大开。当"金利来"后来推出了女包，但市场表现并不尽如人意，不是因为其女包质量、款式不好，而是违背了其承诺的"男人的世界"。

成立于 2010 年的 Warby Parker 专注于近视眼镜和太阳镜的设计和直销，以北美市场为主。为推敲出满意的品牌名，创始人戴维·吉尔波亚（David Gilboa）参观了作家杰克·凯鲁亚克（Jack Kerouac）的个展，在其著作里发现了 Warby Pepper 和 Zagg Parker 这两个人物。两个名字各取一半，生成了 Warby Parker 的品牌名。当吉尔波亚把这一名字告诉班里的同学时，大家的脑子也都是一片空白"无法把它和任何东西联系在一起"。这正是创始人为命名苦苦思索了半年后，想要听到的反应，人们很难把 Warby Parker 和眼镜联系在一起。他们仿佛要制造一种陌生感，拉开和品类本身的距离，尽管这会导致初期在品牌教育上花费更多的时间和成本。吉尔波亚或许是为今后多元化而选定了与眼镜无关的名字。若 Warby Parker 在未来某一天做起了文具、配饰的生意，我们也不会感到太意外。至少在名字上，它具备了从眼镜延伸至生活方式品牌的可能性。[①]

第四步：根据离散度，优化商标符号（B_{8-4}）

第四步是一个耗时长的反复过程，经过反复的测试之后，根据离散度，逐步淘汰离散度高的商标名称，保留离散度很低（≤10%）的名称，并进一步优化。例如，盛田昭夫在确定自己的公司和商标名称时，最后优选出来的是"SOUNY"，意为声音嘹亮，离散度已很低了。但此名称的发音与日文的"损"极为接近。对此，盛田昭夫将字母"U"去掉了，就消除了此歧义，变成了无经验意义的"Sony"。

第五步：将目标顾客的欲望，进行商标表情化、表情欲望化设计（B_{8-5}）

按 2.5 节的"老鼠—米老鼠"转形模型，所谓商标表情化，是指通过图形、故事等，使注册商标成为一种表情符号。依据是在移动通信进入 3G 之后，人类就进入了表情社会（微信聊天时，人们会运用很多好玩儿的表情），各种表情符号成了沟通工具。各种拟人化的卡通形象，都属于表情化设计。

所谓表情欲望化，是指所设计的表情化的注册商标，本身能给目标顾客带来一见钟情或日久生情的快乐。在这方面，莫顿食盐的打雨伞小女孩和 kitty 猫值得学习。尤其是 kitty 猫，因为这只猫没嘴，也就没故事、影视或漫画支持，其"可爱 + 可怜"的萌态表情，使女孩子们一见钟情。此在 1976 正式注册商标的 IP，时隔近 50 年，影响力不仅没减少，反而越来越大。在 2020 年，Hello Kitty 的全球授权商品销售额高达 845 亿美元，带来的授权

---

① Frank X. 基于 DTC 模式，Warby Parker 如何成为零售创新的标杆？［EB/OL］. www. brandstar. com. cn, 2018 - 09 - 27.

收入估计在 30 亿美元左右。累积到 2023 年底的授权收入高达 283 亿美元。

而以米老鼠、史努比、喜羊羊为代表的卡通形象，则是通过长期的故事传播（日本相关研究认为，卡通片需要 107 集以上，才能产生市场效果），形成日久生情的效果。

文字、字母、图案商标，在确保无歧义的条件下，需要进一步提高其表情化和欲望化程度。若能通过表情化和欲望化的设计，最优标准是使目标顾客一见钟情，从而极大地降低目标顾客的选择成本。

对已存在的缺乏表情化、欲望化的商标来说，解决办法就是通过包装实现表情化和欲望化。正如美国的弗索（Fossil）手表，作为运动表，弗索手表在 17～24 岁的年轻消费者当中很受欢迎。虽然弗索表质量上乘，但对于它的核心消费者而言，表本身并不是价值的首要来源。当然，若表的质量不行的话，它也很难找到消费者。不过，消费者被弗索吸引却是因为弗索品牌独一无二的个性：它的品牌形象是"回到 20 世纪 50 年代"。而承载"回到 20 世纪 50 年代"的就是专门设计的包装盒。上面印有 20 世纪 50 年代的各种图片。在任何时候都有一百多种设计各不相同的包装盒。消费者在买表之后，可再选择一个包装盒（赠送的）。消费者们回到家后，每次看到它都会使他们想起弗索品牌独特的形象。

故在产品同质化的条件下，唯一不同的就是商标。只有将商标表情化，表情欲望化，才能降低目标顾客的选择成本，进而获取品牌溢价。在此过程中，成功的关键是据目标顾客的需求和欲望测试，获得目标顾客的情感欲望究竟是什么？在肉类短缺的农业时代，以胖为美就成了欲望化的表情符号，以天津泥人张为代表的胖娃娃就广受欢迎。而处于工业和信息时代，白领阶层相互之间充满竞争，让心灵有些温暖的"萌"态，是最具普遍性的欲望化表情。所谓萌态，包括三个要素：一是可爱，让人一看就爱不释手。色彩、式样等外观的漂亮，就能影响到可爱程度。二是可怜，弱小和残缺构成了可怜的关键。三是大眼睛，若是卡通人物或卡通动物，要显出萌态表情，一定是大眼睛，大眼睛一个特点是信息透明，给人一种心无城府的感觉。这就是为何卡通形象多数都是大眼睛，尤其是米老鼠。当互联网发展到社交时代，表情已不仅仅是个符号，而成为一个产业，也即表情产业。[1]

第六步：按工艺简便性，进行商标视觉设计（B_{8-6}）

商标名称确定之后，进入商标视觉设计阶段，其标准是确保制作工艺的简便性，以保证制作出来的商标视觉的一致性。商标名称确定之后，只是理解意义上消除了歧义性，达到了单义性。但还需要进行视觉设计。在商标的视觉制作时，不能仅仅从美学角度进行设计，因为符合美学角度设计出来的商标图案，若制作工艺过于繁杂，在商标应用过程中，无法做到制作出来的商标图案和色彩保持一致，也就降低了商标的单义性。

为此，需要进行商标制作工艺的测试：第一，商标制作效果的一致性工艺测试，包括色彩、字体、材料、大小、形状等。设计出来的商标名称与图案，在制作过程中需要的工

① 毛振华，梁娣，王晖."表情包经济"新业态在中国兴起［EB/OL］. 新华社，2023－07－19.

艺环节越多，出现问题的可能就越大。故能不用异形设计，就不用异形设计。

第二，商标使用成本的节约性工艺设计，包括制作成本和损坏更新成本。在商标视觉设计时，就要考虑到制作成本的降低，包括材料、印制、寿命、运输等。若使用成本过高，将难以保证持久性，而一旦进行更换，新旧商标必将产生歧义性。

第七步：采取"商标 + 单一利益点"，避免"商标 + 产品名"（B_{8-7}）

在用商标品牌化策略来拓展市场过程中，很多企业采取的是"商标名称 + 产品名称"，因而从"先驱"成为"先烈"，这种行为也恰恰是增加了注册商标的歧义性。尤其是那些技术领先企业，更容易成为行业"先烈"。这样的企业确实开发出了技术上的新产品即先驱，但将新产品作为给目标顾客的利益承诺，结果是目标顾客接受了新产品，却忘记了注册商标。等那些模仿该新产品的厂商加入进来，目标顾客不知道究竟该选择哪种注册商标的产品了。在产品功能等物质利益无法区分的条件下，只好选择价格低的厂商产品。

例如，索尼公司的"Walkman"。"Walkman"本身就是索尼的一个注册商标，却成了随身听此产品的产品名称。随身携带方便的微型录音机，确实给消费者带来巨大的享受。但后来很多电子企业也推出了自己的随身听，逐渐将索尼的"Walkman"掩盖了。

美国的米勒公司（Miller）曾经推出了一种淡啤酒，取名为 Lite，即淡字的英文 light 的变异，生意兴旺。其他啤酒厂纷纷仿效，也推出了以 Lite 命名的淡啤酒。因 Lite 是直接描绘某类特定产品的普通词汇，故法院判决不予保护，米勒公司失去了对 Lite 的商标专用权。

2001 年年初，某公司代理了 J 制药厂的"N"牌螨灵霜之后，决定拓展广州市场。于是投入了几百万元的资金进行了市场运作。因"N"牌螨灵霜是国内第一个提出"杀螨益肤"概念的产品，加之其广告宣传到位，故"N"牌螨灵霜进入市场之后，很快在广州走俏。然而，好景不长，在看到"N"牌螨灵霜热销之后，广州的部分化妆品厂立即采取了模仿策略，他们相继推出了与"N"牌螨灵霜外包装相似，但价格却便宜得多的妆字号螨灵霜。消费者认准的是"螨灵霜"，既然都是螨灵霜，当然就选择价格低的。而这些化妆厂给予终端药店很高的回扣，导致药店也全力推荐这些本地产的螨灵霜。结果就是"N"牌螨灵霜受到了巨大的冲击，销量一路下滑。滞销的时间一长，一些药店就要求退货。

因为 J 制药厂在给产品命名时，采用的是"注册商标 + 产品名"的方式，而法律保护的是注册商标"N"，作为产品名称的螨灵霜是不受法律保护的。故即使很多其他商标也在销售螨灵霜，"N"牌螨灵霜也无能为力。

很清楚，J 制药厂的问题，与索尼的"Walkman"如出一辙。在市场拓展中，制药厂突出的恰恰就是产品名，即"杀螨益肤"，而忽视了自己的注册商标"N"牌，结果打开的是"杀螨益肤"此新概念产品，而此新概念产品是永远得不到法律保护的（当然，其生产的技术专利是能得到专利法保护，问题是实现"杀螨益肤"的技术手段有很多，不用你的专利，也有其他工艺手段，何况还有假冒的机会）。能得到法律保护的是实现"杀螨益肤"的"N"牌。

其实，仔细想想，对厂商而言，至少在中国境内，企业的一切资产中，土地是租赁国有的，到期要么归还，要么交钱续期。流动资金在于周转，劳动者是流动的，设备通过折旧回收，若是贷款购置的设备等固定资产，在贷款还本付息之前，就在给银行等债权人打工，唯一真正属于厂商的，就是获得法律保护的注册商标。但也只有变成某个单一利益点代言或象征的注册商标，才能从一个法律符号，变成一个资本，即品牌资本。

故若将注册商标用于市场拓展时，采取的是"注册商标名称＋产品名称"，若此产品名称或概念是新产品或新概念，而厂商主推的也是此新产品或新概念，可肯定地给出结论：你就是为后来的模仿者作嫁衣，因为你的所作所为违反了注册商标的单义性。你承诺给目标顾客的不是商标及其单一利益点，而是新产品或概念带来的好处。

第八步：测定隐形损害，进行保护性注册（B_{8-8}）

所谓隐形损害，就是无法得到法律保护的损害。对商标而言，有两种隐形损害。

第一种情况是同一个商标，被不同厂商分别合法地注册在不同的类别中，但后注册的厂商所注册的类别，对先注册厂商构成了心理上的冲突。例如，厂商甲将注册商标"AA"用于方便面。后来，厂商乙将"AA"注册于化工类，用于生产有机肥产品。若"AA"牌有机肥也大作广告，对"AA"牌方便面有啥损害？尽管厂商乙的行为是合法的，但对厂商甲的顾客而言，就构成了隐形损害，这种损害是无法从法律上得到补偿的。

第二种情况是产品范围的模糊延伸，超出了注册商标原来的注册类别。如某商标注册时的注册类别是豆浆类，但产品增加了豆浆粉后，仍然将该商标用于豆浆粉。问题在于豆浆与豆浆粉出现了模糊延伸：豆浆是液体，豆浆粉是固体，从名称上看，两者不属于同类产品，但"豆浆粉"词里却含有"豆浆"二字。若执法部门严格抠字眼，就可给予处分。

所谓保护性注册，就是针对心理冲突与产品模糊延伸，将注册类别进行扩大，以杜绝可能出现的隐形损害。例如，食品厂商将注册商标"AA"用于生产方便面时，也应该将"AA"在化工类予以注册。再如，"五粮液"商标注册后，"七粮液""九粮液"也该注册，从而避免后来发生的商标诉讼。[1][2]

8.9 媒体传播公信性的设计流程

关于媒体传播的公信性，可先看哈雷摩托的两个成名之作。

1903 年，威廉·哈雷和他的兄弟沃尔特，以及阿瑟·戴维森在美国的密尔沃基生产出了第一辆哈雷—戴维森摩托，那时的哈雷摩托结构简陋，不过是给自行车安上了一个马达，性能也十分有限，只能在平路上行驶，上坡时还要骑车人自己蹬，因此销售业绩惨

---

① 详见五粮液与"七粮液"商标案［EB/OL］. 找法网，www. FindLaw. cn，2019 – 04 – 03.

② 万佩雨. 七粮液战败，五粮液维权终胜诉［EB/OL］. 中细软集团商标超市，www. news. gbicom. cn，2011 – 08 – 01.

淡。哈雷当年就在芝加哥拥有了第一家代理商，但那一年只生产了三辆摩托车，仅仅卖出了一辆。

1905 年的美国独立日，哈雷—戴维森摩托在芝加哥举行的摩托车锦标赛中，以 19 分 2 秒跑完 25 千米，一举夺魁，从此哈雷—戴维森声名鹊起，产品销量和生产规模渐渐扩大。1918 年，一战停战协议签订的第二天，盟军下士罗伊·霍尔茨就骑着哈雷摩托率先踏入德国领土。一则题为《一个美国人和一辆美国摩托》的图片新闻，一夜间成为全世界几百种报纸的头条新闻。哈雷就此一举成名。

在商标的品牌化建设过程中，一鸣惊人并不难，难的是取得目标顾客的信任与喜欢。通过媒体的新闻事件或典型新闻报道，是一个专业性极强的工作。花钱给媒体有可能获得报道，但这类报道更多地被受众称其为新闻炒作，知名度是提高了，但公信力是不会有的。

为切实提高媒体传播的公信性，可采取以下基本流程，包括七个步骤，如表 8.31 所示。

表 8.31　　　　　　　　　　　媒体传播公信性设计流程

指标	步骤	核心内容	编号
B₉ 媒体传播公信性	第一步	确定所处市场生命周期，确定传播战略	B_{9-1}
	第二步	邀请目标顾客参与企业	B_{9-2}
	第三步	组建顾客俱乐部，定期编发内部会刊	B_{9-3}
	第四步	设计娱乐主题，形成主题系列活动	B_{9-4}
	第五步	邀请新闻媒体作为旁观者，发现新闻价值	B_{9-5}
	第六步	邀请专业学者进行学术研究，发现理论价值	B_{9-6}
	第七步	专职网络搜索，预案媒体危机	B_{9-7}

资料来源：笔者自行绘制。

第一步：确定所处市场生命周期，确定传播战略（B_{9-1}）

所谓产品的市场生命，是指产品依次呈现的导入期、成长期、成熟期、衰退期。从传播角度，导入期采取新闻策略，成长期采取促销策略，成熟期采取广告策略，而衰退期则采取更新策略。任何新产品，都有一个导入期。为何新产品成功率在 10% 以下？就是因为存在一个新产品陷阱。

所谓新产品陷阱，是指在未掌握导入期传播的新闻策略而推出新产品，从而因目标顾客选择成本过高导致技术成功市场失败。

新产品在导入期首先要解决的问题是知名度：顾客知道的，不一定购买；但不知道的，肯定不买。问题是如何提高知名度？本书认为，有两条路：一是死路，即广告策略；二是活路，即新闻策略。广告的任务是治疗购后不适症，在导入期，不存在已购买的顾客，当然也就不存在购后不适症，接受广告内容的可能性也就大大降低了。

所谓购后不适症，是指顾客完成了一个购买行为之后，多少总会怀疑自己的选择是否正确。为此，这样的顾客就会主动寻找信息以证明自己的选择行为是正确。而在成熟期，已购买的顾客数量很大，患有购后不适症的顾客也就很多，让其获得证明自己选择是正确的广告就成为必需，且千人成本也最低。

第二步：邀请目标顾客参与企业（B$_{9-2}$）

若一个饭店或超市，敢于将厨房和进货来源向顾客完全放开，就能取得顾客的信任。正如喜德家水饺的透明厨房。同样地，一个厂商能定期不定期地邀请自己的顾客，不是为了到企业来走马观花地参观，而是深入企业，参与企业的生产和传播内容的设计与测试，这件事本身就是一个新闻事件。

在案例8.2即宰运立编撰档案以及东方饭店中，都因建立了顾客档案而成功的。为了邀请到目标顾客，就要建立顾客数据库。目标顾客参与企业计划如表8.32所示。

表8.32　　　　　　　　　　　　　目标顾客参与企业计划

时间	邀请顾客姓名	参与活动内容	顾客的乐点观察	顾客的建议记录

资料来源：笔者自行绘制。

例如，作为高端酸奶企业，与其说自己的奶牛如何如何，不如邀请目标顾客前去养牛场和生产厂参与过程。为此，可指定以下参与计划（见表8.33）：

表8.33　　　　　　　　　　某酸牛奶企业目标顾客参与企业计划

时间	邀请顾客姓名	参与活动内容	顾客的乐点观察	顾客的建议记录
某周日	已有订户名单【X】	1. 参观养牛场，请专家介绍奶牛的种源及其来历。 2. 产品品尝活动	观察顾客在参观过程中，对哪些信息点产生浓厚的兴趣	请参观的顾客谈谈养牛场的改进建议
某周日	已有订户名单【Y】	1. 参观养牛场，请专家介绍奶牛的种源及其来历。 2. 产品品尝活动	观察顾客在参观过程中，对哪些信息点产生浓厚的兴趣	请参观的顾客谈谈养牛场的改进建议
某周日	已有订户名单【Z】	1. 参观养牛场，请专家介绍奶牛的种源及其来历。 2. 产品品尝活动	观察顾客在参观过程中，对哪些信息点产生浓厚的兴趣	请参观的顾客谈谈养牛场的改进建议

资料来源：笔者自行绘制。

第8章　品牌信用指标的设计流程

通过对顾客现场的乐点观察，可进行统计分析，表8.34给出的是模拟分析。

表8.34　　　　　　　　　　　顾客现场乐点观察与统计

乐点观察	乐点1	乐点2	乐点3	乐点4
乐点人数	20	60	15	5
乐点频率	20%	60%	15%	5%

资料来源：笔者自行绘制。

同时，对顾客现场给出的建议进行记录和统计分析。表8.35给出的是模拟分析。

表8.35　　　　　　　　　　　顾客现场建议提议与统计

提议主题	主题1	主题2	主题3	主题4
主题人数	35	40	15	10
主题频率	35%	40%	15%	10%
提议反馈	根据顾客提出的建议提议，必须以书面的形式给其反馈，并致谢			

资料来源：笔者自行绘制。

第三步：组建顾客俱乐部，定期编发内部会刊（B_{9-3}）

组建顾客俱乐部的目的，不要试图成为销售渠道。若厂商有了此意图，立刻就会被人们识破，应牢记《道德经》第38章的古训"上德不德，是以有德；下德不失德，是以无德"（笔者译为：最好的获利就是不获利，故能获利；最差的获利是不失去利，故得不到利）。故强烈提醒厂商，建立顾客俱乐部的根本作用，就是成为与你的价值来源即顾客，进行顺畅诚挚的信息与情感交流渠道。因为购买你产品或服务的顾客们，已接受了你的产品或服务，通过顾客俱乐部，与顾客建立深厚持久的情感联系，才能不断巩固对商标的信任度。

以摩托车为例，中国的摩托车厂商们，学会了摩托车设计技术，也会掌握批量组装工艺技术，但在与顾客的沟通技术方面，还有很大的空间改进。在这方面，哈雷摩托值得中国厂商们学习。正如美国分析家蒂姆·康德所言"购买哈雷摩托的人买的不仅仅是一辆摩托车，而且是一种形象，一种生活方式。"

哈雷摩托不仅是一种成功的商品，而且还创造了一种文化。有人认为这种文化起源于退伍士兵，他们在战争中深深地喜欢上了这种哈雷摩托，骑上它能感觉到一种强烈的自豪感，且缅怀昔日并肩作战，为自由献身的战友们。这种爱国主义精神影响到了美国的青年，故20世纪五六十年代的年轻人们也纷纷加入了哈雷摩托的行列。有意思的是，哈雷摩托有三类顾客，三类顾客的价值观不同，但都接受哈雷摩托车。

第一类是官方的车主俱乐部，名字就叫 Harley Owners Group，缩写便是 HOG。HOG 协会成员多为私企老板、律师等高级白领，还有各种专业人士和其他小中产阶级分子。在他们的眼里，哈雷—戴维森摩托车同其他摩托车最大的不同之处，就在于哈雷并不那么注重整车性能，而是追求用车的不同凡响。

第二类是在电影《逍遥骑士》的影响之下，名为"逍遥骑士"的哈雷团体诞生，从改装摩托车，到设计服装饰品，无不流露出极为鲜明的哈雷—戴维森精神。"逍遥骑士"个个都是激情四射的改装狂人，现在他们经营着影响力巨大的摩托车杂志 EASYRIDERS，以及同名的服装品牌。

第三类是嬉皮士，又称为"地狱天使"，这是哈雷—戴维森车主中最有争议的一个群体，与流氓、无赖、暴徒是同义词。二战结束后，曾有一批退伍的美国空军军人因失业而生恨，向"发了霉的美国社会"宣战。于是，战友们成群结队，穿上战时的老飞行夹克，骑上最喜爱的哈雷在美国大街上招摇过市。通过一切，甚至是暴力的手段来发泄他们对金钱社会的不满。这就是哈雷的叛逆文化，美国的嬉皮士文化的起源。

在组建顾客俱乐部时，凝聚俱乐部成员的，不是产品或服务本身，而是成员们的共同爱好和兴趣，定期地编辑并印发俱乐部会刊。使顾客俱乐部会员定期地获得该会刊，该会刊绝对不能成为厂商广告媒体，也不能成为教育顾客们的教材，而应该是使顾客会员们感到快乐与自豪的媒介。

第四步：设计娱乐主题，形成主题系列活动（B_{9-4}）

人们的终极需求永远都是快乐。想想看，日常生活中，人们相互之间的祝愿，都是快乐主题。例如，生日快乐、节日快乐、新年快乐、新婚快乐等。厂商们可通过举办以娱乐为主题的系列活动，来吸引人们参加，同时，吸引新闻媒体的关注，并给予正面的免费报道，即形成了正面新闻事件。

设计一个新闻事件本身不难，难的是形成系列活动。所谓系列，有两个具体形式：一是时间上的可重复性，至少是一年一次；二是表现形式的多样性，但表达的却是一个主题。

一年一次的娱乐主题活动，比较典型的是青岛啤酒节、西班牙的西红柿节、达喀尔汽车拉力赛、吃鸡翅大赛、吃热狗大赛等。主题导向的多样化活动的典型，是卡通图像 Snoopy。从 1950 年开始，Snoopy 就以四联漫画的形式，在报纸上连续刊登，每次讲述一个故事，但都是突出一个主题即"人间温情"。到 2023 年底，这只小狗已累计形成 144 亿美元的授权收入。2018 年 Snoopy 的估值 4.74 亿美元。

我们观察到，很多厂商花费大量资金，印刷了很多精美的产品介绍，但究竟有多人看呢？各位读者，你可随便参加一次某产品会展，参会的大量厂商印发了大量的宣传资料，每当有人前来自己展位时，厂商接待员几乎是硬塞给来宾精美的宣传资料。可结果呢？会展中心的每个出口处，都集中了人数不少的再生资源回收者，他们都以拾捡地上的宣传材料卖废纸为业，这些被丢弃的宣传材料哪儿来的呢？

其实，厂商们可用制造那些"废纸"的资金，设计并注册让人们乐而忘忧、乐在其中，从而乐此不疲的卡通图形。在印发宣传材料时，在每页适当位置上，以四联漫画形式，讲述一个情感故事，此情感故事的来源，绝对不能为产品宣传，而应该是来源于顾客的乐点观察。随着时间的推移，这些卡通角色形象，就会成为厂商商标的代言，此时就可进行授权了，这就是新的价值空间。将这样的策略，同样运用于顾客俱乐部的运行，就是设计娱乐性质的主题活动。故厂商以商标名称组建起顾客俱乐部之后，通过测试来选定娱乐主题，并以"注册商标名称＋选定的娱乐主题"为名称来进行主题娱乐活动。

资料8.10 回忆童年（节选）[①]

我想象中的亲子自驾游就是温馨而美好，我们一行人满怀期待地开始了行程。虽然常州细雨蒙蒙，却不影响我们对行程的期待。一路上小朋友们手台玩得不亦乐乎，到尽兴处还不忘唱起了《爸爸去哪儿》的主题曲，旅途中充满了欢笑。来到了令人期待的烧烤区，爸爸们亲自上阵，身边围满了被香味诱惑来的孩子们。妈妈们则打开了带来的各种美食，邀请其他家庭都来尝尝。下午，观看了小香猪跳水，孩子们被奔跑着跳下桥、憨态可掬的小猪逗乐，拍着粉嫩的小手，嗲嗲地问爸爸妈妈问题，爸爸妈妈则耐心地向孩子解说。此刻家庭的温馨气氛感染了我们所有人。因家长多为"80后"，参观酿酒坊和印染坊勾起了他们的不少回忆，不停地给孩子介绍眼前的事物。孩子们对织布的机杼非常感兴趣，个个跃跃欲试，想体验一把劳动的乐趣。农耕园里的游乐设施也比较完备，是孩子们最爱的场所之一。活动在孩子们天真的笑容中落下帷幕。感谢所有工作人员的辛勤付出。

第五步：邀请新闻媒体作为旁观者，发现新闻价值（B_{9-5}）

对厂商而言，新闻媒体属于典型的旁观者。而厂商对新闻媒体的态度，历来有两个极端：一是收买利用成为吹鼓手，二是敬若鬼神而敬而远之。其实，这都是对新闻媒体价值的误解。在市场经济中，新闻媒体也得接受受众的选择，若受众放弃了某个媒体，该媒体就难以生存下去。故按"厂商→媒体→受众"链条就会发现，厂商与媒体的共同顾客都是受众。选择媒体的关键，就在于厂商要深入自己的目标顾客中，来发现自己的目标顾客习惯上所喜闻乐见的新闻或信息媒体是哪个或哪几个。并与此或这些个媒体建立起战略伙伴关系，为双方共同的目标顾客服务。

在邀请新闻媒体时，有两个要点：一是专业性，根据厂商所属行业特点，邀请专业媒体中的专业记者，或者是综合媒体中的栏目负责人。专业媒体和媒体专栏，也要研究自己的目标顾客的关注点，从而采编相应的新闻或信息。二是平衡性，即在广告投放时，要尽可能地照顾相关的各个媒体。否则，一旦集中于某个媒体，其他媒体就可能专注于挖掘你的负面消息了。在实践中，若广告预算难以照顾到这些媒体，有必要与未投放广告的媒体中的决策者保持良好的个人沟通，或者厂商决策者要不定期地前去拜访这些媒体，或者邀请其访问企业。

厂商如何与选定的新闻媒体联合活动呢？有三个策略。

一是联合举办针对共同的目标顾客的主题活动。二是在新产品研制过程中，邀请记者深度参与，连续报道。对此肯定有人会认为不妥当，因为涉及商业秘密。其实，邀请媒体

---

① 车玉．回忆童年［N］．常州日报，2014 – 04 – 29．

专业记者研制过程，不仅加深专业记者对新产品的理解，而且有利于其发现其中的新闻价值。更重要的是，目标受众其实也对新产品的研发过程感兴趣。随着新产品的研发进展，专业记者的跟踪报道本身就是一个新闻事件。三是推出新产品时，邀请目标顾客和媒体记者一起，对新产品进行实景体验，以获得的体验来撰写文章。据亲身体验，不仅可获得改进的建言，而且还是观察获得真实的快乐点所在。在基于网络技术的众多自媒体时代，正如人们常挂在嘴边说的"网上的信息你也敢信"所暗示的，主流媒体依然具有强大的公信力。因为主流媒体代表的是政府声音，具体的报道可是有选择的，但所报道的必定是真实的。

第六步：邀请专业学者进行学术研究，发现理论价值（B_{9-6}）

在提高媒体传播公信性的过程中，几乎所有的中国厂商都忽视了专业学者的力量。其实，站在理论研究的角度，专业学者们给予某个厂商的学术研究，通过学术期刊和教学过程中的传播，其公信力是相当的高的。在此方面，美体小铺就是一个典型的实例。

美体小铺是一家小企业，却被无数经典的教科书，例如，国际奥美广告公司的《奥美的观点》、科特勒教授的权威著作《市场营销管理》以及大卫·爱格的《品牌经营法则》所广泛传播、引用。这源于它所坚持的一种价值：要赚钱，更要有道德。这种社会营销观念在思想学说中频频出现，但在实践中身体力行道德营销的企业并不多见。这正是作为一个小企业的美体小铺的可贵之处。

通过美体小铺建设品牌的实践，我们再次清楚地看到，品牌不等于商标，品牌就是给目标顾客一个不假思索即选择成本等于零的排他性单一利益点。美体小铺出售天然护肤和护发产品，此类产品别的化妆品公司也能生产出来。但美体小铺不是就产品功能论产品功能，不是告诉消费者"我的产品如何天然，如何良好的功效"，而是用自己的企业环保行动，告诉自己的目标顾客，即那些关心环境的消费者，美体小铺就是保护环境并支持发展中国家的代言或象征。从而使目标顾客选择美体小铺的产品，代表着不仅自己在支持环保，而且间接地支持了发展中国家的发展，也就具有了崇高感。

其实，美体小铺的那些产品，既不是什么高科技，也不是什么祖传秘方，都是普通配方产品。只是将天然的内在属性，转化为环境保护和支持发展，从而给目标顾客一个乐于溢价选购的排他性理由。此公德式的品牌建设，不是单纯为了公益活动而公益活动，而是将公益活动直接作为自己的品类定位，不仅赢得了目标顾客的选择，而且也带来的投资收益。这就斯密所揭示的人性，即客观为别人，主观为自己，从而实现互利。

当然，学术机构所进行的研究，未必代表公信力，因为学术机构有可能被利益集团操控。据报道①，20世纪60年代，美国糖业资助科学家开展研究，一边把饱和脂肪塑造成心血管疾病的元凶，一边为糖类撇清干系，塑造了"诸多疾病的源头都是脂肪"此概念。

第七步：专职网络搜索，预案媒体危机（B_{9-7}）

在商标品牌化的建设过程中，同样是智者千虑，必有一失。对厂商而言，正确的策略

---

① DeepTech 微信公众号：mit-tr。《纽约时报》2016-09-12 引用 JAMA Internal Medicine 报道。

不是去赌是否会发生哪些危机事件，而是设立专职人员制定并模拟演练危机预案。其基本职责是三个：一是与工商和质监部门、行业协会，保持密切顺畅的信息沟通，随时了解这些部门的业务活动，从中识别出对本公司的正面或负面信息，并制定应对之策。二是每天进行网络搜索，监测对本公司不利的报道；同时，收集媒体对同行业其他厂商的正面和负面报道。三是制定危机预案，并进行内部演练。危机预案的基本课题是：一旦发生了对我不利的新闻报道，我当如何应对。

案例 8.21　攻克济南 [①]

关于济南战役，在确定了"以攻济为主，打援为辅"之后，毛泽东估计了三种可能：一是在援敌距离尚远之时攻克济南；二是在援敌距离已近之时攻克济南；三是在援敌已近之时尚未攻克济南。毛泽东对前线指挥员说：你们应该首先争取第一种，其次争取第二种，又其次应有办法对付第三种。在第三种情况下，即应临机改变作战计划：由攻城为主，改为以打援为主，在打胜援敌之后再攻城！

通过上面的简短文字，可清楚地看出，关于济南战役面临的情况，主席没赌，更没去计算各种可能的概率，而是将可能发生的情况区分为好、中、差三种。然后，针对每一种制定一个预案。其中，针对最差的那种情况，预案的思路是"一旦发生，如何应对"。预案策略因华为备胎方案而被大众所熟悉，其实正是"预则立，不预则废"的具体体现。此话无人不知、无人不晓，但真正做到了，就是令人敬佩的智慧型企业。

案例 8.22　一切在预定计划中 [②]

"十一"发射的"嫦娥二号"，星箭分离时间比预定推迟了 25 秒以上，结果造成太阳帆板展开时间延长。当时非常揪心，但科研人员还是很淡定。以前总觉得中国航天人牛，因为他们总能把那么高风险的事做得手拿把掐，但其实一切在预定计划中，是无数次演练、精心计算、自己给自己出难题才取得的。

从这段文字中，可以推论出，我国的科研人员，对"星箭分离时间一旦推迟，该采取哪些措施"此差的状态，一定制定出了预案并进行了多次模拟演练。

在资料 6.2 七匹狼陷"标识门"，服协发公开信解围中，思考三个重点：一是北京市工商局的检测报告是 7 月 28 日公布的，而"七匹狼"公司的反应速度很快，居然在 7 月 29 日就公布了初步调查结果。二是在这篇新闻报道中，将"真维斯"和"七匹狼"列在一起，且"真维斯"名字列在"七匹狼"之前。至少在视觉上，弱化了读者对"七匹狼"负面的印象程度。三是抽查结果曝光之后，中国服装协会就发表了致媒体的公开信，替"七匹狼"解围，且解围的理由是新旧标准区别问题。此解释确实是客观的，不是"七匹狼"公司的主观错误。各位由此能得出什么结论呢？有何启发呢？

---

① 萧诗美．毛泽东谋略 [M]．长沙：湖南人民出版社，1993：99.

② 郭静．一切在预定计划中 [EB/OL]．中国广播网，2010 - 10 - 02.

资料 8.11 胖东来"8页报告"火了，危机公关重在实事求是（节选）[①]

一顾客在许昌胖东来与员工发生争执，随后胖东来公开的长达8页的"顾客与员工发生争执事件的调查报告"引发热议。调查报告从封面、目录到处理方案都十分详细，胖东来表示因服务存在问题，管理人员全部降级3个月，并携礼物与500元服务投诉奖，上门向顾客致歉，事后顾客坚决拒绝了500元投诉奖。调查报告还指出，顾客权益受损可通过投诉渠道反馈，但不能现场对员工大声呵斥指责，这是伤害人格以及尊严的严重行为，因此给予员工5000元精神补偿。

调查结果一出，网友纷纷点赞，"态度端正，好企业""这样的公司才是以人为本"更有不少网友纷纷喊话胖东来到其所在城市开分店，并直言"我们有责任保护好这家企业"。对胖东来而言，起于社交媒体的视频及随后的发酵本是一个负面舆情，但其一整套处理措施却取得了意想不到的正面效果。胖东来对这次事件的态度、处理过程、处理结果无疑是一次成功的危机公关。

8.10 质量信息透明性的设计流程

为了直观深刻地理解质量信息透明性的设计流程，看《京华时报》的新闻报道：

资料 8.12 巨能钙损失千万后重新上架，消费者依然不买账[②]

北京巨能公司召开新闻发布会，宣布巨能钙在全国范围内重新上架。总经理在发布会上为给广大消费者带来不便表示了歉意。他说自媒体曝出巨能钙含双氧水的消息以来，巨能钙在全国的下架率达到了81.2%，公司的经济损失达到了千万元以上。他说在卫生部关于巨能钙无毒的通告发出当日，巨能公司开始进行重返市场工作，目前巨能钙在京上架率达到95%。他在会上还出示了一张在医保全新大药房王府井店拍摄的巨能钙上架的照片，显示巨能公司特意在醒目位置树立了"卫生部结论：巨能钙安全"字样的广告牌。记者会后在医保全新王府井店看到，巨能公司的广告牌已被店方撤下。销售人员告诉记者，巨能钙重新上架后"一盒也没卖出去"。

在上述报道中，描述的是：巨能公司特意在醒目位置树立了"卫生部结论：巨能钙安全"字样的广告牌。既然卫生部都给出了这样的结论，为何还是"一盒也没卖出去"？

本书将厂商出现的质量问题划分为两类：一是探索性的错误，也即因为技术手段导致的问题，但绝非明知故犯；二是明知故犯，即厂商也知道不该这样做，知道这样做是对顾客利益的损害。常出现的汽车召回事件，并非汽车厂商故意设计出某些错误，而是

---

① 张蕊. 胖东来"8页报告"火了，危机公关重在实事求是 ［EB/OL］. 每日新闻，2023 – 07 – 02.
② 卢亭. 巨能钙损失千万后重新上架，消费者依然不买账 ［N］. 京华时报，2004 – 12 – 09.

因为技术手段尚未发现、经使用一段时间后，才能发现的错误。对此类错误，从动机上，顾客们是原谅厂商的。从实际受损上，因为这样的错误并不是百分之百地发生在每个顾客身上，也即不会对所有的顾客导致实际损害。而食品里含有三聚氰胺、过氧化氢等，却是厂商自己知道的，也即明知故犯。而顾客们对厂商明知故犯的错误，是不会原谅的。

关于质量信息的透明性，是法治国家规范管理产品质量的基础手段，也是厂商通过商标向目标顾客所作出的质量信用承诺是否可验证的依据。若厂商的商标产品或服务没公开的质量信息承诺，本身就是缺乏信用的明证。从逻辑上看，既无法证实也无法证伪的承诺，就是缺乏信用。为此，本书设计了以下五步流程（见表8.36），厂商可用以提高自己商标所承载产品或服务的质量信息透明性。

表8.36　　　　　　　　　　　　质量信息透明性设计流程

指标	步骤	核心内容	编号
B_{10}质量信息透明性	第一步	邀请目标顾客参与，设计顾客易懂的产品说明书	B_{10-1}
	第二步	慎用第三方认证，委托权威质检单位	B_{10-2}
	第三步	模拟使用过程，分解各个环节，探查潜在危害	B_{10-3}
	第四步	与终点顾客保持畅通，统计顾客遇到的问题	B_{10-4}
	第五步	制定并演练质量危机预案	B_{10-5}

资料来源：笔者自行绘制。

第一步：邀请目标顾客参与，设计顾客易懂的产品说明书（B_{10-1}）

在产品说明书中，消费者具有对产品的知情权，很多企业确实是遵从了法律的此规定。但却采取了两个软性措施来隐蔽地降低顾客知情权：一是大量使用专业技术术语，这些技术术语是顾客难以弄明白的。二是繁杂的使用说明，有的产品说明书甚至厚达几十页。

资料8.13　说明书的复杂的后果[①]

荷兰艾恩德霍芬技术大学的埃尔克·登在其论文中指出，遭遇退货命运的多功能电子产品中有一半是可正常运转的，但它们繁杂的菜单和按钮使得消费者不知该如何正确使用，继而纷纷投诉并要求退货。她说MP3播放器、家庭影院、媒体中心、无线音响设备等多种电子产品潮水般涌入市场，但消费者却经常发现安装和使用这些产品实在困难，因而认为产品存在设计方面的缺陷并要求退货。她说，美国消费者平均只愿花费20分钟来琢磨如何操作一种新设备，若弄不明白便会抱怨、向厂家投诉，甚至退货。但厂家却经常将这些投诉嗤之以鼻，认为消费者在"无理取闹"。作为研究的一部分，埃尔克·登还给

---

① 埃尔克·登.说明书的复杂的后果［EB/OL］.新华网，2007-02-20.

飞利浦公司的一些管理层人士送去一些飞利浦公司生产的电子产品。一个星期之后，却发现他们仍然没学会使用这些电子产品。

本书认为，符合法律要求但却没考虑顾客使用的通俗性的产品说明书，本身就是不尊重顾客的明证。从逻辑上分析，那些将产品或服务说明书弄得复杂的厂商，其信用是绝对值得怀疑的。就像那些厕所非常肮脏的加油站或饭店，其对产品或服务质量所作出的承诺，都是值得怀疑的一样。为了设计出目标顾客易懂的产品或服务说明书，可邀请目标顾客参与产品或服务说明书的设计。

第二步：慎用第三方认证，委托权威质检单位（B_{10-2}）

某农业公司，定期地向城市顾客配送顾客所订购的蔬菜，为了保证自己蔬菜的食品安全，该公司付费委托当地质监局进行农药残留检验，并将检验信息告知顾客。

很多绿色食品厂商，也在产品包装上注明获得绿色食品认证。但通过"三聚氰胺事件"，发现了一个问题：在产生质量问题的产品或服务上，尽管都有这样或那样的第三方质量认证，但一旦出现了质量问题，这些提供认证的第三方机构，却不承担任何赔偿的连带责任。而事实上，厂商获得这些第三方质量认证，是要付费的。从第三方认证的实际来看，第三方认证所出具的证明，注明"仅对样品负责"。

从逻辑上可得出这样的推论：在通过了第三方质量认证之后，若产品或服务出现了质量问题后，并使顾客受到了伤害，若这些第三方认证机构不承担赔偿责任，则可推论此第三方认证是缺乏信用的，也就不值得信任。有的企业向顾客传达本产品已由某某保险公司提供产品质量险。这对顾客而言，也存在一定的误导。通过测试发现，被测试者对产品或服务包装上写的"××保险公司承包产品责任险"，多数人误以为是指一旦遇到损失，保险公司将给予自己赔偿。

第三步：模拟使用过程，分解各个环节，探查潜在危害（B_{10-3}）

为了提高质量信息的透明性，需要厂商公布的质量信息必须是经过验证的或可验证的。在此过程中，尤其值得厂商切实实践的，是探查目标顾客在使用产品或服务过程中，在哪个或哪些环节可能存在潜在危害，以及如何预先防范可能发生的潜在危害。因为《中国消费者权益保障法》的第七条明确规定：消费者在购买、使用商品和接受服务时享有人身、财产安全不受损害的权利。消费者有权要求经营者提供的商品和服务，符合保障人身、财产安全的要求。对此，可见案例8.23。

案例8.23 打孔的冰箱外包装塑料袋①

新飞冰箱一直寻找跨国企业，想作为跨国企业的OEM的生产厂商，于是他们找到了通用电器公司。通用公司决定去考察新飞集团的产品质量，就派一批专家去了新飞公司，共找出新飞公司在产品生产的工艺流程和质量上3000个不符合通用电器的质量标准。新

---

① 范徽，邬彬红. 打孔的冰箱外包装塑料袋［J］. 中国外资，2003（7）.

飞冰箱的有关人员感觉到非常不可思议，于是就询问通用电器的专家，想知道到底怎么会有那么些质量问题，结果一查便发现，确实存在很多问题。

比如，其中一条问题就是冰箱的外包装塑料袋，专家给的评语是外包装塑料袋没两个孔。当时新飞冰箱的人就很纳闷，为何外包装塑料袋要打两个孔？通用电器的专家就指出，外包装塑料袋打孔是从小孩安全角度考虑。专家举例说，一般客户把冰箱买回家，往往会把外包装塑料袋扔在一边，假如有小孩，不小心钻进塑料袋里，很有可能造成小孩窒息，在外包装塑料袋上打两个孔，就是为了避免这种情况发生。

给冰箱外包装袋打出两个孔，确实增加了成本，但却可杜绝让小孩窒息的潜在风险。按常人的逻辑：谁叫你不看好自己的孩子？谁叫小孩钻进冰箱外包装塑料袋？但《中国消费者权益保障法》的第七条的规定中，并没说"小孩钻进冰箱外包装塑料袋窒息而死除外"。第一，冰箱外包装袋本身构成了冰箱此商品的使用过程。第二，作为家庭成员，小孩也属于冰箱的消费者。

为此，本书设计了产品或服务潜在风险诊断表（见表8.37），同时，本书认为企业必须成立顾客安全研究岗位和部门，专门分析诊断自己的产品或服务可能对顾客产生潜在危害，并及时将发现的问题予以改进，并通知已购产品或服务的顾客。

表8.37 商标产品或服务潜在风险诊断

环节分解	环节1	环节2	环节3	环节4	环节5	环节N
潜在危害						
危害程度						
防范措施						

资料来源：笔者自行绘制。

通过商标产品或服务潜在风险诊断表，可比较系统地对各种可能的产品或服务危害，进行专职研究。

第四步：与终点顾客保持畅通，统计顾客遇到的问题（B_{10-4}）

企业通过建立顾客数据库，与自己的产品或服务使用者保持顺畅的沟通，通过直接沟通，了解顾客在使用产品或服务过程中，曾经遇到过哪些问题。这些问题哪些属于质量问题，哪些属于顾客使用不当产生的。本书认为，企业与顾客主动沟通，既能提高品牌信用，又能通过统计顾客遇到的产品或服务中的问题，为质量信息透明性，提供真实的来源。

案例8.24 海尔大地瓜洗衣机[①]

1996年，一位四川农民投诉海尔洗衣机排水管老是被堵。服务人员上门维修时发现，

---

① 陈松公. 海尔大地瓜洗衣机［J］. 工厂管理, 2001（9）.

这位农民居然用洗衣机洗地瓜，泥土大，当然容易堵塞！但服务人员并没推卸责任，依然帮顾客加粗了排水管。农民感激之余，说：若能有洗地瓜的洗衣机就好了。

技术人员一开始是把此事当笑话讲出来的，得到这一消息，当时海尔内部有两种意见：其一，洗衣机质量没问题，只是消费者使用不当，没必要改进，只需注重宣传指导和维修就行了。洗衣机，顾名思义是用来洗衣的嘛，怎么可用来洗地瓜？其二，消费者有这种需求，这是一个新的商机，我们应该努力去满足，应该在设计、技术上创新，最大限度满足顾客的需要。对此，张瑞敏听了之后，对科研人员说：满足用户需求，是产品开发的出发点与目的。技术人员对开发能洗地瓜的洗衣机想不通，因为按"常理"论，客户这一要求太离谱乃至荒诞了！但张瑞敏说：开发创造出一个全新的市场。终于，"洗地瓜洗衣机"在海尔诞生了！它不仅具有一般双桶洗衣机的全部功能，而且还可洗地瓜、水果！

本书认为，所谓创新，尤其是原始性创新，就是基于 7.1 节的品类对模型，去打破"常理"。例如，冷凝与直排，本是原理相反的两套洗衣烘干技术。小鸭集团却攻克了连国外厂商都直摇头的技术难题，发明冷凝直排烘干一体化洗衣机，稳定供应美国市场已长达 10 余年[①]。

第五步：制定并演练质量危机预案（B_{10-5}）

质量信息的透明性，还体现在产品或服务一旦出现意外事件时，企业如何应对。从实践来看，很多企业采取的是掩盖、推诿等手段。采取这些手段，把可能的意外事件演变成了故意行为，导致企业所属商标及其产品或服务的信用进一步降低。

生产过程总存在某些意外，导致产品或服务质量出现问题，出现质量意外事件本身并不可怕，可怕的是企业处理不当，导致信用尽失。在资料 6.9 即"七匹狼"服装标签事件中可看出，"七匹狼"的危机处理能力是相当好的，事发第二天，中国服装协会就出面进行了理由充足的解释。在互联网时代，大量信息的发布，不可能受到控制，这就存在着品牌攻击，要求企业必须制定预案又称备胎计划，有备无患。

当一个公司规模大到足以影响社会时，公司就不得不面临社会、宗教、道德等非经营层面的质疑。例如，在欧美得到 Z 世代欢迎的快时尚电商的 Shein，随其规模的扩大，不可避免地受到相关组织或个人的高度重视和关注，极有可能面临被指责劳工工时过长、衣服版权问题、数据泄漏问题，尤其是因大量不需要的纺织品废弃浪费或衣服材料本身等所引发的环保或有悖于可持续等问题。这就需要 Shein 为此提前制定预案并保持动态演练。

---

① 王璐. 老国企寻找新动能，小鸭集团创新变革观察［N］. 经济参考报，2021 – 08 – 02.

附表：品牌信用度（B_c）与品牌溢价系数（P_d/P_q）对应表

B_c	P_d/P_q	B_c	P_d/P_q	B_c	P_d/P_q
0.01	1.000000	0.34	1.16759	0.67	2.571183
0.02	1.000000	0.35	1.185	0.68	2.664072
0.03	1.000000	0.36	1.203389	0.69	2.763121
0.04	1.000000	0.37	1.222779	0.70	2.868939
0.05	1.000000	0.38	1.243194	0.71	2.982219
0.06	1.00001	0.39	1.264663	0.72	3.103755
0.07	1.000002	0.40	1.287217	0.73	3.234456
0.08	1.00001	0.41	1.310889	0.74	3.375373
0.09	1.000041	0.42	1.335718	0.75	3.527726
0.10	1.000123	0.43	1.361746	0.76	3.692939
0.11	1.000306	0.44	1.389018	0.77	3.872681
0.12	1.000654	0.45	1.417585	0.78	4.068928
0.13	1.001242	0.46	1.447502	0.79	4.284031
0.14	1.002153	0.47	1.478831	0.80	4.520812
0.15	1.003471	0.48	1.511637	0.81	4.782687
0.16	1.005275	0.49	1.545992	0.82	5.073834
0.17	1.007637	0.50	1.581977	0.83	5.399409
0.18	1.01062	0.51	1.619676	0.84	5.765863
0.19	1.014279	0.52	1.659186	0.85	6.181365
0.20	1.018657	0.53	1.700608	0.86	6.656417
0.21	1.023792	0.54	1.744057	0.87	7.204755
0.22	1.029713	0.55	1.789655	0.88	7.844693
0.23	1.036442	0.56	1.83754	0.89	8.601206
0.24	1.043998	0.57	1.887859	0.90	9.509257
0.25	1.052396	0.58	1.940776	0.91	10.61935
0.26	1.061647	0.59	1.996473	0.92	12.00725
0.27	1.071762	0.60	2.055148	0.93	13.79199
0.28	1.082751	0.61	2.117022	0.94	16.17199
0.29	1.094622	0.62	2.182337	0.95	19.50439
0.30	1.107385	0.63	2.251365	0.96	24.50347
0.31	1.121051	0.64	2.324407	0.97	32.83591
0.32	1.135632	0.65	2.401799	0.98	49.5017
0.33	1.15114	0.66	2.483917	0.99	99.50084

后　记

设存在两个数字，X、n，规定 X 是一个有限的正数，规定 n→0。则可得出：

$$\lim_{n\to 0}Xn=0,\ \lim_{n\to 0}(X+n)=X,\ \lim_{n\to 0}(X-n)=X,\ \lim_{n\to 0}\frac{X}{n}=\infty,\ \lim_{n\to 0}\frac{n}{X}=0$$

根据本书的式（2-2）、式（3-2）、式（7-16），X 可代表物质利益、有形资产、商标资产，因为三者都是有限的。n→0 代表无形的存在。

如何将有限的物质利益或有形资产无限放大，即持久增值？关键就是引入无形的情感利益、无形资产、品牌资产。

从五个算法可见，有形的 X 与无形的 n 之间，乘法、加法、减法，有形的 X 都无法获得持久增值，恰恰是有形且有限的 X，被无形的 n 除，能够获得无穷大的极限。

有形的存在，只能被切分为有限的存在。无形的存在，才能被切分为无限的存在而自身无损。因此，有形的存在，若想变成无限的存在，唯一的选择就是以无形的存在作为载体即分母，才能化身为无限的存在！